Entscheidungen

des

Reichsgerichts.

Herausgegeben

von

den Mitgliedern des Gerichtshofes und
der Reichsanwaltschaft.

Entscheidungen in Civilsachen.

Siebenunddreißigster Band.

Leipzig,
Verlag von Veit & Comp.
1896.

Entscheidungen

des

Reichsgerichts

in

Civilsachen.

Siebenunddreißigster Band.

Leipzig,
Verlag von Veit & Comp.
1896.

Druck von Metzger & Wittig in Leipzig.

Inhalt.

I. Reichsrecht.

II. Gemeines Recht.

III. Preußisches Recht.

IV. Rheinisches Recht.

V. Prozeßrecht.

I. Reichsrecht.

1. Rechtliche Bedeutung der Feststellung einer Forderung im Konkurse. Kann der Wechselinhaber im Konkurse des Acceptanten die Forderung aus dem Wechsel zur Feststellung bringen, wenn dieselbe Forderung aus demselben Wechsel von einem Dritten ohne Vorlegung des Wechsels angemeldet, anerkannt und festgestellt ist?

K.O. §§ 132. 133. 134.

I. Civilsenat. Urt. v. 14. Dezember 1895 i. S. E. Konkursmasse (Bekl.) w. v. H. (Kl.) Rep. I. 364/95.

I. Landgericht Bremen.
II. Oberlandesgericht Hamburg.

S. hat im Mühlenbesitzer E.'schen Konkurse eine Forderung aus drei Wechselaccepten des E. angemeldet, die anerkannt und festgestellt ist, obwohl S. die Wechsel nicht vorgelegt, dieselben vielmehr schon vor Eröffnung des Konkurses an den Kläger mit Indossament auf denselben übergeben hatte. Nachdem S. verstorben und über seinen Nachlaß der Konkurs eröffnet worden war, meldete der Kläger die Forderung aus den Wechselaccepten unter Vorlegung derselben ebenfalls zur E.'schen Konkursmasse an. Der Verwalter bestritt die Forderung. Die auf Feststellung der Forderung gerichtete Klage wurde vom ersten Richter abgewiesen. Auf die Berufung des Klägers aber wurde nach dem Klagantrage erkannt. Die Revision des Beklagten ist zurückgewiesen worden aus folgenden

Gründen:

... „Der Beklagte behauptet, daß Kläger den S. beauftragt habe, die Wechsel in eigenem Namen für sich unbedingt anzumelden und die Dividende darauf zu erheben, oder daß Kläger dies doch nachträglich genehmigt habe." (Es folgt die Darlegung, daß diese Behauptung vom Berufungsrichter unanfechtbar als widerlegt erachtet sei.)

... „Der vom Beklagten aus § 133 Abs. 2 K.O. entnommene Einwand ist vom Berufungsrichter mit Recht verworfen.

Nach § 132 K.O. gilt eine Forderung als festgestellt, soweit gegen sie im Prüfungstermine ein Widerspruch weder von dem Verwalter noch von einem der Konkursgläubiger erhoben oder ein solcher Widerspruch beseitigt ist. Nach § 133 Abs. 1 daselbst hat das Gericht nach der Erörterung einer jeden Forderung das Ergebnis in die Tabelle einzutragen, und nach § 133 Abs. 2 gilt diese Eintragung rücksichtlich der festgestellten Forderungen ihrem Betrage und ihrem Vorrechte nach wie ein rechtskräftiges Urteil gegenüber allen Konkursgläubigern.

Aus dieser letzteren Bestimmung ergiebt sich, wie auch das Berufungsgericht ausführt, zunächst, daß allen Konkursgläubigern gegenüber wie durch ein rechtskräftiges Urteil feststeht, daß die als festgestellt in die Tabelle eingetragene Forderung ihrem Betrage und Vorrechte nach aus der Konkursmasse zu befriedigen ist, d. h. daß und wieweit der anmeldende Gläubiger für seine angemeldete Forderung bei der Verteilung der Aktivmasse anteilberechtigt ist. Die Eintragung in die Tabelle hat hiernach die gleiche Wirkung, wie sie in § 135 K.O. einem rechtskräftigen Urteile beigelegt ist, durch welches eine im Prüfungstermine streitig gebliebene Forderung auf die in Gemäßheit des § 134 K.O. im ordentlichen Verfahren erhobene Klage des Gläubigers festgestellt ist. Die Wirkung der Eintragung trifft, wie auch in den Motiven S. 364 ausdrücklich hervorgehoben ist, alle Gläubiger ohne Unterschied, ob sie ihre Forderungen angemeldet haben oder nicht, und ob sie im ersteren Falle den Prüfungstermin wahrgenommen oder versäumt haben.

Damit ist aber die Bedeutung der in die Tabelle erfolgten Eintragung einer angemeldeten Forderung als einer festgestellten noch nicht erschöpft, und es ist daher nicht zu billigen, wenn das Berufungsgericht ferner annimmt, durch die Eintragung der angemeldeten Forderung werde allen Gläubigern gegenüber nichts Anderes endgültig festgestellt, als daß der anmeldende Gläubiger die entsprechende Dividende aus der Masse erhält, insbesondere werde nicht festgestellt, daß die anderen Gläubiger diese Forderung nicht haben, und daß sie keine Dividende dafür aus der Masse beanspruchen können; das rechtskräftige Urteil, mit dem die Eintragung gleiche Wirkung haben soll, sei nicht ein Urteil zwischen dem anmeldenden Gläubiger und den übrigen Gläubigern darüber, ob die angemeldete Forderung dem ersteren oder ob sie seinen „Gegnern" (womit irgend ein anderer Gläubiger gemeint sein wird) zusteht. Denn wie der Gemeinschuldner, wenn er nicht in Konkurs geraten wäre, jede Schuld nur einmal zu zahlen haben würde, so hat auch die Konkursmasse desselben für eine und dieselbe Forderung nur einmal die Dividende zu zahlen. Diese Gleichstellung der Dividendenzahlung mit der vollen Zahlung ist in dem Wesen des Konkursrechtes begründet, da es dem Zwecke des Konkursverfahrens, allen nicht bevorrechtigten Konkursgläubigern gleichheitliche Befriedigung zu verschaffen, widersprechen würde, wenn für eine außerhalb des Konkurses nur einmal zu zahlende Schuld doppelte Dividende gewährt werden müßte. Aus diesem Grunde kann selbst ein Bürge oder ein Mitschuldner des Gemeinschuldners nicht neben dem Gläubiger auch seinerseits Befriedigung aus der Masse verlangen, und zwar selbst dann nicht, wenn die Rückgriffsforderung auf einem selbständigen Rechtsgrunde beruht.

Vgl. Entsch. des R.G.'s in Civils. Bd. 8 S. 291 flg., Bd. 9 S. 75 flg., Bd. 14 S. 172 flg. und Bd. 32 S. 84 flg.

Daraus ergiebt sich aber, daß durch die vermöge der Eintragung in die Tabelle erfolgte judikatmäßige Feststellung nicht nur alle übrigen Konkursgläubiger gehalten sind, den Anmeldenden in betreff dieser Forderung als Konkursgläubiger anzuerkennen, sondern auch weiter, daß jedem Dritten, welcher dieselbe Forderung als eine ihm aus eigenem Rechte zustehende anmeldet, der Umstand, daß bereits ein anderer ein judikatmäßiges Recht auf Dividende für diese Forderung erworben hat, entgegensteht, und daß ihm deshalb die Anerkennung seines Anspruches auf Teilnahme am Konkurse, auch wenn derselbe sonst begründet sein sollte, versagt werden muß, sodaß ihm nur übrig bleibt, gegen den ihm zuvorgekommenen Anmelder auf Abtretung des von diesem erworbenen Anspruches oder — falls der frühere Anmelder ebenfalls in Konkurs geraten ist — gegen den Verwalter seines Konkurses auf Aussonderung dieses Anspruches zu klagen.

Vgl. Petersen u. Kleinfeller, Kommentar zur Konkursordnung. 3. Aufl. S. 423.

Da nun die vom Kläger angemeldete Forderung mit der von S. angemeldeten und in die Tabelle eingetragenen Forderung unstreitig identisch ist, so könnte es scheinen, als ob auf Grund der vorstehenden Ausführung das angefochtene Erkenntnis aufzuheben und die Berufung des Klägers gegen das Urteil des Landgerichtes, soweit durch dasselbe die Klage abgewiesen ist, als unbegründet zu verwerfen wäre, weil durch die Feststellung, daß die Forderung dem S. zustehe, ausgeschlossen sei, daß sie dem Kläger zusteht. Allein ungeachtet der unzutreffenden Begründung stellt sich die Entscheidung des Berufungsgerichtes im vorliegenden Falle als richtig dar, weil es sich hier um eine Wechselforderung aus Accepten des Gemeinschuldners E. handelt.

Da S. zur Zeit der Konkurseröffnung über das Vermögen desselben nicht mehr Inhaber der hier fraglichen drei Wechsel war, sondern dieselben bereits auf den jetzigen Kläger indossiert und dem Kläger, in dessen Händen sie dann verblieben sind und sich auch jetzt noch befinden, übergeben hatte, so war freilich S. zur Anmeldung einer eigenen Forderung aus den Wechseln gar nicht legitimiert, und er hätte dieselbe höchstens als eine bedingte (für den Fall der Zurückerwerbung der Wechsel) anmelden können. Auch hätte der Konkursverwalter bei der unterlassenen Vorlegung der Wechsel die angemeldete Forderung nicht anerkennen dürfen, sondern derselben bis zur Vorlegung der Wechsel und der sich aus diesen ergebenden Legitimation des S. widersprechen oder — was auf dasselbe hinausgelaufen sein würde — seine Anerkennung an einen entsprechenden Vorbehalt knüpfen müssen. Dadurch, daß demungeachtet die von S. angemeldete Forderung anerkannt und durch Eintragung in die Tabelle festgestellt ist, wird aber an der Thatsache nichts geändert, daß S. in seiner Anmeldung — ohne das unterliegende Schuldverhältnis irgendwie zu erwähnen — lediglich eine Forderung aus den drei hier fraglichen Accepten des Gemeinschuldners geltend gemacht hat, und daß dies auch in der Tabelle als der Grund seiner Forderung bezeichnet ist.

Nun ist aber nach Art. 39 W.O. der Wechselschuldner nur gegen Aushändigung des quittierten Wechsels oder — wenn er nur eine Teilzahlung leistet — lediglich gegen Abschreibung derselben auf dem Wechsel zur Zahlung verpflichtet, welche Bestimmungen zweifellos auch im Konkursverfahren über das Vermögen des Wechselschuldners bezüglich der auf die angemeldeten Wechselforderungen entfallenden Dividenden Anwendung zu finden haben. Wie aber hiernach jedes einen Wechselschuldner zur Zahlung verurteilende Erkenntnis dahin zu interpretieren ist, daß es stillschweigend die Klausel „gegen Aushändigung des quittierten Wechsels" enthält,

vgl. Entsch. des R.O.H.G.'s Bd. 11 S. 71, Bd. 21 S. 303 flg.,

so kann es auch keinem Bedenken unterliegen, daß die Feststellung einer Wechselforderung im Konkurse ebenfalls in dem Sinne zu verstehen ist, daß die Zahlung der auf diese Forderung entfallenden Dividende lediglich gegen Vorleguug des betreffenden Wechsels und Abschreibung auf demselben verlangt werden kann.

Hat aber die Feststellung der von S. angemeldeten Forderung diesen Sinn, und kann selbstverständlich auch die vom Kläger nachträglich auf Grund derselben Wechsel angemeldete Forderung nur diesen Sinn haben, kann mithin das Recht auf den Bezug der Dividende für die Wechsel ungeachtet der Feststellung durch Eintragung in die Tabelle nur von dem legitimierten Inhaber der Wechselurkunden und gegen Abschreibung auf den Wechseln ausgeübt werden, so ist nicht abzusehen, inwiefern für die vom Beklagten vertretene E.'sche Konkursmasse aus der geschehenen Feststellung der von S. angemeldeten Forderung die Gefahr einer doppelten Dividendenzahlung auf die hier fraglichen Wechsel entstehen könnte, sofern auch die vom Kläger aus den Wechseln erhobenen Ansprüche festgestellt werden.

Da durch die Natur der Forderung als einer Wechselforderung eine solche doppelte Zahlung der Dividende hier ausgeschlossen ist, und mithin die bei gewöhnlichen Forderungen sich aus § 133 Abs. 2 K.O. ergebende Schlußfolgerung hier wegfällt, steht also dem Kläger nicht entgegen, daß die von S. in eigenem Namen angemeldete Forderung festgestellt ist." . . .

2. Haftung des Bauherrn für den seinem Nachbar verursachten Schaden, wenn bei dem Baue die erforderlichen Sicherungsmaßregeln nicht getroffen sind.

VI. Civilsenat. Urt. v. 2. Januar 1896 i. S. Kw., P. & Co. (Bekl.) w. St. Wwe. (Kl.) Rep. VI. 267/95.

I. Landgericht Posen.
II. Oberlandesgericht daselbst.

Die Entscheidung ist unten unter „Preußisches Recht" Nr. 53 S. 198 abgedruckt.

---

3. Wird der Begriff „Mengen von Sachen oder Waren" im Sinne der Tarifnummer 4a des Reichsstempelgesetzes vom 1. Juni 1881 dadurch ausgeschlossen, daß individualisierte Mengen den Gegenstand des Vertrages bilden?

II. Civilsenat. Urt. v. 31. Januar 1896 i. S. T. (Kl.) w. preuß. Steuerfiskus (Bekl.). Rep. II. 291/95.

I. Landgericht Köln.
II. Oberlandesgericht daselbst.

Am 1. Juli 1889 wurde zwischen Hugo T., Wilhelm B., Max T. und Karl B., sämtlich zu K., ein Gesellschaftsvertrag zum Zwecke des Betriebes eines Drogenengrosgeschäftes unter der Firma Karl A. zu Köln abgeschlossen. Zu diesem Vertrage wurde am 1. Oktober 1892 ein Zusatzvertrag eingegangen und beurkundet. Gemäß diesem Zusatzvertrage schied von den vier Teilhabern der Gesellschaft, die im übrigen zwischen den anderen bestehen blieb, der Gesellschafter Max T. aus und übernahm, wie § 13 des Zusatzvertrages besagt, „am 1. Oktober 1892 sämtliche Vorräte der Firma Karl A. in allen Copalen, Asphalt, Asphaltsurrogaten, Bernstein, Sandarak und Dammar, soweit dieselben vor dem 1. Juli 1892 vorhanden waren, zum Preise der letzten Bilanz, soweit sie später eingegangen sind, zu denjenigen Preisen, zu welchen sie zu Buche stehen. Ebenfalls übernahm Max T. in gleicher Weise die zu diesen Artikeln gehörigen Gerätschaften und Utensilien zum Buchwerte." — Die Zahlung hierfür an die Firma Karl A. sollte zur Hälfte komptant, zur Hälfte am 31. Dezember 1892 erfolgen, letztere ohne Zinsvergütung, und zwar zu Händen des Hugo T.... „Ebenso" übernahm „Max T. am 1. Oktober 1892 noch schwimmende oder rollende Ware in den gedachten Artikeln zu Originalfakturapreisen der Firma Seegner, Langguth & Co. in Auckland".

Zur Hauptausfertigung dieses Zusatzvertrages wurde vom Königlichen Hauptsteueramte für inländische Gegenstände zu Köln am 3. Oktober 1892 ein Stempel in Höhe von 1,50 ℳ erhoben, jedoch „vorbehaltlich der Nachbringung des Kaufstempels". Am 1. Februar 1893 nun wurde von dem ausgeschiedenen Teilhaber Max T. noch ein weiterer Betrag von 323,50 ℳ als Kaufstempel durch dieselbe Behörde eingezogen und vorbehaltlich der Rückforderung an diesem Tage auch vom Kläger gezahlt.

Demnächst erhob Max T. bei dem Landgerichte Köln gegen den preußischen Steuerfiskus Klage auf Rückzahlung von 323,50 ℳ nebst Zinsen vom Tage der Klage. Das Landgericht erkannte nach dem Klagantrage. In den Gründen wird ausgeführt, daß es sich zwar um einen Kaufvertrag und nicht um einen Auseinandersetzungsvertrag handele, daß derselbe aber unter diejenigen Verträge falle, bezüglich deren nach § 11 und Tarif 4a des Reichsgesetzes vom 1. Juli 1881 ein Landesstempel nicht zu erheben sei. Der § 11 sei zwar durch das Gesetz vom 29. Mai 1885 aufgehoben; dadurch seien aber die früheren Landesgesetze nicht wieder in Kraft getreten. Auf Berufung des Beklagten hob das Oberlandesgericht dieses Urteil auf und wies die Klage kostenfällig ab, indem es ausführte und annahm, die Tarifnummer 4a könne um deswillen nicht in Frage kommen, weil individualisierte Waren den Gegenstand des in Frage stehenden Kaufgeschäftes bildeten, danach aber der Begriff Mengen von Sachen oder Waren ausgeschlossen sei. Auf Revision des Klägers wurde dieses Urteil aufgehoben und die Sache an das Berufungsgericht zurückverwiesen.

Aus den Gründen:

... „Für die Frage der vom Beklagten in Anspruch genommenen Stempelpflichtigkeit des fraglichen Kaufvertrages ist entscheidend, ob und inwieweit die Kaufobjekte als „Mengen von Waren, welche nach Maß, Gewicht oder Zahl gehandelt zu werden pflegen," im

Sinne der Tarifnummer 4a des Reichsstempelgesetzes vom 1. Juli 1881 zu erachten sind. Falls dieses zutrifft, waren dieselben, da sie unbestritten zur Wiederveräußerung bestimmt gewesen (§ 9 des bez. Ges.), gemäß § 11 daselbst, als dem Reichsstempel der Tarifnummer 4a unterliegend, dem Landesstempel entzogen, und wenngleich die fraglichen Bestimmungen durch das Reichsgesetz vom 29. Mai 1885 beseitigt sind, so sind damit, wie dieses in dem Urteile des erkennenden Senates vom 4. Oktober 1887 Rep. 101/87,

vgl. Entsch. des R.G.'s in Civils. Bd. 19 S. 177,

des näheren dargethan ist, die früher bestandenen Stempelvorschriften insbesondere des Gesetzes vom 7. März 1822 nicht wieder in Kraft getreten; vielmehr hätte es hierzu eines neuen gesetzgeberischen Aktes bedurft. Eine gesetzliche Regelung des preußischen Landesstempels ist aber bezüglich der Kauf- und Lieferungsverträge im Handelsverkehr erst durch das Gesetz vom 31. Juli 1895 erfolgt.

Das Oberlandesgericht hat nun aber die Frage, ob untergebens Mengen von Waren ꝛc gemäß der Tarifnummer 4a anzunehmen sind, um deswillen verneint, weil die Waren nicht als vertretbare, sondern als individualisierte verkauft worden seien, bei dieser Sachlage aber der Begriff von Mengen von Sachen und Waren nicht gegeben sei. Dem kann indessen nicht beigetreten werden. Das Oberlandesgericht stellt selbst fest, daß von den verkauften Gegenständen die Warenvorräte in Copalen, Asphalt, Asphaltsurrogaten, Bernstein, Sandarak und Dammar sowie die bezüglichen noch schwimmenden und rollenden Waren objektiv zu den vertretbaren Sachen gehören, die, wie die Tarifnummer 4a dieses bezeichnet, nach Gewicht, Maß oder Zahl gehandelt zu werden pflegen, und es ist diese Feststellung um so unbedenklicher für rechtlich zutreffend zu erachten, als der Inhalt des Vertrages ergiebt, daß dieselben auch in dieser Weise und nicht etwa gegen Bauschsummen an den Kläger verkauft worden sind. Daß es sich aber auch um Mengen von solchen vertretbaren Waren handelt, wird mit Erfolg nicht zu bestreiten sein.

Das Wort „Menge" bedeutet, sofern es sich auf Sachen bezieht, eine Vielheit gleichartiger bezw. zusammengehöriger Gegenstände. Im vorliegenden Falle bilden „die am 1. Oktober 1892 vorhandenen und die an diesem Tage rollenden und schwimmenden Waren in den betreffenden Artikeln", wie es in dem Vertrage heißt, eine solche Vielheit gleichartiger Sachen. Es kann sich daher weiter nur fragen, ob nicht trotzdem die Anwendbarkeit der mehr bezogenen Tarifnummer 4a um deswillen ausgeschlossen ist, weil diese Mengen vertraglich individualisiert sind. Die Auffassung des Oberlandesgerichtes, daß nach dem Vertrage die Waren (Sachen) als individualisierte verkauft seien, entspricht nicht der gegebenen Sachlage; die Individualisierung bezieht sich lediglich auf die Gesamtheit der vom Kläger übernommenen Waren. Es kann nun aber eine solche Beschränkung der in Frage stehenden Bestimmung, wie sie das Oberlandesgericht angenommen hat, als dem Gesetze entsprechend nicht erachtet werden. In dem Wortlaute der Tarifnummer 4a, welcher in seiner allgemeinen Fassung auch den Abschluß von Kaufgeschäften über bestimmte Mengen von Waren umfaßt, findet die Beschränkung keine Unterstützung. Was aber den Zweck des Gesetzes anlangt, welches behufs Beseitigung der in den einzelnen Staaten bestehenden Ungleichheiten die Besteuerung des Handelsverkehres als Sache der Reichsgesetzgebung auffaßte, und der dahin ging, — neben anderen auf dem Gebiete des kaufmännischen Verkehres liegenden Geschäften — insbesondere auch den Handelsverkehr mit Waren behufs Erleichterung desselben mit einer nur geringen Stempelabgabe (einem Fixstempel von 20 ₰ und bei Zeitgeschäften einem solchen von 1 ℳ) zu belasten, so kann es offensichtlich insoweit einen Unterschied nicht machen, ob unbestimmte Mengen vertretbarer Waren (1000 Sack Weizen) oder bestimmte Mengen (eine in einem Schiffe oder auf einem Lager befindliche Quantität Weizen) den Gegenstand eines im kaufmännischen Verkehre schriftlich abgeschlossenen Kaufvertrages bilden.

Das Oberlandesgericht bezieht sich zur Begründung seiner gegenteiligen Annahme auf eine bereits in früheren Urteilen des Reichsgerichtes mehrfach gegebene Begriffsbestimmung, wonach unter „Mengen von Sachen" eine Vielheit von gleichartigen Sachen zu verstehen ist, welche nach ihrer natürlichen Beschaffenheit und dem Willen der Kontrahenten als untereinander gleichartige und daher insoweit vertretbare in Betracht kommen, ohne daß auf das einzelne Stück für sich ein Gewicht gelegt wird. Dem gegenüber ist hervorzuheben, daß in den fraglichen Reichsgerichtsentscheidungen, in denen jene Begriffsbestimmung maßgebend war, wesentlich nur die Frage der Gleichartigkeit der den Gegenstand der streitigen Verträge bildenden Gegenstände zu entscheiden war, und daß bei Prüfung dieser Frage auch die Auffassung der Kontrahenten zu berücksichtigen war, daß aber in keiner derselben die Individualisierung der Warenmengen, sondern nur die Individualität der einzelnen Waren und Sachen den Anlaß zu Zweifeln gegeben hat.

Vgl. Entsch. des R.G.'s in Civils. Bd. 33 S. 18 flg. 21 und die dort angeführten Entscheidungen; sodann Urt. des II. Civilsenates vom 13. Februar 1894 Rep. II. 269/93, abgedruckt im Rhein. Archiv Bd. 87. 2. 24.

Daß die Individualisierung einer Warenmenge (beispielsweise in Speichern, Kähnen 2c) der Anwendbarkeit analoger Vorschriften des Reichsstempelgesetzes vom 29. Mai 1885 nicht entgegensteht, hat der IV. Civilsenat des Reichsgerichtes wiederholt entschieden.

Vgl. Urt. vom 7. Oktober 1889 Rep. IV. 79/89; Entsch. des R.G.'s in Civils. Bd. 20 S. 27.

Nach allem diesem ist der streitige Kaufvertrag, soweit derselbe die in demselben näher bezeichneten Waren zum Gegenstande hat, dem Wertstempel von einem Drittel Prozent auf Grund des Gesetzes vom 7. März 1822 nicht unterworfen, und das auf der gegenteiligen rechtlichen Annahme beruhende Urteil des Oberlandesgerichtes unterliegt der Aufhebung.

Zur Sache muß die Zurückverweisung zu anderweiter Verhandlung und Entscheidung erfolgen, da bezüglich der mitverkauften Gerätschaften und Utensilien die Stempelpflichtigkeit begründet ist, und das Verhältnis des Wertes dieser Gegenstände zu demjenigen der Waren nicht feststeht." ...

---

4. Ist ein Eisenbahnfrachtvertrag, auf den § 53 der Verkehrsordnung vom 15. November 1892 Anwendung findet, auch in dem Falle als abgeschlossen zu betrachten, wenn der Eisenbahn das Frachtgut in anderer als in der im Frachtbriefe bezeichneten Verpackung übergeben und von ihr angenommen worden ist?

I. Civilsenat. Urt. v. 15. Februar 1895 i. S. J. R. (Bekl.) w. Eisenbahnfiskus (Kl.). Rep. I. 395/95.

I. Landgericht I Berlin.
II. Kammergericht daselbst.

Der Beklagte, welcher Spediteur ist, erhielt am 6. November 1893 zwei Güter zur Weiterbeförderung, nämlich eine eiserne Kanne, Mineralöl (Ligroin) enthaltend, zur Beförderung nach O. und eine Kiste, enthaltend Lampen, für die Ostdeutsche Steingutfabrik in C. in Posen. Mit Frachtbrief vom 8. November 1893 gab er auf dem Schlesischen Güterbahnhofe an die Adresse der genannten Steingutfabrik unter 3720 F. R. H. auf: eine Kiste lackierte Blechwaren, Lampen, 57 Kilogr. schwer. Weil es aber keine Kiste, sondern die Kanne war, soll der Bahnhofsbedienstete das Wort: „Kiste" durchstrichen und mit Bleistift darunter: „Kanne" geschrieben haben. Diese in Wirklichkeit Ligroin enthaltende Kanne wurde in einem Waggon zusammen mit Stückgütern weiter befördert und traf in der Nacht vom 10. zum 11. November auf dem Güterbahnhofe in Schneidemühl ein. Man bemerkte, daß aus dem Waggon eine Flüssigkeit austropfte; die Güterbodenarbeiter untersuchten den Wagen mit Benützung einer Laterne, wobei eine Explosion erfolgte, welche den Wagen nebst der Ladung in Brand setzte. Dadurch ist ein Schade entstanden, dessen Ersatz der Eisenbahnfiskus von dem Beklagten fordert.

Das Landgericht hat nach dem Klagantrage verurteilt, und die vom Beklagten eingelegte Berufung ist zurückgewiesen worden.

Auf die Revision des Beklagten ist dies Urteil aufgehoben und die Sache an das Berufungsgericht zurückverwiesen worden aus folgenden:

Gründen:

„Für die Revisionsinstanz ist davon auszugehen, daß das vorgelegte Schriftstück die Urschrift oder eine mit derselben übereinstimmende Abschrift des Frachtbriefes ist. Danach hat der Beklagte der Schlesischen Eisenbahn ein Frachtstück übergeben, das unter 3720 als Kiste bezeichnet, in Wirklichkeit aber keine Kiste, sondern eine Kanne war. Es handelte sich deshalb (wenn am Frachtbriefe nichts geändert worden wäre) nicht um die Frage, ob die Eisenbahn die Annahme des Gutes ablehnen mußte oder durfte, sondern darum, ob gegenüber einem Frachtbriefe, der unter der Überschrift „Art der Verpackung" eine Kiste als Frachtgut angiebt, ein Frachtvertrag über die zur Versendung angegebene Kanne zustande gekommen ist. Müßte man dies auch, weil die Kanne zur Versendung angenommen worden ist, bejahen, so könnte gleichwohl die Klage nicht auf § 53 der Verkehrsordnung gestützt werden. Denn der Beklagte hat nicht den Inhalt der aufgegebenen Kanne, von der auch kaum anzunehmen war, daß sie Lampen und Blechwaren enthalte, sondern den Inhalt einer nicht aufgegebenen Kiste angegeben. Für die Unrichtigkeit, daß die Kanne als Kiste bezeichnet war, haftet der Beklagte nicht, weil die Nichtübereinstimmung dieser Erklärung mit der Wirklichkeit offensichtlich war. Für die Angabe des Inhaltes kann der Beklagte, wie bemerkt, nicht haften, weil im Frachtbriefe nicht der Inhalt einer Kanne, sondern der einer Kiste erklärt war.

Nun ist aber im Frachtbriefe das Wort „Kiste" durchstrichen und „Kanne" darunter geschrieben. War diese Änderung von einem Bediensteten des Beklagten bewirkt oder veranlaßt, so hat der Beklagte für die Handlung seines mit Besorgung der Versendung Bevollmächtigten zu haften, und es wäre demnach eine Kanne mit unrichtiger Inhaltsangabe durch den Frachtbrief zur Beförderung aufgegeben worden. War dagegen die Änderung einseitig und eigenmächtig von einem Angestellten des Klägers vorgenommen worden, so hat der Beklagte hierfür nicht einzustehen, und es muß dabei bewenden, daß er im Frachtbriefe nur den Inhalt einer nicht aufgegebenen Kiste, nicht aber den Inhalt der vom Kläger ungeachtet der offensichtlich unrichtigen Bezeichnung übernommenen Kanne angegeben hat. Es kommt dann kein konkurrierendes Verschulden der Leute des Klägers in Frage, sondern lediglich, daß eine Kanne zur Versendung übernommen worden ist, obgleich der Frachtbrief die Verladung einer Kiste angeboten hat, und dieses Angebot bezw. dessen Deklaration im Frachtbriefe nicht von seiten des Beklagten abgeändert worden ist.

Weil das angefochtene Urteil davon ausgeht, daß unter allen Umständen ein Frachtvertrag über die Kanne, auf den der § 53 der Verkehrsordnung Anwendung fände, zustande gekommen sei, beruht es auf Verkennung der rechtlichen Voraussetzungen für den Abschluß eines Eisenbahnfrachtvertrages und war daher aufzuheben.

Die Sache war sodann zur anderweitigen Verhandlung und Entscheidung zurückzuverweisen, weil nicht festgestellt, sondern für unerheblich erklärt ist, von wem die Änderung im Frachtbriefe vorgenommen worden ist."

5. Kann der Verzicht eines Gläubigers auf sein Absonderungsrecht daraus allein entnommen werden, daß er im Zwangvergleichsverfahren zum vollen Betrage seiner Forderung mitstimmt?

K.O. § 57.

V. Civilsenat. Urt. v. 7. März 1896 i. S. E. (Kl.) w. K. (Bekl.) Rep. V. 336/95.

I. Landgericht Dortmund.
II. Oberlandesgericht Hamm.

Beklagter hat zum Zwecke der Beitreibung vollstreckbarer Forderungen am 8. August 1882 und am 18. März 1893 bei dem Kläger pfänden lassen. Nachdem am 25. März 1893 der Konkurs über das Vermögen des Klägers eröffnet war, hat Beklagter dazu seine Forderungen mit Zinsen zum Gesamtbetrage von 3242,48 ℳ und eine Kostenforderung von 84,70 ℳ mit dem Bemerken angemeldet, daß er seine Forderungen, für welche er bereits habe pfänden lassen, nur in Höhe des Ausfalles anmelde. Der Konkurs ist durch Zwangsvergleich, für welchen der Vertreter des Beklagten mit 3242,48 ℳ gestimmt hat, beendet. Als Kläger dem Beklagten die ihm gebührende Vergleichsrate mit 551,22 ℳ zusandte, hat Beklagter durch Schreiben vom 13. Oktober 1893 diese Zahlung zwar anerkannt, dabei aber bemerkt, daß ihm von seiner Forderung von 3242,48 ℳ noch 2691,26 ℳ verbleiben, welche Kläger ihm bei Vermeidung des Verkaufes der am 8. August 1882 und am 18. März 1893 gepfändeten Gegenstände innerhalb dreier Tage zu zahlen habe. Kläger, welcher der Ansicht ist, die Pfandrechte des Beklagten seien erloschen, hat Klage erhoben mit dem Antrage, zu erkennen, daß Beklagter nicht berechtigt sei, die 1882 und 1893 gepfändeten Sachen wegen seiner angeblichen Forderung von 2691,26 ℳ verkaufen zu lassen. Der erste Richter hat den Beklagten nach dem Klagantrage verurteilt. Auf die Berufung des Beklagten ist die Klage abgewiesen. Beide Vorderrichter sehen als wesentliche Grundlage der Entscheidung die Feststellung des Willens des Gläubigers an, auf sein Pfandrecht und auf seine abgesonderte Befriedigung aus den gepfändeten Sachen zu verzichten. Sie kommen aber bei dieser Feststellung zu abweichenden Ergebnissen. Während der erste Richter daraus, daß der Beklagte im Vergleichstermine mit seiner ganzen Forderung von 3242,48 ℳ für den Zwangsvergleich gestimmt und dadurch dessen Annahme herbeigeführt habe, folgert, daß der Beklagte beabsichtigt habe, auf sein Vorrecht zu verzichten, geht das Berufungsgericht näher auf alle Thatumstände ein und verneint die Frage, ob in dem Verhalten des Bevollmächtigten des Beklagten im Vergleichstermine ein Verzicht auf das Pfandrecht gefunden werden könne.

Die Revision des Klägers ist zurückgewiesen aus folgenden

Gründen:

„Das Berufungsgericht geht von dem unanfechtbaren Satze aus, der Gläubiger verliere sein Recht auf abgesonderte Befriedigung durch seinen Verzicht auf dasselbe. Die Beantwortung der Frage, wann ein solcher Verzicht vorliege, entnimmt es aus folgenden Sätzen in dem Urteile des Reichsgerichtes vom 18. September 1886,

vgl. Entsch. des R.G.'s in Civils. Bd. 16 S. 70 flg.:

„Einen Rechtssatz, wonach die Gläubiger, welche sich vorbehaltlos auf den Konkurs einlassen, damit auf ihr Absonderungsrecht verzichten, hat die Konkursordnung im § 57 nicht sanktioniert. Das Gesetz bestimmt überhaupt nicht, wie der im § 57 gedachte Verzicht zum Ausdrucke gebracht werden muß.... Der Richter ist unbehindert, zu prüfen, ob der Wille eines Absonderungsberechtigten, sein Sonderrecht aufzugeben und im Konkurse seine Rechte als persönlicher Gläubiger zu verfolgen, zur Geltung gelangt ist. Dies kann durch ausdrückliche Willenserklärung oder durch den Abschluß eines Rechtsgeschäftes geschehen, als dessen notwendige Folge die Aufgabe des Sonderrechtes sich darstellt." Eine ausdrückliche Erklärung des Beklagten, auf sein Absonderungsrecht zu verzichten, ist nicht behauptet. Es bleibt demnach nur zu prüfen, ob der Beklagte durch den Abschluß eines Rechtsgeschäftes seinen Willen, auf sein Sonderrecht zu verzichten, zum Ausdrucke gebracht hat. Hierbei kann die Annahme der Zahlung der Vergleichsrate seitens des Beklagten nicht in Betracht kommen, da der Beklagte diese Zahlung nicht ohne Vorbehalt angenommen, sondern sofort erklärt hat, daß er sie dem Konto des Klägers gutgeschrieben habe und Bezahlung seiner Restforderung bei Vermeidung des Verkaufes der für ihn gepfändeten Gegenstände binnen drei Tagen fordere.

Vgl. Urtt. des R.G.'s in Bes. Beil. zum Reichsanzeiger 1894

S. 12, in Rassow u. Küntzel, Beiträge Bd. 35 S. 1167, Rep. V. 181/95.

Es kann sich also nur fragen, ob der Beklagte durch seine Beteiligung bei der Zwangsvergleichsverhandlung auf sein Sonderrecht verzichtet habe.

Die Entscheidungen des Reichsgerichtes, welche sich bisher mit der Frage beschäftigt haben, wann ein Verzicht des Gläubigers auf sein Absonderungsrecht anzunehmen sei, betrafen da, wo der Verzicht für erklärt erachtet wurde, stets Fälle, in welchen der absonderungsberechtigte Gläubiger nicht allein beim Zwangsvergleiche mitgestimmt, sondern auch die Vergleichsrate ohne Vorbehalt angenommen hatte. Ein Thatbestand, nach welchem für den Verzicht des Gläubigers auf sein Absonderungsrecht lediglich seine Abstimmung zum vollen Betrage seiner Forderung im Zwangsvergleichsverfahren vorlag, hat einer Entscheidung des Reichsgerichtes noch nicht zu Grunde gelegen.

In der Litteratur wurde anfangs im Anschluß an eine Bemerkung in den Motiven zur Konkursordnung (S. 274 flg.), daß ein stillschweigender Verzicht nicht annehmbar sei, die Meinung vertreten, daß in dem Mitstimmen im Zwangsvergleichsverfahren ein Verzicht auf das Absonderungsrecht nicht enthalten sei.

Vgl. die Kommentare zur deutschen Konkursordnung von Willenbücher Anm. 2 zu § 57 S. 119, von v. Wilmowski-Levy 3. Aufl. Anm. 2 zu § 57.

Bei v. Völderndorff (Bd. 1 2. Aufl. S. 657 lit. f. und Nr. 1 sowie Anm. 12) findet sich aber schon eine Andeutung, daß die Frage als eine thatsächliche im Einzelfalle zu entscheiden sei. Er bemerkt, daß ein Verzicht des Gläubigers auf das Absonderungsrecht nicht schon in der Abstimmung bezüglich eines Zwangsvergleiches liege. Er nimmt also an, daß der Verzicht wohl durch Mitstimmen beim Vergleiche ausgedrückt werden könne, hält aber solches Mitstimmen allein zur Feststellung des Verzichtes nicht für ausreichend. Nachdem das Reichsgericht,

vgl. Entsch. des R.G.'s in Civils. Bd. 16 S. 71,

sich, wie oben näher angegeben, ausgesprochen hatte, änderte v. Wilmowski seine Ansicht dahin, daß es Sache thatsächlicher Würdigung sei, ob schon durch ein Mitstimmen im Zwangsvergleichsverfahren der Verzicht auf das Absonderungsrecht vom Gläubiger erklärt sei.

Vgl. Kommentar zur Konkursordnung 4. und 5. Aufl. Anm. 2 zu § 57.

Das Reichsgericht ist bei der jetzigen Entscheidung davon ausgegangen, daß der absonderungsberechtigte Gläubiger durch Mitstimmen zum ganzen Betrage seiner Forderung im Zwangsvergleichsverfahren seinen Willen, auf sein Absonderungsrecht zu verzichten, an sich wirksam und ausreichend zum Ausdrucke bringen könne, da der Inhalt des durch den Abschluß eines Vergleiches zustande gekommenen Rechtsgeschäftes dahin geht, daß die beteiligten Gläubiger ihre zum vollen Betrage angesetzten Forderungen auf die Vergleichssumme ermäßigen. Ob aber ein Gläubiger die Absicht des Verzichtes durch sein Mitstimmen wirklich hat bethätigen wollen, ist aus dem Mitstimmen allein nicht zu entnehmen; dies ist vielmehr im Einzelfalle nach den begleitenden Umständen zu prüfen. Deshalb hat nicht der mitstimmende Gläubiger die Annahme des Verzichtes durch Gegenbeweis abzuwehren, sondern der, welcher den Verzicht behauptet, muß nachweisen, daß nach der ganzen Sachlage der Verzicht durch das Mitstimmen ausgedrückt werden sollte. Dies ergiebt sich aus der Stellung und den Befugnissen, welche dem absonderungsberechtigten Gläubiger durch die Bestimmungen der Konkursordnung zugewiesen sind. Nach § 57 kann ein Gläubiger, welcher abgesonderte Befriedigung beansprucht, die Forderung, wenn der Gemeinschuldner auch persönlich für sie haftet, zur Konkursmasse geltend machen, und zwar, soweit nicht seine Befriedigung aus der Masse in Frage kommt, zu ihrem ganzen Betrage. Insbesondere kann er seine Forderung zum vollen Betrage im Konkurse anmelden, und er muß dies sogar, so oft noch nicht feststeht, zu welchem Betrage er bei der Ausführung des Absonderungsrechtes Befriedigung erlangt, will er nicht in seinem Rechte, Befriedigung in Höhe seines eventuellen Ausfalles aus der Konkursmasse zu erlangen, verkürzt werden. Durch die Feststellung der angemeldeten Forderung im Konkurse wird seine Stimmberechtigung in den Gläubigerversammlungen an sich begründet (§ 87). Er ist in Ansehung seiner ganzen festgestellten Forderung stimmberechtigt, wenn nicht auf den Widerspruch eines Konkursgläubigers oder des Verwalters das Gericht sein Stimmrecht ganz ausschließt oder auf einen niedrigeren Betrag einschränkt (§ 88). Mangels besonderer Bestimmungen gilt dies auch für die Beteiligung des absonderungsberechtigten Gläubigers beim Zwangsvergleichsverfahren. Wird also im Vergleichstermine gegen die Ausübung des Stimmrechtes des absonderungsberechtigten Gläubigers nach dem ganzen Betrage der festgestellten Forderung kein Widerspruch erhoben, so ist er befugt, in Ansehung seiner ganzen Forderung mitzustimmen. Aus welchem Grunde der Widerspruch hier unterblieben ist, ob die dazu Berechtigten das Absonderungsrecht für wertlos erachtet oder ob sie das Absonderungsrecht übersehen haben, ist ohne Bedeutung. Dem absonderungsberechtigten Gläubiger ist nicht die Pflicht auferlegt, in dieser Beziehung etwas zu veranlassen. Er darf abwarten, ob Widerspruch erhoben wird, und geschieht dies nicht, die Folgen davon für sich dadurch verwerten, daß er nach dem ganzen Betrage seiner Forderung sich bei der Abstimmung beteiligt. Ob diese Folgen nach dem Willen des stimmenden Gläubigers nur die Ausfallsforderung oder seine ganze Forderung betreffen sollen, läßt sich aus der Abstimmung allein nicht entscheiden. Für die Feststellung der Absicht des Verzichtes ist auch unerheblich, ob der Gläubiger Kenntnis davon hat, daß er nach dem ganzen Betrage seiner Forderung an der Abstimmung teilnimmt, und daß er zur Abstimmung auf Verlangen des Verwalters oder der Konkursgläubiger nur nach dem Betrage des Ausfalles, welchen er bei Durchführung seines Absonderungsrechtes erlitten hat oder mutmaßlich erleiden wird, befugt wäre, oder ob er irrigerweise annimmt, er stimme nur für den ausgefallenen Teil seiner Forderung mit, oder ob ihm die gesetzlichen Bestimmungen unbekannt sind, durch welche sein Stimmrecht geregelt wird. Hat der Gläubiger, wie hier nach der unangefochtenen Feststellung des Berufungsgerichtes der Beklagte, seine Forderungen gegen den Gemeinschuldner ausdrücklich unter Vorbehalt seines Pfändungspfandrechtes im Konkurse über dessen Vermögen angemeldet und im Konkursverfahren dem Verwalter gegenüber erklärt, daß er sein Pfandrecht nicht aufgebe, hat er auch während des ganzen Verfahrens weder eine Erklärung abgegeben noch eine Handlung vorgenommen, woraus sein Wille, auf sein Pfandrecht zu verzichten, hervorgeht, vielmehr seinen entgegengesetzten Willen gegenüber dem Verwalter und seinem Vertreter stets aufs klarste bethätigt, so kann auch die Feststellung, daß in dem Mitstimmen beim Zwangsvergleiche nach dem ganzen Betrage seiner Forderung ein Verzicht auf das Pfandrecht nicht gefunden werde, selbst wenn anzunehmen sein möchte, er sei sich bewußt gewesen, daß er für den ganzen Betrag seiner Forderung stimme, nicht für rechtsirrtümlich erachtet werden." ...

---

6. Haben bei Genossenschaften mit unbeschränkter Haftpflicht die Genossen nach dem Gesetze vom 1. Mai 1889 einen unbedingten Anspruch auf Verteilung des ganzen bilanzmäßigen Jahresgewinnes?

III. Civilsenat. Urt. v. 10. März 1896 i. S. Sch. (Kl.) w. Konservenfabrik W., E. G. m. unb. Haftpflicht (Bekl.). Rep. III. 384/95.

I. Landgericht Braunschweig.
II. Oberlandesgericht daselbst.

Der Kläger ist mit 15 Anteilen an der Konservenfabrik W., E. G. mit unbeschränkter Haftpflicht, beteiligt gewesen und am 1. April 1894 aus der Genossenschaft ausgeschieden. Am 8. April 1894 hat die Generalversammlung der Genossenschaft die Bilanz für das Geschäftsjahr 1893/94 genehmigt, den nach den statutenmäßigen Abschreibungen, Zahlungen und Rücklagen sich noch ergebenden Gewinn von 70260 ℳ jedoch nur zum kleineren Teile zur Verteilung auf die zu berücksichtigenden Anteile bestimmt, zum größeren Teile aber zu einer Abschreibung von 44367 ℳ auf das Grundstücks- und Gebäude-Konto und zum Vortrage von 3633 ℳ verwendet. Dem Kläger sind seine Anteile mit 4500 ℳ und der nach jenem Beschlusse auf diese entfallende Gewinn von 1125 ℳ ausbezahlt worden. Er beansprucht aber auch den Betrag, welcher bei Verteilung des ganzen Gewinnes noch weiter auf seine Anteile entfallen sein würde, und hat auf Zahlung dieses Betrages Klage gegen die Genossenschaft erhoben. Das Berufungsgericht hat die Klage abgewiesen. Die Revision des Klägers ist zurückgewiesen aus folgenden

Gründen:

„Der Kläger kann als ausgeschiedener Genosse bezüglich eines nach seinem Ausscheiden von der Generalversammlung gefaßten Beschlusses, der gesetz- oder statutenwidrig in seine Rechte eingreift, ohne die Voraussetzungen des § 49 des Gesetzes vom 1. Mai 1889 gegen die Genossenschaft und zwar gegen den gewöhnlichen Vertreter derselben Klage auf Abstellung der Verletzung erheben. Der zur Frage stehende

Beschluß greift aber nicht gesetz- oder statutenwidrig in seine Rechte ein. Dies würde der Fall sein, wenn nach dem Gesetze oder dem Statute der aus der genehmigten Bilanz sich ergebende Gewinn auf die Genossen unverkürzt verteilt werden müßte. Das Statut gewährt aber nach der unanfechtbaren Auslegung des Berufungsgerichtes den Genossen keineswegs ein unbedingtes Forderungsrecht auf den aus der genehmigten Bilanz sich ergebenden Gewinn, und aus dem Gesetze selbst ist ein solcher Anspruch der Genossen nicht zu begründen. Nach dem Gesetze muß vielmehr angenommen werden, daß die Generalversammlung darüber zu befinden hat, zu welchem Betrage der ermittelte Reingewinn auf die Genossen zu verteilen ist. Der § 46 bestimmt, daß die Generalversammlung über die Genehmigung der Bilanz zu beschließen und von dem Gewinne oder Verluste den auf die Genossen fallenden Betrag festzusetzen hat. Nach dieser Fassung des Gesetzes ist die Festsetzung des auf die Genossen fallenden Gewinnes unter Beobachtung des Statutes in derselben Weise in die Hand der Generalversammlung gelegt wie die Genehmigung der Bilanz. Daß die Befugnis der Generalversammlung für den Dividendenverteilungsbeschluß beschränkter sei als für die Genehmigung der Bilanz, ist aus der angezogenen Bestimmung nicht zu entnehmen. Dieser Auffassung des § 46 stehen auch die vom Berufungsgerichte in Bezug genommenen Motive zur Seite, nach welchen es nicht beabsichtigt gewesen ist, den Genossen einen unbedingten Anspruch auf den ganzen bilanzmäßigen Jahresgewinn einzuräumen, vielmehr der Generalversammlung die Befugnis zustehen soll, einen größeren oder geringeren Teil des Gewinnes, unter Umständen auch einen ganzen Jahresgewinn zu anderen Zwecken, insbesondere zur Dotierung des Reservefonds ꝛc oder zur einfachen Vortragung auf die Rechnung des folgenden Geschäftsjahres zu verwenden. Allerdings bestimmt § 19 im ersten Satze, daß der bei Genehmigung der Bilanz für die Genossen sich ergebende Gewinn oder Verlust des Geschäftsjahres auf diese zu verteilen ist. Allein aus dieser Bestimmung und den in den folgenden Sätzen über den Maßstab der Verteilung gegebenen Vorschriften ist nur zu entnehmen, daß und in welcher Weise der bei der Genehmigung der Bilanz für die Genossen sich ergebende Gewinn auf die Genossen verteilt werden soll, nicht auch der Rechtssatz, daß den Genossen ein unbedingter Anspruch auf den ganzen bilanzmäßigen Jahresgewinn zusteht. Wäre

§ 19 in diesem Sinne auszulegen, so würde, worauf mit Recht das Berufungsgericht aufmerksam macht, mit der in § 46 getroffenen Bestimmung, daß die Generalversammlung von dem Gewinne oder Verluste den auf die Genossen fallenden Betrag festzusetzen hat, der Generalversammlung insoweit nur eine rechnungsmäßige Aufgabe zugewiesen sein, während doch nach der Fassung des § 46 Abs. 1 angenommen werden muß, daß die Generalversammlung auch für die Festsetzung des auf die Genossen fallenden Gewinnes freie Entschließung hat, soweit nicht das Statut und der Gesellschaftszweck Schranken setzen. Im Zusammenhange mit § 46 ist daher unter dem „für die Genossen sich ergebenden Gewinne" des § 19 der Betrag des Gewinnes zu verstehen, der nach dem Beschlusse der Generalversammlung unter die Genossen verteilt werden soll. Zu einer anderen Auffassung können auch nicht die von der Revision angezogenen Vorschriften des § 71 über die Auseinandersetzung des Ausgeschiedenen mit der Genossenschaft führen. Die Auseinandersetzung hat allerdings auf Grund der Bilanz zu erfolgen; auf Grund der Bilanz ist das Geschäftsguthaben des ausgeschiedenen Genossen zu ermitteln. Daraus kann aber nicht gefolgert werden, daß dem ausgeschiedenen Genossen das Recht zusteht, für seine Geschäftsanteile die Verteilung des ganzen Jahresgewinnes zu begehren, daß also ihm gegenüber die der Generalversammlung in § 46 zugewiesene Befugnis nicht besteht."...

---

7. Ist ein Vertrag, durch welchen eine Stadtgemeinde einen Fleischbeschauer bei dem städtischen Fleischschauamte mit festem Gehalte, aber ohne weitere vermögensrechtliche Ansprüche angestellt hat, gegenüber dem § 36 Gew.O., den §§ 2 Nr. 1. 3. 5 des preußischen Gesetzes vom $\frac{\text{18. März 1868}}{\text{9. März 1881}}$ über die Errichtung öffentlicher Schlachthäuser und dem § 11 des preußischen Kommunalabgabengesetzes vom 14. Juli 1893 rechtswirksam?

IV. Civilsenat. Urt. v. 12. März 1896 i. S. H. (Kl.) w. Stadtgemeinde G. (Bekl.) Rep. IV. 340/95.

I. Landgericht Guben.
II. Kammergericht Berlin.

Der Kläger war am 8. Dezember 1879 als Fleischbeschauer für den Polizeibezirk der Stadt G. angestellt worden und hatte als solcher für jede Untersuchung, entsprechend dem vom Oberpräsidenten der Provinz Brandenburg erlassenen Reglement vom 26. Mai 1880, eine Gebühr von 1 ℳ bezogen. Zufolge Verordnung der Polizeiverwaltung der Stadt G. vom 16. September 1885 wurde ein Fleischschauamt für den Stadtbezirk G. errichtet. Der Polizeiverwalter, Bürgermeister Z., nahm in Gemäßheit des der Verordnung beigefügten Reglements vom 18. September 1885 am 14. Oktober 1885 mit dem Kläger und drei anderen Personen eine Verhandlung auf, in der er ihnen mitteilte, daß sie für das Fleischschauamt als Fleischbeschauer angestellt seien, und sie sich zur Übernahme dieses Amtes bereit erklärten und die pünktliche Erfüllung der ihnen durch die bezüglichen Verordnungen, Reglements und Instruktionen auferlegten Pflichten versprachen, wonächst sie durch Handschlag an Eidesstatt in Pflicht genommen und verständigt wurden, daß sie als Entschädigung für ihre Mühewaltung eine jährliche Remuneration von 800 ℳ zu beziehen hätten. Nach der gedachten Polizeiverordnung nebst Reglement war die Gebühr für die Untersuchung eines geschlachteten Schweines, entsprechend der Verordnung des Oberpräsidenten, auf 1 ℳ festgesetzt, und bestimmt, daß dieselbe an den mit der Abstempelung beauftragten Fleischbeschauer zu entrichten sei, und daß aus den vereinnahmten Gebühren die Kosten des Fleischschauamtes bestritten und etwaige Überschüsse zur Bildung eines Reservefonds angesammelt werden sollten.

Der Kläger hat nun geltend gemacht: Durch die Verhandlung vom 14. Oktober 1885 habe ihm das durch die Verordnung des Oberpräsidenten gewährleistete Recht auf die Einnahmegebühr von 1 ℳ aus der Fleischschau nicht entzogen werden sollen und können. Eine entgegenstehende Vereinbarung würde der rechtlichen Wirkung entbehren. Danach stehe ihm ein Anteil an den erzielten Gebührenüberschüssen und an dem von der Beklagten daraus gebildeten Reservefonds zu. Aus den Überschüssen sei auch den angestellten Fleischbeschauern die Remuneration am 1. April 1886 auf 1000 ℳ erhöht und ein weiterer Betrag von je 150 ℳ am 24. Dezember 1886 ausgezahlt worden.

Der Kläger hat seinen anteiligen Anspruch auf die angesammelten Überschüsse für den Zeitraum vom 15. Oktober 1885 bis zum 15. November 1892, an welchem Tage er aus der Stellung beim Fleischschauamte in G. geschieden ist, auf 6100 *M* berechnet, im jetzigen Rechtsstreite indes nur den Betrag von 1600 *M* eingeklagt.

Das Landgericht hat den Anspruch dem Grunde nach für gerechtfertigt erachtet. Auf die Berufung der Beklagten ist die Klage abgewiesen worden. Das Reichsgericht hat die Revision zurückgewiesen.

Aus den Gründen:

... „Das Berufungsgericht hat bei Prüfung des Klagegrundes zunächst angenommen, daß zwischen den Parteien infolge der von dem Bürgermeister und Polizeiverwalter der Beklagten mit dem Kläger aufgenommenen Verhandlung vom 14. Oktober 1885 und der von den städtischen Behörden von G. ausgeführten, durch Beschluß vom März 1887 noch besonders erklärten Übernahme des Fleischschauamtes mit Einnahmen und Ausgaben auf den städtischen Etat ein Anstellungsvertrag begründet worden sei, wonach dem Kläger für seine Mühewaltung eine Remuneration von 800 *M* jährlich zugesichert, sonstige Ansprüche auf die Gebühreneinnahmen und deren Überschüsse aber nicht eingeräumt seien. Die Revision macht geltend, daß diese Annahme aus unerheblichen Umständen hergeleitet und ein Dienstvertrag zwischen den Parteien nicht zustande gekommen sei. Dieser Angriff erscheint jedoch unzutreffend. Aus dem Inhalte der Verhandlung vom 14. Oktober 1885 in Verbindung mit dem weiteren Verhalten der Parteien konnte das Berufungsgericht mit Grund schließen, daß die Parteien über ein Anstellungsverhältnis des Klägers bei dem städtischen Fleischschauamte mit festem Gehalte, aber ohne weitere vermögensrechtliche Ansprüche einig geworden sind.

Das Berufungsgericht ist aber auch der klägerischen Ansicht entgegengetreten, daß ein solcher Anstellungsvertrag öffentlich-rechtlichen Normen, insbesondere den auf Grund des § 36 Gew.O. erlassenen Verordnungen und Reglements des Oberpräsidenten der Provinz Brandenburg vom 26. Mai 1880 und 17. März 1886, wie dem Gesetze vom 18. März 1868 über die Errichtung öffentlicher Schlachthäuser nebst dem dazu ergangenen § 11 des Kommunalabgabengesetzes vom 14. Juli 1893, widerstreite und deshalb der rechtlichen Wirksamkeit entbehre. Die Revision bekämpft diese Annahme als rechtsirrtümlich. Indes ist der Revision der Erfolg zu versagen. Nach § 36 Gew.O. darf das Gewerbe der Schauer frei betrieben werden; aber die verfassungsmäßig dazu befugten Staats- oder Kommunalbehörden bleiben auch ferner berechtigt, Personen, welche jenes Gewerbe betreiben wollen, auf die Beobachtung der bestehenden Vorschriften zu beeidigen und öffentlich anzustellen. In dieser Vorschrift ist es als Regel gedacht, daß die Schauer ihr Gewerbe für eigene Rechnung betreiben. Von diesem Gedanken ist ersichtlich auch die von dem Oberpräsidenten der Provinz Brandenburg auf Grund der §§ 137. 139 des Gesetzes über die allgemeine Landesverwaltung vom 30. Juni 1883 und der §§ 6. 12. 15 des Gesetzes über die Polizeiverwaltung vom 11. März 1850 für die gedachte Provinz in betreff der Trichinenschau erlassene Polizeiverordnung vom 17. März 1886 nebst dem angeschlossenen Reglement für die öffentlichen Fleischbeschauer ausgegangen. Danach sollen in jedem Polizeibezirke von der Ortspolizeibehörde Fleischbeschauer nach Maßgabe des § 36 Gew.O. und des vorhandenen Bedürfnisses bestellt werden, die eine Prüfung abzulegen, für die Beschaffung der Mikroskope selbst zu sorgen, die Untersuchungen ohne Verzug und unter Führung eines Kontrollbuches zu bewirken und für jede Untersuchung und Stempelung eines geschlachteten Schweines eine Gebühr von 1 ℳ zu beziehen haben, vorbehaltlich der Befugnis der Polizeibehörde, diese Gebühr für gewisse Bezirke mit Zustimmung der Fleischbeschauer zu ermäßigen. Allein weder durch den § 36 Gew.O., noch durch die vom Oberpräsidenten der Provinz Brandenburg erlassene Polizeiverordnung nebst Reglement für die Fleischbeschauer wurde die Beklagte rechtlich behindert, statt den Kläger behufs Betreibung der Fleischschau zum Schauer für eigene Rechnung zu bestellen, den in der ortspolizeilichen Verordnung nebst Reglement vom 16./18. September 1885 bezeichneten Weg zu beschreiten, d. h. behufs der Fleischschau ein städtisches Amt zu errichten, bei demselben Fleischbeschauer mit festem Gehalte anzustellen, die aus der Fleischschau sich ergebenden Gebühren zur Stadtkasse zu vereinnahmen, daraus die sächlichen Ausgaben des Fleischschauamtes und namentlich die Gehälter der angestellten Fleischbeschauer zu bestreiten, die Überschüsse aber in Reserve zu nehmen. Es kann mit dem Berufungsgerichte anerkannt werden, daß die Bestimmungen der Verordnung des Oberpräsidenten darauf abzielten, wie das Publikum gegen übermäßige Gebühren zu schützen, so den Fleischbeschauern angemessene Gebühren zu sichern. Dagegen tritt aus ihnen keine Norm hervor, durch welche, worauf es hier wesentlich ankommt, das privatrechtliche Verfügungsrecht der Beteiligten derart eingeschränkt wäre, daß die Beklagte mit dem Kläger nicht den vom Berufungsgerichte festgestellten Anstellungsvertrag hätte schließen dürfen. Auch das Gesetz vom 18. März 1868 / 9. März 1881 über die Errichtung öffentlicher Schlachthäuser und das Kommunalabgabengesetz vom 14. Juli 1893 enthalten keine zuwiderlaufende Vorschrift. Nach dem § 2 Ziff. 1—3 des ersteren Gesetzes kann in einer Gemeinde nach Errichtung eines öffentlichen Schlachthauses durch Gemeindebeschluß angeordnet werden, daß alles in das Schlachthaus gelangende Schlachtvieh, alles nicht darin ausgeschlachtete frische Fleisch und das für Gast- und Speisewirtschaften von auswärts bezogene frische Fleisch zunächst einer Untersuchung durch Sachverständige zu unterwerfen ist. Nach § 5 a. a. O. ist die Gemeinde befugt, für die Benutzung der Anstalt, wie für die Untersuchung des Viehes oder Fleisches Gebühren zu erheben, und die Tarifsätze sind so zu bemessen, daß die Gebühren für die Untersuchung (§ 2) über deren Kosten, die Gebühren für die Schlachthausbenutzung über den zum Unterhalte der Anlage, zu den Betriebskosten, zur Verzinsung und Amortisation des Anlagekapitales erforderlichen Betrag nicht hinausgehen. In § 11 des Gesetzes vom 14. Juli 1893 ist den Gemeinden eine Erhöhung der Gebühren für die Schlachthausbenutzung mit Bezug auf das Anlagekapital nachgelassen worden.

Nach alledem kann in der Annahme des Berufungsgerichtes, daß im Hinblicke auf den zwischen den Parteien zustande gekommenen Anstellungsvertrag dem Kläger ein Rechtsanspruch auf den aus den Einnahmen des Fleischschauamtes angesammelten Reservefonds nicht zustehe, eine Gesetzesverletzung nicht gefunden werden." ...

---

8. Unter welchen Umständen kann der Verkäufer dem säumigen Käufer gegenüber die vorbehaltene Spezifikation der zu liefernden Ware selbst vornehmen? Heilung des Verzuges durch nachträgliche Spezifikation.

I. Civilsenat. Urt. v. 18. März 1896 i. S. E.-Papierfabrik (Kl.) w. H. (Bekl.) Rep. I. 412/95.

I. Landgericht I Berlin.
II. Kammergericht daselbst.

Die Klägerin verkaufte dem Beklagten im September 1893 franko Schiff Berlin 2000 Centner Strohpappen zum Preise von 6,85 ℳ für Stärken von 80—300 Stück für den Centner bei Format von 64: 80 Centimeter; oder, wie es im Bestätigungsschreiben der Klägerin heißt, gelbe Mittelstärken 137 ℳ für 1000 Kilo. Für einseitig weiß beklebte sollte ein Aufschlag berechnet werden, sodaß der Preis im Bestätigungsschreiben der Klägerin auf 161 ℳ für 1000 Kilo angegeben wird. Formataufgaben wurden vorbehalten, nach der Bestellungsnote des klägerischen Agenten bis 100 Centimeter Breite und 111 Centimeter Länge, für weißbeklebte bis 96 Centimeter Breite und Länge. Nach dem Bestätigungsschreiben war Formataufgabe bis 68: 94 vorbehalten. Die Spezifikation sollte nach dem Bestätigungsschreiben bis spätestens Ende März 1894 eingereicht werden, die Abnahme bis Mai 1894 erfolgen. Der Beklagte hat 1066½ Centner spezifiziert, abgenommen und bezahlt. Dagegen hat er die übrigen 933½ Centner bis Ende März 1894 nicht spezifiziert. Die Klägerin hat nach mehrfachen Aufforderungen an den Beklagten und Verhandlungen, die das gewünschte Resultat nicht hatten, dem Beklagten am 12. Juni mitgeteilt, daß sie die Spezifikation selbst vorgenommen und die spezifizierten Pappen bei einem Spediteur niedergelegt habe. Sie forderte den Beklagten zur Abnahme bis zum 20. Juni auf. Bis zu diesem Tage würde ihm die Ware ohne weitere Unkosten verabfolgt werden, später auf seine Kosten lagern. Der Beklagte lehnte die Abnahme dieser Ware, die seinem Interesse nicht entspreche und zum Teil aus ganz unverkäuflichen Pappen bestehe, die Klägerin anders nicht loswerden könne, und die sie aus ihrem Lager genommen habe, ab. Er stellte statt dessen am 15. Juni eine Spezifikation von 300 Centnern, am 22. Juni eine Spezifikation des Restes auf. Am 4. Juli hat sich Beklagter dann noch bereit erklärt, von dem Berliner und Emdener Lager insgesamt über 400 Centner in von ihm bezeichneten Stärken und Dimensionen abzunehmen, während ihm 500 Centner nach seinen vorhergegangenen Dimensionen zu liefern seien. Die Klägerin hat darauf die Verhandlungen abgebrochen. Am 10. Juli hat Beklagter der Klägerin zur Lieferung der ca. 500 Centner eine Nachfrist bis zum 18. Juli gegeben, nach deren fruchtlosem Ablaufe sie diese 500 Centner nicht mehr abnehmen werde. Die Lieferung ist nicht erfolgt. In der Klage begehrt die Klägerin Verurteilung des Beklagten zur Zahlung von 6424,62 ℳ mit Zinsen seit 1. August 1894 und zur Tragung der Kosten der Lagerung von 933⅓ Centnern von ihr ausgewählter Strohpappen. Dabei ist für die von ihr ausgewählten wenigen Centner weißbeklebter Pappen ein Überpreis von im ganzen 30,14 ℳ berechnet. Eventuell fordert die Klägerin den Grundpreis von im ganzen 6394,48 ℳ. Der Beklagte ist in seiner Klagebeantwortung vom ganzen Vertrage zurückgetreten.

Der erste Richter hat den Beklagten nach dem prinzipalen Klagebegehren verurteilt; auf die Berufung des Beklagten ist dagegen die Klage abgewiesen. Die Revision der Klägerin ist zurückgewiesen aus folgenden

Gründen:

„Dem Berufungsurteile kann allerdings darin nicht beigetreten werden, daß der Verkäufer schlechthin nicht berechtigt wäre, beim Verzuge des Käufers in der Spezifikation zu einer dem Vertrage entsprechenden Lieferung zu gelangen, auch wenn der Käufer trotz der Aufforderung des Verkäufers nach eingetretenem Verzuge die Spezifikation nicht vornimmt. Der Kauf mit vorbehaltener Spezifikation ist eine neue Gestaltung, welche das wirtschaftliche Bedürfnis erzeugt hat. Er ist weder dem preußischen Allgemeinen Landrechte noch dem Handelsgesetzbuche bekannt. Er dient einem ganz anderen Zwecke als sonst die generische oder die alternative oder die bedingte Obligation. Deshalb wird man nicht durch bloß logische Subsumtion unter diese Kategorieen den darüber bestehenden Streit der Meinungen schlichten, welche Rechte dem Verkäufer zustehen, wenn der Käufer sich in der Spezifikation säumig erweist, ob namentlich der Verkäufer anstatt des Käufers spezifizieren darf. Man muß die geschäftlichen Intentionen und die geschäftlichen Interessen beider Teile mit zu Rate ziehen, um zu finden, was in diesem Falle der Natur der Sache entspricht. Der Handelsverkehr dient wirtschaftlichen Bedürfnissen beider Teile; jede Partei hat bei Erfüllung ihrer Verbindlichkeiten deshalb nach Treue und Glauben auf die Interessen der anderen Partei Rücksicht zu nehmen.

Ist eine nur generisch bestimmte Ware verkauft, so ist der Verkäufer nicht in Verlegenheit. Er hat Handelsgut mittlerer Art und Güte und, wenn nach Probe verkauft ist, probemäßige Ware zu liefern. Er kann danach aus seinen Vorräten auswählen, anschaffen oder fabrizieren. Ist aber dem Käufer innerhalb gewisser Grenzen die nähere Bestimmung von Maß, Stärke, Sorte der zunächst nur generisch bestimmten, in der Regel erst zu fabrizierenden oder doch anzuschaffenden Ware vorbehalten, so kann der Verkäufer nicht mit Anschaffung oder Fabrikation beginnen, so lange der Käufer nicht spezifiziert hat.

In vielen Artikeln ist die vorbehaltene Spezifikation das Gewöhnliche. Wenn ein Preisrückgang eintritt, kommen die Käufer leicht in Versuchung, sich mit der Spezifikation säumig zu erweisen. Sie fangen an zu mäkeln, versuchen am Preise zu drücken, machen Schwierigkeiten. Der Verkäufer oder sein Lieferant hat sich aber auf die Fabrikation eingerichtet, die Fabrik und die für den Fabrikbetrieb angenommenen Techniker und Arbeiter müssen beschäftigt werden. Er kann nicht auf die Spezifikation beliebig lange warten; sonst müßte die Fabrik stillstehen, oder die Reihenfolge der Fabrikation würde gestört. Er muß also ein Mittel haben, die Anschaffung der Ware oder deren Fabrikation herbeizuführen, um den Verkauf der Erfüllung entgegenzuführen. Und er muß es haben trotz der Säumnis des Käufers in der Spezifikation. Andererseits behält sich der Käufer die nähere Bestimmung nicht nach Laune und Willkür vor; vielmehr sind für ihn bestimmte Interessen maßgebend. Deshalb wird man sich leichter dazu entschließen dürfen, die thatsächliche Spezifikation von der Person des Käufers loszulösen, wenn das ohne allzugroße Schädigung dieser Interessen des Käufers geschehen kann, sofern man dadurch zugleich das Interesse des Verkäufers befriedigt, daß er trotz der Säumigkeit des Käufers zur Anschaffung oder zur Fabrikation der Ware gelangt.

Wollte man den Verkäufer auf die Interessenklage verweisen, so kann ihm damit im einzelnen Falle gedient sein. Er wird von der Reallieferung befreit und kann die Fabrik mit der Ausführung anderer Aufträge beschäftigen, wenn solche vorliegen. Es ist ihm nicht gedient, wenn solche anderen Aufträge in ausreichender Menge nicht vorliegen. Es ist dem Verkäufer auch nicht gedient, wenn das volle Interesse auf der Basis bloß des Grundpreises nicht berechnet werden kann. Klagt er auf Zahlung des Kaufpreises, wie er als Grundpreis bestimmt ist, so kommt er zu seinem Gelde; aber er bleibt mit der Verpflichtung hängen, die Ware in einer späteren Zeit, wo die Konjunktur gestiegen sein kann, wo die Fabrik mit anderen Aufträgen überfüllt ist, anschaffen oder fabrizieren zu müssen, wenn nun der Käufer im Laufe des Prozesses oder nach seiner Verurteilung spezifiziert. Nimmt der Verkäufer einen Selbsthilfeverkauf vor, so kann damit je nach dem Resultate, welches derselbe ergiebt, dem einen oder dem anderen Teile gedient sein. Dem Käufer ist damit gedient, soweit er sich bei der Lizitation beteiligen kann, um dann von neuem spezifizieren zu können. Es ist ihm auch gedient, wenn die Lizitation, was indes nur sehr selten vorkommen wird, einen hohen Preis ergiebt. Dem Verkäufer ist damit gedient, wenn er selbst der Bestbietende bleibt und nun frei spezifizieren und fabrizieren, über das Fabrikat verfügen kann und von dem Käufer die Differenz einzieht. Dem Käufer ist natürlich weder in diesem Falle, noch wenn ein Dritter zu einem niedrigeren Preise den Zuschlag erlangt, gedient. Denn er muß eine Differenz zahlen, ohne eine Ware zu erlangen. Dem Verkäufer ist aber nicht gedient, wenn ein Dritter oder der bisherige Käufer den Zuschlag erlangt, und sich der eine oder der andere von neuem in der Spezifikation säumig erweist.

Daß der Verkäufer bei vorbehaltener Spezifikation, wenn der Käufer in der Spezifikation säumig ist, zum Selbsthilfeverkaufe schreiten darf, ist in der reichsgerichtlichen Spruchpraxis, besonders dieses Senates anerkannt.

Vgl. Entsch. des R.G.'s in Civils. Bd. 10 S. 26; Bolze Bd. 18 Nr. 444, Bd. 19 Nr. 571, Bd. 20 Nr. 512.

Läßt man aber den Selbsthilfeverkauf zu, so ist damit anerkannt, daß der Verkauf mit vorbehaltener Spezifikation bei Säumigkeit des Käufers der Erfüllung entgegengeführt werden kann, ohne daß der ursprüngliche Käufer selbst spezifiziert, daß also die Spezifikation nicht ein so mit der Person des Käufers zusammenhängendes Recht ist, daß es auf alle Fälle nur von ihm allein ausgeübt werden dürfte. Das ergiebt sich auch aus der bereits oben angestellten Erwägung, daß die Spezifikation im Handelsverkehre nicht, um aus Laune und Willkür, sondern zur Wahrnehmung geschäftlicher Interessen ausgeübt zu werden, vorbehalten wird.

Daraus ergiebt sich von selbst der Weg, welcher bereits in der Entscheidung vom 9. März 1892,

vgl. Entsch. des R.G.'s in Civils. Bd. 29 Nr. 6,

vorgezeichnet ist. Es wurde damals dem Verkäufer das Recht zur Aussonderung statt des säumigen Käufers zugesprochen, aber unter ausdrücklicher Hervorhebung der Thatsache, daß der Käufer sich auch im Laufe des Prozesses nicht zur Spezifikation erboten, noch weniger selbst eine Auswahl getroffen habe. Auf diesem Wege können zugleich die Interessen des Verkäufers und des Käufers gewahrt werden.

In einem anderen Falle, in welchem auch dem Käufer das Recht einer für den Vertrag maßgebenden einseitigen Erklärung zusteht, bei dem Kaufe auf Besicht oder auf Probe, hat das Gesetz dem Verkäufer das Recht gegeben, dem Käufer eine Frist unter einem Präjudiz zu stellen (Art. 339. H.G.B.). In entsprechender Weise würde die Sache einfach zu einem festen Resultate geführt werden können.

Wie diesem Senate bekannt geworden, ist von der Kommission von Juristen, Fabrikanten und Kaufleuten, welche im November und Dezember 1895 im Reichsjustizamte über die Revision des Handelsgesetzbuches beriet, der Kauf mit vorbehaltener Spezifikation einer eingehenden Erwägung unterzogen. Man einigte sich bezüglich der vorliegenden Frage zu dem Vorschlage, dem Verkäufer das Recht zu geben:

dem säumigen Käufer unter Festsetzung einer kurzen Frist und unter Mitteilung einer von dem Verkäufer aufgestellten Spezifikation anzudrohen, er werde, falls der Käufer die Spezifikation nicht innerhalb der Frist nachhole, die seinerseits mitgeteilte Spezifikation als maßgebend ansehen. Nach fruchtlosem Ablaufe der Frist soll alsdann der Verkäufer befugt sein, nach seiner Spezifikation zu liefern und von dem Käufer Erfüllung oder nach Maßgabe dieser Spezifikaton Schadensersatz wegen Nichterfüllung zu fordern. Oder er soll auch von dem Vertrage zurücktreten dürfen, gleich als wäre er nicht geschlossen.

Der III. Civilsenat des Reichsgerichtes hat in dem Urteile vom 27. Mai 1892,

vgl. Entsch. des R.G.'s in Civils. Bd. 30 S. 97,

die eigene Auswahl des Verkäufers als nach dem bestehenden Rechte unzulässig bezeichnet. Da dieses Urteil für das Rechtsgebiet des gemeinen Rechtes gefällt, der vorliegende Fall aber nach preußischem Allgemeinen Landrechte zu beurteilen ist, so ist die Veranlassung, einen Beschluß der vereinigten Civilsenate herbeizuführen, nicht gegeben.

Dieser Senat hält für das Rechtsgebiet des preußischen Allgemeinen Landrechtes an der einmal ausgesprochenen Ansicht fest.

Ist der Käufer mit der Spezifikation säumig, so darf der Verkäufer seinerseits die Spezifikation vornehmen, um zu erfüllen. Aber er muß dabei das Interesse des Käufers wahrnehmen; er darf nicht willkürlich spezifizieren, so wenig wie der Käufer willkürlich unter Hintansetzung der Interessen des Verkäufers die Spezifikation aussetzen darf. Als ein geeigneter Weg, sich über das Interesse des Käufers zu vergewissern, erscheint der in dem vorstehenden Vorschlage von der Handelsgesetzbuchs-Kommission proponierte, auch wenn man de lege lata den Verlust des Spezifikationsrechtes des Käufers nicht gerade an den Ablauf der ihm vom Verkäufer gestellten Frist knüpft.

Teilt der Verkäufer dem Käufer mit, wie er spezifizieren will, und schweigt der Käufer darauf, oder moniert er nur die Spezifikation, ohne sich seinerseits positiv zu erklären, so handelt der Käufer arglistig, wenn er später, nachdem der Verkäufer die Ware gemäß seiner Spezifikation angefertigt oder angeschafft hat, die ihm vorher mitgeteilte Spezifikation des Verkäufers ablehnen oder sich gar darauf berufen will, daß er selbst doch nun einmal nicht spezifiziert habe. Spezifiziert aber der Käufer nachträglich zu einer Zeit, wo noch res integra ist, und wo der Verkäufer ohne erhebliche Verletzung der eigenen Interessen nach Maßgabe dieser nachträglichen Spezifikation des Käufers anschaffen oder fabrizieren könnte, so handelt der Verkäufer wider Treue und Glauben, wenn er auf diese nachträgliche Spezifikation des Käufers nicht eingeht, bloß weil er einmal spezifiziert habe.

Dieser letztere Fall liegt hier vor. Der Beklagte hat die ihm mitgeteilte Spezifikation der Klägerin als seinen Interessen widersprechend abgelehnt. Und er hat innerhalb mäßiger Frist die von ihm versäumte eigene Spezifikation nachgeholt, ohne daß der Verkäufer dargelegt hat, daß sein Interesse verletzt wäre, wenn er nun gemäß dieser nachträglichen Spezifikation geliefert hätte. Der Käufer hat also seinen Verzug purgiert. Er war nun berechtigt, den Verkäufer aufzufordern, nach dieser Spezifikation zu liefern; und da der Verkäufer es ablehnte, auf die Spezifikation des Beklagten einzugehen, auch die ihm zum Überfluß gesetzte Nachfrist ablaufen ließ, so war der Beklagte nach Art. 356 H.G.B. berechtigt, vom Vertrage abzugehen.

Diesen Weg hat er gewählt.

Die Klage erweist sich danach sowohl in ihrem prinzipalen als in ihrem eventuellen Antrage als hinfällig." ...

---

9. Ist die Verpfändung von in einem Keller lagernden Waren rechtswirksam vollzogen, insbesondere im Sinne von § 709 Abs. 2 C.P.O. und § 14 Einf.=Ges. zur K.O., wenn der Verpfänder von zwei vorhandenen Kellerschlüsseln dem Gläubiger nur einen behändigt, den anderen für sich behält?

VI. Civilsenat. Urt. v. 19. März 1896 i. S. H. (Kl.) w. E. u. R. (Bekl.) Rep. VI. 383/95.

I. Landgericht I Berlin.
II. Kammergericht daselbst.

Gründe:

„Der Theaterrestaurateur Th. in Berlin hat von dem Rentner H. daselbst (Th.'straße) in dessen Hause Ch.'straße Nr. ... verschiedene Räumlichkeiten, darunter einen Keller, gemietet. Einen weiteren, hieran anstoßenden, aber zu einem Hause der T.'straße gehörigen Keller mietete er vom Eigentümer dieses Hauses. Beide Keller sind durch eine verschließbare Thür verbunden, während der Zugang zu dem Keller des T.'straßen=Hauses von diesem Hause abgesperrt ist. In beiden Kellern hatte Th. Weine gelagert. Durch schriftlichen Pfandvertrag vom 18. August 1893 verpfändete Th. dem H. für eine restliche Mietzinsschuld von 5300 M „sämtliche ihm gehörigen im Keller des Hauses Ch.'straße Nr. ... lagernden Weine im Gesamtwerte von 13615,65 M" nach einem hierüber aufgenommenen Verzeichnisse. H. verpflichtete sich, so oft Th. Wein aus der verpfändeten Masse behufs Verkaufes herausverlange, dieselben gegen zuvorige Barzahlung des in dem Verzeichnisse angegebenen Preises zu verabfolgen; die Zahlungen sollten an der Forderung des H. abgerechnet werden. Th.

behändigte dem H. am 18. August 1893 sofort einen Schlüssel zu der Verbindungsthür zwischen beiden Kellern, welcher auch im Besitze des H. blieb. Am 20. Juli 1894 ließ der Kaufmann E. 8000 im Keller T.'straße Nr. . . . gelagerte Flaschen Wein pfänden. Dieselben Weine wurden am gleichen Tage im Auftrage des Weinhändlers R. und nachher noch im Auftrage des H. (wegen einer Forderung von 13750 *M*) je anschlußweise gepfändet. Der Versteigerungserlös dieser Weine wurde von dem Gerichtsvollzieher nach § 728 Abs. 2 C.P.O. hinterlegt. Nach dem im Verteilungsverfahren von dem Amtsgerichte aufgestellten Teilungsplane ist der hinterlegte Betrag nach Abzug der Gerichtskosten nach der Reihenfolge der Pfändungen auf E. mit 1512,53 *M*, auf R. mit 1208,74 *M*, auf H. mit dem Reste von 1412,30 *M* verwiesen.

Mit der in Verfolgung seines Widerspruches gegen E. und R. erhobenen Klage verlangt H. auf Grund des ihm am 18. August 1893 angeblich an den gepfändeten und versteigerten Weinen eingeräumten Faustpfandrechtes vorzugsweise Befriedigung vor den Beklagten und demgemäß Abänderung des Teilungsplanes dahin, daß auch die denselben zugewiesenen Beträge ihm auszuzahlen seien. Er behauptet, Gegenstand der Faustpfandbestellung seien die im Keller T.'straße Nr. . . . gelagerten Weine gewesen. Die abweichende Bezeichnung im Pfandvertrage sei eine irrtümliche. Die Beklagten bestreiten die Identität der gepfändeten und der durch den Vertrag vom 18. August 1893 verpfändeten Weine und wenden gegen die Gültigkeit der Faustpfandbestellung ein, es habe jedenfalls eine dem Gesetze entsprechende Übergabe der Weine (T.'straße) seitens des Th. an den Kläger nicht stattgefunden; jener habe nämlich schon zur Zeit der Verpfändung zwei Schlüssel zu der erwähnten Verbindungsthür besessen, hiervon einen für sich zurückbehalten und auf diese Weise jederzeit freien Zutritt zu dem fraglichen Keller gehabt und gewähren können. Überdies habe Kläger ohne jedesmalige Genehmigung des Th. keinen Zugang zu dem Keller T.'straße Nr. . . . gehabt, weil Th. ihm einen Schlüssel zu dem Keller Ch.'straße Nr. . . . nicht behändigt habe. Kläger bestritt das Vorhandensein von zwei Schlüsseln zu der Verbindungsthür; Th. habe ihm den einen Schlüssel unter der ausdrücklichen Versicherung eingehändigt, daß dies der einzige sei. Das Landgericht hat auf einen von den Beklagten je zu leistenden Überzeugungseid darüber erkannt, daß zur Zeit der Übergabe des Schlüssels zu dem Keller T.'straße Nr. . . . an den Kläger ein zweiter Schlüssel zu diesem Keller in den Händen des Th. vorhanden gewesen sei. Die Berufung des Klägers ist zurückgewiesen. Das Berufungsgericht läßt dahingestellt, ob die Anführung des Hauses Ch.'straße Nr. . . . in dem Pfandvertrage nur eine unschädliche falsche Bezeichnung enthalte, und ob die versteigerten und die in dem Vertrage verpfändeten Weine identisch seien. Es geht mit dem Richter erster Instanz davon aus, daß, wenn Th. bei Abschluß des Pfandvertrages sich im Besitze von zwei Schlüsseln zum Keller T.'straße Nr. . . . befunden habe, ein vertragsmäßiges Pfandrecht an den daselbst gelagerten Weinen, welches den Pfändungspfandrechten der Beklagten vorzugehen geeignet wäre, durch die Übergabe nur eines Schlüssels an den Kläger rechtsgültig nicht habe entstehen können, einerlei ob der Kläger von dem Vorhandensein des zweiten Schlüssels Kenntnis gehabt habe, oder nicht. Denn die Voraussetzung eines solchen vertragsmäßigen Pfandrechtes, daß der Kläger oder ein Dritter für ihn den Gewahrsam, d. h. die thatsächliche Herrschaft über die Weine mit Ausschließung einer Verfügungsmöglichkeit des Th., erlangt haben müsse (§ 709 Abs. 2 C.P.O., Einführungsgesetz zur K.O. § 14 Abs. 1), wäre solchenfalls nicht erfüllt. Aus der Verschweigung des Besitzes des zweiten Schlüssels könnte Kläger nur vielleicht einen Schadensersatzanspruch gegen Th. ableiten. Ganz anders liege der Fall, wenn der Verpfänder nach geschehener Verpfändung sich einen Nachschlüssel machen lasse; denn das einmal rechtsgültig entstandene Faustpfandrecht könne durch eine solche unerlaubte Handlung des Schuldners nicht erlöschen. Hier aber handele es sich um die rechtsgültige Entstehung eines dinglichen, gegen Dritte wirkenden Pfandrechtes. Weiter stellt das Berufungsgericht auf Grund des diesfalls eingezogenen Beweises fest, daß Th. in der That zur Zeit der Verpfändung im Besitze eines zweiten Schlüssels zu der betreffenden Verbindungsthür war, und insbesondere, daß der erstpfändende Gerichtsvollzieher die Pfändung u. a. dadurch vollzog, daß er den Keller T.'straße Nr. . . . mit diesem ihm von Th. ausgefolgten zweiten Schlüssel zuschloß und den Schlüssel an sich nahm. Das Berufungsgericht beließ es hiernach bei den vom Richter erster Instanz den Beklagten auferlegten Eiden nur deshalb, weil die Beklagten Berufung nicht eingelegt hatten. . . .

Die Revision macht geltend, die rechtliche Auffassung des Berufungsgerichtes sei zu abstrakt, insofern dasselbe ausschließlich (objektiv) Gewicht lege auf den Umstand, daß Th. einen zweiten Schlüssel besessen und behalten und damit die Möglichkeit gehabt habe, zu den verpfändeten Weinen zu gelangen. Nicht berücksichtigt sei aber die subjektive Seite, daß Th. von dieser Möglichkeit nie Gebrauch gemacht habe und augenscheinlich nie habe Gebrauch machen wollen, daß er als ehrlicher Paciscent den zweiten Schlüssel nicht als vorhanden betrachtet habe. Sodann müsse davon ausgegangen werden, daß, wie heimlich vorgenommene Besitzhandlungen nie die rechtlichen Wirkungen des Besitzes erzeugen können, so solche auch nicht geeignet seien, den Gewahrsam eines anderen, welchem sie verheimlicht worden, auszuschließen. Deshalb dürfe derjenige, welcher „heimlich" durch Besitz eines zweiten Schlüssels eine Sache faktisch mitbesitze, rechtlich nicht als Besitzer angesehen werden. Es komme also jedenfalls auf den von dem Kläger für seine Behauptung, Th. habe diesem den Besitz eines zweiten Schlüssels ausdrücklich abgeleugnet, angetretenen Zeugenbeweis an. Den Beweis dieser Behauptung vorausgesetzt, liege die Rechtswidrigkeit des Nebenbesitzes des Th. klar vor, und solcher müsse dem gutgläubigen Kläger gegenüber als nicht vorhanden erachtet werden.

Dieser Angriff entbehrt der rechtlichen Begründung; die Ansicht, auf der das Berufungsurteil beruht, ist vielmehr als richtig anzuerkennen. Zunächst steht hier außer Frage, welche Rechte der Kläger aus dem Pfandvertrage gegen seinen Schuldner Th. erworben hat, ob er insbesondere von ihm die Aushändigung des zweiten Schlüssels hätte verlangen können. Nur darauf kommt es an, ob der Kläger ein dingliches, gegen Dritte, zumal die Beklagten als Pfändungspfandgläubiger, wirksames Faustpfandrecht erworben hat. Dies muß auf der Grundlage des § 14 Abs. 1 des Einführungsgesetzes zur K.O. und des § 709 Abs. 2 C.P.O. allerdings verneint werden. Es steht außer Zweifel, daß hiernach zum Erwerbe des Faustpfandrechtes an beweglichen körperlichen Sachen, wie der hier in Frage stehenden, die Verschaffung des Gewahrsams der zu verpfändenden Sachen für den Gläubiger wesentliches Erfordernis ist, dergestalt daß die Übergabe durch constitutum possessorium nicht genügt, und der Gläubiger (oder ein Dritter für ihn) den Gewahrsam mit Ausschließung wie Dritter so auch des Schuldners und Verpfänders erlangen muß.

Vgl. Entsch. des R.G.'s in Civils. Bd. 19 S. 28 flg.

Ein Mitbesitz des Verpfänders stände unter Umständen der rechtsgültigen Entstehung des Faustpfandes dann vielleicht nicht entgegen, wenn trotz desselben jede Einwirkungsmöglichkeit des Verpfänders auf die verpfändeten Sachen ausgeschlossen ist. So liegt die Sache hier nicht: der Verpfänder behielt dadurch, daß er einen zweiten Schlüssel zu demselben Schlosse zurückgehalten hat, die Möglichkeit, nach seinem Belieben zu den verpfändeten Sachen zu gelangen, über sie zu verfügen und anderen den Zutritt zu gestatten. Ob er von dieser Möglichkeit Gebrauch machen wollte, ist gleichgültig. Die Absicht, den Gewahrsam zu verschaffen, genügt nicht; wesentlich ist, daß ein entsprechender thatsächlicher Zustand der gekennzeichneten Art hergestellt wird. Der Gewahrsam muß ein solcher sein, daß, indem die Einwirkung anderer ausgeschlossen ist, die Verpfändung hierdurch dem Verpfänder und Dritten gegenüber kundbar wird. Ob dies im einzelnen Falle zutrifft, ist (auch bei Verpfändung von Waren auf Lager) wesentlich Thatfrage. Hier hat das Berufungsgericht, ausgehend von der richtigen Rechtsanschauung, die Frage verneint, und zwar mit gutem Grunde, da ja die Beklagten sogar die angeblich verpfändeten Weine mit Hilfe des im Besitze des Th. gebliebenen Schlüssels pfänden lassen konnten, ohne durch irgend einen Umstand darauf aufmerksam gemacht worden zu sein, daß diese Weine zuvor verpfändet worden seien. Auch darauf kommt es nicht an, ob Th. dem Kläger das Vorhandensein des zweiten Schlüssels verheimlicht hat. Die Heimlichkeit ist ein Hindernis des Besitzerwerbes und kommt als Einrede gegen die Besitzklage oder auch als Klagegrund für eine solche in Betracht (A.L.R. I. 7 §§ 99. 100. 184, I. 15 §§ 33 flg.).

Vgl. Eccius, Preußisches Privatrecht Bd. 3 § 160 Nr. VI, § 162 Anm. 86 flg., § 164 Anm. 29.

Hieraus kann selbstverständlich nicht gefolgert werden, daß da, wo es auf die Verschaffung des ausschließlichen thatsächlichen Gewahrsames an einer Sache, als der vom Gesetze für den Erwerb eines Rechtes an der Sache aufgestellten Voraussetzung, ankommt, die Verheimlichung eines Umstandes, der den Zustand der Ausschließlichkeit gar nicht entstehen läßt, rechtlich gleichgültig wäre oder ignoriert werden müßte. Weil für die Frage des rechtsgültigen Erwerbes des Faustpfandrechtes in erster Linie die Verschaffung des ausschließlichen Gewahrsames zu Gunsten des Gläubigers erforderlich ist, darf der vorliegende Fall, wie das Berufungsgericht ferner mit Recht ausführt, auch nicht mit dem anderen Falle auf gleiche Linie gestellt werden, wo, nachdem das Pfandrecht rechtsgültig erworben worden ist, der Verpfänder rechtswidrig durch irgend eine Handlung die Ausschließlichkeit des Gewahrsames des Pfandgläubigers wieder aufhebt. Die Beantwortung der Frage, ob der Kläger durch den Verpfändungsakt vom 18. August 1893 ein gegen die Beklagten wirksames Faustpfandrecht erworben hat, müßte übrigens auch auf Grund der einschlägigen Vorschriften des Allgemeinen preußischen Landrechtes dieselbe sein. Dasselbe stellt als wesentliches Erfordernis gleichfalls schon die Übergabe der zu verpfändenden Sache in den körperlichen Gewahrsam des Gläubigers auf, dergestalt daß dem Verpfänder jede Einwirkung auf die Sache entzogen ist. Dies gilt insbesondere auch bei der Verpfändung von Waren durch sog. symbolische Übergabe, nämlich durch Übergabe der Schlüssel zu dem Lokal, in welchem die Waren lagern (a. a. O. §§ 7 flg. 104 flg. 271 flg. 329 flg. I. 20). Es muß ein Zustand hergestellt werden, welcher dem Gläubiger den ausschließlichen Gewahrsam verschafft und die Einwirkung anderer verhindert; sonst ist eben eine derartige Verpfändung nicht statthaft. Das preußische Landrecht (a. a. O. §§ 272 flg. §§ 339 flg.) stellt hier sogar besondere Vorschriften auf, wodurch die äußere Kundbarmachung des in solcher Weise bestellten Pfandrechtes als Erfordernis der Wirksamkeit desselben gegen Dritte verlangt wird.

Vgl. Koch, Allgemeines Landrecht Bd. 2 S. 787 flg. 798 Anm. 61; Entsch. des preußischen Obertribunals Bd. 53 S. 23 flg.; Rehbein, Entscheidungen Bd. 3 S. 424 flg.; Entscheidungen des Reichsoberhandelsgerichts Bd. 14 S. 104 flg. 193 flg.

Vom Standpunkte des Einführungsgesetzes zur Reichskonkursordnung aus könnte es sich fragen, ob diese besonderen Vorschriften weitere Erfordernisse für den Erwerb von Faustpfandrechten festsetzen, welche gemäß § 16 neben dem in § 14 aufgestellten Erfordernisse andauernd gelten. Hierauf braucht jedoch nicht eingegangen zu werden, weil die Auffassung des Berufungsgerichtes, daß die eine wesentliche Voraussetzung für den Erwerb eines gegen Dritte wirksamen Pfandrechtes seitens des Klägers durch den Verpfändungsakt vom 18. August 1893 — nämlich die Verschaffung des ausschließlichen Gewahrsames an den verpfändeten Weinen für den Kläger — nicht erfüllt sei, wie gezeigt, keinesfalls auf Rechtsirrtum beruht." . . .

---

10. Inwieweit ist der Civilrichter bei Entscheidung über Regreßklagen von Berufsgenossenschaften an das in § 96 des Gesetzes vom 6. Juli 1884 und § 117 des Gesetzes vom 5. Mai 1886 vorausgesetzte Strafurteil gebunden?

III. Civilsenat. Urt. v. 7. April 1896 i. S. P.'sche landwirtschaftliche Berufsgenossenschaft (Kl.) w. F. (Bekl.) Rep. I. 422/95.

I. Landgericht Posen.
II. Oberlandesgericht daselbst.

Aus den Gründen:

„Der erkennende Senat teilt die in dem reichsgerichtlichen Urteile vom 9. April 1894,

vgl. Entsch. d. R.G's. in Civils. Bd. 33 S. 88 flg.,

dargelegte Ansicht, daß bei Regreßklagen, welche auf Grund von § 96 des Gesetzes vom 6. Juli 1884 oder von § 117 des Gesetzes vom 5. Mai 1886 erhoben werden, die in dem vorausgegangenen Strafurteile getroffene Feststellung über die Verschuldung des Beklagten für den Civilrichter bindend sei. Im vorliegenden Falle hat das Strafurteil ausgesprochen, daß der Beklagte Wirtschaftsinspektor auf dem Gute seines Vaters gewesen sei, und daß er als solcher diejenige Aufmerksamkeit, zu welcher er vermöge seines Berufes als Landwirt besonders verpflichtet war, aus den Augen gesetzt und so durch Fahrlässigkeit die Körperverletzung des ländlichen Arbeiters verursacht hat, wegen dessen Unfall die jetzt klagende Berufsgenossenschaft Aufwendungen zu machen hatte und in Zukunft zu machen haben wird, deren Ersatz sie mittels der erhobenen Klage von dem Beklagten begehrt. Ist das gedachte Urteil für den Civilrichter bindend, so muß ihm folgerichtig diese Eigenschaft beigelegt werden, nicht bloß hinsichtlich der festgestellten Schuldfrage an sich, sondern auch bezüglich derjenigen Voraussetzungen, auf welchen die Feststellung beruht. Gegebenen Falles hat nun der Strafrichter angenommen, wie aus seinen Gründen unzweifelhaft erhellt, daß der Beklagte die Fahrlässigkeit, wegen deren eine Strafe gegen ihn erkannt ist, in seiner Eigeuschaft als Wirtschaftsinspektor sich zur Last gelegt hat. Diese Annahme bildet einen wesentlichen und untrennbaren Bestandteil des Strafurteiles, sodaß dem letzteren eine seiner Grundlagen entzogen wäre, wenn im Civilprozesse eine andere Annahme an deren Stelle gesetzt würde. Zwar mag zugegeben werden, daß das Strafurteil nicht immer präjudiziell für den Civilrichter in der Frage ist, welche persönliche Stellung der verurteilte Landwirt oder Gewerbetreibende zur Zeit des Unfalles innegehabt hat, sei es, daß der Strafrichter diesfalls sich gar nicht ausgesprochen oder daß er, wie in Seuffert's Archiv (Bd. 46 Nr. 49) unterstellt wird, hierüber nur eine nebensächliche Erörterung gepflogen hat.

Vgl. Seuffert, Kommentar zur Civilprozeßordnung 6. Aufl. S. 1028.

Der Civilrichter kann also nicht selten in die Lage kommen, nach Erlaß des Strafurteiles noch thatsächlich feststellen zu müssen, ob der Verurteilte zu den in § 117 a. a. O. genannten Personen zählt. Im gegenwärtgen Falle aber ist die Notwendigkeit weiterer Verhandlung in dieser Richtung um deswillen ausgeschlossen, weil der Strafrichter zweifellos feststellt, es habe der Beklagte als Wirtschaftsinspektor den betreffenden Unfall verursacht, und weil ein Gutsinspektor, mag man ihn nun als Bevollmächtigten, Repräsentanten, Betriebs- oder Arbeitsaufseher ansehen, unter allen Umständen dem Personenkreise des § 117 a. a. O. zuzurechnen ist.

Aus diesen Gründen ist der Beklagte gemäß der soeben erwähnten gesetzlichen Bestimmung für regreßpflichtig zu erklären." ...

---

11. Kann eine Gebrauchsmusteranmeldung, wenn der Gegenstand der Anmeldung vorher zur Erteilung eines Patentes angemeldet worden war, als bereits mit der Patentanmeldung erfolgt angesehen werden? Begriff der offenkundigen Benutzung eines Modelles.

I. Civilsenat. Urt. v. 11. April 1896 i. S. St. (Bekl.) w. C. (Kl.)
Rep. I. 95/96.

I. Landgericht Essen.
II. Oberlandesgericht Hamm.

In der Gebrauchsmusterrolle des Kaiserlichen Patentamtes ist für den Beklagten unter Nr. 5827 ein Gebrauchsmuster eingetragen, bestehend aus einer Panzerung der pneumatischen Gummireifen (Gummi-Radreifen), gebildet aus einer Anzahl von Stofflagen, angebracht zwischen dem inneren Schlauche und der äußeren Gummihülle, und dienend zur Vermeidung von Verletzungen des inneren Schlauches beim Überfahren scharfer Gegenstände. — Als Tag der Anmeldung ist der 10. Oktober 1891 eingetragen. Thatsächlich ist die Aumeldung zur Gebrauchsmusterrolle erst am 28. April 1892 erfolgt. Vorher (am 10. Oktober 1891) hatte der Beklagte seine Neuerung zur Erteilung eines Patentes angemeldet. Klägerin verlangt die Löschung des Gebrauchsmusters, indem sie u. a. behauptet, daß das Modell des Beklagten bereits zur Zeit der Anmeldung (am 28. April 1892) im Inlande offenkundig benutzt sei, da Beklagter gleich nach dem 10. Oktober 1891 Reifen mit seiner Neuerung im Inlande in den allgemeinen Handel gebracht und in Fachschriften als Neuheit angekündigt habe.

Vom Landgericht ist die Klage abgewiesen, vom Oberlandesgericht dagegen auf die Berufung der Klägerin der Beklagte dem Klagantrage gemäß verurteilt, und vom Reichsgericht die Revision zurückgewiesen worden aus folgenden

Gründen:

„Nach § 1 Abs. 2 des Gesetzes, betreffend den Schutz von Gebrauchsmustern, vom 1. Juni 1891 gilt ein Modell insoweit nicht als neu, als es zur Zeit der auf Grund dieses Gesetzes erfolgten Anmeldung bereits in öffentlichen Druckschriften beschrieben oder im Inlande offenkundig benutzt ist. Entscheidend für die Frage der Neuheit ist danach, gleichviel welcher Zeitpunkt als Zeit der Anmeldung bei der Eintragung in die Gebrauchsmusterrolle angegeben ist, die Zeit der erfolgten Anmeldung, und zwar der auf Grund des Gesetzes erfolgten Anmeldung. Darunter kann aber nur eine solche Anmeldung verstanden werden, die erkennen läßt, daß der Gebrauchsmusterschutz verlangt wird (§ 2 des Gesetzes in Verbindung mit §§ 2. 20 des Patentgesetzes). Eine Patentanmeldung enthält daher, auch wenn das, was angemeldet ist, Gegenstand eines Gebrauchsmusterrechtes sein kann, nicht zugleich eine Anmeldung auf Grund des Gebrauchsmustergesetzes. Die durch die Vordatierung der Anmeldung des Beklagten bethätigte gegenteilige Ansicht des Kaiserlichen Patentamtes läßt außer acht, daß Patentrecht und Gebrauchsmusterrecht sich in der gesetzlichen Ausgestaltung und namentlich in den zu beschaffenden formellen Voraussetzungen der Rechtsbegründung wesentlich voneinander unterscheiden, und verkennt daher, daß, wer Patentschutz verlangt, nicht nur mehr, sondern etwas anderes verlangt, als Gebrauchsmusterschutz. Sie kann deshalb umsoweniger für richtig gehalten werden, als sie zu der in Hinsicht auf den Beginn der Schutzfrist nicht unbedenklichen Konsequenz führen würde, daß, wenn und so oft eine Gebrauchsmusteranmeldung auf Grund einer vorhergegangenen Patentanmeldung als bereits früher erfolgt angesehen werden könnte, die Anmeldung auch, ohne Rücksicht auf die Frage der Neuheit, als früher erfolgt angesehen werden müßte.

Mit Recht ist demnach das Berufungsgericht davon ausgegangen, daß es darauf ankomme, ob zur Zeit der am 28. April 1892 erfolgten Anmeldung das Modell des Beklagten im Inlande offenkundig benutzt sei.

Der Begriff der offenkundigen Benutzung ist für das Gebrauchsmustergesetz kein anderer, als für das Patentgesetz.

Vgl. Entsch. des R.G.'s. in Civils. Bd. 33 Nr. 33.

Die Frage ist also, ob am 28. April 1892 das Modell des Beklagten bereits so offenkundig benutzt war, daß danach die Benutzung durch andere Sachverständige möglich erschien. Daß dies der Fall gewesen, ist aber nach der ohne Gesetzesverletzung getroffenen thatsächlichen Feststellung des Berufungsgerichtes nicht zu bezweifeln. Denn festgestellt ist, daß der Beklagte schon bald nach dem 10. Oktober 1891 pneumatische Reifen mit seiner Panzerung unter Anpreisung der letzteren als einer hervorragenden Neuheit im Inlande in den allgemeinen Handel gebracht hat. Damit war für Sachverständige die Möglichkeit gegeben und es ihnen nahegelegt, durch Untersuchung der Herstellungsart der Reifen das Wesen der angekündigten Neuerung zu ergründen und die Neuerung zu benutzen. Ob solche Untersuchungen wirklich vorgenommen worden sind, ist ohne Belang. Der vom Revisionskläger vermißten Feststellung, daß dies geschehen, bedurfte es daher nicht. Überdies aber hat das Berufungsgericht mit Rücksicht darauf, daß die ganze Welt der Fahrradfabrikanten, Händler und Radler mit Aufmerksamkeit jede Änderung an den pneumatischen Reifen verfolge, es für zweifellos erachtet und damit in bedenkenfreier Weise thatsächlich festgestellt, daß das Öffnen der Reifen zwecks Erforschung des Wesens der Neuerung in zahlreichen Fällen vor dem 28. April 1892 erfolgt sei." ...

---

12. Erfindung und Erfinderrecht vor Anmeldung und Erteilung eines Patentes. Hat der Erfinder aus der widerrechtlichen Ausnutzung seiner Erfindung vor der Patenterteilung Anspruch auf Entschädigung gegen den, der sie ausgenutzt hat?

Patentgesetz §§ 2. 3 Abs. 2 § 5.

A.L.R. I. 13 §§ 228. 230 flg. 262. 286, I. 16 § 200.

I. Civilsenat. Urt. v. 11. April 1896 i. S. Dr. u. Sch. (Kl.) w. Zuckerfabrik Sch. & Co. (Bekl.) Rep. I. 446/95.

I. Landgericht Ratibor.
II. Oberlandesgericht Breslau.

Die Klägerin ist Inhaberin eines deutschen Reichspatentes auf ein Verfahren zur Herstellung von Krystallzucker in Rohzuckerfabriken mittels Centrifugen, das ihr auf Anmeldung vom 14. November 1888 im Jahre 1889 erteilt und am 2. Januar 1890 ausgegeben ist. Im August 1887 fanden zwischen Dr., dem Mitinhaber der klagenden Gesellschaft, und dem technischen Direktor der beklagten Gesellschaft, Br., Verhandlungen über Versuche mit dem Verfahren in der Fabrik der Beklagten statt, in deren Verfolg Br. der Klägerin unwahr mitteilte, daß er die Versuche nicht vornehmen dürfe. Unstreitig ist das Verfahren in der Fabrik der Beklagten in den Kampagnen 1887/1888 und 1888/1889 angewendet. Die Klägerin behauptet, daß Dr. dem Br. das Wesen der Erfindung unter der Verpflichtung der Geheimhaltung und unter dem Vorbehalte mitgeteilt habe, daß in der Fabrik eine Zeit lang Versuche damit angestellt, demnächst aber die Versuche eingestellt oder für die Benutzung des Verfahrens eine Entschädigung gezahlt werden solle. Sie behauptet, daß die Beklagte aus dem Verfahren in der Kampagne 1887/1888 allein einen Nutzen von 60000 *M* gezogen habe, und hat aus dem Fundamente der Patentverletzung, des Vertrages und der Bereicherung die Beklagte auf Zahlung von 15000 *M* in Anspruch genommen.

Der erste Richter hat die Klage abgewiesen, der Berufungsrichter für den Fall der Feststellung des von ihm zugelassenen Vertragsfundamentes durch Nichtleistung eines der Beklagten auferlegten Eides zur Zahlung von 10000 *M* verurteilt, die Klage aus der Bereicherung aber abgewiesen.

Auf die Revision beider Teile ist dieses Urteil aufgehoben und die Sache an das Berufungsgericht zurückverwiesen worden aus folgenden

Gründen:

(Es werden zunächst die Fundamente der Patentverletzung und des Vertrages verworfen, und es heißt sodann weiter:)

„Das Reichsgericht hat in seinem Urteile vom 28. Mai 1892,

vgl. Entsch. des R.G.'s in Civils. Bd. 29 S. 49,

in wesentlicher Übereinstimmung mit früheren Urteilen die Auffassung sehr bestimmt zurückgewiesen, daß das Erfinderrecht vor Erteilung des Patentes keinen Vermögenswert darstelle. Sowohl der § 3 Abs. 2 des Patentgesetzes vom 25. Mai 1877 wie die gleiche Vorschrift des Patentgesetzes vom 7. April 1891 und die Vorschrift im § 5 beider Gesetze lassen unzweideutig erkennen, daß das Recht desjenigen, der durch Anmeldung einer Erfindung ein Patentrecht erlangen kann, schon vor der Anmeldung und Erteilung des Patentes als verletzbares, selbst der Ausübung nach übertragbares Vermögensobjekt gedacht ist (Urteil des Reichsgerichtes vom 19. Februar 1896 Rep. I. 380/95). In dem Urteile vom 28. Mai 1892 ist insbesondere darauf hingewiesen, daß bei der Vorberatung des Patentgesetzes vom 25. Mai 1877 als selbstverständlich angesehen ist, daß derjenige, dessen Erfindung ohne seine Einwilligung von einem anderen zur Anmeldung eines Patentes benutzt ist, nicht auf die Klage auf Nichtigkeit des Patentes beschränkt ist (§ 10 Ziff. 2 des Patentgesetzes vom 25. Mai

1877, § 10 Ziff. 3 des Patentgesetzes vom 7. April 1891), sondern alle weitergehenden Ansprüche hat, die sich nach Maßgabe des bürgerlichen Rechtes aus der widerrechtlichen Benutzung seiner Erfindung ergeben. Dieses Urteil betrifft zwar nur den Fall der rechtswidrigen Benutzung fremder Erfindung zur Erlangung eines Patentes, und es steht auch außer Frage, daß in dem Vorstadium bis zur Anmeldung und Erteilung des Patentes das Erfinderrecht als solches keinen Anspruch auf ausschließliche Ausnutzung der Erfindung und kein Untersagungsrecht gegen Dritte begründet. Aber verfehlt ist, wenn der Berufungsrichter bei Beurteilung des Klagegrundes der Bereicherung ausführt: So lange die Erfinderidee der Klägerin nicht durch Patent geschützt gewesen, sei sie Allgemeingut gewesen. Vor Erlangung des Patentes habe das Vermögen der Klägerin durch die Hingabe ihrer Erfindung eine Verminderung nicht erfahren können. Vor Erlangung des Patentes sei die Erfinderidee der Klägerin kein Vermögenswert gewesen. Alles das ist rechtlich völlig unhaltbar. Allgemeingut ist eine Erfinderidee nur, wenn sie offenkundig war oder offenkundig gemacht wird, bevor der Patentschutz in Wirksamkeit tritt (§ 2 des Patentgesetzes). Ein Vermögensbestandteil ist die Erfindung schon vor der Patentanmeldung und Patenterteilung, weil, wenn sie gewerblich verwertbar ist, derjenige, der sie in Händen hat, ihre gewerbliche Verwertbarkeit mit Ausschließung anderer durch Anmeldung und Erteilung des Patentes erlangen und auf andere übertragen kann. Verfehlt ist auch, was der Berufungsrichter ... bei Beurteilung des Klagegrundes der Patentverletzung bezüglich des § 5 des Patentgesetzes ausführt. Der Berufungsrichter stellt fest, daß Dr. seine Erfindung dem Br. mit allen Einzelheiten so mitgeteilt hat, daß dem Br. als Sachverständigen dadurch die Benutzung der Erfindung und die Anwendung des Verfahrens im Betriebe der Beklagten möglich wurde. Er stellt fest, daß die Mitteilung der Erfindung den Zweck hatte, den Br. zu Versuchen und zur Erprobung des Verfahrens zu veranlassen. Er stellt fest, daß Br. die Versuche angestellt und, nachdem er die Vorteile desselben erkannt, die Klägerin durch die unwahre Behauptung, daß Dr. H., der Vertreter der Beklagten, die Versuche verboten, getäuscht und demnächst trotzdem in beiden Kampagnen das Verfahren angewendet hat.

Dieser Feststellung gegenüber verstößt es gegen die klare Sachlage und verletzt den § 5 des Patentgesetzes, wenn der Berufungsrichter ausführt, der § 5 Abs. 1 des Patentgesetzes vom 25. Mai 1877 komme der Beklagten zu gute, weil Br. freiwillig (soll wohl heißen, durch den freien Willen des Dr.) die Kenntnis der Erfindung erlangt habe, wenn auch zu zeitlich eingeschränkter Benutzung. Der § 5 Abs. 1 hat nach seiner Entstehungsgeschichte und seinem gesetzgeberischen Grunde den Fall der Doppelerfindung im Auge, bei der die eine Erfindung unabhängig von der anderen vor sich gegangen ist (§ 3 Abs. 2 des Patentgesetzes). Er setzt voraus, daß der Dritte, der das Patent nicht angemeldet und erlangt hat, sich im Besitze der Erfindung befunden hat, d. h. in einem von dem späteren Patentberechtigten unabhängigen, selbst oder mit dessen Einwilligung zur Ausnutzung erlangten Besitze.

Vgl. Entsch. des R.G.'s in Civils. Bd. 7 S. 52, Bd. 30 S. 63. 65.

Das gerade Gegenteil stellt der Berufungsrichter fest, indem er für erwiesen erachtet, daß Dr. dem Br. die Erfindung zum Zwecke von zeitlich beschränkten Versuchen mitgeteilt, daß Br. die Versuche unter Täuschung der Klägerin abgelehnt, das Verfahren aber trotzdem unter Benutzung der ihm gemachten Mitteilungen ohne ihre Einwilligung und ohne ihre Genehmigung im Betriebe der Beklagten verwendet hat. Wird erwiesen, was die Klägerin behauptet und unter das Zeugnis des Br. gestellt hat, worüber aber dieser bisher nicht vernommen ist, daß Dr. dem Br. . . . die Erfindung unter der Verpflichtung der Geheimhaltung zu Versuchen, nicht zur Ausnutzung mitgeteilt hat, so bedarf es, um die Beklagte aus der trotzdem in ihrer Fabrik erfolgten Ausnutzung des Verfahrens zu verpflichten, nicht des Nachweises, daß eine Entschädigung für diese Ausnutzung zugesagt ist. Br. durfte die ihm zu bestimmtem Zwecke anvertraute Erfindung nicht zu einem anderen Zwecke benutzen und handelte widerrechtlich, indem er sie zu anderen Zwecken benutzte. Hätte Br. das ihm anvertraute Verfahren zu seinem eigenen Vorteile ausgenutzt, so würde gar kein Bedenken darüber entstehen können, daß er der Klägerin den gezogenen Vorteil ebenso herausgeben müsse, wie der Leiher, Depositar, Pfandgläubiger dazu verpflichtet ist, der die empfangene Sache unberechtigt zu eigenem Vorteile ausnutzt, und wie derjenige, der außer dem Falle eines Vertrages einen Vermögenswert zur Erfüllung eines Zweckes erhält, den Zweck entweder erfüllen oder, was er erhalten, nebst allen daraus gezogenen Vorteilen herausgeben muß (§§ 200. 201 A.L.R. I. 16).

Die Beklagte haftet in Höhe des von ihr gezogenen Vorteiles, auch wenn die Ausnutzung des Verfahrens ohne ihr Wissen und Willen erfolgt ist, weil Br. das Verfahren als ihr Geschäftsführer anvertraut erhalten und in ihrer Fabrik ausgenutzt hat.

Die allgemeine Fassung der §§ 228. 231. 234 A.L.R. I. 13 rechtfertigt es, unter Geschäftsführung wie im gemeinen Rechte alles auch bloß faktisches Handeln zu begreifen, durch welches über fremde Vermögensrechte verfügt wird. Von diesem Gesichtspunkte aus ist in der Rechtsprechung Geschäftsführung in den Verfügungshandlungen des unredlichen Besitzers und dessen gefunden, der unberechtigt ein dramatisches Werk aufführt, und zwar Geschäftsführung für den Eigentümer und den Autor. Hier hat Br. zugleich die Geschäfte der Beklagten geführt, und nach den §§ 230. 238. 240. 241. 262. 286 A.L.R. I. 13 muß die Beklagte diese Geschäftsführung entweder genehmigen und die Klägerin angemessen entschädigen oder den Vorteil herausgeben, den sie aus der Handlung des Br. gezogen hat.

Vgl. Entsch. des R.G.'s in Civils. Bd. 12 S. 105, Bd. 35 S. 64flg.; Entsch. des R.O.H.G.'s Bd. 11 S. 136; Striethorst, Archiv Bd. 50 S. 283.

Wird erwiesen, was nach obigem noch festzustellen ist, so trifft die Erwägung des Berufungsrichters nicht zu: „Die Klägerin habe nicht die Geschäfte der Beklagten geführt, auch nicht führen wollen, dem Br. vielmehr die Mitteilung nur gemacht, um sich über den Umfang der Verwertbarkeit ihres Verfahrens Gewißheit zu verschaffen, und sich des Br. in eigenem Interesse, nicht in der Absicht bedient, sich in die Geschäfte der Beklagten zu mischen. Wenn Br. sich der gewonnenen Kenntnis zum Vorteile der Beklagten ohne deren Auftrag fortan bedient habe, so könne die Klägerin die Beklagte aus der ihr dadurch erwachsenen Verbesserung ihres Vermögens nicht in Anspruch nehmen."

Diese Erwägung könnte zutreffen, wenn ein doloses Verhalten des Br. nicht vorläge, und Br. sich nach der Sachlage zur Ausnutzung der Erfindung der Klägerin hätte für befugt halten können. Ohnedies geht die Erwägung des Berufungsrichters ebenso fehl, wie die Erwägung, zum Begriffe der Bereicherung gehöre auf seiten der Klägerin eine Handlung, für die sie bezahlt zu werden pflege, und es fehle der Nachweis, daß vor der Erlangung des Patentes die Klägerin Erfinderideen gegen Bezahlung weitergegeben habe. Denn um eine Bereicherung der Beklagten durch eine Handlung der Klägerin (§ 232 A.L.R. I. 13) handelt es sich nach den vorstehenden Darlegungen nicht." ...

---

13. 1. Muß der Gegner zum Termine geladen werden, wenn das Amtsgericht gemäß Art. 348 H.G.B. angeordnet hat, daß der Zustand der vom Käufer beanstandeten Ware durch Sachverständige festgestellt werde?

2. Kann der Käufer, der mit seiner Auffassung, daß er die Ware nicht anzunehmen brauche, im Prozesse durchgedrungen ist, verlangen, daß ihm der Verkäufer die durch die Expertise erwachsenen Kosten ersetze?

II. Civilsenat. Urt. v. 21. April 1896 i. S. K. (Kl.) w. G. (Bekl.) Rep. II. 36/96.

I. Landgericht Mainz.
II. Oberlandesgericht Darmstadt.

Der Beklagte kaufte von der Klägerin eine größere Menge Gerste auf Grund eines ihm vorgelegten Musters, verweigerte aber, als ihm die Gerste zugesandt wurde, deren Annahme, weil sie nicht der Probe entspreche. Als die Verkäuferin mit einem Selbsthilfeverkaufe drohte, beantragte er bei dem Amtsgerichte auf Grund des Art. 348 H.G.B. die Ernennung von Sachverständigen zum Zwecke der Feststellung des Zustandes der Ware. Diesem Antrage wurde entsprochen; auch gaben die ernannten Sachverständigen vor dem Amtsgerichte mündlich ihr Gutachten ab. Zu diesem Termine war die Verkäuferin nicht geladen worden. Die Klägerin schritt zum Selbsthilfeverkaufe und klagte dann auf Bezahlung des Mindererlöses, der sich bei der Versteigerung herausgestellt habe. Der Beklagte beantragte Abweisung der Klage, weil die Gerste nicht der

Probe entsprochen habe, und berief sich in dieser Beziehung besonders auf die Aussagen der vom Amtsgerichte ernannten und vernommenen Sachverständigen; auch verlangte er mittels Widerklage Ersatz der Kosten, welche ihm durch die Expertise entstanden seien. Die Klägerin widersetzte sich der Benutzung der erwähnten Gutachten, weil sie nach § 452 C.P.O. hätte zum Termin geladen werden müssen, und dies ohne Grund unterlassen worden sei. Das Landgericht hat die Klage abgewiesen, die Widerklage dagegen zugesprochen, das Oberlandesgericht die Berufung der Klägerin zurückgewiesen. Dasselbe Schicksal hatte deren Revision.

Aus den Gründen:

„Die Revision konnte nicht für begründet erachtet werden.

1. Von der Revisionsklägerin wurde in erster Linie geltend gemacht, das Oberlandesgericht habe dem Gutachten der gemäß Art. 348 H.G.B. auf Antrag der Beklagten vom Amtsgerichte zu Ruhrort ernannten und vernommenen Sachverständigen mit Unrecht entscheidendes Gewicht beigelegt, obgleich die Klägerin zur Beweisaufnahme nicht geladen worden sei. Dieser Angriff konnte jedoch keinen Erfolg haben. Der Art. 348 Abs. 2 H.G.B. gewährt dem Käufer, der die ihm von einem anderen Orte übersendete Ware beanstandet, das Recht, deren Zustand durch gerichtlich ernannte Sachverständige feststellen zu lassen, weil eine derartige Feststellung für ihn wertvoller ist, als die Besichtigung durch von ihm selbst ausgewählte Sachverständige, welche durch Art. 348 H.G.B. nicht ausgeschlossen worden ist. Diese Feststellung, auf welche auch der Verkäufer der beanstandeten Ware ein Recht hat, soll für den Fall, daß es zu einem Prozesse kommt, als Beweismittel bezüglich der Beschaffenheit der Ware dienen und hat insofern Ähnlichkeit mit dem Beweise zum ewigen Gedächtnis oder der in den §§ 447 flg. C.P.O. geregelten Sicherung des Beweises. In Art. 348 H.G.B. wurde jedoch bezüglich des Verfahrens absichtlich nicht auf die Bestimmungen über den Beweis zum ewigen Gedächtnis verwiesen, vielmehr die gerichtliche Thätigkeit, wie die Art und Weise, in welcher das Gutachten erstattet werden soll, selbständig geregelt. Die Ernennung der Sachverständigen hat nach dieser Vorschrift auf einseitigen Antrag des Käufers oder Verkäufers zu erfolgen, und der Gegner braucht hiernach, auch wenn das Gutachten der Sachverständigen mündlich zum Protokoll des Gerichtes

erstattet wird, nicht zu der Verhandlung geladen zu werden. Die Notwendigkeit einer derartigen Ladung ergiebt sich auch nicht aus der Civilprozeßordnung. Die prozessualen Bestimmungen der Reichsgesetze wurden nach § 13 Abs. 1 des Einführungsgesetzes zur Civilprozeßordnung durch die Einführung dieses Gesetzbuches nicht beseitigt; in Abs. 4 des erwähnten Paragraphen ist Art. 348 H.G.B. aber keineswegs aufgehoben, sondern nur in einzelnen Richtungen abgeändert und ergänzt worden. Daß nicht die Absicht bestand, ihn zu beseitigen und durch die Bestimmungen über die Sicherung des Beweises zu ersetzen, ergiebt sich mit voller Deutlichkeit aus dem Gesetze selbst und ist in der Begründung des Entwurfes ausdrücklich hervorgehoben worden. Aber auch hinsichtlich des Verfahrens wurde nur insoweit auf die Bestimmungen der Civilprozeßordnung über die Sicherung des Beweises verwiesen, als es sich um die Zuständigkeit des Gerichtes handelt. Bezüglich der Ernennung, Beeidignng und Vernehmung der Sachverständigen sind dagegen die §§ 367 flg. dieses Gesetzbuches maßgebend. Das Oberlandesgericht hat deshalb mit Recht, in Übereinstimmung mit der großen Mehrzahl der Schriftsteller, angenommen, daß in Ansehung der in Art. 348 H.G.B. vorgesehenen Besichtigung und Begutachtung durch Sachverständige die §§ 452. 454 C.P.O. nicht zur Anwendung kommen, und daß der andere Teil zu dem Termine, in welchem die Sachverständigen ihr Gutachten zu Protokoll geben, nicht geladen zu werden braucht. Die Notwendigkeit einer solchen Vorladung ergiebt sich auch nicht etwa aus § 322 C.P.O., der sich nur auf die Fälle bezieht, in welchen Parteien vorhanden sind, sonach ein Prozeß bereits anhängig ist.

Die gemäß Art. 348 vom Amtsgerichte ernannten Sachverständigen sind nun allerdings nicht vom Prozeßgerichte ernannt, sodaß es sich bei der Benutzung ihres Gutachtens nicht um ein im Rechtsstreite selbst erhobenes Beweismittel handelt. Deshalb darf dem Gegner in der Regel die Führung eines Gegenbeweises nicht abgeschnitten werden. Aber dies hat auch das Oberlandesgericht nicht verkannt. Es hat vielmehr lediglich ausgeführt, daß das vorliegende Gutachten gemäß § 259 C.P.O. neben dem übrigen Beweismaterial zu berücksichtigen sei. Ein Antrag, bezüglich derjenigen Thatsachen, über welche sich die vom Amtsgerichte ernannten Sachverständigen ausgesprochen haben, noch weitere Sachverständige zu hören, ist von der Klägerin nicht gestellt worden. Das Oberlandesgericht durfte hiernach das ihm vorgelegte Gutachten bei der Beweiswürdigung so verwerten, wie es geschehen ist.

2. Als ungerechtfertigt erscheint auch der weitere Angriff der Revisionsklägerin, daß ihr mit Unrecht die Kosten der auf Antrag der Beklagten beantragten Besichtigung und Begutachtung der Waare auferlegt worden seien. Die Kosten dieses Verfahrens sind nicht als Bestandteil der Prozeßkosten behandelt und der Klägerin gemäß § 87 C.P.O. auferlegt worden. Vielmehr hat die Beklagte mittels Widerklage beantragt, daß die Klägerin und Widerbeklagte zum Ersatze dieser Kosten verurteilt werde. Zur Begründung dieses Antrages hat sie geltend gemacht, die Klägerin habe sie durch ihr Vorgehen zu der in Art. 348 H.G.B. gestatteten Maßregel genötigt und sei deshalb verpflichtet, ihr ihre der Höhe nach nicht bestrittenen Auslagen zu ersetzen. Die Zuerkennung der Widerklage durch das Landgericht hat das Berufungsgericht gebilligt, weil die Klägerin in der That probemäßige Waare nicht geliefert und die Beklagte durch Androhung einer öffentlichen Versteigerung der Ware genötigt habe, den Antrag auf deren Besichtigung und Begutachtung zu stellen und sich dadurch den Beweis zu sichern, daß sie die Annahme der Gerste mit Recht verweigert habe. Durch diese Feststellungen wird die Entscheidung bezüglich der Widerklage durchaus gerechtfertigt." ...

---

14. Ist der Schweizer, dem ein deutsches Reichspatent erteilt ist, von der Verpflichtung, die Erfindung im Deutschen Reiche zur Ausführung zu bringen (§ 11 des Patentgesetzes), durch Art. 5 des Übereinkommens zwischen dem Deutschen Reiche und der Schweiz, betr. den gegenseitigen Patent-, Muster- und Markenschutz, vom 13. April 1892 (R.G.Bl. 1894 S. 511) befreit?

I. Civilsenat. Urt. v. 22. April 1896 i. S. E.-Aktiengesellschaft (Kl.) w. A.-J.-Aktiengesellschaft (Bekl.). Rep. I. 66/96.

I. Kaiserliches Patentamt.

Die obige Frage ist gegen das Kaiserliche Patentamt verneint worden aus folgenden

Gründen:

... „Nach dem zwischen dem Deutschen Reiche und der Schweiz über den gegenseitigen Patent-, Muster- und Markenschutz getroffenen Übereinkommen vom 13. April 1892 genießen die Angehörigen des einen der vertragschließenden Teile in dem Gebiete des anderen in Bezug auf den Schutz von Erfindungen, von Mustern und Modellen, von Handels- und Fabrikmarken, von Firmen und Namen dieselben Rechte wie die eigenen Angehörigen. Sie werden demgemäß denselben Schutz und dieselben gesetzlichen Mittel gegen jede Verletzung ihrer Rechte haben, wie die Inländer, vorausgesetzt, daß sie die Förmlichkeiten erfüllen, welche die innere Gesetzgebung eines jeden der beiden Staaten den Inländern auferlegt (Art. 1).

Der Sinn dieser Bestimmung ist völlig klar. Wenn ein Schweizer eine Erfindung gemacht hat, so erhält er darauf im Deutschen Reiche unter denselben Bedingungen ein Patent, unter denen ein solches einem Deutschen nach dem deutschen Patentgesetze erteilt würde, wenn der Deutsche die Erfindung gemacht und zur Patentierung angemeldet hätte. Und umgekehrt. Nachdem aber dem Schweizer das deutsche Reichspatent erteilt ist, wird er wegen seiner patentierten Erfindung im Deutschen Reiche ebenso geschützt wie ein Deutscher, der ein deutsches Reichspatent erlangt hat, innerhalb der Grenzen des Deutschen Reiches geschützt wird. Dagegen ist es selbstverständlich nicht der Sinn des Art. 1, daß, wenn der Schweizer in der Schweiz, aber nicht im Deutschen Reiche, ein Erfindungspatent erlangt hat, der Schweizer nun, weil er in der Schweiz ein Erfindungspatent erlangt hat, denselben Erfindungsschutz im Deutschen Reiche genießen soll, den er infolge der Patentierung seiner Erfindung in der Schweiz genießt. Mit einem Worte: trotz des Übereinkommens bleiben nach wie vor in Beziehung auf Erteilung von Erfindungspatenten und in Beziehung auf den Schutz patentierter Erfindungen das Deutsche Reich und die Schweiz zwei voneinander getrennte Gebiete. In jedem Gebiete werden die Patente erteilt und geschützt nach seinen Gesetzen, nicht nach den Gesetzen des anderen Gebietes. Nur sollen die Angehörigen des anderen Gebietes nicht zurückgesetzt werden hinter die Angehörigen des eigenen Gebietes, wenn sie hier ein Patent suchen und erlangt haben nach Maßgabe der für dieses letztere Gebiet erlassenen Gesetze. Nach Art. 2 sind den Angehörigen im Sinne des Übereinkommens andere Personen gleichgestellt, welche in dem Gebiete des einen der vertragschließenden Teile ihren Wohnsitz oder ihre Hauptniederlassung haben. Nach Artt. 3. 4 steht die frühere Anmeldung der Erfindung in dem einen Gebiete der Patenterteilung in dem anderen Gebiete nicht entgegen, wenn nur die Anmeldung der Erfindung in dem zweiten Gebiete innerhalb einer Frist von drei Monaten erfolgt, nachdem das Patent in dem ersten Gebiete erteilt ist. Hieran schließt sich die Vorschrift des Art. 5 Abs. 1:

„Die Rechtsnachteile, welche nach den Gesetzen der vertragschließenden Teile eintreten, wenn eine Erfindung ... nicht innerhalb einer bestimmten Frist ausgeführt wird, sollen auch dadurch ausgeschlossen werden, daß die Ausführung ... in dem Gebiete des anderen Teiles erfolgt."

Da nach den vorangegangenen Bestimmungen, insonderheit des Art. 1, das Gebiet des anderen Teiles in Beziehung auf patentrechtliche Verhältnisse für die gemachte Erfindung nur in Betracht kommt, sofern für dieses andere Gebiet ein Patent nachgesucht werden soll, eine Erfindung zur Patentierung angemeldet oder ein Patent erteilt ist, so kann dieser erste Absatz des Art. 5 nur bedeuten: Die Rechtsnachteile, welche nach den Gesetzen der vertragschließenden Teile eintreten, wenn eine Erfindung nicht innerhalb einer bestimmten Frist ausgeführt wird, sollen für eine in beiden Gebieten patentierte Erfindung dadurch für beide Gebiete ausgeschlossen werden, daß die Ausführung nur in dem einen Gebiete erfolgt.

Nach § 11 des deutschen Patentgesetzes vom 7. April 1891 kann nach Ablauf von drei Jahren vom Tage der über die Erteilung des Patentes erfolgten Bekanntmachung gerechnet das Patent zurückgenommen werden, wenn der Patentinhaber es unterläßt, im Inlande die Erfindung in angemessenem Umfange zur Ausführung zu bringen oder doch alles zu thun, was erforderlich ist, um diese Ausführung zu sichern. Nach dem Schweizer Patentgesetze vom 29. Juni 1888 (§ 9 Ziff. 3) erlischt das erteilte Patent, wenn die Erfindung nach Ablauf des dritten Jahres, vom Tage der Anmeldung an gerechnet, nicht zur Anwendung gekommen ist. Es läßt sich nicht annehmen, daß das Deutsche Reich einem Engländer oder Amerikaner, der nur ein deutsches Reichspatent, aber weder ein englisches noch ein amerikanisches noch ein Schweizer Patent genommen hat, den Fortbestand des deutschen Patentes während der ganzen 15 Jahre der Patentdauer habe sichern wollen, wenn er die durch das deutsche Patent überall bekannt gewordene und danach im Auslande allgemein als Gemeingut benutzte Erfindung nur in der Schweiz, wo der Erfinder eine Hauptniederlassung begründet hat, zur Ausführung gebracht hat, innerhalb des Deutschen Reiches aber auszuführen geflissentlich unterläßt. Die Ausführung in der Schweiz ist Ausführung einer patentierten Erfindung überhaupt nicht, wenn in der Schweiz für diese Erfindung ein Patent nicht genommen, dieselbe vielmehr dort als Gemeingut von jedermann benutzt werden kann. Es würde sich in diesem Falle um einen gegenseitigen Patentschutz, zu dessen Sicherung das Übereinkommen vom 13. April 1892 getroffen ist, überhaupt nicht handeln. Vielmehr würde, wenn dieser Fall unter das Übereinkommen gezogen würde, das Deutsche Reich den Angehörigen der Schweiz einschließlich der Fremden, welche dort eine Hauptniederlassung begründet haben oder dort wohnen, ein Privilegium für eine Fabrikation gewährt haben, welche von der Schweiz selbst als patentfähige Erfindung nicht geschützt wird, bloß weil jene Person im Deutschen Reiche ein Patent auf eine Erfindung genommen hätte, die sie hier auszuführen unterläßt, und deren Ausübung sie jedem Dritten untersagt. Das wäre eine Hintansetzung der Interessen der deutschen Industrie, welche bei der deutschen Reichsregierung nicht zu unterstellen ist. Vielmehr sind offenbar die kontrahierenden Teile bei Fassung des Art. 5 des Übereinkommens von dem gewöhnlichen Falle ausgegangen, daß ein Angehöriger des Deutschen Reiches nicht unterlassen wird, ein Patent für das Deutsche Reich zu nehmen, wenn er seine Erfindungen in der Schweiz zur Patentierung anmeldet. Und umgekehrt wird gewöhnlich, sofern die Erfindung in beiden Gebieten patentierbar ist, der Angehörige der Schweiz nicht unterlassen, seine Erfindung in der Schweiz zur Patentierung anzumelden, wenn er ein deutsches Reichspatent nimmt. Für diesen gewöhnlichen Fall ist der Art. 5 Abs. 1 vereinbart, und das Vorhandensein eines solchen Falles ist deshalb die Voraussetzung für die Anwendung des Art. 5.

Zum Überfluß haben das die kontrahierenden Regierungen, eine jede offiziell, zum Ausdrucke gebracht. Der deutsche Reichskanzler hat das Übereinkommen dem deutschen Reichstage zur verfassungsmäßigen Beschlußfassung am 3. Dezember 1893 mit einer Denkschrift vorgelegt,

vgl. Nr. 85 der Drucksachen des Reichstages, IX. Legislaturperiode,

und zwar mit dem Schlußprotokolle vom 16. Juni 1893. Die Denkschrift führt zu Art. 5 aus:

„Nach den deutschen, wie nach den schweizerischen Gesetzen kann die Säumnis in der Ausführung einer unter Schutz gestellten Neuerung den Verlust des Schutzes zur Folge haben. Diese Bestimmung ist für diejenigen Gewerbetreibenden, welche in Deutschland und in der Schweiz den Schutz nachgesucht und erlangt haben, insofern lästig, als sie es notwendig macht, in beiden Ländern oft mit erheblichen Kosten und Weiterungen Anstalten zur Herstellung des geschützten Gegenstandes zu treffen. Es liegt daher im beiderseitigen Interesse, daß im Sinne derjenigen Vorschriften, welche unter Androhung des Rechtsverlustes die Ausführung im Inlande erfordern, die im Gebiete des einen Teiles erfolgende Ausführung auch für das Gebiet des anderen Teiles als wirksam anerkannt wird."

In ganz gleicher Weise hat sich die Botschaft des schweizerischen Bundesrates an die Bundesversammlung der schweizerischen Eidgenossenschaft vom 24. Mai 1892 (Patentblatt 1892 S. 690) ausgesprochen:

„Bis anhin mußten die schweizerischen Erfinder, welche in beiden Staaten Patente nehmen, dafür sorgen, daß ihre deutschen Patente innerhalb drei Jahren in Deutschland zur gewerblichen Ausbeutung gelangten, wenn sie sich nicht der Zurücknahme derselben aussetzen wollten. Von nun aber wird die Ausbeutung der Patente genügen, um die deutschen Patente aufrecht zu erhalten; dadurch erhalten auch unsere Patente größeren Wert, und unsere industriellen Etablissements, welche schweizerische und deutsche Patente besitzen, werden beide Länder für die Erzeugnisse ihrer Fabrikmonopole zu Absatzgebieten haben."

Haben die kontrahierenden Teile diesen Fall im Auge gehabt, und läßt sich nach dem Zwecke, den das Übereinkommen verfolgt, der

Art. 5 nur auf diesen Fall beziehen, so muß derselbe auch in diesem Sinne verstanden werden.

Das Kaiserliche Patentamt hat ihn anders verstanden. Weil die Beklagte nach der Annahme des Kaiserlichen Patentamtes die Erfindung in der Schweiz zur Ausführung gebracht hat, wo sie ein Patent nicht genommen hat und nach den Erklärungen des Berufungsbeklagten nicht mehr nehmen konnte, weil die Erfindung in der Schweiz schon derart bekannt geworden war, daß die Ausführung durch Sachverständige möglich ist (Art. 2 des Schweizer Patentgesetzes), erachtet das Kaiserliche Patentamt den § 11 Ziff. 1 des deutschen Patentgesetzes nicht für anwendbar. Diese Auslegung des Art. 5 Abs. 1 des Übereinkommens ist rechtsirrtümlich und wird durch die Entscheidungsgründe des Kaiserlichen Patentamtes nicht gerechtfertigt.

Daß das Übereinkommen in diesem Punkte leicht so hätte gefaßt werden können, daß die in der Entscheidung des Kaiserlichen Patentamtes wiedergegebene Auslegung auch schon durch den Wortlaut des Übereinkommens ausgeschlossen gewesen wäre, ist richtig. Wenn in dieser Beziehung nicht eine größere Sorgfalt auf die Redaktion verwendet ist, so läßt sich das doch genügend durch die Annahme erklären, daß die Verfasser des Übereinkommens gar nicht daran gedacht haben, daß jemand auf eine Auslegung kommen konnte, welche dem Grundgedanken des Übereinkommens geradezu widerspricht. Das Argument, die Einschränkung des Art. 5 auf den zu unterstellenden Fall sei nicht zum Ausdrucke gekommen, ist ohne Wert. Denn das ist bei der einschränkenden Auslegung von Gesetzen, die so häufig geboten ist, regelmäßig der Fall.

Wenn sich die Entscheidung auf die Kundgebung der beiderseitigen Regierungen bezieht, nach denen das Gebiet beider Staaten für die Ausführungspflicht bezüglich eines Patentes als ein einheitliches gelten soll, so ist zunächst zu bemerken, daß jene Kundgebungen nicht den in den Entscheidungsgründen eingeschobenen Zusatz bezüglich eines nur von dem einen Teile erteilten Patentes enthalten. Die Schweizer Botschaft, welche jenen Gedanken wiedergiebt, lautet nach S. 695 des Patentblattes von 1892:

„In Beziehung auf Ausbeutung des gewerblichen Eigentumes vereinigt Art. 5 die beiden vertragschließenden Teile gleichsam zu einem einzigen Gebiete, in dem Sinne nämlich, daß wegen Nichtausbeutung im Gebiete des einen Teiles oder wegen Importes vorgesehene Erlöschungsgründe nicht anwendbar sind, wenn die Ausbeutung im Gebiete des anderen Teiles oder die Einfuhr von dem Gebiete dieses anderen Teiles aus stattfindet."

Ob die Annahme der Schweizer Botschaft, daß das schweizerische Patentgesetz die Nichtausführung einer dort patentierten Erfindung im Inlande nicht als Erlöschungsgrund vorsieht, gegenüber dem Art. 9 Ziff. 3 jenes Gesetzes richtig ist, ist hier nicht zu entscheiden. Wenn auf Grund jener Auslegung dort erklärt wird, Art. 5 des Übereinkommens bedinge deshalb keine Änderung des gegenwärtigen Zustandes für die Schweiz, so kann diese Erklärung nicht als Grund für die Annahme verwertet werden, die Schweizer Bundesregierung habe den Art. 5 in dem Sinne verstanden, daß dadurch die Erlöschung eines Schweizer Patentes beseitigt werde, wenn die Erfindung nur in Deutschland, obschon dort nicht patentiert, zur Ausführung gebracht sei. Die Botschaft spricht aber weiter den Satz aus:

„Auf der anderen Seite kann Deutschland diejenigen Patente nicht mehr zurücknehmen, welche auf seinem Gebiete nicht, auf dem unserigen aber in einem den deutschen Bedürfnissen genügenden Umfange ausgebeutet werden,"

ohne daß sich hier auch nur eine Spur von der Auffassung findet, als solle die Ausführung der Erfindung in der Schweiz die Zurücknahme des deutschen Patentes auch dann ausschließen, wenn für die Erfindung in der Schweiz ein Patent gar nicht genommen ist. Im Gegenteil wird dann auf S. 696 in völlig klarer Weise der Art. 5 nur auf den Fall bezogen, daß ein Schweizer in beiden Staaten Patente genommen hat. Als ein einheitliches Gebiet können demnach die beiden Staatsgebiete nur für solche Erfindungen angesehen werden, welche thatsächlich in Deutschland und in der Schweiz patentiert sind.

Nun haben freilich die beiden kontrahierenden Teile noch in dem Zusatzprotokolle vom 16. Juni 1893 ausgesprochen:

„Die Bestimmungen des Art. 5 des Übereinkommens finden auf diejenigen Erfindungen nicht Anwendung, welche nach den Gesetzen eines der vertragschließenden Teile vom Patentschutze ausgeschlossen sind."

Allein diese Bestimmung ist in keinem Falle geeignet, die patentamtliche Entscheidung zu tragen. Denn ausgeschlossen vom Patentschutze sind nach dem Schweizer Patentgesetze vom 29. Juni 1888 nicht bloß Erfindungen, welche nicht durch Modelle darstellbar sind, sondern u. a. auch solche Erfindungen, welche in der Schweiz bekannt und deshalb zur Zeit ihrer etwa erfolgten oder möglichen Anmeldung nicht mehr neu waren (Artt. 1. 2 des Schweizer Patentgesetzes vom 29. Juni 1888). Eine Erfindung kann für das Deutsche Reich neu und für die Schweiz z. B. infolge einer nur in der Schweiz geschehenen offenkundigen Vorbenutzung bekannt sein. In diesem Falle würde der Schweizer Erfinder immer noch ein deutsches Reichspatent, aber nicht mehr ein Schweizer Patent erlangen können. Er wird dann aber genötigt, die Erfindung innerhalb des Deutschen Reiches auszuführen. Denn seine Erfindung ist nach den Gesetzen der Schweiz von dem Patentschutze ausgeschlossen.

Ebendasselbe lag hier vor. Die Erfindung der Beklagten war neu, als sie bei dem deutschen Patentamte zur Patentierung angemeldet wurde. Sie war nicht mehr neu, als das Schweizer Patentgesetz in Kraft trat, und deshalb hat die Beklagte nach ihren eigenen Erklärungen in der Schweiz ein Patent nicht nehmen können. Jedenfalls lag also zu der Zeit, als das Übereinkommen zwischen dem Deutschen Reiche und der Schweiz ratifiziert wurde, der Thatbestand des Zusatzprotokolles vor. Aus diesem Zusatzprotokolle läßt sich aber auch nichts für die Auslegung des Übereinkommens entnehmen, welche in der patentamtlichen Entscheidung ausgesprochen ist. Man muß die Entstehungsgeschichte dieses Zusatzprotokolles berücksichtigen, um seine Bedeutung zu würdigen.

Als das Abkommen bekannt wurde, fühlten sich die Industriellen der chemischen Branche in Deutschland beunruhigt. In der Schweiz wurden vielfach chemische Erfindungen, die in Deutschland und in anderen Staaten patentiert waren, nach ihrem Bekanntwerden ausgebeutet. Die dortigen Fabrikanten machten dann dem Erfinder auf den Märkten, auf denen solches zugelassen wurde, Konkurrenz. Das geschah vor dem Schweizer Patentgesetze, und es geschah nach dem Inkrafttreten des Schweizer Patentgesetzes. Denn dieses hatte die Patentierung eines bloßen Verfahrens, wie es vornehmlich die chemischen Erfindungen charakterisiert, von der Patentierung ausgeschlossen. Der Verein zur Wahrung der Interressen der chemischen Industrie beantragte deshalb beim Bundesrate an erster Stelle dem Abkommen mit der Schweiz die Zustimmung zu versagen. In dieser Eingabe findet sich schon die irrtümliche Auslegung des Art. 5 des Übereinkommens. Die Antragsteller sprechen die Ansicht aus, die Beseitigung des Ausführungszwanges auf diesem Gebiete wirke einseitig zu Gunsten der Schweiz. Es werde ein Monopol für den Import aus dem Auslande geschaffen. Die Antragsteller beantragen deshalb eventuell, das Abkommen mit der Schweiz nur mit der Maßgabe zu genehmigen, daß dasselbe, soweit es sich um den Patentschutz handelt, eingeschränkt werde auf solche Erfindungen, für welche auch nach dem Schweizer Patentgesetze Patente erteilt werden können.

Vgl. Zeitschrift für den gewerblichen Rechtsschutz vom 3. Dezember 1892 S. 343.

Mit vollem Rechte hat bereits ein Schweizer Jurist (Simon zu Bern) in derselben Zeitschrift vom 1. Dezember 1894 (S. 363) nachgewiesen, daß die dem eventuellen Antrage zu Grunde liegende Auslegung falsch ist. Aber sie gewann in Deutschland Boden, und, nachdem der Bundesrat den Antrag abgelehnt hatte, entstand eine Bewegung, welche zur Folge hatte, daß der Reichstag das Abkommen beanstandete. Nun bemühte sich die deutsche Reichsregierung, wie sich aus der bereits angeführten deutschen Denkschrift ergiebt, bei der Schweiz eine Änderung nach den beiden Gesichtspunkten herbeizuführen, von welchen aus jene Eingabe des Vereines zur Wahrung der Interessen der chemischen Industrie verfaßt war.

Eine Änderung der Schweizer Gesetzgebung oder auch nur des Abkommens dahin, daß in Zukunft in der Schweiz überhaupt oder für die Angehörigen des Deutschen Reiches Patente auf Erfindungen erteilt würden, welche lediglich ein Verfahren betreffen, wurde nicht erreicht. Dagegen diente es zur Beruhigung der Gemüter, daß in dem Zusatzprotokolle etwas ausdrücklich ausgesprochen wurde, was sich von selbst verstand, von den beiderseitigen Kontrahenten von vornherein gewollt war und deshalb von der Schweiz leicht zugestanden werden konnte. Und nun genehmigte der deutsche Reichstag das Abkommen mit dem Zusatzprotokolle. Daß hierdurch an dem Sinne des Abkommens nichts geändert wurde, ergiebt sich ohne weiteres." . . .

15. Einfluß des § 26 Gew.O. auf den Rechtserfolg der negatorischen Klage.

VI. Civilsenat. Urt. v. 16. April 1896 i. S. A. (Bekl.) w. P. Wwe. (Kl.) Rep. VI. 418/95.

I. Landgericht Bremen.
II. Oberlandesgericht Hamburg.

Die Entscheidung ist unten unter „Gemeines Recht" Nr. 45 S. 172 abgedruckt.

---

16. 1. Klage des berechtigten Inhabers einer Firma auf Unterlassung der weiteren Führung einer ohne Recht geführten, nur unerheblich abweichenden Firma und auf Löschung derselben im Handelsregister.

2. In welchem Sinne ist es für den Begriff der offenen Handelsgesellschaft wesentlich, bezw. unwesentlich, daß der betreffende Handelsbetrieb nicht nur im gemeinsamen Namen, sondern auch für gemeinsame Rechnung der Gesellschafter vor sich gehe?

3. Zur Lehre von der Gesetzesumgehung.

VI. Civilsenat. Urt. v. 22. April 1896 i. S. S. u. H. (Bekl.) w. D. (Kl.) Rep. VI. 57/96.

I. Landgericht Dresden, Kammer für Handelssachen.
II. Oberlandesgericht daselbst.

Die beiden Beklagten, mit Namen W. R. Seelig und J. W. G. Hille, waren in zwei Instanzen nach dem Klagantrage dazu verurteilt worden, die im Dresdener Handelsregister verlautbarte Firma „Seelig, Hille & Co." zu löschen und sich des weiteren Gebrauches dieser Firma zu enthalten. Die von ihnen dagegen eingelegte Revision wurde vom Reichsgerichte zurückgewiesen aus den folgenden

Gründen:

„Unbestritten ist, daß der Kläger die Firma „R. Seelig & Hille" in Dresden in rechtsgültiger Weise erworben hat, daß die beiden Beklagten und der Restaurateur A. A. E. Hille zu Halle in das Dresdener Handelsregister eine offene Handelsgesellschaft unter der Firma „Seelig, Hille & Co." haben eintragen lassen, aus welcher bald nachher der genannte Restaurateur Hille, unter Gestattung der Fortführung der Firma durch die beiden Beklagten, wieder seinen Austritt erklärt hat, und daß die beiden Beklagten sich im Geschäftsverkehre seit jener Eintragung der Firma „Seelig, Hille & Co." bedient haben. Das Berufungsgericht hat ferner für thatsächlich festgestellt erklärt, daß in Wirklichkeit zwischen den drei als Inhabern dieser Firma ursprünglich eingetragenen Personen oder auch zwischen zweien derselben kein Gesellschaftsverhältnis bestanden habe, und das betreffende Handelsgeschäft immer nur von dem Beklagten S. als Einzelkaufmann betrieben worden sei. Prozessuale Bedenken walten gegen diese Feststellung nicht ob....

In rechtlicher Beziehung hat das Oberlandesgericht aus allen diesen Thatsachen die Folgerung gezogen, daß die Beklagten nach Art. 27 Abs. 1 H.G.B. dem Kläger gegenüber verpflichtet seien, sich des Gebrauches der Firma „Seelig, Hille & Co." zu enthalten und die Löschung derselben im Dresdener Handelsregister zu bewirken. Die Beklagten selbst haben in der Revisionsverhandlung nicht bezweifelt, daß dies unter der Voraussetzung richtig sein würde, daß sie unberechtigterweise die bezeichnete Firma führten. In der That ist insoweit jene Folgerung völlig unbedenklich. Denn es ist allgemein anerkannt, daß im Sinne des Art. 27 H.G.B. sowohl der Name als auch das Firmenrecht dem Inhaber ein solches Klagerecht auf Unterlassung des unberechtigten Gebrauches einer Firma giebt, und daß kleine Abweichungen in Nebenpunkten, wie z. B. in den Vornamen, wohin hier auch die Beifügung des Zusatzes „& Co." zu rechnen ist, dabei nicht in Betracht kommen.

Vgl. Entsch. des R.G.'s in Civils. Bd. 7 S. 280 flg., Bd. 22 S. 58 flg., Bd. 25 S. 2 flg.; Bolze, Praxis des Reichsgerichts Bd. 18 Nr. 114.

Auch ist schon häufig die, im Gesetze nicht ausdrücklich erwähnte, direkt auf „Löschung" gerichtete Klage zugelassen worden.

Vgl. Entsch. des R.G.'s in Civils. Bd. 3 S. 120 flg. 165 flg., Bd. 22 S. 58 flg., Bd. 25 S. 2 flg.

Angegriffen ist von den Beklagten in rechtlicher Beziehung dagegen die Annahme des Berufungsgerichtes, daß der Gebrauch der eingetragenen Firma deshalb als ein unberechtigter erscheine, weil in Wirklichkeit zwischen den als Gesellschaftern eingetragenen Personen kein Gesellschaftsverhältnis bestanden habe. Übrigens durfte nach Art. 17 vgl. mit Art. 16 H.G.B. die Firma „Seelig, Hille & Co.“ nur dann gewählt werden, wenn wenigstens ein Seelig, wenigstens ein Hille und außerdem noch eine oder mehrere andere Personen Gesellschafter waren.

Vgl. Anschütz u. v. Völdernborff, Kommentar Bd. 1 Anm. 2 zu Art. 17 S. 153 (Aufl. 2, v. Allfeld: S. 126), und Staub, Kommentar (Aufl. 3 u. 4) zu Art. 17 § 1 S. 36.

Hier kommt es indes in dieser Beziehung auf die Einzelheiten zunächst nicht einmal an, weil nach der Feststellung des Oberlandesgerichtes zwischen keinen der in Betracht zu ziehenden Personen ein Gesellschaftsverhältnis bestanden haben soll. Die Beklagten haben aber eben hiergegen geltend gemacht, daß nach richtiger Rechtsauffassung eine offene Handelsgesellschaft dadurch allein schon mit Notwendigkeit zur Existenz gelange, daß sie mit dem Willen der als Gesellschafter Bezeichneten ins Handelsregister eingetragen werde. Ein solcher Rechtssatz kann jedoch nicht anerkannt werden. Die Begriffsbestimmung der offenen Handelsgesellschaft in Art. 85 Abs. 1 H.G.B. gewährt keinen Anhalt dafür; denn danach müssen zwei oder mehrere Personen ein Handelsgewerbe unter gemeinschaftlicher Firma wirklich betreiben, und es wird eine Beteiligung aller dieser Personen vorausgesetzt. Wenn häufig gesagt wird, daß das innere Verhältnis zwischen den mit ihrem Willen als Gesellschaftern Eingetragenen für die Frage der Existenz der Handelsgesellschaft ganz gleichgültig sei,

so v. Hahn, Kommentar Bd. 1 (Aufl. 4), zu Art. 90 § 3 S. 392; Staub, a. a. O. zu Art. 85 § 3 S. 146 und § 6 S. 148 und zu Art. 90 Einl. S. 152; Laband in der Zeitschrift für Handelsrecht Bd. 30 S. 508 flg.; Entsch. des R.G.'s in Civils. Bd. 19 S. 197; anders: Renaud, Commanditgesellschaften S. 136. 140; Behrend, Handelsrecht Bd. 1 § 65 S. 467, und Cosack, Handelsrecht (Aufl. 3) § 83a S. 549,

so besteht die praktische Bedeutung dieses Satzes nur darin, daß die in solcher Weise Eingetragenen jedenfalls Dritten gegenüber rechtlich wie Gesellschafter zu behandeln sind, insbesondere auch wie solche haften; wobei übrigens hier dahingestellt bleiben kann, ob dies schlechthin richtig ist, oder ob, wie z. B. Cosack a. a. O. annimmt, diese Haftung doch solchen Dritten gegenüber, welche den wahren Sachverhalt kennen, eventuell nicht eintritt. Jedenfalls kommt es Dritten gegenüber allerdings bloß, oder doch zunächst darauf an, in wessen Namen, nicht darauf, für wessen Rechnung das fragliche Handelsgewerbe betrieben wird. Aber dies ist nicht anders auch in dem Falle, wo sich jemand als Einzelkaufmann ins Handelsregister eintragen läßt; und doch wird nicht bezweifelt, daß, wenn dies ein solcher thut, für dessen Rechnung das betreffende Handelsgewerbe in keinem Sinne betrieben wird, er seinen Namen unbefugterweise als Firma benutzt, und daß daher die Klage nach Art. 27 H.G.B. gegen ihn, bezw. gegen den, welcher diese Firma von ihm erworben hat, stattfindet.

Vgl. Cosack a. a. O. § 8 S. 37 flg. und § 16 S. 69. 72; Entsch. des R.G.'s in Civils. Bd. 3 S. 121 flg., Bd. 9 S. 2, Bd. 22 S. 59 flg., Bd. 25 S. 2 flg., sowie Bolze, Praxis des Reichsgerichts Bd. 18 Nr. 114.

Es ist zunächst nicht abzusehen, warum nicht der Fall, wo das Handelsgewerbe einer eingetragenen offenen Handelsgesellschaft in Wahrheit nicht mit für Rechnung eines der im Handelsregister genannten Gesellschafter betrieben wird, ganz entsprechend behandelt werden sollte. Freilich wird nicht ohne Grund geltend gemacht, daß auch derjenige, welcher lediglich, um den Kredit einer kaufmännischen Unternehmung zu stärken, sich als Inhaber oder Mitinhaber des Handelsgeschäftes eintragen läßt, eben dadurch sich an demselben beteiligt, daß also insofern das Gewerbe auch für seine Rechnung betrieben wird. Hieraus erklärt sich, daß der I. Civilsenat des Reichsgerichtes,

vgl. Entsch. des R.G.'s in Civils. Bd. 20 S. 74 flg.,

die Annahme einer Gesellschaftsfirma, welche den Namen eines als Gesellschafters Eingetragenen, aber im übrigen an dem Handelsgewerbe nicht Beteiligten enthalten sollte, hypothetisch für berechtigt, und die Behauptung einer nur simulierten Beteiligung mit dem damals vorliegenden Thatbestande für unvereinbar erklärt hat. Hier aber ist vom Berufungsgerichte thatsächlich festgestellt worden, daß der äußerliche Beitritt zur Gesellschaft sowohl von seiten des Beklagten H., als auch von seiten des E. H. in Halle nicht in der Absicht erfolgt ist, einen Beitrag zur Erhöhung des Kredites des S.'schen Handelsgeschäftes zu leisten, sondern nur in der Absicht, den Schein zu erregen, als werde das Handelsgewerbe mit für ihre Rechnung betrieben, damit daraufhin die Eintragung der entsprechenden Firma ins Handelsregister erwirkt werde. Da in einem solchen Falle die Haftung des nur äußerlich Beigetretenen für die Verbindlichkeiten der Gesellschaft nur eine unabsichtliche, wenn auch unvermeidliche, gesetzliche Folge der mit seinem Willen vorgenommenen Eintragung ins Handelsregister ist, so kann hier von einer „Beteiligung" nicht die Rede sein; denn diese setzt nach ihrem Begriffe eine darauf gerichtete Absicht voraus. Mag man es also insofern auch ablehnen, eine rechtlich erhebliche Simulation hier anzuerkennen, weil die Haftung für die Verbindlichkeiten der Gesellschaft dadurch nicht abgewandt wird, so liegt doch jedenfalls eine Umgehung des Gesetzes vor, nämlich der Bestimmungen des Handelsgesetzbuches, durch welche der Gebrauch anderer als der dort zugelassenen Firmen verboten wird. Eine solche Umgehung ist nun aber nach der allgemeinen Regel des § 80 des sächsischen Bürgerlichen Gesetzbuches einem offenen Zuwiderhandeln gleichzuachten und kann daher nicht die Berechtigung zum Gebrauche der entsprechenden Firma begründen. Bei dieser Sachlage kann es dahingestellt bleiben, ob der in Ansehung des Beklagten H. getroffenen weiteren Feststellung, daß seine solidarische Mithaftung für die Geschäftsschulden wegen seiner völligen Mittellosigkeit jeder ökonomischen Bedeutung entbehrt habe und entbehre, für sich allein schon die Wirkung, die angefochtene Entscheidung zu halten, zukommen würde." ...

---

17. Kann der Anspruch des Aktionärs auf die durch Generalversammlungsbeschluß festgesetzte Dividende durch einen späteren Beschluß der Generalversammlung aufgehoben werden, und bedarf es zur Erhaltung und Durchführung des Anspruches der Anfechtung und Beseitigung des späteren Beschlusses?

I. Civilsenat. Urt. v. 29. April 1896 i. S. Aktiengesellschaft V. H. Dampfziegelei (Bekl.) w. K. (Kl.) Rep. I. 13/96.

I. Landgericht I Berlin.
II. Kammergericht daselbst.

Durch Beschluß der Generalversammlung der beklagten Aktiengesellschaft vom 18. September 1893 ist die Dividende für das Geschäftsjahr 1892/93 auf 5 Prozent festgesetzt, nachdem der Vorstand und der Aufsichtsrat eine Dividende von 7 Prozent in Vorschlag gebracht hatten. Die Beklagte hat diese Dividende nicht ausgezahlt, vielmehr zurückgehalten, nachdem einer der Aktionäre, welcher die Verteilung von 7 Prozent Dividende begehrte, den Generalversammlungsbeschluß im Wege der Klage angefochten hatte. Hierauf hat die zur Entgegennahme und Genehmigung des Geschäftsberichtes für das Jahr 1893/94 einberufene Generalversammlung am 14. September 1894 den Beschluß vom 18. September 1893 aufgehoben und die Buchung des Reingewinnes des Jahres 1892/93 auf ein Dividenden-Reservekonto gutgeheißen.

Der Kläger hat als Aktionär sofort in der Generalversammlung gegen diesen Beschluß Protest eingelegt und, nachdem die gegen den Beschluß der Generalversammlung vom 18. September 1893 erhobene Anfechtungsklage rechtskräftig abgewiesen ist, die Beklagte aber trotzdem die Auszahlung der auf seine Aktien entfallenden 5 Prozent Dividende für das Jahr 1892/93 verweigert hat, auf Zahlung dieser Dividende Klage erhoben. Der erste Richter hat nach dem Klagantrage erkannt, und die Berufung der Beklagten ist zurückgewiesen. Ebenso die Revision, aus folgenden

Gründen:

„Daß der Beschluß der Generalversammlung vom 18. September 1893, durch den die für das Geschäftsjahr 1892/93 den Aktionären aus dem Reingewinne zu zahlende Dividende auf 5 Prozent festgesetzt wurde, in gesetz- und statutenmäßiger Weise zustande gekommen ist, hat die Beklagte nicht beanstandet. Ebensowenig hat sie behauptet, daß die der Berechnung des Reingewinnes zu Grunde gelegte Bilanz gesetz- oder statutenwidrig aufgemacht, und daß in Wirklichkeit ein verteilungsfähiger Gewinn in der festgesetzten Höhe nicht gemacht worden sei. Auf die in solchen und ähnlichen Fällen in Betracht kommenden besonderen Fragen,

vgl. Entsch. des R.G.'s in Civils. Bd. 4 S. 102 flg., Bd. 11 S. 160 flg.; Entsch. des R.O.H.G.'s Bd. 18 S. 153 flg.,

braucht daher hier nicht eingegangen zu werden. Es handelt sich hier vielmehr einfach um die Frage, welche rechtliche Bedeutung der statutenmäßigen Feststellung der zu zahlenden Dividende durch die dazu berufene Generalversammlung beizulegen ist. Diese Frage ist vom Berufungsgerichte mit vollem Rechte dahin entschieden, daß durch eine solche Feststellung ... das Dividendenrecht der Aktionäre sich zu einem unantastbaren Gläubigerrechte derselben gegenüber der Gesellschaft gestalte, welches ihnen von der letzteren auch durch einen späteren abweichenden Beschluß der Generalversammlung nicht wieder entzogen werden könne.

Diese Entscheidung, nach welcher durch die statutenmäßig geschehene Festsetzung der für ein bestimmtes Geschäftsjahr zu verteilenden Dividende den Aktionären ein unbedingtes und unentziehbares Sonderrecht gegenüber der Gesellschaft erworben wird, steht nicht nur im Einklange mit den angezogenen Entscheidungen des Reichsgerichtes (Bd. 22 S. 113 flg. in Verbindung mit Bd. 11 S. 160 flg. und Bd. 15 S. 95 flg.), sondern auch mit der Rechtsprechung des vormaligen Reichsoberhandelsgerichtes.

Vgl. Entsch. des R.O.H.G.'s Bd. 18 S. 153 flg., Bd. 19 S. 141 flg.

Ebenso ist dies die in der Litteratur allgemein herrschende Ansicht. Einer desfallsigen näheren Ausführung bedarf es daher hier nicht.

Nun hat sich die Beklagte allerdings darauf berufen, daß der ... Beschluß der Generalversammlung vom 18. September 1893 von einem der Aktionäre angefochten war. Da diese Anfechtung aber nur bezweckte, die Verteilung der vom Vorstande und Aufsichtsrate vorgeschlagenen höheren Dividende von 7 Prozent herbeizuführen, so ist nicht abzusehen, welche Gefahr für die Gesellschaft dadurch hätte entstehen können, daß denjenigen Aktionären, welche mit einer Dividende von 5 Prozent zufrieden waren, in Ausführung des Beschlusses der Generalversammlung dieser Betrag ausgezahlt wurde. Erachtet man aber den Vorstand der Beklagten auch für berechtigt, die Auszahlung der beschlossenen Dividende bis zur Erledigung der gedachten Anfechtungsklage zu sistieren,

vgl. Behrend, Lehrbuch des Handelsrechts § 123 Anm. 31,

so kann die Beklagte sich doch jedenfalls auf die Anfechtungsklage nicht mehr berufen, nachdem unstreitig schon vor Erhebung der gegenwärtigen Klage diese Anfechtungsklage rechtskräftig abgewiesen und damit jedes Hindernis der Ausführung des Beschlusses weggefallen war. Hierdurch rechtfertigt sich die Annahme der Vorinstanzen, daß der Beschluß der Generalversammlung vom 14. September 1894, durch welchen derjenige der Generalversammlung vom 18. September 1893 wieder aufgehoben und die Verbuchung des Reingewinnes des Geschäftsjahres 1892/93 auf ein Dividenden-Reservekonto beschlossen wurde, dem Anspruche des Klägers, welcher dagegen sofort Widerspruch erhoben hatte, nicht entgegenstehe.

Die Revision macht hiergegen zwar noch geltend, daß der Kläger sich auf den Beschluß der Generalversammlung vom 18. September 1893 nicht mehr berufen könne, weil er es unterlassen habe, gegen den Beschluß vom 14. September 1894 die Anfechtungsklage nach Maßgabe von Art. 222 in Verbindung mit Artt. 190a und 190b H.G.B. zu erheben. Mit Recht hat aber das Berufungsgericht angenommen, daß eine Anfechtung dieses Beschlusses zur Aufrechterhaltung des klägerischen Anspruches nicht erforderlich gewesen sei. Denn die Folge der Nichtanfechtung eines Beschlusses der Generalversammlung — daß nämlich derselbe, obwohl er gesetz- oder statutenwidrig ist, gültig wird — kann nur insoweit als eintretend angenommen werden, als es sich bei dem Beschlusse um dispositive, dem Verfügungsrechte der Generalversammlung unterliegende Gegenstände handelt, nicht aber bei Beschlüssen, die gegen das öffentliche Recht verstoßen oder Sonderrechte der Aktionäre betreffen, welche diesen nicht entzogen werden dürfen.

Vgl. Behrend, a. a. O. § 123 a. E.

In solchen Fällen ist der Aktionär nicht darauf angewiesen, die Anfechtungsklage zu erheben, da es ihm vielmehr unbenommen bleibt, wegen seiner Ansprüche an die Gesellschaft ohne Berücksichtigung des entgegenstehenden Generalversammlungsbeschlusses Klage zu erheben. Da durch einen Gewinnverteilungsbeschluß für den Einzelaktionär der Dividendenanspruch als ein dem Willen der Gesamtheit entzogenes reines Gläubigerrecht zur Existenz gelangt, so kann ein solcher durch eine neue Generalversammlung rechtlich nicht aufgehoben und trotz eines solchen Aufhebungsbeschlusses der Dividendenanspruch ohne weiteres eingeklagt werden." ...

18. Sind Einwendungen des Gemeinschuldners gegen die Besitznahme einzelner Vermögensgegenstände durch den Konkursverwalter im Wege der Einwendung nach § 685 C.P.O. geltend zu machen?

III. Civilsenat. Beschl. v. 19. Mai 1896 i. S. H. (Kl.) w. H.'sche Konkursmasse (Bekl.). Beschw.-Rep. III. 101/96.

I. Landgericht Greifswald.
II. Oberlandesgericht Stettin.

Der Beschluß ist unten unter „Prozeßrecht" Nr. 115 S. 398 abgedruckt.

---

19. Ist derjenige, welcher gegenüber einem Menageriebesitzer die Zähmung und Abrichtung reißender Tiere und deren Vorführung bei öffentlichen Schaustellungen übernommen hat, ein Arbeiter im Sinne des Reichsgesetzes über die Gewerbegerichte vom 29. Juli 1890, und bezw. findet auf ihn die Ausnahmebestimmung in § 2 Abs. 2 des angezogenen Gesetzes Anwendung?

VI. Civilsenat. Urt. v. 21. Mai 1896 i. S. Sch. (Kl.) w. W. (Bekl.) Rep. VI. 27/96.

I. Landgericht Hamburg.
II. Oberlandesgericht daselbst.

Gründe:

„Da der Streitgegenstand nur 900 ℳ beträgt, unterliegt nach §§ 508. 509 Ziff. 1 C.P.O. der Nachprüfung des Revisionsgerichtes nur die Frage, ob zur Verhandlung und Entscheidung des gegenwärtigen Streites das vom Kläger angerufene ordentliche Gericht oder, wie der Beklagte angenommen wissen will, das Gewerbegericht zuständig sei, welches in Gemäßheit des Reichsgesetzes vom 29. Juli 1890 für Hamburg durch das dortige Gesetz vom 12. Februar 1892 errichtet worden ist. Mit Recht hat die Vorinstanz angenommen, daß der Rechtsstreit vor dem ordentlichen Gerichte zum Austrage zu bringen sei.

Nicht zweifelhaft ist, daß der Beklagte bezüglich der zum Betriebe seiner Menagerie angenommenen Personen als Arbeitgeber im Sinne von § 1 des Gesetzes vom 29. Juli 1890 anzusehen ist. Bei der Beantwortung der danach für die Zuständigkeit maßgebenden Frage, ob der Kläger zu dem Beklagten im Verhältnisse eines Arbeiters im Sinne von §§ 1. 2 jenes Gesetzes gestanden hat, und ob, wenn dies anzunehmen, auf ihn die Ausnahmebestimmung in § 2 Abs. 2 anwendbar ist, muß, wie das Oberlandesgericht mit Recht angenommen hat, das entscheidende Gewicht auf die Stellung gelegt werden, die er als „dompteur" eingenommen hat. Denn wie die Vertragsurkunde vom 18. Dezember 1892 deutlich erkennen läßt, sollten die ihm als dompteur obliegenden Leistungen seine regelmäßige Beschäftigung bilden, und hatte der Beklagte sich nur nebenher für gewisse dringliche Arbeiten anderer Art die Mitwirkung des Klägers gesichert.

Die Arbeiten, die dem Kläger als dompteur oblagen, bestanden nach dem Vertrage einerseits in der Zähmung und Abrichtung wilder Tiere, und andererseits in deren Vorführung bei den Schaustellungen, welche der Beklagte veranstaltete. Es handelte sich dabei um große Raubtiere, insbesondere auch um Löwen.

Was zunächst die Leistungen des Klägers bei den Schaustellungen anlangt, so können diese keinesfalls als solche eines im Menageriebetriebe des Beklagten beschäftigten „Arbeiters" im Sinne des Gesetzes vom 29. Juli 1890 angesehen werden. Solche Schaustellungen bezwecken, dem Publikum zu zeigen, in welchem Grade wilde Tiere, insbesondere auch große Raubtiere, der Herrschaft des Menschen unterworfen und zur Duldung der Ausführung von Prozeduren genötigt werden können, die an sich mit ihren natürlichen Eigenschaften im Widerspruche stehen. Ob man bei derartigen Vorführungen von einem höheren wissenschaftlichen Interesse sprechen dürfe, kann bezweifelt werden; jedenfalls läßt sich aber nicht sagen, daß dabei der die Tiere Vorführende zur Herstellung eines Gewerbserzeugnisses des Menageriebesitzers mitwirke; vielmehr handelt es sich im wesentlichen darum, zu beweisen, welche Herrschaft gerade der betreffende dompteur für seine Person über die von ihm vorgeführten Tiere erlangt, wie er sie zu leiten und der Gefahr, die der Verkehr mit ihnen mit sich bringt, zu begegnen versteht. Wie bei Vorstellungen von Schauspielern, Sängern u. s. w., die, wie das Reichsgericht bereits ausgesprochen hat, nicht zu den Arbeitern und Gewerbsgehilfen des Theaterunternehmers gerechnet werden können,

vgl. Entsch. des R.G.'s in Civils. Bd. 17 S. 86 flg.,

liegt somit der Schwerpunkt auch hier in der Vorführung der eigenen Leistungen des dompteur, zu denen auch die Bethätigung seines persönlichen Mutes gehört; der Menageriebesitzer kommt dabei nur insoweit in Frage, als er die Stätte, wo die Vorstellungen stattfinden, beschafft, das Material, an dem der dompteur seine Kunst und seinen Mut zeigt, hergiebt und das finanzielle Risiko trägt. Diejenigen, die bei solchen Vorführungen als „Artisten" auftreten, werden nach allgemeiner Anschauung nicht als Arbeiter oder Gewerbsgehilfen angesehen und können nicht zu denjenigen Personen gerechnet werden, welche der siebente Titel der Gewerbeordnung (Gesetz vom 29. Juli 1890 § 2) im Auge hat.

Soweit dem Kläger obgelegen hat, die dem Beklagten gehörigen Tiere zu zähmen und zur Verwendung bei Vorstellungen der fraglichen Art geeignet zu machen, bestanden dagegen seine Leistungen allerdings in einer Bearbeitung des Materials, welches der Beklagte in seinem Gewerbebetriebe benutzt. Allein hierauf kann für die Zuständigkeit des Gewerbegerichtes zur Entscheidung des vorliegenden Streites entscheidendes Gewicht schon deshalb nicht gelegt werden, weil diese Arbeiten sich im wesentlichen nur als Vorbereitungen für die Vorstellungen darstellen, in denen der Kläger die Tiere vorführen sollte. Sie sollten dabei an seine Person gewöhnt und angelernt werden, ihm zu gehorchen. Aber auch wenn man diese Zähmung als eine selbständige Arbeit, die der Kläger übernommen hatte, zu betrachten hätte, würde sich daraus nichts für die Zuständigkeit des Gewerbegerichtes ergeben. Die Zähmung und Abrichtung großer Raubtiere setzt neben einem hohen Grade persönlichen Mutes und körperlicher Kraft und Gewandtheit eingehende Kenntnis der einzelnen in Betracht kommenden Tiergattungen und der speziell zu behandelnden Tierindividuen, ihrer Eigenschaften und Gewohnheiten voraus. Die Erwerbung dieser Kenntnis erfordert eine besondere, keineswegs im allgemeinen bei jedem normalen Menschen vorauszusetzende Befähigung, sowie dauernde eingehende Beschäftigung mit Tieren der fraglichen Art. Zugleich ist die Stellung des Tierbändigers eine verantwortungsvolle, da das ihm anvertraute Material wertvoll ist, und sein Wert durch die Behandlung, welche die Tiere durch den dompteur finden, wesentlich erhöht oder verringert werden kann. Mit Rücksicht hierauf muß für den Betrieb einer Menagerie, welche nicht bloß bezweckt, den Besuchern den Anblick der Tiere zu verschaffen, in der diese vielmehr auch einer Abrichtung zum Zwecke besonderer Schaustellungen unterworfen werden, dem Tierbändiger eine Stellung zugesprochen werden, welche mit der eines Werkmeisters oder eines mit höheren technischen Dienstleistungen betrauten Angestellten in anderen Gewerbebetrieben auf einer Stufe steht. Es schlägt daher insoweit, wie bereits die Vorinstanz angenommen hat, jedenfalls die Ausnahmebestimmung im zweiten Absatze von § 2 des Gesetzes vom 29. Juli 1890 hier ein." . . .

---

20. Voraussetzungen der Vindikation gestohlener Inhaberpapiere. Zur Frage des guten Glaubens beim Erwerbe.

H.G.B. Artt. 306. 308.

I. Civilsenat. Urt. v. 25. Januar 1896 i. S. Wwe. M. (Kl.) w. K. & Co. (Bekl.) Rep. I. 324/95.

I. Landgericht Hamburg.
II. Oberlandesgericht daselbst.

Nach der Behauptung der Klägerin sind ihr am 9. Juni 1892 150000 Frcs. fünfprozentige, auf den Inhaber lautende Italienische Rente, darunter ein Stück Nr. 71488 über 20000 Frcs., welche sie teils von der Firma L. Behrens Söhne in Hamburg, teils von Mailänder Bankiers gekauft hatte, in einem Hamburger Hotel gestohlen worden. Die Nummern dieser Stücke sind unstreitig bald darauf nicht nur durch Börsenanschlag, sondern auch durch die seitens der Polizeibehörde erfolgte Zustellung von Laufzetteln an sämtliche Hamburger und Berliner Bankhäuser, insbesondere auch an die beklagte Firma und die Nebenintervenienten als gestohlen bekannt gemacht worden. Demungeachtet hat die Beklagte das Stück Nr. 71488 am 28. Dezember 1894 von dem Bankhause Fred. E. L. & B. in Hamburg als Teil eines, später in anderen Stücken zurückerstatteten Darlehns gelegentlich einer Ultimo-Regulierung angenommen. Die Firma L. & B. hat dasselbe von dem Bankier A. L. in Hamburg, dieser hat es von der Bankfirma S. Bl. in Berlin und diese wieder es von der Bankfirma S. K. daselbst erworben, welche letztere es von dem Bankhause H. M. S. in Paris erhalten hat.

Die Klägerin behauptet, daß die Beklagte das Papier grobfahrlässig erworben, es dem Berliner Kassenvereine zu verkaufen versucht, dieser aber es der Beklagten zurückgegeben habe, weil es gestohlen und deshalb nicht lieferbar sei. Sie hat deshalb beantragt, die Beklagte zu verurteilen, ihr das Rentenpapier Nr. 71488 nebst den vorhandenen Koupons auszuliefern, falls aber die Beklagte, seitdem ihr vom Kassenvereine in Berlin die Mitteilung geworden, daß das Papier gestohlen sei, sich des Besitzes desselben entäußert haben sollte, der Klägerin den Wert des Papieres zu ersetzen.

Die Beklagte hat Abweisung der Klage beantragt, weil sie das Papier gutgläubig erworben, da L. & B. eine höchst achtbare und bestrenommierte Bankfirma sei, deshalb ebensowenig wie ihre Vormänner, die das Papier ebenfalls im regelrechten Handelsverkehre gekauft hätten, Veranlassung gehabt habe, der Person ihres jedesmaligen Veräußerers gegenüber Verdacht wegen unredlichen Erwerbes des Papieres zu hegen und das über die als gestohlen gemeldeten Papiere geführte Register einzusehen. Außerdem macht die Beklagte geltend, der erste bekannte Erwerbsakt seitens des Bankhauses S. K. habe in Paris, also unter der Herrschaft des französischen Rechtes, stattgefunden; Klägerin hätte deshalb beweisen müssen, daß schon zu der Zeit, wo S. seinerseits das Papier erwarb, in Gemäßheit des französischen Gesetzes vom 15. Juni 1872 über verloren gegangene Inhaberpapiere Opposition erhoben gewesen sei. Dies sei aber nicht geschehen, und deshalb habe schon S. Eigentum an dem Papiere erworben und auf S. K. übertragen. Demgegenüber behauptet Klägerin, daß auch in Paris alsbald nach dem Diebstahle Opposition erhoben und eingetragen worden sei. Daß Beklagte dem Berliner Kassenvereine das Papier geliefert habe, bestreitet sie. Sie will es vielmehr an J. L. in Berlin geliefert haben, von welchem es bereits weiterbegeben sei.

Das Landgericht hat die Klage abgewiesen, und die Berufung der Klägerin ist verworfen worden. Auf die Revision der Klägerin ist dieses

Urteil aufgehoben und die Sache an das Berufungsgericht zurückverwiesen worden aus folgenden

Gründen:

„Da nach Artt. 306. 307 H.G.B. der redliche Erwerber eines Inhaberpapieres, auch wenn dasselbe gestohlen war, das Eigentum an demselben erlangt, geht das Berufungsgericht mit Recht davon aus, daß die Vindikation des früheren Eigentümers, dem dasselbe entwendet ist, den Nachweis erfordert, daß der Besitzer das Papier unredlich erworben habe.

Diese Unredlichkeit findet die Klägerin in den Thatsachen, daß das Stück Nr. 71 488 ihr nebst mehreren anderen Stücken dieser Rente am 9. Juni 1892 in einem Hamburger Hotel gestohlen ist, und daß die Nummern der gestohlenen Stücke nicht nur durch Anschlag an der Börse, sondern auch durch einen von der Polizeibehörde den Bankiers mitgeteilten Laufzettel bald nach dem Diebstahle der Beklagten bekannt gegeben sind, die Beklagte aber das Papier am 28. Dezember 1894 von dem hamburgischen Bankhause Fred. E. L. & B. erworben hat, ohne das von ihr über die als gestohlen angemeldeten Papiere geführte Register eingesehen zu haben.

Bezüglich der Frage, wann Unredlichkeit des Erwerbes anzunehmen sei, geht das Berufungsgericht im Anschlusse an die Entscheidung des Reichsgerichtes,

vgl. Entsch. desselben in Civils. Bd. 6 S. 18 flg.,

ganz richtig davon aus, daß als redlicher Erwerber nicht bloß derjenige nicht zu gelten hat, welcher die Unrechtmäßigkeit seines Erwerbes kannte, sondern auch derjenige, bei welchem die Unbekanntschaft mit den seinem Erwerbe entgegenstehenden rechtlichen Hindernissen auf eine grobe Verschuldung, auf einen unentschuldbaren Irrtum zurückzuführen ist, und es stellt auch den vom Reichsgerichte a. a. O., sowie in der Bd. 28 S. 112 flg. abgedruckten Entscheidung aufgestellten Grundsatz nicht in Frage, daß beim gewerblichen Effektenhandel der Erwerber die nach den Umständen gebotene Vorsicht zu beobachten habe, daß aus der besonderen Natur der zum Kursieren bestimmten Inhaberpapiere zwar zu folgern sei, daß derjenige, dem solche Papiere zum Erwerbe angeboten werden, nicht verpflichtet sei, in demselben Maße, wie bei anderen Sachen, welche der Eigentümer dem dritten Besitzer unbeschränkt oder doch im weiteren Umfange abfordern darf, die Legitimation des Veräußerers zu prüfen, daß aber, wenn durch die Umstände Grund zu einer Prüfung geboten werde, gerade die dem Eigentümer aus der leichten Übertragbarkeit jener Papiere erwachsende Gefahr dem redlichen Manne die Pflicht auferlege, sich dieser Prüfung nicht zu entziehen.

Wie das Berufungsgericht selbst anführt, hat das Reichsgericht bereits in mehrfachen Entscheidungen,

vgl. Entsch. des R.G.'s in Civils. Bd. 6 S. 23; Gruchot's Beiträge Bd. 28 S. 447, Bd. 35 S. 127 flg.,

als einen derartigen, den Erwerber zur Prüfung veranlassenden Umstand die Anzeigen über gestohlene Inhaberpapiere bezeichnet und bei Unterlassung der Beachtung solcher Anzeigen den Erwerber für einen unrechtfertigen Besitzer erklärt, indem es von der Erwägung ausging, daß, wenn die Polizeibehörde den Bankiers die Mitteilung mache, daß bestimmt bezeichnete Papiere gestohlen seien, oder wenn die Nummern von gestohlenen Papieren in den dazu bestimmten Organen von der Polizeibehörde öffentlich bekannt gemacht worden seien, es nicht der Sorglosigkeit der benachrichtigten Bankiers anheimgegeben werden dürfe, diese Maßregeln durch Nichtbeachtung wirkungslos zu machen.

Dem ist das Berufungsgericht an sich auch keineswegs entgegengetreten. Es meint aber, daß, da allen diesen Fällen der weitere Thatbestand zum Grunde gelegen habe, daß die betreffenden Bankiers das Papier von einem ihnen gänzlichen Unbekannten erworben hatten, und da in den Gründen auch darauf Gewicht gelegt sei, immer erst zu prüfen sein werde, ob bei der Nichtbeachtung der polizeilichen Anzeige über gestohlene Inhaberpapiere zugleich die konkreten Umstände derartig waren, daß sie den Schluß aus der Entwendung auf die Unrechtmäßigkeit des Besitzers des derzeitigen Veräußerers zu begründen geeignet seien, sodaß eine grobe Fahrlässigkeit des erwerbenden Bankiers dann nicht anzunehmen sei, wenn er sich die Möglichkeit nicht vor Augen halten mußte, daß der Veräußerer — wenn er auch nicht selbst als der Dieb zu betrachten sei, so doch — bei seinem Erwerbe grob fahrlässig gehandelt habe. In Anwendung dieses Grundsatzes auf den vorliegenden Fall, in welchem seit dem Diebstahle und der polizeilichen Anzeige von demselben bis zum Erwerbe des Papieres seitens der Beklagten reichlich 2½ Jahre verflossen waren, und die Beklagte das Papier nicht von einem ihr Unbekannten, sondern — wie Klägerin nicht bestritten — im regelrechten Handelsverkehre von einer anderen Hamburger Firma, dem achtbaren und bestrenommierten Bankhause L. & B., erworben hat, erachtet sodann das Berufungsgericht dafür, daß die Beklagte sich unter solchen Umständen bei dem Erwerbe des Papieres nicht die Möglichkeit vergegenwärtigen mußte, daß die Firma L. & B. bei dem ihrerseits vorgenommenen Erwerbe in grober Fahrlässigkeit gehandelt habe, und daß die Beklagte daher auch keine Veranlassung hatte, die über die als gestohlen angemeldeten Papiere geführten Listen einzusehen, weshalb man auch nicht sagen könne, daß die Beklagte sich beim Erwerbe des Papieres der Erwägung ihr bekannter Umstände, nach welchen sich ihr die Überzeugung von der Rechtswidrigkeit ihrer Handlungsweise hätte aufdrängen müssen, in schuldhafter Weise entzogen, also grob fahrlässig gehandelt habe.

Diese letzteren Ausführungen des Berufungsgerichtes sind aber von der Revision mit Grund als rechtsirrtümlich angegriffen. Denn sie stellen, wie zutreffend geltend gemacht wird, ohne weitere konkrete Begründung als Prinzip auf, daß ein Bankier, wenn nur seit dem Diebstahle eines Inhaberpapieres und der ihm polizeilich davon gemachten Anzeige ein gewisser Zeitraum verflossen ist, und wenn ihm das als gestohlen bezeichnete Papier von einem achtbaren Bankierhause angeboten wird, sich der ihm an sich obliegenden Verpflichtung, eine ihm speziell zugegangene Anzeige und Warnung vor dem Ankaufe zu beachten, entschlagen darf, weil er ohne weiteres zu unterstellen berechtigt ist, daß bereits dieses Bankhaus oder irgend ein anderer redlicher Kaufmann die ihm obliegende gleiche Verpflichtung erfüllt haben werde. Das ist aber nicht zu billigen, da auf diese Weise solche polizeilichen Anzeigen ihren Zweck völlig verfehlen und illusorisch sein würden, sobald nur das gestohlene Papier — gleichviel auf welche Weise — erst einmal in den Besitz irgend eines als achtbar geltenden Bankhauses gelangt ist, indem dann jeder folgende Erwerber sich der auch ihm obliegenden Prüfungspflicht überhoben erachten dürfte, und es zur Ausschließung der Vindikation des Papieres seitens des bestohlenen Eigentümers schon genügen würde, wenn nur eines der vorbesitzenden Bankhäuser beim Erwerbe grob fahrlässig gehandelt hat.

Als gerechtfertigt würde dieser vom Berufungsgerichte aufgestellte Grundsatz nur dann erscheinen, wenn sich eine (wenigstens thatsächliche) Vermutung dafür geltend machen ließe, daß ein das gestohlene Papier veräußernder achtbarer Bankier nicht nur nicht selbst der Dieb sein, sondern auch bei seinem Erwerbe des Papieres nicht grob fahrlässig gehandelt haben werde. Denn nur dann würde die Nichtbeachtung der polizeilich gemachten Diebstahlsanzeige seitens des Erwerbers vielleicht damit entschuldigt werden können, daß der Schluß aus der Entwendung des Papieres auf die Unrechtmäßigkeit des Besitzes des derzeitigen Veräußerers beseitigt gewesen sei.

Eine solche Vermutung hat aber das Berufungsgericht selbst nicht aufgestellt, und eine solche läßt sich auch unmöglich aufstellen. Wie wenig gerechtfertigt dieselbe sein würde, ergiebt sich vielmehr aus den Fällen, auf welche sich die Urteile des Reichgerichtes,

vgl. Entsch. desselben Bd. 6 S. 18 flg. 87 flg., sowie Gruchot, Bd. 28 S. 445 flg., Bd. 35 S. 127 flg.,

beziehen. Denn in allen diesen Fällen waren es gerade Bankhäuser (bezw. eine größere Bank), deren sonstige Achtbarkeit in keiner Weise beanstandet war, gegen welche aber dennoch rechtskräftig festgestellt ist, daß sie geraubte, bezw. gestohlene Inhaberpapiere unter gänzlicher Nichtbeachtung der über den Raub bezw. Diebstahl der Papiere ihnen direkt gemachten polizeilichen Anzeige oder doch der darüber durch Anschlag an der Börse und durch die betreffenden amtlichen Blätter veröffentlichten polizeilichen Bekanntmachungen sogar von ihnen ganz unbekannten Personen gekauft hatten, ohne irgend welche Schritte zu thun, um sich eine begründete Meinung über die Redlichkeit und den rechtmäßigen Erwerb des Verkäufers der thatsächlich gestohlenen oder doch von der Behörde als solchen bezeichneten Papiere bilden zu können.

Angesichts solcher wiederholten Vorkommnisse im Geschäftsbetriebe von Bankhäusern fehlt es aber für die Annahme des Berufungsgerichtes, daß die Beklagte, weil ihr das Papier von einer ihr als achtbar bekannten Bankfirma im regelrechten Handelsverkehre angeboten wurde, sich die Möglichkeit, daß die Veräußererin bei dem ihrerseits vorgenommenen Erwerbe mit grober Fahrlässigkeit gehandelt haben könne, nicht habe zu vergegenwärtigen brauchen, und daß sie deshalb auch keine Veranlassung gehabt habe, die von ihr über die als gestohlen angemeldeten Papiere geführten Listen einzusehen, an einem genügenden Anhalte, als welcher auch die Thatsache, daß seit dem Diebstahle und der polizeilichen Anzeige ein Zeitraum von $2^1/_2$ Jahren verflossen war, für sich allein unmöglich angesehen werden kann. Es ist vielmehr davon auszugehen, daß an sich schon die bloße Thatsache der Nichtberücksichtigung derartiger polizeilicher Anzeigen seitens eines den Verkehr mit Wertpapieren gewerbsmäßig betreibenden Kaufmannes zur Begründung eines groben Verschuldens beim Erwerbe eines gestohlenen Papieres und mithin zur Annahme seiner Unredlichkeit beim Erwerbe genügt, sofern er nicht seinerseits besondere Umstände darzuthun vermag, die sein Verhalten in dem vorliegenden Einzelfalle als entschuldbar und ihn als gutgläubig erscheinen lassen.

Das Einzige, was die Beklagte hierfür geltend gemacht hat, erscheint aber dem vorstehenden zufolge nicht als ausreichend. Die Rücksicht auf die Sicherheit des Verkehres und auf Treue und Glauben legen vielmehr jedem Bankier, dem von dem Diebstahle bestimmter Papiere amtlich Anzeige gemacht ist, die Pflicht auf, auch seinerseits zur Erreichung des Zweckes dieser Anzeige mitzuwirken und sich nicht bei dem Gedanken zu beruhigen, daß der andere Bankier, von welchem ihm ein als gestohlen bezeichnetes Papier zum Erwerbe angeboten wird, ebenfalls die Anzeige erhalten und sich schon seinerseits beim Erwerbe des Papieres davon überzeugt habe, daß er dasselbe trotz des vorgekommenen Diebstahles ohne Bedenken erwerben dürfe. Die Beklagte hätte daher bei der Lieferung des hier fraglichen Papieres von L. & B. ihre Listen einsehen und dasselbe, da es sich in diesen als gestohlen bezeichnet fand, entweder als nicht lieferbar zurückweisen oder sich doch vor dem Erwerbe durch Erkundigungen bei L. & B. davon überzeugen müssen, daß diese das Papier redlich erworben hätten und daher zur Verfügung über dasselbe berechtigt seien. Daß sie irgend einen besonderen Grund gehabt habe, die Diebstahlsanzeige, welche sich auf einen sehr erheblichen Betrag italienischer Rente bezog, nach $2^1/_2$ Jahren bereits als erledigt anzusehen oder speziell auf seiten ihrer Rechtsvorgängerin, der Firma L. & B., eine Fahrlässigkeit beim Erwerbe für ausgeschlossen zu halten, hat die Beklagte gar nicht behauptet, und es ist dies auch vom Berufungsgerichte nicht geltend gemacht worden. Das Berufungsgericht hat hiernach bei der Feststellung, daß die Beklagte beim Erwerbe des hier fraglichen Papieres kein Verschulden treffe, den Begriff der Unredlichkeit, bezw. groben Fahrlässigkeit verkannt. Dem stehen auch die von ihm angezogenen früheren Urteile des Reichsgerichtes,

vgl. Entsch. desselben in Civils. Bd. 6 S. 18 flg., und Gruchot, Bd. 28 S. 245 flg.,

nicht entgegen. Denn in der ersteren ist (vgl. S. 23) ganz uneingeschränkt ausgesprochen, die Vernachlässigung der Pflicht eines Bankiers, die polizeilichen Anzeigen über den Diebstahl von Papieren zu beachten, sei eine grobe Fahrlässigkeit, und der Irrtum desselben darüber, daß die ihm angebotenen Papiere gestohlen waren, sei angesichts der Thatsache, daß zuvor eine amtliche Benachrichtigung im Komptoir erfolgt sei, durch welche der Ankauf ausgeschlossen werden sollte, mit Recht als unentschuldbar angesehen, womit die Annahme einer groben Verschuldung genügend gerechtfertigt sei. Durch die hinzugefügte Bemerkung, das Berufungsgericht habe in deutlicher Weise zum Ausdrucke gebracht, daß sich diese Unentschuldbarkeit des Irrtumes und grobe Verschuldung nicht bloß auf den Umstand bezog, daß die Papiere irgend einmal einem früheren Eigentümer entwendet waren, daß vielmehr jene Entwendung einen Schluß auf die Unrechtmäßigkeit des derzeitigen Besitzers und Verkäufers nahelegte, sodaß der Bankier, wenn er das Verzeichnis der gestohlenen Papiere eingesehen hätte, sich diesem Schlusse nicht hätte entziehen können, ändert daran nichts. Auch in dem zweiten Urteile wird ganz allgemein der Grundsatz aufrechterhalten, daß, wenn bei einem Bankier Papiere polizeilich als gestohlen angemeldet sind, demselben die Pflicht obliegt, in seinem Geschäfte Vorkehrungen zu treffen, vermöge deren die Einsichtnahme der Anzeigen bei Verkaufsangeboten gesichert wird, und daß es nicht der Sorglosigkeit des benachrichtigten Bankiers anheimgegeben werden könne, die zur Verhütung der Folgen des Diebstahles getroffenen Maßregeln wirkungslos zu machen. Bezüglich der besonderen Frage, ob etwa jene Sorglosigkeit als Verschuldung beim Erwerbe wegen des, auch in jenem Falle über $2^1/_2$ Jahre betragenden Zeitablaufes nicht zu erachten wäre, wird sodann allerdings anerkannt, daß der Zeitpunkt in zwei Richtungen habe in Erwägung kommen können, nämlich einmal in der Richtung, ob der Beklagte Anlaß gehabt hätte, die Anzeige als bereits erledigt anzusehen, und sodann in der Richtung, ob nicht vermöge des Zeitablaufes der Schluß aus der Entwendung auf die Unrechtmäßigkeit des derzeitigen Besitzes hätte beseitigt werden können. Es wird dann aber ausgeführt, daß die Erwägungen, die das Berufungsgericht zu einem in beiden Richtungen verneinenden Ergebnisse geführt hätten, zum Teil thatsächlicher Natur seien und, soweit rechtliche Gesichtspunkte dabei konkurrierten, nicht auf Gesetzesverletzung beruhten. Wenn dabei gesagt ist, daß es in Bezug auf die zweite Richtung naturgemäß auf die Würdigung der konkreten Umstände des Verkaufsangebotes ankomme, und sodann die Anfechtung der Erwägungen des Berufungsgerichtes, welches insbesondere auch darauf Gewicht gelegt hatte, daß der Verkäufer dem Kassierer des Beklagten unbekannt und bisher niemals in dem Geschäftslokale des Beklagten gewesen war, als unbegründet zurückgewiesen wurde, so steht dies mit den vorstehenden Erwägungen keineswegs in Widerspruch.

Da nach diesen der einzige Grund, auf welchen die Entscheidung des Berufungsgerichtes in der gegenwärtigen Sache beruht, als hinfällig erscheint, ist die Revision begründet und das angefochtene Urteil aufzuheben. In der Sache selbst kann aber . . . noch nicht entschieden werden. . . . Die Sache ist daher zur anderweitigen Verhandlung und Entscheidung in die Berufungsinstanz zurückzuverweisen.

Es ist hierbei, da es der Beklagten nicht gelungen ist, den ihr auf Grund der ihr gemachten Diebstahlsanzeige von der Klägerin gemachten Vorwurf grober Fahrlässigkeit beim Erwerbe des Papieres zu widerlegen, und sie sich daher nicht auf die Redlichkeit ihres Besitzes berufen kann, davon auszugehen, daß der Klaganspruch unter Voraussetzung der Erbringung des Beweises des früheren Eigentumes der Klägerin an dem Papiere und des ihr widerfahrenen Diebstahles desselben an sich als begründet erscheint, ohne daß es noch eines weiteren Beweises seitens der Klägerin bedarf. Auf das Verschulden der Beklagten bei ihrem Erwerbe des Papieres würde es aber nicht ankommen, und dasselbe würde für sie unschädlich sein, wenn L. & B. oder einer der früheren Vormänner der Beklagten redliche Erwerber des Papieres gewesen sein sollten. Denn damit würden dieselben nach Artt. 306. 307 H.G.B. Eigentümer des Papieres geworden und das frühere Eigentum der Klägerin würde dadurch erloschen sein, sodaß die Klägerin das Papier auch den Rechtsnachfolgern des gutgläubigen Erwerbers gegenüber nicht würde vindizieren können, sollte dieser auch beim Erwerbe gewußt haben oder habe wissen müssen, daß das Papier gestohlen war.

Vgl. v. Hahn, Kommentar §§ 5—8 zu Art. 306 H.G.B., und Bolze, Praxis des Reichsgerichts Bd. 11 Nr. 38.

Dies zu beweisen wäre aber Sache der Beklagten, wogegen der Klägerin selbstverständlich der Beweis ihrer Behauptung freistehen würde, daß auch die Vormänner der Beklagten das Papier unter Nichtbeachtung der auch ihnen gemachten Diebstahlsanzeige in grobfahrlässiger Weise erworben haben und daher nicht redliche Besitzer gewesen seien. Dieselbe Verteilung der Beweislast gilt auch für die widersprechenden Behauptungen der Parteien darüber, ob S. K. oder dessen Vorbesitzer, das Bankhaus H. M. S. in Paris, das Eigentum an dem Papiere auf Grund des französischen Gesetzes vom 15. Juni 1872 über verloren gegangene Inhaberpapiere erworben habe." . . .

---

21. Ist mit Rücksicht auf § 107 des Militärpensionsgesetzes vom 27. Juni 1871 in der Fassung des Gesetzes vom 22. Mai 1893 im Gebiete der preußischen Städteordnung vom 30. Mai 1853 bei Feststellung des Betrages der Civilpension eines Militäranwärters, der auf Lebenszeit als besoldeter Beamter im städtischen Gemeindedienste angestellt worden ist, die Militärdienstzeit als pensionsfähige Dienstzeit in Anrechnung zu bringen?

IV. Civilsenat. Urt. v. 27. Februar 1896 i. S. Stadtgemeinde Stargard i. P. (Bekl.) w. K. (Kl.) Rep. IV. 302/95.

Die Entscheidung ist unten unter „Preußisches Recht" Nr. 59 S. 235 abgedruckt.

---

22. Einfluß einer von dem Verkäufer übernommenen Garantie auf die Verjährung der Klage des Käufers wegen Mängel. H.G.B. Art. 349.

I. Civilsenat. Urt. v. 18. April 1896 i. S. Hüttenfiskus (Kl.) w. K. (Bekl.) Rep. I. 458/95.

I. Landgericht Breslau.
II. Oberlandesgericht daselbst.

Der Beklagte hat für die Haltbarkeit der von ihm dem Königlichen Hüttenamte zu F. gelieferten Treibriemen zu einer neuen Gebläseanlage auf ein Jahr von der Inbetriebsetzung jedes Riemens ab die Garantie übernommen. Von den gelieferten Riemen sind zwei überhaupt nicht, die übrigen im Laufe des Monates März 1889 zunächst versuchsweise und dann teils am 1., teils am 7. April 1889 dauernd in Betrieb genommen worden. Am 7. April 1889 waren zwei der Riemen quer durchgerissen, was dem Beklagten angezeigt wurde. Als am 10. Mai 1889 ein dritter Riemen gerissen war, stellte die Hüttenverwaltung mit Anzeige hiervon dem Beklagten die sämtlichen gelieferten Riemen wegen mangelhafter Beschaffenheit des dazu verwendeten Materiales zur Verfügung. Die über die Ersatzverpflichtung des Beklagten angeknüpften Verhandlungen führten nicht zu einer Einigung. Am 17. März 1890 erhob der Kläger gegen den Beklagten Klage auf Rückzahlung des Kaufpreises für die in Benutzung genommenen Riemen, indem er behauptete, daß den Riemen die vertragsmäßig bedungenen Eigenschaften gefehlt hätten, und dehnte in dem Verhandlungstermine am 12. Oktober 1891 den Klaganspruch auch auf die beiden nicht in Benutzung genommenen Riemen aus. Der Beklagte beantragte Abweisung der Klage. Er bestritt, daß die gelieferten Riemen den Vertragsbedingungen nicht entsprochen hätten.

Nachdem in erster Instanz eine den Beklagten zum größten Teile verurteilende Entscheidung ergangen war, erhob der Beklagte in der Berufungsinstanz den Einwand der Verjährung. Der Kläger machte dagegen geltend, daß der Lauf der sechsmonatigen Verjährungsfrist erst mit dem Ablaufe der einjährigen Garantiefrist und hinsichtlich der beiden nicht in Benutzung genommenen Riemen überhaupt noch nicht begonnen habe.

Das Berufungsgericht hat die Klage gänzlich abgewiesen. Die Revision des Klägers ist zurückgewiesen worden aus folgenden

Gründen:

„Die Beklagte hat gegen den Klaganspruch den Einwand der Verjährung aus Art. 349 H.G.B. erhoben, den der Kläger deshalb für unbegründet hält, weil die Klage bezüglich der in Anspruch genommenen Riemen innerhalb der vertragsmäßigen Garantiefrist erhoben sei, während bezüglich der beiden nicht in Betrieb gesetzten Riemen diese Frist und damit auch die Verjährung noch gar nicht zu laufen begonnen habe.

Das Berufungsgericht geht davon aus, daß die Verjährungsfrist mit der vertragsmäßigen Garantiefrist zusammenfalle, und verwirft deshalb bezüglich der in Betrieb gesetzten Riemen die Verjährungseinrede, weil nicht erwiesen sei, daß die Inbetriebsetzung dieser Riemen vor dem 17. März 1889 (d. i. länger als ein Jahr vor der Klagerhebung) stattgefunden habe. Dagegen hat das Berufungsgericht die Einrede bezüglich der beiden unbenutzt gebliebenen Riemen für begründet erachtet, indem es erwägt, daß nach dem Gutachten der Sachverständigen die Qualität der Riemen durch längeres Lagern erheblich leide, sodaß durch solche längere Lagerung die von der Beklagten übernommene Garantiepflicht erschwert werden würde, und deshalb annimmt, daß eine in das Belieben des Klägers gestellte Hinausschiebung der Inbetriebsetzung und damit des Beginnes der Garantiefrist nicht im Willen der Parteien gelegen haben könne, vielmehr eine solche Hinausschiebung zu Gunsten des Klägers höchstens um den der gesetzlichen Gewährfrist entsprechenden Zeitraum von sechs Monaten zugelassen werden dürfe. Bei so geordnetem Laufe der Verjährungsfrist aber sei vor Erhebung der Klage bezüglich dieser beiden Riemen (12. Oktober 1891) die Verjährung eingetreten. Das Berufungsgericht ist jedoch auch hinsichtlich der die in Benutzung genommenen Riemen betreffenden Klageforderung aus anderen Gründen zu einer abweisenden Entscheidung gelangt. Einer Nachprüfung dieser Gründe und der von dem Revisionskläger dagegen gerichteten Angriffe bedarf es nicht, weil das Berufungsurteil aus einem anderen Grunde jedenfalls aufrecht zu erhalten ist.

Im Abs. 5 des Art. 349 H.G.B. ist bestimmt, daß die Haftbarkeit des Verkäufers, abweichend von den in den vorhergehenden Absätzen enthaltenen Vorschriften, auf eine kürzere oder längere Frist vertragsmäßig festgesetzt werden dürfe. Von dieser Vertragsfreiheit haben die Parteien in der Weise Gebrauch gemacht, daß sie eine Garantie des Verkäufers für die Haltbarkeit der Riemen auf ein Jahr von der Inbetriebsetzung jedes Riemens ab vereinbart haben. Diese Garantieleistung für die Dauer eines Jahres enthält an sich nur eine Verlängerung der Frist im Abs. 1 des Art. 349 H.G.B. Der Käufer soll befugt sein, den Verkäufer nicht nur wegen der innerhalb sechs Monaten seit der Ablieferung, sondern wegen der bis zum Ablaufe eines Jahres seit der Inbetriebsetzung der Riemen entdeckten Mängel haftbar zu machen. Die Verjährungsfrist des Abs. 2 wird durch die Garantieleistung direkt nicht berührt, wohl aber indirekt insoweit, als es der Zweck der Garantieleistung erfordert. Einem innerhalb der einjährigen Frist seit der Inbetriebsetzung erhobenen, unter das Garantieversprechen fallenden redhibitorischen Klaganspruche kann nicht mit der Einrede begegnet werden, daß von der Ablieferung der Riemen ab bis zur Klagerhebung eine sechsmonatliche Frist verstrichen sei, weil damit der Zweck der Garantieleistung, auch später, bis zum Ablaufe der Garantiefrist entdeckte Mängel geltend machen zu können, aufgehoben werden würde. Daraus folgt jedoch nicht, daß, wie das Berufungsgericht meint, die Verjährungsfrist mit der Garantiefrist zusammenfalle, sodaß jede vor dem Ablaufe der Garantiefrist erhobene Gewährleistungsklage der Verjährungseinrede entzogen wäre, ohne jede Rücksicht auf das durch das Garantieversprechen bedingte rechtliche Bedürfnis. Dieses erfordert nur, daß jeder bis zum Ablaufe der Garantiefrist entdeckte Mangel rechtlich verfolgt werden könne, nicht aber, daß dem Käufer zu dieser Rechtsverfolgung stets die ganze Garantiefrist offen bleibe, gleichviel, wann der Mangel entdeckt und dem Verkäufer angezeigt worden ist. Ist ein Mangel entdeckt und dem Verkäufer angezeigt, so ist insoweit der Zweck der Garantiefrist erledigt, und es ist kein Grund ersichtlich, aus welchem von diesem Zeitpunkte an dem Käufer zur Verfolgung seines Rechtes eine längere als die gesetzliche sechsmonatige Verjährungsfrist zustehen soll. Im vorliegenden Falle hat die Hüttenverwaltung schon durch ihr Schreiben vom 10. Mai 1889 die vertragswidrige Beschaffenheit sämtlicher Riemen, auch der noch nicht benutzten, gerügt und dieselben der Beklagten zur Verfügung gestellt.

Die Klage auf Gewährleistung wegen der gerügten Mängel hätte deshalb innerhalb sechs Monaten nach diesem Zeitpunkte erhoben werden müssen. Da sie bezüglich der acht in Betrieb genommenen Riemen erst am 17. März 1890, bezüglich der beiden unbenutzten Riemen sogar erst im Oktober 1891 angestellt worden ist, so greift die Verjährungseinrede der Beklagten gegen den ganzen Klaganspruch durch. Es bedarf deshalb keiner weiteren Prüfung, ob die Verjährungseinrede auch vom Standpunkte des Berufungsgerichtes in betreff des auf die beiden unbenutzten Riemen bezüglichen Anspruches begründet sein würde." ...

---

23. Gehört im Falle des Konkurses über das Vermögen einer Kommanditgesellschaft eine Forderung an den Kommanditisten auf Einzahlung der Einlage nur insoweit zur Konkursmasse, als die Gesellschaft selbst eine solche Forderung hat, oder ist in dieser Beziehung die Haftung des Kommanditisten gegenüber den Gesellschaftsgläubigern maßgebend? Kann der Kommanditist gegen die Forderung auf Einzahlung der Einlage mit einer Forderung an die Gesellschaft aufrechnen?

H.G.B. Artt. 151. 165.

I. Civilsenat. Urt. v. 30. Mai 1896 i. S. des Verwalters im Konkurse der Kommanditgesellschaft H. W. (Bekl.) w. A. D. (Kl.) Rep. I. 58/96.

I. Landgericht I Berlin.
II. Kammergericht daselbst.

Durch Vertrag vom 24. Mai 1894 vereinigten sich H. W. in Berlin und der Kläger zu einer Kommanditgesellschaft unter der Firma H. W. zwecks Betriebes einer Gerberei und Lederzurichterei, H. W. als persönlich haftender Gesellschafter, Kläger als Kommanditist mit einer Einlage von 50000 *M*, die in das Handelsregister eingetragen wurde. In dem Vertrage ist bemerkt, daß von der Einlage 31700 *M* eingezahlt seien, und der Rest im Laufe des Juni eingezahlt werden solle. Am 13. Dezember 1894 ist über das Vermögen der Kommanditgesellschaft das Konkursverfahren eröffnet worden. Die Gesellschaft hatte zwei von der Firma K. N. auf sie gezogene und von ihr acceptierte Wechsel über je 10000 *M*, zahlbar am 1. und 15. Januar 1895 gegen 1/8 Prozent Provision bei der Ausstellerin diskontiert, und Kläger hatte sich für diese Wechselschulden verbürgt. Nach Ausbruch des Konkurses hat Kläger die Wechsel einlösen und die Provision zahlen müssen. Kläger hat im Konkurse der Gesellschaft seine Forderungen daraus angemeldet. Der Konkursverwalter hat dieselben bestritten, und es ist deshalb auf Feststellung dieser Forderungen in Höhe von 10003,45 *M* und 9980,25 *M* geklagt.

Beklagter bestreitet diese Forderungen nicht mehr, verlangt aber widerklagend vom Kläger Zahlung von 4700 *M* nebst Zinsen, weil 1. Kläger von der Einlage, zu der er sich verpflichtet, nur 47800 *M* eingezahlt habe, und 2. „auf seinen Gewinnanteil" am 31. Mai, 31. Juli, 31. August, 30. September und 31. Oktober 1894 je 500 *M* aus der Geschäftskasse entnommen habe, obwohl die Gesellschaft nicht mit Gewinn, sondern vielmehr mit Verlust gearbeitet habe.

Kläger giebt zu, daß er bei der ersten Einzahlung nur 30000 *M* bar gezahlt habe, macht aber geltend, daß er sich 1700 *M* mit Zustimmung des W. für Kursverlust bei Versilberung seiner Papiere, sowie für Provision und Spesen, zu deren Ersatz sich die Gesellschaft ihm gegenüber vor und bei Abschluß des Gesellschaftsvertrages ausdrücklich verpflichtet habe, auf seine Einlage angerechnet habe, sodaß mit Recht über 31700 *M* quittiert sei. Bei Zahlung der letzten Rate habe er zwar nur 11800 *M* bar bezahlt, jedoch mit 500 *M*, die ihm als von ihm a conto seines Gewinnanteiles (für Juni 1894) entnommen gebucht, aber nicht gezahlt worden seien, gegen den gleich hohen Restbetrag der Einlage aufgerechnet. Bezüglich der Gegenforderungen aus den Gewinnvorschüssen hält Kläger den Beklagten nicht für aktiv legitimiert. Eventuell verlangt Kläger Aufrechnung des gesamten Gegenanspruches, der sich mit Zinsen bis zum Tage der Konkurseröffnung auf 4804,50 *M* stellt, mit seiner zum Konkurse angemeldeten Forderung, was Beklagter für unzulässig erachtet.

Das Landgericht hat dem Klagantrage gemäß erkannt und den Kläger der Widerklage gemäß verurteilt. Auf die Berufung des Klägers sind die vom Kläger angemeldeten Forderungen unter Abweisung der Widerklage in Höhe von 5198,95 ℳ und 9980,25 ℳ festgestellt worden.

Die Revision des Beklagten wurde zurückgewiesen aus folgenden

Gründen:

„Die Entscheidung des Berufungsgerichtes beruht darauf, daß es den in der Widerklage erhobenen Anspruch zwar für begründet, insbesondere auch den Konkursverwalter für aktiv legitimiert erachtet, andererseits aber dem Kläger die Berechtigung zugesprochen hat, gegen den Anspruch des Konkursverwalters einen entsprechenden Teil der unbestrittenen Klageforderungen in Aufrechnung zu bringen. Diese letztere Annahme ist es, die von der Revision angegriffen wird. Einer Prüfung ist aber, obwohl sich der Kläger der Revision nicht angeschlossen hat, zunächst die Frage zu unterziehen, ob der Anspruch der Widerklage begründet ist, weil, wenn sie zu verneinen wäre, dem auf Verurteilung des Klägers zur Zahlung gerichteten Antrage des Revisionsklägers nicht stattgegeben werden könnte. Mit Recht indes hat das Berufungsgericht diese Frage bejaht.

1. Es unterliegt keinem Zweifel, daß insoweit, als eine Kommanditgesellschaft gegen den Kommanditisten einen Anspruch auf Einlageeinzahlung hat, im Falle des Konkurses der Gesellschaft dieser Anspruch ein Aktivum der Konkursmasse bildet, das vom Konkursverwalter zu realisieren ist. Der auch in der Litteratur vertretenen Meinung aber, daß der Konkursverwalter nur insoweit, als die Gesellschaft einen solchen Anspruch habe, eine Einlageforderung geltend zu machen befugt sei, und eine darüber hinausgehende Haftung des Kommanditisten den Gesellschaftsgläubigern gegenüber nur von diesen selbst zur Geltung gebracht werden könne, ist nicht beizupflichten. Sie genügt nicht dem praktischen Bedürfnisse, entspricht aber auch nicht dem Gesetze. Wenn im Art. 165 Abs. 1 H.G.B. bestimmt ist, daß der Kommanditist für die Verbindlichkeiten der Gesellschaft mit der Einlage und, insoweit diese nicht eingezahlt ist, mit dem versprochenen Betrage haftet, und der Art. 151 anordnet, daß der Betrag der Vermögenseinlage des Kommanditisten zum Handelsregister anzumelden ist, so ist daraus die Absicht des Gesetzes ersichtlich, daß im Verhältnisse zu den Gesellschaftsgläubigern mindestens in Höhe des auf Antrag der Gesellschafter in das Handelsregister eingetragenen Betrages eine Vermögenseinlage, gleichviel ob und inwieweit sie in

Wirklichkeit versprochen ist, als versprochen gelten soll. Und wenn nach Art. 165 Abss. 2—4 die Einlage des Kommanditisten während des Bestehens der Gesellschaft weder ganz noch teilweise zurückgezahlt oder erlassen werden kann, Zinsen dem Kommanditisten nur insoweit bezahlt werden können, als dadurch die ursprüngliche Einlage nicht vermindert wird, und endlich der Kommanditist bis zur Wiederergänzung der durch Verlust verminderten Einlage weder Zinsen noch Gewinne beziehen kann, so heißt das nichts anderes, als daß im Verhältnisse zu den Gesellschaftsgläubigern die Einlage zum Betrage der durch Zurückzahlung oder Gewinn- und Zinsenbezüge erfolgten Verminderungen als eine nicht eingezahlte und die Einlagepflicht, soweit sie erlassen ist, als weiter bestehend angesehen werden soll. Hier wie dort handelt es sich mithin zwar wohl um eine von dem inneren Verhältnisse der Gesellschafter zu einander unabhängige Haftung des Kommanditisten den Gesellschaftsgläubigern gegenüber, nicht aber um ein den Gläubigern neben ihren Forderungen an die Gesellschaft zustehendes selbständiges Recht, das nur von ihnen geltend gemacht werden könnte, sondern der erkennbare Wille des Gesetzes ist der, daß unter gewissen Voraussetzungen ein Kommanditist, der der Gesellschaft zu einer Einlageeinzahlung nicht oder nicht mehr verpflichtet ist, doch in betreff der Geltendmachung und Befriedigung der gegen die Gesellschaft bestehenden Forderungen wie ein so verpflichteter behandelt werden soll. Daraus folgt dann aber, daß im Falle des Konkurses der Gesellschaft eine entsprechende Forderung als zur Konkursmasse gehörend angesehen werden muß, und daß es Recht und Pflicht des Konkursverwalters ist, sie geltend zu machen.

Als Betrag der Vermögenseinlage des Klägers ist in das Handelsregister die Summe von 50000 *M* eingetragen worden. Dies ist maßgebend. Die nach der Behauptung des Klägers vor und bei Abschluß des Gesellschaftsvertrages getroffene Abrede, daß er die ihm durch Versilberung seiner Wertpapiere entstehenden Unkosten abzuziehen berechtigt, m. a. W. daß er nur eine entsprechend geringere Summe einzuzahlen verpflichtet sein solle, ist hier nicht zu berücksichtigen. Ebenso unzweifelhaft ist, daß in Höhe derjenigen Beträge, die sich der Kläger, obwohl die Gesellschaft, wie unstreitig, nicht mit Gewinn gearbeitet hat, als „Gewinnanteile" mit zusammen 2500 *M* hat auszahlen und mit 500 *M* auf seine Einlage hat anrechnen lassen, seine Einlage noch als rückständig gilt. Die Forderung des Konkursverwalters stellt sich daher auf Grund der erörterten Vorschriften des Handelsgesetzbuches als gerechtfertigt dar, sodaß es auf sich beruhen bleiben kann, ob sie nicht in Ansehung der Gewinnbezüge auch aus dem Gesichtspunkte eines Kondiktionsanspruches der Gesellschaft begründet ist.

2. Es bleibt die Frage übrig, ob der Kläger berechtigt ist, mit einem entsprechenden Teile seiner Forderungen aufzurechnen. Der Kläger hat freilich unter Bezugnahme auf ein früheres Urteil des Reichsgerichtes,

vgl. Entsch. in Civils. Bd. 7 S. 17,

auszuführen versucht, daß es auf die Kompensationsbefugnis nicht ankomme, weil schon infolge der Thatsache, daß er einen die Summe von 4700 ℳ weit übersteigenden Betrag an einen Gesellschaftsgläubiger bezahlt habe, seine Einlagepflicht erfüllt, und mithin der Widerklaganspruch erloschen sei. Dabei ist indes übersehen, daß es sich in dem durch jenes Urteil entschiedenen Falle um die Zahlung an einen Geschäftsgläubiger handelte, welche die Kommanditisten geleistet hatten, nachdem die Kommanditgesellschaft durch Übereinkunft aufgelöst worden war, während der Kläger nach Eröffnung des Konkursverfahrens über das Vermögen der Gesellschaft, deren Kommanditist er ist, gezahlt hat. Diese Zahlung als solche war nicht geeignet, ihn von seiner Einlagepflicht zu befreien, weil die Einlagepflicht nach Eröffnung des Konkursverfahrens nur durch Einzahlung in die Konkursmasse erfüllt werden konnte. Andererseits läßt sich für die Frage, ob Kläger zur Aufrechnung befugt ist, das vom Berufungsgerichte angezogene Urteil des Reichsgerichtes vom 25. Juni 1881,

vgl. Gruchot, Beiträge Bd. 26 S. 718 flg.,

nicht verwerten. Denn gebilligt wurde durch dieses Urteil eine Entscheidung des Instanzgerichtes, durch welche die von dem Konkursverwalter gegen einen Kommanditisten auf Einzahlung der Einlage erhobene Klage nicht auf Grund einer Kompensationseinrede, sondern auf Grund einer vor der Konkurseröffnung durch Vertrag vollzogenen Kompensation abgewiesen worden war. Die Bejahung der Frage unterliegt indes keinem begründeten Bedenken. Gilt nach dem oben Ausgeführten der Kläger in Ansehung dessen, was in der Widerklage von ihm gefordert wird, als Schuldner der Gesellschaft, dann kann ihm auch die Befugnis zur Aufrechnung mit einer Forderung an die Gesellschaft insoweit nicht abgesprochen werden, als die Vorschriften der Konkursordnung die Aufrechnung zwischen einer Forderung des Gemeinschuldners und einer Forderung an ihn für zulässig erklären. Danach ist aber auf Grund des § 47 Abs. 1 K.O. die Aufrechnung hier für zulässig zu erachten, weil Kläger infolge einer Bürgschaft gezahlt hat, die er bereits vor der Konkurseröffnung für die Gesellschaft übernommen hatte.

Vgl. v. Wilmowski-Levy, Konkursordnung 5. Aufl. Anm. 2 Abs. 3 zu § 48; Petersen-Kleinfeller, Konkursordnung 3. Aufl. Bemerkung 3 Abs. 2 zu § 47 und Bemerkung 4 zu § 60; Kohler, Lehrbuch des Konkursrechtes S. 367.

Auf das Urteil des Reichsgerichtes vom 1. Februar 1882,

vgl. Entsch. in Civils. Bd. 6 S. 69,

durch welches mit Rücksicht auf die besondere rechtliche Natur der Verpflichtung zur Einzahlung der Aktie dem Aktionär einer in Konkurs verfallenen Aktiengesellschaft das Recht abgesprochen wurde, gegen den Einzahlungsanspruch des Konkursverwalters mit einer Forderung an die Aktiengesellschaft zu kompensieren, kann der Beklagte sich umsoweniger berufen, als das Handelsgesetzbuch gegenwärtig in den Artt. 184c. 219 Abs. 2 ausdrücklich bestimmt, daß der zur Einzahlung der Aktie Verpflichtete eine Aufrechnung nicht geltend machen kann, eine entsprechende Vorschrift aber bezüglich des Kommanditisten der einfachen Kommanditgesellschaft nach wie vor nicht enthält. Und wenn ferner der Beklagte hervorgehoben hat, daß der Kläger die Rechtslage nicht dadurch zu seinen Gunsten habe verändern können, daß er vor der Konkurseröffnung das Gesellschaftsvermögen unter Verletzung des Art. 165 H.G.B. schmälerte, so liegt dem eine unrichtige Auffassung der Vorschriften des Art. 165 zu Grunde. Von einer Verletzung dieser Vorschriften kann keine Rede sein. Die Vorschriften verbieten nicht die darin bezeichneten Einlageverminderungen, sie erklären die Einlageverminderungen nicht für rechtswidrig, sondern nur für einflußlos auf den Umfang der Haftung des Kommanditisten den Gesellschaftsgläubigern gegenüber; und dem wird eben dadurch hier Rechnung getragen, daß der Widerklaganspruch als begründet anerkannt wird. Allerdings können Einlageverminderungen auf Grund der §§ 22 flg. K.O. anfechtbar sein; und wären dies die hier fraglichen, dann hätte der Kläger einem Anfechtungsanspruche eine Kompensationseinrede auf Grund seiner Forderungen an die Gesellschaft nicht mit Erfolg entgegensetzen können. Behauptungen in dieser Richtung hat aber der Beklagte nicht aufgestellt. Es liegt nur vor, daß in dem Gesellschaftsvertrage dem Kläger das Recht eingeräumt war, auf seinen Gewinnanteil monatlich die Summe von 500 *M* aus der Gesellschaftskasse zu entnehmen, und daß, wie man danach annehmen muß, die Gesellschafter diese Vertragsbestimmung in der Erwartung zur Anwendung gebracht haben, daß die Gesellschaft einen entsprechenden Gewinn erzielen würde." ...

---

24. Zur Auslegung des Ausdruckes „anderer Forderungen aus dem Pachtverhältnisse" in § 41 Ziff. 2 K.O.

VI. Civilsenat. Urt. v. 16. Mai 1896 i. S. Graf D. (Kl.) w. T.'sche Konkursmasse (Bekl.). Rep. VI. 17/96.

I. Landgericht Königsberg i. Pr.
II. Oberlandesgericht daselbst.

Aus den Gründen:

„Der Kläger verpachtete durch Vertrag vom 22. Juli 1890 mehrere Güter an den Gutspächter T. für die Zeit bis zum Tode des Pächters. Der letztere hatte die Güter bereits bis dahin im Pachtbesitze gehabt. Der Pächter ist am 5. Januar 1895 verstorben, und am 28. desselben Monates ist über seinen Nachlaß der Konkurs eröffnet. In dem Pachtvertrage ... ist (§ 6) folgendes bestimmt: „Verpächter gewährt dem Pächter als Betriebskapital für diese Pachtung ein für die faktische Dauer der Pacht unkündbares und mit dem Ende des faktischen Pachtverhältnisses zur Rückzahlung fälliges Darlehn von 40000 *M* zu $3^1/_2$ Prozent, über dessen Empfang quittiert wird. Als Sicherheit hierfür und für die Erfüllung des Pachtvertrages verpfändet Pächter dem Verpächter ausdrücklich lebendes und totes Inventarium im Werte von 60000 *M* und seine sämtlichen eingebrachten Gegenstände."

Der Pächter hat die 40000 ℳ erhalten und nicht zurückgezahlt.

In dem gegenwärtigen Prozesse hat der Kläger ... beantragt, die Beklagte zu verurteilen, anzuerkennen, daß ihm ... für die Forderung von 40000 ℳ nebst Zinsen ein Absonderungsrecht an den von dem Pächter eingebrachten Sachen und an den Gutsfrüchten zustehe. Beide Instanzen haben diesen Anspruch für unbegründet erklärt. Das Berufungsgericht begründet die Entscheidung folgendermaßen: schon nach dem § 395 A.L.R. I. 21 erstrecke sich das gesetzliche Pfandrecht des Verpächters nur auf die Forderungen desselben aus dem Pachtverhältnisse, und durch die dem § 33 Ziff. 4 der preußischen Konkursordnung vom 8. Mai 1855 entsprechende Fassung des § 41 Ziff. 2 K.O. sei zum Ausdrucke gebracht, daß das Absonderungsrecht des Verpächters mit den Forderungen desselben nur soweit verbunden sei, als dieselben aus dem Pachtverhältnisse herrührten; die fragliche Forderung gründe sich aber auf ein von dem Pachtverhältnisse rechtlich unabhängiges Darlehnsgeschäft; als solches werde es in dem Vertrage vom 22. Juli 1890 ausdrücklich bezeichnet; es unterliege auch keinem Zweifel, daß die Kontrahenten hinsichtlich der 40000 ℳ ein anderes Rechtsgeschäft, als ein Darlehn nicht beabsichtigt hätten; daß die Fälligkeit des Darlehns mit der Beendigung der Pacht zusammenfallen und der Kläger befugt sein sollte, sich aus dem Inventar ganz oder teilweise wegen des Darlehns bezahlt zu machen, betreffe nur Modalitäten des Darlehnsgeschäftes, könne aber die Darlehnsforderung ebensowenig zu zu einer Forderung aus dem Pachtverhältnisse umgestalten, wie der wirtschaftliche Zusammenhang, der zwischen den Rechtsgeschäften bestanden haben solle; selbst wenn es möglich wäre, ein Darlehnsgeschäft mit einem Pachtverhältnisse derart zu verbinden, daß ersteres nur einen Nebenbestandteil des letzteren abgäbe, so träfe dieses jedenfalls hier nicht zu, sondern es seien beide Geschäfte, abgesehen von dem wirtschaftlichen Zusammenhange, nur äußerlich miteinander verbunden; die Verpflichtung des T. zur Zahlung des Kapitalzinses sei ganz unabhängig von der Zahlung des Pachtzinses geregelt, und die Rückzahlung des Kapitales mit der Pachtrückgewähr, abgesehen von dem dem Kläger eingeräumten Rechte auf das Inventar, nur hinsichtlich der Fälligkeit in Beziehung gesetzt; der bloße Wille der Kontrahenten könne einer Forderung ein ihr sonst nicht zustehendes gesetzliches Pfandrecht nicht verschaffen; der Wille der Parteien würde allerdings maßgebend sein für die rechtliche Beurteilung eines gemischten Rechtsverhältnisses, wenn sich in einem solchen gesonderte Geschäfte von selbständiger Natur nicht feststellen ließen; hier dagegen seien zwei verschiedene rechtliche Verträge gewollt und abgeschlossen, ein Pacht- und ein Darlehnsvertrag; die Forderung aus dem letzteren sei trotz des entgegengesetzten Willens der Kontrahenten nicht geeignet, die Unterlage eines Pfandrechtes zu bilden.

Diese Ausführungen lassen einen Rechtsirrtum nicht erkennen, müssen vielmehr als richtig angesehen werden. Die hiergegen gerichteten Angriffe der Revision sind also als unbegründet anzusehen.

Dem Verpächter ist in dem § 41 Ziff. 2 K.O. ein Absonderungsrecht in Ansehung der Früchte und der eingebrachten Sachen nur für Forderungen aus dem Pachtverhältnisse gegeben. In gleicher Weise ist das Absonderungsrecht des Vermieters im § 41 Ziff. 4 K.O. beschränkt. Für andere Forderungen war dem Verpächter und Vermieter schon nach gemeinem Rechte ein stillschweigendes Pfandrecht nicht eingeräumt, und auch das preußische Landrecht geht, wie das Berufungsgericht bereits hervorgehoben hat, in dem § 395 A.L.R. I. 21 nicht weiter. Es fragt sich also, ob das Berufungsgericht mit Recht verneint hat, daß die streitige Forderung aus dem Darlehn eine Forderung aus dem Pachtverhältnisse sei.

Es ist dem Berufungsgerichte beizutreten, daß der Wille der Kontrahenten nicht dafür entscheidend sein könne, ob die streitige Forderung als eine solche aus dem Pachtverhältnisse im Sinne des § 41 Ziff. 2 K.O. anzusehen sei. Denn es handelt sich um die Wirkung eines Vertrages gegen dritte Personen. Eine solche kann demselben durch die Vereinbarung der Kontrahenten allein nicht beigelegt werden; vielmehr müssen hierfür die besonderen Voraussetzungen vorhanden sein, an welche das Recht diese Wirkung knüpft. Im vorliegenden Falle besteht die Voraussetzung darin, daß die Forderung eine solche aus dem Pachtverhältnisse im Sinne des Gesetzes sein muß. Dieses ist aber nicht der Fall. Denn es handelt sich, wie das Berufungsgericht mit Recht ausgeführt hat, nicht bloß sachlich, sondern auch sogar nach der Bezeichnung in der Vertragsurkunde, um einen Anspruch aus dem Darlehn. Der Kläger hat nach dem Vertrage dem Pächter T. ein verzinsliches Darlehn für die Dauer seiner Pacht gewährt. Daß das Darlehnsgeschäft in dem Pachtvertrage mit beurkundet ist, kann die rechtliche Natur desselben nicht ändern. Es handelt sich dabei um eine rein äußerliche Verbindung, die sich daraus erklärt, daß das Darlehn in Anlaß des Abschlusses des Pachtvertrages gewährt worden ist, und daß es dem Pächter die Bewirtschaftung des Gutes hat erleichtern oder ermöglichen, ihm als Betriebskapital dienen sollen. Daß dieses für die rechtliche Beurteilung des Geschäftes nicht von Erheblichkeit sein kann, ergiebt sich schon daraus, daß einem Dritten, welcher dem Pächter das Darlehn aus diesem Anlasse und zu demselben Zwecke gewährt hätte, zweifellos das in § 41 Ziff. 2 K.O. konstituierte Absonderungsrecht nicht zustehen würde. Die Revision weist für die von ihr vertretene Auffassung auf die Bestimmung des Vertrages hin, wonach die Zinsen von den 40000 ℳ praenumerando gezahlt werden sollen. Eine solche Abrede ist allerdings nicht gewöhnlich. Aber dadurch kann dem Darlehn sein rechtlicher Charakter nicht genommen werden; es bleibt ein Darlehn, auch wenn die Zinsen nicht postnumerando, sondern praenumerando bezahlt werden. Es giebt keine Rechtsnorm, aus welcher etwas anderes hergeleitet werden könnte. Mit diesen Ausführungen steht, wie bereits in dem angefochtenen Urteile erwähnt ist, die Praxis in Übereinstimmung. Der Umstand, daß ein Anspruch des Verpächters oder Vermieters auf eine mit dem Abschlusse des Pacht- oder Mietvertrages verbundene Abrede gestützt wird, ist seither für die Begründung des Absonderungsrechtes nach dem § 41 Ziff. 2. 4 K.O. nicht als entscheidend angesehen.

In dem von dem V. Civilsenate des Reichsgerichtes durch das Urteil vom 7. Januar 1882,

vgl. Gruchot, Beiträge Bd. 26 S. 996,

entschiedenen Falle waren mittels desselben Vertrages Fabrikräume vermietet und die Anschaffung einer Dampfmaschine nebst Transmissionen und Lieferung der zum Fabrikbetriebe des Mieters erforderlichen Dampfkraft von dem Vermieter übernommen; der Mietzins sowie die Vergütung für die zu liefernde Dampfkraft waren besonders bestimmt. Der Vermieter beanspruchte für die Vergütung für Lieferung der Dampfkraft das Absonderungsrecht des § 41 Ziff. 4 K.O. Das Berufungsgericht erklärte den Anspruch für unbegründet, weil der Vertrag selbständige, voneinander unabhängige Vereinbarungen verschiedener Natur enthalte, von denen die fragliche nicht unter den

Begriff des Mietvertrages falle. Das Reichsgericht wies die Revision zurück, indem es ausführte, daß die Frage, ob die beiden Vereinbarungen dergestalt zusammenfielen, daß die eine nur als Nebenbestandteil der anderen anzusehen sei, oder ob sie nur äußerlich zusammengehörten, eine Frage der nicht anfechtbaren Auslegung sei.

In einem Urteile des III. Civilsenates des Reichsgerichtes vom 25. Mai 1888,

vgl. Seuffert, Archiv Bd. 44 Nr. 223; Juristische Wochenschrift von 1888 S. 289 Nr. 11,

ist entschieden, daß dem Verpächter für seinen Anspruch auf Leistung der ihm von dem Pächter zur Sicherung der Erfüllung seiner Verpflichtungen aus dem Pachtvertrage versprochenen Kaution das Absonderungsrecht des § 41 Ziff. 2 K.O. nicht zustehe.

In dem Urteile des III. Strafsenates des Reichsgerichtes vom 28. April 1890,

vgl. Entsch. des R.G.'s in Straff. Bd. 20 S. 417,

wird die Frage erörtert, wie weit das gesetzliche Pfandrecht des Vermieters sich erstrecke, wenn der Mieter ein Zimmer einschließlich eines Frühstückes an jedem Morgen für eine Gesamtvergütung gemietet habe. Es wird ausgeführt: es müsse unterschieden werden; enthalte der Vertrag neben der Miete ein Geschäft von selbständigem rechtlichen Charakter, so liege ein Vertrag gemischter Natur vor; unerheblich sei es, daß die dem Vermieter zu gewährende Vergütung in einer Geldsumme bestimmt sei, da ermittelt werden könne, wie viel davon auf jede Leistung zu rechnen sei; ließen sich aber mehrere Geschäfte von selbständigem Charakter in dem Vertrage nicht finden, so frage es sich, welche Natur dem Geschäfte seiner Hauptbestimmung nach beiwohne.

Das hanseatische Oberlandesgericht hat in einem Urteile,

vgl. Seuffert, Archiv Bd. 42 Nr. 180,

sogar angenommen, daß sich das Absonderungsrecht des Vermieters nicht auf eine von dem Mieter für den Fall der Nichterfüllung seiner Verpflichtungen versprochene Konventionalstrafe beziehe.

Die Revision macht geltend, zu dem Pachtverhältnisse im Sinne des § 41 Ziff. 2 K.O. gehörten nicht bloß die essentialia und naturalia, sondern auch die accidentalia eines Pachtvertrages. Es braucht nicht erörtert zu werden, wie weit dieses richtig ist; denn das fragliche Darlehn ist ein selbständiges Rechtsgeschäft und kann als ein accidentale des Pachtvertrages nicht angesehen werden." ...

---

25. Ist im Falle einer Schuldübernahme der Konkursverwalter berechtigt, den dem Gemeinschuldner gegen den Schuldübernehmer zustehenden Anspruch in vollem Umfange für die Konkursmasse geltend zu machen, oder ist er auf die Geltendmachung des Befreiungsanspruches in Höhe der auf den Gläubiger entfallenden Dividende beschränkt?

VI. Civilsenat. Urt. v. 30. April 1896 i. S. R. (Bekl.) w. K. Konkursverwalter (Kl.). Rep. VI. 240/95.

I. Landgericht Leipzig.
II. Oberlandesgericht Dresden.

J. Chr. K. erwarb im Jahre 1887 ein gewisses Grundstück in L. und verpfändete es im Juni 1888 an die Aktiengesellschaft „Preußische Bodenkredit-Aktienbank in Berlin" wegen eines Darlehns von 84000 ℳ nebst Zinsen. Im Juli 1889 verkaufte K. das Grundstück an den Beklagten R. Dieser übernahm die Darlehnsschuld von 84000 ℳ nebst den eingetragenen Zinsen, Kostenkaution, Amortisationsentschädigung und Rückzahlungsprovision in Anrechnung auf den Kaufpreis. Nach mehrfachem Besitzwechsel kam das Grundstück in der Hand des Bauunternehmers B. zur Zwangsveräußerung. Die Bank erstand es und erlitt einen Ausfall von 17766,46 ℳ. Die Bank trat ihre Ansprüche an den Expedienten Sch. in L. ab. Dieser hat gegen K. Klage auf einen Teilbetrag von 10000 ℳ erhoben und dessen Verurteilung erzielt. Im Konkursverfahren zu dem Vermögen des K. hat Sch. die volle Forderung von 17766,46 ℳ angemeldet; sie ist in diesem Betrage auch eingestellt. Der Konkursverwalter erhob nun auf Grund dieser Vorgänge Klage gegen R. auf Befreiung des Gemeinschuldners, bezw. der Konkursmasse von der fraglichen Schuld. Durch Urteil des Landgerichtes wurde der Beklagte verurteilt, die vom Kläger verwaltete Konkursmasse in dem über das Vermögen des K. eröffneten Konkursverfahren von der seitens des Sch. angemeldeten Forderung von 17766,46 ℳ nach Höhe von 15556,80 ℳ durch Zahlung an den genannten Sch. oder durch eine der Zahlung gleichstehende Erfüllung zu befreien.

Die Berufung, sowie die Revision des Beklagten wurde zurückgewiesen, letztere aus folgenden

Gründen:

„Das Berufungsgericht stellt fest, daß der Beklagte, als er das Grundstück ... von dem Gemeinschuldner K. kaufte, diesem gegenüber die auf dem Grundstücke hypothekarisch sichergestellte Forderung von 84000 ℳ samt Anhang in Anrechnung auf den Kaufpreis übernommen habe. Auf Grund der Bestimmungen der §§ 432. 1407. 1408 Sächs. B.G.B. wird erörtert, daß die im Falle der Weiterveräußerung des Grundstückes eintretende Befreiung des früheren Übernehmers (§ 432) sich nicht auf dessen Verhältnis zum Schuldner beziehe, diesem gegenüber vielmehr die Verpflichtung zur Befreiung des Schuldners oder zum Schadensersatze aufrecht erhalten bleibe (§ 1408). Die Feststellung der Verpflichtung des Beklagten zur Befreiung des Schuldners entzieht sich bei der Irrevisibilität des Sächsischen Bürgerlichen Gesetzbuches ebenso der Nachprüfung, wie der Ausschluß der Wahl zwischen Befreiung und Schadensersatz. Das Urteil des Berufungsgerichtes unterliegt somit nur insoweit der Anfechtung als Vorschriften der Konkursordnung in Frage kommen.

Die Revision führt in dieser Beziehung aus, der Konkursverwalter verlange Befreiung von der der Konkursmasse gegenüber dem Gläubiger Sch. obliegenden Verpflichtung. Die Forderung dieses Konkursgläubigers bestehe aber in einem einmaligen Anspruch auf gemeinschaftliche Befriedigung aus der Konkursmasse zugleich mit allen anderen Gläubigern. Mit der Befreiung von dieser durch die Dividende begrenzten Forderung erschöpfe sich das klägerische Interesse. Mit dem Zugeständnisse des Anspruches auf Befreiung von einem über die Dividende hinausgehenden Betrage würde dem Kläger eventuell ein Recht nach Beendigung des Konkurses, also nach Verwertung der Masse und für eine Zeit eingeräumt werden, zu der seine Verwalterschaft bereits erloschen sei. Die Meinung des Oberlandesgerichtes, im Falle einer Verteilung der Masse unter die Gläubiger und der Beitreibung der auf die Sch.'sche Forderung entfallenden

Dividende dürfe dieser Betrag nicht unter die Gläubiger mit Ausschluß des Sch. verteilt werden, sondern müsse vielmehr zu einer Nachtragsdividende für alle Gläubiger verwendet werden, möge richtig sein. Diese Benachteiligung müsse aber durch Unterlassung einer vorzeitigen Ausschüttung der Masse vermieden werden.

Die Revision konnte nicht für begründet erachtet werden.

Mit Recht erachtet das Berufungsgericht den Konkursverwalter für berechtigt, den dem Gemeinschuldner gegen den Beklagten zustehenden Anspruch in vollem Umfange für die Konkursmasse geltend zu machen. Der Anspruch des Gemeinschuldners auf Befreiung von der ganzen Schuld, hier also im Betrage des ganzen Ausfalles der Bank, ist ein Vermögensrecht des Gemeinschuldners, das der Zwangsvollstreckung unterliegt und demgemäß nach § 1 K.O. in die Konkursmasse fällt. Der Übergang auf die Konkursmasse kann nun nicht in der Weise erfolgen, daß die Forderung in einem nach der seinerzeitigen Dividende sich berechnenden unbestimmbaren Betrage in die Konkursmasse fällt und in dem noch unbestimmbaren Reste dem Gemeinschuldner verbleibt. Der Anspruch auf Befreiung von einer Schuld führt in seiner Durchführung zu einer Minderung der Schuldenmasse und dadurch zu einer Erhöhung der Teilungsmasse und Steigerung des auf die Konkursgläubiger entfallenden Anteiles. Die Geltendmachung des Anspruches auf Befreiung des Gemeinschuldners von einer Schuld gehört somit ebenso zur Bildung der Teilungsmasse, wie die Geltendmachung eines Anfechtungsanspruches; sie fällt sonach unter die dem Konkursverwalter gemäß § 107 K.O. obliegende Verwertung des Vermögens des Gemeinschuldners. Erst durch diese bestimmt sich die Dividende.

Eine Beschränkung der Befugnis des Konkursverwalters auf die Geltendmachung des Befreiungsanspruches in Höhe der auf den Gläubiger Sch. entfallenden Dividende könnte aber auch nicht daraus abgeleitet werden, daß das Interesse der Konkursgläubiger sich mit der Befreiung von der durch die Dividende bestimmten Forderung erschöpfe. Wie das Berufungsgericht zutreffend nachgewiesen hat, ist dies nicht der Fall. Das Berufungsgericht unterstellt zu seiner Beweisführung den Fall, daß die jetzt vorhandene Masse unter die nicht bevorrechtigten Gläubiger verteilt und der auf die Sch.'sche Forderung entfallende Betrag vom Beklagten eingetrieben würde. Die Ausschüttung der vorhandenen Masse entspräche nur der Vorschrift des § 137 K.O. Der beigetriebene Betrag aber müßte nun wiederum unter alle Gläubiger, einschließlich des Sch., verteilt werden. Um den auf die Forderung des Sch. hiervon entfallenden Betrag würden die übrigen Konkursgläubiger weniger erhalten, als ihnen zukommen würde, wenn der Beklagte die ihm obliegende Befreiung des Gemeinschuldners von seiner Schuld an Sch. bewirkte. Diese zweite Dividende müßte somit wieder beigetrieben und anteilig verteilt, der hieraus auf Sch. entfallende Anteil in gleicher Weise behandelt, und so bis zur annähernden Erreichung des die Gläubiger ohne die Konkurrenz des Sch. treffenden Betrages fortgefahren werden, da die Konkursmasse immer wiederum einen Anspruch auf Befreiung von der auf Sch. treffenden Quote haben würde. Demnach erfordert auch das Interesse der Konkursgläubiger die Geltendmachung des Anspruches auf Befreiung in Höhe der ganzen Schuld. Die Ausführung der Befreiung beschränkt sich aber keineswegs auf die Tilgung der Schuld durch Bezahlung. Das Urteil der ersten Instanz bestimmt vielmehr den Inhalt des im § 1402 Sächs. B.G.B. im Urteilssatze der Entscheidung dahin, daß der Beklagte die Konkursmasse von der Forderung des Sch. in Höhe von 15556,80 *M* durch Zahlung an den genannten Sch. oder durch eine der Zahlung gleichstehende Erfüllung zu befreien habe. Die Tragweite dieser anscheinend engen Fassung ergiebt sich aus der Begründung, es sei gerechtfertigt erschienen, dem Beklagten nachzulassen, die Befreiung von der Schuld durch Zahlung oder durch eine der Zahlung gleichkommende Erfüllung herbeizuführen, um ihm die Füglichkeit nicht zu benehmen, sich mit Sch. wegen dessen Forderung auf gütlichem Wege auseinanderzusetzen oder diesen sonst klaglos zu lassen. Das Berufungsgericht hat die Fassung des Urteilssatzes nur in der Richtung einer Besprechung unterzogen, ob die Verpflichtung zur Befreiung der Konkursmasse oder des Gemeinschuldners auszusprechen gewesen wäre, sich jedoch zu einer Änderung nicht veranlaßt gesehen.

Hiernach war die Revision als unbegründet zurückzuweisen." ...

26. Ist der Einwand des Anfechtungsbeklagten, er habe den bei der Weiterveräußerung des anfechtbar Erworbenen erzielten Erlös in das Vermögen des Schuldners zurückgewährt, zu beachten, auch wenn nur teilweise Zurückgewährung dargethan wird? Begriff dieser Rückgewährung.

Anfechtungsgesetz vom 21. Juli 1879 §§ 1. 7.

VI. Civilsenat. Urt. v. 7. Mai 1896 i. S. B. Ehefr. u. B. (Bekl.) w. M. u. F. (Kl.) Rep. VI. 6/96.

I. Landgericht Magdeburg.
II. Oberlandesgericht Naumburg a. S.

Aus den Gründen:

„Der Bauunternehmer G. B. verkaufte am 10. April 1894 sein in Neblitz belegenes Grundstück an seinen Sohn, den Beklagten, Unteroffizier G. B. in Diedenhofen, um 9000 *M*, welche durch Übernahme der Hypothekbelastung von 7950 *M* getilgt werden sollten, während der Rest des Kaufpreises von 1050 *M* kreditiert wurde. Im Kaufvertrage wurde außerdem für die Eltern ein Altenteil oder Zahlung von 150 *M* jährlich an dieselben stipuliert. Die Kaufpreisforderung von 1050 *M* cedierte G. B. sen. sofort am 10. April 1894 an seine Ehefrau, die Beklagte Sophie B. Die Auflassung erfolgte am 26. Mai 1894. Die Beklagte Sophie B. verkaufte sodann am 4. August 1894 auf Grund einer ihr von G. B. jun. erteilten Generalvollmacht das Grundstück an Sch. zu Neblitz um 11100 *M*. Sch. übernahm wieder die Hypotheken mit 7950 *M* in Anrechnung auf den Kaufpreis, während er den Rest des Kaufpreises am Tage der sofort (4. August 1894) erfolgten Auflassung durch Übernahme von 150 *M* Hypothekenzinsen und Überlassung zweier ihm gehöriger Sparkassenbücher in Höhe von 3000 *M* an Zahlungsstatt beglich. Der Altenteil der Eltern wurde bei der Auflassung gelöscht.

Die Kläger fechten wegen ihrer vollstreckbaren Forderungen gegen G. B. sen., und zwar Kläger M. auf Grund der vollstreckbaren Urteile vom 19. und 25. September 1894 wegen einer Forderung von 1177,35 *M* nebst Zinsen ..., die Firma F. auf Grund der vollstreckbaren Titel vom 29. August und 12. September 1894 wegen einer Forderung von 842,45 *M* nebst Zinsen ..., die Cession und den Kaufvertrag vom 10. April 1894 ... an, mit dem Antrage: 1. die Beklagte Sophie B. zu verurteilen, daß sie sich die Zwangsvollstreckung in die ihr cedierte Kaufgeldforderung von 1050 ℳ ... gefallen lasse, für den Fall, daß diese Forderung aber nicht mehr bestehe (getilgt sei), 1050 ℳ nebst den genannten Zinsen an Kläger bezahle ...; 2. den Beklagten G. B. jun. zu verurteilen, den Klägern, insoweit als sie nicht für ihre erwähnten Forderungen aus der cedierten Kaufgeldforderung Befriedigung erlangen, bis zur Höhe von 2100 ℳ ... Zahlung zu leisten....

Das Berufungsgericht hat die beiden Beklagten nach dem Klagantrage verurteilt. Es hält gegen Sophie B. die Voraussetzungen des § 3 Ziff. 3. 4, gegen G. B. jun. diejenigen des § 3 Ziff. 2 des Anfechtungsgesetzes vom 21. Juli 1879 als dargethan....

Beide Beklagte haben die fraudulose Absicht in Abrede gezogen, indem sie vortrugen: G. B. jun. habe, veranlaßt durch die Kränklichkeit seines Vaters und das Verhalten des älteren Sohnes, seine militärische Carriere aufgeben und das Grundstück übernehmen und bewirtschaften wollen und deshalb den Kaufvertrag vom 10. April 1894 geschlossen. Auf Zureden seines Hauptmannes habe er jedoch sich nachträglich entschlossen, beim Militär zu bleiben, und deshalb mit seinem Vater die Rückgängigmachung des Kaufes brieflich verabredet. Demzufolge sei der Kürze halber, und um doppelte Auflassungskosten zu ersparen, durch Sophie B. als Bevollmächtigte des G. B. jun. das Grundstück an Sch. verkauft worden. In der That und materiell sei dieser Verkauf zwischen G. B. sen. und Sch. erfolgt. Beklagter G. B. jun. habe auch den in Betracht kommenden Kaufpreis — 3000 ℳ — in das Vermögen des Schuldners B. sen. dadurch zurückgewährt, daß letzterer mit seinem Einverständnisse die Sparkassenbücher von Sch. in Empfang genommen und darauf sofort die 3000 ℳ für sich bei der Sparkasse erhoben habe. B. sen. habe diese 3000 ℳ für sich, zum größten Teile zur Bezahlung einer größeren Zahl anderer Gläubiger (namentlich noch im August und September 1894), verwendet, während der Beklagte G. B. jun. von dem Kaufpreise gar nichts eingenommen oder erhalten habe. Nach dieser Darstellung muß auch als behauptet angesehen werden, daß im Einverständnisse sämtlicher Beteiligten die am 10. April 1894 cedierte Kaufpreisforderung, bezw. die Cession hinfällig geworden sei. In

Betracht kommt sodann, daß die behauptete Rückgewähr vor Erhebung der Anfechtungsklage, ja bevor Kläger ihre vollstreckbaren Schuldtitel erlangten, erfolgt wäre, sowie daß bei der Belastung des Grundstückes mit 7950 ℳ Hypothekenschulden und bei dem vom Berufungsgerichte festgestellten Werte des Grundstückes von 11100 ℳ für die vorliegenden Anfechtungen als zurückzugewährender Wert nur der Betrag von 3000, höchstens 3150 ℳ in Berechnung kommen kann.

Vgl. Entsch. des R.G.'s in Civils. Bd. 21 S. 99 flg., Bd. 15 S. 62 flg.

Das Berufungsgericht führt nun aus, daß anlangend die gegen den Beklagten G. B. gerichtete Anfechtung der zwischen ihm und seinem Vater am 10. April 1894 geschlossene Kaufvertrag die Gläubiger des letzteren benachteiligte, G. B. sen. auch hierbei in der Absicht, solche Benachteiligung herbeizuführen, gehandelt habe, ferner daß der vom Beklagten G. B. nach § 3 Ziff. 2 des Anfechtungsgesetzes zu führende Beweis der Unkenntnis von dieser Benachteiligungsabsicht seines Vaters mißlungen sei, endlich daß auch die Anfechtbarkeit der Grundstücksveräußerung nicht durch Rückgewähr des dem Vermögen des Schuldners Entzogenen beseitigt sei. In ersterer Beziehung erscheint schon der Umstand bedenklich, daß das Berufungsgericht den von B. sen. im Vertrage vom 10. April 1894 für sich und seine Frau stipulierten, in dem Vertrage mit Sch. aber nicht aufgenommenen und zufolge dieses Vertrages wieder gelöschten Altenteil im Betrage von jährlich 150 ℳ wesentlich nur aus dem Gesichtspunkte prüfte, daß durch die Art der stipulierten Gegenleistung objektiv eine Benachteiligung der Gläubiger herbeigeführt worden sei. Wenn auch nach § 3 Ziff. 2 des Anfechtungsgesetzes der Anfechtungsbeklagte den Mangel einer Benachteiligungsabsicht des Schuldners, bezw. seine Nichtkenntnis von solcher Absicht zu beweisen hat, so erscheint doch nach Lage der Sache die Thatsache, daß im Vertrage vom 10. April 1894 jener Altenteil, welcher kapitalisiert zusammengerechnet mit der Übernahme der Hypotheken und den noch zu zahlenden 1050 ℳ einen dem beim Verkaufe an Sch. stipulierten Kaufpreise, bezw. dem wirklichen Werte des Grundstückes entsprechenden Gesamtkaufpreis ergeben dürfte, stipuliert worden ist, zumal in Verbindung mit der weiteren, von dem Berufungsgerichte nicht besonders gewürdigten Behauptung des Beklagten, daß der Schuldner B. sen. zu dem Verkaufe an seinen

Sohn, den Beklagten, durch seine Kränklichkeit und durch das Verhalten seines älteren Sohnes veranlaßt worden sei (in welcher Beziehung der Beklagte sich auch auf die vorgelegte Korrespondenz zwischen G. B. sen. und ihm — dem Beklagten — berufen hat), als ein Moment, welches für die Beurteilung des erwähnten, dem Beklagten obliegenden Beweises in Betracht zu ziehen ist. Insoweit ist also die Würdigung des Berufungsgerichtes eine unvollständige; sie wird nicht dem ganzen Vorbringen des Beklagten gerecht. Der Revisionsangriff der Beklagten richtet sich im übrigen gegen die Zurückweisung des Einwandes, das Grundstück, bezw. der Wert desselben, sei, soweit er für die Anfechtung in Betracht kommt, vom Beklagten B. jun. in das Vermögen seines Vaters zurückgewährt worden. Der Angriff erscheint allerdings, indem er prozessual die Nichtvernehmung des Zeugen Sch. betrifft, nicht als begründet. Dieser Zeuge wurde in zweiter Instanz dafür benannt, daß B. sen. (am 4. August 1894) das Grundstück „in eigenem Namen" an ihn verkauft habe. Allein abgesehen davon, daß B. sen. bei seiner Vernehmung als Zeuge in erster Instanz dies nicht bestätigt, auch Sch. bei seiner in erster Instanz stattgehabten Vernehmung Angaben gemacht hat, welche jener Behauptung des Beklagten entgegenstehen, ist im Thatbestande erster Instanz als unbestritten festgestellt, daß die Beklagte Sophie B. den Verkauf an Sch. als Bevollmächtigte des Beklagten G. B. jun. abgeschlossen hat. In eigenem Namen konnte auch nach Lage der Sache, nachdem B. jun. einmal als Eigentümer des Grundstückes eingetragen war, B. sen. den Vertrag mit Sch. nicht wohl schließen. Jedoch kommt es darauf für die Beurteilung des Einwandes der Rückgewähr nicht an. Zur Begründung des Einwandes genügt die Darlegung, daß der an sich dem Anfechtungskläger zur Rückgewähr verpflichtete Anfechtungsbeklagte das Objekt des angefochtenen Rechtsgeschäftes, soweit es für die Anfechtung, d. h. für die Befriedigung des Klägers, in Betracht kommen kann, materiell, wenn auch nur dem Werte nach, in das Vermögen des Schuldners zurückgebracht hat, jedenfalls wenn dies vor der Erhebung der Anfechtungsklage geschehen ist, und gleichgültig, ob der Anfechtungsbeklagte dies freiwillig oder gezwungen durch die Anfechtungsklage eines anderen Gläubigers gethan hat. Denn hiermit ist der benachteiligende Erfolg der angefochtenen Rechtshandlung bereits wieder beseitigt. Eine solche Rückgewähr müßte insbesondere auch als vorliegend angenommen werden, wenn der Anfechtungsbeklagte den bei einem Weiterverkaufe des Objektes des angefochtenen Rechtsgeschäftes erzielten Kaufpreis dem Schuldner zugewendet, und dieser das Geld zur Bezahlung anderer Gläubiger verwendet hat.

Vgl. Entsch. des R.G.'s in Civils. Bd. 14 S. 312 flg., Bd. 24 S. 92 flg. 98.

Das Berufungsgericht erwägt nun zunächst, daß der Wille der Beteiligten, den Kaufvertrag vom April 1894 und dessen Erfüllung aufzuheben, nicht zur Genüge erkennbar und jedenfalls nicht in der gesetzlich gebotenen Form (§§ 388 flg. A.L.R. I. 5) zum Ausdrucke gelangt sei. Allein hierauf kommt es nach dem Bemerkten keineswegs ausschlaggebend an. Der Kaufvertrag vom April 1894 konnte an sich bestehen bleiben, und das Grundstück in der Folge durch den Käufer B. jun. weiter verkauft werden, wenn letzterer nur den hierbei erzielten, den Wert des Grundstückes repräsentierenden Kaufpreis (soweit er für die Anfechtung überhaupt in Betracht kommt) dem Schuldner (seinem Verkäufer) wieder zugewendet hat. Es ist also auch gleichgültig, ob der Beklagte B. jun. den Kaufvertrag vom April 1894 als aufgehoben betrachten konnte und betrachtet hat, und ebensowenig war, um eine Rückgewähr in dem bemerkten Sinne annehmen zu können, die Rückübertragung des Eigentumes an dem Grundstücke auf B. oder die Zurückgabe der freien Verfügung über dasselbe an letzteren erforderlich. Das Berufungsgericht gründet aber seine Ansicht, daß eine Rückgewähr nicht stattgefunden habe, wesentlich darauf, daß einer dieser Akte nicht erfolgt sei, und nur nebenbei bemerkt es schließlich, durch die Bekundung des B. sen. sei nicht zu erweisen, daß er den g a n z e n von Sch. durch Übergabe der Sparkassenbücher entrichteten Kaufpreis erhalten und in seinen Nutzen verwendet habe. Dem Anfechtungsbeklagten muß übrigens auch der Einwand nachgelassen werden, daß er das dem Vermögen des Schuldners Entzogene wieder zu e i n e m e r h e b l i c h e n T e i l e in dieses Vermögen zurückgewährt habe, und es kommt auf die Umstände des Falles an, ob ein solcher erheblicher Teil als zurückgewährt anzusehen ist. Das Berufungsgericht hätte also zu prüfen gehabt, zu welchem Teile jener Kaufpreis mit Willen des Beklagten B. jun. dem Schuldner B. sen. zugeflossen ist. Überdies ist in dieser Richtung zu beachten, daß schon nach der Korrespondenz die Annahme nahegelegt erscheint, daß der Beklagte B. jun. den Erlös aus dem Wiederverkaufe des Grundstückes seinem Vater zuwenden wollte, sowie daß klägerischerseits nicht behauptet ist, auch sonst nicht erhellt, daß der Beklagte B. jun. den Kaufpreis, d. h. das auf die Sparkassenbücher erhobene Geld, auch nur zu einem geringen Teile für sich empfangen hätte. Wenn auch Sch. die Sparkassenbücher nicht dem B. sen., sondern der Sophie B. (jedoch im Beisein des ersteren) ausgehändigt hätte, so hat er dies augenscheinlich gethan, um mit Sicherheit zu zahlen; es dürfte aber nach der eigentümlichen Lage des Falles hieraus noch nicht ohne weiteres zu folgern sein, daß von dem auf die Sparkassenbücher erhobenen Betrage ein Teil dem Beklagten B. jun. zugeflossen ist. Keinerlei Anhaltspunkt liegt auch dafür bis jetzt vor, daß etwa der letztere seinem Vater das Geld nur geliehen hätte. Endlich wäre noch zu beachten, ob nicht, falls auch B. sen. den Erlös aus den Sparkassenbüchern nicht ganz für sich oder zur Bezahlung von Schulden verwendet hätte, sondern ein Teil des Geldes mit Willen des Beklagten B. jun. oder durch ihn seiner Mutter, der Beklagten Sophie B., zugekommen wäre, etwa um die Kosten des Haushaltes zu bestreiten, auch insoweit eine Rückgewähr in das Vermögen des Schuldners angenommen werden müßte. Die Beurteilung des Einwandes der Rückgewähr durch das Berufungsgericht beruht hiernach auf einer irrigen, weil zu formellen, Auffassung des Begriffes der Rückgewähr in das Vermögen des Schuldners, jedenfalls aber auf ungenügender und unvollständiger Würdigung der vorliegenden thatsächlichen Umstände. Das angefochtene Urteil mußte deshalb aufgehoben, und die Sache zur anderweiten Verhandlung und Entscheidung an das Berufungsgericht zurückverwiesen werden, und zwar auch das Urteil, soweit es über die Anfechtung der Cession gegen die Beklagte Sophie B. ergangen ist. Es wird zu erwägen sein, ob, falls auf Grund der weiteren Verhandlung eine wirklich erfolgte Rückgewähr des (in Betracht kommenden) Wertes des Grundstückes in das Vermögen des Schuldners anzunehmen ist, hieraus nicht auch gefolgert werden müßte, daß die Verpflichtung des Beklagten G. B. jun. zur Zahlung des Kaufpreises von 1050 ℳ und die Cession vom 10. April 1894 in Wegfall gekommen sind." ...

27. 1. Wirkung der Anfechtung einer Cession durch einen Gläubiger des Cedenten auf die von diesem Gläubiger erwirkte Pfändung der cedierten Forderung.

Anfechtungsgesetz vom 21. Juli 1879.

2. Simulierte Cession zum Nachteile der Gläubiger; Begriff.

VI. Civilsenat. Urt. v. 8. Juni 1896 i. S. La. (Kl.) w. P.'sche Hypotheken-Aktienbank (Bekl.). Rep. VI. 1/96.

I. Landgericht Cöslin.
II. Oberlandesgericht Stettin.

Aus den Gründen:

„Der im Februar 1893 verstorbene Rittergutsbesitzer Lu. zu R. hatte sein Leben bei der Thuringia in Erfurt auf Police Nr. 45063 in Höhe von 60000 *M* versichert. Nachdem er von der Thuringia einen Policevorschuß von 17000 *M* erhalten und in den Jahren 1889 und 1891 seine Rechte aus dem Versicherungsvertrage in Höhe von zusammen 30000 *M* an den Bankdirektor K. abgetreten hatte, trat er diese Rechte am 18. Mai 1892 in Höhe von weiteren 10000 *M* an Fräulein F., seine langjährige Wirtschafterin, sowie am 25. Mai 1892 zum Betrage der restlichen 3000 *M* an den Kläger La. ab. Die F. hat sodann am 22. Dezember 1892 ihre Rechte aus der angeblichen Cession vom 18. Mai 1892 gleichfalls an den Kläger abgetreten. Die verklagte Bank hat wegen einer ihr gegen Lu. zustehenden Forderung von 30000 *M* unterm 1./8. Juli 1892 die Pfändung und Überweisung des genannten Versicherungsanspruches gegen die Thuringia in Höhe von 15000 *M* erwirkt und widerspricht, gestützt auf ihre hierdurch begründeten Rechte, der Auszahlung der an die F. und den La. cedierten 13000 *M* an den Kläger La. Da die Thuringia die Auszahlung von Beseitigung dieses Widerspruches abhängig macht, klagt La. gegen die Bank mit dem Antrage auf Verurteilung derselben zur Freigabe der von ihr gepfändeten Forderung und zur Einwilligung in die Auszahlung der durch die Pfändung betroffenen 13000 *M* an ihn. Die Beklagte aber hat Widerklage erhoben dahin, daß die Cessionen vom 18. Mai und 22. Dezember 1892, sowie diejenige vom 25. Mai 1892 ihr gegenüber unwirksam seien, und Kläger in die Auszahlung der 13000 *M* an sie zu willigen habe. Beklagte behauptet, die drei Cessionen seien nur zum Scheine, jedenfalls zu dem Zwecke und in der sowohl der F. wie dem Kläger bekannten Absicht des Lu. erfolgt, die Gläubiger des letzteren durch Entziehung des letzten Befriedigungsobjektes zu benachteiligen. Beklagte ficht demgemäß eventuell die Cessionen nach § 3 Ziff. 1. § 11 Ziff. 1 des Anfechtungsgesetzes vom 21. Juli 1879 an.

Das Landgericht hat unter Abweisung der Widerklage die Beklagte nach dem Klagantrage verurteilt, wogegen auf Berufung der Beklagten das Oberlandesgericht die Klage abgewiesen und den Kläger nach dem Widerklagantrage verurteilt hat. . . .

Die Entscheidung in Ansehung der Cessionen vom 18. Mai und 22. Dezember 1892 ist von dem Berufungsgerichte unter Anwendung des § 3 Ziff. 1. § 11 Abs. 2 Ziff. 1 des Anfechtungsgesetzes folgendermaßen begründet: Der F. habe gegen Lu. allerdings ein Anspruch in Höhe von 2800 *M* zugestanden; hierfür sei sie jedoch von dem Schuldner schon im März 1892 voll befriedigt worden, wonach die Behauptung des Klägers, es habe sich bei der Cession vom 18. Mai um ein Deckungsgeschäft zwischen Lu. und der F. gehandelt, unbegründet sei. Ferner aber sei als erwiesen anzunehmen, daß Lu. die Cession vom 18. Mai in fraudulöser Absicht vorgenommen, und die F. Kenntnis dieser Absicht gehabt habe. Weiter entnimmt das Berufungsgericht aus den Beweisverhandlungen, daß die F. für die Weitercession an Kläger vom 22. Dezember 1892 keine Valuta, diese vielmehr Lu. für beide Cessionen vom 18. Mai und 22. Dezember bekommen habe. In dieser Richtung hält das Berufungsgericht für ausschlaggebend, daß von dem Kläger die Cession der 3000 *M* vom 25. Mai nicht gebucht, sondern von ihm erst am 22. Dezember die ganzen 13000 *M* dem Lu. gutgeschrieben worden seien, — also „auf Gegenleistung auf seine, des Klägers, Forderungen". Das Berufungsgericht führt sodann aus, daß Kläger schon Ende Mai 1892 durch die Zusicherung der Cession der 10000 *M* seitens der F. an ihn sich für im ganzen 13000 *M* Deckung verschafft habe und so gedeckt vom 16. Mai 1892, an welchem Tage sein Guthaben an Lu. 5557,10 *M* betragen habe, dieses bis zum 30. Dezember 1892 durch weitere Kreditierung auf 12652,49 *M* habe anwachsen lassen. Bei dieser Sachlage liege für die Annahme, daß die Cession vom 18. Mai nur zum Scheine vorgenommen worden sei, kein genügender Anhalt vor; wohl aber müsse als bewiesen angenommen werden, daß diese Cession unter der Vereinbarung zwischen Lu. und der F. erfolgt sei, daß letztere nach Belieben des ersteren zur Rückcession oder zur Weitercession verpflichtet, also nur fiduziarische Gläubigerin sein, und auf diese Weise die Forderung dem Zugriffe der Gläubiger entzogen werden solle. Endlich habe auch Kläger aus den ihm bekannten Umständen dieses fraudulose Einverständnis des Lu. und der F. entnehmen müssen, bezw. mindestens zur Zeit der Cession vom 22. Dezember gewußt, daß Lu. sich durch die erwähnte Abrede die Möglichkeit verschafft habe, die F. zur Weitercession an ihn zu veranlassen.

Die Revision erhebt hiergegen zwei Angriffe; zunächst: Lu. sei ungeachtet der Pfändung vom 8. Juli 1892 nicht verhindert gewesen, in der urch den Berufungsrichter festgestellten Art von seinem fiduziarischen Rechte gegenüber der F. zu Gunsten des Klägers Gebrauch zu machen und diesem dadurch eine weitere Sicherstellung oder Befriedigung, nämlich durch die Weiterabtretung vom 22. Dezember 1892, zu gewähren. Sodann aber entbehre die Feststellung der fraudulosen Absicht des Lu. sowie der Kenntnis der F. und des Klägers um diese Absicht in Ansehung der beiden Cessionsakte der Begründung, zumal es sich um ein Deckungsgeschäft zwischen Lu. und dem Kläger gehandelt habe. Der erste Angriff ist schwer verständlich, jedenfalls unrichtig. War die Cession vom 18. Mai ernst gemeint und die F. hierdurch fiduziarische Gläubigerin in dem von dem Berufungsgerichte unterstellten Sinne geworden, so wäre an sich Lu. freilich rechtlich nicht verhindert gewesen, ungeachtet der Pfändung vom 8. Juli zu Gunsten des Klägers hinsichtlich des an die F. cedierten Teiles des fraglichen Anspruches später so, wie er es nach der Auffassung des Berufungsgerichtes am 22. Dezember gethan haben soll, zu disponieren. Denn die Rechtswirksamkeit und Unanfechtbarkeit der Cession vom 18. Mai vorausgesetzt, hätte es der Pfändung am Gegenstande gefehlt. Nun wird aber diese Cession nach § 3 Ziff. 1. § 11 Abs. 2 Ziff. 1 des Anfechtungsgesetzes angefochten. Hat diese Anfechtung Erfolg, so ist im Verhältnisse zwischen der Widerklägerin, welche die Pfändung bewirkt hat, und dem Kläger (hier Anfechtungsbeklagten) der am 18. Mai cedierte Teil der Forderung als nicht aus dem Vermögen des Schuldners Lu. ausgeschieden anzusehen (§ 7 Abs. 1 des

Anfechtungsgesetzes), und muß Kläger die ohne die erfolgreiche Anfechtung allerdings unwirksame Pfändung als eine vollwirksame gegen sich anerkennen.

Vgl. Entsch. des R.G.'s in Civils. Bd. 19 S. 202 flg., Bd. 32 S. 102 flg.

Dem zweiten Angriffe mußte insoweit, als er dem Berufungsurteile in der bezeichneten Richtung mangelnde Begründung vorwirft, der Erfolg versagt werden. In Frage kommen könnte allerdings vielleicht bei der Eigentümlichkeit der Sachlage, ob dem Kläger als Anfechtungsbeklagtem, obwohl die Klage gegen ihn als Rechtsnachfolger im Sinne des § 11 des Anfechtungsgesetzes gerichtet ist, doch die Berufung auf den Deckungscharakter der fraglichen Rechtsgeschäfte zu verstatten wäre. Diese Frage braucht jedoch hier nicht entschieden zu werden, weil das Urteil aus einem anderen Grunde jedenfalls aufrecht zu erhalten ist. Die Cession einer Forderung kann als eine ernst gemeinte und wirkliche nur angesehen werden, wenn nach dem Willen der Kontrahenten die Forderung von dem einen derselben, dem seitherigen Gläubiger, auf den anderen übergehen, an letzteren also veräußert werden soll; jedenfalls erheischt der Cessionsbegriff, daß der Empfänger der Cessionserklärung durch dieselbe berechtigt und ermächtigt sein soll, die Forderung auf eigenen Namen gegen den Schuldner geltend zu machen. Mag demnach auch einem Cessionsakte, obwohl materiell nach der Abrede zwischen Cedenten und Cessionar das Gläubigerrecht bei ersterem verbleiben soll, dann, wenn trotz dieser Abrede nach dem Willen der Kontrahenten der Empfänger der Cessionserklärung dem debitor cessus gegenüber als der berechtigte Gläubiger gelten soll, die Wirkung als Cession nicht abgesprochen werden dürfen, und ist solchenfalls dem debitor cessus der Einwand der Simulation zu versagen, so ist eben hierfür die unerläßliche Voraussetzung, daß der Empfänger der Cessionserklärung jedenfalls und mindestens dem Schuldner gegenüber die Rechte des Gläubigers für sich auszuüben befugt werden soll. Nach den Feststellungen des Berufungsgerichtes über die angebliche Cession vom 18. Mai 1892 und die hierbei zwischen Lu. und der F. getroffenen Abreden kann aber nicht bezweifelt werden, daß es gerade an dieser Voraussetzung fehlt. Denn gemäß dieser Abreden sollte offensichtlich gerade das Gläubigerrecht nicht auf die F. übergehen, sie nicht befugt sein, den Anspruch gegen die Schuldnerin (die Thuringia) geltend zu machen oder etwa den Anspruch kraft eigenen Rechtes auf einen Anderen, auch nicht auf den Kläger, weiter zu übertragen. Vielmehr ergiebt sich folgendes Sachverhältnis als das von Lu. und der F. gewollte: die Abtretung wurde nur scheinbar, wenn auch vielleicht schriftlich, bewirkt; die einzige wirkliche Abmachung zwischen beiden ging aber dahin, daß die Forderung in keiner Weise auf die F. übergehen, die Forderung vielmehr nach wie vor bei Lu. verbleiben, und er allein auch fortan als Gläubiger in jeder einem solchen zukommenden Weise nach seinem Belieben über sie solle verfügen können, daß jedoch die Form der Abtretung gewählt werde, um Beschlagnahmen der im Vermögen des Lu. verbleibenden Forderung durch dessen Gläubiger zu vereiteln. Zu diesem Zwecke, und keinem anderen, diente nach dem Willen des Lu. und der auf diesen Willen nach der Feststellung des Berufungsgerichtes eingegangenen F. der sog. Cessionsakt, welcher also als bloße Form ohne rechtlichen Inhalt erscheint. Die Auffassung des Berufungsgerichtes, die F. habe fiduziarische Gläubigerin werden sollen, steht, wenn hiermit gemeint ist, daß sie lediglich dem Lu. obligatorisch verpflichtet worden sei, nach seinem Belieben, aber in ihrem Namen über die Forderung zu disponieren, mit den weiteren Feststellungen des Berufungsgerichtes im Widerspruch, wenn sie nicht auf einer mißverständlichen Ansicht von dem Cessionsbegriffe beruht. Gemäß diesen Feststellungen über die Abrede zwischen Lu. und der F. wurde letztere nicht obligatorisch verpflichtete Mandatarin (zu treuen Händen) des Lu.; sie gab sich vielmehr nur als Werkzeug zu dem von diesem geplanten Betruge gegen seine Gläubiger her, indem sie versprach, andrängenden Gläubigern den Schein der Cession entgegenzuhalten. Die Forderung verblieb also in jeder Beziehung dem Lu.

Vgl. Entsch. des R.O.H.G.'s Bd. 24 S. 323; Entsch. des R.G.'s in Civils. Bd. 25 S. 207 flg.; Gruchot, Beiträge Bd. 34 S. 464 flg.

Hieraus folgt aber einmal, daß die Pfändung, welche am 8. Juli 1892 von der Widerklägerin bewirkt wurde, diese Forderung als eine noch dem Lu. zustehende getroffen hat, also vollwirksam war, sowie daß die Cession vom 22. Dezember 1892, die hiernach nur entweder von Lu. selbst oder auf seine Weisung durch die F. als seine Bevollmächtigte vorgenommen sein konnte, eben nur die von der Widerklägerin rechtswirksam gepfändete Forderung zum Gegenstande hatte. Diese wirkliche Cession steht deshalb den Rechten der Widerklägerin aus der Pfändung und Überweisung vom 8. Juli nicht entgegen. Demgemäß erscheint in Ansehung des Teiles der Forderung, auf welchen die Akte vom 18. Mai und 22. Dezember 1892 sich beziehen, die Klage als unbegründet, als wohl begründet aber die Widerklage." ...

---

28. Muß der Aktionär, der in der Generalversammlung gegen einen Beschluß Widerspruch erhoben hat und den Beschluß anficht, bei Erhebung der Klage alle Aktien, mit denen er in der Generalversammlung gestimmt hat, hinterlegen, oder genügt die Hinterlegung einer einzigen Aktie oder doch der Aktien, die ihm zur Zeit der Generalversammlung eigentümlich gehört haben, wenn ihm die übrigen Aktien nur zum Zwecke der Ausübung des Stimmrechtes übergeben waren?

H.G.B. Artt. 190a. 222.

I. Civilsenat. Urt. v. 27. Juni 1896 i. S. Aktiengesellschaft Deutsche Thonröhren- u. Chamottefabrik zu B. (Bekl.) w. Sch. (Kl.) Rep. I. 36/96.

I. Landgericht I Berlin.
II. Kammergericht daselbst.

Der Kläger hat in einer Generalversammlung der beklagten Aktiengesellschaft als Aktionär mit Aktien im Nominalbetrage von 120000 ℳ, die er als ihm gehörig hinterlegt hatte, gestimmt, gegen einen Beschluß der Generalversammlung Widerspruch erhoben, die Anfechtungsklage in der gesetzlichen Frist erhoben, bei Erhebung der Klage aber nur 22 Aktien im Nominalbetrage von 13200 ℳ hinterlegt. Die Beklagte hat Abweisung der Klage beantragt, weil der Kläger nicht alle seine Aktien hinterlegt habe, wogegen der Kläger behauptet hat, daß nur die hinterlegten Aktien ihm, die übrigen, mit denen er gestimmt, dritten Personen gehörten, von denen er sie zum Stimmen in der Generalversammlung erhalten habe.

Der erste Richter hat die Klage abgewiesen, der Berufungsrichter auf teilweise Ungültigkeitserklärung des angefochtenen Beschlusses erkannt. Auf die Revision der Beklagten ist das erste Urteil wiederhergestellt worden aus folgenden

Gründen:

„Die Revision richtet sich mit Recht dagegen, daß der Berufungsrichter abweichend vom ersten Richter die Klage zugelassen hat, obwohl der Kläger in der Generalversammlung mit Aktien im Nominalbetrage von 120000 *M* gestimmt, aber nur 22 Aktien im Nominalbetrage von 13200 *M* hinterlegt hat (Artt. 190a. 222 H.G.B.). Der Berufungsrichter geht dabei davon aus, daß die vorgeschriebene Hinterlegung der Aktien nichts anderes bezwecke, als die Darlegung der Legitimation des anfechtenden Aktionärs als solchen und seines Interesses zur Sache. Von diesem Gesichtspunkte aus gelangt er zu der Annahme, daß die Hinterlegung einer einzigen Aktie genüge, und daß es deshalb darauf nicht ankomme, ob die Aktien, mit denen der Kläger in der Generalversammlung gestimmt hat, ihm sämtlich gehörten, wie die Beklagte behauptet, oder nur die hinterlegten 22 Aktien, wie der Kläger behauptet.

Auf das Urteil des Reichsgerichts vom $\frac{\text{18. April}}{\text{5. Mai}}$ 1894,

vgl. Entsch. desselben in Civils. Bd. 33 S. 91,

beruft sich der Berufungsrichter für seine Ansicht ohne Grund. Das Urteil besagt nichts weiter, als daß der Aktionär einer Aktiengesellschaft ihre Umwandlung in eine Gesellschaft mit beschränkter Haftung nicht anfechten kann, wenn er mit einem Teile seiner Aktien der Gesellschaft mit beschränkter Haftung beigetreten ist. Die gleichzeitige Anfechtung und Genehmigung wird für rechtlich unvereinbar und deshalb wirkungslos erklärt. Aus dem Satze der Begründung, die Anfechtung würde, wenn der Aktionär mit seinem gesamten Aktienbesitze der Gesellschaft mit beschränkter Haftung beigetreten wäre, schon deshalb unzulässig sein, weil der anfechtende Aktionär dann überhaupt nicht mehr Aktionär wäre, ist ein Rechtssatz dahin, daß ohne solche vollständige Entäußerung die Anfechtung zulässig sein würde, nicht zu entnehmen. Bei der besonderen Lage des Falles konnte die Entscheidung darauf allein, daß der damalige Kläger nicht alle seine zehn Aktien hinterlegt hatte, nicht gestützt werden, weil fünf derselben durch die Umwandlung und die Beteiligung des Klägers an der Gesellschaft mit beschränkter Haftung rechtlich untergegangen waren.

Nach dem Wortlaute des Gesetzes hat der klagende Aktionär „seine" Aktien zu hinterlegen. Völlig willkürlich ist es, den klaren Worten des Gesetzes die Worte „eine Aktie" zu substituieren. Im vorliegenden Falle könnte davon schon deshalb nicht die Rede sein, weil nach den §§ 5. 26 der Statuten der beklagten Aktiengesellschaft nur fünf Aktien zu je 600 ℳ oder drei Aktien zu je 1000 ℳ die Stimmberechtigung in der Generalversammlung geben. „Seine Aktien" kann auch nicht besagen: die Aktien, auf welche der Kläger die Klage gründet. Das würde zu demselben willkürlichen Ergebnisse führen, daß der Kläger nicht seine Aktien, sondern nur eine Aktie zu hinterlegen hätte, auch wenn er mehrere Aktien besitzt. Klar ist, daß der Ausdruck „seine Aktien" in den Artt. 190a. 222 H.G.B. nicht den Aktienbesitz zur Zeit der Klage bedeuten kann. Denn anfechtungsberechtigt ist nach dem Gesetze nur der in der Generalversammlung erschienene Aktionär, der gegen den angefochtenen Beschluß Widerspruch erhoben hat, und der nicht erschienene Aktionär, wenn die Berufung der Generalversammlung nicht gehörig erfolgt oder der Beschlußgegenstand nicht gehörig angekündigt ist (Artt. 190a. 222), immer also nur der Aktionär, der es zur Zeit der Generalversammlung war. Notwendig ist danach immer Aktienbesitz zur Zeit des angefochtenen Beschlusses. Auch dies spricht dafür, unter den Aktien des klagenden Aktionärs diejenigen zu verstehen, mit denen er Aktionär zur Zeit des angefochtenen Beschlusses war. Bei Namensaktien ergiebt sich der Aktienbesitz aus dem Aktienbuche (Art. 185 H.G.B.), bei Aktien auf den Inhaber, wie im vorliegenden Falle, aus dem Besitze des Papieres, durch den der stimmende Aktionär sich in der Generalversammlung zu legitimieren hat (Art. 190 H.G.B.). Der § 24 der Statuten der beklagten Aktiengesellschaft schreibt dementsprechend vor, daß der Aktionär, der an der Generalversammlung teilnehmen will, seine Aktien vor der Generalversammlung zu hinterlegen hat und eine Bescheinigung darüber erhält, die als Einlaßkarte für die Generalversammlung dient. Nach § 25 der Statuten kann sich ein stimmberechtigter Aktionär durch einen anderen mit schriftlicher Vollmacht versehenen Aktionär vertreten lassen. In der Generalversammlung vom 20. April 1895 ist der Kläger als stimmberechtigter Aktionär für 120000 ℳ Aktien auf Grund des Aktienbesitzes aufgetreten und als solcher anerkannt. Der Aktiengesellschaft gegenüber muß er sich danach als Aktionär mit einem Aktienbesitze von 120000 ℳ behandeln lassen. Dies sind seine Aktien. Daß er nach dem Willen des Gesetzgebers diese Aktien zu hinterlegen hat, läßt die Begründung zu dem Entwurfe des Gesetzes vom 18. Juli 1884, die im Laufe der Beratungen keinen Widerspruch erfahren hat, außer allem Zweifel. In der Begründung (Reichstagsverhandlungen 1884 Bd. 3 [Anlagen] S. 236) heißt es:

„Er (der Entwurf) bestimmt, daß der Kläger seine Aktien, d. h. die Aktien, für welche er das Stimmrecht in der Generalversammlung ausgeübt hat, ... gerichtlich zu hinterlegen hat. Es soll dadurch jeder Zweifel hinsichtlich der Legitimation zur Klage, namentlich, wenn solche auf den Besitz von Inhaberaktien gestützt wird, beseitigt und für die ganze Dauer des Prozesses das Interesse des Klägers als Aktionärs dargethan werden. Die Vorschrift wird dazu beitragen, möglichen Schikanen vorzubeugen und die Erhebung der Klage zu Spekulationszwecken zu verhindern."

Zu dieser Begründung ist noch zu bemerken:

Das Gesetz will, daß nur der in der Generalversammlung stimmt, der Aktionär ist und als solcher Interesse an dem Schicksale der Aktiengesellschaft hat. Stimmen soll nur, wer Eigentümer einer Aktie ist oder von dem Eigentümer dazu bevollmächtigt ist. Das Gesetz will nicht, daß Aktien geliehen und verliehen werden, um Stimmrecht auszuüben (Artt. 249 flg. H.G.B.). Bei der Inhaberaktie ist die Durchführung des gesetzgeberischen Willens durch die Natur des Inhaberpapieres erschwert. Der Besitz allein legitimiert den Inhaber für das Stimmrecht. Die äußere Thatsache des Besitzes läßt nicht erkennen, ob der Inhaber Eigentümer, Pfandbesitzer oder Kommodatar ist oder in Wahrheit gar kein Recht hat. Das Gesetz fordert bei der Inhaberaktie schriftliche Vollmacht von dem, der für Andere mit der Aktie stimmen will; ohne dies gilt er als Stimmberechtigter aus eigenem Rechte. Diese gesetzlichen Bestimmungen können auf das leichteste umgangen werden, wenn die Übertragung des Besitzes der Aktie genügt, den Inhaber zum Stimmen zu berechtigen, und der Inhaber trotzdem nach Ausübung des Stimmrechtes, bei der nicht zu kontrollieren ist, ob sie dem Willen des wahren Eigentümers entspricht oder nicht, in der Lage ist, die

Aktie zurückzugeben, ohne daß sich rechtliche Folgen daran knüpfen.

Von diesem Gesichtspunkte aus erscheint die Vorschrift des Art. 190a als ein Korrektiv und Schutzmittel gegen Mißbrauch der Aktien und nicht als inhaltsleere Formalität, wenn die Anfechtungsklage an die Voraussetzung der Hinterlegung aller Aktien geknüpft wird, mit denen der klagende Aktionär gestimmt hat, zumal, worauf die Begründung zum Entwurfe des Gesetzes vom 18. Juli 1884 ebenfalls hinweist, jede Anfechtungsklage mehr oder weniger geeignet ist, den Kredit der Aktiengesellschaft zu schädigen.

Dagegen kann nicht geltend gemacht werden, daß im Falle der Anfechtungsklage des nicht erschienenen Aktionärs auch nach der Begründung des Entwurfes die Hinterlegung der Aktien genügen soll, auf welche die Legitimation zur Klage gestützt wird. Für Inhaberaktien muß allerdings die Hinterlegung auch nur einer Aktie, mit der das Stimmrecht hätte ausgeübt werden können, zur Legitimation des Klägers genügen, da bei dem nicht erschienenen Aktionär für einen anderen Aktienbesitz zur Zeit der Generalversammlung jeder Anhalt fehlt.

Da hiernach der Kläger zur Klage nicht legitimiert ist, hat das Berufungsurteil aufgehoben und das erste abweisende Erkenntnis wiederhergestellt werden müssen." . . .

---

29. Kann die bei Anfechtung von Beschlüssen der Generalversammlung einer Aktiengesellschaft auf Verlangen der Gesellschaft zu leistende Sicherheit auch ganz oder teilweise mit den bei der Klagerhebung vom Kläger hinterlegten Aktien geleistet werden?

H.G.B. Artt. 190a. 222.

I. Civilsenat. Urt. v. 8. Juli 1896 i. S. Kommanditgesellschaft auf Aktien H. G. (Bekl.) w. R. (Kl.) Rep. I. 124/96.

I. Landgericht I. Berlin.
II. Kammergericht daselbst.

Die vorstehende Frage ist unter Zurückweisung der Revision der Beklagten bejaht worden aus folgenden

Gründen:

... „In der Sache selbst handelt es sich zur Zeit lediglich um die Frage, ob es statthaft ist, daß die Sicherheit, die zufolge Art. 190a H.G.B. bei der Anfechtung von Generalversammlungsbeschlüssen einer Aktiengesellschaft vom Anfechtungskläger auf Verlangen der beklagten Gesellschaft zu bestellen ist, ganz oder teilweise mit den hinterlegten Aktien geleistet werden kann, oder ob die Sicherheitsleistung in anderen Werten als den durch die Hinterlegung gesperrten Aktien bewirkt werden muß. Das Reichsgericht schließt sich der vom Berufungsgerichte gebilligten ersten Ansicht an. Der Wortlaut des Gesetzes ist allerdings nicht deutlich, steht aber dieser Auslegung nicht entgegen. Daß die Möglichkeit vorhanden ist, mit den Aktien, die während der Dauer des Anfechtungsprozesses hinterlegt bleiben sollen, der Beklagten wegen der sie im Falle einer unbegründeten Anfechtung bedrohenden Nachteile Sicherheit zu bestellen, ist nach den maßgebenden Bestimmungen des preußischen Rechtes nicht zu bezweifeln. Gegen eine schikanöse Ausübung der Anfechtungsbefugnis ist die Aktiengesellschaft durch das Erfordernis der Hinterlegung hinlänglich geschützt. Wäre es schlechthin ausgeschlossen, die hinterlegten Aktien als Mittel der Sicherheitsleistung zu verwenden, so würde sich hieraus eine durch das Interesse der Gesellschaft nicht gebotene, unter Umständen sehr erhebliche Erschwerung des Anfechtungsrechtes ergeben, die nicht als im Sinne des Gesetzes liegend betrachtet werden kann. Es steht demnach nichts im Wege, daß das Gericht, welches über Höhe und Art der zu leistenden Sicherheit nach freiem Ermessen zu bestimmen hat, die hinterlegten Aktien als Sicherheit zuläßt.

Die Gründe, aus denen das Berufungsgericht angenommen hat, daß im vorliegenden Falle durch die vom Kläger hinterlegte Aktie im Nennbetrage von 10000 *M* nebst einer in barem Gelde oder in deutschen Staatspapieren zu erlegenden Sicherheit von 5000 *M* das Interesse der Beklagten ausreichend gewahrt ist, sind im übrigen von der Revision nicht bemängelt, geben auch zu Bedenken keine Veranlassung."

---

30. Übertragung ausländischer Aktien als Gegenstand der Besteuerung nach der Tarifposition 1b des Reichsstempelgesetzes vom 27. April 1894.

IV. Civilsenat. Urt. v. 15. Mai 1896 i. S. F. (Kl.) w. preuß. Steuerfiskus (Bekl.). Rep. IV. 409/95.

I. Landgericht I Berlin.
II. Kammergericht daselbst.

Aus den Gründen:

„Die Klägerin hat in der Zeit vom 21. September bis zum 30. Oktober 1894 dem Hauptsteueramte in Berlin 47 vom 23. August 1894 datierte Aktiencertifikate der Canadischen Pacific-Eisenbahn-Gesellschaft zu je 1000 Dollars, im Gesamtbetrage von 47000 Dollars, zur Abstempelung eingereicht. Der Stempelfiskal hat auf diese mit einem Reichsstempel bis dahin nicht versehenen Wertpapiere den Tarif des Reichsstempelgesetzes vom 27. April 1894 zur Anwendung gebracht und unter Berechnung eines Stempels von $1^1/_2$ Prozent von der Klägerin 3031,50 ℳ erfordert. Die Klägerin hat diesen Betrag unter dem Vorbehalte der Rückforderung gezahlt, sie ist aber der Meinung, daß die Verstempelung nach dem Tarife zu dem Reichsstempelgesetze vom 1. Juli 1881, der nur einen Stempel von einem halben Prozent vorschreibe, hätte erfolgen müssen. Demgemäß hat die Klägerin im Rechtswege zwei Drittel der gezahlten Summe, das ist den Betrag von 2021 ℳ, nebst Verzugszinsen seit dem Tage der Klagezustellung, dem 6. Dezember 1894, zurückgefordert. Das Gericht erster Instanz hat diesen Anspruch für begründet erachtet, indem es den Tarif des am 1. Mai 1894 in Kraft getretenen Reichsstempelgesetzes vom 27. April 1894 nicht für anwendbar hält, weil die in Rede stehenden Wertpapiere zwar das Datum eines nach dem 1. Mai 1894 liegenden Tages tragen, jedoch nur als Ersatzstücke für ältere gleichartige, lange vor dem 1. Mai 1894 ausgestellte Wertpapiere zu betrachten seien. Das Berufungsgericht hat sich dieser Ansicht nicht angeschlossen und die Klägerin zu dem Verlangen der Zurückzahlung nicht für berechtigt erachtet.

Dieser Entscheidung war beizutreten.

Es handelt sich in dem vorliegenden Rechtsstreite um die Beantwortung der beiden streitigen Fragen, ob die in Rede stehenden Certifikate als Aktien im Sinne der Reichsstempelgesetze anzusehen sind, und, wenn diese Frage zu bejahen ist, nach welchem der in Betracht kommenden beiden Tarife die Verstempelung dieser Wertpapiere zu erfolgen hat.

Die Klägerin hat in der Berufungsinstanz in erster Linie geltend gemacht, daß die fraglichen Certifikate keine Aktien und daher überhaupt nicht steuerpflichtig seien. Diese Ansicht hat das Berufungsgericht mit Recht für unbegründet erachtet. Dasselbe weist zunächst darauf hin, daß die Certifikate am Kopfe die Bezeichnung „Shares ten" zu deutsch „zehn Aktien" tragen. Aber auch der Inhalt der Urkunden ergiebt nach der Annahme des Berufungsgerichtes, daß sie die Natur der Aktien haben, wenngleich sie sich selbst im Kontexte nur als Certifikate bezeichnen. In dieser Hinsicht wird Gewicht darauf gelegt, daß in den Urkunden bezeugt wird, J. L. sei der Inhaber von zehn voll gezahlten Aktien, und daß weiterhin die Übertragung der Aktien „nur gegen Auslieferung dieses Certifikates" für zulässig und zur Gültigkeit der Certifikate außer der Unterschrift des Präsidenten und des Sekretärs der Aktiengesellschaft auch noch die Unterschrift des Transferagenten und des Registrators des Transfers für notwendig erklärt wird. Aus diesem Inhalte der mit allen erforderlichen Unterschriften versehenen Certifikate und aus dem Umstande, daß unstreitig bei der Ausstellung eines jeden Certifikates statutenmäßig das ältere über dasselbe Anteilsrecht lautende Papier vernichtet wird, schließt das Berufungsgericht, daß die Certifikate den Übergang von Anteilsrechten an dem Vermögen der im Jahre 1882 gegründeten Aktiengesellschaft auf einen neuen Erwerber, J. L., ergeben, daß sie jedoch nicht als bloße Beweismittel für die erfolgte Übertragung des Aktienrechtes zu betrachten sind, sondern sich als die einzigen, selbständige Vermögenswerte repräsentierenden Träger des Aktienrechtes darstellen, daß die Certifikate die einzigen, den Inhaber nach außen hin legitimierenden und für den Verkehr bestimmten, über das Anteilsrecht am Gesellschaftsvermögen vorhandenen Papiere sind. Aus diesen Gründen erachtet das Berufungsgericht die Certifikate für Aktien, und zwar für Namensaktien. Es bemerkt dazu noch, der Umstand, daß der Gesellschaft gegenüber, vielleicht ohne Rücksicht auf den Besitz der Aktie, diejenige Person Aktionär sei, welche als solcher in das Aktienbuch eingetragen sei, nehme den Certifikaten nicht die Natur von Aktien, da dasselbe Verhältnis auch sonst bei Namensaktien stattfinde, und unter den im Tarife zum Reichsstempelgesetze bezeichneten Aktien zweifellos auch die Namensaktien inbegriffen seien.

Diese Ausführungen lassen die Verletzung einer Rechtsnorm nicht erkennen. Sie gehen von einer richtigen Auffassung des Begriffes der Aktie im Sinne der Reichsstempelgesetze aus und enthalten eine zutreffende Anwendung dieses Begriffes auf den gegebenen Fall. Insbesondere befinden sich die Ausführungen des Berufungsgerichtes in grundsätzlicher Übereinstimmung mit den Erwägungen des erkennenden Senates in dem Urteile desselben vom 23. Januar 1896 in Sachen der Aktiengesellschaft in Firma „Deutsche Treuhand-Gesellschaft" gegen den preußischen Stempelfiskus Rep. IV. 248/95.

Vgl. Entsch. des R.G.'s in Civils. Bd. 36 S. 154 flg.

Sind hiernach die in Rede stehenden Certifikate als Aktien anzusehen, so fragt es sich weiter, ob die Verstempelung dieser Aktien nach dem Tarife zu dem Reichsstempelgesetze vom 1. Juli 1881, welcher unter I 1b für ausländische Aktien einen Steuersatz von fünf vom Tausend, das ist ein halbes Prozent, vorschreibt, zu erfolgen hat, oder ob die diesen Steuersatz auf $1^1/_2$ Prozent erhöhende Bestimmung unter 1b des Tarifes zum Reichsstempelgesetze vom 27. April 1894 anzuwenden ist.

Für die Entscheidung dieser Frage kommen die folgenden in dem § 6 des Reichsstempelgesetzes vom 27. April 1894 enthaltenen Vorschriften in Betracht:

Die vor dem Inkrafttreten dieses Gesetzes ausgegebenen ... mit dem Reichsstempel versehenen ausländischen Wertpapiere werden nach dem Gesetze vom 1. Juli 1881 beurteilt. ... Vor dem Inkrafttreten dieses Gesetzes ausgestellte, noch nicht mit dem Reichsstempel versehene ausländische Wertpapiere sind, wenn sie innerhalb sechs Monaten nach diesem Zeitpunkte zur Stempelung vorgelegt werden, nach dem Gesetze vom 1. Juli 1881 ... zu verstempeln.

Wertpapiere, welche lediglich zum Zwecke des Umtausches, das heißt behufs Erneuerung der Urkunde ohne Veränderung des ursprünglichen Rechtsverhältnisses, ausgestellt worden sind, bleiben steuerfrei, wenn die zum Umtausche gelangenden Stücke ordnungsmäßig versteuert oder steuerfrei sind, und den vom Bundesrate zu erlassenden Kontrollvorschriften genügt worden ist.

Mit Recht wird nun vom Berufungsgerichte die Anwendbarkeit des ersten Satzes in dem ersten Absatze des vorgeführten § 6 schon deshalb verneint, weil die Certifikate mit dem Reichsstempel nicht versehen waren.

Die Klägerin stützt ihren Anspruch aber auch nicht auf die eben erwähnte, sondern auf die weitere Bestimmung im Abs. 1 des § 6, wonach vor dem Inkrafttreten des Gesetzes, das heißt vor dem 1. Mai 1894 ausgestellte, noch nicht mit dem Reichsstempel versehene ausländische Wertpapiere, wenn sie innerhalb sechs Monaten nach diesem Zeitpunkte zur Stempelung vorgelegt werden, nach dem Gesetze vom 1. Juli 1881 zu verstempeln sind. Für die Anwendbarkeit dieser Bestimmung macht die Klägerin geltend, daß das auf den Certifikaten befindliche Datum des 23. August 1894 nicht das Ausstellungsdatum, sondern das Datum des Überganges auf den augenblicklichen Besitzer sei, und daß sämtliche Aktiencertifikate der Canadischen Pacific-Eisenbahn-Gesellschaft vor und in dem Jahre 1882 ausgegeben worden seien, seitdem auch eine Vermehrung des Kapitales nicht stattgefunden habe, da die aus späterer Zeit datierten Aktien lediglich die Eigenschaft von Ersatzstücken für ältere vernichtete Aktien hätten.

Wenn nun auch die Vorlegung der hier in Rede stehenden Certifikate zur Stempelung innerhalb der vorgeschriebenen Frist von sechs Monaten, nämlich vor dem Ablaufe des Monates Oktober 1894 geschehen ist, so ist dem Berufungsgerichte doch darin beizutreten, daß diese Certifikate nicht als vor dem 1. Mai 1894 ausgestellte Wertpapiere zu betrachten sind. Dasselbe führt zunächst zutreffend aus, daß die Certifikate von dem Präsidenten und dem Sekretär „zum Zeugnisse dessen", das heißt zum Zeugnisse der Thatsache, daß J. L. Eigentümer von zehn Aktien sei, am 23. August 1894 gezeichnet seien, und daß dieser Tag nach dem allgemeinen Sprachgebrauche als der Tag der Ausstellung des Wertpapieres gelte. In Betracht gezogen wird auch die Bestimmung unter Ziff. 10 Abs. 6 der Ausführungsvorschriften zum Reichsstempelgesetze vom 27. April 1894, wonach als Tag der Ausstellung das auf den ausländischen Wertpapieren hierfür angegebene Datum anzusehen ist. Das Berufungsgericht verkennt indessen nicht, daß diese Bestimmung nur eine Instruktion für die mit der Ausführung des Gesetzes betrauten Behörden darstellt, welche für die Entscheidung des Rechtsstreites nicht maßgebend ist, und daß daher dem Gerichte gegenüber zur Abwendung der höheren Stempelpflicht der Nachweis zulässig erscheint, daß der Tag der Ausstellung mit dem auf der Urkunde angegebenen Datum nicht zusammenfällt. Diesen Nachweis erachtet aber das Berufungsgericht in dem vorliegenden Falle mit Recht für nicht geführt. Von dem Berufungsgerichte wird insbesondere aus zutreffenden Gründen die Annahme des Landgerichtes gemißbilligt, daß der Tag der Ausstellung der Certifikate deshalb vor dem 1. Mai 1894 liege, weil sie nur Ersatzstücke älterer, vor dem 1. Mai 1894 ausgegebener Aktien seien. Diese Ansicht ist auch nicht in der von dem Landgerichte in Bezug genommenen Auskunft der Ältesten der Kaufmannschaft von Berlin vom 4. April 1895 ausgesprochen. Vielmehr werden in dieser Auskunft die Certifikate ausdrücklich als „neu ausgestellte Aktien" bezeichnet. Durchgreifend erscheint aber gegenüber der von dem Landgerichte geteilten Ansicht der Klägerin die Ausführung des Berufungsgerichtes, daß es sich vorliegend nicht um eine Emissionssteuer, sondern um eine auf die Aktienurkunde nach Maßgabe ihres Nennwertes gelegte Stempelsteuer handelt. Die Certifikate sind zwar über das alte Anteilsrecht ausgestellt, das ursprüngliche Rechtsverhältnis hat aber, wie das Berufungsgericht zutreffend ausführt, in seinem subjektiven Bestande eine Änderung erlitten. Deshalb sind die auf den Namen des gegenwärtigen Inhabers lautenden Certifikate als neue Aktien anzusehen, für deren Verstempelung nicht der Zeitpunkt, in welchem die ursprünglichen Aktien ausgestellt sind, sondern der Zeitpunkt, in welchem die Ausstellung der Certifikate stattgefunden hat, maßgebend ist. Für diesen letzteren Zeitpunkt gewährt einen Anhalt lediglich das auf den Certifikaten befindliche Datum des 23. August 1894. Mit Rücksicht auf dieses Datum ist von dem Berufungsgerichte mit Recht angenommen worden, daß die Certifikate nicht als vor dem Inkrafttreten des Gesetzes vom 27. April 1894 ausgestellte Wertpapiere anzusehen sind.

Die Revision erhebt gegen diese Auffassung das Bedenken, daß nach derselben folgerichtig bei jeder Übertragung des Aktienrechtes auf einen anderen Inhaber der Aktienstempel von neuem verwendet werden müßte. Diese Folgerung muß aber auch in der That gezogen werden, insofern mit der Übertragung des Aktienrechtes die Ausstellung einer neuen, das Aktienrecht in sich verkörpernden und selbständig repräsentierenden Urkunde verbunden ist. Für die Annahme aber, daß die Ausstellung einer solchen neuen Urkunde in jedem Falle der Übertragung des Aktienrechtes erforderlich ist, bietet der vorliegende Streitstoff keinen Anhalt dar.

Die Klägerin nimmt auch noch auf den Abs. 2 des § 6 a. a. O., betreffend Wertpapiere, welche lediglich zum Zwecke des Umtausches ausgestellt worden sind, Bezug. Daß diese Vorschrift wegen Mangels der darin bezeichneten Voraussetzungen auf die in Rede stehenden Certifikate keine unmittelbare Anwendung finden kann, bedarf nach dem oben mitgeteilten Wortlaute der Vorschrift keiner Ausführung. Die Klägerin will diese Vorschrift aber zur Auslegung der vorangehenden Bestimmung des § 6 Abs. 1 in dem Sinne verwerten, daß auch Wertpapiere der hier fraglichen Art, als nach dem 1. Mai 1894 ausgestellte Ersatzstücke früher ausgestellter Aktien, nach dem Gesetze vom 1. Juli 1881 zu beurteilen seien. Diese auch in der Revisionsinstanz wiederholte Ansicht entbehrt aber jeder rechtlichen Grundlage, und sie erweist sich schon deshalb als verfehlt, weil die Certifikate nach den obigen Ausführungen keine „behufs Erneuerung der Urkunden ohne Veränderung des ursprünglichen Rechtsverhältnisses" ausgestellte Wertpapiere sind, von welchen allein in dem Abs. 2 des § 6 a. a. O. die Rede ist." ...

---

31. 1. Ist Voraussetzung der Klage auf Rückforderung ohne Beitreibung gezahlter Reichsstempelabgaben ein spätestens bei der Zahlung gemachter Vorbehalt?

2. Nähere Bestimmung der Frage, unter welchen Voraussetzungen Aktien durch einen Stempelaufdruck im Rechtssinne zu neuen Aktien werden und deshalb von neuem der Urkundenstempelpflicht nach dem Reichsstempelgesetze unterliegen.

VI. Civilsenat. Urt. v. 29. Juni 1896 i. S. Gebr. A. (Kl.) w. den Königl. sächs. Staatsfiskus (Bekl.). Rep. VI. 73/96.

I. Landgericht Dresden, Kammer für Handelssachen.
II. Oberlandesgericht daselbst.

Aus den Gründen:

„Auf Grund eines Beschlusses der Generalversammlung der Aktiengesellschaft B. T. und K. zu B. vom 28. Dezember 1893 sind in Beziehung auf das bis dahin in Aktien zu 300 ℳ geteilt gewesene Grundkapital der Gesellschaft folgende Operationen vorgenommen worden: die Aktionäre sind aufgefordert worden, auf jede Aktie 33 1/3 Prozent des Nominalbetrages zuzuzahlen; für die demgemäß zugezahlten Beträge sind meistens neue Inhaberaktien zu 1000 ℳ, zum kleineren Teile neue Namensaktien zu 200 ℳ ausgehändigt worden; diejenigen alten Aktien, auf welche die Zuzahlungen geleistet sind, sind mit dem Stempelaufdrucke „der Controllbeamte" versehen worden; von den übrigen alten Aktien sind, soweit sie innerhalb der festgesetzten Frist eingereicht wurden, je fünf zu einer Aktie zu 300 ℳ in der Weise zusammengelegt, daß eine mit dem schon erwähnten Stempelaufdrucke versehen, und die übrigen vier mittels Durchlochung kassiert sind; die auch nicht innerhalb der Frist eingereichten sind für der Aktionärrechte verlustig erklärt, und es sind für sie und die überschüssigen eingereichten im Verhältnisse von 5 zu 1 einige neue Namensaktien zu 200 ℳ ausgefertigt worden; diese neuen Aktien, und ebenso diejenigen mit jenem Stempelaufdrucke versehenen alten Aktien zu 300 ℳ, welche von je fünf von verschiedenen Inhabern eingereichten Aktien dieser Art allein gültig geblieben waren, sind an der Börse für Rechnung der Beteiligten verkauft worden; für die bei der Einteilung in Aktien zu 200 ℳ nicht unterzubringen gewesene „Spitze" ist ein nach Maßgabe des erzielten Durchschnittsverkaufspreises berechneter Zuschuß von der Gesellschaft geleistet, und der hiernach sich ergebende Gesamtbetrag ist zur verhältnismäßigen Auszahlung an die sämtlichen hierbei Beteiligten zur Verfügung gestellt worden. Zu bemerken ist noch, daß jetzt jede Aktie, gleichviel ob sie auf 1000 ℳ, 300 ℳ, oder 200 ℳ lautet, in der Generalversammlung eine Stimme giebt, während die Beteiligung am Vermögen, sowie an Gewinn und Verlust der Gesellschaft sich nach dem Nominalbetrage bestimmt. Der Beklagte hat nun die Entrichtung der Stempelabgabe nach Maßgabe des Reichsgesetzes vom 29. Mai 1885 nicht nur von den neuen Aktien zu 1000 ℳ und 200 ℳ, sondern auch von denjenigen 2146 alten Aktien zu 300 ℳ verlangt, welche mit dem Stempelaufdrucke „der

Controllbeamte" versehen worden waren. Die Abgabe ist demgemäß auch von diesen 2146 Aktien entrichtet worden, und zwar zum größeren Teile durch die Klägerin, zum kleineren durch den Dr. Bankverein. In diesem Prozesse wird der gezahlte Betrag von 3219 *M* nebst Zinsen durch die Klägerin, welcher der Dr. Bankverein seine darauf bezüglichen Rechte abgetreten hat, zurückgefordert....

Unbegründet ist die Revision in Ansehung eines Betrages von 387 *M*. Diesen Abgabebetrag hat der Cedent der Klägerin für 258 Aktien am 28. März 1894 ohne Vorbehalt entrichtet, und dann erst mittels eines Schreibens vom 29. März 1894 der Steuerbehörde seinen Vorbehalt der Rückforderung erklärt. Dem Berufungsgerichte war nun darin beizutreten, daß der Rückzahlungsanspruch insoweit jedenfalls aus dem Grunde abzuweisen sei, weil zu den Voraussetzungen desselben nach § 32 des Gesetzes vom 29. Mai 1885 (§ 33 in der Fassung von 1894) im Falle einer ohne Zwang geschehenen Entrichtung ein vor oder bei der Zahlung erklärter Vorbehalt gehört. Das Gesetz sagt dies freilich nicht ausdrücklich, giebt es aber mittelbar dadurch zu erkennen, daß es das Klagerecht an die Frist von sechs Monaten nach erfolgter Beitreibung oder mit Vorbehalt geleisteter Zahlung bindet. Mit Recht hat das Berufungsgericht auch angenommen, daß die bei früheren Zahlungen von der Klägerin gemachten Vorbehalte bei der durch den Dr. Bankverein vorgenommenen Abgabenentrichtung außer Betracht bleiben mußten, da die Steuerbehörde weder irgend einen Anlaß hatte, jene Vorbehaltserklärungen als zugleich im Namen des Dr. Bankvereines abgegeben, noch die vom Dr. Bankvereine versteuerten Aktien als im Namen der Klägerin von ihm versteuert anzusehen.

Dagegen waren diejenigen Gründe, aus denen das Oberlandesgericht den Rückforderungsanspruch auch im übrigen für unbegründet erklärt hat, als zutreffend nicht anzuerkennen, da sie gegen revisible Rechtsnormen verstoßen. Vor allem stützt das Berufungsgericht die Abgabenpflichtigkeit der 2146 abgestempelten alten Aktien darauf, daß ihnen durch die Abstempelung ein „Vorzugsrecht" vor den übrigen Aktien zu 300 *M* beigelegt worden sei. Allerdings hat auch das Reichsgericht,

vgl. Entsch. des R.G.'s in Civils. Bd. 21 S. 25 flg.,

sich dahin ausgesprochen, daß ein Stempelaufdruck, der ein der betreffenden Aktie verliehenes Vorzugsrecht erkennbar macht, in Beziehung auf die Urkundenstempelpflicht nach dem Reichsgesetze vom 29. Mai 1885 der Neuausgabe einer Aktie gleichstehe; wie das gleiche seitdem auch (ebenda Bd. 36 S. 91 flg.) in Ansehung des Reichsgesetzes vom 27. April 1894 erkannt worden ist. Aber hier liegt ein solcher Fall gar nicht vor, da hier andere Aktien zu 300 ℳ nicht übrig geblieben sind. Die nicht abgestempelten alten Aktien, 254 an der Zahl, haben nämlich überhaupt aufgehört, Aktien zu sein, und zwar sind 240 davon einfach kassiert, nachdem sie mit 60 sodann abgestempelten zugleich in Gruppen von je 5 Aktien zu diesem Zwecke eingereicht waren, und die noch übrigen 14 haben im Sinne des Beschlusses der Generalversammlung vom 28. Dezember 1893 ihre Eigenschaft als Aktien ohne weiteres verloren, während ihre Inhaber noch das Recht behielten, in der oben dargelegten Weise ... an gewissen Geldbeträgen zu partizipieren. Fälschlich faßt das Berufungsgericht die Sache in betreff dieser letzteren 14 Aktien so auf, als wären diese einstweilen, nämlich bis der erwähnte Geldbezug stattgefunden hatte, noch Aktien minderen Rechtes verblieben, sodaß so lange ihnen gegenüber jene 2146 Aktien mit einem „Vorzugsrechte“ ausgestattet gewesen wären. Es kann hier davon abgesehen werden, daß doch jedenfalls nicht sowohl den 2146 Aktien ein „Vorzugsrecht“ beigelegt, als vielmehr den anderen alten Aktien eine Rechtsminderung zu teil geworden sein würde. Denn es ist überhaupt rechtsirrig, das mit dem Besitze einer gewissen Urkunde verbundene Recht auf einmaligen Bezug eines noch auszumittelnden Geldbetrages als ein Aktienrecht anzusehen.

Vgl. Entsch. des R.G.'s in Civils. Bd. 36 S. 139.

Vom Standpunkte der Verfassung der Aktiengesellschaft aus waren auch die 14 Aktien sofort als ausgeschieden anzusehen, so gut wie die erwähnten 240 Aktien; einen kurzdauernden Zwischenzustand der Verfassung, in welchem neben jenen 2146 Aktien zu 300 ℳ noch 14 Aktien minderen Rechtes zu 300 ℳ innerhalb der Gesellschaft existiert hätten, hat es nicht gegeben. Mit nicht geringerem Rechte hätte man auch gegenüber jenen anderen 240 kassierten Aktien den 2146 Aktien ein „Vorzugsrecht“ zuschreiben können. ...

Nun hat freilich das Berufungsgericht zur Begründung seiner Entscheidung auch darauf hingewiesen, daß infolge des Generalversammlungsbeschlusses vom 28. Dezember 1893 sich die Gesamtzahl der eine Stimme gebenden Aktien vermindert, und andererseits der Betrag des Grundkapitales erhöht habe, und daß der verhältnismäßige Anteil jeder einzelnen alten Aktie am Vermögen und an Gewinn und Verlust der Gesellschaft ein geringerer geworden sei. Unzweifelhaft sind dies lauter Umstände, welche, wie eigentlich jede Statutenänderung, eine Änderung des Rechtsverhältnisses der betreffenden Aktionäre in sich schließen; in diesem Sinne hätte das Oberlandesgericht ihnen auch noch den Umstand hinzufügen können, daß das Stimmenverhältnis sich zu Gunsten dieser Aktionäre im Verhältnisse zu ihrem Quotenanteile am Grundkapitale sogar noch mehr verändert hat, als ohne Rücksicht hierauf. Es hat nun auch das Reichsgericht wenigstens auf Grund des Reichsstempelgesetzes vom 27. April 1894 sich bereits dahin ausgesprochen,

vgl. Entsch. des R.G.'s in Civils. Bd. 36 S. 91 flg.,

daß nach § 6 Abs. 2 dieses Gesetzes jede Veränderung des Rechtsverhältnisses des Aktionärs, welche durch einen Stempelaufdruck auf der Aktie erkennbar gemacht wird, die letztere von neuem der Stempelabgabenpflicht unterwerfe. Ob dies auch schon nach dem Reichsgesetze vom 29. Mai 1885, das für diese Sache maßgebend ist, anzunehmen sein möchte, könnte jedoch schon als zweifelhaft erscheinen;

vgl. Entsch. des R.G.'s in Civils. Bd. 21 S. 25 flg.,

wo sich jedenfalls ein so weit gehender Satz noch nicht aufgestellt findet. Indessen dies bedarf hier keiner Entscheidung; denn die Abgabenpflicht entsteht doch selbst auf dem Boden des Gesetzes von 1894 immer nur dadurch, daß die fragliche „Änderung des Rechtsverhältnisses" in einem besonderen Stempelaufdrucke anf der Aktie, durch welchen die Ausgabe einer neuen Aktie mit verändertem Inhalte erspart wird, zum Ausdrucke gelangt. Ohnedies würde man es nicht mehr mit einem Urkundenstempel, sondern mit einer auf die Statutenänderung als solche gelegten Abgabe zu thun haben. Im vorliegenden Falle ist nun aber der Stempelaufdruck „der Controlbeamte" gar nicht dazu bestimmt, irgend eine Veränderung des Rechtsverhältnisses des einzelnen Aktionärs erkennbar zu machen, wie dies allerdings dann der Fall ist, wenn der Aufdruck zur Unterscheidung der mit einem Vorzugsrechte bewidmeten von den desselben entbehrenden Aktien dient; sondern er hat nur die Bedeutung, diejenigen Aktien zu 300 ℳ kenntlich zu machen, welche noch gültig geblieben sind, zum Unterschiede von denjenigen, welche, wenn sie nicht körperlich zerstört sein sollten, jedenfalls nicht mehr als Aktien der Gesellschaft gelten sollen. Daher ist auch der jetzt in Rede stehende Grund nicht geeignet, die klagabweisende Entscheidung des Oberlandesgerichtes zu halten....

Auch ist die angefochtene Entscheidung nicht etwa in Höhe von 90 *M*, nämlich wegen der 60 auf Grund der „Zusammenlegung" mit 240 anderen Aktien abgestempelten Aktien, aus dem insoweit ... vom Landgerichte geltend gemachten Grunde aufrechtzuhalten, daß diese 60 Aktien „die Rechte anderer Aktien in sich aufgenommen haben". Denn diese Betrachtungsweise ist ganz abwegig; es kommt hier vielmehr nur äußerlich auf die Aktien als Urkunden an, und in dieser Hinsicht liegt die Sache einfach so, daß die 60 Aktien unverändert fortbestehen, während die 240 als Aktien zu existieren aufgehört haben.

Vgl. übrigens auch Staub, Handelsgesetzbuch (Aufl. 3 und 4) zu Art. 248 § 13 (Zusatz 3) S. 622." ...

---

32. Zuständigkeit der ordentlichen Gerichte und der Verwaltungsgerichte bei Streitigkeiten zwischen einer Ortskrankenkasse und einem Arbeitgeber über dessen Verpflichtung zur Leistung von Beiträgen.

Krankenversicherungsgesetz vom $\frac{\text{15. Juni 1883}}{\text{10. April 1892}}$ § 58 Abs. 1.

VI. Civilsenat. Urt. v. 9. Juli 1896 i. S. der Ortskrankenkasse für Leipzig und Umgegend (Bekl.) w. H. (Kl.) Rep. VI. 85/96.

I. Landgericht Leipzig.
II. Oberlandesgericht Dresden.

Das Urteil des Berufungsgerichtes ist aufgehoben worden aus folgenden

Gründen:

„Der Kläger betreibt in Leipzig-Reudnitz eine Schankwirtschaft, mit welcher eine Singspielhalle verbunden ist. Für diese ist in dem zu den Schankwirtschaftsräumen gehörigen Saale ständig eine Bühne aufgeschlagen, auf welcher musikalische, deklamatorische, theatralische oder sog. artistische Aufführungen veranstaltet werden. Die dabei auftretenden Personen — männlichen und weiblichen Geschlechtes — erhalten vom Kläger eine je im voraus vereinbarte Vergütung, die in den Jahren 1892 und 1893 zwischen 70 und 120 ℳ für den Monat betragen hat. Der Kläger erhebt von den die Vorstellungen besuchenden Personen ein ihm zufließendes Eintrittsgeld; die Darbietungen lassen sich, wie er sich bescheidet, den Leistungen wirklicher Kunstinstitute nicht gleichstellen; er behauptet indes, daß das, was bei ihm geboten werde, nach dem Inhalte der zur Aufführung oder zum Vortrage gebrachten Werke der Dicht- und Tonkunst sowie nach der Befähigung der auftretenden Personen weit über demjenigen stehe, was in sog. „Tingel-Tangels" geboten werde, und auch — minder hoch gespannten — künstlerischen Ansprüchen genüge.

Seit dem Jahre 1892 ist der Kläger trotz seines Widerspruches von der Beklagten gezwungen worden, für die in seiner Singspielhalle beschäftigten Personen Beiträge zur Krankenversicherung zu entrichten; er hat in den Jahren 1892 und 1893 infolgedessen 502,65 ℳ an die Beklagte bezahlt. Er hat am 21. April 1894 Klage erhoben mit dem Antrage, festzustellen, daß er nicht verpflichtet sei, die in seinem Etablissement jeweilig beschäftigten „Artisten" in Gemäßheit des Krankenversicherungsgesetzes vom 10. April 1892 zu versichern und für sie Beiträge zu leisten, auch die Beklagte zur Rückzahlung der in den Jahren 1892 und 1893 erhobenen Beiträge an zusammen 502,65 ℳ zu verurteilen.

Die beiden Vorinstanzen haben diesem Antrage gemäß erkannt, weil sie angenommen haben, daß die vom Kläger in seiner Singspielhalle verwendeten, hier in Betracht kommenden Personen nicht versicherungspflichtig seien. In Übereinstimmung mit der ersten Instanz ist hiernach das Oberlandesgericht davon ausgegangen, daß zur Entscheidung über die zwischen den Parteien streitige Frage die ordentlichen Gerichte zuständig seien; eine Begründung dieser Auffassung enthält weder das erste, noch das zweite Urteil; vielmehr ist darin nur die Frage erörtert worden, ob die Art und Weise, in welcher der Kläger die gerichtliche Entscheidung herbeizuführen unternommen hat, dem Gesetze Genüge leiste. Darin, daß das Berufungsurteil keine Gründe für die von Amts wegen zu prüfende Frage enthält, ob im gegebenen Falle der Rechtsweg überhaupt zulässig sei, muß aber nach Lage der Sache ein prozessualer Mangel erblickt werden, der die Aufhebung des Urteiles notwendig macht.

Es handelt sich hier um einen Streit darüber, ob der Kläger als Arbeitgeber zur Leistung von Beiträgen für die in seiner Singspielhalle auftretenden Personen verpflichtet sei, somit um eine Differenz im Sinne des ersten Absatzes von § 58 des Krankenversicherungsgesetzes. Dieses Gesetz bestimmte in der Fassung, in der es am 15. Juni 1883 verkündet ist, daß bei Streitigkeiten der bezeichneten Art gegen die Entscheidung der Aufsichtsbehörde binnen zwei Wochen nach der Zustellung die Berufung auf den Rechtsweg durch Klagerhebung stattfinde. Abweichend hiervon schreibt aber der erste Absatz von § 58 in seiner gegenwärtig in Geltung stehenden Fassung vor, daß die Entscheidung der Aufsichtsbehörde binnen vier Wochen nach der Zustellung durch Klage im ordentlichen Rechtswege, soweit aber landesgesetzlich solche Streitigkeiten dem Verwaltungsstreitverfahren überwiesen seien, im Wege des letzteren angefochten werden könne. Nach dieser neueren Gesetzesbestimmung ist also der ordentliche Rechtsweg für die Anfechtung der Entscheidung der Aufsichtsbehörde nur dann zulässig, wenn nach der Gesetzgebung des betreffenden Einzelstaates Streitigkeiten der in Frage stehenden Art nicht dem Verwaltungsstreitverfahren überwiesen sind. Es mußte deshalb im vorliegenden Falle geprüft werden, wie insoweit die Rechtslage sich nach den im Königreiche Sachsen geltenden partikularen Rechtsnormen gestaltet habe. Man darf aus dem Umstande, daß das angefochtene Urteil hierüber nichts enthält, nicht ohne weiteres folgern, daß die Vorinstanz diese Frage nicht geprüft habe; es würde auch, da die gerichtliche Zuständigkeit von den Parteien nicht angezweifelt worden ist, die Nichterwähnung dieser Frage in den Entscheidungsgründen als ein Verstoß gegen § 283 Ziff. 4 und somit als ein Mangel im Sinne von § 513 Ziff. 7 C.P.O. vielleicht dann nicht anzusehen sein, wenn die Annahme, daß der Rechtsweg zulässig sei, schlechthin nur auf irrevisiblem sächsischen Landesrechte beruhen könnte, also eine Nachprüfung durch das Reichsgericht unbedingt ausgeschlossen wäre. Das ist indes nicht der Fall. Das Berufungsgericht kann zu der Annahme, daß die vorliegende Streitigkeit nicht in dem „Administrativjustizverfahren" des sächsischen Landesrechtes (Gesetz [D], das Verfahren in Administrativjustizsachen betreffend, vom 30. Januar 1835; Gesetz, die Organisation der Behörden für die innere Verwaltung betreffend, vom 21. April 1873 §§ 6. 11. 23. 27. 31) zum Austrage zu bringen sei, um deswillen gelangt sein, weil es angenommen hat, daß nach § 58 Abs. 1 des Krankenversicherungsgesetzes vom 10. April 1892 das Verwaltungsstreitverfahren nur Anwendung finde, wenn es nach dem Erlasse dieses Reichsgesetzes durch ein besonderes Landesgesetz eingeführt sei. Sollte aber das Oberlandesgericht von dieser Auffassung, die von zwei sächsischen Schriftstellern vertreten wird,

vgl. Rumpelt, Die Krankenversicherung der Arbeiter (1892) S. 113 Anm. 2; Nippold, Kompetenzfragen S. 100,

ausgegangen sein, so würde seine Entscheidung bezüglich der Zuständigkeit der Gerichte in erster Linie auf Reichsrecht beruhen. Mit Rücksicht hierauf war es hier unentbehrlich, daß die Gründe, aus welchen die Vorinstanz sich für die Zulässigkeit des Rechtsweges entschieden hat, dargelegt wurden, weil ohnedem das Reichsgericht außer stande ist, zu beurteilen, ob die Entscheidung nicht auf einer unrichtigen Auslegung des § 58 Abs. 1 des erwähnten Reichsgesetzes beruhe.

Diese Erwägung führt aber auch zur Aufhebung des angefochtenen Urteiles, weil, dafern die Vorinstanz die im vorstehenden unterstellte Meinung befolgt haben sollte, in der That eine Verletzung revisiblen Rechtes vorliegen würde, da die erwähnte Auslegung des § 58 Abs. 1 des Krankenversicherungsgesetzes nicht als richtig anerkannt werden könnte. Gegen sie spricht zunächst der Wortlaut des Gesetzes; hätte man gewollt, daß, um den ordentlichen Rechtsweg auszuschließen, unbedingt ein neues Landesgesetz erforderlich sein sollte, so hätte es sehr nahe gelegen, in dem Schlußsatze des ersten Absatzes von § 58 statt „überwiesen sind" zu sagen: „überwiesen werden". Ebensowenig spricht für jene Auslegung die Entstehungsgeschichte des § 58 Abs. 1. In dem vom Reichskanzler am 22. November 1890 dem Reichstage vorgelegten Entwurfe,

vgl. Drucksachen des Reichstages VIII. Legislaturperiode 1. Session 1890 Nr. 151,

war für die Anfechtung der Entscheidung der Aufsichtsbehörde eine Bestimmung dahin vorgeschlagen: „Die Entscheidung kann binnen zwei Wochen nach der Zustellung derselben im Wege des Verwaltungsstreitverfahrens, wo ein solches nicht besteht, im Wege des Rekurses nach Maßgabe der Vorschriften der §§ 20. 21 Gew.O. angefochten werden.“ Es sollte also der Rechtsweg unbedingt ausgeschlossen werden. Zur Begründung war geltend gemacht: da es sich um Verhältnisse des öffentlichen Rechtes handele, erscheine die Überweisung dieser Sachen an die Verwaltungsgerichte theoretisch begründet und praktisch deshalb empfehlenswert, weil dadurch wenigstens für den einzelnen Bundesstaat eine einheitliche Judikatur gesichert werde; auch spreche dafür die Regelung, welche die Zuständigkeitsfrage nach dem Erlasse des Gesetzes vom 15. Juni 1883 in mehreren späteren, verwandte Materien betreffenden Gesetzen erfahren habe (Motive S. 67 flg.). Bei den Kommissionsverhandlungen wurde überdem geltend gemacht: das Verfahren bei den Gerichten habe den Nachteil größerer Formalität und Kostspieligkeit; auch sachlich sei von den Verwaltungsgerichten eine bessere Rechtsprechung zu erwarten als von den ordentlichen Gerichten, denen die Fragen der Krankenversicherung regelmäßig zu fern lägen. Diese Ausführungen blieben zwar nicht ohne Widerspruch; dieser bezog sich indes nur darauf, ob es nicht besser sei, die Entscheidung über die in Rede stehenden Streitigkeiten unbedingt den ordentlichen Gerichten zu belassen.

Die Mehrheit der Kommission entschied sich bei der ersten Lesung für die Annahme des Regierungsentwurfes (Bericht der 12. Kommission in dem Reichstagsaktenstücke Nr. 381 S. 16 flg.); in der zweiten Lesung wurde aber auf den Vorschlag einer Subkommission beschlossen, eine „die prinzipielle Zulassung des ordentlichen Rechtsweges mit der partikularen Gestattung des Verwaltungsstreitverfahrens vereinigende Fassung“ dem Reichstage vorzuschlagen (angezogenes Aktenstück S. 35. 85. 87). Diese Fassung ist mit einer Änderung hinsichtlich der Frist, in welcher die Entscheidung der Aufsichtsbehörde angefochten werden kann (Reichstagsaktenstück Nr. 762), vom Reichstage angenommen worden (Reichstagsverhandlungen 127. Sitzung S. 3089, 196. Sitzung S. 4803) und so als letzter Satz des ersten Absatzes von § 58 in das Gesetz übergegangen.

Aus dieser Entstehungsgeschichte der hier in Frage stehenden Gesetzesbestimmung ergiebt sich nur, daß die Entscheidung darüber, ob das Verwaltungsstreitverfahren Platz zu greifen habe, dem Landesrechte hat überlassen werden sollen. Es darf dabei aus dem Gebrauche der Worte: „überlassen sind“, nicht gefolgert werden, daß lediglich die Gültigkeit bereits bestehender landesrechtlicher Normen habe aufrecht erhalten, bezw. nach deren Außerkraftsetzung durch das Reichsgesetz vom 15. Juni 1883 wiederhergestellt werden sollen; vielmehr erscheint nicht zweifelhaft, daß die Neueinführung des Verwaltungsstreitverfahrens durch erst zu erlassende Landesgesetze hat für statthaft erklärt werden sollen;

vgl. die Auslegung der Worte: „Unberührt bleiben", in § 15 Einf.-Ges. zur C.P.O. in den Entsch. des R.G.'s in Civils. Bd. 7 S. 399 flg.;

es kann sogar mit Rücksicht auf die Art und Weise, in welcher in Preußen und anderen Staaten die Zuständigkeit der Verwaltungsgerichte durch Zuweisung ganz speziell bezeichneter Streitigkeiten geregelt worden war,

vgl. das preußische Gesetz vom 30. Juli 1883 § 7 Abs. 2; das bayerische Gesetz vom 8. August 1878 Artt. 8 flg.; das badische Gesetz vom 14. Juni 1884 §§ 1. 2. 3. 4; siehe auch das württembergische Gesetz vom 16. Dezember 1876 Artt. 1. 2. 10 flg.,

zugegeben werden, daß man diesen Fall in erster Linie ins Auge gefaßt hat. Immerhin bietet aber die dargelegte Entstehung des Schlußsatzes von § 58 Abs. 1 des Gesetzes vom 10. April 1892 keinen irgend zureichenden Anhalt dafür, daß das Verwaltungsstreitverfahren nur dann Anwendung finden solle, wenn es durch ein neues Landesgesetz besonders eingeführt werde. Auch allgemeine, aus der Natur der Sache zu entnehmende Gründe, die für eine solche Annahme sprächen, sind nicht ersichtlich.

Vgl. auch v. Woedtke, Kommentar zum Krankenversicherungsgesetz 4. Aufl. S. 381 Anm. 15.

Hiernach kann die Zuständigkeit der ordentlichen Gerichte für die Fälle des § 58 Abs. 1 des Gesetzes vom 10. April 1892 nicht bloß in dem Falle als ausgeschlossen betrachtet werden, wenn nach dessen Erlasse Landesgesetze das Verwaltungsstreitverfahren an die Stelle des Rechtsweges gesetzt haben;

vgl. für Bayern das Gesetz vom 26. Mai 1892 Artt. 4. 5; für Württemberg das Gesetz vom 12. Mai 1893 Artt. 4. 5; für Baden das Gesetz vom 7. Juli 1892 Art. 3;

vielmehr erscheint die Annahme gerechtfertigt, daß dies auch dann der Fall sein soll, wenn in einem Einzelstaate durch ein älteres, noch in Kraft stehendes Landesgesetz allgemein für diejenige Kategorie von Streitfällen, zu denen die in § 58 Abs. 1 behandelten nach ihrer Natur als öffentlich-rechtliche Streitigkeiten,

vgl. v. Wödtke, a. a. O. S. 381 Anm. 13,

gehören, das Verwaltungsstreitverfahren vorgeschrieben ist. Solche Landesgesetze sind durch das Reichsgesetz vom 15. Juni 1883 zeitweilig in ihrer Wirksamkeit nach gewissen Richtungen gehemmt, keineswegs aber schlechthin aufgehoben worden; es schlagen deshalb die Erwägungen, welche in der Entscheidung des II. Civilsenates des Reichsgerichtes vom 4. Oktober 1887,

vgl. Entsch. d. R.G.'s in Civils. Bd. 19 S. 177 flg.,

Darlegung gefunden haben, nicht ein; vielmehr ist die Wirksamkeit solcher Gesetze durch § 58 Abs. 1 des Gesetzes vom 10. April 1892, welches die durch das Gesetz vom 15. Juni 1883 geschaffene teilweise Hemmung wieder beseitigte, voll wiederhergestellt worden.

Wie sich die Sachlage gestalten würde, wenn früher in einem Einzelstaate durch eine Spezialvorschrift diejenigen Streitigkeiten, die § 58 Abs. 1 des Gesetzes vom 15. Juni 1883 den ordentlichen Gerichten zugewiesen hat, zur Zuständigkeit von Verwaltungsgerichten verwiesen gewesen wären, darf unerörtert bleiben, da eine solche Gestaltung thatsächlich nirgends vorliegen wird.

Im vorliegenden Falle hängt daher die Zulässigkeit des Rechtsweges nicht bloß davon ab, ob die sächsische Landesgesetzgebung nach Erlaß des Reichsgesetzes vom 10. April 1892 für die in § 58 Abs. 1 desselben erwähnten Streitigkeiten das Verwaltungsstreitverfahren eingeführt hat; vielmehr ist auch zu entscheiden, ob dieses Verfahren nach älteren sein Anwendungsgebiet durch allgemeine Vorschriften der erwähnten Art regelnden Gesetzen hier stattzufinden habe. Das Oberlandesgericht hat das insoweit geltende sächsische Partikularrecht nicht festgestellt; deshalb, und da, wie oben dargelegt worden, nicht ersichtlich, auch nicht ohne weiteres vorauszusetzen ist, daß die Vorinstanz die Zuständigkeitsfrage nach den eben bezeichneten Richtungen erschöpfend geprüft habe, mußte das angefochtene Urteil aufgehoben, die Sache zur anderweiten Verhandlung und Entscheidung an das Berufungsgericht zurückverwiesen und von einem Eingehen auf das materielle Streitverhältnis Abstand genommen werden." ...

33. Zusammenlegung von Aktien und Maßregeln zur Durchführung der Zusammenlegung. Kann durch Generalversammlungsbeschluß die Einziehung nicht rechtzeitig eingelieferter Aktien ohne Entschädigung der Eigentümer angeordnet werden?

H.G.B. Art. 248.

I. Civilsenat. Urt. v. 30. Mai 1896 i. S. Aktiengesellschaft vorm. Sch. & Co. (Bekl.) w. H. u. Gen. (Kl.) Rep. I. 65/96.

I. Landgericht Hamburg.
II. Oberlandesgericht daselbst.

Die Generalversammlung der beklagten Aktiengesellschaft hatte Herabsetzung des Grundkapitales durch Zusammenlegung der Aktien, bei den Stammaktien im Verhältnisse von zwei zu eins, beschlossen. Die Aktionäre sollten durch Bekanntmachung des Aufsichtsrates zur Einreichung in bestimmter Frist aufgefordert werden und bei Nichteinhaltung der Frist jedes Anteilrecht verlieren. Die Kläger, die durch den Vertreter ihrer Aktien dem Beschlusse zugestimmt haben, reichten ihre Aktien verspätet ein, der Vorstand der Gesellschaft erklärte sie deshalb ihres Aktienrechtes für verlustig. Die Klage der Kläger auf Rückgabe der Hälfte ihrer Aktien mit neuen Dividendenscheinen und Talons und entsprechendem Abstempelungsvermerke ist in beiden Instanzen durchgedrungen. Die Revision der Beklagten ist zurückgewiesen worden aus folgenden

Gründen:

... „Beizutreten ist dem Berufungsgerichte darin, daß die Generalversammlung durch Androhung des Rechtsnachteiles der Verwirkung für die nicht rechtzeitig eingelieferten Aktien ihre Befugnisse überschritten hat. Das Berufungsgericht befindet sich hierbei keineswegs im Widerspruche mit der kürzlich ergangenen Entscheidung des gegenwärtig erkennenden Senates, nach welcher die Generalversammlung befugt ist, unter den Voraussetzungen des Art. 248 H.G.B. die Herabsetzung des Grundkapitales durch Zusammenlegung von Aktien zu beschließen.

Vgl. Entsch. des R.G.'s in Civils. Bd. 36 S. 135.

Ist aus den in diesem Urteile entwickelten Gründen die Zulässigkeit eines solchen Beschlusses anzuerkennen, so folgt daraus, daß es der

Gesellschaft auch zustehen muß, die zur Durchführung desselben erforderlichen Maßregeln zu bestimmen. Dazu gehört insbesondere die Anordnung, daß die nicht zum Behufe der Zusammenlegung eingelieferten Aktien für kraftlos erklärt und daß an deren Stelle von der Gesellschaft neue zusammengelegte Aktien ausgegeben und für Rechnung der betreffenden Aktionäre meistbietend oder zum Börsenkurse verkauft werden sollen. Darin liegt allerdings ein Eingriff in das Eigentum und in das hierauf beruhende Mitgliedschaftsrecht der Aktionäre; allein die Statthaftigkeit einer derartigen Enteignung ist mit der Zulassung der Zusammenlegung von selbst gegeben, da ohne dieselbe der Zusammenlegungsbeschluß nicht oder doch nur mit Zustimmung sämtlicher Aktionäre durchführbar sein würde. Auf den hier in Frage stehenden Beschluß, nach welchem die nicht rechtzeitig eingelieferten Aktien verwirkt sein sollen, ohne daß den Aktionären für den Verlust ihrer Mitgliedschaftsrechte irgend eine Entschädigung gewährt wird, treffen aber diese Erwägungen nicht zu. Der gedachte Beschluß würde die Folge haben, daß nicht bloß das Grundkapital um den Betrag der nicht eingelieferten Aktien vermindert wird, sondern daß auch den Aktionären, welche die Einlieferung unterlassen, ihr Anteil am Gesellschaftsvermögen zu Gunsten der übrigen Aktionäre entzogen wird. Für die Zuständigkeit der Generalversammluug, eine Einziehung mit dieser Wirkung zu beschließen, fehlt es an einer gesetzlichen Grundlage, insbesondere ist aus der Bestimmung des Art. 248 eine Rechtfertigung hierfür nicht zu nehmen.

Seitens der Beklagten ist geltend gemacht worden, daß, selbst wenn man sich in Bezug auf die Unzulässigkeit der streitigen Maßregel auf den vom Berufungsgerichte gebilligten Standpunkt der Kläger stelle, der Anspruch derselben doch für ungerechtfertigt zu erachten sei, weil die den Klägern zustehenden Aktien in der Generalversammlung vertreten gewesen seien, und ihr dermaliger Inhaber dem fraglichen Beschlusse zugestimmt habe. Die Beklagte hat ferner ausgeführt, daß, wenn man von der Auffassung des angefochtenen Urteiles ausgehe, der in Frage stehende Beschluß seinem ganzen Inhalte nach ungültig sein würde, aber nicht, wie vom Berufungsgerichte geschehen, teilweise gültig, teilweise als ungültig behandelt werden könne. Alsdann aber komme man ebenfalls zu dem Schlusse, daß der Klaganspruch hinfällig sei.

Ob diese Bedenken, von denen das erste bereits in den Entscheidungsgründen des Berufungsurteiles berücksichtigt ist, zutreffend sind, kann dahingestellt bleiben. Denn das Berufungsgericht stützt seine Entscheidung nicht allein auf die Unzulässigkeit des angedrohten Rechtsnachteiles sondern auch, im Anschlusse an das landgerichtliche Urteil auf die Erwägung, daß, die Gültigkeit des in Rede stehenden Beschlusses vorausgesetzt, doch eine so stark in die Rechte der Aktionäre eingreifende Anordnung möglichst milde auszulegen sei, und daß demgemäß die Verwirklichung des angedrohten Rechtsnachteiles so lange habe abgewendet werden können, als eine Verzögerung in der Einlieferung der Aktien einen störenden Einfluß auf die Zusammenlegung noch nicht ausgeübt habe. Dieser Erwägung ist zuzustimmen; ebenso ist dem Berufungsgerichte darin beizupflichten, daß im vorliegenden Falle ein solcher Einfluß weder bezüglich der dem Kläger zu 1 gehörigen, noch am 21. September 1894 bei der Beklagten eingetroffenen, noch bezüglich der dem Beklagten zu 2 gehörigen wenige Tage nach Ablauf der gesetzten Frist (am 24. September) bei derselben eingegangenen Aktien ersichtlich ist, und daß nach Lage der Sache die Verwirklichung des angedrohten Rechtsnachteiles beiden Klägern gegenüber eine Verletzung des Grundsatzes der Billigkeit in sich schließt, der wie für alle Gesellschafter, so auch für das Rechtsverhältnis der Aktionäre zu einander zu beachten ist." ...

---

34. 1. Ist der Anspruch der Kommanditgesellschaft auf die versprochene und im Handelsregister eingetragene Bareinlage des Kommanditisten im Falle des Konkurses der Gesellschaft ein Anspruch der Konkursmasse, der ohne Rücksicht auf Abreden zwischen dem Kommanditisten und der Gesellschaft über die Art der Berichtigung der Einlage von dem Verwalter geltend gemacht werden kann?

2. Kann der Kommanditist gegen diesen Anspruch mit einer vor der Konkurseröffnung gegen die Gesellschaft erworbenen Forderung aufrechnen?

H.G.B. Art. 165.

K.O. § 47.

I. Civilsenat. Urt. v. 30. Mai 1896 i. S. Sch. (Bekl.) w. Dr. (Kl.) Rep. I. 58/96.

I. Landgericht I Berlin.
II. Kammergericht daselbst.

Kläger war Kommanditist der Kommanditgesellschaft H. W. mit einer in das Handelsregister eingetragenen Einlage von 50000 ℳ. Davon sind nur 47800 ℳ bar gezahlt, der Rest ist nach Abrede mit dem persönlich haftenden Gesellschafter auf Kursverluste, Spesen und Provision, die dem Kläger bei Versilberung von Papieren zum Zwecke der Einlage, und auf 500 ℳ Gewinnanteil für den Juni 1894 verrechnet, die der Kläger nach dem Vertrage zu entnehmen berechtigt war und nicht entnommen hatte. Nachdem am 13. Dezember 1894 über das Vermögen der Gesellschaft Konkurs eröffnet war, meldete der Kläger 10003,45 ℳ, und 9980,25 ℳ zur Konkursmasse an, die er durch Einlösung von zwei Wechselaccepten der Gesellschaft, für die er sich verbürgt, nach der Konkurseröffnung bezahlt hatte, und klagte gegen den Verwalter auf Feststellung. Derselbe erhob Widerklage auf Zahlung des nicht bar bezahlten Restes der Einlage von 2200 ℳ und von 2500 ℳ, die dem Kläger für fünf Monate als Gewinnanteil bezahlt waren, obwohl kein Gewinn gezogen, sondern mit Verlust gearbeitet war. Der Kläger widersprach dem und stellte eventuell seine Klageforderung zur Aufrechnung.

Der erste Richter erkannte nach Klage und Widerklage. Der Berufungsrichter ließ die Aufrechnung zu, stellte die Klageforderung demgemäß nach Abzug der Widerklageforderung fest und wies die Widerklage ab.

Die Revision des Beklagten ist zurückgewiesen worden aus folgenden

Gründen:

„Die Entscheidung des Berufungsgerichtes beruht darauf, daß es den in der Widerklage erhobenen Anspruch zwar für begründet, insbesondere auch den Konkursverwalter für aktiv legitimiert erachtet, andererseits aber dem Kläger die Berechtigung zugesprochen hat, gegen den Anspruch des Konkursverwalters einen entsprechenden Teil der unbestrittenen Klageforderungen in Aufrechnung zu bringen. Diese letztere Annahme ist es, die von der Revision angegriffen wird. Einer

Prüfung ist aber, obwohl sich der Kläger der Revision nicht angeschlossen hat, zunächst die Frage zu unterziehen, ob der Anspruch der Widerklage begründet ist, weil, wenn sie zu verneinen wäre, dem auf Verurteilung des Klägers zur Zahlung gerichteten Antrage des Revisionsklägers nicht stattgegeben werden könnte. Mit Recht indeß hat das Berufungsgericht diese Frage bejaht.

1. Es unterliegt keinem Zweifel, daß insoweit, als eine Kommanditgesellschaft gegen den Kommanditisten einen Anspruch auf Einlageeinzahlung hat, im Falle des Konkurses der Gesellschaft dieser Anspruch ein Aktivum der Konkursmasse bildet, das vom Konkursverwalter zu realisieren ist. Der auch in der Litteratur vertretenen Meinung aber, daß der Konkursverwalter nur insoweit, als die Gesellschaft einen solchen Anspruch habe, eine Einlageforderung geltend zu machen befugt sei, und eine darüber hinausgehende Haftung des Kommanditisten den Gesellschaftsgläubigern gegenüber nur von diesen selbst zur Geltung gebracht werden könne, ist nicht beizupflichten. Sie genügt nicht dem praktischen Bedürfnisse, entspricht aber auch nicht dem Gesetze. Wenn im Art. 165 Abs. 1 H.G.B. bestimmt ist, daß der Kommanditist für die Verbindlichkeiten der Gesellschaft mit der Einlage und, insoweit diese nicht eingezahlt ist, mit dem versprochenen Betrage haftet, und der Art. 151 anordnet, daß der Betrag der Vermögenseinlage des Kommanditisten zum Handelsregister anzumelden ist, so ist daraus die Absicht des Gesetzes ersichtlich, daß im Verhältnisse zu den Gesellschaftsgläubigern mindestens in Höhe des auf Antrag der Gesellschafter in das Handelsregister eingetragenen Betrages eine Vermögenseinlage, gleichviel ob und inwieweit sie in Wirklichkeit versprochen ist, als versprochen gelten soll. Und wenn nach Art. 165 Abs. 2—4 die Einlage des Kommanditisten während des Bestehens der Gesellschaft weder ganz noch teilweise zurückgezahlt oder erlassen werden kann, Zinsen dem Kommanditisten nur insoweit bezahlt werden können, als dadurch die ursprüngliche Einlage nicht vermindert wird, und endlich der Kommanditist bis zur Wiederergänzung der durch Verlust verminderten Einlage weder Zinsen noch Gewinn beziehen kann, so heißt das nichts anderes, als daß im Verhältnisse zu den Gesellschaftsgläubigern die Einlage zum Betrage der durch Zurückzahlung oder Gewinn- und Zinsenbezüge erfolgten Verminderungen als eine nicht eingezahlte und die Ein-

lagepflicht, soweit sie erlassen ist, als weiter bestehend angesehen werden soll. Hier wie dort handelt es sich mithin zwar wohl um eine von dem inneren Verhältnisse der Gesellschafter zu einander unabhängige Haftung des Kommanditisten den Gesellschaftsgläubigern gegenüber, nicht aber um ein den Gläubigern neben ihren Forderungen an die Gesellschaft zustehendes selbstständiges Recht, das nur von ihnen geltend gemacht werden könnte, sondern der erkennbare Wille des Gesetzes ist der, daß unter gewissen Voraussetzungen ein Kommanditist, der der Gesellschaft zu einer Einlageeinzahlung nicht oder nicht mehr verpflichtet ist, doch in betreff der Geltendmachung und Befriedigung der gegen die Gesellschaft bestehenden Forderungen wie ein so verpflichteter behandelt werden soll. Daraus folgt dann aber, daß im Falle des Konkurses der Gesellschaft eine entsprechende Forderung als zur Konkursmasse gehörend angesehen werden muß, und daß es Recht und Pflicht des Konkursverwalters ist, sie geltend zu machen.

Als Betrag der Vermögenseinlage des Klägers ist die Summe von 50000 *M* in das Handelsregister eingetragen worden. Dies ist maßgebend. Die nach der Behauptung des Klägers vor und bei Abschluß des Gesellschaftsvertrages getroffene Abrede, daß der Kläger die ihm durch Versilberung seiner Wertpapiere entstehenden Unkosten abzuziehen berechtigt, mit anderen Worten, daß er nur eine entsprechend geringere Summe einzuzahlen verpflichtet sein solle, ist hier nicht zu berücksichtigen. Ebenso unzweifelhaft ist, daß in Höhe derjenigen Beträge, die sich der Kläger, obwohl die Gesellschaft, wie unstreitig, nicht mit Gewinn gearbeitet hat, als „Gewinnanteile" mit zusammen 2500 *M* hat auszahlen und mit 500 *M* auf seine Einlage hat anrechnen lassen, seine Einlage noch als rückständig gilt. Die Forderung des Konkursverwalters stellt sich daher auf Grund der erörterten Vorschriften des Handelsgesetzbuches als gerechtfertigt dar, sodaß es auf sich beruhen bleiben kann, ob sie nicht in Ansehung der Gewinnbezüge auch aus dem Gesichtspunkte eines Kondiktionsanspruches der Gesellschaft begründet ist.

2. Es bleibt die Frage übrig, ob der Kläger berechtigt ist, mit einem entsprechenden Teile seiner Forderungen aufzurechnen. Der Kläger hat freilich unter Bezugnahme auf ein früheres Urteil des Reichsgerichtes,

vgl. Entsch. des R.G.'s in Civils. Bd. 7 Nr. 17,

auszuführen versucht, daß es auf die Kompensationsbefugnis nicht ankomme, weil schon infolge der Thatsache, daß er einen die Summe von 4700 ℳ weit übersteigenden Betrag an einen Gesellschaftsgläubiger bezahlt habe, seine Einlagepflicht erfüllt und mithin der Widerklaganspruch erloschen sei. Dabei ist indes übersehen, daß es sich in dem durch jenes Urteil entschiedenen Falle um die Zahlung an einen Geschäftsgläubiger handelte, welche die Kommanditisten geleistet hatten, nachdem die Kommanditgesellschaft durch Übereinkunft aufgelöst worden war, während der Kläger nach Eröffnung des Konkursverfahrens über das Vermögen der Gesellschaft, deren Kommanditist er ist, gezahlt hat. Diese Zahlung als solche war nicht geeignet, ihn von seiner Einlagepflicht zu befreien, weil die Einlagepflicht nach Eröffnung des Konkursverfahrens nur durch Einzahlung in die Konkursmasse erfüllt werden konnte. Andererseits läßt sich für die Frage, ob Kläger zur Aufrechnung befugt ist, das vom Berufungsgerichte angezogene Urteil des Reichsgerichtes vom 25. Juni 1881,

vgl. Gruchot, Beiträge Bd. 26 S. 718 flg.,

nicht verwerten; denn gebilligt wurde durch dieses Urteil eine Entscheidung des Instanzgerichtes, durch welche die von dem Konkursverwalter gegen einen Kommanditisten auf Einzahlung der Einlage erhobene Klage nicht auf Grund einer Kompensationseinrede, sondern auf Grund einer vor der Konkurseröffnung durch Vertrag vollzogenen Kompensation abgewiesen worden war. Die Bejahung der Frage unterliegt indes keinem begründeten Bedenken. Gilt nach dem oben Ausgeführten der Kläger in Ansehung dessen, was in der Widerklage von ihm gefordert wird, als Schuldner der Gesellschaft, dann kann ihm auch die Befugnis zur Aufrechnung mit einer Forderung an die Gesellschaft insoweit nicht abgesprochen werden, als die Vorschriften der Konkursordnung die Aufrechnung zwischen einer Forderung des Gemeinschuldners und einer Forderung an ihn für zulässig erklären. Danach ist aber auf Gruud des § 47 Abs. 1 K.O. die Aufrechnung hier für zulässig zu erachten, weil Kläger infolge einer Bürgschaft gezahlt hat, die er bereits vor der Konkurseröffnung für die Gesellschaft übernommen hatte.

Vgl. v. Wilmowski, Konkursordnung 5. Aufl. Anm. 2 Abs. 3 zu § 48; Petersen u. Kleinfeller, Konkursordnung 3. Aufl. Bem. 3 Abs. 2 zu § 47 und Bem. 4 zu § 60; Kohler, Lehrb. des Konkursrechts S. 367.

Auf das in den Reichsgerichtsentscheidungen (Bd. 6 Nr. 18) veröffentlichte Urteil des Reichsgerichtes vom 1. Februar 1882, durch welches mit Rücksicht auf die besondere rechtliche Natur der Verpflichtung zur Einzahlung der Aktie dem Aktionär einer in Konkurs verfallenen Aktiengesellschaft das Recht abgesprochen wurde, gegen den Einzahlungsanspuch des Konkursverwalters mit einer Forderung an die Aktiengesellschaft zu kompensieren, kann der Beklagte sich umsoweniger berufen, als das Handelsgesetzbuch gegenwärtig in den Artt. 184c und 219 Abs. 2 ausdrücklich bestimmt, daß der zur Einzahlung der Aktie Verpflichtete eine Aufrechnung nicht geltend machen kann, eine entsprechende Vorschrift aber bezüglich des Kommanditisten der einfachen Kommanditgesellschaft nach wie vor nicht enthält. Und wenn ferner der Beklagte hervorgehoben hat, daß der Kläger die Rechtslage nicht dadurch zu seinen Gunsten habe verändern können, daß er vor der Konkurseröffnung das Gesellschaftsvermögen „unter Verletzung des Art. 165 H.G.B.“ schmälerte, so liegt dem eine unrichtige Auffassung der Vorschriften des Art. 165 zu Grunde. Von einer Verletzung dieser Vorschriften kann keine Rede sein. Diese Vorschriften verbieten nicht die darin bezeichneten Einlageverminderungen. Sie erklären die Einlageverminderungen nicht für rechtswidrig, sondern nur für einflußlos auf den Umfang der Haftung des Kommanditisten den Gesellschaftsgläubigern gegenüber; und dem wird eben dadurch hier Rechnung getragen, daß der Widerklaganspruch als begründet anerkannt wird. Allerdings können Einlageverminderungen auf Grund der §§ 22 flg. K.O. anfechtbar sein; und wären dies die hier fraglichen, dann hätte der Kläger einem Anfechtungsanspruche eine Kompensationseinrede auf Grund seiner Forderuugen an die Gesellschaft nicht mit Erfolg entgegensetzen können. Behauptungen in dieser Richtung hat aber der Beklagte nicht aufgestellt. Es liegt nur vor, daß in dem Gesellschaftsvertrage dem Kläger das Recht eingeräumt war, auf seinen Gewinnanteil monatlich die Summe von 500 *M* aus der Gesellschaftskasse zu entnehmen, und daß, wie man danach annehmen muß, die Gesellschafter diese Vertragsbestimmung in der Erwartung zur Anwendung gebracht haben, daß die Gesellschaft einen entsprechenden Gewinn erzielen würde.“ ...

35. 1. Ist die Verpfändung von Stammaktien einer Rübenzuckerfabrik, wenn die Gültigkeit ihrer Veräußerung in den Gesellschaftsstatuten von der Genehmigung der Generalversammlung abhängig gemacht ist, ohne diese Genehmigung gültig?

2. Steht die Rübenlieferungspflicht der Aktionäre der Gültigkeit der Verpfändung entgegen?

III. Civilsenat. Urt. v. 18. September 1896 i. S. S. Konk. (Kl.) w. Gew. Vorsch. Ver. R. (Bekl.) Rep. III. 101/96.

I. Landgericht Dessau.
II. Oberlandesgericht Naumburg a.. S.

„Der Amtsrat S. in R. hat neun in seinem Eigentume stehende Stammaktien der Aktiengesellschaft Zuckerfabrik R. dem Beklagten zur Sicherheit für verschiedene Forderungen mit der Befugnis, sie ohne gerichtliches Verfahren zu veräußern und sich aus dem Erlöse zu befriedigen, durch schriftliche Urkunde verpfändet und als Faustpfand übergeben. Im § 7 der Statuten der Aktiengesellschaft, in deren Aktienbuche S. noch jetzt als Eigentümer eingetragen steht, ist — abgesehen von einigen hier nicht vorliegenden Fällen — bestimmt:

„In allen anderen Fällen ist die Veräußerung einer Aktie nur mit Einwilligung der Gesellschaft zulässig und gültig. Eine jede solche Veräußerung muß daher dem Vorstande der Gesellschaft angezeigt und durch Vorlegung der darüber sprechenden Urkunden glaubhaft nachgewiesen werden. Der Vorstand ist alsdann verpflichtet, nach Persönlichkeit und Verhältnissen des neuen Erwerbers zu prüfen, ob dessen Eintritt dem Interesse und den Wünschen der Gesellschaft entspricht, und einen Beschluß der letzteren einzuholen, welcher die Aufnahme bewilligt oder versagt. Für jeden Veräußerungsfall steht der Gesellschaft, wie bisher, ein Vorkaufsrecht an der zu veräußernden Aktie behufs deren Amortisation zu."

Nach § 8 hat, falls die Gesellschaft die Genehmigung versagt und von dem Vorkaufsrechte keinen Gebrauch macht, der seitherige Besitzer der zu veräußernden Aktie das Recht, zu verlangen, daß ihm die Aktie zu einem Preise, welcher ... festgestellt wird, abgenommen bezw. amortisiert werde. Nach § 4 ist jeder Aktionär verpflichtet, alljährlich für jede Aktie eine Fläche von fünf Magdeburger Morgen mit Zuckerrüben zu bauen oder bauen zu lassen und den Ertrag an die Fabrik abzuliefern. Die verpfändeten Aktien sind vom Beklagten noch nicht veräußert und befinden sich noch in dessen Besitze. Inzwischen ist jedoch der Verpfänder S. in Konkurs geraten, und der Konkursverwalter klagt zunächst auf Feststellung der Verpflichtung des Beklagten, eine dieser Aktien an die Konkursmasse herauszugeben, indem er die Ungültigkeit der Verpfändung, namentlich aus der Rübenbaupflicht der Aktionäre und dem Mangel der Genehmigung, darzuthun sucht.

In den Vorinstanzen ist die Klage abgewiesen; insbesondere hat das Berufungsgericht ausgeführt, daß die durch das Landesrecht und das Einführungsgesetz zur Konkursordnung vorgeschriebenen Formen der Verpfändung gewahrt seien, und daß auch die Bestimmungen der Statuten die Wirksamkeit der Veräußerung und der Verpfändung nicht hindern. Auch wenn die Gesellschaft den Erwerber der Aktie als Mitglied der Gesellschaft nicht anzuerkennen brauche, äußere doch die nicht genehmigte Veräußerung gewisse Wirkungen, wie schon aus dem § 8 der Statuten sich ergebe; ob die Veräußerung genehmigt werde, sei nur zwischen dem Erwerber der Aktie und der Gesellschaft auszutragen, die Gültigkeit des Veräußerungsvertrages werde dadurch nicht berührt, und der Kläger sei nicht berechtigt, wegen der vielleicht bei Realisierung des Pfandrechtes entstehenden Schwierigkeiten das von seinem Rechtsvorgänger abgeschlossene Verpfändungsgeschäft aufzurufen. — Die gegen die Entscheidung gerichtete Revision ist zurückgewiesen worden aus folgenden

Gründen:

... „Auch die Verpflichtung der Aktionäre zur Rübenlieferung steht der Wirksamkeit der Aktien nicht entgegen. Wie vom Reichsgerichte schon oft erkannt ist,

vgl. Entsch. des R.G.'s in Civils. Bd. 17 S. 5 flg., Bd. 26 S. 86 flg.,

kann die Verpflichtung zur Rübenlieferung nicht zum Bestandteile des Rechtsverhältnisses der Aktionäre als solcher gemacht werden, sondern nur den Inhalt eines besonderen Vertrages bilden, der — neben dem Gesellschaftsvertrage — zwischen der Gesellschaft und den einzelnen Aktionären als Dritten geschlossen wird. An sich ist das dadurch begründete Rechtsverhältnis von den aus der Stellung des Aktionärs sich ergebenden Rechten und Pflichten unabhängig, sodaß auch das Aufhören dieser Eigenschaft durch Veräußerung der Aktie an den Rechten und Pflichten aus dem Rübenlieferungsvertrage nichts ändert. Vielmehr ist es Sache der Kontrahenten, innerhalb der gesetzlichen Grenzen der Vertragsfreiheit,

vgl. Entsch. a. a. O. Bd. 26 S. 89. 90,

durch besondere Vertragsbestimmungen im Interesse der Gesellschaft möglichst zu bewirken, daß Aktienrechte und Rübenlieferungspflicht in derselben Person vereinigt bleiben. Es kann sich daher nur fragen, ob im vorliegenden Falle bindende Vertragsbestimmungen getroffen sind, die die Entstehung eines wirksamen Pfandrechtes gehindert haben.

Die Gesellschaftsstatuten erwähnen die Verpfändung der Aktien nicht, sondern beschränken nur die freie Veräußerung. Aus dem Zwecke des Pfandrechtes, dem Gläubiger die Befriedigung seiner Forderung zu sichern und eventuell zu verschaffen, folgt nun zwar, daß es regelmäßig nur an solchen Gegenständen möglich ist, die durch ihre Veräußerlichkeit den wesentlichen Inhalt des Pfandrechtes, das Verkaufsrecht, gewähren können; aber schon das römische Recht erkennt an, daß auch an ihrer Natur nach unveräußerlichen Rechten ein Pfandrecht wirksam bestellt werden kann, wenn, wie beim Nießbrauche, ihre Ausübung durch Dritte erfolgen, an Dritte übertragen werden kann, und dadurch die Befriedigung des Pfandgläubigers ermöglicht wird. Umsoweniger kann die Zulässigkeit der Verpfändung dann bezweifelt werden, wenn, wie im vorliegenden Falle, die Veräußerung der Aktien in den Statuten nicht allgemein für unzulässig erklärt, sondern nur die Wirksamkeit einer konkreten Veräußerung von der Zustimmung der Gesellschaft abhängig gemacht ist. Allerdings würde, wenn diese Genehmigung zur Gültigkeit der Verpfändung nötig wäre, die Meinung des Revisionsbeklagten, daß einstweilen ein Schwebezustand eingetreten wäre, und die Genehmigung noch während des Konkursverfahrens wirksam erfolgen könne, schon wegen des § 12 K.O. nicht ohne Bedenken sein; doch bedarf es eines Eingehens hierauf nicht, weil die Verpfändung auch ohne die Genehmigung der Gesellschaft gültig ist. Nach dem Inhalte des § 7 der Statuten soll die Befugnis, die Genehmigung zur Veräußerung zu versagen, der Gesellschaft nur die Möglichkeit verschaffen, sich eine ihren Interessen entsprechende Rübenlieferung zu sichern; durch die Verpfändung allein wird aber das Interesse der Gesellschaft noch nicht berührt. Der Verpfänder bleibt Aktionär und zur Rübenlieferung verpflichtet; erst mit dem in Ausübung des Pfandrechtes erfolgten Verkaufe der Aktie liegt ein für die Gesellschaft erhebliches und daher der Genehmigung bedürfendes Geschäft vor. Daraus erklärt sich auch, daß in den Statuten eine Genehmigung der Verpfändung nicht erwähnt ist; diese würde sogar im Sinne der Statuten nicht gut möglich sein, da erst nach Prüfung der Persönlichkeit und der Verhältnisse des neuen Erwerbers über die Genehmigung entschieden werden soll, ein neuer Erwerber aber erst durch den Pfandverkauf bezeichnet wird. Ebensowenig fehlt es an der für den Zweck des Pfandrechtes erforderlichen Veräußerungsmöglichkeit. Dem Pfandgläubiger ist vielleicht die Veräußerung und damit seine Befriedigung erschwert, da er hinsichtlich der Person des Käufers und der Vertragsbedingungen nicht völlig freie Hand hat; aber sehr wohl möglich ist sie, wenn das Interesse der Gesellschaft nicht verletzt, vielmehr deren Anforderungen entsprochen wird.

Die vom Revisionskläger für sich angeführte Entscheidung des VI. Civilsenats über die Wirkungen des vertragsmäßigen Cessionsverbotes,

vgl. Entsch. des R.G.'s in Civils. Bd. 31 S. 167,

paßt auf den vorliegenden Fall schon deshalb nicht, weil die Unveräußerlichkeit der Aktien nicht ausgemacht ist."

---

36. Wirkung der Feststellung einer Forderung im Konkurse und des Zwangsvergleiches auf eine Schadensersatzforderung des Gemeinschuldners gegen den Gläubiger aus demselben Rechtsverhältnisse, aus welchem die festgestellte Forderung entstanden ist. Kann solche Forderung nach Beendigung des Konkurses gegen den Gläubiger nachträglich geltend gemacht werden?

I. Civilsenat. Urt. v. 19. September 1896 i. S. Pr. (Kl.) w. Aktiengesellschaft H. N. (Bekl.) Rep. I. 137/96.

I. Landgericht Elbing.
II. Oberlandesgericht Marienwerder.

Die Beklagte hatte ihre Fabrikate dem Kläger zum Vertriebe übergeben. Daraus stand ihr eine Forderung von mehr als 12000 *M* gegen den Kläger zu, als derselbe in Konkurs verfiel. Sie hat ihre Forderung angemeldet. Dieselbe ist ohne Widerspruch des Klägers festgestellt, und der Konkurs ist durch einen Zwangsvergleich, für den die Beklagte gestimmt und durch den sie 37 Prozent erhalten hat, beendet. Demnächst hat Kläger gegen die Beklagte auf Zahlung von etwa 10000 *M* Schadensersatz geklagt, weil sie ihre Fabrikate vertragswidrig noch an Andere abgegeben habe. Der Kläger ist in beiden Instanzen abgewiesen und die Revision zurückgewiesen worden aus folgenden

Gründen:

„Es kann ganz dahingestellt bleiben, ob der Kläger auf die Gegenforderung, welche ihm angeblich gegen die Beklagte zugestanden haben soll, hat verzichten wollen, und ob, wenn in seinem Verhalten ein Verzicht zu finden ist, die Vorschriften des Allgemeinen Landrechtes über die Form des Verzichtes zur Anwendung zu bringen sind. Jedenfalls hat sich Kläger sowohl der Beklagten wie seinen übrigen Gläubigern gegenüber in seinem Konkurse und beim Abschlusse des Zwangsvergleiches so betragen, als ob ihm eine Gegenforderung gegen die Beklagte nicht zustehe. Hätte er im Konkurse die Forderung der Beklagten bestritten, weil ihm die jetzt erhobene Gegenforderung an dieselbe zustehe, und hätte Kläger diese Bestreitung auch bei den Verhandlungen über den Zwangsvergleich aufrecht erhalten, so würde das zwar nicht den Abschluß eines Zwangsvergleiches überhaupt gehindert haben. Es ist aber sehr wahrscheinlich, daß dann der Zwangsvergleich auf der Grundlage, auf der er abgeschlossen ist, nicht zustande gekommen sein würde. Denn für die übrigen Gläubiger würde sich der Stand der Masse sehr viel günstiger gestellt haben, wenn die Forderung der Beklagten statt mit 12476,40 *M* nur mit 3000 *M* anzusetzen gewesen wäre. War auch der Betrag der auf die volle Forderung der Beklagten entfallenden Akkorddividende zu hinterlegen, so hatten doch die übrigen Gläubiger die Aussicht, daß, wenn der Prozeß wider die Beklagte gewonnen wurde, der dem Gemeinschuldner zugesprochene Betrag der zu ihrer Befriedigung dienenden Masse zuwuchs. Sie würden deshalb schwerlich geneigt gewesen sein, ihre Zustimmung dazu zu erklären, daß sie mit 37 Prozent ihrer Forderung schlechthin abgefunden wurden. Sie waren berechtigt, dem Gemeinschuldner zu erklären, daß eine Berücksichtigung der Forderung der Beklagten in einem so viel größeren Betrage, während sich die Forderung nach der eigenen Ansicht des Gemeinschuldners erheblich viel niedriger stellte, auf ihre Kosten erfolge und die Beklagte vor ihnen bevorzuge, also wider § 168 K.O. verstoße. Andererseits würde die Beklagte, welche die Schadensforderung des Klägers bestreitet, weil sie sich für berechtigt erachtete, bei der Säumnis des Klägers in Bezahlung der ihm gelieferten Ware, ihre Fabrikate an dritte Personen abzugeben, wahrscheinlich sich geweigert haben, einem Akkordvorschlage zuzustimmen, der ihr in Aussicht stellte, über den beträchtlichsten Teil ihrer Forderung erst noch einen Prozeß zu führen, um demnächst, wenn sie denselben gewinnen würde, sich mit 37 Prozent abfinden zu lassen. Bei Lage der Sache ist also anzunehmen, daß der Zwangsvergleich auf der Grundlage abgeschlossen ist, daß der Beklagten eine einwandsfreie Forderung von 12476,40 ℳ an den Kläger zustand, und daß der Kläger keine Gegenforderung an die Beklagte hatte.

Der Kläger handelt arglistig, wenn er, nachdem er auf dieser Basis einen Zwangsvergleich geschlossen hat, unter Festhaltung der ihm durch denselben gewährten Vorteile jetzt eine Gegenforderung geltend machen will, die er, wenn er den Eid über sein Inventar gewissenhaft abgeleistet hat, sich zur Zeit des Konkurses nicht zuschrieb, und deren frühere Geltendmachung den Abschluß des Zwangsvergleiches in der Weise, wie er abgeschlossen ist, erschwert, wenn nicht vereitelt haben würde. Der Kläger handelt der Beklagten gegenüber insonderheit um deswillen arglistig, weil er deren Position gegenüber der Sachlage vor Abschluß des Zwangsvergleiches erheblich verschlechtert. Hätte der Kläger damals seine Gegenforderung geltend gemacht, und wäre sie ihm zugesprochen, so würde die Beklagte allerdings, wenn ein Zwangsvergleich dennoch zustande gekommen wäre, eine Akkorddividende nur für den Überschuß ihrer Forderung erlangt haben. Aber sie hätte nicht die angebliche Gegenforderung des Klägers, wie dieser jetzt begehrt, voll zu befriedigen gehabt, sondern die Aufrechnung der Gegenforderung auf die eigene Forderung wäre auch der Beklagten zugute gekommen.

Wollte der Kläger dagegen geltend machen, daß dann doch immer der Teil der Akkorddividende an die Beklagte zuviel gezahlt wäre, welcher auf den sonst durch die Gegenforderung des Klägers getilgten Teil der Forderung entfällt, also 37 Prozent der jetzt geklagten Forderung, so kann der Kläger diesen Betrag nicht zurückfordern, weil er demjenigen gleich zu achten ist, welcher eine Nichtschuld wissentlich zahlt. Zwar hat der Kläger geltend gemacht, daß er erst nach Abschluß des Zwangsvergleiches erfahren habe, daß die Beklagte noch mehr Waren an dritte Personen vertragswidrig verkauft habe, als er vor dem Abschlusse des Zwangsvergleiches angenommen hatte. Allein nachdem der Kläger bei den Verhandlungen über den Zwangsvergleich sich so verhalten hat, als ob ihm überhaupt eine Schadensersatzforderung gegen die Beklagte nicht zustehe, obschon ihm damals die thatsächlichen Unterlagen seiner Schadensersatzforderung im allgemeinen bekannt waren, muß er den auf dieser Grundlage geschlossenen Zwangsvergleich, den er anzufechten keine Befugnis hat, gegen sich gelten lassen. Es tritt dasselbe Resultat ein wie bei einer Abrechnung, bei welcher der eine Kontrahent Forderungen, deren Grundlage ihm bekannt war, außer Ansatz gelassen und auch nicht vorbehalten hat. Oder bei einem Vergleiche anderer Art, welcher über das ganze zwischen den Parteien bestehende Rechtsverhältnis abgeschlossen ist" ...

---

37. Ist ein gezogener Wechsel ungültig, wenn der Aussteller seiner Unterschrift die Klausel „ohne Gewähr" hinzugefügt hat?

W.O. Artt. 4. 8.

I. Civilsenat. Urt. v. 26. September 1896 i. S. S. (Kl.) w. L. (Bekl.) Rep. I. 286/96.

I. Landgericht I Berlin.
II. Kammergericht daselbst.

Der Kläger verlangt im Wechselprozesse Zahlung der Wechselsumme nebst Zinsen seit der Klage aus einem von B. & Co. an eigene Order auf den Beklagten gezogenen, von diesem acceptierten Wechsel. Neben der Ausstellerunterschrift befindet sich der Vermerk „ohne Gewähr", ebenso beim Giro der Ausstellerin. Der Beklagte, der geltend machte, daß der Wechsel infolge der Klausel bei der Ausstellerunterschrift ungültig sei, wurde in erster Instanz nach der Klage verurteilt; auf seine Berufung aber wurde die Klage abgewiesen. Auf die Revision des Klägers ist das Berufungsurteil aufgehoben worden aus folgenden

Gründen:

„Der Berufungsrichter weist die Klage ab, weil kein gültiger Wechsel vorliege. Die Ungültigkeit soll durch den Zusatz zu der Ausstellerunterschrift „ohne Gewähr" begründet sein, ohne Unterschied, ob der Zusatz sich schon zur Zeit des Acceptes auf dem Wechsel befunden hat oder später hinzugefügt ist, und ohne Rücksicht darauf, daß dem Kläger von der Ausstellerin die Ermächtigung erteilt ist, den Zusatz zu streichen. Durch den Zusatz „ohne Gewähr" sei die Bedeutung der Ausstellerunterschrift beseitigt, weil nach Art. 8 W.O. die Garantie des Ausstellers für den Zahlungsauftrag wesentlich sei, nicht ausgeschlossen werden könne, und deshalb, wenn sie ausgeschlossen sei, ein wesentliches Erfordernis des Wechsels fehle.

Die Revision greift diese Ausführungen mit Recht an.

Die Frage, ob die Klausel „ohne Obligo", „ohne Gewähr", wenn sie der Aussteller seiner Unterschrift hinzufügt, den ganzen Wechsel ungültig macht, oder zwar gültig ist und nur den Aussteller von der Verpflichtung aus der Unterschrift befreit, oder als nicht geschrieben anzusehen ist, ist allerdings kontrovers.

Vgl. v. Canstein, Lehrbuch des Wechselrechts S. 172 Anm. 33.

Das vormalige Obertribunal zu Berlin hat in drei Entscheidungen vom 14. April 1864, 30. Januar und 5. November 1868,

vgl. Seuffert, Archiv Bd. 18, S. 160; Striethorst, Archiv Bd. 68, S. 365; Entsch. des Obertribunals Bd. 61 S. 183,

die Ungültigkeit des Wechsels verneint und nur die Haftung des Ausstellers aus Art. 8 W.O. ausgeschlossen. Das Obertribunal führt aus, daß die Verwahrung des Wechselausstellers gegen eigene Verpflichtung aus dem Wechsel mit der Natur des Wechselvertrages nicht in Widerspruch stehe, da dessen Wesen darin bestehe, daß der Bezogene durch sein Accept erkläre, der Aufforderung des Ausstellers zur Zahlung der Wechselsumme entsprechen zu wollen, nicht aber darin, daß auch der Aussteller eine wechselmäßige Verpflichtung für den Fall der Nichtzahlung durch den Acceptanten übernehme, wofür der Art. 75 W.O. in Bezug genommen ist. Das Reichsgericht hat in der Entscheidung vom 14. März 1883,

vgl. Entsch. des R.G.'s in Civils. Bd. 10 S. 1,

die einen Fall betrifft, in dem jede Ausstellerunterschrift fehlte, die Frage nicht entschieden und in der Entscheidung vom 4. Dezember 1886,

vgl. Entsch. des R.G.'s in Civils. Bd. 18 S. 112, 114,

wo der Zusatz dem Indossamente des Ausstellers hinzugefügt war, nur in Frage gestellt, aber nicht entschieden, ob die Bedeutung der Ausstellerunterschrift und damit ein wesentliches Erfordernis des Wechsels durch den Inhalt des Zusatzes beseitigt werde.

Für die Verneinung der Frage sprechen überwiegende Gründe.

Der vorliegende Wechsel ist an eigene Order gezogen. Er weist alle wesentlichen Erfordernisse des gezogenen Wechsels nach Art. 4 W.O. auf. Die Ausstellung des gezogenen Wechsels an eigene Order begründet zunächst nur Gläubigerrecht, keine Wechselverpflichtung. Der Zusatz „ohne Gewähr" bei der Ausstellerunterschrift eines solchen Wechsels hat, so lange der Aussteller den Wechsel in Händen behält, und wenn er sein Recht gegen den Acceptanten geltend macht, keinen Sinn. Nach Art. 23 W.O. haftet der Bezogene dem Aussteller aus seinem Accepte wechselmäßig, aber dem Bezogenen steht kein Wechselrecht gegen den Aussteller zu. Der Acceptant könnte deshalb dem Aussteller, der mit der Klausel den Wechsel unterschrieben hat und ohne Begebung des Wechsels aus dem Accepte gegen ihn klagt, nicht entgegensetzen, daß die wechselmäßige Haftung *aus dem Accepte* ausgeschlossen sei, weil *der Aussteller* seine wechselmäßige Haftung *aus der Ausstellerunterschrift* ausgeschlossen habe. Die Argumentation *Lehmann's* in seinem Lehrbuch des Deutschen Wechselrechts (S. 389) und *Staub's* in seinem Kommentar zur Wechselordnung (§ 67 zu Art. 4) — „die Wechselerklärung des Ausstellers sei perplex und deshalb ungültig", erweist sich mindestens in diesem Falle als unzutreffend. Wird aber danach der Wechsel an eigene Order *durch die Klausel bei der Ausstellung* allein nicht ungültig, so kann er *durch die Begebung* nicht nachträglich seine wesentlichen Erfordernisse verlieren, sondern es kann sich nur fragen, welche Bedeutung die Begebung in Verbindung mit der Klausel *für die Haftung des Ausstellers* hat. Da die Ausstellung des gezogenen Wechsels an eigene Order zunächst nur Gläubigerrecht aus dem Wechsel schafft, hat die Klausel „ohne Gewähr" bei der Ausstellerunterschrift eine Bedeutung überhaupt nur für den Fall der Begebung des Wechsels und für das Rechtsverhältnis aus der Begebung, das heißt für das Rechtsverhältnis zwischen dem Aussteller und dem dritten Inhaber des Wechsels, nicht zwischen dem Inhaber und dem Acceptanten. Die Ausschließung der wechselseitigen Haftung des Ausstellers als solchen dem Wechselinhaber gegenüber wird von der englischen Wechselordnung so wenig der Natur des Wechsels widersprechend gehalten, daß sect. 16 sie ausdrücklich zuläßt. Der Art. 8 der deutschen Wechselordnung knüpft die wechselmäßige Haftung des Ausstellers für Annahme und Zahlung an die Ausstellung des Wechsels, das heißt an die Wechselunterschrift (Art. 18). Daraus folgt, daß sie wechselmäßig, das heißt im Wechsel mit Wirkung gegen jeden Dritten überhaupt, auch beim Wechsel an fremde Order, nicht ausgeschlossen werden kann, sondern nur durch Vertrag zwischen Geber und Nehmer; aber es folgt daraus nicht, daß durch abweichende Klausel die Wechselunterschrift und der ganze Wechsel ungültig wird. Das folgt auch daraus nicht, daß die Wechselordnung gewisse Klauseln zuläßt, gewisse als nicht geschrieben ansieht. Wo die Wechselordnung wie in Art. 8 eine absolute Vorschrift giebt, schließt sie die Autonomie bezüglich abweichender Klauseln unmittelbar aus"...

II. Gemeines Recht.

38. Inwieweit muß bei Feuerversicherungsverträgen der Versicherungsnehmer für das Verschulden seines Vertreters der Versicherungsanstalt gegenüber einstehen?

III. Civilsenat. Urt. v. 22. Oktober 1895 i. S. Gebr. L. (Kl.) w. Feuerversicherungsverband deutscher Fabriken (Bekl.). Rep. III. 169/95.

I. Landgericht Darmstadt.
II. Oberlandesgericht daselbst.

Die Firma Gebr. L. hatte im Oktober 1892 eine ihr gehörige Dreschmaschine nebst Lokomobile bei dem beklagten Verbande unter Zugrundelegung der allgemeinen Versicherungsbedingungen desselben gegen Feuersgefahr versichert, später aber diese Maschinen unter Eigentumsvorbehalt an Adam B. in N. verkauft, welcher dieselben wieder seinem Sohne Philipp B. zur Benutzung überließ. Während die Maschinen sich im Betriebe des letzteren befanden, wurden sie am 31. Juli 1893 durch Feuer zerstört. Die von den Gebr. L. gegen den Verband auf Zahlung der Versicherungssumme erhobene Klage wurde in zweiter Instanz aus dem Grunde, weil der Brand durch grobe Fahrlässigkeit des Philipp B. verursacht sei, zurückgewiesen und diese Entscheidung vom Reichsgerichte aufrecht erhalten.

Aus den Gründen:

„Der Berufungsrichter hat bei der Erörterung der von ihm für durchschlagend erachteten Einrede die Vorschrift des § 10 der allgemeinen Versicherungsbedingungen:

„Wenn ein Mitglied den Brand vorsätzlich oder durch eigenes

grobes Verschulden verursacht ...., so verliert es jeden Anspruch auf Entschädigung, und zwar für alle an dem Brande beteiligten Versicherungen",

nicht nur dann für anwendbar erklärt, wenn das Mitglied eine versicherte Maschine selbst in Betrieb nimmt und dabei den Brand derselben dolos oder kulpos verursacht, sondern auch dann, wenn der Versicherungsnehmer Benutzung und Betrieb einem sich als sein Vertreter oder Repräsentant darstellenden Dritten überläßt, und dieser sich in der bemerkten Richtung einer dolosen oder kulposen Handlungsweise schuldig macht. Die Revision greift zunächst diese Auffassung als rechtsirrtümlich und der erforderlichen Begründung entbehrend an, jedoch ohne Erfolg. Denn der Berufungsrichter befindet sich bei dieser Auslegung im Einklange mit dem für die Feuerversicherung (wie auch namentlich für die Seeversicherung) geltenden Grundsatze, wonach in der Regel der Versicherungsnehmer der Versicherungsanstalt gegenüber die Handlungen eines Dritten, welcher auf Grund eines Vertretungs- oder anderen Verhältnisses an seiner Stelle steht, als die seinigen gelten lassen muß und sich nicht darauf berufen kann, daß etwaige Verschuldungen des Dritten ihn nicht berühren.

Vgl. Pöhls, Handelsrecht Bd. 4 S. 314; Malß in der Zeitschrift für Handelsrecht Bd. 13 S. 59.

Mit dem Berufungsrichter sind aber weiter bei der fraglichen Auslegung ganz besonders der Inhalt und der Zweck der vorliegenden Versicherung in Betracht zu ziehen. Denn diese betraf nach der Police eine Maschine, bei welcher die Überlassung an Dritte zu deren Betrieb und Benutzung ins Auge gefaßt war. Es kann aber unmöglich die Willensmeinung der Vertragschließenden, namentlich des Beklagten, gewesen sein, daß in dem Falle, wenn durch Verschulden eines solchen Dritten ein Brandschade entstehen würde, die Versicherte die Haftung für diesen Dritten, dem sie die Benutzung der Maschine überlassen, solle ablehnen und ohne weiteres die Versicherungssumme solle beziehen können. . . .

Die Revision macht ferner geltend, daß die Vorinstanz rechtsirrtümlich den Adam B. und namentlich den Philipp B., dem die schuldhafte Herbeiführung des Brandschadens zur Last gelegt werde, als Vertreter oder Repräsentanten der Klägerin aufgefaßt habe. Auch dieser Vorwurf erscheint unzutreffend.

Nach der Feststellung des Berufungsrichters hat die Klägerin die Maschine unter Eigentumsvorbehalt an Adam B. verkauft und dieser solche wieder seinem Sohne Philipp B. zum Betriebe und zur Benutzung überlassen. Bei dieser Sachlage trat aber, während der Klägerin das formelle Eigentum verblieb, und demgemäß auch ihr Vertragsverhältnis zum Beklagten keine Änderung erlitt, in Bezug auf die materielle Ausübung des Eigentums zunächst Adam B. und mittelbar auch der von diesem mit dem Betriebe betraute Philipp B. an die Stelle der Klägerin der Versicherungsanstalt gegenüber, und es unterliegt daher keinem Bedenken, den Philipp B. als „Repräsentanten" der Klägerin in dem vom Berufungsgerichte bei der Auslegung des § 10 der allgemeinen Versicherungsbedingungen angenommenen weiteren Sinne aufzufassen." ...

---

39. Ist die Kodizillarklausel dem im Testamente übergangenen Noterben gegenüber auch dann wirksam, wenn derselbe erst nach Errichtung des Testamentes geboren (postumus) ist?

III. Civilsenat. Urt. v. 13. März 1896 i. S. Martha K. (Bekl.) w. Stadt Z. (Kl.) Rep. III. 381/95.

I. Landgericht Altona.
II. Oberlandesgericht Kiel.

Der Rentier Louis K. in A. hatte in seinem im Jahre 1876 unter Beifügung der Kodizillarklausel errichteten Testamente u. a. seine geschiedene (erste) Ehefrau sowie seine Mutter als Erben eingesetzt und beiden für die Zeit nach ihrem Ableben die Stadt Z. substituiert. Im Jahre 1880 wurde ihm eine außereheliche Tochter, Martha K., geboren und von ihm, nachdem er deren Mutter geheiratet hatte, als durch nachfolgende Ehe legitimiert anerkannt. Im Jahre 1893 verstarb er, ohne weitere eheliche Kinder oder letztwillige Verfügungen zu hinterlassen. Seine geschiedene Ehefrau und seine Mutter waren bereits vor ihm verstorben. Sein Nachlaß wurde daher seiner genannten Tochter, als seiner alleinigen gesetzlichen Erbin, ausgehändigt. Die Stadt Z. aber machte geltend, daß das Testament von 1876 infolge der Kodizillarklausel auch der darin nicht erwähnten Tochter und Noterbin des Verstorbenen gegenüber wirksam sei, derselben nach gesetzlicher Vorschrift nur der Pflichtteil ($^1/_3$) und die Trebellianische Quart, zusammen also $^7/_{12}$ des Nachlasses, zukomme, während sie die Erbteile der Ehefrau und Mutter, an deren Stelle die Stadt Z. getreten sei, als Universalvermächtnis zu restituieren habe. Auf diese Restitution erhob die Stadt Klage gegen Martha K. Die in erster und zweiter Instanz ausgesprochene Verurteilung der letzteren wurde auch in der Revisionsinstanz aufrecht erhalten.

Aus den Gründen:

„Die Beklagte wendet sich, während sie im übrigen die Auslegung des Testamentes durch die Vorinstanzen unangefochten läßt, lediglich gegen die Annahme des Berufungsrichters, daß die in diesem Testamente enthaltene Erbeseinsetzung der ersten Ehefrau und der Mutter des Erblassers sowie die daran geknüpfte Substitution der Klägerin durch die Kodizillarklausel auch der im Testamente nicht erwähnten und erst nach dessen Errichtung geborenen Noterbin, der Beklagten, gegenüber als Universalfideikommiß aufrecht zu erhalten sei. Dieser Annahme war auch in jetziger Instanz beizutreten.

In Bezug auf die Frage, ob überhaupt die Kodizillarklausel dem übergangenen Noterben gegenüber wirke, hat sich der jetzt erkennende Senat bereits mehrfach,

vgl. Entsch. des R.G.s' in Civils. Bd. 11 S. 230 flg.,

in Übereinstimmung mit der in Rechtslehre und Rechtsprechung herrschenden Ansicht,

vgl. die a. a. O. gegebenen Citate,

dahin ausgesprochen, daß nach Nov. 115 die Übergehung eines Noterben die Nichtigkeit des Testaments zur Folge hat, daß aber kraft der ihm beigefügten Kodizillarklausel die nach Vorschrift der Novelle nichtige Erbeseinsetzung als ein dem Intestaterben auferlegtes Universalfideikommiß aufrechtzuerhalten ist.

Geht man hiervon aus, dann liegt kein ausreichender Grund vor, zu Gunsten eines nach der Testamentserrichtung geborenen oder dem Testator bekannt gewordenen Noterben eine Ausnahme von dem aufgestellten Grundsatze zu machen. Allerdings ist gerade diese Frage in älterer wie in neuerer Zeit in Rechtslehre und Rechtsprechung streitig gewesen[1] und für die Ansicht, daß jedenfalls zu Gunsten nachträglich geborener oder bekannt gewordener Noterben eine Ausnahme zu machen sei, namentlich geltend gemacht worden, es könne nicht angenommen werden, daß der Erblasser auch solche Noterben mit in den Bereich seiner Erwägung habe ziehen und ihnen durch die Kodizillarklausel etwas von ihrem Rechte habe nehmen wollen.

Vgl. Francke, Das Recht der Noterben S. 419.

Allein diese Auffassung findet in den bei dieser Frage maßgebenden Quellen des römischen Rechtes keinen Anhalt. Für das Gegenteil spricht zunächst schon die l. 24 § 11 Dig. de fideic. libert. 40, 5, wonach in dem Falle, wenn ein Testament durch agnatio postumae rumpiert ist, doch die Vermächtnisse bestehen bleiben sollen, welche der Testator (durch die Kodizarklausel) auch seinen gesetzlichen Erben auferlegt hat („neque directas libertates competere, neque fideicommissarias deberi, quas non a legitimis quoque heredibus paterfamilias reliquerit“). Entscheidend ist aber die bereits vom Landgerichte angeführte l. 3 pr. § 1 Dig. de jur. cod. 29, 7. Danach sollen die mit der allgemeinen Formel: „quisquis mihi heres erit, ejus fidei committo“ errichteten Intestatkodizille auch von einem nachgeborenen Noterben geleistet werden, weil angenommen werden müsse, daß auch dieser von dem Erblasser als ein mit in Betracht kommender Erbe ins Auge gefaßt worden sei. (Sed et si post codicillos factos natus quis esset proximus agnatus vel suus heres, fideicommissum praestari debet;

[1] Für die Wirksamkeit der Kodizillarklausel gegenüber dem übergangenen postumus: Donellus, Comm. ad Auth. Ex causa u. Non. licet Cod. de lib. praeterit.; Faber, de error. pragm. Dec. 20 err. 7; Fein in Glück's Pandekten-Komm. Bd. 45 S. 355; Degener in der Zeitschr. für Civilrecht u. -Proz. Bd. 18 S. 410; Brinz, Pand. 2. Aufl. Bd. 3 S. 115 Anm. 15. — Dagegen: Bartolus, ad leg. 1 Dig. de jur. cod. Nr. 16 ad Auth. ex caus. Cod. de lib. praet.; Gail, obs. lib. II obs. 114 §§ 8. 59a; Stryk, Us. Mod. lib. XXIX tit. 7 §§ 12—14; Hellfeld, opusc. jur. priv. Nr. XVIII § 26 i. f.; Francke, Das Recht der Noterben S. 418; Thibaut, Syst. des Pandektenr. § 955 Note m; Windscheid, Pand. Bd. 3 § 631 Note 11. Ferner noch: Vangerow, Pand. 7. Aufl. § 527 Anm. 2, 1b a. E.; Roßhirt, Vermächtn. Bd. 1 S. 50. 56. 58; Mayer, Die Lehre von den Legaten u. Fideikommissen § 26; — die letztgenannten drei jedoch mit Beschränkung der Unwirksamkeit auf den Fall, daß der Erblasser nachweisbar aus irrigen Gründen die spätere Erscheinung eines postumus nicht für möglich hielt und bei Kenntnis des wahren Sachverhaltes anders verfügt haben würde, ein Fall, der oben nicht vorlag und nicht entschieden worden ist. D. E.

intellegitur enim is quoque heres scriptus et ideo non perinde habendus est, ac si rupisset codicillos.)

Vgl. auch l. 9 Dig. de leg. III.

Was hier von einem reinen Intestatkodizille bestimmt ist, muß, wie Fein in Glück's Kommentar Bd. 45 S. 358 flg. mit Recht bemerkt, folgerichtig auch von einem Testamente gelten, welches kraft der Kodizillarklausel als Kodizill ins Leben tritt. Denn wenn der Erblasser die Kodizillarklausel hinzufügt, so heißt dies in Bezug auf Vermächtnisse nichts weiter, als: „wer später irgend mein Erbe wird, soll diese Fideikommisse prästieren"; er verfügt eben für alle möglichen Fälle. Ob er hierbei speziell an die Möglichkeit des Auftretens eines ihm zur Zeit noch unbekannten Noterben gedacht hat, ist gerade so gleichgültig, wie es in den oben angeführten Digesten-Stellen (von Ulpian und Julian) stillschweigend für gleichgültig erklärt worden ist. Gerade diesen Stellen gegenüber, welche ganz ähnliche Fälle behandeln, läßt sich auch der von den Vertretern der gegenteiligen Ansicht gemachte Einwand: es würde gegen des Erblassers Willen sein, auch im Falle des Auftretens eines später geborenen oder bekannt gewordenen Noterben die Kodizillarklausel als beigefügt anzusehen und auf Grund derselben das Testament als Kodizill bestehen zu lassen,

vgl. Francke, a. a. O. S. 420,

nicht aufrecht erhalten.

Nach den vorerwähnten römisch-rechtlichen Vorschriften muß also im vorliegenden Falle die Erbeseinsetzung der ersten Ehefrau und der Mutter des Erblassers sowie die nach deren Ableben in Betracht kommende Substitution der Klägerin auf Grund der mehrerwähnten Klausel, auf welche sich die Klägerin von Anfang an berufen hat, als Universalvermächtnis in Kraft bleiben; es bedarf daher keines Eingehens auf die weitere Erwägung der Vorinstanz, daß auch nach den Umständen des vorliegenden Falles eine gleiche Absicht des Testators anzunehmen sei, indem er das Testament vom Jahre 1876 auch nach der späteren Geburt und Legitimation seiner Tochter, der Beklagten, unverändert habe fortbestehen lassen.

Vgl. Francke, a. a. O. S. 421; Fein, a. a. O. S. 362." ...

40. Voraussetzungen der Einrede des eigenen Verschuldens gegenüber der von einem Unmündigen (impubes infantia major) erhobenen Schadensersatzklage.

VI. Civilsenat. Urt. v. 16. März 1896 i. S. R. (Kl.) w. die Straßeneisenbahngesellschaft in Hamburg (Bekl.). Rep. VI. 379/95.

I. Landgericht Hamburg.
II. Oberlandesgericht daselbst.

Aus den Gründen:

„Am 22. Juli 1893 wurde der damals 9 Jahre alte Albert R. durch einen von H. nach B. ... fahrenden Wagen der verklagten Gesellschaft überfahren. Nach der Feststellung des Berufungsgerichtes kam der Knabe von der rechten Seite der Straße ganz plötzlich, und ohne daß ihn der Pferdebahnkutscher zuvor hätte sehen können, hinter dem letzten von mehreren dem Pferdebahnwagen entgegenfahrenden Sandfuhrwerken dicht vor dem Pferdebahnwagen hervor, um noch die Straße zu passieren, gelangte noch unter dem Kopfe des rechten Pferdes vorbei, wurde aber von dem linken Pferde, ehe der Kutscher den Wagen zum Stehen bringen konnte, zu Boden geworfen und geriet unter den Wagen. Hierbei wurde ihm der linke Oberarm zermalmt. Er nimmt (vertreten durch seinen Vater) die Straßenbahngesellschaft auf Ersatz des durch den Unfall erlittenen Schadens in Anspruch, sowohl nach dem Haftpflichtgesetz vom 7. Juni 1871 als nach den Hamburger Statuten IV, 67. Die Beklagte hat eingewendet, daß der Unfall durch höhere Gewalt, jedenfalls durch eigenes Verschulden des Knaben verursacht sei.

Das Oberlandesgericht hat die gegen das klagabweisende Urteil erster Instanz vom Kläger eingelegte Berufung zurückgewiesen.

Auch der Revision ist der Erfolg zu versagen. ...

Das Berufungsgericht hält den Vorwurf des eigenen Verschuldens des Verletzten für begründet und auch den Hamburger Statuten gegenüber für durchgreifend. Es führt aus, daß nach gemeinem Rechte, während allerdings Kinder unter sieben Jahren (infantes) für die Folgen ihrer Handlungen oder Unterlassungen nicht verantwortlich gemacht werden können, als unzurechnungsfähig zu gelten haben, bei den impuberes infantia majores (Knaben von 7—14 Jahren und

Mädchen von 7—12 Jahren) auf die Umstände des einzelnen Falles zu sehen sei, ob Zurechnungsfähigkeit angenommen werden könne, oder nicht, also in subjektiver Beziehung auf das Maß der geistigen Entwickelung des impubes, in objektiver darauf, ob die konkreten Verhältnisse des Falles so einfacher Natur seien, daß sie auch schon von einem Kinde des bezeichneten Alters in Bezug auf ihre Gefährlichkeit richtig gewürdigt werden können. Beide Voraussetzungen erachtet das Berufungsgericht im vorliegenden Falle als zutreffend. Die Revision macht dagegen geltend: nach gemeinem Rechte komme es nicht auf die Entwickelung des impubes überhaupt, sondern darauf an, ob derselbe den Jahren nach ein pubertati proximus sei; nur ein solcher könne für zurechnungsfähig angesehen werden; Kläger sei aber zur Zeit des Unfalles infantiae proximus gewesen. Der Auffassung des Berufungsgerichtes muß jedoch beigetreten werden. Für das römische Recht ist zu unterscheiden zwischen der selbständigen rechtsgeschäftlichen Erwerbs- und Verpflichtungsfähigkeit eines impubes infantiae major und seiner Deliktfähigkeit, ob ihm ein gewisses Thun oder Lassen als Verschulden (dolus oder culpa) zugerechnet werden kann. Nur mit der ersten Frage beschäftigt sich die von der Revision angeführte Quellenstelle, § 10 Inst. de inut. stipul. 3, 19. Auf die zweite Frage beziehen sich andere Quellenstellen, insbesondere § 18 Inst. de oblig. quae ex delicto nasc. 4, 1; l. 5 § 2 Dig. ad leg. Aquil. 9, 2; l. 13 § 1. l. 14 Dig. de dolo malo 4, 3; l. 4 § 26 Dig. de doli mali exc. 44, 4; l. 23 Dig. de furtis 47, 2; l. 111 pr. Dig. de R. J. 50, 17; l. 1 § 15 Dig. depositi 16, 3. Die Interpretation dieser Stellen hat von jeher viele Bedenken verursacht, deshalb besonders, weil in einem Teile derselben anscheinend nur der pubertati proximus als zurechnungsfähig bezeichnet ist, andererseits aber dieser Zustand oder dieses Alter gewissermaßen als mit doli et culpae capacitas (oder umgekehrt) identifiziert erscheint, und weil die vielfach vorgenommenen Versuche, eine Altersgrenze zwischen den infantiae proximi und den pubertati proximi festzusetzen, an jedem quellenmäßigen Anhalte scheitern mußten, und jede Lösung in dieser Richtung willkürlich war. Das römische Recht scheint hier eine Entwickelung durchgemacht zu haben, die vielleicht nicht zum Abschluß gelangt ist, indem den impuberes jedenfalls Zurechnungsfähigkeit bei gewissen einfachen, wenig komplizierten Vergehen (furtum und damnum injuria datum: § 18 Inst. l. c.; l. 5 § 2 Dig. ad l. Aquil.;

l. 14 D. de dolo malo; l. 23 Dig. de furtis; l. 111 pr. Dig. de R. J.) imputiert worden ist.

Vgl. Pernice, Labeo Bd. 1 S. 216 flg.; Dernburg, Pandekten Bd. 1 § 55 Anm. 5.

In der Doktrin des gemeinen Rechtes hat sich jedoch längst die Auffassung als die herrschende festgesetzt, wonach, wenn auch vielleicht bei einem der Pubertät im Alter Nahestehenden für Zurechnungsfähigkeit zu vermuten sein möchte, doch es im einzelnen Falle von der Beurteilung der Persönlichkeit und der äußeren Umstände abhängt, ob — selbst bei einem infantiae proximus, das heißt: einem, welcher dem Kindesalter (infantia) noch nahe steht — Zurechnungsfähigkeit in Ansehung von dolus oder culpa angenommen werden darf.

In diesem Sinne sprechen sich aus Lauterbach, Coll. Pand. lib. 27 tit. 9 § 3; Glück, Kommentar Bd. 2 § 120 S. 213; v. Savigny, System Bd. 3 § 108 S. 41 f. (besonders Anm. e) verglichen mit § 107 S. 36; Puchta, Pandekten § 23 Anm. e. § 50 a. E.; v. Holzschuher, Theorie und Casuistik 3. Aufl. Bd. 1 § 26 S. 280 Nr. 14; Sintenis, Civilrecht Bd. 1 § 17 B. 2 bei und in Anm. 30; Windscheid, Pandekten Bd. 1 § 101; Brinz, Pandekten 2. Aufl. Bd. 1 § 56; v. Wächter, Pandekten Bd. 1 § 48; Regelsberger, Pandekten Bd. 1 § 63. § 131; Bekker, Pandektenrecht Bd. 1 § 49 S. 166. 168; v. Roth, Deutsches Privatrecht Bd. 1 § 65 Note 67; Lang, württembergisches Personenrecht § 6 S. 30; Mandry, Der civilrechtliche Inhalt der Reichsgesetze 3. Aufl. § 1 S. 4.

Die Auffassung des römischen Rechtes ist also dahin fortgeschritten, daß als pubertati proximus derjenige anzusehen ist, welchem in concreto Zurechnungsfähigkeit beigemessen werden kann. Auch Baron (Pandekten §§ 71. 21) folgt dieser Auffassung. Nur will er die Zurechnung auf dolos begangene Rechtswidrigkeiten beschränken. Diese Beschränkung findet jedoch in den Quellen des römischen Rechtes (vgl. z. B. l. 5 § 2 Dig. ad leg. Aquil.) keinen Anhalt und ist prinzipwidrig; wenn die Beurteilung der individuellen Entwickelung maßgebend ist, so muß ebendies — im Zusammenhange mit der Gestaltung des konkreten Falles — auch dann gelten, wenn nur ein kulposes Verhalten in Frage steht. Erst neuerdings hat Dernburg, welcher sich in der Auffassung des römischen Rechtes der herrschenden

Ansicht anschließt (Pandekten Bd. 1 § 53), für das heutige gemeine Recht die Ansicht aufgestellt, daß, weil gegen einen Minderjährigen, der vor vollendetem achtzehnten Lebensjahre eine strafbare Handlung begeht, öffentliche Strafe nicht eintrete, wenn er die zur Erkenntnis ihrer Strafbarkeit nötige Einsicht nicht besessen hat (R.St.G.B. § 56), derselbe hierauf auch sich müsse berufen können, wenn er civilrechtlich auf Schadensersatz belangt werde (§ 54). Ihm tritt Wendt (Pandekten § 23) bei, welcher übrigens konsequent überhaupt für Gleichstellung der kriminellen und der civilrechtlichen Zurechnungsfähigkeit plädiert. Diese Argumentation aus den Vorschriften des Strafgesetzbuches über die Zurechnungsfähigkeit, beziehungsweise Strafmündigkeit kann aber für das gemeine Recht nicht als zulässig anerkannt werden.

Vgl. dagegen Bekker, Mandry, v. Roth, Lang a. d. a. O.

Eine gewisse Gleichstellung mag sich etwa vom gesetzgeberischen Standpunkte aus befürworten lassen, und es hat auch der Entwurf eines bürgerlichen Gesetzbuches für das Deutsche Reich (1. Lesung § 709, Motive Bd. 2 S. 732, 2. Lesung in der Fassung der Reichstagsvorlage § 812) die positive Bestimmung aufgenommen, daß, wer das siebente, aber nicht das achtzehnte Lebensjahr vollendet hat, für den von ihm einem Anderen zugefügten Schaden nicht verantwortlich sei, wenn er bei Begehung der schädigenden Handlung nicht die zur Erkenntnis der Verantwortlichkeit erforderliche Einsicht gehabt habe. Ohne derartige gesetzliche Vorschrift dürfen jedoch die Vorschriften des Strafgesetzes über die Zurechnungsfähigkeit nicht auf das Gebiet des Civilrechtes übertragen werden. Im gemeinen Rechte war man sich auch der Verschiedenheit der maßgebenden Gesichtspunkte für diese verschiedenen Gebiete wohlbewußt, und es bestand z. B. auch nie ein Zweifel darüber, daß ein mündiger Minderjähriger civilrechtlich nach allgemeinen Grundsätzen voll verantwortlich ist. Der bis auf die neueste Zeit nahezu einstimmigen gemeinrechtlichen Doktrin ist die gemeinrechtliche Praxis gefolgt.

Vgl. z. B. Seuffert, Archiv Bd. 18 Nr. 247; Blätter für Rechtsanwendung in Bayern Bd. 15 S. 189 flg., Bd. 30 S. 29.

Auf demselben Standpunkte steht übrigens auch das sächsische bürgerliche Gesetzbuch §§ 47. 81. 119 (verglichen mit Art. 87 des revidierten sächsischen Strafgesetzbuches vom 1. Oktober 1868), und ebenso ist dem preußischen Landrechte, vgl. A.L.R. I. 6 §§ 41 flg., verglichen mit dem Strafgesetzbuche vom 14. April 1851 §§ 40. 42,

eine prinzipielle Beschränkung der civilrechtlichen Verantwortlichkeit eines Unmündigen, der das siebente Lebensjahr zurückgelegt hat, fremd.

Vgl. Eccius, Preußisches Privatrecht Bd. 1 § 27 Anm. 2a.

Die Frage, ob ein impubes infantiae major als doli oder culpae capax anzusehen sei, wird nun in den Quellen des römischen Rechtes, und so auch in der gemeinrechtlichen Doktrin, vornehmlich in der Richtung behandelt, ob ein solcher für Delikte civilrechtlich verantwortlich gemacht, d. h. auf Schadensersatz belangt werden könne. Mit Recht wendet das Berufungsgericht den hiernach als richtig anzuerkennenden Grundsatz auch auf die Frage an, ob einem mit der Schadensersatzklage auftretenden Unmündigen der Einwand entgegengesetzt werden kann, er habe das ihn schädigende Ereignis selbst verschuldet. Die maßgebenden Gesichtspunkte müssen hier wie dort im wesentlichen dieselben sein, und insbesondere auch für das Haftpflichtgesetz § 1 dafür als entscheidend angesehen werden, ob der Unfall durch eigenes Verschulden des Getöteten oder Verletzten verursacht ist.

Vgl. Entsch. des R.G.'s in Civils. Bd. 1 S. 276.

Wollte man übrigens auch für das Haftpflichtgesetz in dieser Hinsicht das Zurückgehen auf die entsprechenden Grundsätze des bürgerlichen Rechtes für ausgeschlossen halten, so bliebe erst recht nichts übrig, als daß das angegangene Gericht die Frage nach den konkreten Umständen, das heißt: nach der Individualität des Verletzten und der objektiven Beschaffenheit des Falles, zu entscheiden hätte.

Gegen die Feststellung des Berufungsgerichtes, daß dem Kläger durchweg eigenes Verschulden in Ansehung seines Unfalles beizumessen, der Unfall ausschließlich durch dieses Verschulden verursacht sei, ist des weiteren ein Angriff nicht erhoben. Die Feststellung beruht auf erschöpfender Beurteilung der Individualität des Klägers, der persönlich vernommen worden ist (C.P.O. § 133), und des Maßes seiner geistigen Entwickelung zur Zeit des Unfalles, sowie der konkreten Umstände, unter denen der Unfall eingetreten ist." ...

41. Ist der Fiskus berechtigt, gegen die Gehaltsforderung eines in ungültiger Weise entlassenen Beamten den Verdienst in Anrechnung zu bringen, den derselbe sich infolge der Nichtinanspruchnahme seiner Dienste von seiten des Staates durch anderweitige Thätigkeit erworben hat?

VI. Civilsenat. Urt. v. 23. März 1896 i. S. des hamburgischen Staates (Bekl.) w. St. (Kl.) Rep. VI. 395/95.

I. Landgericht Hamburg.
II. Oberlandesgericht daselbst.

In zwei Instanzen war der verklagte hamburgische Staat verurteilt worden, einem vom Polizeiherrn entlassenen Konstabler sein Gehalt, so weit er es eingeklagt hatte, nämlich zu dem seiner eventuellen Pensionsberechtigung entsprechenden Teile, für die inzwischen verstrichene Zeit und auch für die Zukunft bis auf weiteres zu zahlen, und zwar vom Berufungsgerichte deshalb, weil die Entlassung nicht in der durch das betreffende hamburgische (irrevisible) Gesetz vorgeschriebenen Form erfolgt und deshalb ungültig sei. Die hiergegen eingelegte Revision wurde zurückgewiesen. Nachdem zunächst die auf die Hauptfrage bezüglichen Angriffe verworfen sind, heißt es weiter in den

Gründen:

... „Außerdem hat der Beklagte noch gerügt, daß das Berufungsgericht seine Einrede, der Kläger habe seit seiner Entlassung durch anderweite Thätigkeit ebenso viel verdient, wie er als Gehalt bezogen haben würde, mit Stillschweigen übergangen habe. Es ist richtig, daß diese Behauptung des Beklagten in den Gründen des Berufungsurteiles nicht ausdrücklich berücksichtigt ist; aber sie war auch offenbar unerheblich. Auf das Beamtenverhältnis ist nicht die Analogie des Rechtsverhältnisses aus einem privatrechtlichen Dienstvertrage dahin anzuwenden, daß der Beamte sich auf sein Gehalt das anrechnen lassen müßte, was er, nachdem der Staat seine ferneren Dienste zurückgewiesen hat, sich anderweitig hat erwerben können; denn nur so weit rein privatrechtliche Wirkungen des Beamtenverhältnisses in Frage stehen, kann jene Analogie Anwendung finden.

Vgl. Entsch. des R.G.'s in Civils. Bd. 18 S. 173 flg. und Bd. 28 S. 85 flg.

Nun ist aber die Anstellung eines Beamten überhaupt kein gegenseitiger obligatorischer Vertrag. Der Beamte hat privatrechtlich einen rein einseitigen Anspruch auf sein Gehalt; öffentlichrechtlich ist er daneben verpflichtet, seine Dienstobliegenheiten zu erfüllen; daß ihm wegen Vernachlässigung der letzteren der Gehaltsanspruch auf disziplinarischem oder strafrechtlichem Wege verkürzt oder entzogen werden kann, kommt erst von da an in Betracht, wo dies durch besonderen Rechtsakt geschehen ist;

vgl. Schlesinger, Unzulässigkeit der Beschlagnahme des noch nicht verdienten Lohnes S. 89;

daher fehlt es auch für eine Aufrechnung, wie sie der Beklagte will, an jedem Rechtsgrunde. Aus demselben Grunde ist es auch zu billigen, daß das Oberlandesgericht die Verurteilung des Beklagten für die Zukunft nicht auf Zahlung gegen Leistung der betreffenden Dienste beschränkt hat." ...

---

42. Ist die von der Ehefrau vorgenommene Veräußerung der nach dem Vermögensverfalle des Ehemannes an sie zurückgefallenen Dotalgegenstände auch bei Einwilligung des Ehemannes nichtig?

III. Civilsenat. Urt. v. 27. März 1896 i. S. R. (Kl.) w. St. (Bekl.) Rep. III. 416/95.

I. Landgericht Neustrelitz.
II. Oberlandesgericht Rostock.

Der Ehemann der Beklagten betrieb in L. eine Selterswasser- und Essigfabrik sowie einen Flaschenbierverkauf, geriet im Sommer 1892 in Zahlungsschwierigkeiten und meldete am 11. August 1892 seinen Gewerbebetrieb bei der Behörde ab. Am 17. August 1892 meldete die Beklagte einen gleichartigen Betrieb bei der Behörde an. Am 29. November 1892 erhielt sie vom Kläger ein Darlehn von 3000 ℳ, und an demselben Tage schloß sie mit dem Kläger über eine Reihe beweglicher Gegenstände einen schriftlichen Vertrag, in welchem sie diese Gegenstände dem Kläger für 3000 Mk. verkaufte, die Kontrahenten die Kaufgelderforderung gegen die Darlehnsforderung aufrechneten, die Beklagte die verkauften Sachen mietete und sich an diesen Sachen ein Vorkaufsrecht bis zum 1. Januar 1896 einräumen ließ. Der Kläger fordert jetzt von der Beklagten nach Kündigung des Mietvertrages die ihm verkauften und nach seiner Behauptung auch tradierten Sachen, und das Landgericht hat unter Verwerfung der von der Beklagten vorgeschützten Einreden der Simulation und Intercession nach dem Klagantrage erkannt. In der Berufungsinstanz hat der Kläger behauptet, daß die Beklagte Handelsfrau sei und ihm die Sachen im Betriebe des Handelsgewerbes verkauft habe, daß übrigens auch vom Ehemanne der Beklagten die Zustimmung zum Verkaufe zwecks Geldbeschaffung ausdrücklich erteilt worden sei. Die Beklagte hat ihre Einreden aufrecht erhalten und weiter geltend gemacht, daß sie die dem Kläger verkauften Sachen ihrem Ehemanne als Aussteuer zugebracht habe. Der Kläger hat dies nicht bestritten, und die Parteien sind auch darüber einverstanden gewesen, daß der Ehemann der Beklagten am 29. November 1892 in Vermögensverfall geraten und deshalb das Eigentum der Beklagten an die Beklagte zurückgefallen war. Das Berufungsgericht hat die Klage abgewiesen. Es führt aus, daß der Rückfall nach l. 29 Cod. de jur. dot. 5, 12 mit der Maßgabe erfolgt ist, ut eadem mulier nullam habeat licentiam, eas res alienandi vivente marito et matrimonio inter eos constituto, sed fructibus earum ad sustentationen tam sui quam mariti filiorumque, si quos habet, abutatur. Es hält eine gegen dieses Veräußerungsverbot erfolgte Veräußerung auch bei Einwilligung des Ehemannes für nichtig. Diese Entscheidung wurde aufgehoben aus folgenden

Gründen:

. . . „Es kann nicht angenommen werden, daß die Nichtigkeit einer von der Ehefrau nach Rückfall der Dotalsachen vorgenommenen Veräußerung unter keinen Umständen durch die Einwilligung des Ehemannes abzuwenden ist. Die bei inopia des Ehemannes ipso jure ex nunc,

vgl. Entsch. des R.G.'s in Civils. Bd. 22 S. 222,

an die Ehefrau zurückfallenden Dotalsachen sollen für die Ehe erhalten werden; der Frau ist die Veräußerung untersagt und die Benutzung zum Besten der Ehe geboten. Eine von ihr einseitig vorgenommene Veräußerung ist daher nichtig und präjudiziert nicht dem Rechte des Ehemannes auf Erhaltung der Dotalsachen. Hieraus kann aber nicht die absolute Unveräußerlichkeit der zurückgefallenen Dotalsachen während der Dauer der Ehe hergeleitet werden. Es ist vielmehr geboten, die Neuerung Justinian's im Zusammenhange mit den übrigen dotalrechtlichen Grundsätzen zu beurteilen. Nun kennt das Dotalrecht gewisse Fälle (vgl. l. 73 § 1 Dig. d. j. d. 23, 3 und l. 20 Dig. sol. matr. 24, 3), in welchen der Ehemann der uxor non perditura die dos vor Auflösung der Ehe gültig zu der Folge zurückgeben darf, daß einerseits der Ehemann an die Zurückgabe gebunden, andererseits die Zurückgabe für die Frau dahin verbindlich ist, daß sie die dos nach Auflösung der Ehe nicht noch einmal fordern kann. Es handelt sich in diesen Fällen um die Verwendung der dos für bestimmte Zwecke der Ehefrau selbst, deren Erreichung für wichtiger erachtet ist, als die Erhaltung der dos zu ihrem ursprünglichen Zwecke. Es kann nun umsoweniger angenommen werden, daß eine solche Dosverwendung durch die Neuerung Justinian's hat beseitigt werden sollen, als die Absicht des Gesetzgebers unverkennbar auf eine Verbesserung der rechtlichen Lage der Ehefrau gerichtet gewesen ist. Allerdings ist eine Zurückgabe der dos nicht mehr ausführbar, wenn sich der Rückfall bereits ipso jure vollzogen hat; allein der in jenen Vorschriften enthaltene Rechtsgrundsatz, daß der Ehemann zur Erreichung gewisser Zwecke der Ehefrau auf seine Rechte an der dos in gültiger Weise verzichten darf, wird hierdurch nicht beseitigt und kann insbesondere auch in der Form der Zustimmung des Ehemannes zu einer Veräußerung der Frau Ausdruck finden. Von diesem Gesichtspunkte aus ist die vom Kläger behauptete Einwilligung des Ehemannes der Beklagten von rechtlicher Bedeutung, wenn die Veräußerung sich unter solchen Verhältnissen vollzogen hat, unter welchen vor der inopia des Ehemannes die Zurückgabe der dos für beide Ehegatten in verbindlicher Weise erfolgen konnte. Hat nun, wie der Kläger behauptet, die Beklagte nach dem Vermögensverfalle des Ehemannes das von letzterem betriebene Geschäft fortzuführen gesucht, hat sie zu diesem Zwecke eine Anleihe aufgenommen und zur Tilgung oder zur Sicherheit dieser Anleihe die zurückgefallenen Dotalsachen veräußert, so erscheint es keineswegs von vornherein ausgeschlossen, daß ein Fall der l. 73 § 1

Dig. 23, 3 oder der l. 20 Dig. 24, 3 — ut aes alienum solvat, se suosque alat ꝛc — vorgelegen hat. Es war daher aus diesem Gesichtspunkte weitere Verhandlung geboten." ...

---

43. 1. Werden gerichtlich bestätigte Adoptionsverträge, durch welche der bürgerliche Adoptivsohn den Adel des Adoptivvaters erlangen soll, ungültig, wenn die landesherrliche Genehmigung versagt wird?

2. Ist zur Gültigkeit des Adoptionswillens die gerichtliche Erklärung zu Protokoll erforderlich?

3. Ist der einseitige Rücktritt von Adoptionsverträgen vor deren gerichtlicher Bestätigung statthaft?

III. Civilsenat. Urt. v. 10. April 1896 i. S. G. (Kl.) w. v. G. (Bekl.) Rep. III. 427/95.

I. Landgericht Kassel.
II. Oberlandesgericht daselbst.

Der Kläger G. und der Ehemann der jetzigen Beklagten v. G. hatten am 23. Juli 1888 schriftlich einen unbeschränkten Adoptionsvertrag abgeschlossen. Nachdem der Vertrag mittels Schreibens des Klägers dem zuständigen Amtsgerichte zur Genehmigung vorgelegt war, bestätigte der Ehemann der Beklagten am 8. April 1888 den Vertrag vor Gericht, fügte aber seiner protokollarischen Erklärung bei, daß, da er über sein Vermögen in der Weise letztwillig verfügen wolle, daß seine Gattin seinen Nachlaß bekomme, sein Adoptivsohn G. nur den Anspruch erhalten solle, seinen Namen zu führen. Am gleichen Tage beschloß das Amtsgericht, daß die durch den Vertrag vom 23. Juli erfolgte Annahme an Kindesstatt gerichtsseitig bestätigt werde. Die daraufhin erbetene landesherrliche Genehmigung zur Führung des adeligen Namens v. G. durch den Kläger wurde versagt. Einige Jahre hiernach starb der Adoptivvater v. G. mit Hinterlassung eines Testamentes, in welchem er seine Ehefrau, die jetzige Beklagte, zur alleinigen Erbin seines gesamten Nachlasses eingesetzt hatte. Der Kläger erachtet sich durch das Testament für verletzt und beantragt unter Berufung auf das ihm als Adoptivsohn zustehende

Pflichtteilsrecht, die Beklagte zur Errichtung eines eidlich bestärkten Nachlaßinventars zu verurteilen.

Der Richter erster Instanz hat klagegemäß erkannt, der Berufungsrichter die Klage abgewiesen. Letzteres Urteil wurde vom Reichsgericht aufgehoben aus folgenden

Gründen:

„In erster Linie hält das Berufungsgericht den streitigen Adoptionsvertrag für unwirksam, weil er mit Rücksicht darauf, daß der Kläger als Adoptivsohn den Adel des Adoptivvaters erlangen sollte, der landesherrlichen Genehmigung bedurft hätte und bei Verweigerung derselben als Ganzes nicht zu rechtlicher Wirksamkeit habe kommen können, trotzdem er gerichtlich bestätigt worden sei. Diese Ansicht, welche das Berufungsgericht aus dem durch die Verordnung vom 26. Juni 1867 in Kurhessen für anwendbar erklärten § 684 A.L.R. II. 2 ableitet, und wofür es auch auf die Kabinetsorder vom 16. Dezember 1843 sich bezieht, muß als rechtsirrtümlich erklärt werden.

Das allgemeine und regelmäßige Erfordernis von Ankindungsverträgen ist die gerichtliche Bestätigung, wogegen der § 684 A.L.R. II. 2 für die besonderen Fälle bestimmt ist, daß der Annehmende von Adel und der Angenommene von bürgerlicher Herkunft ist. Wenn nun dieser Paragraph vorschreibt, daß der Angenommene die Vorrechte und Unterscheidungen des Adels nur mittels besonderer landesherrlicher Begnadigung erhalten solle, so ist damit unzweideutig ausgesprochen, daß eben nur die Erlangung dieser Vorrechte an den Gnadenakt des Landesherrn geknüpft sei, während die sonstigen Wirkungen des gerichtlich bestätigten Adoptionsvertrages aufrecht erhalten bleiben. Hätte bestimmt werden wollen, daß beim Ausbleiben der landesherrlichen Begnadigung der ganze Adoptionsvertrag seine Gültigkeit verliere, so hätte dies einen deutlichen Ausdruck im Gesetze umsomehr erhalten müssen, als in diesem Falle die gerichtliche Bestätigung zu einer rein provisorischen Maßregel herabgedrückt wäre. Damit übereinstimmend wird von

Hassenstein in Gruchot's Beiträgen Bd. 19 S. 732 und
v. Bülow im Preuß. Justiz-Ministerial-Blatt von 1878 S. 98

ausgeführt, daß auch in den Fällen des § 684 a. a. O. zur Gültigkeit des Adoptionsvertrages an sich die gerichtliche Bestätigung genüge und daß nur die Wirkung, daß der Angenommene in den Stand des annehmenden Vaters eintrete, von der landesherrlichen Gnade abhängig gemacht sei. Ebendaselbst ist auch der richtige Sinn der vom Berufungsrichter angeführten Kabinetsorder vom 16. Dezember 1843 dahin festgestellt, daß durch dieselbe die fälschliche Auslegung des § 100 des Anhanges zu § 667 A.L.R. II. 2 habe beseitigt werden wollen, als ob es die Absicht des Gesetzgebers gewesen wäre, daß es der landesherrlichen Begnadigung auch dann bedürfe, wenn der bürgerliche Adoptivsohn nicht den adeligen Stand des Adoptivvaters erhalten sollte.

Demzufolge ist der obenerwähnte erste Klagabweisungsgrund des Berufungsrichters für rechtsirrtümlich zu erklären, wozu noch beizufügen ist, daß, wenn auch das Allgemeine Landrecht als solches in der Provinz Kurhessen eine revisible Rechtsnorm nicht ist, doch die in Frage stehenden Teile desselben durch deren Einführung in Kurhessen die Eigenschaft der Revisibilität auch für dieses Gebiet erlangt haben.

Rechtsirrtümlich ist ferner die Annahme des Berufungsrichters, daß die streitige Adoption ungültig sei, weil ihr das Erfordernis der Erklärung zu gerichtlichem Protokolle mangele, sofern der Adoptionswille nicht beiderseitig zu Protokoll erklärt sondern vom Kläger nur brieflich dem Gerichte gegenüber ausgesprochen worden sei.

Unbestritten war schon im vormaligen Kurfürstentum Hessen eine Verschmelzung der Adoption und Arrogation hinsichtlich ihrer Formerfordernisse insofern eingetreten, als für beide die landesherrliche Genehmigung als notwendig erachtet wurde. Wenn nun durch den Erlaß vom 10. November 1866 an Stelle des Landesherrn der Justizminister trat, und durch die Verordnung von 1867 die Kreisgerichte, durch § 26 des Ausführungsgesetzes zum Gerichtsverfassungsgesetze die Amtsgerichte als zuständig für Bestätigung der Adoptionsverträge erklärt wurden, so ist nicht einzusehen, weshalb nunmehr die altrömische Form der Erklärung zu Protokoll, die für die Adoptionen und nur für diese bestand, wieder aufgelebt und überdies auch noch auf die Arrogationen ausgedehnt sein sollte. Das Richtige ist, daß in der Provinz Kurhessen, wo die Notwendigkeit der schriftlichen Abfassung von Verträgen als allgemeine Regel nicht besteht, für jede Art der Adoption nur die gerichtliche Bestätigung als alleinige Formvorschrift existiert, soweit es sich nämlich nicht um die Ausnahmefälle der Verordnung vom 26. Juni 1867, also darum handelt, daß mittels der Adoption auch die Übertragung des Adels bewirkt werden soll, für welche letztere noch die landesherrliche Genehmigung einzuholen ist.

Eine weitere Annahme, auf welcher das Berufungsurteil beruht, besteht darin, daß, da der Adoptivvater v. G. durch den Vertrag vom 23. Juni noch nicht gebunden gewesen sei, er von demselben habe zurücktreten, bezw. ihn bezüglich seiner erbrechtlichen Wirkungen einseitig habe abändern können, und daß die nachfolgende gerichtliche Bestätigung des Vertrages alsdann nur mit dieser Einschränkung habe erfolgen können. Auch diese Annahme ist rechtsirrtümlich.

Es kann dahingestellt bleiben, ob der Adoptivvater v. G. mit dem Satze, den er am Schlusse seiner protokollarischen Erklärung beigefügt hat, überhaupt einen teilweisen Widerruf des vorher abgeschlossenen Adoptionsvertrages beabsichtigt habe; denn jedenfalls kann er zu einem solchen einseitigen Widerrufe nicht für berechtigt angesehen werden. Die gerichtliche Bestätigung, welche für Ankindungsverträge vorgeschrieben ist, hat den Charakter eines Aktes der Rechtsfürsorge in dem Sinne, daß der Richter eine Prüfung anzustellen hat, ob die gesetzlichen Erfordernisse bei dem ihm vorgelegten Geschäfte gewahrt sind. Findet er sie gewahrt und erteilt er demgemäß die Bestätigung, so gelangt der Vertrag zu seiner vollen Rechtswirkung. Aber dies hindert nicht, daß die Vertragschließenden auch schon vor diesem Zeitpunkte an ihren Vertrag gebunden sind. Daß eine solche Gebundenheit der Natur der Adoption als eines familienrechtlichen Verhältnisses zuwiderlaufe, kann dem Berufungsrichter nicht zugegeben werden, und ebensowenig ist ihm beizustimmen, wenn er für seine Meinung auf die Notwendigkeit der nachfolgenden gerichtlichen Bestätigung sich beruft. Denn letztere hat nicht die Bedeutung eines Aktes, welcher, ähnlich wie die Zustimmung des Vormundes, Willenserklärungen zu ergänzen bestimmt wäre, sie ist nur eine im öffentlichen Interesse angeordnete Mitwirkung des Gerichtes zu dem bereits erwähnten Zwecke, um das Vorhandensein der gesetzlichen Erfordernisse bei den genannten Verträgen obrigkeitlich zu konstatieren. Ein Adoptionsvertrag ist daher vor erfolgter Genehmigung aufzufassen, wie ein Vertrag mit der stillschweigenden Bedingung abgeschlossen, daß das Gericht seine Bestätigung erteilen werde.

Vgl. Ihering, Jahrbücher für Dogmatik Bd. 1 S. 300.

Erfolgt die Bestätigung, so ist ein definitives Rechtsverhältnis geschaffen; wird sie versagt, so verlieren die für die beabsichtigte Ankindung getroffenen Vereinbarungen ihre Kraft. In der Zwischenzeit aber bleiben die Paciscenten an ihre Vereinbarung gebunden, wie es bei bedingten Verträgen regelmäßig der Fall ist.

Vgl. Wallmann's Zeitschrift Bd. 3 S. 657 flg.; Förster-Eccius, Preußisches Privatrecht Bd. 1 § 76 Anm. 10 und Bd. 4 § 220 Anm. 3; Gruchot, Beiträge Bd. 33 S. 515.

Hiernach war der Adoptivvater v. G. nicht berechtigt, einseitig von dem Vertrage vom 23. Juli 1888 zurückzutreten, und da dieser Vertrag, wie nicht bestritten, die gerichtliche Bestätigung erlangt hat, so ist er allein maßgebend für das zwischen dem Kläger und seinem verstorbenen Adoptivvater entstandene Kindschaftsverhältnis." ...

---

44. 1. Unterschied zwischen dem Vermächtnisse des Nießbrauches an einer Nachlaßquote und dem Rentenvermächtnisse. 2. Wesentliche Voraussetzungen des Quasinießbrauches.

VI. Civilsenat. Urt. v. 13. April 1896 i. S. P. Wwe. u. Gen. (Kl.) w. den hamburgischen Staat (Bekl.). Rep. VI. 416/95.

I. Landgericht Hamburg.
II. Oberlandesgericht daselbst.

Aus den Gründen:

... „Es steht in Frage, ob die hamburgische Erbschaftsabgabe im gegebenen Falle nach dem Satze von 10 Prozent, der sich aus der betreffenden Verordnung vom 29. Dezember 1851 als der hier anwendbare ergeben würde, oder nur nach dem durch die neuere Verordnung vom 9. Mai 1894 für Vermächtnisse, welche Schwiegerkindern des Erblassers zufallen, auf 4 Prozent ermäßigten Satze zu entrichten war. Der einzige Streitpunkt, welcher in dieser Beziehung noch der Nachprüfung des Reichsgerichtes unterlag, ist der, ob die hier fraglichen Vermächtnisse Nießbrauchs-, oder Rentenvermächtnisse seien. Die Entscheidung, daß es unerheblich sei, daß die Entrichtung der Erbschaftsabgabe den Klägern nicht auf einmal gleich anfänglich nach dem Werte des ganzen Vermächtnisses angesonnen sei, sondern alljährlich nach Maßgabe des Betrages der ihnen vom Testamentsvollstrecker auszuzahlenden Zinsen erfolge, blieb, als auf irrevisibelm hamburgischen Partikularrechte beruhend, ohne weiteres auch für die Revisionsinstanz maßgebend, und ein gleiches gilt von der Annahme, daß die hier fragliche Steuerpflicht sich gesetzlich nach dem Zeitpunkte des Anfalles des einzelnen Vermächtnisses bestimme. Andererseits erschien als unstreitig richtig der hier vom Berufungsgerichte verwertete gemeinrechtliche Satz, daß das Vermächtnis des Nießbrauches, wenn dieser als einheitlicher vermacht ist, auch als einheitliches mit dem Zeitpunkte des Erbschaftserwerbes anfällt, nach l. un. pr. Dig. quando dies ususfr. 7, 3; während es ebenso unzweifelhaft ist, daß das Rentenvermächtnis in eine unbestimmte Zahl von Einzelvermächtnissen zerfällt, von denen das erste an sich ein unbedingtes Summenvermächtnis ist, die übrigen aber bedingte, in der Art, daß jedes einzelne erst anfällt, wenn der Legatar den Tag der Fälligkeit erlebt, nach l. 10. l. 12 pr. l. 20 Dig. quando dies leg. 36, 2 und l. 4. 11 Dig. de ann. leg. 33, 1, übrigens auch nach den Hamburger Statuten 3, 2, 10.

Was nun aber den oben bezeichneten Streitpunkt anlangt, so ist die konkrete Sachlage die folgende: die Testatrix Witwe Pr. hat verordnet, daß die Erbteile derjenigen unter ihren Kindern, welche bei ihrem, der Testatrix, Ableben eheliche Nachkommenschaft besitzen würden, unter Verwaltung der Testamentsvollstrecker verbleiben, und dem betreffenden Kinde nur der lebenslängliche Nießbrauch an seinem Erbteile zustehen, und daß bei dessen Ableben der Nießbrauch daran auf den etwaigen überlebenden Ehegatten auf die Lebenszeit des letzteren übergehen sollte. Die Kläger sind nun solche Schwiegerkinder der Testatrix, deren Ehegatten nach jener Bestimmung des Testamentes nur den „Nießbrauch" an ihren Erbteilen hatten und sämtlich noch zur Zeit der Geltung der älteren Verordnung über die Erbschaftsabgabe vom 29. Dezember 1851 verstorben sind. Das Oberlandesgericht nimmt an, daß ihnen wirklich, im Einklange mit dem Wortlaute des Testamentes, ein Nießbrauch, und nicht bloß, wie die Kläger geltend gemacht haben, von den Testamentsvollstreckern ihnen auszuzahlende jährliche Renten vermacht seien. Die hiergegen von den

Klägern gerichteten Angriffe konnten nicht zur Aufhebung des Berufungsurteiles führen.

Die Frage, ob ein Nießbrauchs- oder ein Rentenvermächtnis vorliege, kann unter Umständen recht zweifelhaft sein (l. l. 22. 38. 41 Dig. de usu et usufr. 33, 2). Ob das Oberlandesgericht mit Recht hier ein Argument zu Gunsten der ersteren Auffassung aus dem Umstande hernimmt, daß die Kinder der Testatrix, denen der hier in Rede stehende Nießbrauch in erster Reihe zugewandt war, nach dem Wortlaute des Testamentes zunächst zu Erben eingesetzt sind, kann dahingestellt bleiben. Jedenfalls geht das Berufungsgericht zu weit, wenn es dem Umstande, daß nicht die Vermächtnisnehmer selbst, sondern die Testamentsvollstrecker die Verwaltung der betreffenden Vermögensquoten führen sollten, jede Bedeutung für die zu entscheidende Frage abspricht. Allerdings ist es richtig, daß jemand sehr wohl den Nießbrauch haben kann, ohne selbst verwaltungsberechtigt zu sein; wenigstens nach heutigem Rechte, mit Rücksicht auf die Ausbildung des Institutes der Testamentsvollstrecker. Aber hierbei ist ein eigentlicher Nießbrauch vorausgesetzt; ein Quasinießbrauch mit solcher Beschränkung wäre nicht denkbar. Denn dieser ist überhaupt keine besondere Art von dinglichem Rechte, sondern besteht nur darin, daß dem „Nießbraucher" der Gegenstand zu vollem eigenen Rechte übertragen wird, gegen Bestellung der sog. cautio ex senatusconsulto dafür, daß er den Gegenstand nach Beendigung seines Rechtes zurückerstatten werde. Wo diese Übertragung und diese Rückerstattungspflicht nicht stattfindet, kann von Quasiususfrukt überhaupt keine Rede sein. Dies wird auch von vielen Schriftstellern hervorgehoben, wobei sie nur häufig ungenauerweise, statt vom Nießbrauche an einem Kapitale oder vom Quasinießbrauche überhaupt, vom Nießbrauche an einer Forderung sprechen.

Vgl. Glück, Erläuterung der Pandekten Bd. 9 S. 409 flg.; Göschen, Vorlesungen Bd. 2 Abt. 1 § 296 S. 232; Sintenis, Gemeines Civilrecht (3. Aufl.) Bd. 1 § 59 S. 575 flg. und Bd. 3 § 217 S. 731; v. Keller, Pandekten (2. Aufl.), Bd. 1 § 174 S. 382; Brinz, Pandekten (2. Aufl.) Bd. 1 § 194 S. 779; Dernburg, Pandekten (4. Aufl.) Bd. 1 § 249 S. 613 flg.; Hanausek, Uneigentlicher Nießbrauch S. 90 flg. 117.

Wäre daher der hier vermachte Nießbrauch nur zu denken als

Nießbrauch an einem Kapital, so würden trotz des gebrauchten Ausdruckes in Wahrheit keine Nießbrauchs-, sondern Rentenvermächtnisse vorliegen.

Die Entscheidung des Berufungsgerichtes wird jedoch getragen durch den anderen Grund, daß nach Lage der Sache nicht angenommen werden darf, es könne sich hier höchstens um einen Quasinießbrauch handeln. Den Gegenstand des Nießbrauches sollen zunächst Vermögensquoten bilden, und es ist von den Klägern nicht behauptet, daß sich in dem Vermögen der Testatrix keine Gegenstände befunden hätten, an welchen ein eigentlicher Nießbrauch möglich gewesen wäre. Freilich ist auch das wieder nicht richtig, daß, wenn sich solche Gegenstände darin befunden haben sollten, dann an diesen jeder der Vermächtnisnehmer ohne weiteres das dingliche Recht des eigentlichen Nießbrauches zu seiner Quote erworben haben würde. Vielmehr ist es gemeinrechtlich beim Vermächtnisse einer Quote des Nießbrauches am ganzen Vermögen dem Belieben des Erben, also gegebenen Falles auch des Testamentsvollstreckers, überlassen, ob er an den einzelnen Nachlaßgegenständen Nießbrauch, bezw. Quasinießbrauch pro parte gewähren oder nur an einer der Quote des Wertes des Nachlasses entsprechenden Geldsumme Quasinießbrauch einräumen will (l. 32 § 8 Dig. de usu et usufr. 33, 2); wie sogar auch bei dem Vermächtnisse einer Quote des Vermögens selbst, falls es nicht ein Universalfideikommiß ist, Entsprechendes gilt (l. 26 § 2 Dig. de leg. I. 30). Entscheidet sich nun der Erbe für das letztere, so kommt dadurch die Sache in die Lage, als wenn es sich von vornherein nur um einen Quasinießbrauch gehandelt hätte, und vom praktischen Standpunkte aus werden beim Vermächtnisse des Nießbrauches an einer Quote des Nachlasses sogar meistens zu einer Entscheidung in diesem Sinne die Schwierigkeiten drängen, welche sich daraus ergeben, daß zum „Vermögen" in diesem Falle auch die Schulden als Passiva gehören, sodaß, um den Gegenstand des Nießbrauches festzustellen, diese erst abgezogen werden müssen (l. 69 Dig. ad leg. Falc. 35, 2; l. 43 Dig. de usu et usufr. 33, 2).

Vgl. wegen dieser Schwierigkeiten Bürkel, Beiträge zur Lehre vom Nießbrauch S. 115 flg; Hanausek, a. a. O. S. 4 flg.; Brinz, a. a. O. Bd. 3 § 415 S. 324 flg.

Nichtsdestoweniger liegt hier die Sache formell so, daß die Kläger erst hätten behaupten und im Bestreitungsfalle beweisen müssen, daß ihnen als Gegenstand ihres Nießbrauches von vornherein nur eine Wertquote dargeboten worden sei, ehe man dazu hätte gelangen können, aus diesem Grunde die hier fraglichen Vermächtnisse für bloße Rentenvermächtnisse zu erklären." . . .

---

45. 1. Negatorische Klage wegen Immission unerträglichen Gestankes.
2. Kann der Klagantrag bei der negatorischen Klage auf Verurteilung zur Herstellung bestimmter Einrichtungen gerichtet werden?
3. Einfluß des § 26 Gew.O. auf den Rechtserfolg der negatorischen Klage.
4. Zur Abgrenzung der Zulässigkeit eines Teilurteiles.

VI. Civilsenat. Urt. v. 16. April 1896 i. S. A. (Bekl.) w. P. Wwe. (Kl.) Rep. VI. 418/95.

I. Landgericht Bremen.
II. Oberlandesgericht Hamburg.

Der Beklagte, welchem die Abfuhr der Fäkalien der Stadt Bremen übertragen war, und der die abgefahrenen Stoffe auf gewissen, der Klägerin gehörigen benachbarten Grundstücken lagerte und verarbeitete, war, nachdem die deswegen erhobene Klage vom Landgerichte abgewiesen worden war, auf Berufung der Klägerin durch ein Teilurteil des Berufungsgerichtes für verpflichtet erklärt worden, von der Abfuhr aus der Stadt Bremen keine übeln Geruch verbreitenden Fäkalien im Freien auf den betreffenden Grundstücken zu lagern, sondern sie entweder in undurchlässigen und dicht verschlossenen Gruben zu lagern, oder, nach Wiedereröffnung der Poudrettefabrik (welche vor kurzem durch eine Feuersbrunst zerstört war), dafür Sorge zu tragen, jedoch unter Vorbehalt behördlicher Genehmigung, daß sämtliche Fäkalien direkt in die im Schuppen befindliche Sammelgrube gebracht und von da durch Röhren in die Fabrik zur Verarbeitung geleitet werden. Auf Revision des Beklagten hob das Reichsgericht dieses Urteil auf und verwies die Sache an das Berufungsgericht zurück, aus den folgenden

Gründen:

. . . „Was den Klaganspruch an sich anlangt, entsprechen die rechtsgrundsätzlichen Ausführungen des Berufungsgerichtes über das

Nachbarrecht den gemeinrechtlichen Bestimmungen und der Rechtsprechung des Reichsgerichtes.

Vgl. Entsch. desselben in Civilf. Bd. 6 S. 218 flg., Bd. 12 S. 174, Bd. 17 S. 104.

Wenn insbesondere nach dem in Bd. 6 a. a. O. Ausgeführten der Eigentümer des Nachbargrundstückes sich kein übermäßiges Getöse gefallen zu lassen braucht und mit der negatorischen Klage auf Abstellung desselben klagen kann, so muß folgerichtigerweise das gleiche umsomehr gelten von einem unerträglichen Gestanke, wie im vorliegenden Falle einer in Frage steht, da hierbei in einem Sinne sogar schon von einer körperlichen Immission auf das Nachbargrundstück gesprochen werden kann.

Vgl. das Urt. des R.G.'s in der Sache Rep. III. 1/95, Bolze, Praxis des Reichsgerichts, Bd. 20 Nr. 62.

Aber die Anwendung, welche das Oberlandesgericht hier im einzelnen von jenen Rechtsgrundsätzen gemacht hat, entspricht nicht der prozessualen Sachlage und gerät in mancher Beziehung auch mit revisibeln materiellen Rechtsnormen in Widerspruch.

Die Anträge der Klägerin gingen in beiden vorigen Instanzen dahin, daß der Beklagte verurteilt werde, Vorkehrungen zu treffen, daß keinerlei Gestank von den auf den (näher bezeichneten) Immobilien lagernden Fäkalien auf das der Klägerin gehörige Immobile X., und kein das erträgliche Maß übersteigender Gestank auf die der Klägerin gehörigen Immobilien Y. und Z. gelangen könne, eventuell — falls solche Vorkehrungen nicht zu treffen seien —, daß der Beklagte verurteilt werde, keinerlei Fäkalien auf den zuerst erwähnten Immobilien zu lagern, bei gerichtsseitig zu bestimmender Strafe im einzelnen Übertretungsfalle. Daß es diesen Anträgen im allgemeinen nicht an irgend welcher Berechtigung fehlte, ist nach den Entscheidungsgründen des angefochtenen Urteiles zweifellos, da dort ohne ersichtlichen prozessualen Verstoß thatsächlich festgestellt ist, daß durch die Lagerung der aus der Stadt Bremen herrührenden Fäkalien auf den näher bezeichneten Grundstücken, wie sie der Gewerbebetrieb des Beklagten mit sich bringt, ein das erträgliche Maß übersteigender Gestank auch auf den in Frage kommenden Grundstücken der Klägerin bewirkt wird. Ob darum die Klaganträge, wie sie gestellt sind, in allen Einzelheiten gerechtfertigt waren, braucht hier noch nicht erörtert zu werden, weil das Berufungsgericht sich in dem jetzt angefochtenen Teilurteile an die Formulierung jener Anträge doch nicht gehalten hat. Es kommt zunächst nur darauf an, ob sich der Beklagte mit Grund über die Verpflichtungen beschwert hat, die ihm durch den Ausspruch des Berufungsgerichtes auferlegt worden sind: und dies war zu bejahen.

Der Gebrauch, welchen das Oberlandesgericht hier von dem Institute des Teilurteiles gemacht hat, konnte überhaupt nicht gebilligt werden. Dem prinzipalen Klagantrage gegenüber, welcher gerichtet war auf die Verurteilung dazu, zur Erreichung gewisser Erfolge „Vorkehrungen zu treffen", erscheint die Verurteilung zur Vornahme bestimmter Einrichtungen, wie sie vom Berufungsgerichte ausgesprochen worden ist, überhaupt nicht als ein Teil, nämlich nicht als ein Minus, sondern als etwas Anderes, eher gerade als ein Mehr, insofern sie den Beklagten in der Wahl seiner Mittel einengt. Dem eventuellen Klagantrage gegenüber, der auf gänzliche Untersagung der Lagerung von Fäkalien gerichtet war, könnte allerdings jene Verurteilung als ein Minus erscheinen; aber die Eventualität, für welche dieser Antrag gestellt war, nämlich daß Vorkehrungen, den Gestank auszuschließen, bei solcher Lagerung nicht getroffen werden könnten, lag noch gar nicht vor....

In materieller Beziehung sodann ist die Verurteilung des Beklagten zu einem bestimmten Verhalten in Ansehung derjenigen Grundstücke, die er selbst inne hat, überhaupt unstatthaft. Die Klägerin hat als Eigentümerin ihres Grundstückes nur ein Recht darauf, daß der Beklagte die unerträgliche Einwirkung auf dieses unterlasse; weiter reicht die negatorische Klage überhaupt nicht. Daher ist auch das eventuelle Klagegesuch, den Beklagten zur völligen Unterlassung der Lagerung von Fäkalien zu verurteilen, wie hier noch beiläufig bemerkt werden mag, formell nicht zu rechtfertigen; wie der Beklagte es anfangen möchte, die Bewirkung von unerträglichem Gestanke auf dem Grundstücke der Klägerin zu vermeiden, müßte unter allen Umständen zunächst ihm überlassen bleiben. Der § 26 Gew.O. hat für den Fall, daß die benachteiligenden Einwirkungen auf das Nachbargrundstück von einer mit obrigkeitlicher Genehmigung errichteten gewerblichen Anlage (vgl. §§ 16. 24 Gew.O.) ausgehen, — welcher Fall hier insoweit gegeben ist, als die wieder zu eröffnende Poudrettefabrik des Beklagten in Frage steht, — den

Wirkungskreis der negatorischen Klage noch mehr eingeschränkt, aber damit nicht etwa seinerseits bewirkt, daß in solchen Fällen jetzt der benachteiligte Nachbar jemals die Herstellung bestimmter jene Einwirkungen ausschließender Einrichtungen zu verlangen berechtigt wäre. Wenn dort vorgeschrieben ist, daß in solchen Fällen nicht auf Einstellung des Gewerbebetriebes geklagt werden könne, so ist damit einerseits gesagt, daß ein direkt auf solche Einstellung gerichteter Klagantrag in den Fällen des § 26 auch dort ausgeschlossen sein solle, wo er bis dahin zulässig war, was freilich nach gemeinem Rechte überhaupt nicht der Fall war,

vgl. Rocholl, Rechtsfälle, Bd. 2 S. 383 flg. 396; etwas unklar, Mandry, Civilrechtlicher Inhalt der Reichsgesetze (Aufl. 3) S. 318,

sondern nur nach einzelnen Partikularrechten, von denen die hauptsächlichsten, das Revidierte Lübische Recht 3, 12, 11. 12 und das Rostocker Stadtrecht 3, 12, 14. 16, inzwischen durch das Reichsgesetz vom 4. November 1874 überhaupt aufgehoben worden sind, unter besonderen Voraussetzungen. Andererseits und außerdem bedeutet jene Bestimmung in Verbindung mit der weiteren Vorschrift, wonach nur auf Herstellung von Einrichtungen, welche die benachteiligende Einwirkung ausschließen, oder, wo solche Einrichtungen unthunlich oder mit einem gehörigen Betriebe des Gewerbes unvereinbar sein sollten, auf Schadloshaltung geklagt werden kann, nur noch das, daß der negatorisch Belangte seinerseits die Einrede vorschützen kann, es seien keine Einrichtungen thulich und mit einem gehörigen Betriebe seines Gewerbes vereinbar, welche die im Klagantrage bezeichnete Einwirkung auf das Grundstück des Klägers verhindern würden, und es sei daher die negatorische Klage hier überhaupt ausgeschlossen, und bleibe nur eine Klage auf Schadloshaltung übrig.

So auch ein Urteil des bayerischen Obersten Landesgerichtes vom Jahre 1881 in der Sammlung von Entsch. des Obersten Landesgerichtes für Bayern Bd. 9 S. 187 flg., und bei Seuffert, Archiv Bd. 38 Nr. 6, und die Urtt. des R.G.'s in den Sachen Rep. III. 277/90 (Bolze, Praxis des Reichsgerichts Bd. 11 Nr. 63), Rep. III. 241/90 (ebenda Bd. 12 Nr. 46), Rep. III. 267/91 und Rep. III. 106/95[1]); nicht entgegen Entsch. des R.G.'s in Civils. Bd. 13 S. 57.

---

[1] Inzwischen abgedruckt in dieser Sammlung Bd. 36 Nr. 42 S. 178. D. E.

Von Schriftstellern teilen diese Auffassung: v. Landmann, Gewerbeordnung (2. Aufl.), Bd. 1 Anm. 5 zu § 26 S. 200; v. Schicker, Gewerbeordnung (3. Aufl.) Anm. 8 zu § 26 S. 53, und Schenkel, Deutsche Gewerbeordnung (2. Aufl.) Bd. 1 Anm. 7 zu § 26 S. 171; a. M. freilich: Rocholl, a. a. O. S. 397 flg.

Aus dem Ausgeführten ergiebt sich, daß der Revisionskläger freilich mit entschiedenem Unrechte gemeint hat, nach § 26 Gew.O. hätte die Klägerin im Klagantrage die von ihr verlangten Einrichtungen bestimmt bezeichnen müssen, daß er dagegen mit Recht eventuell geltend gemacht hat, dem allgemein gefaßten Antrage der Klägerin hätte das Berufungsgericht eventuell auch nur mittels einer ebenso allgemein gefaßten Verurteilung entsprechen dürfen." ...

---

46. 1. Rechtliche Natur des Geschäftes, betreffend den Verkauf einer Zeitung.
2. Sind die Rechte aus dem bei dem Verkaufe einer Zeitung beredeten Konkurrenzverbot übertragbar?

III. Civilsenat. Urt. v. 12. Mai 1896 i. S. D. (Bekl.) w. Gebr. J. (Kl.) Rep. III. 32/96.

I. Landgericht Hannover.
II. Oberlandesgericht Celle.

Die Klägerin hatte in der Klage beantragt, dem Beklagten bei angemessener Geldstrafe zu untersagen, eine politische Zeitung unter dem Titel „Neueste Nachrichten" und mit der Bezeichnung H. als Ort der Herausgabe zu verlegen oder herauszugeben. Das Landgericht entschied nach dem Klagantrage, und diese Entscheidung wurde im Berufungsurteile bestätigt. Die dawider vom Beklagten eingelegte Revision ist zurückgewiesen worden aus folgenden

Gründen:

„Der Beklagte hat die von ihm im Jahre 1888 begründete Zeitung „H.'sche Neueste Nachrichten" durch Vertrag vom 19. Juli und

6. September 1890 auf die Aktiengesellschaft „H.'sche Zeitungsgesellschaft" übertragen, welche demnächst in Liquidation trat und durch die Liquidatoren das Unternehmen im Vertrage vom 12. Januar 1892 an die offene Handelsgesellschaft H. und K. veräußerte. Von dieser hat schließlich die Klägerin das Zeitungsunternehmen im Februar 1893 gekauft und mit der Zeitung „H.'scher Courier" in der Weise verbunden, daß dem letzteren Blatte im Titel der Zusatz „H.'sche Neueste Nachrichten" vorgedruckt wurde.

Auf Grund dieser Verträge hat das Oberlandesgericht die Klage für begründet erachtet, indem es unmittelbar aus den Worten der Vereinbarung vom 6. September 1890 die Bestimmung eines Konkurrenzverbotes folgert, nach welchem dem Beklagten die Verpflichtung obliege, alles zu vermeiden, wodurch in die Rechte der Klägerin eingegriffen und es derselben unmöglich gemacht werde, die von ihr erworbenen Rechte auf das Zeitungsunternehmen auszubeuten und zu verwirklichen.

Die Revision rügt dagegen, daß der vom Beklagten im Schriftsatze vom 5. Oktober 1895 angebotene Zeugenbeweis darüber abgelehnt sei, daß ein solches Verbietungsrecht weder ausdrücklich zum Gegenstande der Verträge gemacht sei, noch die Paciscenten die Absicht oder die Auffassung gehabt hätten, ein solches Recht zu übertragen und zu erwerben. Dieser Angriff würde dann für begründet zu achten sein, wenn ein unklarer und mehrfacher Deutung fähiger Vertragsausdruck vorläge, da in solchem Falle das Instanzgericht sich der Aufgabe nicht hätte entziehen dürfen, die wahre Willensmeinung der Kontrahenten durch Heranziehung anderer Beweismittel neben der Vertragsurkunde zu ermitteln. Das Berufungsgericht ist jedoch hier schon durch Auslegung des schriftlichen Vertrages zu dem Ergebnisse gelangt, daß über den Inhalt des Vertragsschlusses kein Zweifel bestehe, sondern der Wortlaut unmittelbar den festgestellten Vertragswillen ergebe, und bei dieser Sachlage durfte eine Beweiserhebung darüber, von welchen Intentionen die Paciscenten ausgegangen seien, abgelehnt werden. . . .

Ist danach davon auszugehen, daß alle Rechte des ersten Erwerbers gegen den Beklagten auf die Klägerin übertragen sind, so kann auch die Ausführung der Revision nicht gebilligt werden, daß dieser Rechtsakt bezüglich des Konkurrenzverbotes wirkungslos sei, da es sich insoweit um einen höchstpersönlichen Anspruch handele, welcher nicht durch Cession auf Dritte übergehen könne.

Auf thatsächlicher, und daher nicht revisibler, Erwägung und Willensauslegung beruht es zunächst, wenn die Vorinstanzen angenommen haben, daß der Beklagte sich nicht nur dem ersten Erwerber persönlich, sondern in dem Sinne verpflichtet habe, daß dieser berechtigt geworden sei, seine Rechtszustände aus dem Konkurrenzverbote mit dem Zeitungsunternehmen selbst auf Dritte zu übertragen. Diese Annahme findet auch ihre sachliche Grundlage darin, daß der Wert des Unternehmens und damit die Möglichkeit der Veräußerung wesentlich auf dem Konkurrenzverbote beruhte. Daß aber die Natur des Vertrages, betreffend die Veräußerung eines Zeitungsunternehmens an einen Dritten, der Mitübertragung von Rechten aus einem Konkurrenzverbote gegen den früheren Herausgeber und Verleger der Zeitung entgegenstehe, kann nicht zugegeben werden. Die Veräußerung eines Zeitungsunternehmens betrifft im wesentlichen nicht bestimmte körperliche Sachen und festbegrenzte Rechte. Die durch Kauf und Cession übertragbaren Gebäude, Druckereiapparate und Materialien und ausstehenden Forderungen bilden, insofern sie überhaupt im Einzelfalle im Eigentume des die Zeitung veräußernden bisherigen Verlegers stehen und mit zum Gegenstande des Vertrages gemacht werden, nur einen nebensächlichen Bestandteil desselben. Die Hauptsache und der wesentliche Wert der Zeitung besteht in der thatsächlichen Möglichkeit eines lukrativen Erwerbes durch Fortsetzung des Verlages. Der Umfang der Verbreitung, die Zahl der Abonnenten, das Maß der Verwendung des Blattes für Inserate und die Aussicht auf Steigerung oder Verminderung dieses Betriebes bestimmen den Wert des Unternehmens. Der Vermögenswert, welchen dies Unternehmen praktisch hat, wird bei dessen Veräußerung gegen Zahlung eines Preises auf den Erwerber dadurch übertragen, daß der bisherige Verleger ihm gestattet, den Betrieb an seiner Stelle und für eigene Rechnung fortan zu führen, und daß er sich verpflichtet, seinerseits zu unterlassen, was den Betrieb des Unternehmens und dessen Ausnutzung durch den Erwerber hindern oder vereiteln könnte. Die rechtliche Verpflichtung des Veräußerers aus dem Vertrage auf Gestattung des ferneren Betriebes durch den Erwerber und auf Unterlassung dem zuwiderlaufender Handlungen ist ihrem Wesen nach obligatorischer

Natur. Demnach ist aber kein Rechtsgrund ersichtlich, weshalb der Veräußerer eine solche obligatorische Verbindlichkeit nicht auch zu Gunsten von Rechtsnachfolgern des ersten Erwerbers sollte übernehmen können." ...

47. Beseitigung einer gesetzlichen Vorschrift durch Gewohnheitsrecht. Erfordernisse.

I. Civilsenat. Urt. v. 16. Mai 1895 i. S. M. & Co. (Kl.) w. H. & van E. (Bekl.) Rep. I. 42/96.

I. Landgericht Hamburg.
II. Oberlandesgericht daselbst.

Der englische Dampfer B. lag im März 1895 zum Löschen im Hafen von Hamburg und war an der Kaimauer so abgebäumt, daß die zur Aufnahme der Ladung bestimmten Schuten zwischen ihm und der Kaimauer lagen. Infolge starken Sturmes brachen die Bäume, der Dampfer wurde gegen die Kaimauer getrieben, und die Schuten wurden zerdrückt, sodaß ihre Ladung verloren ging. Die klagende Firma verlangte als Eigentümerin der Ladung von der Rhederei des B. Schadensersatz. Das für den Schaden kausal gewordene Verschulden der Bemannung des B. wurde von der Klägerin u. a. darin gefunden, daß der B. gegen die Vorschrift des § 7 der Hamburger Hafenordnung über Nacht abgebäumt liegen geblieben war, wogegen die Beklagten einwendeten, daß diese Vorschrift durch desuetudo beseitigt sei.

Das Oberlandesgericht erachtete den Einwand für gerechtfertigt, und vom Reichsgerichte wurde dies gebilligt aus folgenden

Gründen:

„Nach Maßgabe der Ausführungen des Berufungsurteiles ist davon auszugehen, daß die erwähnte Hafenordnung in Gesetzesform erlassen ist. Es ist aber mit Grund nicht zu bezweifeln, daß nach gemeinem Rechte auch Gesetze durch Gewohnheitsrecht außer Kraft gesetzt werden können, und ebensowenig, daß für die Bildung eines solchen Gewohnheitsrechtes, wie überhaupt für die Bildung eines Gewohnheitsrechtes, das Erfordernis einer bestimmten Zeitdauer der

Gewohnheit nicht besteht. Es giebt keinen einheitlichen Maßstab für die Bemessung dieser Zeitdauer. Daß sich gegenüber einer Rechtsnorm von erheblicher allgemeiner Bedeutung ein zu gleichförmiger Unterlassung ihrer Anwendung führender Wechsel der Rechtsanschauung innerhalb weniger Jahre vollzieht, wird nicht leicht vorkommen. Wesentlich anders aber liegt die Sache, wenn es sich, wie hier, um eine gesetzliche Vorschrift handelt, die sich ihrem Inhalte nach als eine rein polizeiliche darstellt und aus Zweckmäßigkeitsrücksichten erlassen ist, die durch Veränderung der sie bedingenden Verhältnisse gegenstandlos geworden sind. Ist daher infolge solcher Veränderung die hier in Frage stehende Vorschrift seit 1888 nicht mehr angewendet worden, und hat dies darin seinen Grund, daß sie nach der in dem beteiligten Personenkreise herrschenden Meinung nicht mehr für gültig erachtet wurde, dann unterliegt die Annahme einer desuetudo keinem Bedenken. Jenen Voraussetzungen entspricht nun aber das, was das Berufungsgericht festgestellt hat. Der Zweck der Vorschrift war, in den engen Hafengängen weiterer Beengung und Hinderung des Verkehres durch abgebäumte Schiffe vorzubeugen. Mit der im Jahre 1888 eingetretenen Veränderung der Hafenverhältnisse ist dieser Zweck in Wegfall gekommen, die Vorschrift ist seitdem nicht mehr beobachtet, und Zuwiderhandlungen sind nicht mehr geahndet worden, indem man davon ausgegangen ist, daß wegen der veränderten Verhältnisse die Vorschrift nicht mehr anwendbar sei. Ob dieser letzteren Meinung auch die Ewer- und Schutenführer gewesen sind, darauf kann es nicht ankommen. Die zunächst und unmittelbar allein Beteiligten waren auf der einen Seite diejenigen, an welche das in der Vorschrift enthaltene Verbot sich richtete, die Führer der größeren Fahrzeuge (der Schiffe), auf der anderen Seite die Behörden, deren Aufgabe es gewesen wäre, darauf zu halten, daß die Vorschrift befolgt wurde. Bestand bei jenen wie bei diesen die Überzeugung, daß die Vorschrift nicht mehr in Geltung sei, dann war diese Überzeugung in dem beteiligten Personenkreise die herrschende, und das Berufungsgericht durfte daher die Behauptung, daß die Ewer- und Schutenführer die Vorschrift noch als gültig ansähen, umsomehr für unerheblich erachten, als einer bloß innerlich gehegten, in keiner Weise bethätigten Ansicht kein Gewicht beizulegen ist."

48. Ist die Frage, ob für den Schaden aus außerkontraktlichem Verschulden außer dem Schuldigen ein Dritter haftet, nach dem Rechte des Thatortes oder nach dem Rechte am Wohnsitze des Dritten zu beurteilen?

Hamb. Einf.-Ges. zum H.G.B. vom 22. Dezember 1865 § 54.

I. Civilsenat. Urt. v. 1. Juli 1896 i. S. B. & Co. (Kl.) w. Sch. & Tr. (Bekl.) Rep. I. 114/96.

I. Landgericht Hamburg.
II. Oberlandesgericht daselbst.

Im Mai 1894 fand zwischen dem Personendampfer B. der Klägerin und einem Dampfer der in Hamburg domizilierten Beklagten ein Zusammenstoß auf der Havel zwischen Potsdam und Spandau statt, bei dem der B. beschädigt wurde, wofür die Klägerin die Beklagten mit der Behauptung in Anspruch nahm, daß der Zusammenstoß durch das Verschulden der Besatzung ihres Schiffes herbeigeführt sei. Der erste Richter wies die Klägerin auf Grund des preußischen Rechtes, das eine Haftung des Eigentümers eines Flußschiffes für Verschulden der Besatzung mit dem Schiffe nicht kennt, ab, während der Berufungsrichter den § 54 des Hamb. Einf.-Ges. zum H.G.B. vom 22. Dezember 1865 anwendete. Das Reichsgericht hat letzteres mißbilligt aus folgenden

Gründen:

... „Bei Beantwortung der Frage, ob die Beklagten, welche ihren Wohnsitz in Hamburg haben, für ein im Gebiete des preußischen Landrechtes verübtes Verschulden der Besatzung ihres Schiffes haftbar seien, ist von dem in Wissenschaft und Rechtsprechung anerkannten Grundsatze auszugehen, daß für die Entscheidung darüber, ob eine Handlung oder Unterlassung als schuldhaft (als Verschulden oder Versehen) zu gelten habe, die Gesetze des Ortes der That oder der Unterlassung maßgebend sind. So hat sich auch die Klägerin dafür, nach welcher Richtung der Führer des Schiffes „Sch. und Fr." auszuweichen hatte, auf die Schiffahrtspolizeiordnung für den Regierungsbezirk Potsdam berufen. Würde nach dem am Thatorte bestehenden Gesetze das Verhalten der Besatzung des Schiffes der Beklagten nicht als Verschulden zu beurteilen sein, so könnte nicht deshalb eine Ersatzpflicht der Beklagten ausgesprochen werden, wenn und weil etwa die an ihrem Wohnsitze bezüglich der Obliegenheiten der Flußschiffer geltenden Bestimmungen zu einer strengeren Beurteilung der Mannschaft führen müßten. Damit, daß das Gesetz des Ortes, wo eine Handlung begangen oder unterlassen worden ist, darüber entscheidet, ob ein Verschulden und eine Pflicht zum Schadensersatze vorliegen, wird aber die Folgerung nahe gelegt, daß dasselbe Gesetz auch dafür maßgebend sein muß, ob ein Dritter für den unmittelbar Schuldigen zu haften habe. Die Haftung des Dienstherrn für Verschulden seiner Angestellten in Ausübung ihres Dienstes kann, wenn sie sich auch gesetzgeberisch aus wissenschaftlichen und aus Gründen der Billigkeit rechtfertigen läßt, doch nur anerkannt werden, wenn besondere Gesetze sie aussprechen. Bei der in der Natur der Sache liegenden Einheitlichkeit und wechselseitigen Bedingtheit der unmittelbaren und mittelbaren Haftung können aber die besonderen Landesgesetze, die letztere aussprechen, nur für das eigene Rechtsgebiet und nur für die Fälle gelten, in denen auch nach den dort bestehenden Gesetzen zu entscheiden ist, ob eine unmittelbare Haftung aus Verschulden begründet sei. Die Haftung des Dienstherrn beruht weder auf eigenem Verschulden noch auf einem Vertragsverhältnisse zum Beschädigten, sondern sie stellt sich nur als gesetzliche Erweiterung, als Überwälzung der Haftung des zunächst Schuldigen auf diesen Anderen dar. Wenn daher die Gesetzgebung, nach der zu beurteilen ist, ob ein Verschulden und eine Haftung dafür anzunehmen seien, diese Haftung nicht auf eine dritte am Vorfalle nicht beteiligte Person erstreckt, so kann dieser Dritte nicht deshalb herangezogen werden, weil er nach dem Rechte seines Wohnsitzes für in dessen Geltungsgebiete begangene Versehen seiner Untergebenen einzustehen hat. Dies ist ebensowenig gerechtfertigt, als wenn man, wie vorstehend bemerkt, den Dienstherrn für ein Verhalten seines Angestellten haftbar machen wollte, das nach dem Gesetze des Wohnsitzes des Dienstherrn zum Schadensersatze verpflichtet, nicht aber nach dem Gesetze des Ortes der That, sodaß, wenn er selbst hier die in Frage stehende Handlung vorgenommen hätte, er nicht für zum Ersatze eines Schadens verpflichtet erklärt werden könnte. Nach diesen Grundsätzen muß angenommen werden, daß der § 54 Einf.-Ges. vom 22. Dezember

1865, welcher die Artt. 736—741 H.G.B. auch auf die Flußschiffahrt für anwendbar erklärt, nach dem Willen des Gesetzgebers nur für solche Zusammenstöße von Schiffen Geltung haben soll, welche sich im Gebiete der Hamburger Flußschiffahrt ereignen.

Wenn im Berufungsurteile darauf hingewiesen wird, daß das Hamburger Gesetz den Schiffen eine dingliche Belastung auflege, und das Gesetz nicht gewollt haben könne, daß das Hamburger Flußschiff mit jedem Ortswechsel auch sein Recht wechsele, so wird dabei übersehen, daß vor der Frage, ob ein Schiff dinglich belastet werde, die Frage zu entscheiden ist, ob eine Ersatzpflicht des Rheders bestehe, für welche eine dingliche Belastung entstehen kann. Das Schiff ist nicht von vornherein, schon bei der Ausfahrt, dinglich belastet, sondern wird erst belastet, wenn eine Schuld entsteht, für die das Schiff vom Gesetze für verhaftet erklärt wird." ...

---

49. 1. Inwieweit steht ein zur Sicherung des Testamentserben erwirktes Ausschlußurteil solchen Pflichtteilsberechtigten entgegen, deren Recht im Testamente mittels einer Socinischen Kautel oder in ähnlicher Weise eventuelle Berücksichtigung gefunden hat?

2. Inwieweit steht die Replik der Arglist einem gewesenen Vormunde oder falsus tutor entgegen, der sich seinerseits auf ein während seiner vormundschaftlichen Verwaltung ergangenes Ausschlußurteil beruft?

3. Fahrlässigkeit einer Vormünderin bei Beurteilung der Frage, ob eine Kollision der Interessen zwischen ihr und ihrem Mündel vorliege.

4. Wann ist auch einer Frau ein Rechtsirrtum zum Verschulden anzurechnen?

VI. Civilsenat. Urt. v. 8. Juni 1896 i. S. der unverehel. St. (Kl.) w. St. Wwe. (Bekl.) Rep. VI. 396/95.

I. Landgericht Hamburg.
II. Oberlandesgericht daselbst.

Aus den Gründen:

... „Die Klaganträge, welche auch jetzt bei der Revision noch unverändert in Frage stehen, gingen dahin, unter Wiedereinsetzung der Klägerin in den vorigen Stand gegen das vom Amtsgerichte zu Hamburg in Aufgebotssachen der jetzigen Beklagten ... verkündete Ausschlußurteil das vom verstorbenen Vater der Klägerin in Gemeinschaft mit der Beklagten errichtete Testament als rechtsungültig zu rescindieren, eventuell die Bedingung der Wiederverheiratung der Beklagten, unter welcher die Klägerin in § 3 des Testamentes zur Erbin eingesetzt sei, zu streichen und demgemäß die Beklagte zu verurteilen: 1. der Klägerin ein von ihr, der Beklagten, zu beeidigendes Inventar über den Nachlaß zur Zeit des Todes des Vaters der Klägerin zu behändigen, 2. der Klägerin die ihr aus dem väterlichen Nachlasse ohne Testament zukommende Intestatportion mit Zinsen vom Todestage des Erblassers an, eventuell den ihr nach § 3 des Testamentes unter jener Bedingung zukommenden Erbteil nebst Zinsen, ganz eventuell den ihr zukommenden Pflichtteil nebst Zinsen auszukehren, falls aber diesen Ansprüchen das Ausschlußurteil entgegenstehen sollte, die Beklagte wegen Verschuldens bei Führung der Vormundschaft über die Klägerin zur Zahlung je des gleichen Betrages nebst Zinsen als zum Schadensersatze zu verurteilen. Diese Anträge gliedern sich also in zwei Hauptstufen, indem die Klägerin principaliter davon ausgeht, daß ihren Erbansprüchen auf den Nachlaß ihres Vaters an sich zwar die durch das Ausschlußurteil bewirkte Präklusion entgegenstehe, aber replicando auf dem Wege der in integrum restitutio beseitigt werden könne, indem sie aber eventuell, falls die Präklusion als solche nicht aus dem Wege zu räumen sein sollte, die Beklagte gerade hierfür verantwortlich machen und auf Schadensersatz belangen und so praktisch das gleiche Ziel erreichen will. Auf diese ganze Eventualität einzugehen hat das Reichsgericht keinen Anlaß gefunden, da dasselbe, wie sich demnächst zeigen wird, der Ansicht ist, daß, soweit Erbansprüche der Klägerin überhaupt an sich begründet sind, die Einrede des Ausschlusses ihnen gegenüber nach Lage der Sache hier nicht durchdringen kann. Keiner besonderen Erörterung bedarf hier auch der von der Klägerin mit 1 bezeichnete Antrag auf Mitteilung eines zu beeidigenden Nachlaßverzeichnisses. Auch bisher hat er im Prozesse nicht den Gegenstand einer solchen abgesonderten Erörterung gebildet; er ist in den vorigen Instanzen selbstverständlich mit abgewiesen worden, da überhaupt keine Erbansprüche der Klägerin als rechtsbeständig anerkannt wurden. Soweit aber solche jetzt doch noch zur Geltung kommen, würde prima facie auch der Antrag auf Verurteilung zur Mitteilung eines Inventars als begründet erscheinen,

vgl. Entsch. des R.G.'s in Civils. Bd. 14 S. 208,

und würde es dem Endurteile vorbehalten bleiben, eine endgültige Entscheidung darüber zu treffen. Im übrigen ist

1. das prinzipale Klagebegehren, daß das Testament des Vaters der Klägerin für rechtsungültig erklärt, und der letzteren ihr Intestaterbteil zugesprochen werden möge, vom Berufungsgerichte unter Bezugnahme auf die Gründe des Landgerichtes schon an sich für unbegründet erklärt worden. (Es wird dann ausgeführt, daß hiergegen keine Bedenken obwalten.)

2. Das gleiche gilt von der Abweisung des in zweiter Reihe erhobenen Klaganspruches, welcher gerichtet war auf Zusprechung des Intestatanteiles der Klägerin an dem „gesamten Kapitalvermögen" im Gegensatze zur „fahrenden Habe jeglicher Art", unter Streichung der in § 3 des Testamentes für diese Zuwendung aufgestellten Bedingung, daß die Beklagte sich wieder verheirate....

3. Dagegen lag die Sache in Ansehung des ferneren eventuellen Anspruches auf Zuerkennung des der Klägerin gebührenden Pflichtteiles insofern von vornherein anders, als das Berufungsgericht, wie schon das Landgericht, diesen Anspruch als an sich begründet anerkannt hat, weil der Vater der Klägerin bei seiner Wiederverheiratung seine Kinder erster Ehe, also auch die Klägerin, nicht vom ehelichen Gesamtgute, sondern nur „vom Mütterlichen" abgeteilt habe, nun aber nach den Hamburger Statuten 3, 3, 4 die in dieser Weise abgeteilten Kinder unzweifelhaft ihr Pflichtteilsrecht behalten. Dieser Anspruch ist daher im angefochtenen Urteile nur auf Grund der Einrede der Präklusion abgewiesen worden. Man könnte auf den ersten Blick vielleicht zweifeln, ob dieser Grund nicht schon an sich rechtsirrig sei. Durch das in Rede stehende Ausschlußurteil sind nämlich alle diejenigen ausgeschlossen worden, die den Bestimmungen des Testamentes, insbesondere der Erbeinsetzung der jetzigen Beklagten, widersprechen wollen. Wer nun bloß die Auskehrung seines Pflichtteiles verlangt, widerspricht damit jedenfalls noch nicht der im Testamente enthaltenen

Erbeinsetzung, und wenn ferner das Testament die sog. Socinische Kautel enthält, so könnte man sagen, daß der Anspruch auf den Pflichtteil überhaupt nicht gegen das Testament, sondern gerade im Einklange mit der durch die genannte Kautel geschehenen bedingten Zuwendung desselben erhoben werde. Im vorliegenden Falle würde dies jedoch nicht zutreffen, weil im § 4 des hier fraglichen Testamentes nicht die eigentliche Socinische Kautel in der sonst üblichen Weise enthalten ist, wobei der Testator selbst davon ausgeht, daß er Pflichtteilsberechtigte hinterlasse, und diesen nun die Wahl,

vgl. Entsch. des R.G.'s in Civils. Bd. 31 S. 199 flg.,

zwischen ihrem Pflichtteile und einer anderen letztwilligen Zuwendung läßt, sondern weil hier der Testator unterstellt, daß er seine Kinder erster Ehe gänzlich abgeteilt habe, und diese daher nicht pflichtteilsberechtigt seien, und deshalb seinen Descendenten „das, was ihnen etwa noch gesetzlich aus seinem Nachlasse zukomme", nur für den Fall vermacht hat, daß sie „wider alles Erwarten" mit Geltendmachung irgend welcher Ansprüche gegen das Testament Erfolg haben sollten.

Da die Einrede des Ausschlusses also mit Recht an sich für begründet erklärt worden ist, so fragt es sich nun noch, ob durch Nichtzulassung irgend einer Replik gegen revisible Rechtsnormen verstoßen ist. In dieser Beziehung hat in den vorigen Instanzen die Klägerin die Berufung auf ihre zur Zeit des Ausschlußurteiles noch fortdauernde Minderjährigkeit in den Vordergrund gestellt und mit Rücksicht auf dieselbe um Wiedereinsetzung in den vorigen Stand gebeten. Das Berufungsgericht hat diesen Rechtsbehelf deswegen verworfen, weil nach der Civilprozeßordnung eine Restitution, insbesondere auch wegen Minderjährigkeit, gegen einen mittels eines Aufgebotes erwirkten Ausschluß nicht mehr stattfinde. Ob dies richtig ist, kann hier, wie in einem früheren Falle,

vgl. Entsch. des R.G.'s in Civils. Bd. 32 S. 140,

dahingestellt bleiben; denn der Einrede des Ausschlusses steht hier jedenfalls eine andere, vom Berufungsgerichte verkannte Replik entgegen, nämlich daß die Beklagte durch fahrlässiges Verhalten verschuldet hat, daß die Klägerin zur Zeit des Aufgebotstermines und des Ausschlußurteiles, obwohl minderjährig, der ordnungsmäßigen gesetzlichen Vertretung entbehrte. Da die hier erheblichen Thatsachen von der Klägerin sämtlich angeführt sind, so kommt es nicht in

Betracht, daß die letztere dieselben in rechtlicher Hinsicht nicht gerade zur Begründung der jetzt fraglichen Replik, sondern in einer etwas abweichenden Richtung hat verwerten wollen.

Die Beklagte hatte nach dem Tode ihres Ehemannes die Vormundschaft über die Klägerin übernommen und war versehentlich von der Vormundschaftsbehörde zugelassen worden, obgleich sie nicht die leibliche Mutter, sondern die Stiefmutter der Klägerin und daher gar nicht zu dieser Vormundschaft berufen, ja unter diesen Umständen wegen ihres Geschlechtes nicht einmal zu derselben fähig war. Es mag nun wohl darin dem Oberlandesgerichte beizustimmen sein, daß ihr aus der Übernahme der Vormundschaft an sich, weil diese unberechtigt war, ein Vorwurf noch nicht gemacht werden kann, da ihr, als einer Frau, nicht angesonnen werden darf, daß sie sich, bei vorliegendem Einverständnisse der Vormundschaftsbehörde, noch erst genauer über die die Berufung zur Vormundschaft regelnden Rechtsnormen hätte unterrichten sollen. Dagegen verkennt das Berufungsgericht den Begriff der Fahrlässigkeit, wenn es die Beklagte auch dafür für entschuldigt hält, daß sie es unterlassen hat, wegen Kollision ihrer eigenen Interessen mit denen der Klägerin die Vertretung der letzteren auf diesem Gebiete abzulehnen und auf Bestellung eines besonderen Vormundes hierfür hinzuwirken. Sie brauchte dazu nicht, wie das Oberlandesgericht annimmt, zu wissen, daß die Klägerin berechtigt sei, dem Testamente widersprechende Ansprüche geltend zu machen. Sie mußte vielmehr einsehen, daß es gerade darauf ankam, daß ein persönlich nicht interessierter Vormund die Prüfung übernehme, ob der Klägerin solche Ansprüche zustehen, und ob es im Bejahungsfalle dem Interesse derselben entspreche, sie geltend zu machen; denn sie wußte, daß, während sie selbst zur Universalerbin eingesetzt war, die Klägerin, obgleich leibliches Kind des Erblassers, zunächst von der Erbschaft ganz ausgeschlossen sei. Für diese Vernachlässigung ist sie der Klägerin verantwortlich. Denn sie war freilich rechtlich gar nicht Vormünderin, weil sie es als Frau, ohne leibliche Mutter oder Großmutter zu sein, nicht sein konnte (l. 18 Dig. de tut. 26, 1; l. 26 pr. Dig. de testam. tut. 26, 2);

vgl. wegen der rechtlichen Bedeutung solcher Unfähigkeit auch §§ 13. 14 Inst. de excus. 1, 25 und l. 4 Cod. qui dare tut. 5, 34;

aber sie haftet nichtsdestoweniger, als ob sie es wirklich gewesen wäre

(l. 1 §§ 2. 6. 7 Dig. de eo qui pro tut. 27, 5; l. 1 Cod. eod. 5, 45). Hier handelt es sich übrigens nur darum, daß es der Beklagten nicht zusteht, nachdem sie selbst schuldvollerweise die Klägerin in die Lage gebracht hatte, einer ordnungsmäßigen vormundschaftlichen Vertretung während der kritischen Zeit entbehren zu müssen, sich ihrerseits auf die Folgen der Versäumnis zu berufen, die möglicherweise vermieden sein würde, wenn die Beklagte ihre Pflicht gethan und der Klägerin zu einem unbeteiligten Vormunde verholfen hätte. Ebendeshalb kommt es nicht auf die Feststellung an, ob der andere Vormund dann auch wirklich den Pflichtteilsanspruch der Klägerin erkannt und angemeldet, und ob er es nicht dem Interesse der letzteren für besser entsprechend gehalten haben würde, das Testament unangefochten zu lassen. Die Möglichkeit, daß er ersteres gethan haben würde, genügt, um es als ungehörig erscheinen zu lassen, daß die Beklagte sich die Präklusion zu nutze mache, und um daher die Replik der Arglist zu begründen. Weil es sich hier nicht darum handelt, daß die Beklagte von einem Schaden frei bleiben, sondern darum, daß sie auf Kosten der Klägerin einen Gewinn machen will, würde es auch, ohne Rücksicht auf das Geschlecht der Beklagten, unerheblich sein, wenn ihr fahrlässiges Verhalten durch mangelhafte Einsicht in die Rechtsverhältnisse verursacht sein sollte, nach l. 8. l. 9 pr. Dig. de jur. et facti ignor. 22, 6 und l. 13 Cod. eod. 1, 18. Die replicatio doli wegen schuldvollen Verhaltens der Beklagten gegenüber der Einrede des Ausschlusses spielt hier eine ganz ähnliche Rolle, wie in anderen Fällen eine solche replicatio doli gegenüber der Einrede der Verjährung.

Vgl. Entsch. des R.G.'s in Civils. Bd. 32 S. 142 flg.

Aus diesen Gründen mußte, da gegen die Anerkennung des Pflichtteilsrechtes der Klägerin an sich kein rechtliches Bedenken zu erheben war, das vorige Urteil insoweit, als es die auf dieses Pflichtteilsrecht begründeten Klaganträge verworfen hat, aufgehoben werden." ...

50. 1. Können die Eltern untereinander einen gültigen Vertrag über das Erziehungsrecht abschließen? Etwaiger Einfluß überwiegender abweichender Interessen der Kinder.

2. Können dabei auch bindende Normen über den Verkehr der Eltern mit den Kindern im einzelnen festgesetzt werden?

3. Welchen Einfluß auf das Erziehungsrecht hat die Wiederverheiratung der Mutter, welcher nach Scheidung der Ehe vertragsmäßig jenes Recht übertragen worden war?

VI. Civilsenat. Urt. v. 11. Juni 1896 i. S. M. (Bekl.) w. W. Ehefr. (Kl.) Rep. VI. 51/96.

I. Landgericht Hamburg.
II. Oberlandesgericht daselbst.

Aus den Gründen:

„Die Ehe der Parteien ist durch Urteil vom 3. Dezember 1894 wegen Verschuldens der Klägerin vom Bande geschieden, der Verbleib und die Erziehung der drei gemeinsamen Kinder sodann durch einen am 11. Februar 1895 unter den Parteien schriftlich geschlossenen Vertrag geregelt worden. Auf diesem Vertrage beruht einerseits der klagend erhobene Anspruch auf wöchentliche Zuführung des Sohnes,... andererseits der Widerspruch der Klägerin gegen den auf Auslieferung der Töchter gerichteten Widerklagantrag, der, da die Klägerin als der an der Ehescheidung schuldige Teil erscheint, an sich nach Nov. 117 c. 7 begründet sein würde.

Vgl. auch Seuffert, Archiv Bd. 33 Nr. 313.

Da die Sache in den vorigen Instanzen auf Grund des Vertrages zu Gunsten der Klägerin entschieden worden ist, so ist jetzt die Hauptfrage die, ob das Berufungsgericht mit Recht den Vertrag als rechtsgültig behandelt hat. Der Revisionskläger hat dies bestritten, indem er geltend gemacht hat, daß der Erziehungsberechtigte nach gemeinem Rechte nicht in bindender Weise auf sein Erziehungsrecht verzichten oder über dasselbe paktieren könne. Letzteres ist insofern allerdings richtig, als der Berechtigte sein Erziehungsrecht auf beliebige dritte Personen nicht mit Rechtswirkung ganz oder teilweise übertragen kann, wie dies vom Reichsgerichte schon ausgesprochen ist;

vgl. Entsch. des R.G.'s. in Civils. Bd. 10 Nr. 116; etwas abweichend übrigens Dernburg, Pandekten Bd. 3 (Aufl. 4) § 36 S. 71;

aber anders liegt die Sache im Verhältnisse zwischen den Eltern, welchen in gewissem Sinne das Erziehungsrecht von vornherein gemeinschaftlich zusteht. Zwar geht an und für sich im Streitfalle das Recht des Vaters vor; aber je nach Umständen kann es ausnahmsweise, namentlich in Scheidungsfällen, durch das Recht der Mutter zurückgedrängt worden. Daher bildet zwischen den beiden Eltern das Erziehungsrecht unter Umständen den Gegenstand einer von einer gewissen Freiheit des Ermessens abhängigen richterlichen Zusprechung, und ebendeshalb eignet es sich im Verhältnisse zwischen den Eltern auch zu einer Regelung durch Vergleich, und folglich überhaupt durch Vertrag. Einen solchen Vertrag zwangsweise aufrechtzuhalten, hat nichts den guten Sitten Widerstreitendes. Freilich sind auch insoweit abweichender Ansicht z. B. Strippelmann (Entscheidungen des Oberappellationsgerichtes zu Kassel Bd. 4 Abt. 1 S. 104) und Brinz (Pandekten [Aufl. 2] Bd. 3 § 458 S. 611), während Sintenis (Civilrecht [Aufl. 3] Bd. 3 § 140 Anm. 7 S. 122 und Anm. 37 S. 126 flg.) sich zweifelnd ausspricht, und auf dem gleichen Standpunkte mit den ersteren stehen auch die Motive zu dem Entwurfe eines Bürgerlichen Gesetzbuches für das Deutsche Reich (Bd. 4 S. 627 flg., zu § 1456 [erster Lesung]), der auch selbst, wie nicht minder der § 1479 zweiter Lesung und der § 1613 des dem Reichstage vorgelegten Entwurfes, Verträgen der Ehegatten untereinander hier keinen Raum zu lassen scheint; aber nach richtiger Ansicht ist vom Standpunkte des geltenden gemeinen Rechtes aus gegen die Rechtswirksamkeit solcher Verträge nichts einzuwenden, wie dies auch vom Reichsgerichte mindestens für den Fall schon vorliegender richterlicher Ehetrennung bereits angenommen worden ist.

Vgl. Entsch. des R.G.'s in Civils. Bd. 21 S. 161; zustimmend Dernburg, a. a. O. § 36 Anm. 5 S. 70; vgl. andererseits Entsch. a. a. O. Bd. 17 S. 129 flg.

Höchstens ließe sich bezweifeln, ob auch ein persönlicher Anspruch des einen Elternteiles gegen den anderen auf Gewährung eines bestimmten Maßes persönlichen Verkehres mit dem Kinde durch Vertrag begründet werden könne. Wenigstens hat z. B. das frühere Oberappellationsgericht zu Lübeck ausgesprochen, daß es unmittelbar nach dem Gesetze einen privatrechtlichen Anspruch solchen Inhaltes gegen den des Erziehungsrechtes teilhaftigen geschiedenen Ehegatten nicht gebe, daß ein unpassendes Verhalten des letzteren in dieser Hinsicht vielmehr höchstens Anlaß zu einem obervormundschaftlichen Einschreiten geben könne.

Vgl. Beiblatt zur Hamburger Handelsgerichts-Zeitung von 1878 S. 129 flg., und Seuffert, Archiv Bd. 33 Nr. 312.

Allein hierin würde doch keinenfalls ein Grund liegen, auch eine besondere vertragsmäßige Zusicherung solchen Inhaltes für ungültig zu erklären, da nach heutigem Rechte auch familienrechtliche Leistungen den Gegenstand obligatorischer Verträge bilden können, wie sich namentlich an der Klagbarkeit des Verlöbnisses zeigt.

Vgl. Entsch. des R.G.'s in Civils. Bd. 23 S. 177, Bd. 29 S. 98....

Vom Beklagten ist noch eingewendet worden, daß der Vertrag durch die Wiederverheiratung der Klägerin seine Geltung verloren habe. Richtig ist, daß nach gemeinem Rechte durch eine solche die Mutter auch dann das Erziehungsrecht verliert, wenn es ihr bis dahin gesetzlich zustand.... Die Nov. 117 c. 7 bestimmt, daß auch, falls der Mann bei der Ehescheidung der schuldige Teil war, doch durch die Wiederverheiratung seiner geschiedenen Frau das Erziehungsrecht auf ihn übergehen soll.

Vgl. auch Seuffert, Archiv Bd. 34 Nr. 135 (Oberappellationsgericht zu Lübeck).

Dies würde an sich auch wohl bei vertragsmäßiger Überlassung des Erziehungsrechtes an die Frau entsprechend anzuwenden sein. Allein das Oberlandesgericht hat in zutreffender und keinenfalls gegen eine Rechtsnorm verstoßender Weise aus den §§ 3. 4 des Vertrages die im voraus erklärte Willensmeinung der Kontrahenten entnommen, daß die Klägerin auch im Falle ihrer Wiederverheiratung die Erziehung der beiden Töchter in ihrer Hand behalten solle. Der Beklagte hat hiergegen nichts erhebliches Neues auszuführen vermocht....

Endlich hat der Beklagte gemeint, wegen der Persönlichkeit des jetzigen Ehemannes der Klägerin vom Vertrage wieder abgehen zu können. Es ist allerdings nicht zu bezweifeln, daß ein Vertrag wie der vorliegende insoweit seine Geltung verliert, als ein überwiegendes Interesse der Kinder von ihm abzugehen gebietet." (Es wird dann ausgeführt, daß jedoch nach den thatsächlichen Feststellungen des Berufungsgerichtes ein solcher Fall hier nicht vorliege.)...

51. Kann ein gerichtlich abgeschlossener Prozeßvergleich wegen Nichtigkeit des verglichenen Anspruches angefochten werden?

V. Civilsenat. Urt. v. 1. Juli 1896 i. S. A. (Kl.) w. H. (Bekl.) Rep. V. 31/96.

I. Landgericht Nordhausen.
II. Oberlandesgericht Naumburg a. S.

Die Entscheidung ist unten unter „Prozeßrecht" Nr. 124 S. 416 abgedruckt.

---

52. 1. Ist eine auf gesetzlicher Vermutung beruhende, stillschweigende Quasipupillarsubstitution nach Art der substitutio pupillaris tacita anzunehmen?

2. Können uneheliche Kinder von ihrem Erzeuger an Kindesstatt angenommen werden?

3. Kann eine nicht in väterlicher Gewalt stehende Person von einem Manne mit der Wirkung an Kindesstatt angenommen werden, daß sie nicht in ein agnatisches Verhältnis zu den Agnaten des Adoptivvaters tritt?

IV. Civilsenat. Urt. v. 11. Juni 1896 i. S. H. u. Gen. (Bekl.) w. B. (Kl.) Rep. IV. 313/95.

I. Landgericht Köslin.
II. Oberlandesgericht Stettin.

Der am 1. September 1843 verstorbene Pächter W. zu G. Z. in Neu-Vorpommern hatte außer der Ehe zwei Töchter mit verschiedenen Müttern erzeugt. Von der älteren Tochter Friederike, später verehelichten H., stammen die Beklagten als deren Kinder und Enkel ab. Die Mutter der anderen Tochter Namens Charlotte verheiratete sich später mit dem Gendarmen L., und aus dieser Ehe ist die Klägerin hervorgegangen. Der Pächter W. nahm seine beiden außerehelichen Töchter nach Ausweis der Bestätigungsurkunden des Oberappellationsgerichtes zu Greifswald vom 29. Januar 1830 an Kindesstatt an und setzte dieselben demnächst in seinem am 30. Januar 1834 errichteten Testamente zu Erben ein. Dabei wurde von ihm im § 5 dieses Testamentes weiter verordnet:

Sollte meine Tochter Charlotte, ohne eheleibliche Nachkommenschaft zu hinterlassen, vor mir versterben, so soll deren Erbteil ... meiner Tochter Friederike, verehelichten H., oder, falls auch diese bereits vor mir verstorben sein sollte, deren hinterlassenen Kindern accrescieren, und meine Tochter Friederike oder deren Kinder meine alleinige Erbin sein. Sollte meine Tochter Charlotte mich zwar überleben, jedoch vor ihrem vierzehnten Lebensjahre versterben, so ernenne ich meine älteste Tochter Friederike oder, falls selbige bereits mit Tode abgegangen sein sollte, deren Kinder zu ihren Erben und bestimme hiermit, daß diese sodann meine alleinige Erben sein und mein ganzes Vermögen in diesem Falle haben und erben sollen. ... Wenn aber meine Tochter Charlotte mich zwar überleben, jedoch unverehelicht, oder ohne eheleibliche Nachkommenschaft zu hinterlassen, nach vollendetem vierzehnten Lebensjahre mit Tode abgehen sollte, so will ich, daß von dem ihr von mir ererbten Vermögen die Hälfte an meine ältere Tochter Friederike oder deren Kinder zurückfallen soll. ...

Die jüngere Tochter Charlotte wurde schon bei Lebzeiten des Pächters W. geisteskrank und blieb deshalb auch nach erlangter Großjährigkeit unter Vormundschaft. Sie starb nach ihrer Mutter am 18. September 1892 unverheiratet und kinderlos. Ihr Nachlaß besteht aus demjenigen Vermögen, welches ihr bei der Teilung der Hinterlassenschaft des Adoptivvaters mit einem Wertbetrage von 128732,66 ℳ zugefallen war, sowie aus den davon im Laufe der nachfolgenden Zeit ersparten Revenüenüberschüssen, durch deren Anwachsen sich der Wert des gesamten Nachlasses am 1. November 1892 bis auf 397487,01 ℳ vermehrt hat. Dieser Nachlaß bildet den Gegenstand des vorliegenden Rechtsstreites. Die Klägerin, welche anerkennt, daß den Beklagten ein fideikommissarischer Anspruch in Höhe der Hälfte des durch Erbgang vom Pächter W. ursprünglich der Charlotte W. zugefallenen Vermögens mit 64366,33 ℳ nebst den davon seit dem Tode der Charlotte W. aufgekommenen Zinsen zusteht, beansprucht im übrigen den Nachlaß für sich allein. Dementsprechend hat sie ihr Klagebegehren gestellt, wogegen von der anderen Seite widerklagend beantragt worden ist, die Klägerin zu verurteilen, darein zu willigen, daß der gesamte Nachlaß von dem bestellten Nachlaßpfleger an die Beklagte herausgegeben werde.

Der Berufungsrichter hat die Beklagten unter Abweisung ihrer Widerklage nach dem Klagantrage verurteilt. Die Revision der Beklagten ist zurückgewiesen worden.

Aus den Gründen.

„Der Berufungsrichter geht mit Recht davon aus, daß bei Beurteilung der von beiden Seiten erhobenen Erbansprüche lediglich die Grundsätze des gemeinen Rechtes, wie dasselbe in Neu-Vorpommern gilt, zur Anwendung zu bringen sind.... Dem Berufungsrichter ist im Endergebnisse auch darin beizutreten, daß die von der Klägerin bestrittenen Ansprüche der Beklagten unbegründet sind.... Auf Grund der vorliegenden testamentarischen Anordnungen können seitens der Beklagten bezüglich des Nachlasses der Charlotte W. umfassendere Ansprüche nicht erhoben werden, als ihnen von der Klägerin zugestanden worden sind. Der Berufungsrichter führt in dieser Beziehung zutreffend aus, daß der Testator nur zwei Fälle im Auge gehabt habe, in denen der ganze Nachlaß an die verehelichte H. oder an deren Nachkommen gelangen sollte, nämlich erstens den Fall, wenn Charlotte W. kinderlos vor ihm versterben sollte, und zweitens den Fall, wenn dieselbe zwar nach ihm, aber vor zurückgelegtem vierzehnten Lebensjahre vom Tode ereilt werden möchte; während im übrigen zu Gunsten der verehelichten H. und deren Nachkommen eine fideikommissarische Substitution nur bezüglich der einen Hälfte des auf die Charlotte W. vererbten Vermögens angeordnet worden sei. Nach diesen nicht zu beanstandenden Ausführungen erscheint es unbedenklich, daß den Beklagten auf Grund der angeordneten fideikommissarischen Substitution Ansprüche nur in Höhe der Hälfte des vom Pächter W. auf dessen Tochter Charlotte vererbten Vermögens zustehen....

Die von den Beklagten erhobenen weitergehenden Ansprüche können auch nicht darauf gestützt werden, daß in dem Testamente des Pächters W. eine zu Gunsten der verehelichten H. und deren Nachkommenschaft getroffene Quasipupillarsubstitution zu finden sei. Das Testament enthält überhaupt keine Bestimmung für den Fall, daß Charlotte W. in Geisteskrankheit verfallen würde. Überdies fehlt jeder Anhalt dafür, daß der Pächter W. zur Zeit der Testamentserrichtung, im Jahre 1834, Veranlassung gehabt habe, an die Möglichkeit einer Geisteskrankheit seiner Tochter Charlotte zu denken; vielmehr ist ... seitens der Beklagten selbst die Behauptung aufgestellt worden, daß Charlotte W. bald nach ihrer im Jahre 1859 erfolgten Einsegnung (also ungefähr fünf Jahre nach Errichtung des Testamentes) von der Geisteskrankheit befallen worden sei. Trotzdem sind die Beklagten der Meinung, daß mit Rücksicht auf die zu Gunsten der verehelichten H. und deren Nachkommenschaft im § 5 des Testamentes angeordnete Vulgar- und Pupillarsubstitution die gesetzliche Vermutung Platz greifen müsse, der Testator habe im Wege der stillschweigenden Quasipupillarsubstitution für seine Tochter Charlotte jene Vulgar- und Pupillarsubstituten als Erben ernennen wollen. Dies kann aber als richtig nicht anerkannt werden. Bezüglich der eigentlichen Pupillarsubstitution geht allerdings die herrschende Lehrmeinung dahin, daß eine derartige Substitution auch stillschweigend erfolgen könne, indem im Zweifel anzunehmen sei, daß der Testator nicht bloß eine Vulgarsubstitution, sondern auch eine Pupillarsubstitution habe anordnen wollen, und umgekehrt. Auch haben einzelne Rechtslehrer bis in die neueste Zeit die Ansicht vertreten, daß die gleiche Vermutung für eine Quasipupillarsubstitution sprechen müsse.

Vgl. insbesondere Köppen, Erbrecht § 82.

Eine solche Anwendung jener Rechtsvermutung erscheint jedoch unzulässig, da die fragliche Vorschrift, welche an sich nur für die eigentliche Pupillarsubstitution gegeben ist, den sonst geltenden Auslegungsregeln gegenüber sich als eine Ausnahmebestimmung darstellt, und im Hinblick auf die Fassung der l. 9 Cod. 6, 26 und des § 1 Inst. 2, 16 kein ausreichender Grund dazu vorliegt, jene singuläre Vorschrift auch auch auf das nicht völlig gleichartige Rechtsinstitut der Quasipupillarsubstitution auszudehnen.

Vgl. Seuffert, Archiv Bd. 31 Nr. 343; Zeitschrift für Rechtspflege und Verwaltung, Neue Folge Bd. 18 S. 446, Bd. 41 S. 326; Cohn, Quasipupillarsubstitution S. 32; Archiv für civilistische Praxis Bd. 5 S. 113, Bd. 9 S. 107, Bd. 12 S. 360.

Hiernach kann unerörtert bleiben, ob der Testator überhaupt befugt gewesen sein würde, unter Beiseiteschiebung der leiblichen Halbgeschwister der Charlotte W., den Nachlaß derselben seiner anderen

Adoptivtochter oder deren Nachkommen im Wege der Quasipupillarsubstitution zuzuwenden.

Auch auf ein gesetzliches Erbrecht können sich die Beklagten nicht berufen. In dieser Richtung wird von ihnen geltend gemacht, der Pächter W. habe seine beiden unehelichen Töchter nicht nur adoptiert, sondern auch legitimiert gehabt. Dies letztere ergiebt sich jedoch aus den über den fraglichen Rechtsakt ausgestellten Urkunden vom 29. Januar 1830 nicht." (Dies wird näher ausgeführt. Das Urteil fährt sodann fort:)

„Was die rechtliche Wirkung der hiernach allein vorliegenden Annahme an Kindesstatt betrifft, so hatte der erste Richter den vorgenommenen Rechtsakt für ungültig erachtet, weil eine Arrogation unehelicher Kinder seitens des Erzeugers nach gemeinem Rechte nicht rechtswirksam sei. Diese Ansicht ist jedoch vom Berufungsrichter mißbilligt worden, weil nach dem heutigen Stande der Theorie und Praxis des gemeinen Rechtes die Zulässigkeit solcher Arrogationen als anerkannt angesehen werden dürfe. Dem ist beizutreten.

Vgl. Dernburg, Pandekten Bd. 3 § 30 Anm. 12; Seuffert, Archiv Bd. 19 Nr. 254, Bd. 26 Nr. 137; Stölzel im preußischen Just.-Min.-Bl. von 1874 S. 147; Entsch. des R.G.s in Civils. Bd. 6 S. 171 (im Eingange des Thatbestandes).

Angriffe sind hiergegen auch nicht erhoben worden. Vielmehr haben sich die Beklagten selbst auf die Adoption der beiden unehelichen Kinder berufen und auszuführen versucht, daß dadurch zwischen diesen Adoptivkindern ein Geschwisterverhältnis und infolgedessen auch zu Gunsten der Beklagten ein Intestaterbrecht begründet worden sei. Wenn die Beklagten damit haben behaupten wollen, daß ihnen, als Nachkommen der verehelichten H., welche schon früher verstorben zu sein scheint, ein unmittelbares gesetzliches Erbrecht nach der Charlotte W. zuzusprechen sei, so würde diese Rechtsansicht schon aus dem Grunde ohne weiteres als irrig bezeichnet werden müssen, weil der Pächter W. durch die Adoption der verehelichten H. die väterliche Gewalt über deren eheliche Descendenten nicht erlangen konnte, und daher die Beklagten für ihre Person in den Kreis der Agnaten des Adoptierenden überhaupt nicht eingetreten sind. Aber auch in dem Falle, wenn die verehelichte H. erst nach der Erblasserin Charlotte W. verstorben sein sollte, würde ein gesetzlicher Anspruch auf den streitigen Nachlaß den Beklagten durch Vererbung oder Transmission nicht haben zufallen können, da die verehelichte H. ebenfalls in keinem agnatischen Verhältnisse zu der Erblasserin gestanden hat und daher gleichfalls nicht erbberechtigt war. In dieser Beziehung ist zwar dem Berufungsrichter darin nicht beizutreten, daß nach heutigem gemeinen Rechte durch Adoption oder Arrogation ein agnatisches Verhältnis zwischen dem angenommenen Kinde und den Agnaten des Adoptivvaters in keinem Falle begründet werde.

Vgl. Entsch. des R.G.'s in Civils. Bd. 31 S. 187.

Dagegen muß anerkannt werden, daß in der gemeinrechtlichen Praxis das Bestreben hervorgetreten ist, einerseits die adoptio plena und minus plena und andererseits die Arrogation und die Adoption im engeren Sinne miteinander zu verschmelzen.

Vgl. preuß. Just.-Min.-Bl. von 1874 S. 145.

Auch ist zuzugeben, daß in Fällen, wo nicht in väterlicher Gewalt stehende Personen von einem Manne an Kindesstatt angenommen werden, diejenigen Wirkungen, welche nach römischem Rechte mit der Arrogation schlechthin verbunden sind, nicht immer im vollen Umfange eintreten, sondern daß die rechtlichen Wirkungen der Annahme an Kindesstatt auch in Fällen, in denen die Voraussetzungen der Arrogation vorliegen würden, darauf beschränkt werden können, daß dem Willen der Beteiligten und der mitwirkenden Behörde entsprechend lediglich dem Adoptivvater und dem angenommenen Kinde Rechte entstehen. Dieser Gesichtspunkt trifft im vorliegenden Falle zu. In den maßgebenden Bestätigungsurkunden, welche unter Vermeidung des Ausdruckes „Arrogation" nur von einer „Adoption und Annahme an Kindesstatt" sprechen, ist ausdrücklich bemerkt worden, daß die der verehelichten H., bezw. der Charlotte S., erteilten Rechte eines vom Pächter W. in der Ehe erzeugten Kindes „rücksichtlich seiner" mit dem Rechte der Succession in sein Vermögen bestätigt würden. Dieser Zusatz konnte nur eine beschränkende Bedeutung haben. Im Hinblick hierauf ist die durch Urkundenauslegung gewonnene Feststellung des Berufungsrichters nicht zu beanstanden, daß Charlotte S.-W. und die verehelichte H., welche nach der vom Oberappellationsgerichte gebrauchten Wendung, der Bitte des W. entsprechend, die Rechte von ehelichen Kindern nur „rücksichtlich seiner" erlangt haben, zu einander in das Verhältnis von Halbgeschwistern nicht getreten sind." ...

III. Preußisches Recht.

53. Findet § 187 A.L.R. I. 8 auch auf die Errichtung von Gebäuden, mit welcher eine Erniedrigung des Grundes und Bodens verbunden ist, Anwendung? Haftet ein Grundbesitzer im Falle der Nichtbeobachtung dieser Vorschrift auch ohne Verschulden seinem Nachbar für den entstandenen Schaden? — Haftung des Bauherrn für den seinem Nachbar verursachten Schaden, wenn bei dem Baue die erforderlichen Sicherungsmaßregeln nicht getroffen sind.

VI. Civilsenat. Urt. v. 2. Januar 1896 i. S. Kw., P. & Co. (Bekl.) w. St. Wwe. (Kl.) Rep. VI. 267/95.

I. Landgericht Posen.
II. Oberlandesgericht daselbst.

Aus den Gründen:

„Die Beklagte errichtete im Jahre 1887 auf ihrem Grundstücke B.-Straße Nr. 10 in P. unmittelbar an dem auf dem Nachbargrundstücke der Klägerin, B.-Straße No. 11/12, befindlichen Seitengebäude ein Spiritusreservoir. Während des Hochwassers in der Nacht auf den 29. März 1888 stürzte die Wand des Seitengebäudes der Klägerin, welche an dem Spiritusreservoir lag, soweit als die anstoßende Wand des letzteren ging, ein. Zugleich brach diese Reservoirwand zusammen. Die Klägerin macht die Beklagte für den hierdurch verursachten Schaden verantwortlich. Beide Instanzen haben den Anspruch für begründet erklärt.

Die erste Instanz hat angenommen, Beklagte habe es bei der Anlegung des Reservoirs unterlassen, die zum Schutze des Gebäudes der Klägerin erforderlichen Sicherungsmaßregeln zu treffen, und sei danach auf Grund der Vorschriften des § 367 Ziff. 14 St.G.B. und des § 26 A.L.R. I. 6 für den entstandenen Schaden verantwortlich. Das Berufungsgericht ist zwar auch der Ansicht, daß es bei dem Baue des Spiritusreservoirs versäumt worden sei, auf die Sicherung des klägerischen Hauses so, wie solches erforderlich gewesen, Bedacht zu nehmen; es stellt aber fest, daß der Beklagten in dieser Beziehung kein Versehen zur Last falle, da sie den Bau einem geeigneten Techniker übertragen habe. Danach hält es die Beklagte nicht für haftpflichtig für die Nichtbeobachtung der im § 367 Ziff. 14 St.G.B. enthaltenen Vorschrift, da ein Entschädigungsanspruch nach den §§ 88 flg. Einl. zum A.L.R. und nach §§ 8. 36. 37 A.L.R. I. 6 in der Regel ein Verschulden, sei es ein bewußt rechtswidriges Handeln oder ein Versehen des Handelnden, voraussetze; deshalb könne auch die Übertretung eines auf Schadensverhütung abzielenden Polizeigesetzes nur dann zum Schadensersatze verpflichten, wenn den Übertretenden ein Verschulden treffe; er könne die civilrechtliche Vertretung durch den Nachweis abwenden, daß ihm ein vertretbares Versehen nicht zur Last falle. Dagegen nimmt das Berufungsgericht an, daß die Beklagte der Klägerin den entstandenen Schaden zu ersetzen habe, weil sie bei der Anlage des Spiritusreservoirs die Vorschrift des § 187 A.L.R. I. 8 nicht beobachtet habe. In dieser Beziehung wird folgendes ausgeführt: nach dem § 34 der Bauordnung für den Baubezirk der Stadt P. in Verbindung mit diesem § 187 solle, wenn mit dem Bauen eine Erniedrigung des Grundes und Bodens gegen das Nachbargrundstück hin verbunden sei, der Bauende nicht bloß 3 Fuß, sondern 2,5 Meter von der Grenze entfernt bleiben; die Beklagte sei auch durch die Größenverhältnisse des Grundstückes an der Beobachtung dieser Vorschrift nicht behindert gewesen; da sie durch die tiefe Ausschachtung des Grundes und Bodens bei der Anlegung des Reservoirs unmittelbar an dem Grundstücke der Klägerin eine nicht gestattete Veränderung vorgenommen habe, so müsse sie den hierdurch entstandenen Schaden tragen ohne Rücksicht darauf, ob ihr ein Versehen zur Last falle.

Die Revision rügt Verletzung des § 187 A.L.R. I. 8 durch unrichtige Anwendung. Sie bringt folgendes vor: es sei davon auszugehen, daß eine Anlage, welche nach ihrer Konstruktion den Nachsturz der angrenzenden Erde hindere, nicht unter die Veränderungen zu rechnen sei, auf welche sich der § 187 a. a. O. beziehe; es ergebe sich solches daraus, daß der Paragraph vorzugsweise die Anlage von Gräben im Auge habe; hier sei die Begrenzung der vertieften Fläche durch eine lotrechte Steinmauer erfolgt; danach könne es sich nur darum handeln, ob diese Mauer in hinreichender Stärke und mit den gehörigen Vorsichtsmaßregeln errichtet worden sei; die Beklagte sei aber, wie das Berufungsgericht anerkenne, für die ungenügende Stärke der Mauer nicht verantwortlich.

Das Berufungsgericht nimmt an, daß die Beklagte nach der Bauordnung für den Baubezirk der Stadt P. in Verbindung mit dem § 187 A.L.R. I. 8 ihr Reservoir, dessen Erbauung mit einer tiefen Ausschachtung verbunden gewesen ist, nur in einer Entfernung von 2,5 Meter von der Grenzwand der Klägerin habe anlegen dürfen. Es geht davon aus, daß nach dem § 187 A.L.R. I. 8 ein mit einer solchen Ausschachtung verbundener Bau nur dann gestattet sei, wenn ein Wall von drei Fuß Breite gegen die nachbarliche Verzäunung stehen bleibe, insofern solches ausführbar erscheine, und nicht entgegenstehende polizeiliche Anordnungen vorhanden seien. Durch die Bauordnung für den Baubezirk der Stadt P. hält es den § 187 a. a. O. nur bezüglich der Entfernung für abgeändert, in welcher eine derartige Anlage von der nachbarlichen Verzäunung errichtet werden darf. Die Entscheidung beruht danach nicht lediglich auf der P.'schen Bauordnung, sondern auf dem § 187 A.L.R. I. 8, und es fragt sich also, ob dieser Paragraph auf ein Bauwerk wie das in Rede stehende mit Recht angewandt ist.

Der Paragraph lautet: „Erniedrigt jemand seinen Grund und Boden durch Anlegung eines Grabens oder sonst, so muß ein Wall von drei Fuß Breite stehen bleiben." Der Paragraph bezieht sich auf alle Arten der Erniedrigung des Grundes und Bodens, wie dieses die Worte „oder sonst" ergeben. Es ist nicht richtig, wenn die Revision die Bestimmung auf die Anlage von Gräben oder ähnlichen Vertiefungen beschränken will. Eine Erniedrigung des Grundes und Bodens hat nun bei der Anlage des Reservoirs unzweifelhaft stattgefunden. Die Beklagte hat einen Keller von 6—7 Meter Tiefe ausschachten und keinen Wall in der vorgeschriebenen Breite stehen lassen. Es wurde vielmehr hart an der Erdwand, auf welcher die Fundamente des klägerischen Hauses lagen, beziehungsweise an der Grenzwand desselben eine lotrechte Mauer von 0,60—0,80 Meter Stärke aufgeführt. Man kann der Revision zugeben, daß, wenn es sich um die Ausschachtung eines Kellers in einem Gebäude handelt, der vorgeschriebene dreifüßige Wall durch eine die Verzäunung des Nachbargrundstückes hinreichend sichernde Umfassungsmauer ersetzt werden kann; allein hierauf kommt es in dem vorliegenden Falle nicht an, da nach der Feststellung des Berufungsgerichtes der Grenzmauer des Reservoirs die zum Schutze des klägerischen Grundstückes erforderliche Stärke gefehlt hat.

Mit dieser Auffassung steht auch das Gutachten des Professors D. vom 27. Oktober 1894 in Übereinstimmung. Hierin wird ausgeführt, daß sich aus den in dem § 187 A.L.R. I. 8 gegebenen Direktiven allgemeine Regeln des Bauwesens entwickelt hätten; der Gesetzgeber sei bei diesem Paragraphen von der selbstverständlichen Annahme ausgegangen, daß die Böschung der Abgrabung in solcher Schräge angelegt werde, daß ein Abrutschen derselben über die Nachbargrenze hinaus nicht eintreten könne; hier sei die Begrenzung der vertieften Fläche gegen den Hofraum nicht mittels gewöhnlicher Erdböschungen üblicher Schräge, sondern mittels lotrechter Steinmauer geschehen, und es sei eine aus jener Gesetzesbestimmung abgeleitete, als selbstverständlich anerkannte Regel des Bauwesens, daß solche Mauer stark genug konstruiert sein müsse, um dem bei lotrechter Begrenzung des Erdreiches auftretenden sogenannten aktiven Erddrucke zu widerstehen; wenn durch neuere Bauordnungen das Bauen hart an der Grenze zugelassen werde, so gelte es, auf den vorliegenden Fall übertragen, als eine selbstverständliche Forderung, daß eine den seitlichen Erddruck des Nachbargrundstückes aufnehmende Mauer stark genug konstruiert sein müsse, um auch die aus einer Belastung des Nachbargrundstückes durch Gebäude entstehende Vergrößerung des seitlichen Erddruckes aufzunehmen.

Auf demselben Standpunkte steht das Urteil des II. Hilfssenates des Reichsgerichtes vom 27. Oktober 1881, Rep. Va. 243/81. Auch damals handelte es sich, wie in dem gegenwärtigen Falle, um die Anlage eines Kellers in der Nähe der klägerischen Wand. Der Hilfssenat hatte gegen die Anwendbarkeit des § 187 A.L.R. I. 8 kein Bedenken, vermißte aber eine genügend bestimmte Behauptung, daß Beklagter die Vorschrift dieses Paragraphen außer acht gelassen habe. Nur aus diesem Grunde wurde der Anspruch, soweit er auf § 187 a. a. O. gestützt war, zurückgewiesen.

Die Revision beruft sich mit Unrecht für die von ihr vertretene Ansicht auf das Urteil des früheren preußischen Obertribunales in Bd. 17 S. 117 der Entscheidungen. Bei diesem Urteile handelte es sich um eine zur Wasserleitung bestimmte Anlage, um eine sogenannte Drumme. Das Obertribunal nahm an, daß hierauf nicht § 187 A.L.R. I. 8, sondern § 128 daselbst Anwendung finde. Der damals entschiedene Fall war ein ganz anderer, als der gegenwärtige; auch sind in den Gründen des Urteiles von den obigen abweichende Grundsätze nicht ausgesprochen. Wenn die Revision weiter hervorhebt, daß, soweit es auf die Stärke der Umfassungsmauer ankomme, die Beklagte nach der Annahme des Berufungsgerichtes nicht verantwortlich sei, so hängt dieses mit ihrem weiteren Angriffe zusammen, welcher sich gegen die Ausführung des angefochtenen Urteiles richtet, daß der Grundbesitzer, wenn die Vorschrift des § 187 a. a. O. nicht beobachtet sei, dem Nachbar für den hierdurch entstandenen Schaden hafte, ohne Rücksicht darauf, ob er sich ein Versehen habe zu schulden kommen lassen, oder nicht. . . .

Dieser Angriff muß als gerechtfertigt angesehen werden. Aus dem § 187 a. a. O. läßt sich nichts dafür entnehmen, daß der Grundbesitzer für den durch eine Verletzung desselben entstandenen Schaden auch dann hafte, wenn ihm ein Versehen nicht zum Vorwurfe gemacht werden könne, und es ist kein Grund ersichtlich, warum in einem solchen Falle die Vorschriften des A.L.R.'s I. 6 über die allgemeinen Voraussetzungen einer Verpflichtung zum Schadensersatze nicht zur Anwendung kommen sollen.

Vgl. Gruchot, Beiträge Bd. 3 S. 259.

Die Praxis des Reichsgerichtes hat anerkannt, daß mit der Negatorienklage Schadensersatz nur beansprucht werden kann, wenn auf seiten des Beklagten ein Versehen vorliegt.

Die Revisionsbeklagte macht dem gegenüber geltend, daß der § 187 A.L.R. I. 8 ein auf Schadensverhütung abzielendes Polizeigesetz im Sinne des § 26 A.L.R. I. 6 sei. Dieses erscheint bedenklich. Das frühere Obertribunal hat solches bezüglich des § 185 A.L.R. I. 8, welcher eine Vorschrift von wesentlich gleichem Charakter enthält, verneint.

Vgl. Striethorst, Archiv Bd. 59 S. 63.

Es kommt aber hierauf nicht an, da auch die Haftung auf Grund des § 26 A.L.R. I. 6, wie solches sich aus dem Ausdrucke: „welcher ein auf Schadensverhütung abzielendes Polizeigesetz vernachlässigt," ergiebt, ein Versehen zur Voraussetzung hat.

Weiter führt die Revisionsbeklagte folgendes aus: die Entscheidung des Berufungsgerichtes sei jedenfalls auf Grund der Feststellung, daß die in dem § 367 Ziff. 14 St.G.B. enthaltene Vorschrift nicht beobachtet worden sei, aufrecht zu erhalten; es sei anerkannt, daß auch der Bauherr für die Beobachtung dieser Vorschrift verantwortlich sei; solches werde zwar auch von dem Berufungsgerichte formell angenommen; es beseitige aber diesen Grundsatz wieder, in dem es den Bauherrn für liberiert erkläre, weil er den Bau einem geeigneten Baumeister übertragen habe; das letztere genüge nicht, um den Bauherrn von der ihm nach § 367 Ziff. 14 St.G.B. obliegenden Verantwortlichkeit zu befreien; derselbe müsse sich selbst um den Bau kümmern.

Es ist bereits in dem von dem Berufungsgerichte in Bezug genommenen, in Gruchot, Beiträge Bd. 37 S. 1001 abgedruckten Urteile des VI. Civilsenates des Reichsgerichtes ausgesprochen, daß auch bei einer Verletzung der in dem § 367 Ziff. 14 St.G.B. enthaltenen Norm eine Verpflichtung zur Entschädigung nur im Falle eines Verschuldens begründet sei. Solches ergiebt sich, wie oben ausgeführt, aus dem Wortlaute des § 26 A.L.R. I. 6. Der § 367 Ziff. 14 St.G.B. enthält keine Vorschrift über die Verpflichtung zum Schadensersatze. Ob ein Verschulden vorliegt, hängt von den besonderen Umständen des Falles ab. Danach verneint das Berufungsgericht hier, daß der Beklagten ein Versehen zur Last falle. Daß das Berufungsgericht sich dabei von einem Rechtsirrtume habe leiten lassen, ist nicht ersichtlich. Einen allgemeinen Satz, daß der Bauherr von der ihm nach § 367 Ziff. 14 St.G.B. obliegenden Verantwortlichkeit frei werde, wenn er die Ausführung des Baues einem geeigneten Sachverständigen übertrage, stellt es nicht auf." ...

54. Von welchem Zeitpunkte ab ist die einjährige Frist des § 41 Abs. 2 Eig.-Erw.-Ges. vom 5. Mai 1872 zu berechnen, wenn der Gläubiger dem die Hypothek übernehmenden Grundstückskäufer gegenüber sich verpflichtet hat, die Hypothek innerhalb bestimmter Zeit nicht zu kündigen?

V. Civilsenat. Urt. v. 22. Januar 1896 i. S. B. (Kl.) w. W. (Bekl.) Rep. V. 231/95.

I. Landgericht II Berlin.
II. Kammergericht daselbst.

Der Beklagte hat durch Kaufvertrag von 18. März 1891 und nachfolgende Auflassung ein Grundstück von W. erworben und eine darauf für B. haftende Hypothek von 45000 *M* in Anrechnung auf den Preis übernommen. Das Grundstück veräußerte er im Oktober desselben Jahres, erwarb dann selbst (im Mai 1892) im Wege der Cession die Hypothek und cedierte sie am 5. Oktober 1892 weiter an S. Bei der bald darauf geschehenen Zwangsversteigerung des Pfandgrundstückes fiel diese Hypothek aus. Nachdem das geschehen, cedierte S. die Forderung an den Kläger (am 17. Januar 1893). Zugleich cedierte er diesem — doch nur in Höhe von 3000 *M* — denjenigen Anspruch auf Befreiung von der persönlichen Haftung für die 45000 *M*, welcher dem Verkäufer des Beklagten, W., auf Grund des Kaufvertrages von 1891 und der darin enthaltenen Schuldübernahme gegen den Beklagten zustand, nachdem er selbst sich diesen Anspruch am 29. Oktober 1892 von W. hatte cedieren lassen.

Der Kläger verlangt nunmehr von dem Beklagten die Zahlung von 3000 *M* mit Zinsen seit der Klagezustellung. Das Landgericht hat den Beklagten zu dieser Zahlung verurteilt, das Berufungsgericht hat abändernd die Klage abgewiesen. Die Revision des Klägers ist zurückgewiesen worden.

Aus den Gründen:

„1. Die Cession der 45000 *M* vom Beklagten an S. enthält die Erklärung, daß der Beklagte jedwede persönliche Haftbarkeit für die Hypothek ausschließe. Das Berufungsgericht legt dies dahin aus, daß der Beklagte nicht nur seine Gewährleistungspflicht als Cedent, sondern auch die, durch die Übernahme der Hypothek in Anrechnung auf den Preis auf ihn übergegangene persönliche Haftung für die Hypothekenforderung habe ausschließen wollen. Diese Auslegung entspricht dem Wortlaute, ... und in der Revisionsinstanz ist denn auch der Kläger auf die Cession des Beklagten als Klagefundament nicht zurückgekommen.

2. Aber auch aus der Cession des W. kann der Klaganspruch nicht begründet werden.

Der Beklagte ist zwar durch die Übernahme der Hypothekenforderung in Anrechnung auf den Kaufpreis verpflichtet worden, den W. von der der Hypothek zu Grunde liegenden persönlichen Schuld zu befreien. Diesen seinen Befreiungsanspruch konnte aber W. nur dann wirksam an S., und dieser weiter an den Kläger cedieren, wenn er noch fortbestand, und das war nicht mehr der Fall, wenn die persönliche Schuld des W., von der der Beklagte ihn zu befreien hatte, inzwischen erloschen war. War das einmal geschehen, so konnte W. auch, wie das Berufungsgericht mit Recht annimmt, die Befreiungspflicht des Beklagten nicht dadurch wieder ins Leben rufen, daß er, wie in der Cession vom 29. Oktober 1892 geschehen ist und zu deren Rechtfertigung geschehen mußte, dem S. gegenüber das Fortbestehen seiner persönlichen Haftung für die Hypothekenforderung anerkannte.

Das Berufungsgericht nimmt nun auf Grund des § 41 Abs. 2 Eig.-Erw.-Ges. an, daß die persönliche Haftung des W. für die Hypothekenforderung schon zur Zeit der Cession an S. erloschen war, weil der Gläubiger (B. oder dessen Nachfolger) es unterlassen habe, nach erfolgter Benachrichtigung von der Schuldübernahme des Beklagten seine Forderung gegen den Eigentümer des Pfandgrundstückes in vorgeschriebener Art und Frist zu verfolgen."

(Es wird gegenüber den Revisionsangriffen gezeigt, daß das Berufungsgericht eine im April 1891 durch W. geschehene, dem Gesetze entsprechende Benachrichtigung des B. von der Schuldübernahme einwandsfrei festgestellt habe. Dann heißt es weiter:)

„Seit der Benachrichtigung des Gläubigers im April 1891 ist die Darlehnsforderung der 45000 *M*, die nach der ursprünglichen Eintragung jederzeit mit sechsmonatlicher Frist kündbar war, dem Grundstückseigentümer nicht gekündigt worden, und demgemäß war W. von seiner persönlichen Verbindlichkeit spätestens zu Ende April 1892, also bevor er seine Ansprüche an den Beklagten dem S. cedierte, und bevor der Beklagte selbst die Forderung an sich brachte, frei geworden.

Das will der Kläger deshalb nicht gelten lassen, weil in dem Kaufvertrage zwischen W. und dem Beklagten der damalige Gläubiger B. sich verpflichtet habe, die Hypothek (bei pünktlicher Verzinsung) bis zum 1. April 1896 fest stehen zu lassen, die Fristen des § 41 Abs. 2 Eig.-Erw.-Ges. also nach Abs. 3 daselbst erst mit diesem Tage begännen. Diese Replik aber verwirft das Berufungsgericht, indem es, dem Wortlaute des Vertrages gemäß, davon ausgeht, daß die Vertragsbestimmung nur eine dem Beklagten (Käufer) von B. gemachte Zusage enthalte, durch welche die Verhaftung des Verkäufers W. nicht auf eine längere, als die aus der ursprünglichen Eintragung sich ergebende Dauer habe erstreckt werden können. Ein Rechtsirrtum ist auch hierin nicht zu finden. Wenn der Gläubiger einer vom Käufer des Pfandgrundstückes übernommenen Hypothek, statt sie zu kündigen, sich dem Käufer gegenüber verpflichtet, nicht zu kündigen, so thut er das Gegenteil von dem, was das Gesetz ihm zum Zwecke der Erhaltung seiner Forderung an den Verkäufer auferlegt. Das wäre ganz zweifellos, wenn es geschähe, nachdem die Schuldübernahme des Käufers durch Auflassung und durch Benachrichtigung des Gläubigers in jeder Richtung perfekt geworden wäre; es ist aber nicht abzusehen, weshalb es nicht von gleicher Wirkung sein soll, wenn der Gläubiger schon im voraus dem Käufer für den Fall, daß er kaufen und die Hypothek übernehmen möchte, die Zusicherung giebt, nicht kündigen zu wollen. Dann hat er sich eben von vornherein der Möglichkeit begeben, sich die persönliche Forderung gegen den Verkäufer über die gesetzliche Frist hinaus zu erhalten. Folgerecht kann es aber auch keinen Unterschied machen, daß vorliegend der Gläubiger den Verzicht auf die Kündigung schon in dem Kaufvertrage, aber eben nur dem Käufer gegenüber, erklärt hat. Das Berufungsurteil steht also im Einklange mit dem Urteile des Reichsgerichtes vom 4. Januar 1895 zur Sache der preußischen Bodenkreditaktienbank gegen K. Rep. V. 206/95. Durchaus unschlüssig ist die Ausführung des Revisionsklägers, weil die Festlegung der Hypothek bis zum 1. April 1896 auf Betreiben des W. geschehen sei, der dem Beklagten die Hypothek als bis dahin unkündbar bezeichnet habe, so habe das Berufungsgericht trotz der Wortfassung des § 7 des Kaufvertrages vom

18. März 1891 die Vereinbarung über den Ausschluß der Kündigung bis zum Jahre 1896 als zwischen B. und W. (dem Verkäufer) geschlossen ansehen müssen, dergestalt, daß auch W. auf die ursprüngliche freie Kündbarkeit sich nicht mehr berufen könne. Denn der Zweck des W., dem Beklagten eine bis in das Jahr 1896 feste Hypothek zu verschaffen, wurde auch — und sogar in einer für ihn selbst günstigeren Weise — dadurch erreicht, daß B. nur dem Beklagten gegenüber auf das Kündigungsrecht bis dahin verzichtete, und W.'s Interesse daran, daß dies geschah, spricht nicht für, sondern gegen seine Absicht, auch seine eigene persönliche Haftbarkeit entsprechend zu verlängern. Als Auslegungsmittel für die damalige Absicht des W. kann es auch nicht dienen, daß er in der Cession an S. die Fortdauer seiner persönlichen Haftbarkeit anerkannt hat, am wenigsten wenn, wie der Revisionskläger selbst die Cession auslegt, die hier anerkannte Haftbarkeit sogleich auch dadurch beendigt werden sollte, daß er dem S. sein Rückgriffsrecht an den Beklagten cedierte. Eine Verpflichtung des W. endlich, wie die Revision sie zu konstruieren sucht, bei der Benachrichtigung des B. von der Schuldübernahme durch den Beklagten im April 1891 jenem noch besonders zu erklären, daß er, W., durch die im März von B. dem Beklagten gegebene Zusage nicht gebunden sei, bestand nicht, und jedenfalls würde der Kläger, der von W. seine Ansprüche herleitet, dieselben nicht auf eine Pflichtversäumnis des W. stützen können.

Hiernach war die Revision zurückzuweisen, ohne daß es des Eingehens auf die vom Revisionsbeklagten vertretene Ansicht bedurfte, daß der Befreiungsanspruch des W. gegen den Beklagten überhaupt nicht Gegenstand einer Cession habe sein können."

---

55. Inwieweit können die Gläubiger des Ehemannes sich wegen der ihnen gegen denselben zustehenden Forderungen an die Früchte eines Landgutes halten, das die im Stande der Gütertrennung lebende Ehefrau gepachtet hat und selbständig bewirtschaftet?

A.L.R. II. 1 §§ 211. 218. 219.

VI. Civilsenat. Urt. v. 23. Januar 1896 i. S. L. (Kl.) w. Sch. (Bekl.) Rep. VI. 262/95.

I. Landgericht II Berlin.
II. Kammergericht daselbst.

Der Beklagte ließ in seiner Prozeßsache gegen den Rittergutsbesitzer P. mehrere Quantitäten Roggen pfänden und versteigern. Von dem Steigerungserlöse von 903 *M* erhielt der Beklagte nach Abzug der Kosten 785,74 *M* ausgezahlt. Nach der Behauptung des Klägers wurde der zum Teil geerntete, zum Teil nicht geerntete Roggen auf einem Stücke Landes gepfändet, das sich im Eigentums-, bezw. Pachtbesitze der im Stande der Gütertrennung lebenden Ehefrau des Schuldners befunden habe und von ihr bestellt gewesen sei. Der Beklagte habe trotz Glaubhaftmachung des Eigentumsrechtes der Frau P. die Freigabe nicht bewilligt, sondern den Roggen versteigern lassen. Der hierdurch entstandene Schade berechne sich auf 2574,24 *M*. Die Beschädigte, Frau P., habe ihren Schadensersatzanspruch an den B., und dieser an ihn, den Kläger, abgetreten. Der Kläger erhob demgemäß gegen den Beklagten Klage auf Zahlung von 2574,24 *M* nebst Zinsen. Vom Landgerichte wurde die Klage abgewiesen, vom Kammergerichte die Berufung des Klägers zurückgewiesen. Auf die Revision des Klägers wurde das Urteil des Berufungsgerichtes aufgehoben und die Sache zur anderweiten Verhandlung und Entscheidung an dasselbe zurückverwiesen.

Gründe:

„Das Berufungsgericht geht zunächst davon aus, daß nach dem Stande der Gütertrennung dem Ehemanne das Recht des Nießbrauches an dem eingebrachten Vermögen der Ehefrau zustehe. Früchte und Nutzungen des Eigentumes der Ehefrau fielen demnach, insoweit nicht Vorbehaltsgut in Frage stehe, in das Eigentum des Ehemannes. Dasselbe gelte auch hinsichtlich der Pachtnutzungen. Das Eigentum an dem bereits geernteten Roggen stehe somit dem Ehemanne zu, auch wenn die Ehefrau nur Pächterin gewesen wäre. Die Gläubiger des Ehemannes seien befugt, wegen ihrer Forderungen gegen diesen sich an die auf dem Pachtgute der Ehefrau erwachsenen und abgesonderten Früchte zu halten. Daß das ehemännliche Nießbrauchsrecht sich nur auf die etwaigen Revenuen aus dem Pachtgute, soweit solche nicht zum Unterhalte der P.'schen Familie notwendig gewesen, erstrecke, und nur diese dem Zugriffe der Gläubiger des Ehemannes unterlägen, könnte vielleicht richtig sein, wenn Frau P. die Pachtung auf Grund einer ihr von ihrem Ehemanne erteilten Genehmigung zum besonderen Betriebe des Gewerbes der Landwirtschaft eingegangen wäre. Eine derartige Behauptung sei nicht aufgestellt. Für die auf dem Pachtgute erwachsenen, nicht abgesonderten Früchte gelte nicht die Bestimmung, daß die Früchte einer Sache mit ihrer Entstehung in das Eigentum des Nutznießers fielen; dieselben seien vielmehr als Eigentum des Verpächters anzusehen. Wäre das Pachtverhältnis schon vor der Pfändung beendet gewesen, so wäre das Eigentum an den Früchten wiederum nur dem Verpächter zugestanden. Da sonach bei jeder Gestaltung der Sachlage die Ehefrau P. nicht Eigentümerin des Roggens gewesen wäre, so könne von einem Schadensersatzanspruche keine Rede sein.

Die Revision rügt, die Leugnung des Eigentumserwerbes der Frau P. gehe jedenfalls bei Unterstellung einer Pachtung derselben zu weit. Das vom Berufungsgerichte angezogene Urteil des preußischen Obertribunals vom 4. Oktober 1849,

vgl. Entsch. desselben Bd. 18 S. 526,

behandle einen anders liegenden Fall. Wolle man nicht davon ausgehen, daß erst das Endergebnis, bezw. der Reingewinn zweiseitiger Verträge Gegenstand des Nießbrauches, bezw. Erwerbes des Ehemannes werde, so mache man der Ehefrau den Abschluß und die Erfüllung solcher grundsätzlich überhaupt unmöglich.

Gemäß den auch für die Mark Brandenburg geltenden Grundsätzen des Allgemeinen preußischen Landrechtes über die Rechte des Ehemannes an dem Eingebrachten der Ehefrau,

vgl. Entsch. des Obertribunals Bd. 30 S. 106,

hat der Mann in Ansehung des eingebrachten Vermögens der Ehefrau alle Rechte und Pflichten eines Nießbrauchers. Die Gläubiger eines Mannes sind daher auch befugt, sich an den Nießbrauch des Mannes zu halten (§§ 231. 257 A.L.R. II. 1). Gemäß § 221 A.L.R. I. 9 sind die Früchte einer Sache, gleich bei ihrem Entstehen, das Eigentum desjenigen, welcher das Nutzungsrecht der Sache hat. Auf die Behauptung, das Stück Landes, auf dem der gepfändete

Roggen gezogen worden, habe sich „im Eigentums-, bezw. Pachtbesitze" der Frau P. befunden, ließe sich somit der Klaganspruch nicht begründen. Der Kläger hat aber ausdrücklich noch weiter behauptet, Frau P. habe das Land selbst bestellt und den Roggen geerntet. Hiernach hätte eine eigene selbständige landwirtschaftliche Thätigkeit der Ehefrau vorgelegen. Der § 211 A.L.R. II. 1 bestimmt zwar, was die Frau in stehender Ehe erwerbe, erwerbe sie der Regel nach dem Manne. Gemäß den einschränkenden Bestimmungen der §§ 218. 219 A.L.R. II. 1 bezieht sich dies aber nach konstanter Rechtsprechung nicht auf den Erwerb durch lästige Verträge. Insbesondere ist anerkannt, daß ein unmittelbarer Erwerb des Mannes an den Einkünften der Frau aus einem von ihr selbständig betriebenen Gewerbe überhaupt nicht stattfinde, die mit dem Gelde der Frau angeschafften Waren und die durch den Verkauf von Waren gelösten Gelder der Frau und nicht dem Manne gehören, und nur der Reingewinn aus dem Geschäfte, der Ertrag nach § 219 a. a. O. bei der Vermögensabsonderung dem Manne zufalle, insoweit er nicht in Grundstücken und Kapitalien auf den Namen der Frau angelegt ist.

Vgl. Erk. des R.G.'s, IV. Civilsenates, vom 14. Mai 1891 in Rassow-Küntzel, Beiträge zur Erläuterung des deutschen Rechtes Bd. 35 S. 1041; Rehbein, Entscheidungen des Obertribunals Bd. 4 S. 108 Anm. b.

Die Ausdehnung des Erwerbes des Mannes auf alles Eigentum, das die Frau im Betriebe eines besonderen Gewerbes erwirbt, würde, wie das Obertribunal in seiner Entscheidung vom 24. November 1864,

vgl. Entsch. des Obertribunals Bd. 52 S. 141; Rehbein, Entscheidungen des Obertribunals Bd. 4 S. 111,

ausführt, jeden eigenen Fabrik- und Handelsbetrieb der Frau unmöglich machen, da dann jedes in ihrer Fabrik gefertigte oder in ihrem Handel angekaufte Stück Ware ohne weiteres Eigentum ihres Mannes werden, und die Frau somit rechtlich außer stand gesetzt werden würde, sich durch Verwertung ihrer Waren oder Fabrikerzeugnisse neues Betriebskapital zu verschaffen. Dieselbe Erwägung trifft aber auch zu bei der Pacht eines landwirtschaftlichen Grundstückes und dem selbständigen Betriebe der Wirtschaft durch die Frau. Woraus sollte die Frau Aussaat, Arbeitskräfte und Pachtzins bestreiten, wenn die Früchte nicht ihr gehörten? Demgemäß fällt auch bei der Pacht eines Gutes von seiten der Frau nur der Reingewinn, der Ertrag an den Mann, soweit derselbe nicht nach § 219 A.L.R. II. 1 der Frau gesichert ist. Den Fall der eigenen Pachtung vorausgesetzt, sind die gepfändeten Früchte noch keine Einkünfte im Sinne des § 219 A.L.R. II. 1, sondern Betriebsmittel, während Einkünfte im Sinne des § 219 sich erst aus der Verwertung des Überschusses der Früchte ergeben würden, der nicht zur Fortführung der Pachtung und zur Deckung des Pachtzinses erforderlich wäre.

Vgl. Rehbein, Entsch. des Obertribunals Bd. 4 S. 108 lit. b. in f.; Striethorst, Archiv Bd. 56 S. 188.

Das ohne Begründung abgedruckte Präjudiz Nr. 2149 des Obertribunals vom 4. Oktober 1849,

vgl. Entsch. des Obertribunals Bd. 18 S. 526,

erklärt allerdings, daß die Gläubiger des Mannes, der sein Gut an die Frau verpachtet, sich an die Früchte des Gutes während der Pachtzeit zu halten befugt sind. Darin kann aber nur der Ausdruck des Gedankens gefunden werden, daß, wenn der Mann der Frau sein Vermögen zum Gewerbebetriebe überläßt, daraus der Eigentumsübergang auf die Frau nicht ohne weiteres folge, und nur bei ganz besonderer, von der Frau zu erweisender Sachlage in solchem Falle die Gläubiger des Mannes von dem Angriff selbst auf die Einkünfte des Gewerbes abgehalten werden könnten.

Vgl. Rehbein, Entsch. des Obertribunals Bd. 4 S. 109 Anm. 2b Abs. 2.

Das Berufungsgericht führt allerdings aus, eine dahingehende Behauptung, daß Frau P. die Pachtung auf Grund einer ihr von ihrem Ehemanne erteilten Genehmigung zum besonderen Betriebe des Gewerbes der Landwirtschaft eingegangen wäre, habe der Kläger nicht einmal aufgestellt. Nachdem aber der Kläger das Eigentumsrecht der Cedentin auch für den Fall behauptet, daß sie nur Pächterin gewesen, und in zweiter Instanz in erster Linie und in Übereinstimmung mit den Behauptungen des Beklagten geltend gemacht, sie habe als Pächterin das Land bestellt und den Roggen geerntet, das Nießbrauchsrecht ihres Mannes habe sich nur auf die etwaigen Revenuen erstreckt, so wäre es Aufgabe des Berufungsgerichtes gewesen, unter Anwendung des Fragerechtes gemäß § 130 C.P.O. das wirklich gegebene Sachverhältnis in der Weise festzustellen, daß eine sichere Grundlage für die rechtliche Beurteilung gegeben wäre.

An nicht geerntetem Roggen ist eine geringe Menge gepfändet worden. Anerkannt ist allerdings, daß die Bestimmung des § 221 A.L.R. I. 9 keine Anwendung auf das Verhältnis zwischen Verpächter und Pächter findet.

Vgl. Rehbein u. Reincke, Allgemeines Landrecht Bd. 1 S. 408 Anm. 52; Entsch. des R.G.'s in Civils. Bd. 26 S. 219.

Hieraus folgt aber nicht, daß sich der Pächter in einer gegen den Eigentümer oder einen anderen gerichteten Vollstreckung die Pfändung der Früchte auf dem gepachteten und in seiner Detention befindlichen Gute gefallen lassen muß. Die Pfändung der Früchte auf dem Halme ist nur gegen den bezugsberechtigten Schuldner zulässig.

Vgl. Entsch. des R.G.'s in Civils. Bd. 18 S. 368. 369; Seuffert, Civilprozeßordnung 7. Aufl. § 714 Anm. 2 S. 911; v. Wilmowski-Levy, Anm. 1 zu § 714.

Die Begründung des Berufungsgerichtes erscheint somit auch in dieser Beziehung nicht ausreichend.

Hiernach war das Berufungsurteil aufzuheben, und die Sache gemäß § 528 C.P.O zur anderweiten Verhandlung und Entscheidung an das Berufungsgericht zurückzuverweisen."

---

56. Ist der Mieter einer Wohnung oder einer zum Betriebe eines Gewerbes dienenden Räumlichkeit berechtigt, vom Vermieter die Gestattung des Anschlusses an den Fernsprechverkehr und die Abgabe der hierzu erforderlichen Einwilligungserklärung zu fordern?

VI. Civilsenat. Urt. v. 30. Januar 1896 i. S. M. (Kl.) w. B. (Bekl.) Rep. VI. 384/95.

I. Landgericht Insterburg.
II. Oberlandesgericht Königsberg i. Pr.

Der Kläger, Drucker und Verleger der in Insterburg erscheinenden Ostdeutschen Volkszeitung, hat von dem Beklagten eine in dessen Hause Nr. 2 an der L.-Straße gelegene Wohnung nebst Seitengebäude zum Betriebe einer Druckerei auf die Zeit vom 1. August 1893 bis zum 1. Oktober 1900 für den Jahreszins von 1350 *M* gemietet. In § 10 des schriftlichen Mietvertrages ist bestimmt, daß der Mieter Veränderungen und Verbesserungen nur mit Einwilligung des Vermieters vornehmen dürfe; in einem Nachtrage ist erklärt, die Wohnung nebst Seitengebäude ... sei von dem Vermieter an den Mieter zum Betriebe einer Buchdruckerei abgegeben; die hierzu notwendigen und gegenseitig zu verabredenden Umbauten und Einrichtungen übernehme der Vermieter; die Kosten hierfür verpflichte sich jedoch der Mieter zu verauslagen. Der Beklagte verweigert die Erteilung seiner Einwilligung zum Anschlusse des Klägers an den Fernsprechverkehr. Auf erhobene Klage wurde durch Urteil des Landgerichtes der Beklagte verurteilt, 1) die zur Einrichtung einer Telephonsprechstelle für die Ostdeutsche Volkszeitung erforderlichen Vorrichtungen an seinem Hause L.-Straße 2 zu J. und der Wohnung des Klägers geschehen zu lassen, 2) die dazu erforderliche Willenserklärung gegen die Kaiserliche Oberpostdirektion Gumbinnen abzugeben, 3) die Kosten des Rechtsstreites zu tragen. Auf Berufung des Beklagten wurde aber vom Oberlandesgerichte unter Abänderung des landgerichtlichen Urteiles der Kläger mit der Klage abgewiesen. Auf die Revision des Klägers wurde jedoch das Urteil des Berufungsgerichtes aufgehoben und die Sache zur anderweiten Verhandlung und Entscheidung an dasselbe zurückverwiesen.

Aus den Gründen:

... „Das Berufungsgericht geht zunächst davon aus, es handle sich nicht um die Erhaltung des vertragsmäßigen brauchbaren Zustandes der Wohnung, sondern lediglich um eine für den Mieter wünschenswerte Verbesserung ihres Zustandes. Hierauf erstrecke sich die Gewährpflicht des Vermiethers aus §§ 270. 291 A.L.R. I. 21 nicht. Nach § 10 des Mietvertrages dürfe der Kläger Veränderungen und Verbesserungen nur mit Einwilligung des Beklagten vornehmen. Hiermit stimme § 281 A.L.R. I. 21 überein, wonach der Pächter oder Mieter den Verpächter oder Vermieter zur Einwilligung in „zu machende Verbesserungen" in keinem Falle nötigen könne. Gemäß

§ 277 A.L.R. I. 21 sei der Vermieter oder Verpächter besondere Bequemlichkeiten oder vorher nicht gewöhnlich gewesene Nutzungen nur insofern zu gewähren schuldig, als er sich hierzu ausdrücklich verpflichtet habe. Die Übernahme einer solchen Verpflichtung sei auch aus dem Nachtrage des Mietvertrages nicht zu entnehmen. Wenn sich auch die Bestimmungen des Nachtrages über die zum Betriebe der Druckerei erforderlichen Einrichtungen auch auf solche Einrichtungen erstrecken sollten, die sich erst während der Dauer des Vertrages als im Interesse des Geschäftsbetriebes erforderlich herausstellten, so würden die hiernach zum zweckentsprechenden Betriebe der Druckerei nicht bloß notwendigen, sondern auch nützlichen Einrichtungen in jedem Falle „gegenseitig zu verabreden sein". Weder von Chikane noch von Mißbrauch des Eigentumes im Sinne der §§ 27. 28 A.L.R. I. 8 könne die Rede sein.

Die Revision macht geltend, der Kläger habe die in dem Mietvertrage vom 19. Februar 1893 § 1 erwähnten Räumlichkeiten für seine Druckerei, insbesondere zum Zwecke der Herstellung und Herausgabe der in seinem Verlage erscheinenden Ostdeutschen Volkszeitung, gemietet. Er sei berechtigt, von den Räumen den Gebrauch zu machen, der durch den Zweck, zu welchem er sie gemietet, bestimmt und bedingt werde. In diesem Umfange habe der Beklagte ihm den Gebrauch zu gewähren und folglich diejenigen Willenserklärungen abzugeben, ohne die der Kläger in dem bezeichneten Umfange die Räumlichkeiten nicht gebrauchen könne. Die Benutzung einer Telephonleitung charakterisiere sich als ein Akt des Gebrauches der gemieteten Räume zu dem dadurch innerhalb derselben ermöglichten mündlichen Verkehre mit außerhalb der gemieteten Räume befindlichen Personen. Die Einrichtungen, welche die Anlage erfordere, und die an sich eine Beschädigung des Gebäudes nicht zur Folge hätten, seien das notwendige Mittel zu dem erwähnten Gebrauche. Der Vermieter müsse ihre Herstellung gestatten und durch Abgabe der erforderlichen Erklärung gegenüber der Oberpostdirektion ermöglichen, sofern die Benutzung einer Telephonanlage in den gemieteten Räumen mit Rücksicht auf den Zweck, zu dem sie der Mieter gemietet, als ein gemeingewöhnlicher Gebrauch derselben erscheine. Nach der Gestaltung und Verbreitung des telephonischen Verkehres werde auch in einer größeren Wohnung die Einrichtung einer Telephonanlage nicht als etwas über den gemeingewöhnlichen Gebrauch Hinausgehendes betrachtet werden können. Keineswegs überschreite sie den gemeingewöhnlichen Gebrauch von Räumen, die dem Betriebe eines größeren Geschäftes, insbesondere der Herstellung einer täglich erscheinenden Zeitung, dienten.

Gemäß §§ 6. 1 des Gesetzes über das Telegraphenwesen des Deutschen Reiches vom 6. April 1892 (R.G.Bl. S. 467) hat jeder Eigentümer eines Grundstückes Anspruch auf Anschluß an ein bestehendes Telegraphen- oder Fernsprechnetz. Für den Teilnehmer an einer Fernsprecheinrichtung ist gemäß § 2 der Bedingungen für den Fernsprechverkehr (Handbuch für Post und Telegraphie S. 264) die Beibringung der Genehmigung des Hauseigentümers der Reichs-Post- und Telegraphen-Verwaltung gegenüber Vorbedingung für die Herstellung des beantragten Fernsprechanschlusses. Aus dem öffentlichen Rechte kann somit eine Verpflichtung des Hauseigentümers, seinem Mieter den Anschluß an die Fernsprecheinrichtung zu gestatten, nicht begründet werden.

Die Einführung der Leitung erfordert nach der Mitteilung der Oberpostdirektion zu Gumbinnen das einmalige Durchbohren des Mauerwerkes in Weite von drei Centimetern und das Eingipsen einer kleinen Isolationsvorrichtung an derselben Stelle, während für die Erdleitung vier bis sechs Klammern zur Festlegung des Erddrahtes zehn Centimeter tief in das Mauerwerk einzugipsen sind. Die Anlage selbst nimmt somit die Substanz des Mietobjektes, unter Umständen das Mauerwerk nicht gemieteter Räume in Anspruch. Im vorliegenden Falle, in dem der Mieter außer der Wohnung ein Seitengebäude gemietet hat, würde es sich vielleicht bloß um das Mauerwerk des gemieteten Raumes handeln. In welchem Raume die Fernsprechanlage hergestellt werden soll, ist nicht festgestellt.

Der Kläger betrachtet den Fernsprechanschluß als eine zur Erreichung des durch den Mietvertrag verfolgten Zweckes erforderliche Einrichtung und verlangt von diesem Gesichtspunkte aus die Gestattung der Herstellung. Das Berufungsgericht ist der Meinung, daß dieses Begehren durch die Bestimmungen des Vertrages und des Vertragsnachtrages, sowie der §§ 291. 277. 281. 282 A.L.R. I. 21 ausgeschlossen sei. Es erachtet den Fernsprechanschluß als eine Verbesserung des bisherigen Zustandes der Wohnung und findet die Bestimmung des § 10 des Mietvertrages im Einklange mit den Bestimmungen der §§ 281. 282 A.L.R. I. 21. Von einer Veränderung oder einer Verbesserung des Mietobjektes im Sinne der §§ 281. 282 A.L.R. I. 21 ist aber keine Rede. Bei nicht pünktlicher Zahlung der Vergütung, bei mißbräuchlicher Benutzung des Fernsprechers, ungebührlichem Verhalten des Beteiligten der Vermittelungsanstalt gegenüber &c steht gemäß § 87 der Bedingungen für den Fernsprechverkehr der Verwaltung das Recht der sofortigen Aufhebung zu, während der Teilnehmer gemäß § 8 aus Anlaß des Wechsels der Wohnung oder des Geschäftslokals die Verlegung der Fernsprechstelle nebst zugehöriger Leitung beanspruchen kann (Handbuch für Post und Telegraphie S. 268). Die Einrichtung ist somit an die Person des Teilnehmers gebunden und folgt ihr. § 10 des Vertrages erhält seine Ergänzung durch den Nachtrag. Hier handelt es sich aber um Einrichtungen, die am Mietobjekte, nicht um solche, die im Mietobjekte hergestellt werden sollen. Die Inanspruchnahme der Substanz des Hauses zur Anbringung der Einrichtung in einem so beschränkten Maße, daß, wie beim Einschlagen eines Nagels, die äußerliche Erscheinung der hiervon betroffenen Stelle kein wesentlich verändertes Bild zeigt, ist keine Veränderung, weder im Sinne des Vertrages, noch nach der Anschauung des Rechtsverkehres. Auch keine „besondere Bequemlichkeit oder vorher nicht gewöhnlich gewesene Nutzung" im Sinne des § 277 A.L.R. I. 21 steht in Frage, da es sich um eine zur Erreichung des Vertragszweckes erforderliche Einrichtung handelt.

Die Bestimmungen des Vertragsnachtrages betreffen ferner Einrichtungen, die der Vermieter herzustellen hat. Abgesehen davon, daß das im Nachtrage betonte Erfordernis der Vereinbarung sich nur auf die Art der Ausführung beziehen kann, können diese Bestimmungen nicht für die Frage maßgebend sein, was der Mieter zum Zwecke der Nutzung des Mietobjektes für sich herstellen darf. Ebenso betreffen die Bestimmungen des § 291 A.L.R. I. 21 Leistungen des Vermieters. Aus der Nichtanwendbarkeit dieser Bestimmungen wäre nur zu folgern, daß der Vermieter nicht verpflichtet sei, die Anschlußleitung selbst, d. h. auf seine Kosten, herstellen zu lassen.

Das Berufungsgericht stellt somit die Frage insoweit unter einen falschen Gesichtspunkt, als es die Anlage der Leitung unter die Leistungspflicht des Vermieters stellt und nun prüft, ob das Verlangen des Klägers unter die dem Beklagten als Vermieter obliegenden Ver-

Verpflichtungen falle. In dieser Erwägung und Prüfung tritt sodann folgegemäß die Herstellung der Leitung an die Stelle der Duldung der Herstellung, um die es sich im wesentlichen allein handelt.

Bei dem Anschlusse eines Mieters an eine Fernsprecheinrichtung handelt es sich somit weder um eine Veränderung oder Verbesserung des Mietobjektes, noch um eine Leistung des Vermieters, vielmehr lediglich um den Gebrauch des Mietobjektes. Es fragt sich demnach, ob die Herstellung einer Fernsprechstelle für den Mieter, insbesondere die Anlage der Leitung, unter den ordnungsmäßigen, den gemeingewöhnlichen im Sinne des § 270 A.L.R. I. 21 oder vertragsmäßigen Gebrauch falle. Die Frage ist nicht unbedingt zu verneinen. Art und Umfang des Gebrauches des Mietobjektes bestimmen sich, abgesehen von ausdrücklichen Vertragsbestimmungen, nach der Verkehrssitte und nach dem, was nach der besonderen Sachlage gemäß dem das Verkehrsleben beherrschenden Grundsatze von Treue und Glauben bei gegenseitiger redlicher Erfüllung des Vertrages als Zugeständnis in Anspruch genommen werden kann. Auch die eingeengteste Nutzung einer Wohnung oder eines anderen Mietraumes kann sich nicht auf den bloßen Aufenthalt oder das bloße Hineinstellen von Hausgeräten beschränken. Andererseits ist schon das Einschlagen eines Nagels ein Eingriff in die Substanz. Daß Bilder aufgemacht, Kronleuchter angeschraubt, Spiegel aufgehängt werden dürfen, gilt als selbstverständlich. Der Gebrauch des Mieters erstreckt sich aber notwendig auch auf die nicht unmittelbar gemieteten Räume, Flur, Treppe, Fassade. Auch hier kann die Inanspruchnahme der Substanz, insbesondere des Mauerwerkes, erforderlich werden, wie bei der Befestigung von Teppichen auf der Treppe eines herrschaftlichen Hauses, der Anbringung eines Kleiderrechens zum Reinigen der Kleider im Treppenhause, eines Gewerbszeichens oder einer Firmentafel an der Fassade, eines Sonnendaches vor einem Schauladen, einer Nachtglocke für einen Arzt oder eine Hebamme ꝛc. Manche derartige Ein- und Vorrichtungen nehmen die Substanz des Hauses mehr in Anspruch als der Anschluß eines Mieters an eine Fernsprecheinrichtung. Was nun nach dieser Richtung unter den ordnungsmäßigen Gebrauch fällt, ist im allgemeinen als Thatfrage zu erachten, die sich nach Ort und Zeit, nach allgemeinen Verkehrs- und besonderen Geschäftsverhältnissen, nach der Intention des Mietvertrages, nach persönlichen und sachlichen Rücksichten verschieden beantworten kann.

Vgl. Niendorff, Das preußische Miethsrecht 2. Aufl. § 22 S. 97.

Gemäß der fortdauernden Vorleistungspflicht des Vermieters kann auch die Berücksichtigung wechselnder Bedürfnisse nicht ausgeschlossen werden, soweit sie sich in dem durch den Zweck der Miete bestimmten Rahmen des Mietvertrages halten.

Muß die Herstellung einer Einrichtung wie die einer Fernsprechstelle nach der konkreten Sachlage, insbesondere nach den Anforderungen des in den Mieträumen betriebenen Geschäftes und des Kampfes mit der Konkurrenz, als dringendes Bedürfnis des Gebrauches der Mieträume erachtet werden, während andererseits die Herstellung auf Kosten des Mieters dem Vermieter weder irgend welchen Schaden, noch eine nennenswerte Belästigung bringt, so läßt sich die Versagung der Duldung zwar allerdings nicht als Mißbrauch des Eigentumes im Sinne der §§ 27. 28 A.L.R. I. 8 auffassen; sie verstößt aber gegen die auch für Mietverhältnisse geltenden Grundsätze der bona fides, gegen die Vertragstreue.

Vgl. Dernburg, Preußisches Privatrecht 4. Aufl. Bd. 2 S. 492 Anm. 23; Motive zum Entwurf des bürgerlichen Gesetzbuches Bd. 2 S. 198.

Muß die Verpflichtung zur Duldung der Herstellung als begründet erachtet werden, so würde die Verweigerung der erforderlichen formellen Erklärung als bloße Chikane erscheinen und erst recht gegen Treue und Glauben verstoßen.

Daß der Kläger zur Zeit des Vertragsabschlusses seine Druckerei zur Herstellung der „Ostdeutschen Volkszeitung" betrieben und der Beklagte zu diesem ihm bekannten Zwecke Wohnung und Seitengebäude vermietet hat, wäre als festgestellt vorauszusetzen. Hiernach würde sich zunächst fragen, ob nach Herstellung des Fernsprechverkehres zwischen Insterburg und Berlin der Fernsprechanschluß sich als dringendes Bedürfnis zur Erreichung des mit der Miete verfolgten Zweckes herausgestellt hat. Das von dem Beklagten selbst angegebene Motiv seiner Weigerung, daß er dem Kläger nicht gefällig sein wolle, könnte keine Beachtung finden, während Einwendungen wegen Schädigung des Grundstückes oder sonstiger rechtlicher Interessen des Beklagten zu berücksichtigen wären.

Das Berufungsgericht ist hiernach teils von einer unrichtigen rechtlichen Beurteilung ausgegangen, teils hat es die in Frage kommenden thatsächlichen Verhältnisse nicht ausreichend gewürdigt."

---

57. Inwieweit unterliegen Urkunden über Schuldverbindlichkeiten, die schon in einer Urkunde, zu der der gesetzliche Stempel verwendet ist, Gegenstand der Verschreibung gewesen sind, dem Schuldverschreibungsstempel?

Preuß. Stempelgesetz vom 7. März 1822, Tarifposition: „Schuldverschreibungen".

Preuß. Gesetz vom 24. Mai 1853 § 10 (G.S. S. 521).

IV. Civilsenat. Urt. v. 3. Februar 1896 i. S. B. (Kl.) w. Steuerfiskus (Bekl.). Rep. IV. 261/95.

I. Landgericht I Berlin.
II. Kammergericht daselbst.

Der Kläger hat mittels Vertrages vom 25./26. März 1891, zu dem der gesetzliche Stempel verwendet ist, von der Deutschen Grundkreditbank zu G. zwei zu C. belegene Grundstücke behufs Parzellierung für den Preis von 2100000 ℳ gekauft. Von dem Preise wurde ihm der Betrag von 1900000 ℳ kreditiert, der als Hypothek auf die fraglichen Grundstücke eingetragen wurde. Der Kläger hat sich in dem Vertrage das Recht vorbehalten, das Restkaufgeld auf die einzelnen Parzellen nach einem dem Vertrage beigefügten Plane zu verteilen und die verteilten Beträge auf die Parzellen bei gleichzeitiger Löschung auf dem Restgrundstücke eintragen zu lassen. Über die Parzellenhypotheken sollten besondere, das Sach- und Rechtsverhältnis klarlegende Schuldverschreibungen und Hypothekenbriefe ausgefertigt werden. In Ausführung dieses Vertrages wurden von einem der verkauften Grundstücke zwei Parzellen abgeschrieben und bei Abschreibung derselben die in besonderen Schuldverschreibungen vom 21. August 1891 aufgeführten Restkaufgelder von 62500 ℳ und 74000 ℳ auf die Parzellen eingetragen, wogegen dieselben Beträge auf dem Restgrundstücke gelöscht wurden. Die Steuerbehörde hat zu den beiden Schuldverschreibungen vom 21. August 1891 auf Grund des Gesetzes vom 7. März 1822 den tarifmäßigen Stempel von $^1/_{12}$ Prozent der verschriebenen Summen erfordert, den der Kläger mit Vorbehalt gezahlt und jetzt zurückgefordert hat. Der Klaganspruch ist darauf gestützt, daß die Kaufgeldrestschuld schon in dem Kaufvertrage vom 25./26. März 1891 beurkundet sei, die Verschreibungen vom 21. August 1891 also nicht neue Schuldverbindlichkeiten begründeten, und deshalb das Verlangen der Steuerbehörde der Thatsache gegenüber, daß zu dem Kaufvertrage der tarifmäßige Stempel verwendet sei, zur Doppelbesteuerung führen würde. Beide Instanzrichter haben dem Antrage des Beklagten entsprechend abweisend erkannt. Das Reichsgericht hat die Revision des Klägers zurückgewiesen aus folgenden

Gründen:

„Das Berufungsgericht ist davon ausgegangen, daß dem Schuldverschreibungsstempel nach dem Tarife zum Stempelgesetze vom 7. März 1822 nur diejenigen Urkunden unterworfen seien, in welchen eine für sich bestehende prinzipielle Schuld zum Ausdrucke gebracht werde. Diese Auffassung entspricht dem Sinne des Gesetzes. Es ist aber auch konstatiert, daß diese Voraussetzung, wie alle anderen Erfordernisse gültiger Schuldverschreibungen auf die in Rede stehenden beiden Urkunden vom 21. August 1891 zutreffen, indem in ihnen die Verpflichtungserklärung des Klägers in ganz bestimmter, selbständiger, gesetzlich ausreichender Art und Weise ohne etwaige stellenweise Bezugnahme auf den Kaufvertrag vom 25./26. März 1891 ausgesprochen sei. Auch gegen diese Annahme läßt sich ein rechtliches Bedenken nicht erheben. In den Urkunden heißt es, nachdem der Inhalt des Kaufvertrages im allgemeinen wiedergegeben und ausdrücklich hervorgehoben ist, daß nach der getroffenen Abrede über die Parzellenhypotheken besondere Schuldverschreibungen und Hypothekenbriefe ausgefertigt werden sollten, wie folgt:

„Demgemäß bekennt der Kaufmann B., der Deutschen Grundkreditbank zu G. an Kaufgeld die Summe von 62500 ℳ (bezw. 74000 ℳ) zu verschulden, und verpflichtet sich, den Bestimmungen des Kaufvertrages vom 25./26. März 1891 zufolge diese Kaufgelderforderung in der Zeit vom 1. Juli 1891 bis 1. April 1892 mit jährlich $3^1/_2$ Prozent und vom 1. April 1892 ab mit jährlich

4 Prozent zu verzinsen, die gesamten Zinsen in Vierteljahrsraten zu entrichten und das Kapital selbst a) in Höhe von 3500 *M* (betw. 4000 *M*) am 1. Januar 1892, b) in Höhe der restlichen 59000 *M* (bezw. 70000 *M*) am 1. April 1896 ohne vorausgegangene Aufkündigung zu zahlen.

Sollten die Zinsen oder die vereinbarte Kapitalzahlung nicht pünktlich, d. h. binnen vierzehn Tagen nach Fälligkeit gezahlt werden, kann die Gläubigerin auch schon vor dem 1. April 1896 das Kapital von 59000 *M* (bezw. 70000 *M*) zur Zahlung mit dreimonatlicher Frist kündigen.

Schuldner darf nach vorangegangener vierwöchentlicher Kündigung jederzeit Abschlagszahlungen auf das Kapital leisten.

Zur Sicherheit des Kaufgelderkapitales von 62500 *M* (bezw. 74000 *M*), der Zinsen und Kosten bestellt der Schuldner der Gläubigerin Hypothek mit der oben bezeichneten Grundstücksparzelle von . . . Flächeninhalt . . ., und bewilligt und beantragt Eintragung der Hypothek auf dem für diese Parzelle neu anzulegenden Grundbuchblatt mit der Bestimmung, daß bei Kapitalszahlungen die gedachten Beträge dem jedesmaligen Reste der Gläubigerin im Grundbuchrange nachstehen sollen.

Der zu bildende Hypothekenbrief soll unmittelbar der Gläubigerin zugestellt werden."

Danach hat sich der Kläger in jeder der Urkunden der Deutschen Grundkreditbank gegenüber als Schuldner eines bestimmten Kapitales bekannt und zur Zahlung des Kapitales unter gewissen Modalitäten verpflichtet, und zwar unabhängig von dem Inhalte des Kaufvertrages vom 25./26. März 1891. Die Erklärungen in den Urkunden kennzeichnen sich, worauf der Berufungsrichter mit Recht hingewiesen hat, als selbständige insbesondere dadurch, daß sie zur Vornahme der Eintragungen in das Grundbuch, wie zur klageweisen Geltendmachung der Kaufgelderforderung ohne Beibringung des Kaufvertrages ausreichen, und ebenso sind sie, wie ferner zutreffend ausgeführt ist, geeignet, etwaige Mängel, die dem Kaufvertrage anhaften, wie Irrtum oder Zwang, zu heilen. Die fraglichen Urkunden stellen sich daher als selbständige Schuldverschreibungen im Sinne des Gesetzes dar und unterliegen als solche dem tarifmäßigen Stempel.

Wenn der Kläger die Stempelpflichtigkeit der Urkunden verneint, weil durch dieselben keine neue Schuldverbindlichkeit begründet, sondern nur die schon durch den Kaufvertrag beurkundete Verbindlichkeit wiederholt zum Ausdrucke gebracht sei, so kann dieser Umstand — dem für die Beurteilung der Stempelpflichtigkeit allein maßgebenden Inhalte der Urkunden gegenüber, nach welchem diese für sich bestehende Schuldverschreibungen bilden — nicht entscheidend ins Gewicht fallen. Das Gegenteil ist auch nicht aus den von dem Kläger in Bezug genommenen Ministerialverfügungen und Urteilen des vormaligen preußischen Obertribunales und des Reichsgerichtes zu entnehmen.

Vgl. die Verfügung des Justizministers vom 10. Juni 1831 (Hoyer u. Gaupp, Stempelgesetzgebung 5. Aufl. S. 534); die Verfügungen des Finanzministers vom 25. Juni 1833, 18. September 1857, 22. Januar 1869 und 17. Dezember 1880 (Hoyer u. Gaupp, a. a. O. S. 816. 771. 772. 783; Severin, Preußische Stempelabgaben S. 412); Urteile des preußischen Obertribunales vom 24. Mai 1867 und 20. Januar 1868 (Entsch. desselben Bd. 58 S. 390, Bd. 59 S. 352); Urt. des Reichsgerichts vom 7. November 1881 (Gruchot, Beiträge Bd. 26 S. 1059).

Wie schon der erste Richter zutreffend hervorgehoben hat, stehen in allen daselbst behandelten Fällen Urkunden in Frage, in welchen eine bereits verbriefte Schuld in einer neuen Urkunde zu dem Zwecke nochmals zum Ausdrucke gebracht ist, um sie nach irgend einer Richtung hin zu modifizieren, sei es um sie zu verstärken oder zu sichern oder um sie sonst anders zu gestalten. Dahin gehören die Übernahme einer fremden Schuld, die Übernahme der persönlichen Verhaftung von seiten des bisher nur dinglich Verhafteten, die selbstschuldnerische Bürgschaft u. s. w. In allen diesen Fällen sollen die diese Rechtshandlungen verbriefenden Urkunden dem Schuldverschreibungsstempel nicht unterworfen sein, wenn über die ursprüngliche Schuld, die durch die neue Erklärung modifiziert werden soll, bereits eine besteuerte Urkunde vorliegt. Daß in solchen Fällen eine nochmalige Besteuerung unterbleibt, erklärt sich daraus, daß die Urkunden nicht den Zweck haben, die schon verbriefte Schuld nochmals zu beurkunden, sondern nur deren Modifikation zum Ausdrucke zu bringen, und daß deshalb in ihnen der Schuld nur historisch Erwähnung geschieht. Nur in diesem Sinne ist in den in Bezug genommenen Verfügungen und

Urteilen ausgesprochen, daß allein diejenigen Urkunden dem Schuldverschreibungsstempel unterliegen, die eine neue prinzipale Schuld „begründen". Mit den in Rede stehenden Urkunden ist aber, wie sich aus der Stipulation des § 8 des Kaufvertrages, nach welcher über die Parzellenhypotheken besondere, das Sach- und Rechtsverhältnis klarlegende Schuldverschreibungen verlautbart werden sollen, mit Sicherheit entnehmen läßt, gerade der Zweck verfolgt, der Kaufgelderschuld, also der prinzipalen Schuld, nochmals Ausdruck zu geben. Eine Doppelbesteuerung steht sonach nicht in Frage. — Dieselbe Auffassung liegt dem Urteile des jetzt erkennenden Senates vom 21. April 1890 in Sachen der Cröllwitzer Aktienpapierfabrik gegen den preußischen Steuerfiskus Rep. IV. 1/90 zu Grunde.

Nach der Ansicht des Berufungsrichters steht dem Kläger auch der § 10 des Gesetzes vom 24. Mai 1853, betreffend einige Abänderungen der Hypothekenordnung vom 20. Dezember 1783, (G.S. S. 521) nicht zur Seite. Diese Gesetzesvorschrift bestimmt, daß, wenn Kaufgelder, Erbgelder oder andere Forderungen aus zweiseitigen Verträgen eingetragen werden sollen, für die Bildung des Hypothekeninstrumentes statt eines Nebenexemplares des Vertrages eine unter ausdrücklicher Bezugnahme auf denselben ausgestellte besondere Schuld- und Verpfändungsurkunde genüge, und daß, wenn der Hauptvertrag alle wesentlichen Bedingungen der besonders ausgestellten Schuld- und Verpfändungsurkunde enthalte, zu der letzteren kein höherer Stempel als zu einem Nebenexemplare des Vertrages, also nur ein Stempel von 1,50 ℳ, erforderlich sei. Der Berufungsrichter ist in erster Reihe davon ausgegangen, daß diese Bestimmung durch die Grundbuchordnung vom 5. Mai 1872 (§ 143) außer Kraft gesetzt sei. Ob dem beizutreten ist, kann dahingestellt bleiben. Es ist aber auch angenommen, daß die Voraussetzungen für die Anwendung jener Vorschrift nicht vorliegen. In dieser Hinsicht ist ausgeführt: der Umfang der Schuldverbindlichkeit sei in dem Kaufvertrage einerseits und in den beiden Urkunden vom 21. August 1891 andererseits ein verschiedener; letztere sollten auch nicht zur Vereinfachung der Hypothekeninstrumente dienen, vielmehr seien sie dazu bestimmt gewesen, die in dem § 8 des Kaufvertrages für den Fall der Parzellierung des Grundstückes vorbehaltene Verteilung des Kaufgelderrückstandes auf die einzelnen Parzellen zur Ausführung zu bringen; da der Kaufvertrag die einzelnen in Aussicht genommenen Parzellen und die auf sie entfallenden Beträge des Kaufgeldes nicht angebe, sondern nur die für diese Verteilung maßgebenden Grundsätze ausspreche, so hätte auf Grund des Kaufvertrages eine Eintragung der Parzellenhypotheken nicht erfolgen können; die Urkunden vom 21. August 1891 dienten also nicht, wie der § 10 a. a. O. es verlange, statt eines Nebenexemplares des Vertrages, aus welchem Kaufgelder eingetragen werden sollten, sondern machten erst die Eintragung der in ihnen aufgeführten Schuldbeträge möglich und stellten sich somit auch von diesem Gesichtspunkte aus als neue, selbständige Schuld- und Verpfändungsurkunden dar. — Diese Erwägungen sind rechtlich nicht zu beanstanden. Der Zweck der Vorschrift des § 10 a. a. O. ist auf die Vereinfachung der Hypothekeninstrumente gerichtet. Es soll in den bezeichneten Fällen nicht der Einverleibung der — häufig umfangreichen — Vertragsurkunden in die Hypothekeninstrumente bedürfen, sondern die Beifügung eines Auszuges aus dem Hauptvertrage genügen. Mit Rücksicht darauf ist die Ausstellung besonderer Schuld- und Verpfändungsurkunden, in welchen auf den Hauptvertrag Bezug zu nehmen ist, nachgelassen, und es ist bestimmt, daß, wenn der Hauptvertrag alle wesentlichen Bedingungen der besonders ausgestellten Schuld- und Verpfändungsurkunde enthält, zu der letzteren kein höherer Stempel erforderlich ist, als zu einem Nebenexemplare des Vertrages. Danach setzt die Vorschrift des § 10 a. a. O. voraus, daß sich in Ansehung der Beurkundung des Schuldverhältnisses der Hauptvertrag und die besonders ausgestellte Schuld- und Verpfändungsurkunde inhaltlich decken, indem die letztere nur dazu bestimmt ist, an die Stelle des Hauptvertrages, der die Grundlage für die Eintragung der Schuld bildet, zu treten. Jene Voraussetzung trifft nun aber, wie der Berufungsrichter einwandsfrei dargelegt hat, im vorliegenden Falle nicht zu, und deshalb kann sich der Kläger auf die fragliche Gesetzesvorschrift zur Unterstützung des erhobenen Anspruches nicht mit Erfolg berufen." ...

58. Begriff und Voraussetzungen der „Anstellung" eines städtischen Gemeindebeamten im Sinne des § 56 Ziff. 6 der Städteordnung für die östlichen Provinzen der preußischen Monarchie vom 30. Mai 1853 (G.S. S. 261).

IV. Civilsenat. Urt. v. 10. Februar 1896 i. S. M. (Kl.) w. Stadtgemeinde Berlin (Bekl.). Rep. IV. 268/95.

I. Landgericht I Berlin.
II. Kammergericht daselbst.

Der Kläger, der am 5. Juni 1878 von dem Magistrate der beklagten Stadtgemeinde als Bureauhilfsarbeiter angenommen war und seitdem ununterbrochen in der städtischen Verwaltung Beschäftigung gefunden hat, ist durch die Verfügung des Magistrates vom 9. Februar 1889 nach vorangegangener vierwöchiger Kündigung des Dienstes entlassen worden. Der Kläger hat, da seiner Annahme nach die Dienstentlassung ungerechtfertigt ist, die Stadtgemeinde wegen Zahlung des ihm zugesicherten, noch rückständigen Diensteinkommens in Anspruch genommen. Die Klage ist von beiden Instanzrichtern dem Antrage der Beklagten gemäß abgewiesen worden. Auf die Revision des Klägers hat das Reichsgericht die Beklagte nach dem Klageverlangen verurteilt aus folgenden

Gründen:

. . . „Der Klaganspruch ist auf die Bestimmung des § 56 Ziff. 6 der Städteordnung vom 30. Mai 1853 gegründet, nach welcher die Anstellung der Gemeindebeamten, die dem Magistrate — nach Anhörung der Stadtverordnetenversammlung — zusteht, soweit es sich nicht um vorübergehende Dienstleistungen handelt, und nicht Unterbeamte in Frage kommen, die nur zu mechanischen Dienstleistungen bestimmt sind und auf Kündigung angenommen werden können, auf Lebenszeit erfolgt. Mit Rücksicht auf diese Gesetzesvorschrift hat der Kläger den Magistrat der beklagten Stadtgemeinde zur einseitigen Aufhebung des Dienstverhältnisses nicht für befugt erachtet, indem er behauptet, er sei als Gemeindebeamter angestellt worden, der Magistrat habe ihn als angestellten Beamten anerkannt und als solchen behandelt, da er ihm die Verwaltung eigentlicher, im Organisationsplane vorgesehener Beamtenstellen übertragen habe. Darüber, daß es sich bei der Beschäftigung des Klägers nicht um die Übertragung vorübergehender oder nur mechanischer Dienstleistungen im Sinne des Gesetzes gehandelt, hat sich der Berufungsrichter zwar nicht ausdrücklich ausgesprochen; doch ist er davon, wie sich aus den weiteren Feststellungen ergiebt, der Sachlage entsprechend ausgegangen. Es kann daher nur die Regelvorschrift des § 56 Ziff. 6 a. a. O., nach der die Anstellung der Gemeindebeamten auf Lebenszeit geschieht, in Frage treten. Wie das Reichsgericht — in Übereinstimmung mit dem vormaligen preußischen Obertribunale und dem preußischen Oberverwaltungsgerichte — wiederholt ausgeführt hat,

vgl. Entsch. des R.G.'s in Civils. Bd. 30 S. 181; Gruchot, Beiträge Bd. 33 S. 1038,

ist diese Vorschrift öffentlich-rechtlicher und daher zwingender Natur. Das öffentliche Interesse erfordert es, daß die Gemeindebeamten, damit eine größere Gewähr für die pflichtmäßige Amtsführung erzielt werde, in Ansehung des Fortbestandes des Dienstverhältnisses gesicherter gestellt werden, als die nur durch Privatvertrag verpflichteten Personen. Es ist daher ein Zuwiderhandeln gegen die Anordnung des Gesetzes mit rechtlicher Wirkung ausgeschlossen, und die Gemeindebehörde kann sich weder auf etwa von ihr erlassene, mit dem Gesetze im Widerspruche stehende allgemeine reglementarische Bestimmungen, noch auf Vereinbarungen solcher Art, die sie im einzelnen Falle mit dem Beamten getroffen hat, diesem gegenüber mit Erfolg berufen. Das Gesetz erfordert aber zu seiner Anwendung, und nach der Behauptung der Beklagten fehlt es im gegenwärtigen Falle an diesem Erfordernisse, daß eine Anstellung des Beamten überhaupt stattgefunden hat. Welche Bedeutung das Gesetz mit dem Ausdrucke „Anstellung" verbindet, und von welchen Vorbedingungen die Anstellung abhängt, ist nicht näher angegeben. Es ist jedoch dem Sinne desselben entsprechend — wie vom Reichsgerichte gleichfalls ausgeführt ist — wenn davon ausgegangen wird, daß sich eine „Anstellung" nur durch die Übertragung der Ausübung amtlicher Funktionen zu dauernder Thätigkeit vollzieht. Den Gegenstand der Anstellung bildet daher die Begründung eines dauernden Beamtendienstverhältnisses, und es muß der Wille der Beteiligten — der anstellenden Behörde und des anzustellenden Beamten — auf die Herstellung eines solchen Dienstverhältnisses gerichtet sein. Fehlt es an einem dahingehenden Willen — was nach der Behauptung der Beklagten hier zutreffen soll —, so hat sich auch eine rechtswirksame Anstellung nicht vollzogen. Der Wille selbst kann ausdrücklich erklärt sein; es kann aber sein Bestehen auch, unabhängig von ausdrücklichen Erklärungen, aus der Lage des Falles im allgemeinen, dem Gesamtverhalten der Beteiligten, der Art der übertragenen Dienstverrichtungen und dem thatsächlichen Fortbestande des Verhältnisses gefolgert werden. — Der etwaige Mangel der Zustimmung der Stadtverordnetenversammlung zu der Anstellung ist von keiner rechtlichen Bedeutung.

Vgl. Entsch. des vormaligen R.O.H.G.'s Bd. 13 S. 332; Gruchot, Beiträge Bd. 34 S. 927.

Der Berufungsrichter hat verneint, daß sich eine Anstellung des Klägers als Gemeindebeamten im vorbezeichneten Sinne vollzogen habe, indem nach seiner Feststellung weder bei der Eingehung des Dienstverhältnisses noch während des Fortbestandes desselben der Wille der beiden Teile auf die Herstellung eines dauernden Beamtenverhältnisses gerichtet gewesen sei. Nach seiner Auffassung hat zwischen der beklagten Stadtgemeinde und dem Kläger ein Vertragsverhältnis in Form einer privatrechtlichen Dienstmiete gemäß §§ 869 flg. A.L.R. I. 11 bestanden, zu dessen einseitiger Aufhebung die Beklagte befugt gewesen sei.

Diese Annahmen sind von der Revision mit Recht angegriffen.

Der Kläger ist, wie unstreitig ist, am 5. Juni 1878 als Bureauhilfsarbeiter in den Dienst der städtischen Verwaltung eingetreten, und er ist in dieser bis zu seiner Entlassung im Jahre 1889 thätig gewesen.

Über die Art der Thätigkeit des Klägers hat der Berufungsrichter folgende Feststellungen getroffen:

Der Kläger ist zunächst im Centralbureau mit Führung der Kontrolle über Zustellungen 2c, seit 1879 etwa zwei Jahre hindurch im Bureau des Arbeitshauses und des Irrenhauses mit Führung einer Spezialregistratur und im Bureau des Arbeitshauses zu Rummelsburg als Rezepturbeamter und Expedient, sodann im Bureau der Armendirektion in ähnlicher Weise, im Konvertierungsbureau mit Führung von Kassenbüchern, in der Stadthauptkasse mit Ausreichung von Koupons, im Bureau der Straßenbau-Polizeiverwaltung mit Expeditions- und Registraturarbeiten beschäftigt worden; demnächst ist er dem Umtauschbureau der Stadthauptkasse als Kontrollbeamter und, nachdem er noch andere Stellungen eingenommen hatte, im Juni 1884 dem Steuereinziehungsamte überwiesen worden; in dem letzteren ist er (mit kurzer Unterbrechung) bis zu seinem Ausscheiden aus dem Dienste thätig gewesen, ihm sind dort die Kontrolle über die Erhebung und Beitreibung der Steuern, die Führung von Listen und Büchern und andere in die Steuerverwaltung einschlagende Arbeiten übertragen worden, und er hat zeitweise auch die Stelle eines Buchhalters versehen.

Der Berufungsrichter hat danach für dargethan angenommen:

daß dem Kläger im Dienste der Beklagten Geschäfte, die zur Förderung und Durchführung staatlicher und städtischer Aufgaben bestimmt waren, also amtliche Geschäfte, übertragen gewesen und solche von ihm besorgt worden sind,

daß es sich dabei vielfach, z. B. bei der Thätigkeit eines Buchhalters im Bureau des Steuereinziehungsamtes, um Funktionen gehandelt hat, die gewöhnlich oder regelmäßig von angestellten Beamten versehen werden, und daß auch die vom Kläger geleisteten Dienste, wie die Aufnahmeverhandlungen mit den in das Arbeitshaus eingelieferten Personen, die Kontrolle über die gehörige Einziehung der Steuern, die Beaufsichtigung der amtlichen Wirksamkeit der Steuererheber, obrigkeitlichen Inhaltes sind.

Nach der Annahme des Berufungsrichters genügen jedoch diese Umstände nicht zu dem Nachweise, daß der Kläger als Beamter angestellt sei, da es vorkomme und gesetzlich nicht ausgeschlossen sei, daß auch die Besorgung von obrigkeitlichen Geschäften gegen Entgelt im Wege eines Privatkontraktes übertragen werde.

In Ansehung der Entstehung und des Fortbestandes des Dienstverhältnisses hat der Berufungsrichter folgende Thatsachen festgestellt, auf die er bei der Entscheidung Gewicht gelegt hat, weil dieselben aufs bestimmteste darauf hinwiesen, daß der Wille des Magistrates auf eine dauernde, definitive Anstellung des Klägers nicht gerichtet gewesen sei, und daß ein entsprechender Wille auch auf der Seite des Klägers nicht obgewaltet habe.

1. Dem Kläger ist bei seiner ursprünglichen Annahme als Bureauhilfsarbeiter eröffnet worden, daß das Beschäftigungsverhältnis zu

jeder Zeit lösbar sei, ihm eine dauernde Beschäftigung nicht werde gegeben, auch Beamteneigenschaft nicht werde beigelegt werden, und damit hat sich der Kläger einverstanden erklärt.

2. Unterm 25. März 1879 ist auf eine Anregung des Vorstehers des Centralbureaus, der die Vereidigung des damals in diesem Bureau beschäftigten Klägers im dienstlichen Interesse für geboten erklärte, eine Verfügung des Magistrates dahin ergangen:

daß dem Kläger Beamteneigenschaft beigelegt werde, und er zu vereidigen sei — jedoch ohne Aussicht auf künftige definitive Anstellung und unter der Bedingung, daß jeder von beiden Teilen das Beschäftigungsverhältnis mittels vierwöchiger Kündigung aufzulösen berechtigt sei.

Es ist darauf der Kläger, der sich auch mit dieser Verfügung einverstanden erklärt hatte, am 5. April 1879 mit dem Diensteide belegt worden, nachdem ihm zuvor nochmals eröffnet war, daß er durch die Vereidigung keinen Anspruch auf feste Anstellung erlange.

Der Berufungsrichter hat weder der Anordnung der Vereidigung noch der Verleihung der Beamtenqualität eine entscheidende Bedeutung beigelegt. Nach seiner Ausführung ist zwar die Vereidigung des Klägers, was entsprechend auf jeden Beamten, von dem der Diensteid gefordert werde, zutreffe, zu dem Zwecke angeordnet, um den Kläger zur Besorgung amtlicher Geschäfte, welche Verschwiegenheit, Sorgfalt, Treue, Zuverlässigkeit voraussetzen, ohne Gefährdung der Interessen der Stadt und des Gemeinwohls verwenden zu können; jedoch soll nach jener Ausführung der Folgerung, daß der Kläger durch die Anordnung der Beeidigung als Beamter angestellt oder als angestellter Beamter anerkannt sei, die ihm vor der Abnahme des Eides im Auftrage des Magistrates gemachte Eröffnung entgegenstehen, durch die gleichzeitig ausgesprochen sei, daß der Kläger weder bisher angestellt sei, noch jetzt angestellt werde. In Ansehung der Verleihung der Beamteneigenschaft, zu deren Rechtfertigung die Beklagte angeführt hat, daß sie zu dem Zwecke geschehen sei, um den Kläger an dem den Beamten hinsichtlich der Heranziehung zu den Gemeindeabgaben gesetzlich zustehenden Privileg teilnehmen und ihn für die Verletzung seiner Pflichten nach den für Beamte geltenden Grundsätzen strafrechtlich haftbar zu machen, hat der Berufungsrichter erwogen: der Magistrat sei zwar nicht ermächtigt gewesen, dem Kläger, wenn er nicht vermöge des Dienstverhältnisses, in dem er zu der Beklagten gestanden, Beamter gewesen sei, die gesetzlich nur den Beamten gebührende Bevorzugung in betreff der Besteuerung einzuräumen, und der Magistrat habe, da als Beamte im Sinne des § 359 St.G.B. nur die im Dienste des Reiches oder im unmittelbaren oder mittelbaren Dienste eines Bundesstaates angestellten Beamten zu verstehen seien, den Kläger, wenn er ihn der strafrechtlichen Verantwortlichkeit der Beamten unterwerfen wollte, in gewissem Sinne auch in die Reihe der angestellten Beamten erheben wollen und erhoben. Trotzdessen ist jedoch vom Berufungsrichter angenommen, daß durch die Verfügung eine Anstellung, die dem Kläger einen Anspruch auf lebenslängliche Belassung im Dienste und auf dauernde Zahlung von Gehalt und Diäten gewähren würde, nicht stattgefunden habe, da in derselben Verfügung erklärt sei, daß die Beilegung der Beamteneigenschaft ohne Aussicht auf künftige definitive Anstellung erfolge, und daraus zu entnehmen sei, daß der Magistrat den Kläger nach außen hin als Beamten, nach innen aber, d. h. im Verhältnisse zur Stadtgemeinde und in Bezug auf privatrechtliche Ansprüche, nicht als Beamten angesehen wissen wollte. Nach der weiteren Ausführung des Berufungsrichters entspricht ein solcher Rechtszustand der bei der städtischen Verwaltung in Berlin bestehenden Dienstpragmatik, wie sie sich aus den vom Magistrate erlassenen „Bestimmungen, betreffend die Annahme, Beschäftigung und Ausbildung des Personales im Bureau- und Kassendienste der städtischen Verwaltung in Berlin" vom 9. Juli 1878 ergebe, indem danach ein Zwitterverhältnis jener Art hinsichtlich einer ganzen Kategorie von im Bureaudienste des Magistrates thätigen Personen als eine hergebrachte, positiv geregelte und bleibende Einrichtung zu betrachten sei.

3. Der Behauptung des Klägers gegenüber, daß er bei seiner Überweisung an das Arbeitshaus in Rummelsburg als Rezeptionsbeamter zu einer dauernden Beschäftigung berufen sei, und daß sich deshalb jedenfalls damals seine Anstellung vollzogen habe, hat der Berufungsrichter festgestellt, daß der Kläger in allen betreffenden Verfügungen der Gemeindebehörden im Gegensatze zu den Beamten, d. h. den angestellten Beamten, als Hilfsarbeiter bezeichnet und daß dementsprechend seine Dienstbezüge abweichend von denen der Beamten bemessen seien, daß dem Kläger auch damals eröffnet sei,

daß es, abgesehen von den hinsichtlich der Besoldung getroffenen Abänderungen, bei den bisherigen Beschäftigungsbedingungen verbleibe, womit der Kläger sich einverstanden erklärt habe.

4. In einem Berichte vom 18. Oktober 1880, den der Magistrat auf eine Reklamation des — damals noch in Rummelsburg beschäftigten — Klägers gegen seine Heranziehung zur Gemeindeeinkommensteuer in Berlin an die Regierung erstattet hat, ist ausgeführt:

dem Kläger seien im Bureau des Arbeitshauses zu Rummelsburg die Aufnahmeverhandlungen mit den in die Anstalt eingelieferten Personen aufgetragen, wie er auch die Entlassungen zu registrieren habe; ihm lägen die Registraturen in der Spezialregistratur ob, und im übrigen habe er Kanzleiarbeiten zu erledigen; diese Geschäfte seien als dauernde zu bezeichnen und würden auch in der Regel einem Beamten dauernd übertragen, wodurch allerdings die allgemeine Berechtigung des Magistrates zur Versetzung der Beamten, namentlich auch in solche Stellen, in denen der Dienst in Berlin zu verrichten sei, nicht beschränkt werde; in diesem Sinne seien dem Kläger die gedachten Funktionen nur auf unbestimmte Zeit übertragen worden.

Nach der Auffassung des Berufungsrichters läßt sich diese Äußerung des Magistrates gegenüber der Thatsache, daß dem Kläger bei seiner Überweisung an das Arbeitshaus zu Rummelsburg ausdrücklich eröffnet sei, daß diese Überweisung eine Änderung in betreff der Bedingungen seiner Beschäftigung nicht zur Folge habe, im Sinne des Klägers nicht verwerten.

5. Endlich ist festgestellt, daß der Kläger in den Jahren 1883 bis 1887 wiederholt bei dem Magistrate seine Zulassung zur Prüfung behufs Anstellung nachgesucht, damit aber selbst anerkannt habe, daß er bisher als Gemeindebeamter nicht angestellt sei.

Nach diesen Feststellungen und Erwägungen ist der Berufungsrichter zu der oben wiedergegebenen Annahme gelangt, indem er sich auf den Standpunkt gestellt hat: nachdem der Kläger zuerst in ein privatrechtliches Arbeitsverhältnis zu der Beklagten getreten sei, habe die auf Grund dieses Rechtsverhältnisses begonnene und fortgesetzte Thätigkeit, auch wenn sie für die Zwecke der Verwaltung noch so erheblich gewesen sei, durch Zeitablauf allein nicht ihren Charakter verwandeln und in ein öffentlich-rechtliches Gewalt- und Schutzverhältnis, wie es das Beamtenverhältnis sei, übergehen können; vielmehr hätte es zur Erzielung dieser Rechtswirkung einer darauf gerichteten erkennbaren Willensäußerung des Magistrates bedurft; eine solche Willensäußerung liege jedoch nicht vor und könne insbesondere in den vom Magistrate über die Beschäftigung des Klägers getroffenen Verfügungen der wiederholten Erklärung des Magistrates gegenüber, daß er eine Anstellung des Klägers nicht beabsichtige, nicht gefunden werden.

Es bedarf keiner Erörterung, wie das Rechtsverhältnis, das zwischen der Beklagten und dem Kläger beim Beginne der Thätigkeit des letzteren bestanden hat, zu beurteilen ist. Insoweit kann dem Berufungsgerichte gefolgt werden, als anzunehmen ist, daß es sich anfänglich nur um ein Dienstverhältnis im privatlichen Sinne gehandelt hat. Andererseits ist auch ohne weiteres davon auszugehen, daß bei der Annahme des Klägers der Wille des Magistrates nicht auf die Herstellung eines dauernden Dienstverhältnisses gerichtet gewesen ist. Aus der Natur der Sache ergiebt sich, daß vorläufig wohl nur eine probeweise Beschäftigung des Klägers beabsichtigt worden ist, die sich als solche schon als eine nur vorübergehende kennzeichnen mußte, und der deshalb auch einseitig vom Magistrate ein Ende gesetzt werden konnte. Eine entsprechende Auffassung kann jedoch nach der Lage des Falles nicht für die volle Dauer der Thätigkeit des Klägers im Dienste der städtischen Verwaltung, die sich auf einen Zeitraum von fast elf Jahren erstreckt, Raum gewinnen. Vielmehr rechtfertigt sich die Annahme, daß sich im Laufe der Jahre die Dienststellung des Klägers zu der Beklagten in ein Beamtendienstverhältnis im öffentlich-rechtlichen Sinne umgestaltet hat, und zwar in ein solches, dessen dauernder Bestand gewollt ist.

Der Kläger ist ununterbrochen in den verschiedenen Zweigen der städtischen Verwaltung beschäftigt worden. Nach der Feststellung des Berufungsrichters sind ihm Geschäfte, die zur Förderung und Durchführung staatlicher und städtischer Aufgaben bestimmt waren, übertragen worden; dabei hat es sich um Funktionen gehandelt, die der Regel nach von Beamten versehen werden, die auch im Sinne der Beklagten angestellte Gemeindebeamte sind, und die von dem Kläger geleisteten Dienste sind obrigkeitlichen Inhalts gewesen. Danach aber stellt sich die dem Kläger übertragene Beschäftigung als eine solche dar, die nach den Normen des öffentlichen Rechtes nur Ausfluß und Äußerung eines öffentlichen Amtes sein kann. Dem Kläger ist auch — bald nach dem Beginne des Dienstverhältnisses — von dem Magistrate die Beamteneigenschaft ausdrücklich verliehen und es ist von ihm der Diensteid für Gemeindebeamte erfordert worden. Der Magistrat hat ihn demnächst als Beamten insofern anerkannt, als er ihm die gesetzlich nur den Beamten gebührende Bevorzugung hinsichtlich der Heranziehung zu den Gemeindeabgaben eingeräumt hat, und er ist selbst davon ausgegangen, daß der Kläger der strafrechtlichen Verantwortlichkeit der angestellten Beamten unterworfen sei. Es muß deshalb die Annahme ausgeschlossen erscheinen, daß das Verhältnis zwischen der Beklagten und dem Kläger in seinem Fortbestande als ein privatrechtliches Arbeitsverhältnis, wie es die §§ 869 flg. A.L.R. I. 11 im Sinne haben, anzusehen sei. Der Kläger ist zur Ausübung öffentlich-rechtlicher Dienstfunktionen von dem Magistrate als der zur Übertragung solcher Funktionen zuständigen Behörde berufen worden. Er hat die ihm übertragenen Dienstfunktionen unter der Aufsicht und der Autorität der vorgesetzten Dienstbehörde ausgeübt, und demgemäß ist er in ein lediglich nach den Grundsätzen des öffentlichen Rechtes zu beurteilendes Dienst- und Abhängigkeitsverhältnis eines Beamten zur Behörde getreten. Trifft dies aber zu, so ist die Folgerung, die von dem Berufungsrichter aus dem von dem Magistrate bei der Verleihung der Beamteneigenschaft an den Kläger gemachten Vorbehalte hergeleitet ist, daß der Kläger nur nach außen hin als Beamter, dagegen nach innen hin, im Verhältnisse zur Stadtgemeinde und in Bezug auf privatrechtliche Ansprüche, nicht als Beamter anzusehen sei, nicht haltbar. Das Gesetz und insbesondere die hier maßgebende Städteordnung erkennt eine derartige Rechtsstellung von Gemeindebeamten, welche der Berufungsrichter selbst als ein Zwitterverhältnis bezeichnet, nicht an. Allen in den Gemeindedienst berufenen Personen kommen, ebenso wie ihnen die Erfüllung sämtlicher Pflichten obliegt, auch die Rechte eines Beamten im vollen Umfange, und daher auch der Gemeinde gegenüber, in deren Dienst sie getreten sind, zu statten. In Ansehung dieses durch das Gesetz geschaffenen Rechtszustandes kann durch die für die städtische Verwaltung in Berlin von dem Magistrate erlassenen

„Bestimmungen" über die Annahme und Beschäftigung des Beamtenpersonales, denen Gesetzeskraft nicht beiwohnt, eine Änderung nicht herbeigeführt werden. — Wenn der Berufungsrichter ausgeführt hat, daß es vorkomme und gesetzlich nicht ausgeschlossen sei, daß die Besorgung obrigkeitlicher Geschäfte gegen Entgelt im Wege der privatrechtlichen Dienstmiete übertragen werde, so kann die Richtigkeit dieses Satzes dahingestellt bleiben. Jedenfalls trifft er nur zu, wenn einzelne Geschäfte in Frage stehen, nicht aber auch dann, wenn es sich, wie hier, um die dauernde Besorgung obrigkeitlicher Geschäfte handelt.

Ist aber das Rechtsverhältnis zwischen der Beklagten und dem Kläger in dem vorbezeichneten Sinne zu beurteilen, so muß es sich nach den weiteren obigen Ausführungen noch fragen, ob der Magistrat, wenn er den Kläger in der festgestellten Weise beschäftigte, die Absicht gehabt hat, ihn dauernd als Beamten in der städtischen Verwaltung zu verwenden, und diese Frage ist im bejahenden Sinne zu entscheiden. Der Wille des Magistrates nach dieser Richtung ist erkennbar dadurch zum Ausdrucke gelangt, daß er den Kläger durch eine lange Reihe von Jahren ununterbrochen in den verschiedensten Zweigen der Verwaltung beschäftigt, daß er ihn mit Funktionen betraut hat, die sonst nur von — formell anerkannten — Gemeindebeamten versehen werden, und daß er ihn in einzelnen Stellungen bleibend — jahrelang — belassen hat. Diese Thatsachen rechtfertigen die Schlußfolgerung, daß der Magistrat den Kläger als ein für die Erledigung der Geschäfte der Verwaltung erforderliches, in die Reihe der Gemeindebeamten dauernd eingefügtes Mitglied angesehen hat. Der Berufungsrichter hat darauf Gewicht gelegt, daß der Magistrat dem Kläger wiederholt erklärt und ihm insbesondere durch die Verfügung vom 25. März 1879 zu erkennen gegeben hat, daß er keinen Anspruch auf Anstellung habe. Dieser Äußerung ist jedoch gegenüber dem späteren, oben gekennzeichneten Verhalten des Magistrates eine entscheidende Bedeutung nicht zu geben, und aus demselben Grunde können die Verfügungen des Magistrates, durch die der Kläger auf seine Anstellungsgesuche ablehnend beschieden ist, nicht in Betracht kommen. Rechtlich unerheblich ist sodann die Thatsache, daß in der Verfügung vom 25. März 1879 eine Kündigung des Dienstverhältnisses vorgesehen ist, und der Kläger nach dieser Richtung sein Einverständnis erklärt hat. Eine derartige Verabredung steht mit dem Gesetze im Widerspruche und ist deshalb, wie schon oben hervorgehoben ist, rechtsunwirksam. Derselben Beurteilung unterliegen die vorerwähnten, von dem Magistrate erlassenen reglementarischen Bestimmungen über die Annahme und Beschäftigung der Beamten, soweit sie hier in Frage stehen. Wenn nach diesen Bestimmungen, wie konstatiert ist, einer ganzen Kategorie der im Bureaudienste des Magistrates thätigen Personen in Ansehung des Fortbestandes des Dienstverhältnisses eine von der den anderen Beamten gegebenen abweichende rechtliche Stellung angewiesen ist, so steht diese Einrichtung außerhalb der Grenzen des Gesetzes, das im öffentlichen Interesse die Anordnung getroffen hat, daß, abgesehen von speziell vorgesehenen Ausnahmen, alle für den Betrieb der Gemeindeverwaltung erforderlichen Beamten gleichmäßig — auf Lebenszeit — zu berufen sind.

Daß der Wille des Klägers nicht auf die Begründung eines dauernden Dienstverhältnisses gerichtet gewesen sei, ist vom Berufungsrichter nicht festgestellt und muß nach Lage der Sache ohne weiteres für ausgeschlossen erachtet werden.

Nach allem ist anzunehmen, daß sich die Anstellung des Klägers als Gemeindebeamten im Sinne des Gesetzes vollzogen hat. Ist dies aber der Fall, so war der Magistrat zur einseitigen Aufhebung des Dienstverhältnisses, das nach der Vorschrift des Gesetzes als auf die Lebenszeit des Klägers geschlossen anzusehen ist, nicht befugt, und folglich ist der Anspruch des Klägers auf Nachzahlung der rückständigen und ihm vorenthaltenen Dienstbezüge, über deren Betrag ein Streit nicht besteht, gerechtfertigt." ...

59. Ist mit Rücksicht auf § 107 des Militärpensionsgesetzes vom 27. Juni 1871 in der Fassung des Gesetzes vom 22. Mai 1893 im Gebiete der Städteordnung vom 30. Mai 1853 bei Feststellung der Höhe der Civilpension eines Militäranwärters, der auf Lebenszeit als besoldeter Beamter im städtischen Gemeindedienste angestellt worden ist, die Militärdienstzeit als pensionsfähige Dienstzeit in Anrechnung zu bringen?

IV. Civilsenat. Urt. v. 27. Februar 1896 i. S. Stadtgemeinde Stargard i. P. (Bekl.) w. K. (Kl.) Rep. IV. 302/95.

I. Landgericht Stargard i. P.
II. Oberlandesgericht Stettin.

Aus den Gründen:

„Der Kläger ist, nachdem er in der Zeit vom 3. Oktober 1861 bis zum 31. Mai 1872 als Unteroffizier im aktiven Militärdienste gestanden hatte, mit dem Civilversorgungsscheine entlassen und nach einer probeweisen Beschäftigung auf dem Bahnhofspostamte in Köln und bei der Strafanstalt in Naugard am 3. Mai 1873 im Dienste der Beklagten als Polizeisergeant angestellt und seinem Antrage gemäß vom 1. Mai 1894 ab pensioniert worden. Bei der Berechnung der Pension ist ihm seine Militärdienstzeit, welche einschließlich der Kriegsjahre unstreitig auf zwölf Jahre zu beziffern ist, nicht in Anrechnung gebracht worden. Der Kläger hat deshalb die Entscheidung des Bezirksausschusses angerufen, und dieser hat durch Beschluß vom 13. Juni 1894 zwar anerkannt, daß die Pension unter Anrechnung der Militärdienstzeit festzusetzen sei, aber angenommen, daß letztere nicht zwölf, sondern nur elf Jahre betrage, und die Pension auf jährlich 987 ℳ zu berechnen sei. Nachdem der Kläger gegen diesen Beschluß, um die Anrechnung einer zwölfjährigen Militärdienstzeit zu erwirken, bei dem Provinzialrate Beschwerde eingelegt hatte, wurde von diesem, auf die Anschlußbeschwerde des Magistrates der beklagten Stadtgemeinde, die Anrechnung der Militärdienstzeit überhaupt für unzulässig erklärt und die Pension entsprechend der vom Kläger angefochtenen Verfügung des Magistrates auf jährlich 720 ℳ festgesetzt. Der Kläger hat nunmehr den ihm nach § 65 Abs. 3 der Städteordnung vom 30. Mai 1853 in Verbindung mit § 20 Abs. 4 des Zuständigkeitsgesetzes vom 1. August 1883 zustehenden Rechtsweg beschritten, worauf durch das in der Berufungsinstanz aufrecht erhaltene Urteil des Landgerichtes der Anspruch des Klägers, daß bei der Berechnung seiner Pension seine Militärdienstzeit, und zwar in Höhe eines Zeitraumes von zwölf Jahren, mit angerechnet werde, für begründet erachtet worden ist.

Diese übereinstimmenden Entscheidungen der vorinstanzlichen Gerichte erweisen sich als gerechtfertigt.

Nach § 65 Abs. 2 der Städteordnung vom 30. Mai 1853 erhalten die auf Lebenszeit angestellten besoldeten Gemeindebeamten, zu welchen der Kläger unbedenklich zu rechnen ist, insofern nicht mit dem Beamten ein anderes verabredet ist, bei eintretender Dienstunfähigkeit Pension nach denselben Grundsätzen, welche bei den unmittelbaren Staatsbeamten zur Anwendung kommen. Ungeachtet dieser Vorschrift und der Bestimmung des § 15 des Gesetzes vom 27. März 1872, betreffend die Pensionierung der unmittelbaren Staatsbeamten, wonach bei Berechnung der Pension der Civildienstzeit die Zeit des aktiven Militärdienstes hinzugerechnet wird, galt es nach der Rechtsprechung der Gerichte und nach der Praxis der Verwaltungsbehörden bis zum 1. April 1893 als feststehender Grundsatz, daß die von dem Gemeindebeamten vor dem Eintritte in den Gemeindedienst im Militärdienste zugebrachte Zeit bei der Berechnung der Pension nicht in Anrechnung zu bringen sei, es sei denn, daß dies ausdrücklich verabredet worden, was nach dem Anerkenntnisse des Klägers im vorliegenden Falle nicht geschehen ist.

Vgl. Erkenntnis des Obertribunals vom 6. November 1876 in Striethorst, Archiv Bd. 99 S. 86; v. Brauchitsch, Die neuen preußischen Verwaltungsgesetze 10. Aufl. Bd. 3 S. 69 Anm.

In dem erwähnten Erkenntnisse des Obertribunals ist unter Bezugnahme auf die Entstehungsgeschichte des Pensionsgesetzes vom 27. März 1872 dargelegt, daß der § 15 dieses Gesetzes ohne Einfluß auf die Berechnung der Dienstzeit bei Pensionierung der Gemeindebeamten sein sollte, und daß nur die der betreffenden Kommune geleisteten Dienste, nicht also der dem Staate geleistete Militärdienst, bei dieser Berechnung zu berücksichtigen seien.

Dieser Rechtszustand hat, wie die Gerichte der Vorinstanzen mit Recht annehmen, eine wesentliche Änderung durch das mit dem 1. April 1893 in Kraft getretene Reichsgesetz vom 22. Mai 1893, betreffend einige Abänderungen und Ergänzungen der Militärpensionsgesetze vom 27. Juni 1871 und 4. April 1874 ꝛc, erfahren. Nach der Fassung, welche laut Art. 12 des Gesetzes vom 22. Mai 1893 dem § 107 des Gesetzes vom 27. Juni 1871 gegeben worden ist, enthält dieser, soweit es vorliegend darauf ankommt, folgende Bestimmung:

Den im ... Kommunaldienst ... angestellten Militäranwärtern ... wird nach Maßgabe der Bestimmungen in den §§ 48 flg. des Reichsbeamtengesetzes vom 31. März 1873 die Militärdienstzeit bei Ermittelung der Pension als pensionsfähige Dienstzeit in Anrechnung gebracht, wenn und insoweit nach Landesrecht eine Anrechnung der Zeit stattfindet, welche im Civildienst vor Erlangung einer festen, mit Anspruch oder Aussicht auf Pension verbundenen Anstellung verbracht wurde.

Unter den Militäranwärtern sind, wie aus dem Abs. 1 des § 77 des Gesetzes vom 27. Juni 1871 in der Fassung des Gesetzes vom 22. Mai 1893 zu entnehmen ist, die Inhaber des Civilversorgungsscheines, zu welchen der Kläger gehört, zu verstehen. Ferner kann es keinem begründeten Zweifel unterliegen, daß unter den Begriff der im vorstehend vorgeführten § 107 erwähnten Zeit, welche vor Erlangung einer festen Anstellung im Civildienste verbracht worden, namentlich die Vorbereitungsdienstzeit fällt. Dies wird überdies auch durch die Motive des Gesetzentwurfes bestätigt, in welchen u. a. folgendes ausgeführt wird:

> Wo nach geltendem Recht eine Einrechnung der im Vorbereitungsdienst zugebrachten Zeit in die pensionsfähige Dienstzeit überhaupt nicht stattfindet, erfährt auch der Militäranwärter keine Zurücksetzung, wenn ihm bei Regulierung seiner Civilpension die Militärdienstjahre nicht angerechnet werden. Dagegen wird der Militäranwärter in ungerechtfertigter Weise gegenüber den Civilbeamten benachteiligt, welche nicht Soldaten waren oder nur ihrer aktiven Dienstpflicht genügt haben und von vornherein die Beamtenlaufbahn im Civildienst ergreifen konnten, wenn diesen die hier zugebrachte Vorbereitungszeit in die pensionsfähige Dienstzeit eingerechnet wird, während die Militärdienstjahre außer Berücksichtigung gelassen werden. Diesem Mißstande sucht der vorgeschlagene § 107 thunlichst abzuhelfen.
>
> Vgl. Stenogr. Berichte über die Verhandlungen des Reichstages 1892/93, zweiter Anlageband Nr. 112 S. 670.

Der § 107 des Entwurfes entspricht in seinem ganzen Wortlaute dem § 107 in der Fassung des Gesetzes vom 22. Mai 1893.

Hiernach muß der Anspruch des Klägers auf Einrechnung seiner Militärdienstzeit dann begründet erscheinen, wenn anzunehmen ist, daß nach dem in Preußen, im Gebiete der Städteordnung vom 30. Mai 1853, geltenden Rechte bei der Ermittelung der Pension eines auf

Lebenszeit angestellten besoldeten Gemeindebeamten eine Anrechnung der von demselben im Vorbereitungsdienste für den Gemeindedienst zugebrachten Zeit stattzufinden hat.

Diese Voraussetzung trifft aber zu. In dieser Hinsicht ist von der obenerwähnten Bestimmung im Abs. 2 des § 65 der Städteordnung vom 30. Mai 1853 auszugehen, laut welcher die Gemeindebeamten der bezeichneten Art die Pension nach denselben Grundsätzen erhalten, welche bei den unmittelbaren Staatsbeamten zur Anwendung kommen. Daß nun bei der Pensionierung der letzteren die Zeit des Vorbereitungsdienstes einzurechnen ist, ergiebt sich aus § 13 des Gesetzes vom 27. März 1872, betreffend die Pensionierung der unmittelbaren Staatsbeamten, wonach die Dienstzeit vom Tage der Ableistung des Diensteides gerechnet wird; denn es kann nicht bedenklich erscheinen, daß die Ableistung des Diensteides gemäß § 3 A.L.R. II. 10 regelmäßig schon bei dem Eintritte in den Vorbereitungsdienst zu erfolgen hat. Diese Grundsätze galten auch bereits bei Erlaß der Städteordnung vom 30. Mai 1853. Denn in § 9 des Pensionsreglements für die Civilstaatsdiener vom 30. April 1825, welches damals zur Anwendung kam, war vorgeschrieben, daß die Dienstzeit, welche der Berechnung der Dienstdauer zu Grunde zu legen sei, mit dem Datum der ersten eidlichen Verpflichtung zum Staatsdienste anfange. Daß durch diese Vorschrift auch nach damaliger Auffassung die Zeit des Vorbereitungsdienstes umfaßt war, ergiebt sich aus dem Schreiben der Minister des Inneren und der Finanzen vom 31. März 1826, in welchem ausgesprochen wird, daß auch die Dienstzeit der anfänglich ohne Gehalt auf Exspectanz angestellten Beamten, Supernumerare, Referendare rc. vom Tage ihrer eidlichen Verpflichtung zu rechnen sei.

Vgl. v. Rönne, Ergänzungen zu §§ 94—97 A.L.R. II. 10; v. Kamptz, Annalen Bd. 16 S. 843, Bd. 10 S. 296.

Kommt hiernach bei der Pensionierung der unmittelbaren Staatsbeamten in Preußen die Zeit des Vorbereitungsdienstes in Anrechnung, so muß dies auch gemäß § 65 Abs. 2 der Städteordnung vom 30. Mai 1853 im Gebiete dieses Gesetzes für die auf Lebenszeit angestellten, besoldeten Gemeindebeamten unbedenklich dann gelten, wenn sie sich bei derjenigen Gemeinde, welche die Pension zu zahlen hat, im Vorbereitungsdienste befunden haben.

Unter diesen Umständen treffen bezüglich des Klägers die Voraussetzungen zu, durch welche nach dem § 107 des Gesetzes vom 27. Juni 1871 in der Fassung des Gesetzes vom 22. Mai 1893 die Anrechnung der Militärdienstzeit nach §§ 48 flg. des Reichsbeamtengesetzes vom 31. März 1873 als pensionsfähige Dienstzeit bedingt ist. Nach § 49 des ebengedachten Gesetzes ist bei Berechnung der Militärdienstzeit für jedes Kriegsjahr zu der wirklichen Dauer der Dienstzeit ein Jahr hinzuzurechnen, und da die Militärdienstzeit des Klägers einschließlich der in dieser Weise zu berechnenden Kriegsjahre unstreitig zwölf Jahre beträgt, so erweist sich der Anspruch des Klägers auf Anrechnung einer zwölfjährigen Militärdienstzeit bei Ermittelnng der ihm von der Beklagten zu gewährenden Pension als begründet.

Mit Recht haben auch die vorinstanzlichen Gerichte den Einwand der Beklagten, daß dem Gesetze vom 22. Mai 1893 keine rückwirkende Kraft beigelegt werden dürfe, für hinfällig erachtet. Denn nach Art. 27 des Gesetzes ist dasselbe mit dem 1. April 1893 in Kraft getreten, und nach Art. 23 Ziff. 1 des Gesetzes finden die veränderten Vorschriften, betreffend die aus dem Civildienste (Reichs-, Staats- oder Kommunaldienste rc) ausscheidenden ehemaligen Militärbeamten, auf diejenigen Personen Anwendung, welche nach dem Inkrafttreten des Gesetzes aus dem Civildienste ausscheiden. Der Kläger ist aber erst mit dem 1. Mai 1894 aus dem Kommunaldienste ausgeschieden, also erst nachdem das Gesetz in Kraft getreten war.

Die Revision macht geltend, daß nach der Reichsverfassung die Pensionierung der Kommunalbeamten nicht zur Zuständigkeit der Reichsgesetzgebung gehöre. Die Schlüsse, welche die Revision aus diesem Umstande anscheinend gegen die Richtigkeit der Auslegung des Gesetzes vom 22. Mai 1893 durch die vorinstanzlichen Gerichte ziehen will, gehen aber fehl. Denn nach Art. 4 Ziff. 14 der Verfassung des Deutschen Reiches unterliegt das Militärwesen des Reiches der Gesetzgebung desselben. Zu dem Militärwesen gehört aber auch die Versorgung der Militärpersonen nach ihrem Ausscheiden aus dem Militärdienste. Lediglich um eine solche Versorgung handelt es sich aber in den in Betracht gezogenen Bestimmungen des Gesetzes vom 22. Mai 1893, und nur ein solcher Inhalt ist diesen Bestimmungen in den Vorerkenntnissen und in der gegenwärtigen Entscheidung beigelegt. Da ferner nach Art. 2 der Reichsverfassung die nach Maßgabe derselben erlassenen Reichsgesetze den Landesgesetzen vorgehen, so müssen die

Vorschriften des Landesrechtes, auch wenn sie einem Gebiete angehören, welches der Gesetzgebung des Reiches an sich nicht unterworfen ist, der Gesetzgebung des Reiches weichen, sobald sie sich als nicht vereinbar mit dieser innerhalb der verfassungsmäßigen Grenzen ausgeübten Gesetzgebung erweisen. Dieser Standpunkt wird bezüglich des Gesetzes vom 22. Mai 1893 auch von Laband in der dritten Auflage seines Staatsrechtes des Deutschen Reiches vertreten, indem daselbst (Bd. 2 S. 716 Anm. 3) ausgeführt wird, daß durch diese Novelle die Verpflichtung der Gemeinden, Kommunalverbände, ständischen und kommunalen Institute reichsgesetzlich anerkannt und dadurch die älteren landesrechtlichen Bestimmungen beseitigt worden sind. Mit dieser Auffassung befinden sich die Folgerungen, welche aus den bezüglichen Bestimmungen des Gesetzes vom 22. Mai 1893 in den vorinstanzlichen Urteilen und in der vorliegenden Entscheidung hergeleitet worden sind, im Einklange.

Da hiernach die gegen das Berufungsurteil eingelegte Revision nicht begründet erscheint, so war dieselbe zurückzuweisen." ...

---

60. 1. **Sind die Nachtwachtmänner, welche vor dem Gesetze vom 20. April 1892, betreffend die Kosten Königlicher Polizeiverwaltungen in Stadtgemeinden, seitens des Magistrates solcher Städte, auf welche sich dieses Gesetz bezieht, angenommen sind, als lebenslänglich angestellte Gemeindebeamte anzusehen?**

Städteordnung vom 30. Mai 1853 § 56 Ziff. 6.

2. **Steht solchen Beamten seit der Geltung des Gesetzes vom 20. April 1892 ein Klagerecht gegen den Fiskus auf Fortbezug ihres Gehaltes zu?**

IV. Civilsenat. Urt. v. 9. März 1896 i. S. Stadtgemeinde B. (Bekl.) w. L. u. Gen. (Kl.) Rep. IV. 316/96.

I. Landgericht Breslau.
II. Oberlandesgericht daselbst.

Die Kläger waren Mitglieder des städtischen Nachtwachtkorps in Breslau. Sie haben gegenüber der am 1. Oktober 1893 gegen sie ausgesprochene Kündigung den Anspruch auf Fortbezug ihres Gehaltes geltend gemacht, weil sie als lebenslänglich angestellte Gemeindebeamte zu erachten seien. Der erste Richter hat die beklagte Stadtgemeinde verurteilt: 1. anzuerkennen, daß den Klägern vom 1. April 1894 ab ein Anspruch auf lebenslängliche Gewährung ihrer bisherigen Dienstbezüge zustehe, 2. an dieselben vom 1. April 1894 ab auf Lebenszeit bestimmte Monatsgehälter, jedoch abzüglich der ihnen als Wartegelder gewährten Beträge, zu zahlen. Das Berufungsgericht hat die Beklagte verurteilt, 1. anzuerkennen, daß den Klägern vom 1. April 1894 an ein Anspruch auf lebenslängliche Gewährung ihrer bisherigen Dienstbezüge als Nachtwachtmänner zustehe, und 2. an dieselben vom 1. April 1894 ab auf Lebenszeit, so lange sie dienstfähig seien und nicht ein sonstiger Entlassungsgrund gegen sie festgestellt werde, ihre bisherigen Dienstbezüge zu zahlen, jedoch abzüglich der ihnen als Wartegeld gewährten Beträge und abzüglich der ihnen aus anderweitiger Beschäftigung durch die Beklagte zufließenden Bezüge.

Die gegen dieses Urteil von der Beklagten eingelegte Revision ist zurückgewiesen worden.

Gründe:

„1. Von der beklagten Stadtgemeinde wird zuvörderst ihre Passivlegitimation bemängelt; nach der von ihr vertretenen Ansicht hätte die Klage gegen den preußischen Fiskus gerichtet werden müssen. Von dem Berufungsgerichte wird diese Ansicht mit der Ausführung zurückgewiesen, daß die beklagte Stadtgemeinde in Erfüllung ihres eigenen Rechtes und ihrer eigenen Pflicht die Anstellungsverträge mit den Klägern geschlossen habe, und daß das Gesetz vom 20. April 1892 den Eintritt des Staates in die bestehende Organisation des Nachtwachtwesens überhaupt nicht betreffe, durch dasselbe auch materiell dem Staate nur die Kosten desjenigen Nachtwachtwesens auferlegt seien, welches er nach dem 1. April 1893 neu organisieren würde, nicht aber auch solche Kosten, welche in dem bis zum 1. April 1893 bestehenden Nachtwachtdienste ihren Rechtsgrund hätten.

Wie sich infolge des Gesetzes vom 20. April 1892 die Rechtsverhältnisse zwischen den Stadtgemeinden und dem Staate gestaltet haben, kann indessen unerörtert bleiben. Denn hier handelt es sich lediglich darum, ob die Kläger den geltend gemachten Anspruch gegen die beklagte Stadtgemeinde zu verfolgen berechtigt sind. Dieses ist aber der Fall, weil die beklagte Stadtgemeinde durch den Abschluß der Anstellungsverträge in ein sei es privatrechtliches, sei es öffentlich-rechtliches Vertragsverhältnis zu den Klägern getreten ist, welches diesen ein Anrecht auf Vertragserfüllung gegen jene gewährt. Dabei ist es unerheblich, ob die Beklagte das Nachtwachtwesen kraft eigenen Rechtes oder kraft Auftrages des Staates verwaltet hat. Denn die Anstellungsverträge hat sie unbestritten im eigenen Namen geschlossen, sodaß durch dieselben nur ein Rechtsverhältnis zwischen ihr und den Klägern, nicht aber zwischen den letzteren und dem Staate hergestellt ist. Auf das Gesetz vom 20. April 1892 aber hätte sie den Einwand der mangelnden Legitimation nur dann gründen können, wenn die Kläger durch dasselbe verpflichtet worden wären, etwaige Vertragsrechte nicht mehr gegen sie, sondern allein gegen den Staat auszuüben. Das ist jedoch nicht geschehen.

Die Annahme des Berufungsgerichtes, daß die Beklagte zum Prozesse legitimiert sei, verstößt daher gegen keine Rechtsnorm.

2. Auch die weitere Annahme des Berufungsgerichtes, daß die Kläger als lebenslänglich angestellte Gemeindebeamten zu erachten seien, läßt sich nicht beanstanden.

Die Eigenschaft eines Beamten wird erworben durch die Übertragung eines Amtes, d. h. eines durch das öffentliche Recht begrenzten Kreises von Geschäften, in dem Organismus des Reiches, des Staates, der öffentlichen Gemeinden, Verbände oder Korporationen seitens der zuständigen Person oder der zuständigen Behörde und durch den Abschluß eines Dienstvertrages, welcher bezüglich des Amtes ein Gewaltverhältnis begründet, vermöge dessen der Gewalthaber zum Schutze und zur Gewährung des zugesicherten Diensteinkommens verpflichtet ist, der Angestellte aber in eine besondere Gehorsams-, Treue- und Dienstpflicht gegenüber dem Gewalthaber tritt.

Vgl. Laband, Staatsrecht des Deutschen Reiches 3. Aufl. Bd. 1 S. 383 flg.; Rehm in Hirth, Annalen des Deutschen Reiches, 1885 S. 158; Entsch. des R.G.'s in Civils. Bd. 6 S. 107, Bd. 28 S. 85; A.L.R. II. 10 §§ 1—3, 69.

Das Nachtwachtwesen bildet einen Teil der Sicherheitspolizei. Die Polizeigewalt ist ein Ausfluß der Staatshoheit. Aber die Verwaltung der örtlichen Sicherheitspolizei ist durch § 1 des Gesetzes vom 11. März 1850 über die Polizeiverwaltung grundsätzlich den

Stadtgemeinden eingeräumt, und es ist durch § 2 nur ausnahmsweise dem Staate das Recht vorbehalten, in einzelnen Gemeinden diese Polizeiverwaltung staatlichen Beamten zu übertragen. Von diesem Rechte hat der Staat hinsichtlich des Nachtwachtwesens in der Stadt Breslau bis zur Durchführung des Gesetzes vom 20. April 1892, betreffend die Kosten Königlicher Polizeiverwaltungen in Stadtgemeinden, keinen Gebrauch gemacht. Die Verwaltung des Nachtwachtwesens war daher bis dahin eine Gemeindeangelegenheit, und der Geschäftskreis der mit der Ausübung der nächtlichen Sicherheitspolizei betrauten Personen bildete somit ein Gemeindeamt.

Vgl. Verhandlungen der preußischen Ersten Kammer 1849/50 Bd. 3 S. 350 flg.

Die Kläger sind von dem Magistrate der Stadt Breslau für den Nachtwachtdienst angenommen, und es ist ihnen dabei eröffnet worden, daß sie nunmehr als Nachtwachtmeister bezw. Nachtwachtmänner angestellt seien. Sie haben den Eid als mittelbare Staatsbeamte geleistet; es ist ihnen eine „Dienstinstruktion für die Nachtwachtbeamten der Stadt Breslau" ausgehändigt; ihre Ernennung ist auf Ansuchen des Magistrates von der Bezirksregierung bestätigt worden. Damit hat der Magistrat unzweideutig zu erkennen gegeben, daß er die Kläger in den Dienst der Stadtgemeinde aufnehmen wolle, daß er dieselben nicht als gleichberechtigte Kontrahenten ansehe, sondern daß er ein Gewaltverhältnis herzustellen beabsichtige, welches den Klägern eine besondere Gehorsams-, Treue- und Dienstpflicht, der Stadtgemeinde aber die Pflicht zum Schutze und zur Gewährung des Diensteinkommens auferlege. Andererseits haben die Kläger durch Unterschrift des Protokolles über ihre Annahme, durch Leistung des Diensteides und durch Verrichtung der ihnen übertragenen Funktionen ihren Willen erklärt, in den Dienst der Stadtgemeinde zu treten. Sie sind deshalb als Gemeindebeamte zu erachten.

Vgl. Laband, Staatsrecht 3. Aufl. Bd. 1 S. 385. 387.

Allerdings haben nach § 56 Ziff. 6 der Städteordnung vom 30. Mai 1853 bei der Anstellung der Gemeindebeamten neben dem Magistrate die Stadtverordneten insofern mitzuwirken, als sie über die Anstellung vernommen werden sollen. Aber diese Vernehmung ist eine rein innere Angelegenheit der Gemeinde; durch ihre Unterlassung wird die Rechtsgültigkeit der Anstellung gegenüber dem Angestellten nicht berührt, und die beklagte Stadtgemeinde kann daher aus dem von ihr behaupteten Unterbleiben der Anhörung der Stadtverordneten nicht das Recht geltend machen, den Klägern die Beamteneigenschaft zu versagen.

Vgl. Striethorst, Archiv Bd. 79 S. 196; Entsch. des R.O.H.G.'s Bd. 13 S. 335. 336; Gruchot, Beiträge Bd. 34 S. 927; Dernburg, Privatrecht Bd. 1 § 53 Anm. 1.

Diese Eigenschaft war ferner zwar davon abhängig, daß die Anstellung seitens der Staatsregierung bestätigt wurde (§ 4 Abs. 2 Ges. v. 11. März 1850).

Vgl. Entsch. des R.G.'s in Straff. Bd. 22 S. 39.

Indessen die Bestätigung ist, wenn auch nicht bei der Annahme der Kläger, so doch im Laufe ihres Dienstverhältnisses und vor ihrer Entlassung, erfolgt und wird in ihrer Wirksamkeit dadurch nicht beeinträchtigt, daß ihr die Worte beigefügt sind: „für die Zeit ihrer (der Kläger) Verwendung im Nachtwachtdienste der Stadtgemeinde". Denn da die Kläger nur einen Teil ihrer Zeit dem Dienste des Nachtwachtwesens zu widmen hatten, im übrigen aber einer privaten Erwerbsthätigkeit nachgehen konnten, so haben jene Worte offensichtlich zum Ausdrucke bringen sollen, daß die Bestätigung sich nur auf ihre amtliche Thätlichkeit beziehe. Ohne Rechtsirrtum hat daher das Berufungsgericht den Zusatz als „selbstverständlich" bezeichnet.

Die Städteordnung geht im § 56 Ziff. 6 von dem Grundsatze aus, daß die Anstellung der Gemeindebeamten „auf Lebenszeit" erfolgen müsse. Eine Ausnahme wird zugelassen, wenn es sich um nur „vorübergehende Dienstleistungen" handelt. Hiervon ist in den mit den Klägern geschlossenen Dienstverträgen keine Rede; die Verträge mit den Nachtwachtmeistern enthalten sogar die ausdrückliche Bestimmung, daß die Anstellung definitiv erfolge. Sämtliche Kläger haben mindestens zwei Jahre lang im Dienste der beklagten Stadtgemeinde gestanden. Auf Grund dieser Thatsachen stellt das Berufungsgericht fest, daß es sich bei der Anstellung der Kläger nicht um vorübergehende Dienstleistungen gehandelt habe. Diese Feststellung beruht auf keiner Rechtsnormverletzung und ist daher unangreifbar. Insbesondere ist es verfehlt, wenn die Revision darauf hinweist, daß die Kläger auf unbestimmte Zeit und unter Vorbehalt einer vierwöchentlichen bezw. vierzehntägigen Kündigung angenommen seien. Denn eine Anstellung auf unbestimmte Zeit ist von einer solchen zu vorübergehenden Dienstleistungen begrifflich durchaus verschieden; aus der ersteren läßt sich ein Rückschluß auf die letztere nicht ziehen. Ebenso wenig ist aber auch mit jener Feststellung unvereinbar, daß in den städtischen Etats die Dienstbezüge der Kläger nicht als Gehalt, sondern als Lohn oder Löhnung bezeichnet sind, und daß den Klägern bei der Anstellung eröffnet ist, sie hätten bei wiederholter Dienstvernachlässigung oder Trunkenheit ihre sofortige Entlassung zu gewärtigen. Auch würde es damit nicht unvereinbar sein, wenn die städtischen Nachtwachtbeamten von den bei Ausführung des Gesetzes vom 22. Juni 1889, betreffend die Invaliditäts- und Altersversicherung, beteiligten Behörden als versicherungspflichtig angesehen worden wären.

Als weitere Ausnahme verordnet § 56 Ziff. 6 der Städteordnung, daß Unterbeamte, welche „nur zu mechanischen Dienstleistungen bestimmt sind", auf Kündigung angenommen werden können. Das Berufungsgericht stellt fest, daß auch diese Ausnahme nicht vorliege. Eine Gesetzesverletzung ist hierin nicht zu finden. Die Sicherheitspolizei, zu welcher das Nachtwachtwesen gehört, bezweckt den Schutz des Gemeinwesens, der Person und des Eigentumes und hat die Rechtsverletzungen zu bekämpfen, welche Staat und Gesellschaft oder die einzelnen Bewohner gefährden, sowie etwaigen Unfällen vorzubeugen und deren nachteilige Einwirkungen zu beseitigen (§ 10 A.L.R. II. 17).

Vgl. Hue de Grais, Handbuch der Verfassung und Verwaltung 9. Aufl. S. 275. 296. 302.

Insbesondere ist die Sicherheitspolizei berufen, als Hilfsorgan der Staatsanwaltschaft eine aushelfende und ergänzende Thätigkeit zu üben. In dieser Beziehung sind die Polizeibeamten selbständig zur vorläufigen Festnahme befugt, wenn besondere im Gesetze vorgesehene Umstände vorliegen, sie können Personen in polizeiliche Verwahrung nehmen, sobald deren eigener Schutz oder die öffentliche Sicherheit, Sittlichkeit und Ruhe dieses erforderlich macht, ihnen steht unter gewissen Voraussetzungen das Recht zur Durchsuchung von Wohnungen und anderen Räumen zu. Den Beamten der Sicherheitspolizei liegt es aber auch ferner ob, bei Aufläufen einzuschreiten und nötigenfalls die Hilfe der bewaffneten Macht in Anspruch zu nehmen, die erforderlichen Maßregeln zur Löschung ausgebrochener Brände zu treffen, und dergleichen mehr. Demgemäß stellt die Dienstinstruktion für die Nachtwachtbeamten der Stadt Breslau als die Aufgabe der Nachtwachtmannschaft den allgemeinen Grundsatz auf, während der Nacht die öffentliche Sicherheit, Ruhe und Ordnung aufrecht zu erhalten und Schaden vom Eigentume der Stadt und jedes einzelnen Bürgers abzuwenden. In § 4 werden die Nachtwachtbeamten darauf hingewiesen, daß das Gesetz vom 12. Februar 1850 zum Schutze der persönlichen Freiheit zu beachten bleibe. Nach § 6 haben die Nachtwachtbeamten den in der Nacht patrouillierenden Polizeibeamten von allen „ihrerseits in dem Gebiete der Sicherheits- und Ordnungspolizei gemachten Wahrnehmungen" Mitteilung zu machen. § 8 giebt die Belehrung, daß die Nachtwachtmannschaften sich „im Falle der Not" zur „Verteidigung ihres oder fremden Lebens" sowie „zur Abwehr eines Angriffes" ihrer Waffen bedienen dürfen, daß aber die „etwa erforderlich werdende Gewalt" nie weiter angewendet werden solle, als „zur Überwindung des Widerstandes notwendig sei". § 9 enthält Anweisungen über das Verhalten der Nachtwachtbeamten gegenüber strafbaren Handlungen. Dabei werden die Begriffe einer „strafbaren Handlung", eines „schweren Verbrechens", des „öffentlichen Ärgernisses" als bekannt vorausgesetzt. § 10 schreibt das Verhalten gegen Militärpersonen vor. Die Beamten werden angewiesen, ein direktes Einschreiten „so viel als möglich" zu vermeiden, Verhaftungen nur vorzunehmen bei „Excessen", bei „Straßenunfug", wenn ein Offizier ein „Verbrechen" begeht, und „zur Aufrechterhaltung der öffentlichen Ordnung, Ruhe und Sicherheit der Person Gefahr im Verzuge sein sollte". Hiernach kann es keinem gegründeten Bedenken unterliegen, daß die Dienststellung der Kläger eigene Urteilsfähigkeit, ein gewisses Maß von Gesetzeskenntnissen und selbstthätiges Handeln nach freiem Ermessen erforderte. Ihre Leistungen gingen daher, objektiv betrachtet, über diejenigen, welche unter den Begriff der „nur mechanischen" Thätigkeit fallen, hinaus, und die beklagte Stadtgemeinde kann deshalb die für eine solche Thätigkeit zugelassene Ausnahmevorschrift nicht für sich geltend machen.

Vgl. Entsch. des Oberverwaltungsgerichtes Bd. 26 S. 30; Gruchot, Beiträge Bd. 33 S. 1041. 1042.

Wenn demnach vermöge der zwingenden Natur der im Gesetze aufgestellten Regel die Anstellung der Kläger nicht anders als auf Lebenszeit erfolgen durfte, so muß der Vereinbarung, daß die Entlassung nach einer vierwöchentlichen bezw. vierzehntägigen Kündigung statthaft sein solle, die rechtliche Wirksamkeit versagt werden.

Vgl. Entsch. des Oberverwaltungsgerichtes Bd. 12 S. 50. 51; Gruchot, Beiträge Bd. 33 S. 1038; Entsch. des R.G.'s in Civils. Bd. 30 S. 182.

Die Kläger sind daher als lebenslänglich angestellte Gemeindebeamte zu erachten." ...

---

61. 1. Zur Anwendung der §§ 501. 513 Ziff. 1 C.P.O.

2. Regreßanspruch des preußischen Fiskus gegen einen Telegraphenbeamten wegen eines bei Erledigung einer Staatsdepesche begangenen Versehens. Nachweis eines dem Fiskus erwachsenen Schadens.

A.L.R. II. 10 § 91.

IV. Civilsenat. Urt. v. 12. März 1896 i. S. Fiskus (Kl.) w. Sch. (Bekl.) Rep. IV. 306/95.

I. Landgericht Danzig.
II. Oberlandesgericht Marienwerder.

Der Fiskus hat den Beklagten wegen eines bei Erledigung eines Staatstelegrammes begangenen Amtsversehens auf Schadloshaltung in Höhe von 27 *M* in Anspruch genommen. Durch Urteil des Landgerichtes ist der Beklagte nach dem Klagantrage verurteilt worden. Auf die Berufung des Beklagten hat das Oberlandesgericht die Klage abgewiesen. Auf die Revision des Klägers hat das Reichsgericht die erstinstanzliche Entscheidung wiederhergestellt aus folgenden

Gründen:

Der Beklagte hat in der Berufungsinstanz zunächst geltend gemacht, daß die Civilkammer des Landgerichtes, welche in erster Instanz erkannt habe, im Sinne des § 61 G.V.G. nicht vorschriftsmäßig besetzt gewesen sei, und deshalb beantragt, auf Grund der §§ 501. 513 Ziff. 1 C.P.O. das erstinstanzliche Urteil aufzuheben und die Sache in die erste Instanz zurückzuverweisen. Das Berufungsgericht hat nach Lage der Sache keine Veranlassung gefunden, von der ihm nach § 501 C.P.O. zustehenden Befugnis, das erste Urteil aufzuheben und die Sache an das Landgericht zurückzuverweisen, Gebrauch zu machen, und daher die Feststellung des vom Beklagten behaupteten Mangels des Verfahrens dahingestellt gelassen.

Diese Entscheidung ist rechtlich nicht zu beanstanden. Der § 501 C.P.O. setzt voraus, daß das Verfahren der ersten Instanz an einem wesentlichen Mangel leidet. Als wesentlich muß der Natur der Sache nach ein Mangel gelten, der das Verfahren als ordnungsmäßige Grundlage der erstinstanzlichen Entscheidung nicht erscheinen läßt. Ein solcher Mangel wird vorzugsweise dann anzunehmen sein, wenn einer der in § 513 C.P.O. bezeichneten absoluten Revisionsgründe vorliegt. Im Streitfalle ist der Revisionsgrund aus § 513 Ziff. 1 geltend gemacht, indem der Richter, der bei der Fällung des ersten Urteiles als stellvertretender Vorsitzender der erkennenden Civilkammer des Landgerichtes mitgewirkt hat, zu dieser Funktion unter Verletzung der §§ 61. 65 G.V.G. vom Präsidium bestellt gewesen sein soll. Dieser Revisionsgrund könnte zur Anwendung des § 501 C.P.O. führen. Allein in dieser Vorschrift ist bestimmt, daß beim Vorliegen eines wesentlichen Mangels des Verfahrens das Berufungsgericht das Urteil erster Instanz aufheben und die Sache in die erste Instanz zurückverweisen **kann**. Eine derartige Entscheidung steht sonach überall im freien Ermessen des Berufungsgerichtes.

Vgl. Urt. des R.G.'s v. 28. Februar 1893 in der Jur.W.Schr. v. 1893 S. 198.

In der vorliegenden Sache hat das Berufungsgericht dieses Ermessen ausgeübt, jedoch mit Rücksicht darauf, daß die Sache zur anderweiten Entscheidung reif sei, einen Anlaß zur Anwendung des § 501 nicht für gegeben erachtet. Hierin kann eine Gesetzesverletzung nicht gefunden werden. Es kommt hinzu, daß auch in jetziger Instanz die Sache zur Entscheidung reif erscheint. Daraus folgt, daß das Berufungsurteil formell bestehen bleibt und nur noch sachlich der Nachprüfung unterfällt.

In dieser Beziehung muß aber die Beschwerde der Revision über die vom Berufungsgerichte erkannte Abweisung der Klage für begründet gelten.

Nach der bedenkenfreien Annahme des Berufungsgerichtes hat der Beklagte als Reichsbeamter bei Erledigung einer von der XII. Gendarmeriebrigade zu D. an den Gendarm L. zu Pr. St. gerichteten Depesche ein grobes Versehen insofern begangen, als er im Texte der Depesche, wodurch dem L. befohlen wurde, nach O. zu reiten, statt dieses Ortes den Ort J. telegraphiert hat. Es steht fest, daß infolge dieses Versehens der Gendarm L. sich mit seinem Pferde statt nach O. nach J. begeben hat, daß nach Aufklärung des Irrtumes das Pferd des L. von J. nach O. transportiert worden ist, und daß durch den Transport des Pferdes von O. nach J. und zurück auf der Staatseisenbahn 27 ℳ Frachtkosten erwachsen sind.

Das Berufungsgericht nimmt nun zwar an, daß der Beklagte für den durch sein grobes Amtsversehen dem Fiskus erwachsenen unmittelbaren Schaden zu haften habe, ohne daß er durch eine etwaige Mitverschuldung der Aufgeberin des Telegrammes entlastet würde, und daß auch die vom Beklagten unter Bezugnahme auf die Vorschrift des § 91 A.L.R. II. 10 hervorgehobene subsidiäre Natur der Haftung die Schadensersatzpflicht des Beklagten nicht ausschließen könne. Es vermißt indes den Nachweis, daß und in welcher Höhe dem Fiskus eine Schade entstanden sei. Die einzelnen Stationen des Fiskus — so wird ausgeführt — besäßen keine selbständige Rechtspersönlichkeit, sondern bildeten insgesamt eine juristische Person. Habe daher die Königliche Regierungshauptkasse zu K. die für den Transport des L.'schen Dienstpferdes entstandene Frachtgebühr von 27 ℳ an die Kasse der Königlichen Eisenbahndirektion zu B. bezahlt, so liege nur eine Zahlung aus einer fiskalischen Kasse in eine andere vor, und die Bestandsminderung der einen Kasse werde durch die Bestandsmehrung der anderen ausgeglichen, sodaß das Vermögen des Fiskus, da dieser die tarifmäßige Transportgebühr erhalten habe, nicht geschmälert sei.

Die letztere Erwägung wird von der Revision mit Recht bekämpft. Allerdings hat der Rechtssatz, daß die einzelnen fiskalischen Stationen als solche der selbständigen Rechtspersönlichkeit entbehren und nur in ihrer Gesamtheit die juristische Person des Fiskus ausmachen, nicht bloß in der vom Berufungsgerichte angezogenen Rechtsprechung des vormaligen preußischen Obertribunales, sondern auch in der Praxis des Reichsgerichtes Anerkennung gefunden.

Vgl. Entsch. in Civils. Bd. 2 S. 393, Bd. 21 S. 57.

Allein die Zugrundelegung dieses Rechtssatzes führt zu der Annahme, daß die seitens der Regierungshauptkasse zu K. an die Kasse der Eisenbahndirektion zu B. geleistete Zahlung der 27 ℳ Transportgebühr mit Rücksicht darauf, daß die zahlende Station und die empfangende Station nur einer Rechtspersönlichkeit angehören, im rechtlichen Sinne überhaupt nicht als Zahlung gelten kann, und daß somit der Anspruch der Staatseisenbahn auf die tarifmäßige Transportgebühr von 27 ℳ noch besteht. Eine anderweite Deckung dieses Anspruches steht nun, wie das Berufungsgericht selbst angenommeu hat, dem Fiskus nicht zu Gebote, und dieser würde daher an der ihm tarifgemäß zukommenden Transportgebühr einen Ausfall erleiden. Der fragliche Transport ist aber nach der Feststellung des Berufungsgerichtes infolge des Amtsversehens des Beklagten erforderlich geworden. Danach hat der Beklagte gemäß § 91 A.L.R. II. 10 den Fiskus hinsichts der Deckuug der Transportgebühr schadlos zu halten." . . .

---

62. Ist ein Vertrag, durch den eine Stadtgemeinde einen Fleischbeschauer bei dem städtischen Fleischschauamte mit festem Gehalte, aber ohne weitere vermögensrechtliche Ansprüche, angestellt hat, gegenüber dem § 36 Gew.O., den § 2 Ziff. 1—3. § 5 des preußischen Gesetzes vom $\frac{18.\ \text{März}\ 1868}{9.\ \text{März}\ 1881}$ über die Einrichtung öffentlicher Schlachthäuser und dem § 11 des preußischen Kommunalabgabengesetzes vom 14. Juli 1893 rechtswirksam?

IV. Civilsenat. Urt. v. 12. März 1896 i. S. G. (Kl.) w. Stadtgemeinde G. (Bekl.) Rep. IV. 340/95.

I. Landgericht Guben.
II. Kammergericht Berlin.

Die Entscheidung ist oben unter „Reichsrecht" Nr. 7 S. 20 abgedruckt.

---

63. Ist die Klage auf Grund des § 7 Abs. 2 Eig.=Erw.=Ges. vom 5. Mai 1872 präjudiziell für die aus § 7 Abs. 1 desselben Gesetzes erhobene Klage?

V. Civilsenat. Urt. v. 18. März 1896 i. S. Dorfgemeinde L. (Bekl.) w. M. (Kl.) Rep. V. 49/96.

I. Landgericht II Berlin.
II. Kammergericht daselbst.

Die Entscheidung ist unten unter „Prozeßrecht" Nr. 104 S. 373 abgedruckt.

---

64. Ist die Verpfändung von in einem Keller lagernden Waren rechtswirksam vollzogen, insbesondere im Sinne von § 709 Abs. 2 C.P.O. und § 14 Einf.-Ges. zur K.O., wenn der Verpfänder von zwei vorhandenen Kellerschlüsseln dem Gläubiger nur einen behändigt, den anderen für sich behält?

VI. Civilsenat. Urt. v. 19. März 1896 i. S. H. (Kl.) w. E. u. R. (Bekl.) Rep. VI. 383/95.

I. Landgericht I Berlin.
II. Kammergericht daselbst.

Die Entscheidung ist oben unter „Reichsrecht" Nr. 9 S. 31 abgedruckt.

---

65. Begrenzung des dem Eigentümer der an einer öffentlichen städtischen Straße belegenen Häuser an der Straße zustehenden servitutischen Rechtes bei Veränderung der Straße.

Vgl. Bd. 7 S. 213.

V. Civilsenat. Urt v. 28. März 1896 i. S. Stadtgemeinde Erfurt (Bekl.) w. Th. u. Gl. (Kl.) Rep. V. 308/95.

I. Landgericht Erfurt.
II. Oberlandesgericht Naumburg a. S.

Im Jahre 1893 ist die Arnstädter Straße zu Erfurt zum Zwecke ihrer Unterführung unter der die Straße bis dahin im gleichen Niveau kreuzenden Eisenbahn tiefer gelegt worden. Die Klägerinnen, die ein an dieser Straße belegenes Haus besitzen, halten sich durch die Veränderung der Straße in ihren Rechten als Eigentümer und Straßenanlieger beeinträchtigt und haben gegen die Stadtgemeinde Entschädigungsansprüche erhoben, die ihnen das Berufungsgericht unter Abänderung des abweisenden Urteiles erster Instanz in Höhe von 4251,25 ℳ zugesprochen hat.

Das Reichsgericht hat der Revision teilweise stattgegeben.

Aus den Gründen:

„Die Klage ist auf § 75 Einl. zum A.L.R. gestützt. Die im öffentlichen Interesse angeordnete Maßregel soll einen Eingriff in die Privatrechte der Klägerinnen in zwiefacher Hinsicht enthalten: einmal sei die Erniedrigung der Straße dem § 187 A.L.R. I. 8 zuwider bis hart an den vor dem klägerischen Hause befindlichen Vorgarten erfolgt, sodann verletze die mit der Tieferlegung der Straße verbundene Erschwerung der Zugänglichkeit des klägerischen Grundstückes das servitutische Recht der Hausgrundstücke an einer städtischen Straße auf ungehinderte Kommunikation mit derselben. Infolge der Tieferlegung der Straße ist die Befestigung des klägerischen Grundstückes längs des Bürgersteiges durch eine Futtermauer und die Anbringung zweier Treppenaufgänge innerhalb der letzteren erforderlich und durch die Beklagte bewirkt worden. Der von den Klägerinnen liquidierte Schade soll nun einerseits in den Aufwendungen für Erhaltung und Reinigung der Futtermauer und der Treppe, andererseits in der infolge der erschwerten Kommunikation eingetretenen Verminderung des Nutzungswertes des in dem Hause befindlichen Verkaufsladens bestehen. In beiden Richtungen hat der Berufungsrichter den Entschädigungsanspruch der Klägerinnen für begründet erachtet, und zwar so, daß er als Verpflichtungsgrund für den Ersatz des aus der Erschwerung der Kommunikation entspringenden Schadens die Verletzung des servitutischen Rechtes des Straßenanliegers, als Verpflichtungsgrund für die Schadloshaltung wegen des Mehraufwandes für Erhaltung der Futtermauer und der Treppen, sowie der Reinigung der letzteren, die Nichtbeachtung der nachbarrechtlichen Vorschrift des § 187 a. a. O. annimmt.

Die Revision greift das Berufungsurteil in beiden Punkten an.

Sie ist begründet, soweit die Verurteilung der Beklagten auf der Annahme einer Verletzung des servitutischen Rechtes der Klägerinnen als Straßenanlieger beruht.

Ausgehend von dem durch das Reichsgericht in feststehender Rechtsprechung anerkannten Satze, daß zwischen den an einer städtischen Straße belegenen Hausgrundstücken und der Straße ein auf einen stillschweigenden Vertrag zurückzuführendes Dienstbarkeitsverhältnis besteht, vermöge dessen dem Hauseigentümer das Recht auf ungehinderte Kommunikation auf und mit der Straße als ein wohlerworbenes Vermögensrecht zusteht, gelangt der Berufungsrichter zu der Annahme, „daß die Erhöhung oder Erniedrigung der Straße dann eine Verletzung des Anliegers enthält, wenn infolge der Änderung des Niveaus die Kommunikation zwischen Haus und Straße erschwert oder aufgehoben wird". Dieser Satz wird, sofern er schlechthin jede Erschwernis in der Kommunikation als einen Eingriff in das Recht des Anliegers hinstellt, von der Revision mit Recht als zuweitgehend angegriffen. Er steht auch insoweit nicht im Einklange mit der Rechtsprechung des Reichsgerichtes.

Schon in der von der Konstruktion des servitutischen Rechtes des Straßenanliegers grundlegenden Entscheidung des Reichsgerichtes vom 7. März 1882,

vgl. Entsch. des R.G.'s in Civils. Bd. 7 S. 213,

ist darauf hingewiesen (S. 216), daß die Befugnisse der Adjacenten an der Straße stets der Hauptbestimmung der letzteren untergeordnet bleiben. Weitere die Entschädigungspflicht einschränkende Konsequenzen aus diesem Satze zu ziehen, bot die damalige Sachlage keinen Anlaß, weil es sich damals um eine außerhalb der Zwecke der Straße liegende Anlage handelte.

In der von der Revision in Bezug genommenen Entscheidung des Reichsgerichtes (abgedruckt in Gruchot, Beitr. Bd. 31 S. 930) ist ein Anspruch der Hausbesitzerin auf Ersatz des infolge Erhöhung des Bürgersteiges ihr erwachsenen Schadens nur aus dem Fundamente des Nachbarrechtes (§ 185 A.L.R. I. 8) zugelassen worden. Der dort entschiedene Fall liegt allerdings dem hier vorliegenden insofern nicht gleich, als es sich dort nicht um eine Erschwerung der Kommunikation, sondern um andere mit dem servitutischen Verhältnisse des Hauses zur Straße nicht in Beziehung stehenden Nachteile handelte. Es ist aber dort ausgesprochen, daß ein Recht des Hauseigentümers des Inhaltes, daß an der vorüberführenden Straße keine ihm in irgend einer Beziehung nachteilige Veränderung vorgenommen werden dürfe, aus dem servitutischen Verhältnisse zwischen Haus und Straße nicht herzuleiten sei, und daß das Recht des Hauseigentümers an der Straße nicht weiter gehe, als aus der Natur und dem Zwecke der Straße von selbst sich ergebe. Im weiteren ist dann das Recht der Hausbesitzer auf Benutzung der an ihrem Besitztume vorüberführenden Straße gekennzeichnet als „das Recht, sich der aus der Existenz der Straße nach deren Bestimmung ihrem Grundstücke erwachsenden Vorteile zu bedienen". In Übereinstimmung hiermit ist auch in dem Bd. 25 S. 242 der Entsch. des R.G.'s in Civils. abgedruckten Urteile des Reichsgerichtes hervorgehoben, daß das Recht der Straßenanlieger auf Benutzung der Straße keinen weiteren Inhalt und Umfang haben könne, „als sich aus der Natur und dem Zwecke der Straße mit Notwendigkeit von selbst ergiebt". Auch in einem Falle aus dem Bereiche des rheinischen Rechtes (Rep. II. 128/92), wo es sich, wie hier, um eine Erschwerung des Zuganges zu einem an einer städtischen Straße belegenen Hause handelte, hat das Reichsgericht ausgesprochen, daß ein Recht der Anlieger auf ein unverändertes Fortbestehen der Straße nicht anzuerkennen sei, und ein Anspruch auf Entschädigung denselben nur dann zustehe, wenn die im öffentlichen Interesse an der Straße vorgenommenen Veränderungen eine Aufhebung oder erhebliche Beschränkung ihrer Benutzung zur Folge habe, daß aber für unwesentliche Beeinträchtigungen bei dem Gebrauche der Straße ein solcher Anspruch nicht gegeben sei.

Hinsichtlich der Art und des Zweckes der bei einer städtischen Straße vorkommenden Veränderungen ist in dem Urteile vom 21. September 1895

vgl. Entsch. des R.G.'s in Civils. Bd. 36 S. 272,

in einem Falle, wo es sich um einen Entschädigungsanspruch wegen einer durch eine Änderung der Höhenlage der Straße bedingte vorübergehende Störung der Kommunikation handelte, unterschieden: ob die Störungen der Kommunikation auf Reparaturen und Verbesserungen der Straße selbst zurückzuführen sind oder sonstigen Zwecken der Straße entspringen, — in welchen Fällen ein Entschädigungsanspruch nicht gegeben sei, — oder ob, wie in dem dort entschiedenen Falle, die mit der Straße vorgenommenen Veränderungen außerhalb der Zwecke liegen, denen der Regel nach die öffentliche Straße zu dienen hat.

Dieselbe Auffassung liegt einer älteren Entscheidung des Reichsgerichtes (Rep. V. 62/87) zu Grunde, in der zutreffend darauf hingewiesen wird, daß die Vorteile, welche für die Anlieger an Straßen des öffentlichen Verkehres durch diese Lage erwachsen, bedingt sind durch die Erhaltung solcher Straßen in einem für den Verkehr erforderlichen ordnungsmäßigen Zustande, woraus dann gefolgert wird, daß Nachteile, welche infolge von Reparaturen und Neubauten zum Zwecke solcher Erhaltung den Anlieger treffen, nicht die Grundlage für Entschädigungsansprüche abgeben können.

Aus allen diesen Entscheidungen ergiebt sich als leitender Grundsatz, daß das servitutische Recht des Hausbesitzers an der an seinem Grundstücke vorüberführenden Straße begrenzt und bedingt ist durch die Zweckbestimmung der Straße selbst, dergestalt, daß der Hausbesitzer sich alle Veränderungen gefallen lassen muß, welche dazu dienen, die Straße in dem Zustande zu erhalten oder auch in den Zustand zu setzen, in dem sie ihrer Bestimmung am vollkommensten genügen kann, sofern nur die Straße auch ferner als Kommunikationsmittel erhalten bleibt.

Mit dieser Maßgabe schließt der stillschweigende Vertrag, auf den das servitutische Recht des Straßenanliegers zurückgeführt wird, den stillschweigenden Vorbehalt ein, daß die Stadtgemeinde mit der Straße dem Zwecke derselben entsprechende Veränderungen vornehmen kann. Derartige Veränderungen enthalten daher keinen Eingriff in die Rechtssphäre des Anliegers.

Was nun den vorliegenden Fall betrifft, so hat unbestritten die Tieferlegung der Arnstädterstraße zu dem Zwecke stattgefunden, die Unterführung der Straße unter der dieselbe bis dahin in gleicher Höhe kreuzenden Eisenbahn zu ermöglichen und dadurch eine direkte durch den Eisenbahnverkehr nicht gestörte Verbindung mit der Löberstraße und dadurch mit der inneren Stadt herzustellen. Hiernach liegt das Unternehmen, in dessen Ausführung die Tieferlegung der Straße an dem klägerischen Grundstücke erfolgt ist, ganz innerhalb der Bestimmung der Straße, als Kommunikationsmittel für die Einwohner der Stadt überhaupt und speziell auch für die Anwohner der Straße selbst zu dienen, welche letzteren an den Vorteilen, welche das Unternehmen bietet, in erster Linie Anteil nehmen. Es kann daher die Tieferlegung der Straße als ein die Stadtgemeinde zur Entschädigung gemäß § 75 Einl. zum A.L.R. verpflichtender Eingriff in das Eigentum nicht angesehen werden. Damit fällt der Anspruch, soweit er auf Verletzung des servitutischen Rechtes der Straßenanlieger gestützt ist, ohne daß es einer Abwägung und Aufrechnung der Vorteile und Nachteile, die dem klägerischen Hause aus dem Unternehmen erwachsen sind, bedarf." ...

(Es folgt die Beurteilung des Entschädigungsanspruches, soweit er aus der Verletzung der nachbarrechtlichen Vorschrift des § 187 A.L.R. I. 8 erhoben und auf den durch die Erhaltungskosten der Futtermauer und der Treppen sowie die erhöhten Reinigungskosten bedingten Mehraufwand gegründet ist. Diesen Anspruch hat das Reichsgericht für begründet erachtet.)

---

66. Ist in den Städten mit Königlicher Polizeiverwaltung der Staat verpflichtet, die Pensionen der vor dem 1. April 1893 in den Ruhestand versetzten städtischen Nachtwachtbeamten zu tragen?

Gesetz vom 20. April 1892, betreffend die Kosten Königlicher Polizeiverwaltungen in Stadtgemeinden, §§ 1. 2.

IV. Civilsenat. Urt. v. 30. März 1896 i. S. Stadtgemeinde Breslau (Kl.) w. Fiskus (Bekl.). Rep. IV. 357/95.

I. Landgericht Breslau.
II. Oberlandesgericht daselbst.

Die Polizeiverwaltung in der Stadt Breslau wird seit dem Jahre 1809 von einer Königlichen Behörde geführt, jedoch wurde bis in die neueste Zeit das Nachtwachtwesen von der Stadtgemeinde und auf deren Kosten verwaltet. Nach Emanation des Gesetzes vom 20. April 1892 schloß der Staat mit der Stadtgemeinde ein Abkommen, wonach das städtische Nachtwachtwesen bis auf weiteres gegen volle

Entschädigung der Stadt bestehen bleiben, aber allmählich inspektionsweise auf die Königliche Polizeiverwaltung übergeführt werden sollte. Die Überführung hat in der Zeit vom 1. April 1893 bis 1. April 1894 stattgefunden. Schon vor dem 1. April 1893 waren 19 Mitglieder des städtischen Nachtwachtkorps (Nachtwachtmeister, Oberwachtmänner und Nachtwachtmänner) in den Ruhestand getreten, und die Stadtgemeinde hatte ihnen bestimmte Pensionen oder fortlaufende Unterstützungen zugesichert. Sie hat dieselben auch für die beiden nächsten Quartale nach dem 1. April 1893 gezahlt und verlangt nunmehr deren Erstattung im Betrage von 3225 *M* von dem Staate.

Die Klage ist in beiden Vorinstanzen abgewiesen und die Revision zurückgewiesen worden.

Gründe:

„Die Klägerin sucht den Klaganspruch aus einem dreifachen Rechtsgrunde herzuleiten, nämlich aus der Vorschrift der §§ 1 und 2 des Gesetzes vom 20. April 1892, aus der Rechtsfolge, welche durch den Widerruf eines Auftrages eintritt, und aus dem Abkommen, betreffend die allmähliche Überleitung des Nachtwachtwesens auf den Staat. Keines dieser Fundamente ist jedoch imstande, den Anspruch zu stützen, sodaß der Revision, und zwar im wesentlichen aus den schon von den Vorderrichtern angestellten Erwägungen, der Erfolg versagt werden muß.

1. Das mit dem 1. April 1893 in Kraft getretene Gesetz vom 20. April 1892 lautet in den §§ 1 und 2:

> In denjenigen Stadtgemeinden, in welchen die örtliche Polizeiverwaltung ganz oder teilweise von einer Königlichen Behörde geführt wird, bestreitet der Staat alle durch diese Verwaltung entstehenden Ausgaben einschließlich der Kosten für das Nachtwachtwesen und erhebt ... alle mit dieser Verwaltung verbundenen Einnahmen. Zu den Ausgaben tragen nach Maßgabe der Kopfzahl der Civilbevölkerung jährlich bei: ... diejenigen (Stadtgemeinden) mit mehr als 75000 Einwohnern je 1,50 *M* für jeden Kopf der Bevölkerung. ...
>
> Ausgaben der örtlichen Polizeiverwaltung im Sinne des § 1 sind sämtliche Dienstbezüge ... Pensionen und Wartegelder der Polizeibeamten. ...

Für den Erlaß des Gesetzes ist unter anderem der Gesichtspunkt leitend gewesen, daß durch die Übernahme des Nachtwachtwesens seitens des Staates einem wiederholt hervorgetretenen Bedürfnisse Abhilfe geschafft werden würde, da die Sorge für die Sicherheit bei Tage und während der Nacht auf den nämlichen Gründen beruhe und sich auch in der Praxis keineswegs so scharf trennen lasse, wie dies streng genommen bei dem Bestehen einer gesonderten kommunalen Verwaltung des Nachtwachtwesens der Fall sein müßte. Es ist jedoch nicht beabsichtigt worden, kraft dieses Gesetzes den Übergang des Nachtwachtwesens auf den Staat unmittelbar herbeizuführen; vielmehr ist davon ausgegangen, daß der Übergang sich vollziehen solle auf Grund des § 2 des Gesetzes vom 11. März 1850, wonach die örtliche Polizeiverwaltung durch Beschluß des Ministers des Inneren besonderen Staatsbeamten übertragen werden kann.

Vgl. Begründung des Gesetzentwurfes, betreffend die Kosten Königlicher Polizeiverwaltungen in Stadtgemeinden (Anlagen zu den stenographischen Berichten über die Verhandlungen des Hauses der Abgeordneten während der 4. Session der XVII. Legislaturperiode 1892 S. 791. 798).

Nach dem Wortlaute des Gesetzes hat daher der Staat alle diejenigen Kosten zu bestreiten, welche durch die Verwaltung des Nachtwachtwesens entstehen werden, nachdem der Staat dasselbe in eigene Verwaltung übernommen haben wird. Hierbei läßt sich indes der Zweifel nicht unterdrücken, ob unter den Kosten, welche nach jenem Zeitpunkte entstehen werden, diejenigen zu verstehen sind, deren Entstehungsgrund, oder diejenigen, deren Fälligkeit in die Zeit der Verwaltung des Staates fällt. Das Gesetz selbst giebt hierüber keinen unzweideutigen Aufschluß. Insbesondere kann in dieser Richtung der § 2 desselben nicht verwertet werden, weil er nur eine Interpretation des Wortes „Ausgaben", — nicht aber des Wortes „entstehenden" enthält. Aber der Logik entspricht es, das letztere Wort auf den Entstehungsgrund zu beziehen, und die Richtigkeit dieser Deutung wird für den vorliegenden Rechtsfall durch die Entstehungsgeschichte des Gesetzes zur Gewißheit.

In der Begründung des Gesetzentwurfes wird betont, daß der unzureichende Zustand des kommunalen Nachtwachtwesens, welcher in der ungenügenden Besoldung und der meist mangelhaften persönlichen Qualifikation der mit der Wahrnehmung des nächtlichen Sicherheitsdienstes beauftragten Personen seinen Grund habe, es erklärlich mache, daß bei der Übernahme des Nachtwachtwesens auf den Staat sich die Kosten desselben verdoppeln oder verdreifachen würden. Von einer Übernahme des jetzigen städtischen Nachtwachtwesens in seiner bisherigen Form auf den Staat und der ferneren Beibehaltung eines besonderen Nachtwachtkorps könne nicht die Rede sein; vielmehr könne nur die Ausdehnung der Wirksamkeit der entsprechend zu verstärkenden Schutzmannschaft auf den nächtlichen Sicherheitsdienst in Betracht kommen. Möglicherweise werde die Stadtgemeinde in der Lage sein, die Nachtwachtbeamten, welche sich nicht für die Schutzmannschaft eignen, wenigstens zum Teil in anderen Stellungen des städtischen Dienstes zu verwenden.

Vgl. Begründung des Gesetzentwurfes a. a. O. S. 792. 795. 798.

Bei der Vorberatung des Gesetzentwurfes durch die 11. Kommission des Abgeordnetenhauses hat der Minister des Inneren die Erklärung abgegeben, daß von den Beiträgen der Stadtgemeinde außer den vom Staate zu übernehmenden sächlichen Polizeikosten auch die Kosten „für die Unterhaltung des neu einzurichtenden staatlichen nächtlichen Sicherheitsdienstes" zu bestreiten seien, und daß bei der Übernahme der von den Gemeinden für den Nachtwachtdienst angestellten Beamten in gleicher Weise werde verfahren werden, wie anderwärts bei der Ausdehnung der Königlichen Polizeiverwaltung auf benachbarte Gemeinden; es werde geprüft werden, ob die städtischen Nachtwachtbeamten sich für den Königlichen Polizeiexekutivdienst eigneten; sei letzteres der Fall, so werde für solche die Verleihung der Anstellungsberechtigung Allerhöchsten Ortes erbeten werden und ihre Übernahme in den Staatsdienst erfolgen.

Vgl. Drucksachen des Hauses der Abgeordneten aus der XVII. Legislaturperiode 4. Session 1892 Bd. 2 Nr. 46 S. 11. 19.

Bei den Verhandlungen im Hause der Abgeordneten ist von dem Minister wiederholt worden, daß er diejenigen Nachtwächter, welche sich zur Übernahme in den Staatsdienst irgend eignen würden, zu übernehmen bereit sei, und hinzugefügt, daß ihm bedenklich erscheine, weiter zu gehen, namentlich aus dem Grunde, weil sich nicht übersehen lasse, welche Beträge aus den nach § 1 zu zahlenden Beiträgen der 22 Städte mit Königlicher Polizeiverwaltung für diesen Zweck verwendet werden müßten. Die letztere Bemerkung ist gegen den

Antrag des Abgeordneten Kelch gerichtet: „dem § 1 hinzuzusetzen, daß aus den Beiträgen denjenigen Nachtwachtbeamten, welche aus Anlaß des zur Beratung stehenden Gesetzes nach mindestens dreijähriger Dienstzeit ohne Pension oder Wartegeld aus dem Gemeindedienste entlassen werden würden, auf die Dauer von drei Jahren eine Entschädigung zu gewähren". Der Antrag ist denn auch von dem Hause abgelehnt worden.

Vgl. Stenographische Berichte über die Verhandlungen des Hauses der Abgeordneten 1892 Bd. 1 S. 668. 678.

Im Herrenhause wurde der Antrag gestellt, in das Gesetz die Bestimmung aufzunehmen, daß, „insoweit beim Übergange des Nachtwachtwesens auf den Staat zum 1. April 1893 städtische Nachtwachtbeamte nicht mit übernommen werden würden, der Staat die solchen Beamten nach den über ihre Anstellung getroffenen Bestimmungen etwa zustehenden Pensionen zu tragen habe". Dagegen wurde von dem Minister des Inneren bemerkt: „Mit dem 1. April 1893 gehe nicht das Nachtwachtwesen, sondern nur die Tragung der Kosten für dasselbe auf den Staat über. Der Staat sei bereit, alle irgend brauchbaren Nachtwachtbeamten für den Dienst des Königlichen Nachtwachtwesens zu übernehmen. Bezüglich der in den Staatsdienst übernommenen Personen wolle der Staat auch die Pensionszahlung übernehmen; aber bezüglich der übrigen könne dem Staate nicht zugemutet werden, die etwaige Pension zu zahlen. Es sei allgemein anerkannter Grundsatz, daß sowohl der Staat als auch die Gemeinde nur verpflichtet sei, für die Dienste, die der Mann dem Staate oder der Gemeinde geleistet habe, Pension zu zahlen, und es könne dem Staate nicht zugemutet werden, Pensionen für Dienste zu leisten, welche niemals dem Staate, sondern nur der Gemeinde geleistet worden seien." Darauf ist der gestellte Antrag abgelehnt worden.

Vgl. Stenographische Berichte über die Verhandlungen des Herrenhauses 1892 Bd. 1 S. 36. 78. 79.

Die §§ 1 und 2 des Gesetzentwurfes sind in unveränderter Fassung, mit alleiniger Ausnahme einer Bestimmung über den von der Stadtgemeinde Kassel zu leistenden Beitrag, Gesetz geworden.

Aus dieser Entstehungsgeschichte des Gesetzes ergiebt sich zur Evidenz, daß bei den gesetzgebenden Faktoren darüber Übereinstimmung geherrscht hat, daß der Staat diejenigen Nachtwachtwesen, welche er übernehmen würde, neugestalten werde, daß er die Ausgaben für die neugestalteten Nachtwachtwesen zu tragen habe, daß er dagegen nicht verpflichtet sei, etwaige durch das seitherige Dienstverhältnis begründete Pensionen solchen städtischen Nachtwachtbeamten zu zahlen, welche in den Staatsdienst nicht übernommen werden würden. In gleichem Sinne ist daher das Gesetz selbst auszulegen. Wenn hiernach aber nicht einmal die Verpflichtung des Staates besteht, Pensionen an solche städtische Nachtwachtbeamten zu gewähren, welche bei der Neugestaltung des Nachtwachtwesens nicht in den Staatsdienst übernommen worden sind, so kann es umsoweniger einem Bedenken unterliegen, die Verpflichtung des Staates zur Zahlung von Pensionen oder fortlaufenden Unterstützungen an solche städtische Nachtwachtbeamten zu verneinen, welche schon vor dem Inkrafttreten des Gesetzes in den Ruhestand versetzt waren, bezüglich deren also die Übernahme in den Staatsdienst gar nicht mehr in Frage kommen konnte.

Mit diesem Ergebnisse ist der Inhalt der Tabellen, welche der Begründung des Gesetzentwurfes beigefügt sind, nicht unvereinbar. Tabelle III enthält eine Vergleichung der Kosten, welche in Städten mit Königlicher Ortspolizeiverwaltung von den Gemeinden bisher getragen sind, und welche von ihnen nach der beabsichtigten gesetzlichen Regelung zu übernehmen sein würden, sowie der künftigen neuen Ausgaben des Staates, Tabelle IV eine Aufstellung der Kosten des Nachtwachtwesens in Städten mit Königlicher Ortspolizeiverwaltung. In Tabelle III sind die bisherigen Kosten der Stadt Breslau für das Nachtwachtwesen auf 157 769 ℳ und die künftigen neuen Ausgaben des Staates für dasselbe auf 270 721 ℳ veranschlagt. In Tabelle IV sind im einzelnen die Kosten aufgeführt, welche die Verwaltung des Nachtwachtwesens durch den Staat erfordern würde. Als solche Kosten sind bezeichnet die Ausgaben an Gehältern, Wohnungsgeldzuschüssen, Remunerierung von Polizeianwärtern, Erhöhung des Unterstützungsfonds, Kosten der Ausrüstung und sonstige sächlichen Kosten (Lokalmiete, Lagerstätten u. s. w.), nicht aber die Ausgaben für Pensionen. Tabelle I macht ersichtlich, auf wie hoch sich die Kosten in Städten mit eigener Polizeiverwaltung belaufen haben, unter Sonderung der Kosten für die Ortspolizei, das Nachtwachtwesen und das Feuerlöschwesen. Tabelle II giebt eine spezialisierte Aufstellung der Kosten der Königlichen Polizeiverwaltung in den 22 Städten mit

Königlicher Verwaltung. Daneben sind die Aufwendungen der Stadtgemeinden für das Nachtwachtwesen, entsprechend der Tabelle III, erwähnt.

Vgl. Anlagen zu den stenographischen Berichten über die Verhandlungen des Hauses der Abgeordneten während der 4. Session der XVII. Legislaturperiode 1892 S. 801 flg.

Die Tabellen ergeben daher keinen auch nur annähernd sicheren Anhalt dafür, daß der Staat bereit gewesen sei, in alle Verpflichtungen der Stadtgemeinden aus der bisher geführten Verwaltung des Nachtwachtwesens einzutreten und insbesondere die Pensionen früherer städtischer Nachtwachtbeamten zu übernehmen.

Zugegeben muß dagegen der Klägerin werden, daß bei den gesetzgebenden Faktoren der Rechtsirrtum vorgeherrscht hat, die von dem Staate nicht übernommenen Nachtwachtbeamten würden infolge der mit ihnen vereinbarten Kündigung aus dem städtischen Dienste entlassen werden können. Aber wenn hierdurch auch das Motiv des gesetzgeberischen Willens beeinflußt sein mag, so kann doch der Wille selbst deshalb nicht anders, als wie er endgültig zum Ausdrucke gekommen ist, gedeutet werden.

Zweck des Gesetzes ist es, die innerhalb des preußischen Staates in verschiedenen Landesteilen bestehenden, voneinander abweichenden gesetzlichen Vorschriften darüber, wer in den Gemeinden mit Königlicher Polizeiverwaltung die Kosten dieser Verwaltung zu tragen habe, derart neu zu regeln, daß ein einheitlicher Rechtszustand geschaffen wird, und hierbei auch die Unzuträglichkeiten zu beseitigen, welche aus der bisherigen Gesetzgebung sich ergeben hatten.

Vgl. Begründung des Gesetzentwurfes (Anlagen zu den stenographischen Berichten des Hauses der Abgeordneten 1892 S. 787).

Zur Erreichung dieses Zweckes sind die früheren Bestimmungen, wonach in den Städten mit Königlicher Polizeiverwaltung die Kosten zum Teil vom Staate, zum Teil von den Gemeinden, nach mannigfachen Grundsätzen zu bestreiten waren (Begründung S. 788. 789), beseitigt und dem Staate die sämtlichen Kosten der von ihm geführten örtlichen Polizeiverwaltung, einschließlich der Kosten des Nachtwachtwesens, als eines Teiles der Sicherheitspolizei, auferlegt, die Stadtgemeinden jedoch zu gewissen Beiträgen verpflichtet worden. Weder aus jenem Zwecke noch aus diesen Maßnahmen rechtfertigt sich aber der von der Klägerin gezogene Schluß, daß die Gemeinden von allen und jeden Verbindlichkeiten aus ihrer Verwaltung des Nachtwachtwesens befreit sein, die Kosten dieser Verwaltung also aus den städtischen Etats gänzlich verschwinden sollen.

2. Das zweite Fundament des Klaganspruches wird darauf gegründet, daß die Polizeiverwaltung seitens der Stadtgemeinden nur im Auftrage des Staates geführt worden und mit dem Widerrufe des Auftrages die Verpflichtung des Staates eingetreten sei, die Stadtgemeinden von den infolge der Verwaltung übernommenen Verbindlichkeiten zu befreien. Es kann dahingestellt bleiben, ob die Stadtgemeinde Breslau das Nachtwachtwesen kraft Auftrages des Staates oder, wie das Berufungsgericht annimmt, kraft eigenen Rechtes verwaltet hat. Denn die Frage, inwieweit der Staat die aus der Verwaltung der Gemeinde entsprungenen Ausgaben für das Nachtwachtwesen zu bestreiten habe, ist durch das Gesetz vom 20. April 1892 besonders und ausdrücklich geregelt worden, und dieser Regelung gegenüber ist es unzulässig, auf vermeintliche allgemeine Grundsätze zurückzugreifen.

3. Als drittes Fundament legt die Klägerin dem Klaganspruche das Abkommen unter, welches sie nach Inhalt der Verfügung des Regierungspräsidenten zu Breslau vom 11. Februar 1893 mit dem Staate getroffen hat, und wonach das Nachwachtwesen nach dem 1. April 1893 vorläufig in den Händen der Stadtgemeinde verblieben und erst allmählich in die Verwaltung des Staates übergeführt, der Stadtgemeinde aber bis zur Überführung „volle Entschädigung" zugesichert ist. Das Abkommen beruht indessen, wie vom Berufungsgerichte ohne Rechtsirrtum festgestellt ist, auf dem Gedanken, daß ein provisorischer Zustand geschaffen werden solle, während dessen die Stadtgemeinde die Verwaltung des Nachtwachtwesens fortzuführen, der Staat aber die durch die Verwaltung erwachsenden Kosten ihr zu ersetzen habe. Den Schluß auf eine weitergehende Verpflichtung des Staates läßt das Abkommen nicht zu." ...

67. Steht nach dem Gesetze vom 24. Februar 1877, betreffend die Umzugskosten der Staatsbeamten, der Anspruch auf Umzugskosten dem Beamten schon auf Grund der Ausführung der Versetzung ohne Rücksicht auf die Ausführung des Umzuges zu?

IV. Civilsenat. Urt. v. 30. März 1896 i. S. Fiskus (Bekl.) w. B. (Kl.) Rep. IV. 417/95.

I. Landgericht Dortmund.
II. Oberlandesgericht Hamm.

Aus den Gründen:

„Der Fiskus hat für seine Zahlungsverweigerung zwei Gründe geltend gemacht, einmal, daß der Kläger nicht die Absicht gehabt habe, das ihm übertragene Amt in Siegen dauernd zu übernehmen, und dann, daß der Kläger seinen Umzug nach Siegen nicht bewirkt habe. Die Verwerfung des ersten Grundes seitens des Berufungsgerichtes giebt zu rechtlichen Bedenken keinen Anlaß. Als Einrede der Simulation in dem Sinne, daß der Kläger nur zum Scheine das Amt übernommen habe, ist die Behauptung des Beklagten nicht aufgestellt; auf die Absicht der dauernden Übernahme kommt es aber, wenn die Übernahme ernstlich erfolgt ist, nicht weiter an.

Vgl. Urteil des preußischen Obertribunals vom 12. Mai 1876 in Striethorst, Archiv Bd. 96 S. 83.

Auch liegt, wie das Berufungsurteil weiter ausführt, kein Anlaß zu der Annahme vor, daß der Kläger arglistig seine Absicht der nicht dauernden Übernahme der Dienstbehörde gegenüber unterdrückt habe, um die Vorteile aus einer Versetzung für sich zu gewinnen. In dem Ergebnisse, daß auch der zweite von dem Beklagten vorgebrachte Grund, der die Nichtausführung des Umzuges betrifft, zu verwerfen sei, ist dem Berufungsgerichte gleichfalls beizutreten, nicht aber in der Begründung. Das Berufungsgericht stellt sich auf den Standpunkt, daß lediglich auf Grund der zur Ausführung gekommenen Versetzung ohne Rücksicht auf die Ausführung des Umzuges der Fiskus zur Zahlung der Umzugskosten verpflichtet sei. Das soll sich aus dem § 1 des Gesetzes vom 24. Februar 1877, betreffend die Umzugskosten der Staatsbeamten, ergeben, der folgenden Wortlaut hat: „Die Staatsbeamten erhalten bei Versetzungen eine Vergütung für Umzugskosten.“

Aus dieser Bestimmung ist jedoch nicht zu entnehmen, daß Umzugskosten zu zahlen sind, wenn kein Umzug erfolgt ist. Die Fassung „Vergütung für Umzugskosten" ergiebt vielmehr, daß ein Umzug stattgefunden haben muß, und die Kosten desselben durch die gesetzlich festgesetzte Vergütung abgegolten werden sollen. In welcher Art der Umzug bewirkt sein müsse, ist allerdings eine Thatfrage. Es kann sehr wohl als Umzug angesehen werden, wenn der Beamte nur einen Teil seiner Möbel nach dem Orte seines neuen Amtssitzes mitnimmt und in der dort von ihm gemieteten Wohnung aufstellt, wie es in dem der oben genannten Entscheidung des Obertribunals zum Grunde liegenden Falle geschehen war. Nicht aber könnte es als Umzug gelten, wenn der Beamte seine Familie in der bisherigen Wohnung des bisherigen Wohnortes zurücklassen, allein ohne irgend welche Möbel nach dem Orte seines neuen Amtes reisen, von hier nach Übernahme des Amtes alsbald auf Urlaub zu seiner Familie nach dem bisherigen Wohnorte in die bisherige Wohnung zurückkehren und dort bis zu seiner Dienstentlassung verbleiben würde. So aber hat der Kläger hier auch nicht verfahren. Er hat nach den thatbestandsgemäßen Unterlagen seiner Mietentschädigungsforderung seine Wohnung in Mülheim alsbald nach Empfang seiner Ernennung zum Gerichtsschreiber in Siegen gekündigt und vor seiner Abreise nach Siegen geräumt. Er hat ferner, als er sich nach Siegen begab, unstreitig seine Kinder von Mülheim fortgeschafft und bei Verwandten in Werl und Lippstadt untergebracht. Bei dieser Sachlage ist die Annahme, daß der Kläger infolge seiner Versetzung nach Siegen auf die Ausführung seines Umzuges von Mülheim Kosten verwendet hat, gerechtfertigt und deshalb außer seiner Mietentschädigungsforderung auch sein Anspruch auf Umzugskosten begründet." . . .

---

68. Ist die Spieleinrede gegen eine nach ausländischem Rechte zu beurteilende Forderung zulässig, wenn die Forderung nach ausländischem Rechte klagbar, die Spielschuld aber nach dem Rechte des Klagortes unklagbar ist?

I. Civilsenat. Urt. v. 1. April 1896 i. S. G. (Bekl.) w. D. u. L. (Kl.) Rep. I. 437/95.

I. Landgericht I Berlin.
II. Kammergericht daselbst.

Die in Paris domizilierende Klägerin hat in der Zeit vom Juni 1892 bis Januar 1893 für den Beklagten als dessen Kommissionärin eine Reihe von An- und Verkäufen von Wertpapieren an der Pariser Börse abgeschlossen. Gegen ihre auf den Kontokorrentsaldo vom 31. Dezember 1892 gestützte Klage hat der Beklagte unter anderem eingewendet, daß die der Klageforderung zu Grunde liegenden Geschäfte sowohl nach einer beim Beginne des Geschäftsverkehres getroffenen ausdrücklichen Abrede, wie nach stillschweigender, aus den Umständen sich ergebenden Übereinkunft reine Differenzgeschäfte gewesen und deshalb unklagbar seien. Die Klägerin hat dies bestritten und geltend gemacht, daß nach französischem Rechte die Einrede des Differenzspieles bei Börsenzeitgeschäften nur auf den ausdrücklich und schriftlich erklärten Ausschluß der effektiven Erfüllung gegründet werden könne.

Die Einrede des Beklagten ist in erster Instanz als thatsächlich unbegründet verworfen worden. Das Berufungsgericht hat dagegen die Einrede deshalb für unbegründet erklärt, weil die der Klageforderung zu Grunde liegenden Geschäfte hinsichtlich ihrer Rechtswirksamkeit nach französischem Rechte zu beurteilen seien, dieses Recht aber die Anfechtung von Börsenzeitgeschäften nur dann gestatte, wenn die Kontrahenten sich schriftlich des Rechtes auf wirkliche Lieferung begeben hätten, was hier nicht geschehen sei.

Auf die Revision des Beklagten ist das Berufungsurteil aufgehoben und die Sache in die Vorinstanz zurückverwiesen worden aus folgenden

Gründen:

... „Insofern ist der Revision nicht beizupflichten, als sie auszuführen sucht, daß für den von der Klägerin erhobenen Anspruch das in Berlin geltende Recht maßgebend sei, weil die Geschäfte zwischen dem Beklagten und dem in Berlin wohnhaften Vertreter der Klägerin abgeschlossen seien, und deshalb auch der Erfüllungsort für diese Geschäfte Berlin sei. Zutreffend nimmt vielmehr das Berufungsgericht unter Bezugnahme auf ein Bd. 12 S. 34 der Entscheidungen abgedrucktes Urteil des Reichsgerichtes an, daß nicht Berlin, sondern Paris der Erfüllungsort für die Verbindlichkeit des Beklagten aus den geschlossenen Geschäften sein würde. Die Geschäfte, aus denen die Klageforderung hergeleitet wird, sollen Kommissionsgeschäfte gewesen sein, welche die Klägerin als Kommissionärin des Beklagten an der Pariser Börse auszuführen hatte. Ist diese rechtliche Grundlage der Klageforderung in Wahrheit gegeben, so ist nicht zu bezweifeln, daß die Verbindlichkeit des Beklagten als Kommittenten in Paris zu erfüllen sein würde, daß überhaupt der Sitz der Obligation in Paris als demjenigen Orte, wo die aufgetragenen Geschäfte zur Ausführung gelangen sollten, zu suchen und demgemäß das örtliche Recht von Paris als Recht der Obligation anzuwenden sein würde. Darauf, ob die Geschäfte mit einem in Berlin wohnenden Vertreter der Klägerin dort abgeschlossen worden sind, kann es in dieser Beziehung nicht ankommen.

Das Berufungsgericht hat nun festgestellt, daß nach französischem Rechte seit der Emanation des Gesetzes vom 28. März 1885 Börsenzeitgeschäfte nur noch in dem Falle als Spielgeschäfte angefochten werden können, wenn die Kontrahenten beim Abschlusse derselben sich schriftlich des Rechtes auf wirkliche Lieferung begeben und lediglich Erfüllung durch Differenzzahlung vereinbart haben, und hat aus diesem Grunde den Einwand des Beklagten, daß er in Wahrheit mit der Klägerin Kommissionsgeschäfte über den Ein- und Verkauf von Wertpapieren nicht geschlossen, sondern unter der äußeren Form solcher Geschäfte mit der Klägerin bloßes Differenzspiel betrieben habe, verworfen, weil die nach französischem Rechte erforderliche schriftliche Vereinbarung fehle. Hiergegen kann nicht geltend gemacht werden, daß der Spieleinwand zuzulassen sei, weil es sich um Differenzgeschäfte mit einer Coulissenfirma handle, welche auch nach französischem Rechte nicht klagbar seien; denn nach der in dieser Instanz nicht anfechtbaren Feststellung des Berufungsgerichtes ist nach französischem Rechte für Börsenzeitgeschäfte überhaupt die Spieleinrede nur auf Grund einer schriftlichen Vereinbarung zulässig, ohne Unterschied, ob die Geschäfte an dem sogenannten Parkett der Börse durch Agents de change oder außerhalb des Parkets im freiem Verkehre der Coulisse geschlossen sind.

Das Berufungsgericht hat jedoch übersehen, daß die Ausschließung der Spieleinrede aus einem anderen Grunde unzulässig ist. Diese Einrede zielt darauf ab, die Unklagbarkeit der Klageforderung darzuthun. Nun ist zwar im allgemeinen die Klagbarkeit einer Obligation nach dem örtlichen Rechte der Obligation zu beurteilen, nicht nach dem örtlichen Rechte des Klagortes. Erklärt aber das letztere Recht einen Anspruch für unklagbar, weil es demselben im öffentlichen Interesse, aus Gründen des gemeinen Wohles, seine Unterstützung versagen will, so darf das erkennende Gericht die Klagbarkeit des Anspruches nicht anerkennen, wenngleich dieselbe nach dem örtlichen Rechte der Obligation begründet sein würde. Dies gilt insbesondere von der Spielschuld, welche im preußischen Allgemeinen Landrechte zweifellos aus Gründen der guten Sitten und des öffentlichen Wohles für unklagbar erklärt ist. Im Gebiete des Allgemeinen Landrechtes darf deshalb nicht auf Zahlung einer Spielschuld erkannt werden, auch wenn dieselbe da, wo sie kontrahiert ist, klagbar wäre.

Vgl. Entsch. des R.O.H.G.'s Bd. 14 S. 277; Bolze, Praxis Bd. 2 Nr. 30; v. Savigny, System Bd. 8 S. 277; Goldschmidt, Handbuch des Handelsrechts 2. Aufl. Bd. 1 S. 383; v. Bar, Internationales Privatrecht Bd. 2 S. 38.

Wenngleich also nach der Feststellung des Berufungsgerichtes das französische Recht die durch die äußere Form von Börsenzeitgeschäften verschleierte Spielschuld für klagbar erklärt, indem sie dem Schuldner untersagt, sich auf die Unklagbarkeit derselben nach dem Code civil zu berufen, so darf doch der Richter in Berlin diese Klagbarkeit nicht gelten lassen. Deshalb ist es rechtsirrtümlich, wenn das Berufungsgericht wegen der Vorschriften des französischen Rechtes die vom Beklagten erhobene Spieleinrede für unzulässig erklärt hat. Es hätte vielmehr untersucht werden müssen, ob in der That ausdrücklich oder stillschweigend die Ausschließung der effektiven Erfüllung und damit ein reines Differenzspiel vereinbart war." ...

---

69. 1. **Sind die Eisenbahnen vom Ersatze des den Anliegern durch die Eisenbahnanlage entstehenden Schadens für die Zukunft dadurch gänzlich befreit, daß bei der Anlage der Bahn die von der Regierung angeordneten und den damaligen Erfahrungen entsprechenden Schutzmaßregeln getroffen sind? Inwiefern haften sie für den Schaden,**

welcher entsteht, nachdem sich in der Folge die getroffenen Schutzmaßregeln als ungenügend zur Abwendung von Gefahren und Schäden an den Grundstücken erwiesen haben?

Gesetz über die Eisenbahnunternehmungen vom 3. November 1838 § 14.

2. Wann beginnt die dreijährige Verjährung von Schadensersatzansprüchen, die wegen Unterlassung der nach der Anlegung der Bahn sich als erforderlich herausstellenden Schutzmaßregeln von den Anliegern gegen die Eisenbahn erhoben werden?

A.L.R. I. 6 § 54.

Deklaration vom 31. März 1838.

VI. Civilsenat. Urt. v. 1. April 1896 i. S. des preußischen Eisenbahnfiskus (Bekl.) w. H. (Kl.) Rep. VI. 401/95.

I. Landgericht Posen.
II. Oberlandesgericht daselbst.

Aus den Gründen:

„Das Berufungsgericht stellt fest, daß die Schäden an den Äckern, Wiesen und Wegen des Klägers, deren Ersatz er vom Beklagten verlangt, vom Hochwasser des Jahres 1891 herrühren und ihre Ursache darin hatten, daß das vom Eisenbahndamme der Posen-Kreuzburger Bahn aufgestaute Wasser sich durch die beiden zur Abführung des Wassers dienenden Öffnungen — die Warthebrücke und eine Flutbrücke — mit verheerender Gewalt auf die unterhalb liegenden Grundstücke ergoß.

Unstreitig hatten schon in den Jahren 1888 und 1889 Hochwasser der Warthe stattgefunden, die dem Hochwasser des Jahres 1891 an Größe nicht nachstanden — der Beklagte selbst bezeichnet sie als viel bedeutender —, und die ähnliche Schäden zur Folge gehabt hatten. Damals hatte die Flutbrücke nur eine Weite von 10 Metern gehabt; vor dem Hochwasser des Jahres 1891 war sie auf 28 Meter erweitert worden. Sonstige Erweiterungen der vorhandenen Durchlässe, wie sie nach der Angabe des Beklagten (freilich nur zum Schutze des Eisenbahndammes) geplant wurden, waren beim Eintritte des Hochwassers von 1891 noch nicht zur Ausführung gekommen.

Das Berufungsgericht hat den Schadensanspruch in dem jetzt angefochtenen Urteile dem Grunde nach für gerechtfertigt erklärt. Es führt zur Begründung aus: die aus § 14 des Eisenbahngesetzes vom 3. November 1838 folgende Verpflichtung der Eisenbahn zur Herstellung der erforderlichen Schutzmaßregeln erschöpfe sich nicht in der Ausführung und Unterhaltung der von der Regierung angeordneten Maßregeln bei der Anlegung der Bahn, sondern es müßten auch diese Maßregeln, wenn sich deren Unzulänglichkeit ergiebt, durch zweckentsprechende Einrichtungen ersetzt werden. Die Unzulänglichkeit der Durchlässe habe sich in den Jahren 1888 und 1889 herausgestellt; die Erweiterung der Flutbrückenöffnung auf 28 Meter sei ungenügend gewesen, wie sich bei dem Hochwasser des Jahres 1891 ergeben habe, „und es hätte dies" — heißt es wörtlich — „auch der Beklagte, dem Sachverständige zur Verfügung stehen, bei gehöriger Aufmerksamkeit vorhersehen müssen. Daß die Anbringung weitergehender Schutzvorrichtungen aus technischen oder andern Gründen nicht möglich war, ist nicht behauptet". Danach sei die Entschädigungspflicht durch schuldhaftes Unterlassen begründet.

Der rechtliche Ausgangspunkt des Berufungsgerichtes ist nicht zu beanstanden. Hat der Beklagte bei der Anlegung der Bahn den Anordnungen der Regierung vollständig genügt, und konnte er damals die Notwendigkeit weiterer Schutzmaßregeln zur Sicherung der Anlieger auch bei gehöriger Aufmerksamkeit nicht erkennen — wovon das Gegenteil nicht festgestellt ist —, so war er zwar, wie im Urteil des erkennenden Senates vom 27. November 1893,

vgl. Entsch. des R.G.'s in Civils. Bd. 32 S. 283,

ausgeführt ist, zum Ersatze von Schäden, die dennoch durch die Eisenbahnanlage den Anliegern entstanden, nicht verpflichtet. Allein ebendort ist der im § 14 des Gesetzes vom 3. November 1838 zum Ausdrucke gelangte Gedanke darin gefunden worden, daß die den Anwohnern aus der ungewöhnlichen Benutzung eines Grundstückes zu Eisenbahnzwecken entstehenden Gefahren auf den Eisenbahnunternehmer übertragen werden sollen. Wenn sich auch die Verpflichtung der Eisenbahn auf die Abwendung voraussehbarer Schäden beschränkt, so liegt es doch innerhalb der Grenzen dieser Verpflichtung, daß, wenn in der Folge die von der Regierung angeordneten und von dem Unternehmer getroffenen Maßregeln sich als unzureichend erweisen, eine zweckentsprechende Ergänzung oder Änderung der Schutzvorrichtungen einzutreten hat. Insbesondere erscheint, wenn bei Anlegung der Bahn die Hochwassergefahr, die daraus für die Anwohner erwächst, unterschätzt ist, und dies sich bei einem Hochwasser gezeigt hat, die Unterlassung der zur Abwendung einer Wiederholung der Gefahr erforderlichen Schutzvorrichtungen nicht dadurch gerechtfertigt, daß diese Schutzvorrichtungen früher nicht für notwendig erachtet worden sind und nach den damals vorliegenden Erfahrungen auch nicht für notwendig zu erachten waren." ...

(Nach Zurückweisung mehrerer Revisionsangriffe heißt es weiter:)

„Endlich sucht die Revision auszuführen, daß der Beklagte rechtzeitig mit der Aufstellung der Projekte zu einer zweckentsprechenden Umänderung der Bahnanlage durch Anbringung größerer Öffnungen vorgegangen sei, und daß es nicht an ihm gelegen habe, wenn die Ausführung sich bis nach dem Hochwasser des Jahres 1891 verzögert habe. Mit diesen erst jetzt vorgebrachten Behauptungen kann indessen der Beklagte in der Revisionsinstanz nicht mehr gehört werden. Das Berufungsgericht hatte nur die Thatsache vor sich, daß in einem Zeitraume von drei Jahren — seit 1888 —, der zur Vornahme der erforderlichen Änderungen an sich ausreichend erscheinen mußte, nichts oder doch zu wenig geschehen ist, um der gleichen Gefahr vorzubeugen. Wenn es auch richtig ist, daß dem Beklagten die nötige Zeit zu den Umänderungen gelassen werden mußte, und daß ihn bei rechtzeitiger Inangriffnahme und thunlichst beschleunigter Ausführung der Arbeiten kein Verschulden getroffen hätte, aus welchem er haftbar wäre, so kann doch hieraus nach Lage der Sache der Vorwurf einer Rechtsnormverletzung gegen die Vorinstanz nicht hergeleitet werden.

Der Beklagte hat der Klage noch die Einwendungen des Verzichtes und der Verjährung entgegengesetzt, die vom Berufungsgerichte verworfen sind. Spe ielle Angriffe sind dagegen von der Revision nicht erhoben worden, und sie würden auch keinen Erfolg haben können." ...

(Das Folgende betrifft den Einwand des Verzichtes. Bezüglich der Verjährung wird gesagt:)

„Auch der Einwand der Verjährung erscheint nicht begründet; die abweichende Meinung des ersten Richters beruht auf Mißverständnis des § 54 A.L.R. I. 6 und des Plenarbeschlusses des Obertribunals vom 20. März 1846 (Entsch. Bd. 13 S. 19). Der Einwand stützt sich darauf, daß der Kläger schon durch die Hochwasser der Jahre 1888 und 1889, also schon länger als drei Jahre vor Anstellung der

Klage, von der durch die Anlage der Bahn seinen Grundstücken drohenden Überschwemmungsgefahr Kenntnis erlangt hatte. Es ist nun aber nicht abzusehen, wie der Kläger dadurch, daß er die Gefahr kannte, die ihm bei einer Fortdauer des bestehenden Zustandes drohte, von dem Dasein des im Jahre 1891 eingetretenen, als möglich immerhin vorauszusehenden Schadens schon vorher unterrichtet gewesen sein könnte. Der Beklagte war zu einer Änderung des bestehenden Zustandes verpflichtet, und der Kläger durfte erwarten, daß diese Änderung erfolge, und daß somit ein weiterer Schade nicht eintrete. Der erwähnte Plenarbeschluß des Obertribunals hat es mit einer in sich vollendeten Handlung zu thun, deren nachteilige Folgen sich noch in die Zukunft hinein erstrecken und sich wiederholen; für diesen Fall wird dort angenommen, daß der gesamte Schade als ein einheitlicher innerhalb der dreijährigen Verjährungsfrist geltend gemacht werden müsse.

Vgl. Striethorst, Archiv Bd. 83 S. 212. 213.

Von einem solchen einheitlichen Schaden kann aber nicht die Rede sein, wenn die Fortdauer eines gesetzwidrigen Zustandes, den zu beseitigen der Verpflichtete unterläßt, von neuem schädigend wirkt. Es liegt dann ein neuer Schade vor, und die Verjährung des Ersatzanspruches kann vor dessen Eintritt nicht beginnen." ...

---

70. Werden gerichtlich bestätigte Adoptionsverträge, durch welche der bürgerliche Adoptivsohn den Adel des Adoptivvaters erlangen soll, ungültig, wenn die landesherrliche Genehmigung versagt wird?

III. Civilsenat. Urt. v. 10. April 1896 i. S. G. (Kl.) w. v. G. (Bekl.) Rep. III. 427/95.

I. Landgericht Kassel.
II. Oberlandesgericht daselbst.

Die Entscheidung ist oben unter „Gemeines Recht" Nr. 43 S. 164 abgedruckt.

---

71. Enthält die Abrede, daß im Falle nicht prompter Zinszahlung der Zinsfuß erhöht werden soll, ein Versprechen von Zinseszinsen?

V. Civilsenat. Urt. v. 15. April 1896 i. S. der Lebensversicherungsgesellschaft für Deutschland in Gotha (Bekl.) w. das Warenhaus für deutsche Beamte, Aktiengesellschaft in Berlin (Kl.). Rep. V. 319/95.

I. Landgericht I Berlin.
II. Kammergericht daselbst.

Die Frage ist vom Reichsgericht verneint aus folgenden Gründen:

... „Auf dem früher der Handlung S. & Co. gehörigen, in Berlin Dorotheen- und Bunsenstraßen-Ecke belegenen Grundstücke steht im Grundbuche der Dorotheenstadt Bd. 5 Nr. 383 eine Hypothek von 1000000 ℳ eingetragen. Diese Hypothek hat die Beklagte durch Cession erworben. Durch Vertrag vom 27. Juli 1891 ist in betreff der Verzinsung der Darlehnshypothek zwischen der Beklagten und einem Bevollmächtigten der Handlung S. & Co. verabredet, daß die Zinsen mit 4 Prozent am 1. Januar, 1. April, 1. Juli und 1. Oktober jedes Jahres bezahlt werden sollten. Dann heißt es unter Nr. 4:

Sofern Schuldnerin mit Abführung der Zinsrate über 4 Wochen nach dem Verfalltage im Rückstande sein sollte, (ist) die verfallene Zinspost nach dem 5prozentigen Zinsfuße vom ganzen Kapital zu entrichten.

Diese Vereinbarung ist im Grundbuche Abteilung III Nr. 7 eingetragen.

Am 22. September 1894 hat die Klägerin das Grundstück durch Auflassung von der Handlung S. & Co. erworben und die Hypothek in Anrechnung auf den Kaufpreis übernommen. Schon früher — am 1. April 1894 — war die gedachte Handlung mit der Zinszahlung länger als vier Wochen im Rückstande geblieben. Auf erhobene Klage war die Schuldnerin durch rechtskräftiges Urteil vom 5. Oktober 1894 verurteilt, die Zinsen für das erste Quartal 1894 nach dem Zinssatze von 5 Prozent — also mit 12500 ℳ statt 10000 ℳ — an die Beklagte zu zahlen. Dieses Urteil ist am 20. Dezember 1894 gegen die Klägerin vollstreckt. Deren Forderung auf Rückzahlung der 2500 ℳ hat der Berufungsrichter abgewiesen, und hiergegen ist

Revision nicht erhoben. Die Klägerin beansprucht weiter, Beklagte solle verurteilt werden, einzuwilligen, daß der obengedachte Vermerk, betreffend die Zinserhöhung für den Fall der verzögerten Zinszahlung, im Grundbuche gelöscht werde. Sie führt aus, die Abrede enthalte eine Konventionalstrafe, durch welche die Zahlung von Zinseszinsen festgesetzt werde, was gesetzlich unzulässig sei. Die Beklagte macht dagegen geltend, es handle sich um eine Abrede von vorbedungenen Zinsen, wobei das Strafprozent für den Fall der nicht pünktlichen Zinszahlung festgesetzt sei. Sie bestreitet, daß darin eine Konventionalstrafe liege, und führt eventuell aus, daß diese nicht als Forderung von Zinseszinsen aufzufassen sei.

Beide Instanzrichter haben die Beklagte dem Klagantrage gemäß verurteilt. Der Berufungsrichter begründet seine Entscheidung dahin, daß eine Konventionalstrafe vorliege, daß diese den Charakter von Zinsen habe, und daß also für den Fall der nicht pünktlichen Zinszahlung Zinsen von Zinsen bedungen werden, was gesetzlich unzulässig sei.

Die Frage, ob eine vertragsmäßige Festsetzung des Schadensersatzes für denjenigen, welcher einen Vertrag nicht oder nicht rechtzeitig erfüllt, stets als eine Konventionalstrafe anzusehen sei, kann im vorliegenden Falle unerörtert bleiben, weil der Beklagten und Revisionsklägerin darin beizustimmen ist, daß die unter Nr. 4 des Vertrages vom 27. Juli 1891 getroffene Bestimmung nicht als eine Abrede der Zahlung von Zinseszinsen aufzufassen ist. Der Berufungsrichter führt richtig aus, daß nach § 803 A.L.R. I. 11 bei Darlehnen alles das, was der Schuldner dem Gläubiger für den Gebrauch des geliehenen Geldes entrichten muß, den rechtlichen Charakter von Zinsen besitzt, und daß diese Vorschrift nach §§ 825. 826 a. a. O. auch für Konventionalstrafen, zu welchen der Schuldner sich statt der Zinsen verpflichtet, gelten muß. Ebenso ist auch nicht zu bezweifeln, daß das im § 818 a. a. O. ausgesprochene Verbot der Zinsen von Zinsen durch die Reichsgesetze vom 14. November 1867 (B.G.Bl. S. 159) und vom 19. Juni 1893 (R.G.Bl. S. 197) keine Änderung erlitten hat. Eine Abrede, daß im Falle nicht rechtzeitiger Zinszahlung von der fälligen Zinsrate Zinsen gezahlt werden sollten, ist jedoch im vorliegenden Falle nicht getroffen. Diese Abrede würde voraussetzen, daß die Kontrahenten als Vergütung für die am 1. April 1894 nicht rechtzeitig abgeführten 10000 *M* eine weitere Zahlung von 2500 *M* hätten festsetzen wollen. Eine solche offenbar wucherische Abrede hat den Kontrahenten sicher fern gelegen. Man muß vielmehr annehmen, daß die Kontrahenten nicht, was bei der Abrede von Zinseszinsen nötig wäre, den rückständigen Zinsbetrag als neues, nunmehr zu verzinsendes Kapital betrachtet, sondern, daß sie beabsichtigt haben, der Schuldner solle, wenn er durch nicht prompte Zinszahlung möglicherweise Schwierigkeiten für die Gläubigerin in betreff der Erledigung ihrer eigenen Verbindlichkeiten herbeiführe, die Nutzung des erhaltenen Darlehns nicht mit 4, sondern mit 5 Prozent vergüten. Der Zinsfuß ist bedingt für den Fall der verzögerten Zinszahlung um 1 Prozent erhöht. Zutreffend macht die Beklagte geltend, daß sie, ohne gegen irgend ein Gesetz zu verstoßen, mit derselben Wirkung hätte verabreden können, daß die Zinsen 5 Prozent, bei prompter Zahlung derselben jedoch nur 4 Prozent betragen sollten. Eine Abrede der Zinserhöhung, wie sie hier in dem Vertrage vom 27. Juli 1891 getroffen ist, hatten die §§ 825. 826 A.L.R. I. 11 für den Fall der nicht rechtzeitigen Rückzahlung des Kapitales ausdrücklich, und zwar bis zur Höhe der Zinsen von 6 bezw. 8 Prozent zugelassen. Weshalb nicht auch wegen unpünktlicher Zinszahlung eine — nicht unter die Wuchergesetze fallende — Erhöhung der für den Gebrauch des Kapitales zu zahlenden Zinsen gestattet sein sollte, ist nicht erfindlich.

Aus diesen Gründen mußte das zweite Urteil aufgehoben und, da der Sachverhalt vollständig und klar vorliegt, die Klage unter Änderung des ersten Urteiles abgewiesen worden.

Das Reichsgericht ist sich bewußt, daß es mit dieser Entscheidung teilweise in Widerspruch tritt mit Rechtsgrundsätzen, welche in mehreren Urteilen des erkennenden Senates,

vgl. Gruchot, Beiträge Bd. 28 S. 242, Bd. 29 S. 883 und Rep. V. 135/84,

sowie des früheren preußischen Obertribunals,

vgl. Entsch. desselben Bd. 76 S. 99,

ausgesprochen sind. Es hat jedoch bei wiederholter Erörterung und Prüfung der Rechtsfrage umsoweniger Anstand genommen, von der früher entwickelten Auffassung zurückzutreten, als die Rechtsprechung des Obertribunals geschwankt hat,

vgl. Striethorst, Archiv Bd. 1 S. 313,
als ferner von den Grundbuchämtern, unter Billigung der Beschwerdebehörden,

vgl. Johow, Entsch. der preuß. Appellationsgerichte Bd. 4 S. 157. 166, Bd. 5 S. 140; auch Johow, Entsch. des Kammergerichts Bd. 7 S. 76,

die Eintragung ähnlicher Vertragsbestimmungen in die Grundbücher nicht beanstandet wird, und als auch in der Litteratur die Richtigkeit der früher vom Reichsgerichte vertretenen Ansicht mit zutreffenden Gründen bekämpft ist.

Vgl. Martinius in Gruchot, Beiträge Bd. 39 S. 542 flg."

---

72. Haftet der Eigentümer einer Fabrik aus der Bereicherung, die ihm dadurch zugeführt ist, daß durch den technischen Leiter der Fabrik ein demselben von dem Erfinder unter der Verpflichtung der Geheimhaltung mitgeteiltes, demnächst patentiertes Verfahren ohne Wissen des Eigentümers der Fabrik in derselben noch vor der Anmeldung und Erteilung des Patentes angewendet worden ist?

A.L.R. I. 13 §§ 228. 230. 231. 232. 234. 238. 241. 262. 286, I. 16 §. 200.

I. Civilsenat. Urt. v. 11. April 1896 i. S. Dr. u. Sch. (Kl.) w. Zuckerfabrik Sch. & Co. (Bekl.) Rep. I. 446/95.

I. Landgericht Ratibor.
II. Oberlandesgericht Breslau.

Die Entscheidung ist oben unter „Reichsrecht" Nr. 12 S. 41 abgedruckt.

---

73. Unter welchen Voraussetzungen unterliegen Forderungen der Ziegelmeister wegen rückständigen Lohnes der kurzen Verjährung aus § 1 Ziff. 5 des Gesetzes vom 31. März 1838?

VI. Civilsenat. Urt. v. 18. April 1896 i. S. D. (Bekl.) w. B. (Kl.) Rep. VI. 210/95.

I. Landgericht Bromberg.
II. Oberlandesgericht Posen.

Der Kläger, der vom Jahre 1879 bis zum 1. April 1887 in der Ziegelei des Beklagten als Ziegelmeister beschäftigt war, beanspruchte mit seiner im Jahre 1889 erhobenen Klage u. a. die ihm nach Abzug der empfangenen Zahlungen noch zukommende Vergütung für die während der einzelnen Jahre seiner Beschäftigung von 1879 ab gefertigten Ziegelfabrikate. Der diesem Anspruche entgegengesetzte Verjährungseinwand wurde vom Berufungsrichter verworfen. Dagegen hat das Reichsgericht den Einwand bezüglich der vor dem 1. Januar 1887 fällig gewesenen Lohnrückstände für durchgreifend erklärt.

Aus den Gründen:

... „Den vom Beklagten auf § 1 Ziff. 5 des Gesetzes vom 31. März 1838 gestützten Verjährungseinwand hat das Berufungsgericht auf Grund der Annahme verworfen, daß der Kläger nicht in einer untergeordneten Stellung oder einem Dienstverhältnisse zum Beklagten gestanden habe, sondern selbständiger Werkmeister gewesen sei. Kein Gewicht, meint das Gericht, sei auf die Bezeichnung des Klägers als „Zieglermeisters“, des Beklagten als „Ziegeleibesitzers“ und „Brotherrn“, der Vergütung des Klägers als „Arbeitslohns“ in den zwischen den Parteien geschlossenen Verträgen zu legen; entscheidend sei vielmehr, daß nach Inhalt der Verträge der Kläger die Herstellung bestimmter Quanta von Ziegelfabrikaten gegen bestimmte Vergütung übernommen habe, ohne daß ihm die Verpflichtung übertragen worden wäre, den Anweisungen des Beklagten, insbesondere über die Art und Weise des Betriebes, die Annahme, Beschäftigung und Entlassung von Arbeitern, die Entnahme und Behandlung des Rohmateriales u. s. w., nachzukommen.

Mit dieser Begründung verstößt die Vorinstanz nach der zutreffenden Rüge der Revision ebensowohl gegen den § 259 C.P.O. wie gegen den § 1 Ziff. 5 des Gesetzes vom 31. März 1838. Völlig unbeachtet geblieben ist, daß der Kläger selbst angegeben hat, er habe „auf Anweisung des Beklagten während des Zeitraumes von vierzehn Tagen mit sämtlichen Arbeitern bei der Ernte Hilfe leisten müssen", und daß er ferner behauptet hat, „erst auf ausdrückliche Anordnung des Beklagten habe der Kläger nasse Steine aus den Rüstungen genommen und in Stößen zum Trocknen aufgestellt". Auch an einer vollständigen Würdigung des Inhaltes der zwischen den Parteien geschlossenen Verträge hat es das Gericht fehlen lassen. Hervorzuheben ist daraus insbesondere folgendes: In dem Vertrage vom 15. Dezember 1878 hatte sich der Kläger namentlich auch verpflichtet, „in allen anderen Stücken das Wohl seines Brotherrn im Auge zu behalten", „stets sachgemäß und als tüchtiger Meister der Ziegelei vorzustehen, ebenso darauf zu halten, daß weder Streitigkeiten noch Zänkereien zwischen den Arbeitern vorkommen". Nach dem Vertrage vom 9. Oktober 1883 war das Ziegeleiinventarium dem Kläger mit der Verpflichtung zur vollständigen Wiederablieferung nach Ablauf des Kontraktes zu übergeben; der Beklagte hatte dem Kläger die Kohlen zum Ausbrennen zu liefern sowie Pferde zu gestellen und war berechtigt, „am Anfange eines jeden Wirtschaftsjahres das Quantum der einzelnen Ziegelsorten nach seinem Belieben festzustellen" (bis zu einer Gesamtzahl von drei Millionen), wie ihm auch „als Brotherrn" freistand, dem Ziegelmeister mit zweiwöchiger Frist zu kündigen, sobald der Kontrakt von diesem nicht gehalten würde; der Kläger erhielt endlich neben dem „Arbeitslohn", welches wöchentlich „nach Ermessen" des D. (mit näheren Bestimmungen über die Abrechnung) auszuzahlen war, für die Dauer der Kontraktszeit freie Wohnung, Land, freies Brennholz und Weide bezw. Futter für zwei Kühe.

Bringt man die vorgedachten Vertragsbestimmungen mit den eigenen Anführungen des Klägers in Verbindung, so muß dieser den Personen beigezählt werden, deren Lohnansprüche der § 1 Ziff. 5 a. a. O. der zweijährigen Verjährung unterwirft. Wenn dort neben den Handwerksgesellen, Tagelöhnern und anderen gemeinen Handarbeitern die „Fabrikarbeiter" genannt werden, so ist dieses Wort, wie schon die Rechtsprechung des preußischen Obertribunales angenommen hat, im weiteren Sinne aufzufassen, dergestalt, daß darunter auch Werkmeister, Fabrikmeister, Braumeister u. s. w., kurz alle zu verstehen sind, die von der neueren Gesetzgebung als „gewerbliche Arbeiter" bezeichnet werden.

Vgl. die Überschrift des Titels 7 der Gewerbeordnung nach der

Fassung des Gesetzes vom 1. Juni 1891 (R.G.Bl. S. 261); ferner Striethorst, Archiv Bd. 59 S. 196, und Rehbein, Entsch. Bd. 1 S. 1020 mit den dortigen Anführungen.

Bei allen diesen gewerblichen Arbeitern handelt es sich, was nach den Eingangsworten des Gesetzes vom 31. März 1838 maßgebend ist, um Lohnforderungen, die sogleich oder in kurzer Zeit berichtigt zu werden pflegen, und bei denen aus der langen Dauer der ordentlichen Verjährungsfristen eine Unsicherheit des Rechtes entsteht.

Keine Anwendung findet allerdings die Ziff. 5 des § 1 auf solche Werkmeister, die außerhalb des Gewerbebetriebes des Gewerbeunternehmers diesem selbständig gegenüberstehen und nur durch besondere Verträge bestimmte Handlungen oder Leistungen zu den Zwecken des Gewerbebetriebes übernommen haben; vielmehr setzt die Stellung eines Fabrikarbeiters oder gewerblichen Arbeiters stets eine Beschäftigung im Gewerbebetriebe des Unternehmers mit einem gewissen Maße der Unterordnung und Unselbständigkeit voraus. Ob diese Voraussetzung bei allen Ziegelmeistern gegeben ist, bedarf hier keiner näheren Prüfung. Denn jedenfalls trifft sie nach den oben mitgeteilten Vertragsbestimmungen bei dem Kläger zu, der viele Jahre hindurch gegen Arbeitslohn, freie Wohnung und Naturalien mit vereinbarter Kündigungsfrist auf der Ziegelei des Beklagten beschäftigt war, dieser als Meister vorzustehen, das Wohl seines Brotherrn im Auge zu behalten und dabei, wie seine eigenen Anführungen ergeben, bestimmte Anweisungen des Beklagten zu befolgen hatte. Hiergegen fällt nicht ins Gewicht, daß der Arbeitslohn nach der Zahl der gefertigten Steine berechnet wurde, und daß dem Kläger die technische Ausführung der Ziegeleiarbeiten sowie die Annahme der Arbeiter überlassen und diesen gegenüber eine höhere Stellung eingeräumt war, da der Kläger trotzdem im Verhältnisse zum Beklagten nur als dessen Gewerbegehilfe angesehen werden kann.

Vgl. Striethorst, Archiv Bd. 59 S. 198; Entsch. des R.O.H.G.'s Bd. 9 S. 307. 308.

Fällt hiernach auch die Lohnforderung des Klägers unter die Vorschrift des § 1 Ziff. 5, so kann sie doch nicht in ihrem ganzen Umfange, sondern, da die Klage im Jahre 1889 erhoben worden ist, nach § 5 Ziff. 3 des Gesetzes vom 31. März 1838 nur insoweit für verjährt erachtet werden, als die geltend gemachten Ansprüche vor dem 1. Januar 1887 fällig gewesen waren." ...

---

74. 1. Was ist zur Erhaltung des an eine bestimmte Frist gebundenen Wiederkaufsrechtes erforderlich?
2. Kann die Erklärung der Ausübung des Wiederkaufsrechtes auch an einem Sonn- oder Feiertage abgegeben werden, und muß sie von dem Verpflichteten auch an einem solchen Tage entgegengenommen werden?

A.L.R. I. 11 § 308, I. 3 § 48.

I. Civilsenat. Urt. v. 2. Mai 1896 i. S. L. Erben (Kl.) w. Sch. (Bekl.) Rep. I. 17/96.

I. Landgericht Königsberg.
II. Oberlandesgericht daselbst.

Der Erblasser der Kläger, Besitzer L., hatte am 31. Mai 1890 drei ihm gehörige Schiffsgefäße an den Beklagten verkauft und übergeben unter dem Vorbehalt des Rückkaufsrechtes binnen Jahresfrist. Der 31. Mai 1891 war ein Sonntag. An diesem Tage hat L. den Beklagten zweimal in seiner Wohnung aufgesucht, um das Wiederkaufsrecht auszuüben. Seine Begleiter hatten auch das dem Beklagten zu zahlende Geld bei sich. Der Beklagte wurde aber nicht angetroffen, und die Ehefrau des Beklagten wies den Kläger ab. Der Kläger ist dann noch einmal, am 1. Juni 1891, bei dem Beklagten gewesen. Jetzt hat dieser aber erschwerende und außerhalb des Vertragsverhältnisses liegende Bedingungen gestellt, wenn er sich noch auf den Wiederkauf einlasse. Mit der Behauptung, der Beklagte habe zwei der Schiffsgefäße verkauft, haben die Erben des L. Klage auf Schadensersatz erhoben. Das Landgericht hat den Anspruch dem Grunde nach für gerechtfertigt erklärt, auf Berufung des Beklagten aber hat das Oberlandesgericht die Klage abgewiesen. Auf die Revision der Kläger ist dieses Urteil aufgehoben und die Sache an das Berufungsgericht zurückgewiesen worden aus folgenden

Gründen:

„Nach § 308 A.L.R. I. 11 kann das Wiederkaufsrecht, im Mangel besonders verabredeter Bestimmungen, nur gegen bare Zahlung der Wiederkaufssumme und gegen Erfüllung der übrigen Bedingungen, folglich nicht durch ein bloßes Anerbieten dazu, ausgeübt werden. Diese Bestimmung hat die Auslegung gefunden, daß der Verkäufer, welcher das Wiederkaufsrecht ausüben will, wenn für dasselbe eine bestimmte Frist vorbehalten ist, längstens am letzten Tage dem Käufer das Geld anbieten und, wenn dieser die Annahme weigert, gerichtlich hinterlegen müsse.

Vgl. Treitschke, Kaufkontrakt S. 115; Gruchot, Bd. 10 S. 601.

Wäre diese Auslegung richtig, so würde die Revision zurückzuweisen sein. Denn eine Realoblation von Geld muß, um wirksam zu sein, opportuno tempore erfolgen. An einem Sonntage oder einem anderen allgemeinen Feiertage braucht aber derjenige, welchem eine Zahlung gemacht werden soll, insonderheit ein Kaufmann, in der Regel eine größere Summe Geld nicht anzunehmen. Denn da am Sonntage der bürgerliche Verkehr ruht, so ist einer Partei für die Regel nicht anzusinnen, an einem Sonntage ein werktägliches Geschäft vorzunehmen. Der § 48 A.L.R. I. 3 verfügt deshalb, daß der Verpflichtete in der Regel die Leistung an dem nächstfolgenden Tage vornehmen soll. Dasselbe muß von der Annahme einer Leistung gelten, wenn die Annahme nicht ohne Aufwendung von Arbeit erfolgen kann. Dasselbe ergiebt sich aus Art. 332 H.G.B., nach welchem die Erfüllung an dem Erfüllungstage während der gewöhnlichen Geschäftszeit geleistet und angenommen werden muß. Da der Sonntag eine gewöhnliche Geschäftszeit nicht hat, so braucht an diesem Tage der Kaufmann solche Erfüllung überhaupt nicht anzunehmen. Der Idee der Bestimmung nach ist es gleichgültig, ob es sich um die Erfüllung einer Verbindlichkeit oder um die durch Leistung einer Zahlung zu erfüllende Bedingung oder um die zur Innehaltung einer Frist in Ausübung eines Rechtes geleistete Zahlung handelt. In demselben Umfange greift Art. 330 Abs. 2 Platz, wonach spätestens am vorhergehenden Werktage erfüllt werden muß, wenn der letzte Tag des Zeitraumes auf einen Sonntag fällt. Hätte also der Wiederkäufer sein Recht nicht ausüben können, ohne Zahlung zu leisten oder wenigstens solche anzubieten, so hätte er spätestens am Sonnabend, dem 30. Mai

1891, anbieten müssen. Und da er bis zum Ablaufe dieses Tages nicht angeboten hat, würde er sein Recht verwirkt haben.

Allein schon das vormalige preußische Obertribunal hat den § 308 a. a. O. anders verstanden. Nach dieser in Striethorst's Archiv, Bd. 90 S. 188. 190, wiedergegebenen Ansicht muß die Frist als gewahrt angenommen werden, wenn von seiten des Wiederkäufers alles innerhalb der Frist gethan ist, was von seiner Seite zur Ausübung des Rechtes geschehen konnte. Dazu gehört aber nicht, daß die Zahlung der Wiederkaufssumme und die Erfüllung der sonstigen Bedingungen des Wiederkaufes schon mit der Erklärung des Berechtigten, von dem Rechte Gebrauch machen zu wollen, verbunden sein muß; vielmehr wird damit festgesetzt, daß jener den Wiederkauf selbst nur Zug um Zug gegen Gewährung der vollen Gegenleistung verlangen kann. Der § 308 sagt also nichts anderes, als was der Code civil in Art. 1673 ausspricht:

> Le vendeur qui use du pacte de rachat, doit rembourser non seulement le prix principal, mais encore les frais ... Il ne peut entrer en possession qu' après avoir satisfait à toutes ses obligations.

Für das Rechtsgebiet des französischen Rechtes hat aber das Reichsgericht wiederholt ausgesprochen, daß es genügt, wenn der Verkäufer innerhalb der Frist die Erklärung abgegeben hat, den Rückkauf ausüben zu wollen.

Vgl. Bolze, Praxis Bd. 3 Nr. 166 und Bd. 8 Nr. 107. 893.

Ebenso hat für das Rechtsgebiet des gemeinen Rechtes das vormalige Oberappellationsgericht Celle in dieser Erklärung die Ausübung des Wiederkaufes gefunden.

Vgl. Seuffert's Archiv Bd. 7 Nr. 36.

Und der Entwurf eines bürgerlichen Gesetzbuches für das Deutsche Reich schreibt in § 492 sogar vor: Der Wiederkauf kommt mit der Erklärung des Verkäufers gegenüber dem Käufer, daß er das Wiederkaufsrecht ausübe, zustande.

Eine von dieser Auslegung abweichende Entscheidung hat auch das Reichsgericht in den von dem Berufungsgerichte angeführten Urteilen nicht getroffen. In dem Urteile vom 30. Mai 1881,

vgl. Entsch. des R.G.'s in Civils. Bd. 5 S. 55,

wurde nur ausgesprochen, daß die Verpflichtung des Verkäufers zur Barzahlung über den empfangenen Betrag nicht hinausgeht; in dem Urteile vom 7. April 1894,

vgl. Bolze, Bd. 18 Nr. 81,

daß der Verkäufer nicht ohne Barzahlung die Mobilien wieder in sein Eigentum bringen könne.

Der Senat steht danach nicht an, sich der Auslegung des Obertribunales anzuschließen. Natürlich mußte der Verkäufer bereit und imstande sein, wenn es infolge seiner Erklärung zum Abschlusse des Wiederkaufes gekommen wäre, gegen Rückgabe der verkauften Schiffsgefäße dem Käufer alles dasjenige sofort bar zu zahlen, was dieser bei Ausübung des Wiederkaufes nach dem Vertrage zu fordern berechtigt war. Etwas anderes läßt sich auch aus dem Vertrage selbst nicht herauslesen. Derselbe bestimmte nur: „Verkäufer behält sich binnen Jahresfrist das Rückkaufsrecht vor"; und fährt dann fort: er muß dann das an ihn gezahlte Kaufgeld zurückzahlen und außerdem 6 Prozent Zinsen vom heutigen Tage ab bis zum Tage der Rückzahlung zahlen. Daß diese Rückzahlung genau innerhalb der Jahresfrist erfolgen müßte, ist damit nicht zum Ausdrucke gekommen.

Hiernach genügte es zunächst, wenn der Erblasser der Kläger am Sonntage, dem 31. Mai 1891, dem Beklagten erklärt hätte, daß er von seinem Wiederkaufsrechte Gebrauch mache. Und es war dann Sache des Beklagten, die weiteren Verabredungen mit dem Verkäufer über den wirklichen Abschluß des Wiederkaufes und dessen Realisierung zu treffen. Zur Entgegennahme solcher Erklärung war aber der Beklagte auch an einem Sonntage verpflichtet. Der Erblasser der Kläger hat sich, um jene Erklärung abzugeben, zweimal am 31. Mai 1891 nach der Wohnung des Beklagten begeben. Er hat ihn beidemale nicht getroffen, aber der Ehefrau des Beklagten im allgemeinen mitgeteilt, zu welchem Zwecke er kam. Die Ehefrau des Beklagten hat dem L. nicht angegeben, daß er ihren Ehemann etwa zu einer späteren Zeit an demselben Tage treffen könne. Der L. konnte also, obwohl er seinerseits alles gethan hatte, um sein Recht am letzten Tage der Frist auszuüben, aus einem Grunde, welcher lediglich auf der Seite des Beklagten lag, sein Recht an diesem Tage nicht ausüben.

Bei dieser Lage der Sache, und da L. am folgenden Tage wiederkam und jetzt dem Beklagten gegenüber seine Erklärung abgab, durfte sich der Beklagte seiner vertragsmäßigen Verpflichtung nicht entziehen." ...

---

75. Von wann ab läuft die dreijährige Verjährungsfrist des § 54 A.L.R. I. 6 und der Deklaration vom 31. März 1838, wenn der den Schaden verursachende Zustand, dessen Schädlichkeit dem Beschädigten bekannt war, später verändert, und der Schade, für welchen Ersatz verlangt wird, nach der Veränderung eingetreten ist?

VI. Civilsenat. Urt. v. 30. April 1896 i. S. W. (Kl.) w. den preuß. Strombaufiskus (Bekl.). Rep. VI. 433/95.

I. Landgericht Thorn.
II. Oberlandesgericht Marienwerder.

Aus den Gründen:

„Das Berufungsgericht hat, nachdem das Urteil vom 26. November 1894 durch das Urteil des Reichsgerichtes vom 25. April 1895[1] aufgehoben und die Sache zur anderweiten Verhandlung und Entscheidung an das Berufungsgericht zurückverwiesen war, auf Grund des nunmehr vom Beklagten erhobenen Einwandes der Verjährung (§ 54 A.L.R. I. 6, Deklaration vom 31. März 1838) wiederum auf Abweisung der Entschädigungsklage erkannt, indem es in dem Schreiben des Klägers vom 24. Mai 1889 an den Wasserbauinspektor B. den Beweis findet, daß dem Kläger schon damals, länger als drei Jahre vor Anstellung der Klage, das Dasein des Schadens und dessen Urheber bekannt gewesen sei. Er habe schon damals sowohl die bereits eingetretenen schädlichen Folgen der im Jahre 1880 angelegten Coupierung des Weichselarmes, als auch die Fortdauer der schädigenden Wirkung dieser Anlage erkannt, weshalb auch die erst später, in den Jahren 1890 und 1891, eingetretenen Schäden, um die es sich hier handelt, nicht mehr geltend gemacht werden könnten. Im Anschluß an frühere Urteile, insbesondere an das Reichsgerichtsurteil vom 1. November 1894,

vgl. Juristische Wochenschrift von 1894 S. 593 Ziff. 16,

---

[1] Vgl. Bd. 35 Nr. 61 S. 235. D. E.

wird ausgeführt, daß die im § 54 A.L.R. I. 6 erforderte Kenntnis vom Dasein des Schadens und von dessen Urheber dann vorliege, wenn dem Beschädigten die Thatsachen bekannt seien, die zur Begründung einer Schadensklage ausreichen, und daß — insbesondere bezüglich des Kausalzusammenhanges — eine unumstößliche Gewißheit, daß die Sache sich unmöglich anders verhalten könne, nicht erfordert werde. Weiter wird ausgeführt: der Grundsatz, daß die Verjährung das ganze Recht treffe, auch wenn der Schade sich in Zukunft erneuert, beziehe sich zwar nur auf Fälle, in denen die beschädigende Handlung abgeschlossen dasteht, nicht auch auf Fälle, wo, obwohl infolge einer dauernden Einrichtung, fortgesetzt neue beschädigende Handlungen vorgenommen werden. Hier handle es sich aber um einen Fall von der ersteren Art. Denn durch die (noch nach dem Schreiben des Klägers vom 24. Mai 1889 vorgenommenen) Verlängerungsbauten der Coupierung sei nur die örtliche Lage der Ufereinrisse und Verhandlungen verschoben worden; ohne dieselben würden, wenn auch an anderer Stelle, noch weit erheblichere Einrisse als Folge der im Jahre 1880 angelegten Coupierung aufgetreten sein; es sei daher lediglich die Anlage dieses letzteren Strombauwerkes die Handlung, welche den Schaden hervorgebracht habe und dauernd hervorbringe, und die nach Ausführung der Verlängerungsbauten aufgetretenen Ufereinrisse seien nicht ein neuer Schade, sondern die sich fortsetzende, dem Kläger seit 1889 bekannte Folge jener älteren Handlung.

Diesen Ausführungen kann nicht in vollem Umfange beigetreten werden. Mit Recht rügt die Revision, daß die Bedeutung der in den Jahren 1889 und 1891 ausgeführten Verlängerung der Coupierung für den Einwand der Verjährung unrichtig und unvollständig gewürdigt sei. Das Berufungsgericht beschränkt sich auf die Prüfung, ob die hier eingeklagten Schäden als Folgen der Veränderungen oder vielmehr als Folgen der früheren Strombauten anzusehen seien. Wenn es letzteres annimmt, weil die Veränderungen nur den Schaden, der sonst eingetreten wäre, verringert hätten, und der Schade auch dadurch kein anderer und neuer Schade geworden sei, daß er infolge der Veränderungen an einer anderen Stelle hervorgetreten sei, so ist zwar dagegen nichts zu erinnern. Aber es war weiter zu prüfen, ob dem Kläger die Kenntnis beiwohnte, daß der Schade trotz der Veränderungen fortdauern werde. Die Feststellung, daß der Kläger ausweislich seines Schreibens vom 24. Mai 1889 schon damals die Fortdauer der schädigenden Wirkungen der Coupierung erkannte, kann sich nur auf die Anlage in ihrem damaligen Zustande beziehen. Ist dieser Zustand später verändert worden, so fragte es sich, ob der Kläger sich nicht eben dadurch vor weiterem Schaden geschützt glauben konnte, was um so gewisser anzunehmen sein möchte, wenn diese Veränderungen gerade in der Absicht erfolgt sein sollten, weiterem Schaden vorzubeugen und damit dem im Schreiben des Klägers vom 24. Mai 1889 gestellten Verlangen auf Vornahme geeigneter Maßregeln zur Verhütung künftigen Schadens nachzukommen.

War dem Kläger vor Eintritt der hier geltend gemachten Schäden und länger als drei Jahre vor Anstellung der Klage nicht bekannt, daß die Anlage auch nach ihrer Veränderung eine schädigende Wirkung haben werde, so ist die vorliegende Entschädigungsklage nicht verjährt. Dies folgt ohne weiteres daraus, daß nach § 54 A.L.R. I. 6 die dort vorgeschriebene Verjährung die Kenntnis vom Dasein des Schadens voraussetzt (vgl. auch §§ 516. 517 A.L.R. I. 9). Der Plenarbeschluß des preußischen Obertribunales vom 20. März 1846,

vgl. Entsch. desselben Bd. 13 S. 19,

steht auf demselben Boden. Denn er scheidet in der Begründung von vornherein von der Erörterung der Frage, ob das ganze Recht, auch insoweit der Schade sich in Zukunft erneuert, der dreijährigen Verjährung von der Kenntnis der beschädigenden Handlung an unterliege, diejenigen Fälle ausdrücklich aus, wenn außer den anfänglichen nachteiligen Folgen der beschädigenden Handlung erst späterhin noch andere Nachteile entspringen, deren Kausalzusammenhang mit der fraglichen Handlung sich gar nicht voraussehen oder doch nur vielleicht befürchten ließ, und erklärt es für zweifellos, daß hinsichtlich solcher späteren Schäden die im § 54 a. a. O. bestimmte Verjährungsfrist erst von dem Zeitpunkte zu laufen anfange, wo der spätere Schade eingetreten und zur Kenntnis des Beschädigten gekommen war.

Auch das Urteil des jetzt erkennenden Senates vom 14. März 1889,

vgl. Entsch. des R.G.'s in Civils. Bd. 23 S. 257,

kann zur Unterstützung des Berufungsurteiles nicht herangezogen werden. Es ist dort mit Rücksicht darauf, daß seit länger als drei Jahren vor der Klage die Fortdauer der schädigenden Wirkungen der Buhnenanlage sich erkennen ließ, Verjährung des Anspruches, auch wegen der innerhalb der drei Jahre liegenden Schäden, angenommen worden. Der Fall war dem vorliegenden Falle ähnlich, jedoch mit dem Unterschiede, daß hier der Schade, dessen Ersatz verlangt wird, nach einer Veränderung der Anlage eingetreten ist, und der Unterschied ist wesentlich, weil die vor der Veränderung vorhandene Kenntnis von der fortdauernden Schädlichkeit der Anlage in ihrem damaligen Zustande nicht auch die Kenntnis der Schädlichkeit der Anlage in dem veränderten Zustande einschließt." ...

---

76. Finden die §§ 432 flg. A.L.R. I. 11 unbeschränkte Anwendung, wenn der Cedent die Gewähr für den richtigen und pünktlichen Eingang des cedierten eingetragenen Kapitales nebst Zinsen übernommen hat?

I. Civilsenat. Urt. v. 23. Mai 1896 i. S. Tr. (Kl.) w. W. (Bekl.) Rep. I. 49/96.

I. Landgericht I Berlin.
II. Kammergericht daselbst.

Der Kläger hat 1890 sein Grundstück an den Beklagten verkauft und der Beklagte ihm an Stelle eines gleichen Teiles des bar zu zahlenden Kaufpreises eine Hypothek cediert, die für ihn zu $4^1/_2$ Prozent verzinslich auf einem damals dem Chemiker J. gehörigen Grundstücke eingetragen war. In der Cessionsurkunde hat der Beklagte für den richtigen und pünktlichen Eingang von Kapital und Zinsen Gewährleistung übernommen. Die Hypothek war bei nicht pünktlicher Zahlung der Zinsen und bei Verkauf oder Vertausch des Grundstückes fällig. J. hat das Grundstück am 29. Mai 1891 an den Landwirt Sch., dieser hat es am 7. Juli 1892 an den Rentier v. G. aufgelassen. Im Oktober 1891 wurden die Zinsen nicht gezahlt, worauf der Kläger noch im Oktober 1891 gegen den damals schon vermögenslosen J. auf Zahlung klagte, die Klage aber nicht verfolgte, nachdem er bald nach dem 30. November 1891 von den

Grundakten aus, zu denen er die Cession erst damals eingereicht, Kenntnis von dem Verkaufe an Sch. erhalten hatte. Nachdem er von dem Verkaufe an den v. G. alsbald nach dem 7. Juli 1892 benachrichtigt war, erhob er unter dem 21. Juli 1892 Klage gegen den Sch. und den v. G. v. G. wurde zur Zahlung verurteilt, während dem latitierenden Sch. die Klage nicht zugestellt wurde. Inzwischen war die Zwangsveräußerung des Grundstückes eingeleitet. Bei derselben ist die Hypothek nebst Zinsen seit 1. April 1891 ausgefallen.

Der Kläger hat den Beklagten aus der in der Cession erklärten Gewährleistung auf Zahlung mit der Behauptung in Anspruch genommen, daß der Beklagte ausdrücklich die Bürgschaft für die Hypothek übernommen habe. Demnächst hat er noch geltend gemacht, daß er die Hypothek nicht an Zahlungsstatt, sondern nur zahlungshalber angenommen habe, und daß der Beklagte deshalb auch aus dem Kaufvertrage hafte.

Der Beklagte hat dies bestritten und eingewendet, daß der Kläger den Regreß nach §§ 434. 488 A.L.R. I. 11 durch seine Nachlässigkeit in Beitreibung der Hypothek verloren habe.

Der erste Richter hat die Klage abgewiesen, und die vom Kläger eingelegte Berufung ist zurückgewiesen worden. Auf die Revision des Klägers wurde dieses Urteil aufgehoben und die Sache an das Berufungsgericht zurückverwiesen aus folgenden

Gründen:

„Das Berufungsurteil beruht darauf, daß eine Bürgschaft nicht vorliege, daß die Klage aus dem Kaufvertrage nicht erhoben werden könne, weil die Hypothek an Zahlungsstatt gegeben und angenommen sei, und daß der Regreß aus der Gewährleistung durch die verschuldete Säumnis des Klägers bei Verfolgung des Hypothekenrechtes verloren gegangen sei (§ 434 A.L.R. I. 11).

Nach der Cessionsurkunde vom 9. Oktober 1890 hat der Beklagte Gewähr geleistet für den richtigen und pünktlichen Eingang des cedierten Kapitales und der Zinsen. Das ist nicht Bürgschaft, das heißt nicht Intercession für den persönlichen oder dinglichen Schuldner, von dem gar nicht die Rede ist, sondern Übernahme eigener Verpflichtung aus dem Cessionsgeschäfte, das heißt Übernahme der Gewährleistung für die cedierte Forderung.

Vgl. Entsch. des Obertribunals Bd. 59 S. 108.

Dem Berufungsrichter ist auch darin beizutreten, daß daran dadurch nichts geändert werden würde, wenn die unter Eid gestellte Thatsache erweisen würde, daß der Beklagte vor der Cession die Bürgschaft für die Hypothek zu übernehmen erklärt hätte. Denn was der Beklagte und der Kläger darunter verstanden, würde immer wieder aus der Cessionsurkunde zu entnehmen sein, die keinen Zweifel über den Sinn der Erklärung läßt. Dem Berufungsrichter ist auch darin beizutreten, daß nach der Sachlage die Hypothek an Zahlungsstatt, nicht zahlungshalber gegeben ist. Die Revision zieht dies auch nicht in Zweifel.

Dem Berufungsrichter ist endlich auch darin zuzustimmen, daß der § 434 A.L.R. I. 11, der den Verlust des Regresses an den Cedenten aus der Gewährleistung für die Bonität der Forderung an die Säumnis des Cessionars in der Beitreibung der Forderung knüpft, auch auf die vertragsmäßig übernommene Gewähr für die Sicherheit Anwendung findet.

Vgl. Plenar-Präj. 106 vom 1. Dezember 1836 in Entsch. des Obertribunals Bd. 1 S. 315.

In der Anwendung des § 434 a. a. O. auf den vorliegenden Fall kann aber dem Berufungsrichter nicht beigetreten werden.

Durch die Übernahme für den richtigen und pünktlichen Eingang des Kapitales und der Zinsen hat der Beklagte vertragsmäßig eine Verpflichtung übernommen, die das Maß der in den § 432 flg. A.L.R. I. 11 geregelten Gewährleistung übersteigt.

Vgl. Striethorst, Archiv Bd. 7 S. 298; Entsch. des Obertribunals Bd. 74 S. 171; Entsch. des R.G.'s in Civils. Bd. 35 S. 161. 163.

Die gesetzliche Gewährleistungspflicht für die Bonität geht ihrer rechtlichen Natur gemäß dahin, daß der Cedent für die Sicherheit zur Zeit der Cession, nicht aber für Veränderungen in der Sicherheit nach der Cession haftet (§ 431 A.L.R. I. 11). Die Stipulation in der Cession vom 9. Oktober 1890 erstreckt dagegen die Gewährleistung des Beklagten auf den richtigen und pünktlichen Eingang der Forderung, also über den Zeitpunkt der Cession und selbst der Fälligkeit hinaus, und also auch auf Veränderungen in der Sicherheit nach der Cession. Da die Forderung nebst Zinsen weder richtig noch pünktlich eingegangen, sondern bei der Subhastation ausgefallen ist, ist die Klage liquide, und der Beklagte hat zur Befreiung von seiner Verpflichtung zu beweisen, daß der Kläger den Ausfall der Hypothek verschuldet hat. Dazu genügt die Berufung auf den § 434 a. a. O. nicht. Der Beklagte hat sich auch nicht darauf allein berufen, sondern unter Beweis gestellt, daß bei sofortiger Klagerhebung die Zahlung erfolgt wäre, worin zugleich die Behauptung zu finden ist, daß die Hypothek zur Zeit der Fälligkeit noch sicher gewesen und ihr Ausfall nur durch die Verzögerung der Verfolgung und der Zwangsversteigerung herbeigeführt sei. Dagegen wird dem Kläger der Beweis offen stehen, daß die Hypothek auch bei sofortiger Verfolgung und Betreibung der Zwangsversteigerung ausgefallen wäre, weil das Grundstück überhaupt keine oder keine genügende Sicherheit geboten habe." ...

---

77. Bezieht sich die den Prinzen des preußischen Königshauses nach der Kabinetsorder vom 7. März 1845 zustehende Stempelfreiheit auf Auflassungen von Grundstücken, die für das prinzliche Allodialvermögen erworben werden?

IV. Civilsenat. Urt. v. 1. Juni 1896 i. S. Prinz A. (Kl.) w. Fiskus (Bekl.). Rep. IV. 432/95.

I. Landgericht Breslau.
II. Oberlandesgericht daselbst.

Für die dem Kläger erteilte Auflassung eines von ihm seinem Allodialvermögen zugeschlagenen Grundstückes im Preise von 3600 ℳ sind von dem Kläger durch das zuständige Amtsgericht 36 ℳ Stempel eingefordert worden. Der Kläger hat die 36 ℳ, hiervon jedoch 18 ℳ mit Vorbehalt, gezahlt und auf Rückzahlung dieses letzteren Betrages gegen den preußischen Fiskus Klage erhoben, indem er der Ansicht ist, daß ihm auf Grund der Königlichen Kabinetsorder vom 7. März 1845 die Befreiung von der Verpflichtung zur Zahlung der nicht auf den Mitkontrahenten fallenden Hälfte des Auflassungsstempels zustehe. Das Landgericht hat die Klage und das Berufungsgericht hat die Berufung des Klägers zurückgewiesen. Der Kläger hat Revision eingelegt und seinen

Antrag auf Verurteilung des Beklagten zur Rückzahlung der 18 ℳ wiederholt. Der Beklagte hat beantragt, die Revision zurückzuweisen.

Gründe:

„Der Revision war der Erfolg zu versagen.

In betreff der Prinzen des Königlichen Hauses fand die Frage der Sportelfreiheit ihre gesetzliche Regelung durch die Königliche Kabinetsorder vom 21. Juni 1806, die als § 146 in den am 4. Februar 1815 publizierten Anhang zur Allgemeinen Gerichtsordnung übernommen worden ist. Dieser Anhangsparagraph 146 lautet:

„Den Prinzen des Königlichen Hauses gebührt die Sportelfreiheit in allen Rechtsangelegenheiten, die vor die Gerichte gehören und nicht durch Hausausträge zu regulieren sind. Auch erstreckt sich diese Sportelfreiheit auf alle diejenigen Handlungen willkürlicher und streitiger Gerichtsbarkeit, welche die persönlichen Verhältnisse der gedachten Prinzen, Appanagen derselben und Kronfideikommißgüter betreffen. Selbige kann aber auf diejenigen Verhältnisse nicht ausgedehnt werden, welche sich auf Präbenden beziehen, sowie auf die sonstigen persönlichen und dinglichen Rechte und Verbindlichkeiten der Prinzen, die mit den von Privatpersonen erworbenen Landgütern und städtischen Besitzungen in Beziehung stehen."

Daß hier der Ausdruck „persönliche Verhältnisse der Prinzen" nicht als gleichbedeutend dem Ausdrucke „persönliche Rechte und Verbindlichkeiten der Prinzen" gebraucht worden ist, ergiebt der Schlußsatz, der ferner ersehen läßt, daß den Prinzen des Königlichen Hauses in Beziehung auf solche Rechtsgeschäfte, die sie mit Privatpersonen über den Erwerb von Landgütern und städtischen Besitzungen abschließen würden, vorausgesetzt, daß es sich um Allodialvermögen und nicht um Kronfideikommißgüter handele, die Sportelfreiheit nicht zustehen solle. Hiernach würde der Kläger in Beziehung auf das hier fragliche Rechtsgeschäft, durch welches er von einer Privatperson ein Grundstück als Allodialvermögen erworben hat, die Sportelfreiheit nicht beanspruchen können.

Später als die Sportelfreiheit wurde die Stempelfreiheit der Prinzen des Königlichen Hauses geregelt. Zu dem Zwecke erging die Königliche Kabinetsorder vom 7. März 1845 in der Absicht, die Frage der Stempelfreiheit ebenso zu entscheiden, wie es in betreff der

Sportelfreiheit bereits geschehen war. Die Kabinetsorder vom 7. März 1845 bestimmt nämlich:

1. Von dem Prozeßstempel sollen die Mitglieder des Königlichen Hauses insoweit befreit bleiben, als ihnen nach § 146 des Anhanges zur Allgemeinen Gerichtsordnung die Sportelfreiheit zusteht.

2. Verträge und sonstige Rechtsgeschäfte, welche von Mitgliedern des Königlichen Hauses unter sich abgeschlossen werden, sowie alle Verhandlungen in Bezug auf innere Verhältnisse des Königlichen Hauses bleiben stempelfrei.

3. Die Mitglieder des Königlichen Hauses bleiben für ihre Person auch bei solchen Verträgen und Verhandlungen von der Stempelsteuer befreit, welche von ihnen mit dritten Personen über ein rein persönliches Verhältnis abgeschlossen werden.

4. Dasselbe gilt von allen Verhandlungen, welche sich auf das eigentliche Hausvermögen beziehen.

5. Erbschaften und Legate, welche ein Mitglied des Königlichen Hauses von einem anderen Mitgliede desselben ererbt, sind vom Erbschaftsstempel befreit.

6. In allen vorstehend nicht bezeichneten Fällen bleiben die Mitglieder des Königlichen Hauses der Stempelsteuer unterworfen.

Die Kabinetsorder erstreckt sich hiernach, dem Begriffe der Stempelsteuer entsprechend, auf ein weiteres und teilweise anderes Gebiet von Rechtsverhältnissen, als der von der Sportelfreiheit handelnde Anhangsparagraph § 146 Allg. G.O. Die Nr. 1 der Kabinetsorder betrifft den Prozeßstempel, die Nr. 2 die Rechtsgeschäfte der Mitglieder des Königlichen Hauses untereinander, die Nr. 3 die Verträge und Verhandlungen der Mitglieder des Königlichen Hauses mit dritten Personen über ein rein persönliches Verhältnis, die Nr. 4 die Verhandlungen über das eigentliche Hausvermögen, die Nr. 5 die Erbschaften und Legate der Mitglieder des Königlichen Hauses untereinander, die Nr. 6 alle übrigen Rechtsgeschäfte. In die Augen springt jedoch die Gleichartigkeit der Bestimmungen, daß nach Nr. 3 die Mitglieder des Königlichen Hauses für ihre Person bei solchen Verträgen und Verhandlungen, welche von ihnen mit dritten Personen *über ein rein persönliches Verhältnis* abgeschlossen werden, von der Stempelsteuer befreit bleiben, und daß nach dem Anhangsparagraphen 146 sich die Sportelfreiheit der Prinzen des Königlichen Hauses auf alle diejenigen Handlungen willkürlicher und streitiger Gerichtsbarkeit erstreckt, welche die persönlichen Verhältnisse der Prinzen betreffen. Mit Rücksicht auf den von der Kabinetsorder verfolgten Zweck, die Stempelfreiheit übereinstimmend mit der Sportelfreiheit zu regeln, ist nicht anzunehmen, daß die Bezeichnung „persönliches Verhältnis" in der Kabinetsorder einen anderen Sinn habe als in dem Anhangsparagraphen. In dem letzteren bezieht sich aber die Bezeichnung „persönliches Verhältnis", wie oben ausgeführt ist, nicht schlechthin auf die persönlichen Rechte und Verbindlichkeiten im eigentlichen juristischen Sinne und namentlich nicht auf solche Rechtsgeschäfte, welche von den Prinzen des Königlichen Hauses mit Privatpersonen über den Erwerb der zum Allodialvermögen gehörenden Landgüter und städtischen Besitzungen abgeschlossen werden. Die gleiche Auslegung der Kabinetsorder führt dahin, daß dem Kläger die Stempelfreiheit für die ihm erteilte Auflassung des seinem Allodialvermögen zugeschlagenen Grundstückes nicht zusteht.

Dieselbe Auffassung ist in dem landgerichtlichen Urteile in Anschluß an das von dem preußischen Finanzminister im Einverständnisse mit dem preußischen Justizminister erlassene Reskript an den Provinzialsteuerdirektor zu Breslau vom 2. Juni 1894 vertreten, und es ist in jenem Urteile, sowie in dem Reskripte ferner zutreffend ausgeführt, daß der Ausdruck „persönliche Verhältnisse" die Verhältnisse des „Personenrechtes" bezeichne. Schließt man sich dieser an sich nicht bedenklichen Auslegung des Gesetzes an, so ist auch aus diesem Grunde, da ein Verhältnis des Personenrechtes hier nicht in Frage kommt, der Klaganspruch unbegründet.

Die Revision hat deshalb auf Kosten des Klägers zurückgewiesen werden müssen."

---

78. Stempelabgabe für Lieferungsverträge über Mengen von Sachen, die weder zum Gebrauche als gewerbliche Betriebsmaterialien noch zur Wiederveräußerung bestimmt sind.

IV. Civilsenat. Urt. v. 13. Januar 1896 i. S. G. S. & Co. (Kl.) w. Fiskus (Bekl.). Rep. IV. 236/95.

I. Landgericht I Berlin.
II. Kammergericht daselbst.

Die klagende Handlung und deren Rechtsvorgängerin haben in den Jahren 1892—1894 mit den Königlichen Direktionen der Pulverfabrik, des Feuerwerkslaboratoriums und der Geschützgießerei zu Spandau über Lieferung von Kohlen, die in den Betrieben dieser staatlichen Anstalten verwendet werden sollten, schriftliche Verträge geschlossen. Von diesen Verträgen hat der Beklagte den nach dem preußischen Stempelgesetze vom 7. März 1822 für schriftliche Lieferungsverträge vorgeschriebenen Stempel von einem drittel Prozent erfordert, und die Klägerin hat diesen Stempel in Höhe von 2144,50 ℳ mit Vorbehalt gezahlt. Sie klagt auf Verurteilung des Beklagten zur Rückzahlung. Das Landgericht hat die Klage und das Berufungsgericht die Berufung der Klägerin zurückgewiesen. Die Revision der Klägerin ist ebenfalls zurückgewiesen worden.

Aus den Gründen:

„Das preußische Stempelgesetz vom 7. März 1822 ordnet für schriftliche Lieferungsverträge über bewegliche Sachen die Verwendung eines Stempels von einem Drittel Prozent an. Diese Bestimmung wurde zunächst durch die Kabinetsorder vom 30. April 1847 für jeden im kaufmännischen Verkehre schriftlich geschlossenen Lieferungvertrag über bewegliche Gegenstände durch die Anordnung eines festen Stempels von 15 Silbergroschen ersetzt, sodaß hiernach ein von einem Kaufmanne schriftlich geschlossener Lieferungsvertrag über eine von ihm übernommene Kohlenlieferung für die Königliche Geschützgießerei zu Spandau nur mit 15 Silbergroschen zu versteuern war.

Vgl. Urteil vom 25. Oktober 1880 in Entsch. des R.G.'s in Civils. Bd. 3 S. 217.

Infolge des Reichsstempelgesetzes vom 1. Juli 1881 § 9c und des preußischen jene Kabinetsorder vom 30. April 1847 aufhebenden Gesetzes vom 6. Juni 1884 trat die Anwendbarkeit obiger Bestimmung des preußischen Stempelgesetzes wieder ein bei schriftlichen Verträgen über Mengen von solchen Sachen oder Waren jeder Art, die nach Gewicht, Maß oder Zahl gehandelt zu werden pflegen, wenn diese weder zum Gebrauche als gewerbliche Betriebsmaterialien, noch zur Wiederveräußerung in derselben Beschaffenheit oder nach vorgängiger Bearbeitung oder Verarbeitung bestimmt sind. Denn die vorgenannten Verträge waren nach § 9c des Reichsstempelgesetzes vom 1. Juli 1881 von der in dem letzteren vorgeschriebenen Reichsstempelabgabe ausgeschlossen, und das die Kabinetsorder vom 30. April 1847 aufhebende Gesetz vom 6. Juni 1884 führte einen Landesstempel von 1,50 ℳ nur für diejenigen Verträge ein, die nach § 9a und b (nicht c) von der Reichsstempelabgabe ausgeschlossen waren. Hiernach stand der Anwendbarkeit der landesgesetzlichen Stempelbestimmungen auf die in dem § 9c des Reichsstempelgesetzes vom 1. Juli 1881 ausgenommenen Verträge nichts entgegen, und da das spätere Reichsstempelgesetz vom 29. Mai 1885 die Ausnahmen, in welchen das Reichsstempelgesetz vom 1. Juli 1881 seiner ausdrücklichen Vorschrift zufolge nicht Anwendung finden sollte, nicht beseitigt hat, so sind noch jetzt die landesgesetzlichen Stempelbestimmungen auf die in dem genannten § 9c des Reichsstempelgesetzes vom 1. Juli 1881 bezeichneten Verträge anwendbar.

Im vorliegenden Falle handelt es sich um Lieferungsverträge über Mengen von Kohlen, also über Mengen von Waren, die nach Gewicht oder Maß gehandelt zu werden pflegen. Lieferungsempfänger waren die Direktionen der Pulverfabrik, des Feuerwerkslaboratoriums und der Geschützgießerei zu Spandau. Die Lieferung erfolgte zu dem Zwecke, daß die Kohlen im Betriebe dieser Anstalten verwendet wurden. Die Stempelpflichtigkeit der Verträge auf Grund der preußischrechtlichen, für schriftliche Lieferungsverträge über bewegliche Sachen geltenden Bestimmungen hängt daher, da der Zweck der Wiederveräußerung nicht in Frage kommt, davon ab, ob die Kohlen als *gewerbliche* Betriebsmaterialien der genannten Anstalten anzusehen sind, ob mit anderen Worten diese Anstalten ein Gewerbe betreiben. Das Berufungsgericht hat diese Frage mit der Begründung verneint, daß der Betrieb jener Anstalten nicht auf die Erzielung von Gewinn gerichtet sei, sondern zur Sicherung des Staates die Herstellung eines guten Kriegsmateriales unter Wahrung der militärischen Geheimnisse bezwecke, während es nicht ins Gewicht falle, daß der Betrieb in Beziehung auf die in jenen Anstalten beschäftigten Arbeiter den Vorschriften der Gewerbeordnung unterliege.

In dieser Begründung des Berufungsurteiles läßt sich die Verletzung einer Rechtsnorm nicht erkennen. Mit Recht nimmt das Berufungsgericht an, daß für den Begriff des Gewerbes eine auf Gewinn gerichtete Thätigkeit wesentlich sei, und daß der Gewinn nicht schon durch Ersparnisse allein, sondern durch das Endergebnis, daß die Einnahmen die Ausgaben übersteigen, gebildet werde. In diesem Sinne ist der Staat in Beziehung auf den Betrieb der dem allgemeinen Verkehre dienenden Eisenbahnen ein Gewerbtreibender, dagegen kein solcher in Beziehung auf den Betrieb einer lediglich militärischen Zwecken dienenden Eisenbahn. Auch spricht gegen die Auffassung des Berufungsgerichtes nicht der Wortlaut des § 9c des Reichsstempelgesetzes vom 1. Juli 1881, wie dies die Revision auszuführen sucht, da bei einem Gewerbebetriebe, der durch eine auf Gewinn gerichtete Thätigkeit gekennzeichnet ist, die Betriebsmaterialien, wozu zweifellos die Kohlen in den des Gewinnes halber betriebenen Fabriken gehören, nicht stets zur Wiederveräußerung bestimmt sind, und deshalb die Feststellung des Begriffes der gewerblichen Betriebsmaterialien von dem Zwecke der Wiederveräußerung der fraglichen Materialien nicht abhängig ist. Ebenso ist dem Berufungsgerichte darin beizutreten, daß aus dem Umstande, daß der Staat in Beziehung auf den Betrieb der hier fraglichen Anstalten verschiedenen Vorschriften der Reichsgewerbeordnung unterworfen sei, nicht folge, daß der Staat durch den Betrieb jener Anstalten ein Gewerbe betreibe, da die gleichmäßige Anwendung jener Vorschriften auf den Betrieb eines Gewerbes und auf den Betrieb dieser Staatsanstalten durch die besonderen Zwecke jener Vorschriften erklärlich wird.[1]

---

[1] Nach gleichen Grundsätzen hat das Reichsgericht am 27. Februar 1896 i. S. der Aktiengesellschaft Rhein.-Westf.-Kohlensyndikat (Kl.) w. Fiskus (Bekl.) (Rep. IV. 254/95) entschieden. Die Revision hatte geltend gemacht, das Berufungsgericht habe den Begriff des Gewerbes verkannt. Auf diesen Angriff bezieht sich folgende Stelle der Urteilsgründe:

„Das Berufungsgericht erfordert im Sinne dieser Vorschrift für den Begriff der gewerblichen Betriebsmaterialien, daß die bezüglichen Materialien für einen Betrieb bestimmt seien, der darauf abziele, dem Unternehmer durch den Umsatz der Betriebsprodukte Gewinn zu verschaffen. Die Revision macht geltend, daß hierbei der Begriff des Gewerbes zu eng gefaßt sei. Allein das Reichsgericht hat bereits in der wesentlich gleichliegenden Sache der Handelsgesellschaft S. & Co. zu Berlin wider den preußischen Fiskus (Rep. IV. 236/95) durch Urteil vom 13. Januar 1896

Ist hiernach der Staat in Beziehung auf den Betriebe der Königlichen Pulverfabrik, des Königlichen Feuerwerkslaboratoriums und der Königlichen Geschützgießerei zu Spandau kein Gewerbetreibender und deshalb der volle Stempelbetrag auf Grund des preußischen Stempelgesetzes vom 7. März 1822 von dem Übernehmer der Lieferung zu entrichten, so kann der von der Revision hervorgehobenen Möglichkeit, daß künftig die Lieferungen an jene staatlichen Anstalten um den Betrag des Lieferungsstempels sich vertheuern würden, eine rechtliche Bedeutung nicht beigemessen werden." ...

---

79. Kann die Anstellung einer Lehrerin an einer städtischen höheren Töchterschule unter der vertraglich vereinbarten Bedingung geschehen, daß die Verheiratung der Lehrerin die Aufhebung ihrer Anstellung zur Folge haben solle?

---

die Auffassung des Berufungsgerichtes gebilligt. Von diesem Standpunkte abzugehen geben die Erörterungen der Revision keine Veranlassung. Es kommt in diesem Rechtsstreite nicht auf den Produktionsbetrieb im weitesten Sinne, sondern auf einen solchen an, wie ihn der § 9c des Reichsgesetzes vom 1. Juli 1881 voraussetzt. Diese Vorschrift hat aber in erster Reihe eine Produktion vor Augen, aus deren Umsatze der Unternehmer einen Nutzen, einen Erwerb ziehen will. Und wenn auch der Revision zugegeben werden kann, daß die Anwendung der Vorschrift dadurch nicht ausgeschlossen werden würde, daß der Produzent aus irgend einem Grunde von Erzielung eines Geldgewinnes, d. h. eines Überschusses des Ertrages des Produktes über seine Herstellungskosten, absieht, so ist die Vorschrift doch nicht anwendbar, wenn eine Produktion in Frage steht, die lediglich dem eigenen Gebrauche des Produzenten dienen soll, und bei der vom Zwecke des Umsatzes, sei es des zunächst und unmittelbar hergestellten, sei es eines unter dessen Verwendung hergestellten weiteren Produktes, überhaupt nicht die Rede ist. Diese Bedeutung des Gesetzes ist aus dessen Inhalt und Zweck, namentlich aus der Nebeneinanderstellung von Sachen- und Warenmengen, die weder zum Gebrauche als gewerbliche Betriebsmaterialien, noch zur Weiterveräußerung bestimmt sind, ersichtlich. Die Feststellung des Berufungsgerichtes, daß der Betrieb der Königlichen Geschützgießerei zu Spandau ausschließlich auf Herstellung eines guten Kriegsmateriales unter Wahrung militärischer Geheimnisse gerichtet sei, ist von der Revision nicht angegriffen und bedenkenfrei.

IV. Civilsenat. Urt. v. 30. April 1896 i. S. Stadtgemeinde A. (Bekl.) w. P. (Kl.) Rep. IV. 416/95.

I. Landgericht Halberstadt.
II. Oberlandesgericht Naumburg a. S.

Laut Berufungsurkunde vom 13. August 1886 hat der Magistrat der Stadt A. „in Kraft des ihm zustehenden Patronatsrechtes" die Klägerin, welche damals noch nicht verheiratet war, zur Lehrerin an der höheren Töchterschule in A. gewählt und sie in dieses Amt unter Zusicherung eines nach der bestehenden Gehaltsskala aufsteigenden Anfangsgehaltes von jährlich 750 *M* berufen. Die Königliche Regierung, Abteilung für Kirchen- und Schulwesen, in Magdeburg hat diese Berufung am 3. September 1886, und zur definitiven Anstellung nochmals am 8. Dezember 1888 bestätigt. Am 14. Juli 1891 verheiratete sich die Klägerin mit dem Lehrer P. Nachdem sie am 19. Juni 1893 von einem Kinde entbunden worden war, erklärte der Magistrat sie mittels Schreibens vom 30. Juni 1893 für entlassen. Die Entlassung der Klägerin ist demnächst auch von der Königlichen Regierung zu Magdeburg durch Verfügung vom 31. Juli 1893, und zwar zum 1. September 1893 und mit der Begründung ausgesprochen worden, daß infolge der Veränderung des Familienstandes der Klägerin die bei ihrer Berufung vorausgesetzten Verhältnisse nicht mehr zuträfen. Die Beschwerde der Klägerin über ihre Entlassung hat der Oberpräsident der Provinz Sachsen und in letzter Instanz im Namen des Kultusministers wiederum der Oberpräsident durch Verfügung vom 10. März 1894 zurückgewiesen. Ihr Gehalt, welches seit dem 1. April 1893 jährlich 1000 *M* betrug, hat die Klägerin noch für die Monate Juli und August 1893 erhalten. Mit dem Anspruche auf Gehaltszahlung vom 1. September 1893 ab ist sie durch Verfügung der Regierung vom 20. Juli 1894 unter dem Eröffnen abgewiesen worden, daß, wenn sie aus ihrer Entlassung als Lehrerin vermögensrechtliche Ansprüche an den Magistrat herleiten zu können glaube, ihr überlassen bleibe, dieselben auf civilrechtlichem Wege geltend zu machen. Die Klägerin ist der Ansicht, daß, weil sie zu den mittelbaren Staatsbeamten gehöre, ihre Entlassung nur im Wege des förmlichen Disciplinarverfahrens hätte erfolgen dürfen, und daß die ohne Anwendung dieses Verfahrens ausgesprochene Entlassung rechtlich unwirksam sei.

Sie verlangt deshalb in dem gegenwärtigen Rechtsstreite Zahlung ihres Gehaltes für die Zeit vom 1. September 1893 bis zum 1. April 1895 und die Feststellung der Verpflichtung der beklagten Stadtgemeinde, für die Zukunft denjenigen Betrag an sie zu zahlen, welchen die Beklagte zu zahlen haben würde, wenn die Entlassung der Klägerin nicht erfolgt wäre.

Die vorinstanzlichen Gerichte haben den Anspruch der Klägerin für begründet erachtet. Auf die Revision der Beklagten ist das Berufungsurteil aufgehoben und die Sache zur anderweiten Verhandlung und Entscheidung an das Berufungsgericht zurückverwiesen worden.

Gründe:

... „Keinem Bedenken kann es allerdings unterliegen, daß die Klägerin durch ihre definitive Anstellung als Lehrerin an der höheren Töchterschule zu A., einer öffentlichen Lehranstalt, die Rechte und Pflichten eines Staatsdieners erlangt hat. Dies ergiebt sich, wie von dem Berufungsgerichte zutreffend ausgeführt wird, aus den Artt. 21—24 der Verfassungsurkunde für den preußischen Staat vom 31. Januar 1850, insbesondere aus dem Art. 23 Abs. 2 daselbst, wonach die öffentlichen Lehrer, zu welchen auch die Lehrerinnen gehören, die Rechte und Pflichten der Staatsdiener haben. Die Lehrer an den städtischen Schulen sind zweifellos öffentliche Lehrer, und sie sind daher als mittelbare Staatsbeamte im Sinne des § 69 A.L.R. II. 10 anzusehen.

Die Ansprüche, welche die Klägerin aus der Eigenschaft eines mittelbaren Staatsbeamten für sich herleitet, würden nun einer weiteren Erörterung nicht bedürfen, wenn die von der Beklagten erhobenen Einreden der Unzulässigkeit des Rechtsweges und der mangelnden Passivlegitimation begründet wären. Dies ist aber nicht der Fall.

In ersterer Hinsicht beruft sich die Beklagte auf § 2 des Gesetzes vom 24. Mai 1861, betreffend die Erweiterung des Rechtsweges, indem sie behauptet, daß die Klägerin nicht innerhalb der daselbst vorgeschriebenen Frist von sechs Monaten, nachdem ihr die Entscheidung des Verwaltungschefs bekannt gemacht worden, die Klage angebracht habe. Das Berufungsgericht hat diesen Einwand unter der Erwägung verworfen, daß den mittelbaren Staatsbeamten schon vor Erlaß des Gesetzes vom 24. Mai 1861 wegen ihrer Ansprüche auf Gehalt 2c der Rechtsweg eröffnet gewesen sei. Dieser Ausführung war beizutreten. Denn die Vorschrift der Kabinetsorder vom 7. Juli 1830, durch welche der Rechtsweg für Besoldungsansprüche der Staatsbeamten ausgeschlossen wurde, bezog sich nur auf die unmittelbaren Staatsbeamten. Nur bezüglich dieser lag daher eine Veranlassung vor, zu ihren Gunsten den Rechtsweg zu erweitern, wie dies durch das Gesetz vom 24. Mai 1861 geschehen ist. Hinsichtlich der mittelbaren Staatsbeamten hat dieses Gesetz den bestehenden Rechtszustand unberührt gelassen.

Vgl. v. Rönne, Staatsrecht der preußischen Monarchie 4. Aufl. Bd. 1 S. 495; Oppenhoff, Die preußischen Gesetze über die Ressortverhältnisse S. 547 Anm. 2. S. 552 Anm. 8; Entsch. des R.G.'s in Civils. Bd. 28 S. 356.

Aus der Nichtbeachtung des § 2 des Gesetzes vom 24. Mai 1861 kann daher ein Einwand nicht hergeleitet werden.

Mit Recht hat das Berufungsgericht auch den Einwand der mangelnden Passivlegitimation verworfen. Denn die Klägerin kann ihren Anspruch nur gegen denjenigen verfolgen, der in der Lage ist, diesen Anspruch, wenn er sich als begründet erweist, zu befriedigen. Dies ist aber nicht der Staat als Inhaber der Staatsgewalt oder die Schulaufsichtsbehörde, sondern die zu der streitigen Leistung eventuell verpflichtete Stadtgemeinde.

Vgl. Entsch. des R.G.'s in Civils. Bd. 23 S. 267.

Die Ansicht der Beklagten, daß die Klage gegen die betreffende Staatsverwaltungsbehörde hätte gerichtet werden müssen, ist daher nicht gerechtfertigt.

Was nun die materiellrechtliche Begründung der von der Klägerin erhobenen Ansprüche anbelangt, so ist der Klägerin darin beizutreten, daß die Lehrer an den städtischen Schulen, als mittelbare Staatsbeamte, dem staatlichen Disziplinargesetze unterworfen sind. Als solches kommt im vorliegenden Falle das Gesetz vom 21. Juli 1852, betreffend die Dienstvergehen der nichtrichterlichen Beamten ꝛc, in Betracht. Hieraus folgt aber nicht, daß die Klägerin, wie sie meint, nur gemäß § 11 dieses Gesetzes im Wege des förmlichen Disziplinarverfahrens hätte entlassen werden dürfen. Denn diese Vorschrift betrifft nur die Entlassung als Strafe für ein Dienstvergehen, und um ein solches handelt es sich hier nicht. In Erwägung zu ziehen ist vielmehr die Vorschrift des § 83 des gedachten Gesetzes, wonach Beamte, welche auf Probe, auf Kündigung oder sonst auf Widerruf angestellt sind, ohne ein förmliches Disziplinarverfahren von der Behörde, welche ihre Anstellung verfügt hat, entlassen werden können. Denn die Beklagte hat den Einwand erhoben, daß nach § 6 der Gehalts- und Pensionsordnung vom 5. November 1878, welche bei der Anstellung der Klägerin in Geltung gewesen sei, im Falle der Verheiratung einer Lehrerin die Auflösung des Anstellungsverhältnisses erfolgen sollte, und daß die Anstellung der Klägerin auf Grund dieser Gehalts- und Pensionsordnung geschehen sei. Die Ansicht, daß diesem Einwande die Bestimmung des § 56 Ziff. 6 der Städteordnung vom 30. Mai 1853 entgegenstehe, wonach die Anstellung der Gemeindebeamten, abgesehen von hier nicht in Betracht kommemden Fällen, auf Lebenszeit erfolgt, wird von dem Berufungsgerichte nicht aufgestellt, wie die Revision anzunehmen scheint. Diese Ansicht würde auch fehl gehen, da die Lehrer an den städtischen Schulen nicht Gemeindebeamte sind, die Vorschrift des § 56 Ziff. 6 a. a. O. sich daher auf diese Lehrer und deren Anstellung nicht bezieht.

Vgl. Entsch. des Oberverwaltungsgerichts Bd. 14 S. 75.

Das Berufungsgericht führt aber aus, es habe sich entsprechend der an der erwähnten Stelle der Städteordnung hinsichtlich der Gemeindebeamten getroffenen Bestimmung in der neueren Zeit bezüglich aller Beamten der Grundsatz herausgebildet, daß die Anstellung nur auf Lebenszeit erfolgen solle. Dieser Grundsatz leide, als dem öffentlichen Rechte angehörend, keine Privatvereinbarungen, inhalts deren die Dauer der Anstellung auf eine bestimmte Zeit eingeschränkt oder durch den Eintritt eines Ereignisses beendigt werde. Die definitive Anstellung der Klägerin charakterisiere sich demnach als eine lebenslängliche, und eine Bestimmung, wie sie der § 6 der gedachten Gehalts- und Pensionsordnung enthalte, vermöge das Recht der Klägerin nicht zu beeinflussen.

Der Revision ist darin beizutreten, daß diese Ausführungen rechtsnormwidrig sind. Das Berufungsgericht verkennt, daß der Grundsatz der lebenslänglichen Anstellung der Beamten in der behaupteten Allgemeinheit in den Rechtsquellen, insbesondere in der Gesetzgebung, nirgends Anerkennung gefunden hat. Der oben erwähnte

§ 83 des Disziplinargesetzes vom 21. Juli 1852 steht, indem er bezüglich der auf Probe, auf Kündigung oder sonst auf Widerruf angestellten Beamten Bestimmungen trifft, der Rechtsauffassung des Berufungsgerichtes direkt entgegen. Es kann demnach die Anstellung eines Beamten, soweit nicht durch besondere Bestimmungen das Gegenteil vorgeschrieben ist, sowohl auf Lebenszeit, als auch auf Kündigung und selbst auf willkürlichen Widerruf erfolgen.

Vgl. Urt. des R.G.'s vom 6. Dezember 1888 in Gruchot, Beiträge Bd. 33 S. 1038 flg.; A.L.R. II. 10 § 102, II. 6 § 169.

Hiernach muß, da eine besondere Ausnahmebestimmung bezüglich der Lehrer an den städtischen Schulen nicht gegeben ist, davon ausgegangen werden, daß es gesetzlich zulässig war, die Klägerin in anderer Weise, als auf Lebenszeit anzustellen, und daraus folgt, daß die auf die entgegengesetzte Rechtsanschauung gestützten Erwägungen des Berufungsgerichtes die angefochtene Entscheidung nicht rechtfertigen können.

Ebensowenig kann aber auch nach der Begründung des erstinstanzlichen Urteiles der Anspruch der Klägerin für gerechtfertigt erachtet werden. Die Ausführungen des Landgerichtes sind im wesentlichen dagegen gerichtet, daß die Beklagte eingewendet hat, es sei der Klägerin durch ihre seitens der Regierung erfolgte Entlassung unmöglich geworden, ihrerseits den mit ihr geschlossenen Dienstvertrag zu erfüllen, und die Beklagte sei auch infolge der Verheiratung der Klägerin wegen veränderter Umstände berechtigt, von dem Vertrage zurückzutreten. Mit Recht hat das Gericht erster Instanz unter Beitritt des Berufungsgerichtes diese Einwendungen für unbegründet erachtet, weil die bezüglichen Bestimmungen der §§ 360 flg. 377 flg. A.L.R. I. 5 mit Rücksicht auf die öffentlichrechtliche Natur des Beamtenverhältnisses auf dieses keine Anwendung finden.

Vgl. Urtt. des R.G.'s vom 19. Mai 1881 und 22. Mai 1890 in Gruchot, Beiträge Bd. 27 S. 999, Bd. 34 S. 924.

Dieser Gesichtspunkt ist aber nicht entscheidend. Vielmehr kommt ferner in Betracht, daß der Natur des Beamtenverhältnisses die Begrenzung seiner Dauer durch Zeitablauf oder durch Verabredung einer auflösenden Bedingung nicht entgegensteht, und deshalb müßte eine bei dem Abschlusse des Anstellungsvertrages oder auch nachträglich vereinbarte Bedingung des Inhaltes, daß die Verheiratung der Klägerin die Aufhebung ihrer Anstellung als Lehrerin zur Folge haben sollte, als rechtswirksam und die Klägerin bindend angesehen werden.

Der Einwand, daß die Klägerin sich dieser Bedingung unterworfen habe, ist in der Behauptung der Beklagten zu erblicken, daß die Anstellung der Beklagten auf Grund der Gehalts- und Pensionsordnung vom 5. November 1878 geschehen sei, welche in § 6 die Bestimmung enthalte, daß im Falle der Verheiratung einer Lehrerin die Auflösung des Anstellungsverhältnisses erfolgen solle. Die Klägerin hat diesem Einwande widersprochen und namentlich behauptet, daß die Gehalts- und Pensionsordnung vom 5. November 1878 ihr niemals bekannt gemacht worden sei. In den Vorinstanzen sind aber nähere Feststellungen über den Inhalt der gedachten Gehalts- und Pensionsordnung, sowie einer von den Parteien erwähnten späteren Gehalts- und Pensionsordnung aus dem Jahre 1891 und darüber, ob die Klägerin sich den darin enthaltenen bezüglichen Bestimmungen bei Eingehung des Anstellungsvertrages oder durch späteres Übereinkommen unterworfen hat, nicht getroffen worden. Die beiläufige Bemerkung in den Entscheidungsgründen des Berufungsurteiles, daß in der Vokationsurkunde die in A. geltende Gehalts- und Pensionsordnung nur insofern in Bezug genommen sei, als nach deren Grundsätzen das Gehalt der Klägerin aufsteigen solle, rücksichtlich der Auflösung des Dienstverhältnisses dagegen dieselbe nicht erwähnt werde, läßt nicht erkennen, daß das Berufungsgericht auf Grund des erwähnten Inhaltes der Vokationsurkunde hat feststellen wollen, es habe eine der Gehalts- und Pensionsordnung entsprechende Bestimmung über die Auflösung des Dienstverhältnisses in dem Anstellungsvertrage nicht Aufnahme finden sollen. Wenn aber anzunehmen wäre, daß eine solche Feststellung von dem Berufungsgerichte beabsichtigt worden sei, so würde sie der erforderlichen Begründung entbehren.

Sollte sich bei erneuter Verhandlung der Sache ergeben, daß eine vertragliche Festsetzung, wonach die Verheiratung der Klägerin die Aufhebung ihrer Anstellung zur Folge haben sollte, nicht getroffen worden ist, so würde der Anspruch der Klägerin begründet erscheinen, da alsdann ihre Entlassung nicht gerechtfertigt wäre, diese Entlassung daher auch nicht den Verlust der der Klägerin durch den Anstellungsvertrag zugesicherten Vorteile nach sich ziehen könnte. Auch soweit mit der Klage die Feststellung der Verpflichtungen der Beklagten für die Zukunft verlangt wird, würde die Klage begründet sein. Das Berufungsgericht führt in dieser Hinsicht zutreffend und der Vorschrift des § 231 C.P.O. entsprechend aus, daß die Klägerin ein rechtliches Interesse an der alsbaldigen Feststellung ihres Rechtsverhältnisses zu der Beklagten bezüglich der künftigen Gehaltszahlung insofern habe, als die Sicherung ihrer Zukunft oder die Wahl eines anderen Berufes davon abhängig sei.

Selbstverständlich kann die Klägerin, soweit sie ohne ihre gegenwärtig ausgesprochene Entlassung in Zukunft anstatt des vollen Gehaltes nur ein geringeres Ruhegehalt zu verlangen haben würde, auch in dem vorliegenden Rechtsstreite nur die nach diesem geringeren Ruhegehalte zu bemessenden Beträge beanspruchen. Der Revision ist aber nicht zuzugeben, daß das Berufungsgericht dies übersehen hat. Denn der Klagantrag und die demselben entsprechende Formel des in zweiter Instanz aufrecht erhaltenen landgerichtlichen Urteiles lassen sich nur in dem Sinne verstehen, daß auch die erwähnte Verminderung des Einkommens berücksichtigt werden solle. Wenn die Revision schließlich bemerkt, es müsse der Beklagten das Recht gewahrt bleiben, für den Fall ihrer Verurteilung zur Fortzahlung des Gehaltes den Wiedereintritt der Klägerin in ihre Funktionen zu verlangen, so ist dies ein Gesichtspunkt, der von dem gegenwärtigen Rechtsstreite nicht betroffen wird und daher einer Erörterung nicht zu unterziehen ist.

Da es zur Beurteilung der für die Entscheidung des Rechtsstreites erheblichen Frage, ob die Klägerin sich nach den mit ihr getroffenen vertraglichen Abmachungen die Aufhebung ihrer Anstellung als Lehrerin wegen ihrer Verheiratung gefallen lassen muß, noch weiterer Aufklärungen in thatsächlicher Beziehung bedarf, so war das angefochtene Urteil aufzuheben und die Sache gemäß § 528 Abs. 1 C.P.O. an das Berufungsgericht zurückzuverweisen."

---

80. Ist bei Festsetzung der Enteignungssumme auf die Art und Weise des Erwerbes des enteigneten Grundstückes durch den Expropriaten Rücksicht zu nehmen?

III. Civilsenat. Urt. v. 9. Juni 1896 i. S. S. (Bekl.) w. Stadtgemeinde Fr. (Kl.) Rep. III. 58/96.

I. Landgericht Frankfurt a. M.
II. Oberlandesgericht daselbst.

Das Grundstück, welches die Beklagten im Jahre 1877 käuflich erwarben, hatte unbestrittenermaßen in allen seinen Teilen Bauplatzeigenschaft gehabt bis zu der im Jahre 1873 erfolgten Aufstellung des städtischen Bebauungsplanes, durch welchen ein Teil des Grundstückes (Parzelle 412d) jene Eigenschaft verlor, weil dieser Teil für die projektierte Cronberger Straße bestimmt wurde. Die Ausführung dieses Straßenprojektes und, hiermit zusammenhängend, die Enteignung des fraglichen Teilgrundstückes erfolgten erst im Jahre 1892. Bei der Berechnung der Enteignungssumme ging die Verwaltungsbehörde davon aus, daß das Grundstück vor der Aufstellung des nachmals ausgeführten städtischen Straßenplanes Bauterrain gewesen und hiernach die Entschädigung zu bemessen sei. Dagegen erhob die expropriierende Stadtgemeinde gerichtliche Klage, in welcher darauf hingewiesen wurde, daß das enteignete Teilstück den Beklagten beim Ankaufe des Gesamtgrundstückes von ihren Verkäufern unentgeltlich im Hinblick auf die projektierte Straßenanlage überlassen worden sei.

Das Landgericht hat diese Klagebegründung nicht gebilligt, wogegen das Oberlandesgericht ausführte: Die Sachlage sei die, daß das Gelände, welches jetzt enteignet werde, schon beim Erwerbe des Gesamtgrundstückes durch die Beklagten denselben als von der Bebauung ausgeschlossenes Terrain einer projektierten Straße von den früheren Eigentümern bezeichnet und dementsprechend bei Berechnung des Kaufpreises für das Gesamtgrundstück gar nicht in Betracht gezogen worden sei. Sei aber das enteignete Gelände als mit der Eigenschaft der Bebauungsunfähigkeit behaftetes Land in das Vermögen der Beklagten gekommen, so sei auch infolge der Durchführung der Enteignung nur Gelände, das als Bestandteil des Vermögens der Beklagten kein Baugelände gewesen sei, aus diesem Vermögen ausgeschieden. Es sei daher zur folgerichtigen Anwendung der Grundregel des § 8 des Einteignungsgesetzes nicht nötig und nicht statthaft, bei Schätzung des Wertes des fraglichen Teilgrundstückes von der Unterstellung auszugehen, daß es sich um Baugelände handele.

Das Reichsgericht ist diesen Ausführungen nicht beigetreten aus folgenden

Gründen:

„Der erste Richter hatte kein Bedenken getragen, bei der Wertsschätzung des den Beklagten enteigneten Teilstückes Nr. 412d dessen Eigenschaft als Bauplatz zu Grunde zu legen. Dagegen hat der Berufungsrichter im Hinblick auf die Art, wie die Beklagten dieses Terrain erworben haben, dasselbe nur als Gärtnereiland in Betracht gezogen. Er stellt zunächst fest, daß es den Beklagten beim Erwerbe des Gesamtgrundstückes im Jahre 1877 von ihren Verkäufern als ein in die projektierte Cronberger Straße fallendes Terrain bezeichnet und dementsprechend bei Berechnung des für das ganze Grundstück zu zahlenden Kaufpreises gar nicht berücksichtigt worden sei. Sei mithin, folgert der vorige Richter, zufolge der Durchführung der Enteignung des fraglichen Teilstückes nur „Gelände, das als Bestandteil des Vermögens der Beklagten kein Baugelände gewesen sei, aus diesem Vermögen ausgeschieden," so erscheine es angesichts der Grundregel des § 8 des Enteignungsgesetzes unstatthaft, bei Schätzung des Wertes des expropriierten Grundstückes davon auszugehen, daß es sich um ein Bauterrain handele. Diese Schlußfolgerung des Berufungsgerichtes muß als rechtsirrtümlich bezeichnet werden.

Wäre die Enteignung erfolgt, solange die Vorbesitzer der Beklagten Eigentümer des Grundstückes waren, sei es unmittelbar nach der im Jahre 1873 erfolgten Feststellung des Straßenplanes oder auch längere Zeit hernach, so könnte die Pflicht der Klägerin, das Grundstück als Bauterrain taxieren zu lassen, nicht bezweifelt werden nach dem vom Reichsgerichte,

vgl. Entsch. des R.G.'s in Civils. Bd. 8 S. 257, Bd. 28 S. 274,

ausgesprochenen, auch vom Berufungsrichter adoptierten Grundsatze, daß ein städtischer Bebauungsplan und dessen Ausführung als einheitlich anzusehen, und daß deshalb die Bauplatzeigenschaft eines Grundstückes auch in dem Falle zu berücksichtigen sei, wenn sie durch den Plan, zu dessen Ausführung die Enteignung erfolgt, schon längere Zeit vor letzterer aufgehoben war. Diese Entschädigungspflicht der Klägerin ist dadurch, daß ein Wechsel im Besitze des Grundstückes stattgefunden hat, nicht verändert. Auch nach der mutmaßlichen Ansicht des Berufungsrichters wäre dies alsdann nicht der Fall, wenn die Beklagten durch einen Kauf gewöhnlicher Art das Grundstück erworben hätten. Folgerichtig ist aber das gleiche anzunehmen, wenn ein expropriiertes Grundstück durch Erbgang oder durch Schenkung erworben worden oder auch wenn es unter den besonderen Umständen des gegenwärtigen Falles auf den Erwerber übergegangen ist. Denn der Exproprіant kann sich überhaupt nicht auf das Vertragsverhältnis berufen, welches zwischen dem Expropriaten und seinem Besitzvorgänger bestanden hatte; er kann nicht diese außerhalb seines Rechtskreises liegende Thatsache benutzen, um dadurch einen Gewinn, nämlich die Liberation von einer durch den Akt der Enteignung kraft Gesetzes erwachsenen Verpflichtung zu erreichen. Pflicht des Exproprianten ist es, den objektiven Wert dessen zu ersetzen, was er enteignet; dieser Wert kann sich weder vermindern noch erhöhen noch ganz in Wegfall kommen, je nach den besonderen Umständen, unter welchen der Expropriat in den Besitz des Enteignungsobjektes gelangt ist. Wird aber hiernach der Wert des fraglichen Grundstückes bemessen und gleichzeitig der obenerwähnte Grundsatz zur Anwendung gebracht, so kann nicht zweifelhaft sein, daß bei Festsetzung der von der Klägerin zu gewährenden Entschädigung zu berücksichtigen ist, daß das Grundstück vor Aufstellung des Straßenplanes die Bauplatzeigenschaft besessen hat. Demzufolge war dem ersten Revisionsangriffe stattzugeben und das angefochtene Urteil insoweit aufzuheben, als es die enteignete Parzelle 412d als Gärtnereiland und nicht als Bauterrain taxiert hat."

---

81. 1. **Einfluß des Grundbuchrechtes auf die Vollstreckbarkeit eines dinglichen Geldanspruches gegen den Rechtsnachfolger.**

C.P.O. §§ 236. 238.

2. **Wirkung der pfandfreien Abschreibung eines Trennstückes auf ältere Zinsrückstände, über die der die Entpfändung erklärende Hypothekengläubiger zu verfügen nicht berechtigt war.**

Eig.-Erw.-Ges. § 33.

3. **Versehen des Grundbuchrichters?**

Grundbuchordnung § 118.

A.L.R. I. 20 § 526.

V. Civilsenat. Urt. v. 13. Mai 1896 i. S. E. (Kl.) u. A. v. H. (Nebenintervenientin) w. R. (Bekl.) Rep. V. 364/95.

I. Landgericht Görlitz.
II. Oberlandesgericht Breslau.

In einem Vorprozesse, den der jetzige Beklagte als Kläger gegen die Nebenintervenientin geführt hat, ist die letztere rechtskräftig verurteilt worden, dem (damaligen) Kläger 2026,56 *M* nebst 5 Prozent Zinsen seit der Rechtskraft des Urteiles zu zahlen und sich wegen dieser Schuld die Zwangsvollstreckung in das ihr gehörige Rittergut T. gefallen zu lassen. Die dem damaligen Kläger, jetzigen Beklagten, zuerkannte Summe ist ein Zinsenrückstand von einer auf dem Rittergute T. für den Kaufmann S. eingetragenen Hypothek von 37500 *M* aus der Zeit vom 1. Januar 1890 bis 24. März 1891. Das Kapital selbst nebst den Zinsen seit dem 25. (oder 26.) März 1891 war nach verschiedenen Zwischencessionen an die verwitwete Frau M. v. H. gelangt, die Zinsen vom 21. Oktober 1890 bis 24. März 1891 aber waren von einem der Zwischencessionare an den jetzigen Beklagten abgetreten worden.

Im Laufe des Vorprozesses wurde eine Parzelle des Rittergutes an den jetzigen Kläger verkauft und aufgelassen. Bei der Abschreibung wurde die gedachte Hypothek auf das neue Grundbuchblatt T. Nr. 54 nicht mitübertragen, weil die Hypothekengläubigerin die abverkaufte Parzelle aus der Pfandverbindlichkeit wegen Kapitales und Zinsen entlassen und die pfandfreie Abschreibung derselben bewilligt hatte. Der jetzige Beklagte hat nun aber wegen des ihm rechtskräftig zugesprochenen Zinsrückstandes gegen den jetzigen Kläger als Eigentümer der aus dem Rittergute T. abverkauften Parzelle und insoweit als Rechtsnachfolger der Beklagten im Vorprozesse eine vollstreckbare Ausfertigung des im Vorprozesse ergangenen Urteiles erwirkt und auf Grund derselben seine Forderung auf dem Grundbuchblatte 54 T. zur Mithaftung eintragen lassen, nachdem sie schon vorher auf dem Rittergute T. ebenfalls im Wege der Zwangsvollstreckung eingetragen worden war. Mit seinen auf Aufhebung der Vollstreckungsklausel und Löschung der auf seinem Grundstücke eingetragenen Zwangshypothek gerichteten Anträgen ist der Kläger in erster Instanz abgewiesen, dagegen auf die vom Beklagten erhobene Widerklage verurteilt worden: 1. anzuerkennen, daß der Bestandteil von Nr. 54 T. für die für den Beklagten und Widerkläger auf dem Grundbuchblatte des Rittergutes T. eingetragene Post von 2036,18 ℳ nebst 5 Prozent Zinsen seit 1. Juli 1894 von 2026,50 ℳ mitverhaftet ist; 2. demgemäß wegen der gedachten Forderung die Zwangsvollstreckung in den gedachten Bestandteil zu erleiden. Beide Teile hatten der Eigentümerin des Rittergutes T., der geschiedenen Freifrau A. v. H., den Streit verkündet. Diese allein legte, gleichzeitig ihren Eintritt in den Rechtsstreit erklärend, die Berufung ein mit dem Antrage, unter Abänderung des ersten Urteiles nach dem Klagantrage zu erkennen und die Widerklage abzuweisen. Das Berufungsgericht hat die Berufung zurückgewiesen.

Die Nebenintervenientin hat Revision eingelegt, die für begründet erachtet worden ist.

Aus den Gründen:

... „Die Klage ist in erster Linie gegen die Gültigkeit der dem Beklagten gegen den Kläger als Rechtsnachfolger der Litisdenunziatin erteilten Vollstreckungsklausel gerichtet. Nach § 236 Abs. 3 C.P.O. ist im Falle der Veräußerung einer in Streit befangenen Sache die Entscheidung in Ansehung der Sache selbst auch gegen den Rechtsnachfolger wirksam und vollstreckbar. Der Fall einer solchen Veräußerung liegt hier vor. Nach § 238 a. a. O. kommt aber die Bestimmung des § 236 Abs. 3 insoweit nicht zur Anwendung, als ihr Vorschriften des bürgerlichen Rechtes über den Erwerb beweglicher Sachen, über den Erwerb auf Grund des Grund- oder Hypothekenbuches und über den Erwerb in gutem Glauben entgegenstehen. Im vorliegenden Falle handelt es sich um einen Erwerb durch Auflassung, also um einen Erwerb auf Grund des Grundbuches. Nach § 33 Eig.-Erw.-Ges. haften Teile eines Grundstückes, wenn sie auf dem Blatte des Stammgutes abgeschrieben und auf ein anderes Blatt übertragen worden, für die eingetragenen Leistungen des Stammgutes nur dann, wenn diese bei der Abschreibung auf das neue Blatt mitübertragen worden sind. Diese Vorschrift des materiellen Grundbuchrechtes steht, sofern ihre Anwendung nicht durch andere Gründe ausgeschlossen wird, der Anwendung des § 236 Abs. 3 C.P.O. entgegen.

Es muß nun dem Berufungsrichter darin rechtgegeben werden, daß von einer Anwendung des § 33 Eig.-Erw.-Ges. keine Rede sein kann, wenn die pfandfreie Abschreibung des Trennstückes auf einem Versehen des Grundbuchrichters beruht. Denn ebensowenig wie eine zur Ungebühr erfolgte Löschung (§ 526 A.L.R. I. 20) kann die pfandfreie Abschreibung eines Grundstücksteiles den Übergang des darauf haftenden dinglichen Rechtes bewirken, wenn die Übertragung des letzteren auf das neue Grundbuchblatt hätte geschehen sollen und nur aus Versehen unterblieben ist.

Vgl. Entsch. des R.G.'s in Civils. Bd. 19 S. 297.

In beiden Fällen greift der § 118 der Grundbuchordnung Platz, und es kann demgemäß der Berechtigte (auch ohne vollstreckbaren Titel) die Wiedereintragung der gelöschten oder nicht übertragenen Post verlangen, unbeschadet allerdings der inzwischen im redlichen Glauben an die Richtigkeit des Grundbuches erworbenen Rechte Dritter, einer Einschränkung, die dem Kläger schon deshalb nicht zu statten kommen konnte, weil er, wie der Berufungsrichter zutreffend bemerkt, nicht nach der Löschung ein dingliches Recht an dem Trennstücke erworben hat. Dagegen kann dem Berufungsrichter insoweit nicht beigetreten werden, als er annimmt, daß die Übertragung der dem Beklagten zustehenden Zinsen nur aus einem Versehen des Grundbuchrichters unterblieben sei. Der Grundbuchrichter war gar nicht in der Lage, eine selbständige Übertragung der Zinsen aus der Zeit vor dem Erwerbe der eingetragenen Hypothekengläubigerin auf das Trennstück vorzunehmen. Die Zinsen, — so lange nicht ein Rückstand derselben kapitalisiert ist, — bilden im Sinne des Grundbuchrechtes keinen selbständigen Gegenstand der Eintragung, sondern nur eine Erweiterung des eingetragenen Kapitales. Jede Zinsenzahlung vermindert zwar momentan die Haftung des Grundstückes; aber der Gegenstand der Eintragung wird dadurch nicht verändert, die einzelnen Zahlungen werden im Grundbuche nicht vermerkt, da dieses nicht dazu bestimmt ist, über etwaige Rückstände von Zinsen oder sonstigen Jahreszahlungen Auskunft zu geben. Nach § 94 der Grundbuchordnung genügt zur Begründung des Antrages auf Löschung einer Hypothek die von dem Gläubiger erteilte Quittung oder Löschungsbewilligung. Wenn also ein Kapital mit Zinsen von einem bestimmten Zeitpunkte ab cediert worden ist, so kann dasselbe auf Grund der Quittung des Cessionars gelöscht werden, ohne daß sich der Grundbuchrichter darum zu kümmern braucht, ob auch die älteren Zinsen bezahlt sind.

Vgl. Turnau, Grundbuchordnung Anm. 3 zu § 94 der Grundbuchordnung; Reskript vom 4. Dezember 1835 zu 5, v. Kamptz Jahrbücher Bd. 46 S. 568.

Dieser Fall liegt hier vor. Denn die Löschungsbewilligung ist, soweit es sich um die Dinglichkeit handelt, überall der Quittung gleichzusetzen, und eine Entpfändungserklärung bezüglich eines abverkauften Trennstückes ist nichts anderes, als eine auf dieses beschränkte Löschungsbewilligung. Liegt aber ein Versehen des Grundbuchrichters nicht vor, war vielmehr die pfandfreie Abschreibung der von dem Kläger erkauften Parzelle nach Lage der Sache formell gerechtfertigt, so ist eine Anwendung des § 526 A.L.R. I. 20, sowie des § 118 der Grundbuchordnung ausgeschlossen, und es fällt damit der erste und hauptsächlichste Entscheidungsgrund des Berufungsrichters." ...

(Im weiteren wird ausgeführt, daß die Annahme des Berufungsrichters daß der Kläger sich im bösen Glauben befunden habe, nicht genügend begründet sei.)

---

82. Nachtwachtbeamte als Königliche Beamte.[1]

IV. Civilsenat. Urt. v. 18. Mai 1896 i. S. N. (Kl.) w. Stadtgemeinde B. (Bekl.) Rep. IV. 421/95.

I. Landgericht I Berlin.
II. Kammergericht daselbst.

Am 1. Februar 1880 hat das Königliche Polizeipräsidium zu Berlin den Kläger als Hilfsnachtwächter gegen monatliche Diäten von 50 *M* ohne Pensionsberechtigung mit der Maßgabe angenommen, daß er jederzeit ohne vorhergehende Kündigung des Dienstes entlassen werden könne. Er ist am 30. Juni 1894 entlassen worden, hält jedoch die Entlassung für unzulässig, weil er als lebenslänglich angestellter städtischer Beamter zu erachten sei, und beansprucht von der beklagten Stadtgemeinde Berlin 1. die Zahlung seiner Diäten vom

---

[1] Vgl. die Urteile vom 9. März und 30. März 1896, Nr. 60 S. 241 und Nr. 66 S. 257 des vorliegenden Bandes. D. E.

1. Juli 1894 bis zum 1. Februar 1895 mit 350 *M* nebst Zinsen und 2. das Anerkenntnis, daß dieselbe verpflichtet sei, an ihn vom 1. Februar 1895 ab ein monatliches Gehalt von 50 *M* zu zahlen.

Beide Vorderrichter haben die Klage abgewiesen. Die Revision ist zurückgewiesen worden.

Gründe:

„Das Nachtwachtwesen bildet einen Teil der Sicherheitspolizei. Die Polizeigewalt ist ein Ausfluß der Staatshoheit, und die Handhabung der örtlichen Polizeiverwaltung gehört nach den Grundsätzen des neueren Staatsrechtes zu den Rechten des Staates. Demgemäß verordnete unter Aufhebung der Bestimmung des § 128 A.L.R. II. 8, welche lautete:

„Dem Magistrat gebühret, als Vorsteher der Bürgerschaft, vermöge seines Amtes, die Ausübung der Stadtpolizei",

der § 166 der Städteordnung vom 19. November 1808:

„Dem Staate bleibt vorbehalten, in den Städten eigene Polizeibehörden anzuordnen oder die Ausübung der Polizei dem Magistrat zu übertragen, der sie sodann vermöge Auftrages ausübt."

§ 109 der revidierten Städteordnung vom 17. März 1831 schrieb vor:

„Insofern Wir es nicht für nötig erachten, besondere Polizeibehörden zu bestellen, ist der Magistrat, und insbesondere der Bürgermeister — — verbunden, auch die Polizeiverwaltung in dem Stadtbezirke zu übernehmen. Er handelt dabei aber bloß im Auftrage der vorgesetzten Regierung, unabhängig von seinem Verhältnisse als Gemeindevorsteher."

Nach den §§ 1. 2 des Gesetzes vom 11. März 1850, betreffend die Polizeiverwaltung, wird die örtliche Polizeiverwaltung in den Städten von dem Bürgermeister geführt, welcher in dieser Beziehung die Eigenschaft eines Staatsbeamten hat und sein Amt im Namen des Königs ausübt. Jedoch ist es dem Staate unbenommen, in gewissen Fällen die örtliche Polizeiverwaltung besonderen Staatsbeamten zu übertragen. Nach § 62 der Städteordnung vom 30. Mai 1853 endlich liegt die Handhabung der Ortspolizei, soweit sie nicht Königlichen Behörden übertragen ist, dem Bürgermeister ob. In dem Gesetze vom 20. April 1892, betreffend die Kosten Königlicher Polizeiverwaltungen in Stadtgemeinden, ist über die Frage, welcher Behörde die Ausübung der örtlichen Polizeiverwaltung zustehe, eine Entscheidung nicht getroffen.

In der Stadt Berlin war schon auf Grund der Städteordnung vom 19. November 1808 die Verwaltung der städtischen Sicherheitspolizei, einschließlich des Nachtwachtwesens, einer Staatsbehörde (der Berliner Regierung) übertragen. Von dieser Behörde ging die gedachte Verwaltung infolge des Polizeireglements für die Haupt- und Residenzstadt Berlin vom 18. September 1822,

vgl. v. Kamptz, Annalen der inneren Staatsverwaltung Bd. 8 S. 491,

auf das Königliche Polizeipräsidium in Berlin über (vgl. insbesondere § 7d und § 14, III). Im § 29 des Reglements ist ausdrücklich bestimmt, daß dem Magistrate zu Berlin in keiner Art eine Einmischung in die Verwaltung der dem Polizeipräsidium zugewiesenen polizeilichen Geschäfte oder eine Kontrolle zustehe.

Nach der am 31. Juli 1837 zwischen dem Staate und der Stadtgemeinde Berlin getroffenen, durch die Kabinetsorder vom 31. Dezember 1838 genehmigten Vereinbarung,

vgl. Drucksachen des Hauses der Abgeordneten 1892 Nr. 8, Beilage XII S. 81,

„stehen in der Stadt Berlin die Straßenreinigungs-, Erleuchtungs- und Nachtwachtanstalten künftig, so wie bisher, unter der alleinigen Aufsicht, Leitung und Verwaltung des Königlichen Polizeipräsidiums oder der in Stelle desselben ernannten Königlichen Behörde", dergestalt, daß „der Polizeibehörde das Recht zusteht, selbständig und ohne Rücksprache mit den städtischen Behörden bei Verwaltung der fraglichen Anstalten jede beliebige Änderung der bestehenden Einrichtungen zu treffen und jede für zweckmäßig erkannte neue Einrichtung einzuführen, desgleichen die zur Verwaltung dieser Anstalten erforderlichen Verträge zu schließen, insofern durch dieses alles eine Überschreitung des festgestellten Etats nicht erforderlich wird", während „die Kommune es übernimmt, die Kosten, welche diese Anstalten verursachen, aus ihren Kommunalmitteln (vorbehaltlich eines Staatszuschusses von 33000 Thalern) zu tragen".

Nach alledem kann es keinem begründeten Bedenken unterliegen, daß dem Königlichen Polizeipräsidium in Berlin kraft eigenen Rechtes, und nicht, wie die Revision vermeint, vermöge Auftrages der Stadtgemeinde Berlin, die Handhabung der örtlichen Polizeiverwaltung in der Stadt Berlin zusteht.

Der Kläger ist nach seiner eigenen Behauptung von dem Königlichen Polizeipräsidium als Nachtwachtbeamter angestellt worden. Er hat dadurch, die Richtigkeit der Behauptung vorausgesetzt, die Eigenschaft eines Staatsbeamten erlangt.

Vgl. Entsch. des Obertribunals Bd. 45 S. 26.

Die Eigenschaft eines Gemeindebeamten der Stadt Berlin würde er nur erworben haben, wenn ihm seitens der Stadtgemeinde Berlin ein Gemeindeamt verliehen und mit ihm seitens derselben Gemeinde bezüglich des Amtes ein Dienstvertrag abgeschlossen wäre, durch welchen er dieser gegenüber eine besondere Gehorsams-, Treue- und Dienstpflicht, die Stadtgemeinde aber die Verpflichtung zu seinem Schutze und zur Gewährung des zugesicherten Diensteinkommens überkommen hätte (§§ 1—3. 69 A.L.R. II. 10).

Vgl. Entsch. des R.G.'s in Civils. Bd. 6 S. 107, Bd. 28 S. 85; Laband, Staatsrecht des Deutschen Reichs 3. Aufl. Bd. 1 S. 383 flg.; Rehm in Hirth's Annalen des Deutschen Reichs 1885 S. 158.

Weder ist jedoch dem Kläger ein solches Amt verliehen, noch ein solcher Vertrag mit ihm geschlossen worden. Denn der Kreis der Geschäfte, welche er als Nachtwächter zu versehen hatte, beruhte auf dem Organismus des Königlichen Polizeipräsidiums und war dem Kläger von dieser Behörde übertragen, und mit derselben Behörde, nicht aber mit der Stadtgemeinde, will er auch den Dienstvertrag eigegangen sein.

Deshalb ist es zutreffend, daß das Berufungsgericht denjenigen einzelnen Thatsachen keine Bedeutung beigemessen hat, durch welche der Kläger seine Eigenschaft als städtischer Beamter begründen zu können glaubt. Es sind dieses die Behauptungen, daß bei dem Magistrate zu Berlin über jeden Nachtwächter Personalakten geführt werden, daß der Polizeipräsident nach erfolgter Anstellung eines Wächters dem Magistrate davon Anzeige gemacht habe, daß der Magistrat die Bestätigung der Ernennung gemäß § 4 des Gesetzes über die Polizeiverwaltung vom 11. März 1850 eingeholt habe, daß den Nachtwächtern von dem Magistrate offiziell der Titel „städtischer Wächter" beigelegt sei, daß bei Strafanträgen wegen Beleidigung von Nachtwächtern diese als „städtische Nachtwächter" bezeichnet seien, daß die Bekleidung und Besoldung der Nachtwächter und ihrer Vorgesetzten aus der Stadthauptkasse bestritten sei, daß der Magistrat den Arzt bezahlt habe, welchem die körperliche Untersuchung der Bewerber um eine Nachtwächterstelle anvertraut gewesen sei, daß die Gehälter und die Pensionen der Nachtwachtleute von der Polizeihauptkasse nur auf Grund einer Anweisung des Magistrates ausgezahlt worden seien, und daß in dem Berichte über die Gemeindeverwaltung der Stadt Berlin für die Jahre 1877 bis 1881 in dem Kapitel über die Polizeiverwaltung bei den dem Staate wieder abgenommenen und der städtischen Obrigkeit zurückgegebenen Zweigen der Polizeiverwaltung das Nachtwachtwesen genannt werde. Alle diese Umstände rechtfertigen nicht den Schluß, daß die örtliche Polizeiverwaltung hinsichtlich des Nachtwachtwesens thatsächlich von der Stadtgemeinde ausgeübt sei, daß der Kläger mit dieser Gemeinde einen Dienstvertrag geschlossen habe, und daß dem Kläger vermöge desselben das Amt eines Nachtwächters verliehen sei.

Der Vertrag vom 31. Juli 1837 endlich hat nur zwischen den Kontrahenten selbst, also zwischen dem Staate und der Stadtgemeinde Berlin, Rechte und Pflichten begründet. Der Kläger kann aus demselben ein Recht auf Gewährung eines Diensteinkommens nicht herleiten.

Hiernach beruht die Entscheidung des Berufungsgerichtes, daß der Kläger nicht befugt sei, den geltend gemachten Anspruch gegen die Stadtgemeinde Berlin zu verfolgen, auf keiner Rechtsnormverletzung."

---

83. Welche Wirkung hat die Cession einer Grundschuld, wenn die Übergabe des Grundschuldbriefes nicht erfolgen kann, weil sich derselbe im widerrechtlichen Besitze des Schuldners befindet?

V. Civilsenat. Urt. v. 18. Dezember 1895 i. S. B. (Bekl.) w. B. (Kl.) Rep. V. 187/95.

I. Landgericht Ratibor.
II. Oberlandesgericht Breslau.

Aus den Gründen:

„Der Beklagte hat das Grundstück Neugarten Nr. 28, dessen eingetragener Eigentümer er zur Zeit noch ist, von seiner Mutter, der Witwe B., käuflich erworben, nachdem die Verkäuferin für sich auf dem Grundstücke eine zu 4 Prozent verzinsliche Grundschuld von

6000 ℳ hatte eintragen lassen. Der darüber lautende Grundschuldbrief befindet sich jetzt in den Händen des Beklagten, welcher denselben — nach der Feststellung des Berufungsrichters — aus dem Nachlasse seiner im Juni 1893 verstorbenen, nicht von ihm, sondern allein von der verehelichten Anna N. geb. B. beerbten Mutter widerrechtlich an sich genommen hat. Hiernach hatte sich die Witwe B. noch zur Zeit ihres Todes im Besitze des Grundschuldbriefes befunden. Im Hinblick auf die Bestimmungen der §§ 18. 20. 27. 28. 37 Eig.-Erw.-Ges. vom 5. Mai 1872 war dieselbe mithin als vollberechtigte Grundschuldgläubigerin anzusehen. In diese Rechtsstellung der Erblasserin ist die verehelichte N. infolge Erbganges eingetreten, und die derselben hiernach zugefallenen Rechte konnten ihr auch nicht dadurch verloren gehen, daß der Beklagte sich eigenmächtig in den Besitz des Grundschuldbriefes setzte. Bei solcher Sachlage hätte die Frau N. gegen den Beklagten eine Klage auf Herausgabe des Grundschuldbriefes anstrengen können. Sie wäre aber auch berechtigt gewesen, ohne vorgängige Herbeiführung eines solchen vorbereitenden Verfahrens die dingliche Klage auf Bezahlung der Grundschuldforderung zu erheben, und der den Grundschuldbrief widerrechtlich besitzende Beklagte würde dagegen nicht mit Erfolg haben geltend machen können, daß er nicht zu zahlen brauche, weil der Grundschuldbrief sich nicht in den Händen der Grundschuldgläubigerin befinde. Diese Rechte, welche der Frau N. dem Beklagten gegenüber zustanden, konnte sie auch zum Gegenstande einer Cession machen. Dies ist insofern geschehen, als sie dem Kläger durch Cession vom 14. April 1894 denjenigen Restbetrag der fraglichen Grundschuldforderung abgetreten hat, welcher ihr nach der anderweit für zwei Gläubiger erfolgten Überweisung zweier Teilbeträge noch in Höhe von 4736,30 ℳ freigeblieben war. Überdies hat sie in einer späteren notariell beglaubigten Erklärung vom 20. Februar 1895 ausdrücklich anerkannt, daß sie durch jene Cession dem Kläger alle ihr gegen den Beklagten zustehenden Ansprüche, namentlich auch die auf Herausgabe des Grundschuldbriefes, habe übertragen wollen. Hiernach, und da die Kündigung des abgetretenen Betrages bereits am 18. April 1894 erfolgt ist, muß die vom Kläger dahin erhobene Klage, den Beklagten kostenpflichtig zu verurteilen, an ihn 4736,30 ℳ nebst 4 Prozent Zinsen seit dem 4. April 1894 und 75 ₰ Kündigungskosten zur

Vermeidung der Zwangsvollstreckung in das Grundstück Nr. 28 Neugarten zu zahlen, in Übereinstimmung mit dem Berufungsrichter, an sich für gerechtfertigt erachtet werden.

Mit dieser Auffassung stehen die Entscheidungen des Reichsgerichtes vom 10. Dezember 1880 und vom 24. Juni 1884,

vgl. Entsch. des R.G.'s in Civils. Bd. 3 S. 326, Bd. 14 S. 94,

sowie die vom 22. April 1891,

vgl. Gruchot, Beiträge Bd. 35 S. 668; Jurist. Wochenschr. von 1891 S. 278,

welche anders geartete Fälle betrafen, nicht im Widerspruche. Aus den in jenen Entscheidungen entwickelten Gründen muß auch im vorliegenden Falle daran festgehalten werden, daß zur vollwirksamen Übertragung des dinglichen Rechtes der Grundschuld nicht bloß die Cessionserklärung des bisherigen Grundschuldgläubigers, sondern auch die Übergabe des Grundschuldbriefes erforderlich ist. Hieraus darf aber nicht gefolgert werden, daß die Cession einer Grundschuldforderung gänzlich unwirksam sei, wenn und solange die Aushändigung des Grundschuldbriefes an den Cessionar nicht bewirkt werden kann. Aus jenem leitenden Grundsatze ergiebt sich nur, daß nicht alle Rechte, welche einem Grundschuldgläubiger nach dem Gesetze zustehen, durch die bloße Cessionserklärung übertragen werden können, sondern daß es zum vollen Erwerbe des dinglichen Grundschuldrechtes noch außerdem der Übergabe des Grundschuldbriefes bedarf. Insbesondere steht dem Cessionar, welcher sich im Besitze des Grundschuldbriefes noch nicht befindet, und der daher das Verfügungsrecht eines Grundschuldgläubigers (im Sinne des § 20 Eig.-Erw.-Ges.) noch nicht erlangt hat, die Vorschrift des § 38 Eig.-Erw.-Ges. nicht zur Seite. Vielmehr kann ein solcher Cessionar nur für berechtigt erachtet werden, die ihm abgetretenen Rechte, unbeschadet der dem Schuldner erwachsenen Einreden, unter denselben Voraussetzungen und in demselben Umfange geltend zu machen, wie dies seitens des Cedenten selbst hätte geschehen können.

Für den vorliegenden Fall ergiebt sich hieraus, daß die Rechtslage des Beklagten durch die von der Frau N. erklärte Cession, bei dem Mangel einer an den Kläger erfolgten Übergabe des Grundschuldbriefes, nicht verändert worden ist, und daß der Beklagte also seine

Einwendungen gegen die Gültigkeit oder den Rechtsbestand der Grundschuld, welche er auf eine Klage der Frau N. geltend machen durfte, auch deren Cessionar, dem Kläger, unmittelbar entgegenstellen kann."...

---

84. Ist der Notariatsakt nichtig, wenn darin die Angabe des Grundes fehlt, weshalb von einem bei der Verhandlung Beteiligten statt der Unterschrift ein Handzeichen beigefügt wurde?

V. Civilsenat. Urt. v. 29. Februar 1896 i. S. H. (Kl.) w. S. (Bekl.) Rep. V. 400/95.

I. Landgericht Elbing.
II. Oberlandesgericht Marienwerder.

Aus den Gründen:

„Die Klägerin leitet den von ihr erhobenen Klaganspruch aus einem zwischen den Parteien geschlossenen notariellen Kaufvertrage vom 13. September 1893 her, welcher von der Beklagten nur mit drei Kreuzen unterzeichnet worden ist. Ein von dem Notar zu dieser Verhandlung von Anfang an, jedoch ohne Angabe des Grundes, zugezogener Schreibzeuge hat zwar das Handzeichen der Beklagten als von dieser herrührend bescheinigt, das von dem Notar und vom Schreibzeugen unterschriebene Schlußattest lautet aber nur dahin:

> Hierdurch wird bescheinigt, daß vorstehende Verhandlung, so wie sie niedergeschrieben ist, stattgefunden hat, daß sie in Gegenwart des Notars und des Schreibzeugen den Beteiligten vorgelesen, von ihnen genehmigt und, wie vorsteht, eigenhändig unterzeichnet worden ist.

Auch in dem vorhergehenden Teile der Notariatsverhandlung fehlt jede Bemerkung darüber, weshalb die Beklagte statt ihrer Namensunterschrift ein Handzeichen beigefügt hat; insbesondere ist nicht angegeben, daß die Beklagte schreibensunkundig oder aus irgend welchem Grunde am Schreiben behindert gewesen sei. Der Berufungsrichter hat bei dieser Sachlage den fraglichen Notariatsakt wegen Verstoßes gegen § 14 Ziff. 3 des Notariatsgesetzes vom 11. Juli 1845 für nichtig erachtet und demgemäß, unter Abweisung der Klage, dem Widerklagantrage der Beklagten entsprechend, auf Unverbindlichkeitserklärung des Vertrages vom 13. September 1893 erkannt.

Diese Entscheidung erscheint gerechtfertigt.

Für die Abgabe schriftlicher Willenserklärungen stellt der § 116 A.L.R. I. 5 die Regel auf, daß Verträge, welche vermöge des Gesetzes oder einer Abrede der Parteien schriftlich geschlossen werden sollen, ihre Gültigkeit erst durch die Unterschrift erhalten. Personen aber, die des Lesens und Schreibens unkundig oder durch einen Zufall am Schreiben verhindert sind, müssen nach § 172 a. a. O. „in Fällen, wo es eines schriftlichen Kontraktes bedarf, solchen gerichtlich oder vor einem Justizkommissario errichten". Hiernach muß in solchen Fällen die Aufnahme des Vertrages vor Gericht oder Notar erfolgen. Gerichtliche oder notarielle Rekognition der Unterzeichnung genügt nicht.

Vgl. Entsch. des Obertribunals Bd. 75 S. 257; Striethorst, Archiv Bd. 94 S. 70.

Ebensowenig kann eine Beglaubigung des Handzeichens für ausreichend erachtet werden. Hieran ist durch die Grundbuchordnung, nach § 34 daselbst, sowie durch § 5 des Gesetzes vom 8. März 1880 und durch § 8 des Gesetzes vom 15. Juli 1890 (G.S. S. 229) nichts geändert. Was insbesondere dieses letztere Gesetz betrifft, so hat dasselbe zwar das Verfahren geregelt, welches von den Gerichten und Notaren bei der Beglaubigung auch von Handzeichen beobachtet werden muß; für die rechtliche Bedeutung eines Handzeichens sind aber die Vorschriften des materiellen Rechtes unverändert maßgebend geblieben.

Vgl. Motive zu § 9 des Entwurfes (jetzt § 8) jenes Gesetzes S. 10. 11.

Hiernach bedarf es bei Abschluß schriftlicher Verträge im Falle des § 172 A.L.R. I. 5 nach wie vor der gerichtlichen oder notariellen Aufnahme.

Bezüglich des dabei vom Notar zu beobachtenden Verfahrens finden sich zunächst in dem Notariatsgesetze vom 11. Juli 1845 (G.S. S. 487) folgende Vorschriften: Im Anschlusse an die daselbst im § 7 getroffene allgemeine Anordnung, daß der Notar zu jeder Verhandlung entweder einen zweiten Notar oder zwei Zeugen zuzuziehen habe, in deren Gegenwart die Vorlesung der Verhandlung und die Beifügung der Unterschrift oder des Handzeichens derjenigen Interessenten, welche nicht schreiben können, erfolgen müsse, bestimmt der § 13 Abs. 2:

„Personen, welche nicht schreiben können, haben ihr Handzeichen beizufügen, bei welchem der Notar oder einer der Zeugen bemerkt, wer dasselbe gemacht hat."

Außerdem schreibt der § 14 daselbst vor:

„Das Protokoll schließt mit dem Atteste: 1. daß die vorstehende Verhandlung ... 3. ... von den Beteiligten eigenhändig unterzeichnet, oder weshalb dies unterblieben und statt der Unterschrift ein Handzeichen beigefügt ist."

Demgegenüber bestimmt das neuere Gesetz vom 15. Juli 1890 (G.S. S. 229) zuvörderst im § 4:

„Die Zuziehung von Instrumentszeugen oder eines zweiten Notars an Stelle derselben bei Aufnahme notarieller Verhandlungen ist fortan nur erforderlich, wenn eine Person, deren Erklärung beurkundet werden soll, blind, taub oder stumm ist."

Sodann ist im § 6 dieses Gesetzes vorgeschrieben:

„Werden notarielle Verhandlungen mit Personen aufgenommen, welche dieselben nicht unterschreiben können, so muß, falls nicht aus anderen Gründen die Zuziehung von Instrumentszeugen oder eines zweiten Notars geboten ist, ein Schreibzeuge zugezogen werden, welcher die für Instrumentszeugen erforderlichen Eigenschaften hat. Die Gegenwart des Schreibzeugen ist nur erforderlich bei der Vorlesung und Genehmigung der Verhandlung, sowie bei der etwaigen Beifügung von Handzeichen."

Die Verhandlung muß von dem Schreibzeugen unterschrieben werden. Weitere Bestimmungen bezüglich des bei der Verhandlung mit Schreibunfähigen zu beobachtenden Verfahrens finden sich in dem Gesetze vom 15. Juli 1890 nicht. Dasselbe stellt sich jedoch nur als ein Aushilfegesetz dar, welches den Zweck verfolgte, die drei in der preußischen Monarchie geltenden Notariatsordnungen, nämlich die preußische vom 11. Juli 1845, die hannoverische vom 18. September 1853 und die rheinische vom 25. April 1822, bezüglich einzelner Punkte abzuändern. Diese älteren Gesetze sind daher nur insoweit außer Kraft getreten, als das Gesetz vom 15. Juli 1890 abweichende Bestimmungen enthält. Nun finden sich aber bezüglich der Verhandlung mit Analphabeten in allen drei in Frage kommenden Notariatsordnungen, wie die oben angeführten Bestimmungen des preußischen Notariatsgesetzes vom 11. Juli 1845 ergeben und ferner aus Art. 29 der rheinländischen und § 36 Abs. 3 der hannoverischen Notariatsordnung ersichtlich ist, noch andere vom Notar zu beobachtende Formvorschriften, welche durch die Novelle vom 15. Juli 1890 nicht berührt worden sind. Dieses gilt insbesondere von der oben erwähnten, im § 14 Ziff 3. des Notariatsgesetzes vom 11. Juli 1845 enthaltenen Vorschrift, deren Beobachtung durch § 41 desselben Gesetzes ausdrücklich als eine wesentliche Förmlichkeit bezeichnet wird, sodaß deren Verletzung nach § 42 ebenda zur Folge hat, daß dem Instrumente die Kraft einer Notariatsurkunde fehlt. Nach der Rechtsprechung des früheren Obertribunals und des Reichsgerichtes kommt es dabei allerdings nicht darauf an, daß das Schlußattest sich wortgetreu an die Vorschrift des § 14 a. a. O. anschließt. Vielmehr genügt es, wenn in der Verhandlung an einer anderen Stelle angegeben ist, daß und weshalb ein Beteiligter statt seiner Namensunterschrift ein Handzeichen gefertigt hat, und dieser Hergang dann im Schlußatteste — etwa mit den Worten „wie vorstehend unterzeichnet" — in Bezug genommen wird.

Vgl. Striethorst, Archiv Bd. 75 S. 316; Wallmann, Zeitschr. für preuß. Recht Bd. 1 S. 208; Entsch. des Obertrib. Bd. 24 S. 239.

Auf irgend eine Weise muß aber dem Erfordernisse des § 14 Ziff. 3 a. a. O. genügt werden; und da diese bindende Formvorschrift durch das Gesetz vom 15. Juli 1890 weder direkt noch indirekt aufgehoben worden ist, besteht dieselbe noch jetzt in Kraft.

Vgl. auch Just.-Min.-Bl. von 1895 S. 41.

Das Gegenteil läßt sich nicht daraus herleiten, daß es nach § 6 des Gesetzes vom 15. Juli 1890 der Zuziehung eines Schreibzeugen nur in dem Falle bedarf, wenn die Verhandlung mit Personen aufgenommen wird, welche, ohne blind, taub oder stumm zu sein, ihre Namensunterschrift nicht fertigen können. Die Zuziehung eines Schreibzeugen mag danach eine gewisse Vermutung begründen; die Thatsache allein, daß ein „Schreibzeuge" zugezogen ist, kann aber die gesetzlich vorgeschriebene Angabe des Grundes nicht ersetzen.

Ebenso verfehlt ist auch die Ausführung der Revision, daß sich die Annahme einer stillschweigenden Beseitigung der fraglichen Formvorschrift aus einer Vergleichung des Gesetzes vom 15. Juli 1890 mit denjenigen Bestimmungen herleiten lasse, welche für die Aufnahme gerichtlicher Verhandlungen mit schreibens- und lesensunkundigen Personen erlassen worden sind." ...

---

85. Begriff der moralischen Verbindlichkeit im Sinne des § 178 A.L.R. I. 16.

IV. Civilsenat. Urt. v. 27. April 1896 i. S. der Stadtgemeinde B. (Kl.) w. den preußischen Fiskus (Bekl.). Rep. IV. 378/95.

I. Landgericht Bielefeld.
II. Oberlandesgericht Hamm.

Aus den Gründen:

„Zufolge einer im Frühjahre 1878 erlassenen Ministerialverfügung ist am 1. Oktober 1878 die Aufhebung der im Jahre 1831 vom Staate in B. errichteten Gewerbeschule erfolgt. Zwei Lehrer dieser Schule, welche vom Staate fest angestellt waren, haben ihr Gehalt nebst Wohnungsgeld auch nach dem 1. Oktober 1878 unverkürzt fortbezogen. Hierzu sind von der klagenden Stadtgemeinde, welche sich auf Grund mehrerer, namentlich in den Jahren 1855, 1861 und 1868 gepflogener Verhandlungen dem Staate gegenüber zur Entrichtung von Zuschüssen zu den Kosten der Schule verpflichtet hatte, bis zum 1. November 1881 Beiträge geleistet worden, und zwar in der Weise, daß die Klägerin die Hälfte der zur Aufbringung jener Zahlungen erforderlich gewordenen Zuschüsse anfänglich an die Kasse der aufgelösten Schule und später unmittelbar an die beiden Lehrer selbst abgeführt hat. Im vorliegenden Rechtsstreite fordert die Klägerin diese von ihr für die Zeit nach dem 1. Oktober 1878 geleisteten Zahlungen vom beklagten Fiskus zurück, indem sie behauptet, daß ihr nur für die Dauer des Bestehens der Gewerbeschule die Verpflichtung zur Leistung eines Zuschusses obgelegen habe, und daß die jetzt in Rede stehenden weiteren Zahlungen von ihr ohne jede Verbindlichkeit, lediglich infolge eines Irrtumes, bewirkt worden seien. ...

Der Berufungsrichter hat die Frage, ob die Klägerin ... zur Zahlung der streitigen Beträge rechtlich verpflichtet gewesen, unentschieden gelassen, indem er annimmt, daß die Zurückforderung schon aus dem Grunde für ausgeschlossen zu erachten sei, weil jedenfalls eine moralische Verpflichtung zur Fortzahlung der fraglichen Zuschüsse für die Klägerin vorgelegen habe. In dieser Beziehung wird vom Berufungsrichter in erster Linie ausgeführt: An dem Bestehen der Schule habe die Klägerin ein ebenso großes Interesse gehabt, wie der Beklagte. Ein gleiches und noch größeres Interesse habe sie aber später, als die Schülerzahl auf 18 gesunken gewesen, an der Auflösung der im Niedergange begriffenen Schule gehabt. Deshalb sei von ihr die Aufhebung derselben in der dringendsten Weise sowohl bei der Regierung als auch direkt beim Minister verlangt worden. Schon mit Rücksicht hierauf wäre es angemessen und billig gewesen, daß die Klägerin auch zu den Kosten der Auflösung beizutragen habe. Dazu komme, daß bei der Aufhebung der Anstalt, wie sich aus mehreren (vom Berufungsrichter in Bezug genommenen) urkundlichen Erklärungen ergebe, beide Teile von der damals für sie unzweifelhaften Voraussetzung ausgegangen seien, daß die Folgen von beiden Teilen gleichmäßig getragen werden müßten. Aus der ganzen Sachlage, insbesondere aus dem Zögern der Staatsbehörden, die von der Klägerin schon zum 1. April 1878 erbetene Maßnahme der Auflösung der Schule eintreten zu lassen, dürfe zurückgeschlossen werden, daß der Staat, wenn man nicht beiderseits von der ferneren Zahlungsverpflichtung der Stadt ausgegangen wäre, die Aufhebung der Schule nur gegen Abgabe einer diese Verpflichtung in bindender Weise festsetzenden Erklärung der Klägerin angeordnet haben, und die Klägerin andererseits auf solche Anforderung unweigerlich eingegangen sein würde. Wenn in dieser Beziehung eine bindende Vereinbarung nicht stattgefunden habe, so sei es doch in hohem Grade billig, daß die Voraussetzungen, unter welchen die von der Stadt verlangte und vom Staate schließlich bewilligte Maßnahme getroffen worden sei, nunmehr auch von beiden Seiten erfüllt würden. Danach müsse die Kondiktion ausgeschlossen erscheinen, insofern die moralische Verbindlichkeit im Sinne des § 178 A.L.R. I. 16 als eine Verpflichtung aufzufassen sei, welche zwar rechtlich nicht bestehe, deren Erfüllung aber dem Anstande oder der Billigkeit entspreche.

Diese Auffassung kann nicht gebilligt werden. Die Vorschrift des § 178 a. a. O., wonach das Recht zum Widerruf einer ohne Vorbehalt aus Irrtum geleisteten Zahlung an die Voraussetzung geknüpft wird, daß für die Person des Zahlenden gar keine, auch nicht eine bloß moralische Verbindlichkeit zur Zahlung vorhanden gewesen sei, steht im engen Zusammenhange mit dem nachfolgenden § 179 a. a. O., welcher bestimmt:

> War bei dem Zahlenden eine, wenn auch nur unvollkommene Pflicht zur Zahlung vorhanden, so findet keine Rückforderung statt, wenngleich derselbe, wegen eines vorhandenen positiven Gesetzes, zur Zahlung wider seinen Willen nicht hätte angehalten werden können.

Auch kommt bezüglich des Begriffes der unvollkommenen Verbindlichkeit der § 86 Einl. zum A.L.R. in Betracht, welcher lautet:

> Rechte, welche durch die Gesetze nicht unterstützt werden, heißen unvollkommen und begründen keine gerichtliche Klage oder Einrede.

Außerdem enthält das Allgemeine Landrecht noch einzelne Spezialbestimmungen, wonach in bestimmten Fällen eine geleistete Zahlung nicht zurückgefordert werden kann (vgl. § 578 A.L.R. I. 11, § 138 II. 2, § 184 I. 16 und die außer Kraft getretenen §§ 243. 411 I. 14).

Hiernach muß anerkannt werden, daß die Frage, was der Gesetzgeber im § 178 a. a. O. unter moralischer Verbindlichkeit verstanden habe, zweifelhaft erscheinen kann. Die Fassung des § 179 a. a. O. in Verbindung mit § 86 Einl. legt eine Vergleichung mit der Naturalobligation nahe, und aus v. Kampz' Jahrbüchern Bd. 41 S. 53 ergiebt sich, daß Suarez die unvollkommene Pflicht des § 179 a. a. O. mit dem naturale debitum des römischen Rechtes identifiziert hat. Dementsprechend ist in der Litteratur und Rechtsprechung auch mehrfach die Ansicht hervorgetreten, daß unter der moralischen Verbindlichkeit des § 178 a. a. O. nur eine solche Verpflichtung zu verstehen sei, welche aus einem besonderen Rechtsverhältnisse entsprang und an sich gültig sein könnte, aber der Klagbarkeit zufolge einer positiven Gesetzesvorschrift entbehrt.

> Vgl. Entsch. des Obertrib. Bd. 30 S. 76. 83, Bd. 42 S. 104, Bd. 71 S. 239; Koch, Recht der Forderungen Bd. 1 S. 21; Eccius, Preußisches Privatrecht Bd. 2 § 150.

Andererseits hat jedoch auch die Auffassung Vertretung gefunden, daß die Kondiktion nach §§ 178. 179 a. a. O. in denjenigen Fällen ausgeschlossen sei, in welchen die Zurückforderung gegen die guten Sitten verstoßen würde.

Vgl. Striethorst, Archiv Bd. 77 S. 368—370 und auch Entsch. des R.G.'s in Civils. Bd. 6 S. 229, Bd. 35 S. 220.

Einer Stellungnahme zu dieser letzteren Auffassung bedarf es im vorliegenden Falle nicht. Denn da hier nur in Frage steht, ob einer Stadtgemeinde dem Fiskus gegenüber auf Grund der über die Kosten der Unterhaltung und der Auflösung der Schule gepflogenen Verhandlungen die Verpflichtung zur Leistung von Geldzahlungen obgelegen hat, kann von einer dem Gebiete der Ethik angehörenden sittlichen Pflicht keine Rede sein. Jedenfalls ist aber daran festzuhalten, daß der Begriff der moralischen Verbindlichkeit über den Kreis der Lebens- und Sittenpflichten hinaus nicht auf Verhältnisse ausgedehnt werden darf, bei welchen nur eine gewisse Billigkeit für die Anerkennung einer Zahlungsverbindlichkeit spricht, oder wo nur der äußere Anstand die Rückforderung verbieten könnte." ...

---

86. 1. **Findet die dreijährige Verjährung aus § 54 A.L.R. I. 6 auch bei Schadensklagen eines Lehrlings gegen den Lehrherrn wegen einer von diesem erlittenen Mißhandlung statt?**

2. **Ist die Wiedereinsetzung in den vorigen Stand wegen Minderjährigkeit nach § 537 A.L.R. I. 9 auch gegen die dreijährige Verjährung aus § 54 A.L.R. I. 6 zulässig, und unter welchen Voraussetzungen?**

VI. Civilsenat. Urt. v. 4. Juni 1896 i. S. Sch. (Kl.) w. D. (Bekl.) Rep. VI. 40/96.

I. Landgericht I Berlin.
II. Kammergericht daselbst.

Aus den Gründen:

„Die vorliegende Entschädigungsklage beruht auf der Behauptung, daß der Beklagte im April 1891 dem bei ihm als Maurerlehrling beschäftigten Kläger mit seinem Fuße, der mit einem Holzpantoffel bekleidet war, einen Stoß vor das Schienbein versetzt habe, infolgedessen der Kläger einen dauernden Schaden an seiner Gesundheit erlitten habe. Die Klage ist erst im September 1894 angestellt. Das Berufungsgericht hat sie deshalb als verjährt auf Grund des § 54 A.L.R. I. 6 abgewiesen.

Das Berufungsgericht geht davon aus, daß es sich um einen außerhalb eines Kontraktes erlittenen Schaden handele. Es sei insbesondere nicht anzunehmen, auch nicht behauptet, daß das Fundament des Anspruches der frühere Lehrvertrag zwischen den Parteien sei. Diese Begründung erscheint prozessual unhaltbar. Das Gericht durfte sich nicht, wie geschehen, der ihm obliegenden Beurteilung entziehen, ob aus den vorgetragenen Thatsachen sich ergiebt, daß die behauptete Mißhandlung eine Verletzung der Vertragspflichten des Beklagten in seiner Eigenschaft als Lehrherrn des Klägers enthielt. Hierbei war das Gericht an die rechtliche Auffassung des Klägers nicht gebunden. Der Kläger hat indessen nicht einmal zu erkennen gegeben, daß er den Schaden als einen außerkontraktlichen ansehe."... (Dies wird näher ausgeführt.)

„Stellt sich die dem Kläger angeblich zugefügte Mißhandlung als eine Überschreitung der Grenzen des dem Lehrherrn zustehenden Rechtes der väterlichen Zucht (§ 127 Gew.O.) dar, so liegt in dem Mißbrauche jenes Rechtes eine Verletzung der aus dem Lehrvertrage entspringenden Pflichten des Lehrherrn, und es findet alsdann die kurze Verjährung aus § 54 A.L.R. I. 6 keine Anwendung.

Aber auch unter der Voraussetzung eines außerkontraktlichen Verschuldens kann das Berufungsurteil nicht aufrecht erhalten werden. Zwar ist an dem vom ehemaligen preußischen Obertribunal in dem Urteile vom 13. Juli 1868,

vgl. Entsch. des Obertrib. Bd. 60 S. 57,

ausführlich begründeten und auch weiterhin vom Obertribunal und vom Reichsgerichte angewandten Satze festzuhalten, daß der § 535 A.L.R. I. 9, wonach die Verjährung durch Nichtgebrauch gegen Unmündige und Minderjährige während der Minderjährigkeit nicht anfangen kann, sich auf Unmündige und Minderjährige in väterlicher Gewalt — wenn es sich nämlich um ein von dem Vater als solchem wahrzunehmendes Interesse des Kindes handelt — nicht bezieht.

Vgl. Striethorst, Archiv Bd. 72 S. 343; Entsch. des Obertrib.

Bd. 64 S. 217; Urt. des Reichsgerichtes vom 16. Dezember 1886 i. S. K. w. F. Rep. IV. 111/86.

Der Kläger befand sich zur Zeit der Mißhandlung unter väterlicher Gewalt; dem Beginne der Verjährung, auch der kurzen, stand daher die Minderjährigkeit des Klägers nicht entgegen." ... (Nach Erörterung sachlicher, hier nicht interessierender Bedenken gegen den vom Berufungsgerichte angenommenen Anfangspunkt für die dreijährige Verjährungsfrist wird fortgefahren:)

„Rechtsirrtümlich ist es endlich auch, wenn das Berufungsgericht dem Kläger die eventuell nach § 537 A.L.R. I. 9 verlangte Wiedereinsetzung in den vorigen Stand versagt. Das Berufungsgericht hat hierbei dem Umstande, daß — nach der Behauptung des Klägers — dessen Vater noch vor Ablauf der Verjährung während seiner Minderjährigkeit (am 18. Mai 1893) verstorben ist, mit Unrecht keine Bedeutung beigelegt. Die §§ 535—537 a. a. O. ergeben, daß das Gesetz die Minderjährigkeit des bevormundeten oder zu bevormundenden Schutzbefohlenen als ein Hindernis für die Verjährung durch Nichtgebrauch ansieht, das gleich anderen Verjährungshindernissen zwar den Fortlauf der bereits begonnenen Verjährung nicht hemmt (§ 530 A.L.R. I. 9), aber, ebenso wie diese (§ 531), den Antrag auf Restitution begründet, wenn die Verjährungsfrist vor Hebung des Hindernisses abgelaufen ist. Hörte die väterliche Gewalt vor Vollendung der Verjährung während der Minderjährigkeit des Klägers auf, so trat damit das Verjährungshindernis ein. Das Hindernis konnte den Fortlauf der Verjährung nicht hemmen, begründet aber die Restitution. Es erhellt daraus, daß hinsichtlich der Frage, ob die Restitution zuzulassen sei, auf den Zeitpunkt des Ablaufes der Verjährung zu sehen ist. War in diesem Zeitpunkte das Hindernis vorhanden — war also damals der Berechtigte minderjährig und bevormundet oder zu bevormunden —, so findet die Restitution statt. Dem entspricht der Wortlaut des § 537, nach welchem, wenn die Verjährung während der Minderjährigkeit (nämlich des bevormundeten oder zu bevormundenden Minderjährigen) vollendet wird, dem Minderjährigen die Wiedereinsetzung in den vorigen Stand binnen vier Jahren nach aufgehobener Vormundschaft zu statten kommt. Der Fall liegt vor, wenn der Berechtigte bei Vollendung der Verjährung noch minderjährig und damals bevormundet war oder eines Vormundes bedurfte.

Das Berufungsgericht berührt noch ein anderes Bedenken gegen die Zulassung der Restitution, das in der auffallenden Anomalie einer vierjährigen Restitutionsfrist bei kürzeren Verjährungsfristen liegen soll. Dieses Bedenken kann jedoch nicht geteilt werden. Es mag zunächst bemerkt werden, daß man sich für die Unzulässigkeit der Restitution bei den Verjährungsfristen unter vier Jahren keineswegs — wie es zu geschehen pflegt und auch vom Berufungsgerichte geschieht — auf den Gesetzrevisor und auf Bornemann berufen darf. Beide machen zwar auf die erwähnte Anomalie aufmerksam, knüpfen jedoch daran nur den Vorschlag einer Gesetzesänderung, nehmen also an, daß das Gesetz, wie es vorliegt, auch bei kürzeren Verjährungsfristen Anwendung findet.

Vgl. Gesetzrevision, Pensum VIII, Sachenrecht, Bd. 22 S. 129; Bornemann, System 1. Ausgabe Bd. 2 S. 109 Anm., 2. Ausgabe Bd. 2 S. 60 Anm. 1.

Derselben Meinung ist Koch (Kommentar, Anm. zu § 531 A.L.R. I. 9), wenn er sagt, daß „nach dem Wortsinne" die Restitution auch gegen kürzere Verjährungsfristen stattfinde. Das Obertribunal hat allerdings unter Billigung mancher Rechtslehrer die Unzulässigkeit der Restitution bei kürzeren Verjährungsfristen allgemein angenommen — nicht etwa bloß bei der Verjährung aus dem Gesetze vom 31. März 1838, welches in dieser Beziehung, wie auch andere spätere Gesetze, für die dadurch eingeführten kurzen Verjährungsfristen die Absicht der Ausschließung der Restitution erkennen lassen mag, sondern auch für die im Gesetzbuche selbst enthaltenen kurzen Verjährungsfristen.

Vgl. Entsch. des Obertribunals Bd. 50 S. 100, Bd. 75 S. 288.

Das Gesetz nimmt indessen in den §§ 531. 537 A.L.R. I. 9 die kürzeren Verjährungen nicht aus, und wenn es auch richtig ist, was das Obertribunal in dem letzterwähnten Urteile,

vgl. Entsch. desselben Bd. 75 S. 292,

zur Begründung sagt, daß das Gesetz nur bezwecke, die Minderjährigen vor dem Nachteile des Verjährungsablaufes zu schützen, nicht aber ihnen einen Vorteil zu gewähren im Vergleich mit solchen, gegen welche die Verjährung ohne Dazwischenkunft eines Hindernisses normal abläuft, so könnte diese Erwägung doch immer nur zu einer der Kürze der Verjährungsfrist entsprechenden Abkürzung der vierjährigen Restitutionsfrist führen. Dadurch würde die gedachte Anomalie beseitigt werden, während die vollständige Ausschließung der Restitution einerseits über das Ziel hinausschießt, indem den Minderjährigen der bei kürzeren Verjährungen nicht minder erforderliche Schutz gegen die Nachteile des Verjährungsablaufes entzogen wird, andererseits nicht einmal die Beseitigung der Anomalie zur Folge hat, da diese ebensogut auch bei der ordentlichen Verjährung eintreten kann, wenn die Verjährungsfrist zu der Zeit, wo der Minderjährige das Recht erwirbt, bereits bis auf einen geringen Teil abgelaufen ist. Hierauf ist bereits im Urteile des Reichsgerichtes vom 10. Dezember 1881,

vgl. Gruchot, Beiträge Bd. 26 S. 946,

hingewiesen worden. Dazu kommt, daß das Obertribunal eine andere, nicht weniger befremdliche Anomalie schafft. Denn als solche muß es bezeichnet werden, wenn den vierjährigen Verjährungsfristen die vierjährige Restitutionsfrist hinzutritt, die dreijährige Verjährungsfrist dagegen sich in dem sonst gleichen Falle der Minderjährigkeit um keinen Tag verlängern soll. Das Obertribunal hat noch den § 532 A.L.R. I. 9 herangezogen, nach welchem die Restitutionsfrist von der Hebung des Hindernisses an läuft, wenn dieses „innerhalb der letzten vier Jahre“ der Verjährungsfrist gehoben wird, und es muß zugegeben werden, daß nach der Wortfassung hier zunächst nur von Verjährungsfristen von mindestens vier Jahren die Rede ist; bei kürzeren kann nicht von deren letzten vier Jahren gesprochen werden. Aber daraus folgt nicht, daß es bei den kürzeren Verjährungen an einer Bestimmung darüber fehle, von wann ab die Restitutionsfrist laufe, wenn das Hindernis vor Ablauf der Verjährung gehoben wird, und noch weniger erscheint die Folgerung begründet, daß das Gesetz dadurch zu erkennen gegeben habe, daß die Restitution bei den kürzeren Verjährungen überhaupt nicht stattfinde. Denn bezüglich der Verjährungen von kürzerer als vierjähriger Dauer kann aus § 532 ohne Zwang entnommen werden, daß die Restitutionsfrist stets von der Hebung des Hindernisses an läuft, wenn dieselbe innerhalb der Verjährungsfrist erfolgt. Es bedurfte keiner besonderen dies besagenden Bestimmung. Ein triftiger Grund für die völlige Ausschließung der Restitution gegen die dreijährige Verjährung aus § 54 A.L.R. I. 6 liegt sonach nicht vor.

Vgl. auch Rehbein, Entscheidungen Bd. 1 S. 961. 962. 969.

Eine Verkürzung der Restitutionspflicht aber für diesen Fall, der übrigens der Wortlaut des Gesetzes unbedingt entgegensteht, würde hier, da sie immer erst von der noch nicht eingetretenen Volljährigkeit des Klägers ab zu rechnen sein würde, der Restitution nicht hinderlich sein.

Somit mußte das Berufungsurteil aufgehoben werden." ...

---

87. Simulierte Cession zum Nachteile der Gläubiger. Begriff.

VI. Civilsenat. Urt. v. 8. Juni 1896 i. S. La. (Kl.) w. P.'sche Hypotheken-Aktienbank (Bekl.). Rep. VI. 1/96.

I. Landgericht Cöslin.
II. Oberlandesgericht Stettin.

Die Entscheidung ist oben unter „Reichsrecht" Nr. 27 S. 103 abgedruckt.

---

88. 1. Besteht eine Verpflichtung des Eigentümers, sein Grundstück im öffentlichen Interesse derartig im Stande zu erhalten, wie es aus polizeilich zu schützenden (z. B. gesundheitspolizeilichen) Rücksichten notwendig ist?
2. Läßt sich eine solche Verpflichtung auch aus Vorschriften herleiten, die nicht dem öffentlichen Rechte angehören?

V. Civilsenat. Urt. v. 10. Juni 1896 i. S. Stadtgemeinde K. (Kl.) w. H. (Bekl.) Rep. V. 396/95.

I. Landgericht Konitz.
II. Oberlandesgericht Marienwerder.

Die Stadt Konitz grenzt an den nördlichen Teil des Mönchsees, eines nicht künstlich angelegten Wasserbeckens, dessen Eigentümer der Beklagte ist. Nachdem im Jahre 1866 seitens der Verwaltungsbehörden festgestellt worden war, daß der See wegen seiner Ausdünstungen für die Einwohner von Konitz gesundheitsgefährlich sei, wurde der Klägerin im Verwaltungswege aufgegeben, „die im sanitätspolizeilichen Interesse notwendige Reinigung des Mönchsees ungesäumt ausführen zu lassen", wobei ihr überlassen blieb, „gegen den nach ihrer Ansicht hierzu verpflichteten Besitzer des Sees ihre vermeintlichen Regreßansprüche eventuell im Prozeßwege geltend zu machen". Seitdem — etwa seit Mitte der 1870er Jahre — hat Klägerin den See alljährlich auf ihre Kosten reinigen lassen; sie verlangt aber mit der gegenwärtigen Klage eine Feststellung dahin, daß nicht sie, sondern der Eigentümer des Sees zur Vornahme der ihr polizeilicherseits auferlegten Reinigung verpflichtet sei. Mit dieser Klage ist sie in beiden Vorinstanzen abgewiesen worden. Beide Vorderrichter nehmen an, daß zwar die vom Beklagten gegen die Zulässigkeit der erhobenen Feststellungsklage vorgebrachten Bedenken nicht zutreffen, daß aber materiell die Klage unbegründet sei, weil sich die behauptete Verpflichtung des Beklagten weder aus seiner Stellung als Eigentümers des Sees ergebe, noch aus den gesetzlich anerkannten Einschränkungen des Eigentumes entnehmen lasse, weil sie ferner auch aus dem von der Klägerin herangezogenen Gesichtspunkte der Unzulässigkeit von schädlichen Immissionen auf die Nachbargrundstücke nicht folge, und weil endlich keinerlei Einwirkung des Beklagten auf den See behauptet sei, die in einen ursächlichen Zusammenhang mit den gesundheitsschädlichen Ausdünstungen des Sees gebracht werden könnte.

Auf Revision der Klägerin ist das zweite Urteil aufgehoben und die Sache an das Berufungsgericht zurückverwiesen worden.

Aus den Gründen:

„Die Angriffe der Revision sind zunächst insoweit verfehlt, als versucht worden ist, die Klage unter den rechtlichen Gesichtspunkt von unzulässigen Immissionen zu stellen. Nicht darum handelt es sich, benachbarte Grundstücke gegen schädliche Ausdünstungen zu schützen, die von dem See des Beklagten auf sie ausströmen sollen. Wäre dies in Frage, so hätte die Klage als negatorische von den Eigentümern der betreffenden Grundstücke erhoben werden müssen.

Vgl. Eccius, Preuß. Privatrecht Bd. 3 S. 301.

Dies ist nicht geschehen. Die Stadtgemeinde hat die Klage nicht als Eigentümerin und nicht zum Schutze ihr gehöriger Grundstücke erhoben, sondern deshalb, weil sie den Beklagten für verpflichtet erachtet, dasjenige im Interesse der Allgemeinheit zu thun, was die

Polizeibehörde von ihr aus sanitätspolizeilichen Gründen verlangt hat. Die rechtliche Begründung dieses Anspruches kann daher nicht mit den Rechtssätzen vertreten werden, die bezüglich der sog. Immissionen im Anschluß an die Judikatur des früheren Obertribunales,

vgl. Entsch. desselben Bd. 23 S. 252,

von der Rechtswissenschaft und Praxis ausgebildet worden sind. Ebensowenig steht der Klage eine derjenigen Spezialbestimmungen zur Seite, auf welche die Revision glaubt Bezug nehmen zu dürfen. Die landrechtlichen Vorschriften beziehen sich, wenn sie nicht — wie die §§ 26 flg. 33. 34 A.L.R. I. 8 — nur allgemeine Rechtsnormen enthalten, von denen aus zu einer Entscheidung des vorliegenden Falles nicht zu gelangen ist, auf andere Verhältnisse; sie betreffen die Unterhaltung von Gebäuden (§§ 37 flg. a. a. O.) und von Gräben und Kanälen (§ 100 das.). Die ersteren sind hier selbstverständlich nicht anwendbar, und ebensowenig kann ein See, der — wie der hier in Frage stehende — nicht künstlich angelegt, sondern ein natürliches Wasserbecken ist, zu den „Gräben und Kanälen" gerechnet werden, deren Unterhaltung der § 100 dem Eigentümer auferlegt.

Vgl. Plenarbeschluß des Obertrib. vom 9. April 1844, Entsch. desselben Bd. 10 S. 245.

Auch aus § 7 des Gesetzes vom 28. Februar 1843, betreffend die Benutzung der Privatflüsse, läßt sich die Verpflichtung des Beklagten nicht herleiten; die Bestimmung betrifft lediglich die Räumungspflicht, insoweit sie zur Beschaffung der Vorflut erfüllt werden muß. Hier aber handelt es sich um eine Räumung, die aus sanitätspolizeilichen Gründen vorgeschrieben worden ist. Auf diese findet § 7 keine Anwendung.

Vgl. Entsch. des Oberverwaltungsgerichts Bd. 11 S. 244.

Endlich trifft auch § 10 des Vorflutedikts vom 15. November 1811 hier nicht zu, da es sich um einen See, und nicht um einen „Graben oder Wasserabzug" handelt.

Die Revision ist daher insoweit unbegründet, als sie dem Berufungsrichter eine Verletzung der vorstehend erwähnten gesetzlichen Vorschriften zum Vorwurfe macht.

Anders verhält es sich mit dem Vorwurfe, daß das Berufungsgericht die rechtliche Stellung des Eigentümers der Allgemeinheit gegenüber und seine hieraus folgenden, im öffentlichen Rechte begründeten

Verpflichtungen verkannt habe. In dieser Beziehung wäre es zunächst nicht richtig, wenn der Berufungsrichter mit dem an die Spitze seiner Entscheidungsgründe gestellten Satze, es komme nur darauf an, zu prüfen, wer nach privatrechtlichen Grundsätzen zur Reinigung des Sees und zur Tragung der damit verbundenen Kosten verpflichtet sei, etwa hat sagen wollen, daß sich die Klage auf eine dem Beklagten nach öffentlichem Rechte obliegende Verpflichtung zur Reinigung des Sees nicht stützen könne. Eine solche Beschränkung ist für Klagen, die der § 5 des Gesetzes vom 11. Mai 1842 den „Beteiligten" vor den ordentlichen Gerichten einräumt, nicht anzuerkennen. Das Reichsgericht hat vielmehr wiederholt und auch in Bezug auf einen ähnlich liegenden Fall, bei welchem es sich um Reinigung einer städtischen Straße handelte,

vgl. Entsch. des R.G.'s in Civils. Bd. 25 S. 325 flg.,

ausgesprochen, daß die Begründung der Klage aus § 5 sehr wohl dahin gehen kann, daß die für den Beklagten behauptete Verpflichtung, derzufolge der Kläger ihn zur Ausführung der polizeilichen Auflage für verbunden erachtet, aus Vorschriften des öffentlichen Rechtes originiere.

Vgl. Entsch. des R.G.'s in Civils. Bd. 22 S. 285 und Gruchot, Beiträge Bd. 34 S. 883.

Inwieweit derartige Streitigkeiten der „Beteiligten", die sich also auf Normen des öffentlichen Rechtes gründen, zur Zuständigkeit der Verwaltungsgerichte gehören, ist in besonderen Bestimmungen geordnet (z. B. § 56 Abs. 5. § 66 Abs. 3 des Zuständigkeitsgesetzes vom 1. August 1883). Greifen solche nicht ein, wie dies hier der Fall und durch das in dieser Sache ergangene Erkenntnis des Königlichen Gerichtshofes zur Entscheidung der Kompetenzkonflikte außer Zweifel gestellt ist, so sind auch die Civilgerichte berufen, über Normen des öffentlichen Rechtes zu befinden.

Dementsprechend ist die vorliegende Klage begründet worden. Die Klägerin behauptet, daß dem Beklagten als Eigentümer des Sees die öffentlich-rechtliche Verpflichtung obliege, denselben so zu unterhalten, daß polizeilich zu schützende öffentliche Interessen nicht beeinträchtigt oder gefährdet werden. Denn nach öffentlichem Rechte sei, wie das Königliche Oberverwaltungsgericht in wiederholten Entscheidungen ausgesprochen habe, jeder Eigentümer verpflichtet, sein Grundstück in einem solchen Zustande zu erhalten, bezw. es so umzugestalten, wie es der polizeilich zu schützenden, öffentlichen Interessen halber notwendig sei, möge die unzulässige Beschaffenheit des Grundstückes durch den Eigentümer selbst oder durch Dritte herbeigeführt oder durch Zufall entstanden sein. Richtig ist, daß dieser Rechtssatz vom höchsten Verwaltungsgerichtshofe als Norm des öffentlichen Rechtes in einer ganzen Reihe von Entscheidungen vertreten worden ist.

Vgl. Entsch. des Oberverwaltungsgerichts Bd. 7 S. 351, Bd. 8 S. 330, Bd. 10 S. 180, Bd. 12 S. 310, Bd. 13 S. 326, Bd. 18 S. 414.

Für den vorliegenden Fall bedarf es keiner Erörterung darüber, ob er in vollem Umfange — insbesondere auch insoweit, als er sich auf eine Umgestaltung des Grundstückes bezieht — anzuerkennen sein möchte; denn hier handelt es sich nur darum, ob der Beklagte als Eigentümer verpflichtet ist, das ihm gehörige Grundstück (den See) in einem solchen Zustande zu erhalten, wie es das polizeilich zu schützende öffentliche Interesse erfordert. Dies aber ist im Anschlusse an die vorerwähnten Entscheidungen des Oberverwaltungsgerichtes unbedenklich anzuerkennen. Denn das Eigentum — und namentlich das Eigentum an einem Grundstücke — kann nicht als für sich allein bestehend und losgelöst von den Beziehungen betrachtet werden, die sich mit Notwendigkeit aus einem geordneten bürgerlichen Zusammenleben ergeben. Aus ihm entspringen Interessen, die auch der Eigentümer gegen sich gelten lassen und denen er sich wenigstens soweit unterordnen muß, als es sich um Erhaltung seines Eigentumes in einem Zustande handelt, der für das Gemeinwohl nicht schädlich oder gefährlich werden kann. Hierauf beruhen die sog. gesetzlichen Begrenzungen des Eigentumes zum Besten des gemeinen Wesens,

vgl. Eccius, a. a. O. S. 162,

die schon nach landrechtlicher Vorschrift soweit gehen, daß dem Eigentümer unter Umständen verwehrt wird, sein Grundstück in Verfall geraten zu lassen (§ 61. §§ 37 flg. A.L.R. I. 8). Es ist daher nur eine Folgerung aus demselben Prinzipe, wenn der Eigentümer für verpflichtet erachtet wird, sein Grundstück so zu erhalten, wie es im Interesse der Allgemeinheit unbedingt erforderlich ist.

Dies hat der Berufungsrichter verkannt. Die Verpflichtung des Eigentümers besteht nicht, wie er meint, nur der Polizeibehörde gegenüber, sondern sie ist in dem vorstehend erörterten Umfange eine ihm nach öffentlichem Rechte überhaupt obliegende, sodaß sich auch die Klägerin auf sie zum Nachweise dafür berufen kann, daß der Beklagte die ihr gemachte polizeiliche Auflage zu erfüllen verbunden sei. Freilich wird dies — und hierin tritt im Gegensatze zum öffentlichen Rechte,

vgl. Entsch. des Oberverwaltungsgerichtes Bd. 7 S. 352,

die privatrechtliche Seite des Rechtsstreites klar hervor — nur dann der Fall sein, wenn nicht etwa der Klägerin selbst, wie der Beklagte unter Anführung einer Reihe von Thatsachen behauptet hat, die Schuld an der Versumpfung des Sees und den gesundheitsgefährlichen Ausdünstungen beizumessen ist. Letzteres wird noch festzustellen sein." ... (Dies wird näher ausgeführt.)

---

89. Natur des Baugeldervertrages. Veränderung der Umstände durch Veränderung der Person des Bauherrn.

A.L.R. I. 11 §§ 656. 657.

I. Civilsenat. Urt. v. 13. Juni 1896 i. S. Preuß. Hypothekenaktienbank (Bekl.) w. M. u. D. (Kl.) Rep. I. 81/96.

I. Landgericht I Berlin.
II. Kammergericht daselbst.

Die Beklagte hat im September 1889 den Klägern zur Ausführung eines Neubaues nach bestimmter Zeichnung auf einem ihnen gehörigen Grundstücke ein Darlehn von 500000 ℳ zugesagt, das verzinslich eingetragen, mit 290000 ℳ im Oktober, im übrigen in Raten nach dem Fortschreiten des Baues gezahlt und vom 1. Januar 1903 ab amortisiert werden sollte. Die Eintragung ist erfolgt, und die 290000 ℳ sind gezahlt. Noch im Oktober ist das Grundstück von den Klägern an S. u. B. und von diesen im April 1890 an Hugo W. verkauft, dabei die Hypothek übernommen und von den Käufern ihr Einverständnis damit erklärt worden, daß die Kläger die Baugelder ratenweise erheben. Die Fundamentierungsarbeiten wurden im Juni 1890 beendet, von der Beklagten auch die dadurch fällig gewordenen 30000 ℳ gezahlt; die

Zahlung weiterer Raten aber wurde verweigert und im Juli der Rücktritt vom Vertrage erklärt. Die Kläger haben sich darauf ein anderes Darlehn verschafft und auf Ersatz der ihnen dadurch erwachsenen Kosten geklagt. Die Beklagte hält sich wegen des Wechsels in der Person des Bauherrn, und weil mehrere der nach der Bauzeichnung des Vertrages projektierten Bauten nicht ausgeführt sind, zum Rücktritte vom Vertrage für berechtigt, ist aber in beiden Instanzen zum Ersatze des Schadens verurteilt worden. Auf ihre Revision wurde unter Aufhebung beider Urteile die Klage abgewiesen aus folgenden

Gründen:

„Die Instanzrichter haben die Bedeutung des Baugeldervertrages verkannt, welche darin wurzelt, daß das zur Herstellung eines Neubaues herzugebende Darlehn in Raten gezahlt wird, die sich nach dem Fortschreiten des Baues richten. So war auch hier kontrahiert. Die Beklagte wollte ein Darlehn auf lange Zeit geben, die Amortisation sollte erst im Jahre 1903 beginnen und von da ab in 57 Jahren vollendet sein. Es ist völlig selbstverständlich, daß beide Teile davon ausgingen, daß in dieser langen Periode Veräußerungen des Grundstückes vorkommen würden. Und die Beklagte mußte sich selbst sagen, daß die beiden Regierungsbaumeister nicht einen großen Neubau, für welchen sie eine Schuldenlast von 500000 ℳ kontrahierten, zu ihrem Privatgebrauche und wahrscheinlich auch nicht, um das Grundstück für eigene Rechnung zu verwerten, ausführen würden, sondern daß sie das Grundstück, wenn sie es fertig gebaut hatten und mit Vorteil verkaufen könnten, verkaufen würden. Daß also die für Amortisationsdarlehne der Beklagten entworfenen allgemeinen Bedingungen, welche der Beklagten für den Fall der Veräußerung eine Provision sichern, auch für das Darlehnsgeschäft der Parteien für maßgeblich erklärt wurden, ist durchaus natürlich.

Allein damit ist in keiner Weise entschieden, wie sich die Sache für die Zeit stellte, während welcher der Neubau noch nicht angefangen oder noch nicht vollendet war. In dem Baugeldervertrage liegt, und dies haben die Vorderrichter nicht gewürdigt, außer dem Kredit, den der Gläubiger jedem Darlehnsschuldner gewährt, insoweit er von ihm Rückzahlung des ausgezahlten oder vorläufig erst zugesagten Darlehns erwartet, noch die Bezeugung des weiteren

Vertrauens, daß der Bauherr, mit dem der Baugeldgeber kontrahiert, auch dafür sorgt, daß das Gebäude in den in Aussicht genommenen Fristen fertig gebaut wird, nicht bloß daß er dafür sorgt, daß der Bau auch solid und so ausgeführt wird, daß der Darlehnsgläubiger in dem vollendeten Baue seine Sicherheit findet. In letzterer Beziehung kann der Darlehnsgeber eine gewisse Kontrolle insoweit ausüben, als er die Weiterzahlung der sonst fällig gewordenen Rate unterläßt, wenn das bisher Gebaute nicht so solid ausgeführt ist, wie der Hypothekgläubiger zumal für das auf lange Dauer berechnete Kreditverhältnis erwarten und beanspruchen darf. Und ebenso sistiert er natürlich seine weiteren Auszahlungen, wenn der Bau selbst sistiert wird. Allein damit ist dem Geldgeber doch nur insoweit gedient, als er das, was er noch nicht ausgezahlt hat, nun nicht verliert. Das erschöpft aber nicht sein Interesse; der Darlehnsgeber schließt ja den Vertrag nicht ab, um ein halbfertiges oder dreiviertelfertiges Gebäude, das doch auch in diesem Zustande nur eine Ruine ist, als Sicherheit zu erlangen. Sondern er will, daß er sein ganzes Kapital, wie er es zugesagt hat, gesichert durch einen vollendeten Neubau, wie er den Verabredungen entspricht, unterbringt. Wird die Ausführung vor der Vollendung unterbrochen, so tritt ein Zustand ein, welcher dem Gläubiger Weiterungen, Prozesse, Subhastationen schafft, die er von sich fern zu halten ein begründetes Recht hat. Er kann dann in die Lage kommen, eine Ruine übernehmen oder in der Subhastation erstehen zu müssen, um selbst fertig zu bauen oder sich einen neuen Unternehmer zu suchen. Und dabei kann er Geld verlieren, unter allen Umständen Zeit verlieren, er hat Umstände und Mühe und kein glattes Geschäft.

Diese dem Baugeldervertrage eigentümlichen Gefahren unterscheiden ihn von einem einfachen Darlehnsvertrage oder von einem einfachen Darlehnsvorvertrage, bei denen es sich darum handelt, landwirtschaftliche Grundstücke oder ein fertiges Gebäude hypothekarisch zu beleihen.

Weil der Gläubiger diese besonderen Gefahren läuft, wenn er einen Baugeldervertrag schließt, darum wird der vorsichtige und solide Gläubiger sich die Person ansehen, mit der er einen solchen Vertrag schließt und glaubt schließen zu können, ohne daß sich nach menschlichem und geschäftlichem Ermessen die Gefahr allzu hoch steigert.

Hat er aber mit einem ihm solid erscheinenden Unternehmer und Eigentümer, der ihm nach seinen Vermögens- und Kreditverhältnissen, nach seinen geschäftlichen Gebarungen, mit seiner ganzen Persönlichkeit die Garantie bietet, daß er ihr das besondere Vertrauen schenken darf, welches der Baugeldervertrag beansprucht: so kann ihm nicht angesonnen werden, sich statt dieser Person eine andere Person aufdrängen zu lassen, welche ihm diese Garantien nicht bietet, und der er ein gleiches Vertrauen nicht entgegenbringt und nicht entgegenzubringen braucht. Der Baugeldervertrag ist wirtschaftlich ein gemeinschaftliches Unternehmen, bei dem der Baugeldgeber das Geld, dessen der Bauherr bedarf, um den Bau auszuführen, so wie es dieser gebraucht, zur Verwendung bei dem Baue hergiebt, der Bauherr aber den Bau ausführt oder für seine Rechnung ausführen läßt, sich zu Eigentum, dem Baugeldgeber zur Sicherheit für das Darlehn. Solche gemeinschaftliche Unternehmungen beanspruchen wechselseitiges Vertrauen von Person zu Person. Und es ist deshalb nicht angängig, die Personen für fungibel zu erklären, sodaß sie schlechthin und ohne Zustimmung des Gegenkontrahenten mit der Veräußerung des Grundstückes oder mit der Cession der Hypothek wechseln.

Es besteht zwischen den Parteien kein Streit darüber, daß Hugo W. nicht bloß als Käufer des Grundstückes eingetreten und daß ihm nicht bloß das Eigentum übertragen, sondern daß er Bauherr geworden ist, wie sich denn die Kläger selbst darauf berufen haben, daß sie mit ihm einen Baugeldervertrag abgeschlossen haben. Sie glauben nur die Unschädlichkeit dieser Veränderung der thatsächlichen und rechtlichen Verhältnisse daraus ableiten zu können, daß sie einerseits der Beklagten gegenüber Schuldner für das zu gewährende Darlehn blieben, und daß sie ja auch andererseits, wenn sie die Bauherren geblieben wären, dem Hugo W. die Bauausführung hätten übertragen können, daß sie endlich bei der Sache interessiert geblieben wären, weil sie eine der Hypothek der Beklagten nachfolgende Hypothek am Grundstücke gehabt hätten. Keine dieser Einwendungen trifft den Punkt, auf den es hier allein ankommt. Wären die Kläger die Bauherren geworden und geblieben, so stand ihnen die Disposition über den Bau zu; sie hatten dann mit den Handwerkern und Arbeitern zu kontrahieren und ihnen gegenüber die Verträge zu erfüllen und sie erfüllen zu lassen; sie würden einzuschreiten gehabt haben, wenn sie dem Hugo W. die technische Ausführung des Neubaues für ihre Rechnung übertragen gehabt hätten. Sie nehmen aber, trotzdem sie ein finanzielles Interesse an der Sache als Hypothekgläubiger behalten und der Beklagten als Schuldner verhaftet bleiben mochten, nicht mehr die Stellung zum Baue ein, welche für die Beklagte bei Bewilligung der Baugelder mit bestimmend sein durfte.

Daß der Rücktritt der Beklagten kein frivoler und chikanöser gewesen ist, daß sie wichtige Gründe hatte, weshalb sie sich mit Hugo W. nicht einlassen, seiner Person nicht kreditieren wollte, dafür liegen zwei unbestritten gebliebene Thatsachen vor.

Die Einziehung von 48,65 *M* Gerichtskosten ist schon vor Erhebung der Klage bei Hugo W. auf Schwierigkeiten gestoßen, eine Zwangsvollstreckung in sein Mobiliarvermögen ohne Erfolg geblieben, es haben Mieten mit Beschlag belegt werden müssen. Daß derselbe erst nach den hier in Rede stehenden Verhandlungen in solche Verhältnisse unverschuldet gekommen sei, daß er zu der Zeit, als er der Beklagten gegenüber trat, in weit anderen und sehr viel besseren Vermögens- und Kreditverhältnissen gestanden habe, ist von den Klägern gar nicht geltend gemacht.

Sodann wich Hugo W. in einem sehr erheblichen Punkte von der Bauausführung ab, deren Plan der zwischen den Klägern und der Beklagten getroffenen Verabredung zu Grunde gelegt war, wie das im Thatbestande dieses Urteiles wiedergegeben, im Berufungsurteil festgestellt ist. Daß dazu die Genehmignng der Beklagten eingeholt wäre, ist auch nicht einmal behauptet.

Welches Resultat schließlich die Thätigkeit des Hugo W. gehabt hat, ob und wie der Bau nach dem Rücktritte der Beklagten ausgeführt und vollendet ist, ob der ausgeführte Bau keinen geringeren Wert hat als der geplante und nicht weniger solid ist, als wenn die Kläger Bauherren geworden und geblieben wären, — alles das ist nicht entscheidend. Denn das Interesse der Kläger selbst forderte es, daß die weitere Auszahlung der Baugelder nicht bis dahin sistiert würde, daß der Bau vollendet war. Vielmehr forderten die Kläger von der Beklagten die Fortzahlung der Baugelder, während Hugo W. noch baute. Und weil die Beklagte die Fortzahlung der Baugelder einstellte, darum traten die Kläger vom Vertrage auch selbst zurück, nahmen das Geld, dessen sie bedurften, anderweit auf, und fordern eben dafür Schadensersatz.

Die Beklagte hat aber schon am 22. Mai oder Juni 1890 den Klägern erklärt, daß sie mit Rücksicht auf diese Veränderung in den Personen die Zusage, welche sie den Klägern gemacht habe, nicht aufrecht erhalte. Und sie ist, unmittelbar nachdem die Abweichung von dem ursprünglichen Bauplane konstatiert war, von dem Vertrage zurückgetreten.

Dazu war sie nach § 656 A.L.R. I. 11 berechtigt. Denn gegen die Klage aus dem Darlehnsversprechen kann sich nach dieser Gesetzesvorschrift der Versprecher des Darlehns hauptsächlich mit dem Einwande der veränderten Umstände schützen. Dazu gehören besonders, aber nicht ausschließlich, solche im § 657 angegebenen Veränderungen in den persönlichen oder Vermögensumständen des Borgers, wodurch die persönliche oder dingliche Sicherheit, auf welche der Darleiher bei dem Versprechen Rücksicht genommen hat, geschmälert wird. Wenn nach der besonderen Gestaltung des Vorvertrages, wie bei dem Baugeldervertrage, noch andere Veränderungen in den persönlichen Verhältnissen des Borgers eingetreten sind, auf welche der Darleiher bei Abschluß dieses Vertrages Rücksicht genommen hat und Rücksicht nehmen durfte, ist ihm nach dem Sinne und Geiste dieser gesetzlichen Bestimmungen dieselbe Einrede zu verstatten. Die Kläger haben es sich selbst zuzuschreiben, daß ihnen ein Vertrag nicht gehalten ist, den sie nicht ausgeführt haben, dessen finanzielle Vorteile sie sich vielmehr ohne eigene Ausführung durch sofortige Veräußerung nach dem Abschlusse unter Vorschiebung einer Person zu sichern beeilten, mit der die Beklagte nichts zu thun haben wollte, weil sie mit ihr nicht kontrahiert hatte und niemals kontrahiert haben würde." ...

---

90. Hat der Gläubiger, wenn eine für ihn erfolgte Pfändung der im Gewahrsam des Schuldners belassenen Sachen nicht gehörig ersichtlich gemacht ist, die Sachen in der Zeit, während welcher auf den nachher für unbegründet erklärten Antrag eines Dritten durch Beschluß des Gerichtes die Zwangsvollstreckung eingestellt war, für einen anderen Gläubiger gepfändet und versteigert worden sind, und dieser

Gläubiger den Erlös erhalten hat, einen Anspruch auf Schadensersatz gegen jenen Dritten?

VI. Civilsenat. Urt. v. 22. Juni 1896 i. S. St. (Bekl.) w. W. (Kl.) Rep. VI. 29/96.

I. Landgericht I Berlin.
II. Kammergericht daselbst.

Aus den Gründen:

„Der ... Kläger W. beauftragte am 30. Januar 1890 den Gerichtsvollzieher B., auf Grund einer vollstreckbaren Ausfertigung einer notariellen Urkunde wegen der in derselben bezeichneten Forderung... die Zwangsvollstreckung gegen den Schuldner F. vorzunehmen. Der Gerichtsvollzieher führte an demselben Tage diesen Auftrag aus, pfändete unter anderem verschiedene Pferde, Geschirre, Wagen..., beraumte Verkaufstermin auf den 14. Februar 1890 an, ließ die Sachen aber im Gewahrsam des Schuldners.

Beklagter erhob im Wege der Klage Widerspruch gegen die Zwangsvollstreckung, indem er das Eigentum der vorerwähnten Gegenstände auf Grund eines Kaufvertrages vom 5./16. Januar 1890 in Anspruch nahm. Zugleich erwirkte er, daß das Gericht durch die Beschlüsse vom 4. und 7. Februar 1890 die Einstellung der Zwangsvollstreckung bis zur Entscheidung über die Klage anordnete. Diese ist demnächst durch rechtskräftig gewordenes Urteil vom 20. Juni 1890 abgewiesen, indem der von dem damaligen Beklagten, jetzigem Kläger W. auf Grund des § 3 Ziff. 1 des Gesetzes vom 21. Juli 1879 erhobene Einwand für begründet erachtet wurde. Als darauf die Zwangsvollstreckung fortgesetzt werden sollte, stellte sich heraus, daß die Pfandstücke nicht mehr vorhanden waren. Dieselben waren vielmehr, da Pfändungszeichen an denselben nicht mehr sichtbar gewesen waren, auf Antrag eines anderen Gläubigers des F., Namens Br., im Wege der Zwangsvollstreckung versteigert worden.

Unter der Behauptung, daß Beklagter sich einer unerlaubten und nach § 288 St.G.B. strafbaren Handlung schuldig gemacht habe, und daß Br. und F. vollständig vermögenslos seien, verlangte der Kläger Ersatz des Schadens, welcher ihm dadurch entstanden sei, daß er den bei der Versteigerung der bezeichneten Sachen am 14. Februar 1890 zu erzielenden Erlös ... zur teilweisen Tilgung seiner Forderung gegen F. nicht erhalten habe....

Das Berufungsgericht hat den Beklagten im wesentlichen nach dem Klagantrage verurteilt.... Dasselbe führt aus, daß nach dem Pfändungsprotokolle der Kläger an denjenigen Sachen, bezüglich deren die Zwangsvollstreckung auf den Antrag des Beklagten eingestellt sei, ein Pfandrecht nicht erworben habe, da nach dem Wortlaute dieses Protokolles die Pfändung nur im allgemeinen durch Plakate angedeutet, die Pfändung also nicht der Vorschrift des § 712 Abs. 2 C.P.O. entsprechend gehörig ersichtlich gemacht sei. Es könne indes dahingestellt bleiben, ob die Behauptung des Klägers, daß die Pfändung auch dieser Gegenstände durch Anheftung je eines Plakates ersichtlich gemacht worden, wahr sei. Denn ohne das Dazwischentreten des Beklagten würden auch diese Gegenstände in dem anberaumten Versteigerungstermine vom 14. Februar 1890 verkauft worden sein, und würde der Kläger den Erlös aus denselben zur Befriedigung seiner Forderung in Höhe des Erlöses erhalten haben.

Die Revision greift diese Begründung des Schadensanspruches mit der Behauptung an, daß der Kläger bei einer unwirksamen Pfändung keinen Anspruch auf den Erlös der versteigerten Sachen gehabt haben würde, vielmehr verpflichtet gewesen wäre, denselben, wenn er ihn erhalten hätte, herauszugeben. Dieser Angriff ist begründet.

Nach § 712 C.P.O. ist die Wirksamkeit der Pfändung der im Gewahrsam des Schuldners belassenen beweglichen Sachen davon abhängig, daß dieselbe durch Anlegung von Siegeln oder auf sonstige Weise ersichtlich gemacht ist. Ist dies nicht geschehen, so erwirbt der Gläubiger kein Recht an den betreffenden Sachen, namentlich kein Pfandrecht. Die Pfändung und Versteigerung dieser Sachen auf Antrag eines anderen Gläubigers enthält daher keinen Eingriff in seine Rechtssphäre, verursacht ihm also auch keinen Schaden. Denn sein Vermögen ist durch eine anderweite Versteigerung von Sachen, an denen er kein Recht hatte, nicht verschlimmert worden (A.L.R. I. 6 § 1)....

Eine unwirksame Pfändung wird auch dadurch nicht gültig, daß der Gerichtsvollzieher die vermeintlich gepfändeten Sachen versteigert. Dafür aber, daß derselbe die Sachen vor der Versteigerung nochmals ordnungsmäßig gepfändet haben würde, fehlt es an jedem Anhalte.

Der Kläger würde also durch die Versteigerung kein Recht auf den Erlös erworben haben.

Vgl. Entsch. des R.G.'s in Civils. Bd. 32 S. 420.

Der Erlös durfte ihm deshalb, wenn der Gerichtsvollzieher die nicht gehörig gepfändeten Sachen unbefugterweise versteigert hätte, nicht ausgezahlt werden, und er ist dadurch, daß dies infolge einer auf Antrag eines anderen Gläubigers vorgenommenen Versteigerung nicht geschehen ist, in seinen Rechten nicht beeinträchtigt worden." ...

---

91. Ist der Rechtsweg zulässig für die Klage eines Eingepfarrten, der als Fideikommißbesitzer gleichzeitig Kirchenpatron ist, gegen die Kirchengemeinde behufs Feststellung, daß die Kirchengemeinde nicht berechtigt sei, ihrer Veranlagung zu einer von ihr auf die Eingepfarrten ausgeschriebenen Umlage die Steuer zu Grunde zu legen, die der Kläger als Besitzer des Fideikommisses entrichte?

Gesetz über die Aufhebung von Stolgebühren für Taufen, Trauungen und kirchliche Aufgebote in der evangelischen Landeskirche der älteren Provinzen der Monarchie vom 3. September 1892 Art. 3.

Gesetz über die Erweiterung des Rechtsweges vom 24. Mai 1861 §§ 9. 10. 15.

A.L.R. II. 14 §§ 79. 80.

IV. Civilsenat. Urt. v. 8. Juni 1896 i. S. R. (Kl.) w. Kirchengemeinde D. (Bekl.) Rep. IV. 11/96.

I. Landgericht Glatz.
II. Oberlandesgericht Breslau.

Die Beklagte hat zur Aufbringung der Ablösungsrente für Stolgebühren, welche sie infolge des Kirchengesetzes vom 28. Juli 1892, bestätigt durch Staatsgesetz vom 3. September 1892, an ihre Kirchenbeamten zu zahlen hat, gemäß §§ 22. 31 der Kirchengemeinde- und Synodalordnung vom 10. September 1873 eine Umlage unter den Eingepfarrten ausgeschrieben und bei deren Verteilung auch den

Kläger, der als Besitzer der Fideikommißherrschaft K. Patron der evangelischen Kirche zu D. ist, zu Beiträgen für die Zeit vom 1. Oktober 1892 bis zum 31. März 1894 in Höhe von 62,67 ℳ herangezogen. Demgegenüber begehrt der Kläger im jetzigen Rechtsstreite die Feststellung, daß die Beklagte nicht berechtigt sei, seiner Veranlagung zu der gedachten Umlage die Steuern, die er als Besitzer der Fideikommißherrschaft K. und als Nutznießer des auf dieser fundierten Einkommens entrichte, zu Grunde zu legen. Die Beklagte hat die prozeßhindernde Einrede der Unzulässigkeit des Rechtsweges erhoben. Die Einrede ist von den Vorinstanzen für durchgreifend erachtet und die von dem Kläger noch eingelegte Revision vom Reichsgerichte zurückgewiesen worden.

Gründe:

„Die Umlage, zu welcher der Kläger herangezogen ist, betrifft Beiträge, welche auf Grund der §§ 3 flg. 11 des Kirchengesetzes vom 28. Juli 1892 und des Art. 3 des Staatsgesetzes vom 3. September 1892 behufs Aufbringung der den Kirchenbeamten für Aufhebung von Stolgebühren zu gewährenden Entschädigung alljährlich gegen die beklagte Kirchengemeinde, mithin gegen die Gesamtheit ihrer Eingepfarrten,

vgl. Entsch. des R.G.'s in Civils. Bd. 17 S. 194,

durch Beschlüsse ihrer Vertretungskörper ausgeschrieben und von der staatlichen Aufsichtsbehörde für vollstreckbar erklärt werden (§ 31 Ziff. 6 der Kirchengemeinde- und Synodalordnung vom 10. September 1873). Danach handelt es sich um Leistungen, die auf einer allgemeinen gesetzlichen Verbindlichkeit, bezw. auf einer von der Staatsaufsichtsbehörde gemäß gesetzlicher Bestimmung für exekutorisch erklärten Umlage beruhen. In Bezug auf solche Leistungen ist nach § 15 des Gesetzes vom 24. Mai 1861 das rechtliche Gehör nur insoweit, wie bei öffentlichen Abgaben, gestattet. Bei den letzteren findet der Rechtsweg nur nach Maßgabe des § 79 A.L.R. II. 14 und der §§ 9. 10 des Gesetzes vom 24. Mai 1861 statt. Gegenüber der hier fraglichen Umlage ist aber vom Kläger keiner dieser Ausnahmefälle geltend gemacht. Derselbe behauptet keineswegs, daß er zu den Eingepfarrten überhaupt nicht gehöre; vielmehr will er zu der Umlage nur nicht nach Maßgabe der Steuern, die er als Nutznießer der mit dem Patronate über die evangelische Kirche zu D. behafteten Fideikommißherrschaft K. entrichtet, herangezogen werden. Dies betrifft indes keine Frage, über welche die vorgedachten Bestimmungen den Rechtsweg offen lassen. Die Behauptung einer Prägravation (§§ 79. 80. 9 A.L.R. II. 14) ist darin nicht zu finden, abgesehen davon, daß für eine solche nur bei einem Rechtsstreite unter den Kontribuenten, der hier nicht vorliegt, der Rechtsweg Platz greifen würde (§ 9 a. a. O.). Die Bezugnahme der Revision auf die Vorschrift des § 31 Ziff. 6 der Kirchengemeinde- und Synodalordnung vom 10. September 1873 und auf das Urteil des Reichsgerichtes,

vgl. Entsch. des R.G.'s in Civils. Bd. 2 S. 247,

ist ohne Bedeutung, weil es sich bei der ersteren nur um Bestimmung eines der Fälle, in denen der Gemeindekirchenrat der beschließenden Mitwirkung der kirchlichen Gemeindevertretung bedarf, bei dem letzteren um einen von dem vorliegenden ganz verschiedenen Rechtsfall, nämlich um die Ausschließung des Rechtsweges in betreff der gutsherrlichen Verpflichtung, zur Unterhaltung einer Schule beizutragen, handelt." ...

---

92. Einwand der Verzeihung des geltend gemachten Ehescheidungsgrundes. Replik, daß die Verzeihung nicht ernstlich gemeint gewesen sei.

A.L.R. II. 1 § 720, I. 4 § 55.

IV. Civilsenat. Urt. v. 18. Juni 1896 i. S. R. (Kl.) w. R. (Bekl.) Rep. IV. 28/96.

I. Landgericht Danzig.
II. Oberlandesgericht Marienwerder.

Auf die Klage der Ehefrau hat das Landgericht die Ehe der Parteien geschieden und den Ehemann für den schuldigen Teil erklärt. Infolge der Berufung des Beklagten ist vom Oberlandesgerichte abändernd die Endentscheidung von der Leistung eines der Klägerin auferlegten Eides abhängig gemacht.

Dem mit der Revision gestellten Antrage des Beklagten auf unbedingte Abweisung der Klage hat das Reichsgericht stattgegeben aus folgenden

Gründen:

„Die Klage ist auf die Behauptung gestützt, daß der Beklagte in der Nacht zum 3. Januar 1895 die Klägerin durch Faustschläge ins Gesicht und durch Ausreißen von Haaren mißhandelt habe. Das Berufungsgericht hat die Mißhandlung auf Grund des Beweisergebnisses für festgestellt erachtet und in derselben eine gesundheitsgefährliche Mißhandlung im Sinne des § 699 A.L.R. II. 1 erblickt. Diese Annahme giebt zu Bedenken keinen Anlaß.

Vom Beklagten ist eingewendet, die Klägerin habe ihm die Mißhandlung am 6. Januar 1895 ausdrücklich verziehen. Der Hergang ist nach seiner, von der Klägerin zugestandenen Behauptung derartig gewesen, daß die Klägerin zum Beklagten geäußert hat: sie müßten sich, um weiterhin glücklich zu leben, beide ändern, indem er nicht soviel trinken und sie nicht so heftig sein dürfe; sie hätten beide Schuld und wollten sich wieder vertragen und alles bisher Geschehene vergessen, daß sie weinend ihn geküßt und nochmals gebeten hat, es möge nichts Unangenehmes wieder vorkommen, daß er ihr dies zugesichert, und daß sie demnächst aus freien Stücken in sein Bett gekommen ist, und er auf ihre Bitte den Beischlaf mit ihr vollzogen hat. Das Berufungsgericht sieht danach den Hergang für festgestellt an und hält dafür, daß in demselben eine rechtswirksame Verzeihung (§ 720 A.L.R. II. 1) liegen würde. Auch diese Erwägung ist rechtlich nicht zu beanstanden.

Seitens der Klägerin ist jedoch geltend gemacht, es habe ihr bei dem Vorfalle die ernstliche Absicht der Aussöhnung gefehlt, indem sie nur aus Furcht vor weiteren Mißhandlungen, wie um sich das (am 7. Januar 1895 ausgeführte) Fortgehen vom Beklagten zu sichern, in der angegebenen Weise gehandelt habe. Dem entgegen hat der Beklagte über die Ernstlichkeit der Verzeihung der Klägerin den Eid zugeschoben, den diese angenommen hat. Vom Berufungsgerichte ist erwogen, daß nach den äußeren Handlungen der Klägerin der Beklagte die Aussöhnung als erfolgt habe ansehen können und müssen, daß aber die Frage, ob solche Handlungen ernstlich gemeint seien, ein inneres Moment betreffe und als solche sich der Beurteilung durch andere entziehe, und daß es deshalb vorliegend beim Mangel sonstiger

Beweismittel auf den über den streitigen Seelenvorgang zugeschobenen Eid ankomme.

Diese Ausführung ist von der Revision mit Grund bekämpft.

Nach § 55 A.L.R. I. 4 ist der Erklärende mit dem Vorgeben, daß die Erklärung bloß zum Scheine erfolgt sei, nur dann zu hören, wenn die Richtigkeit des Vorgebens aus den Umständen klar erhellt, das heißt, wenn die Nichternstlichkeit für denjenigen, gegen den die Erklärung abgegeben worden, äußerlich erkennbar gewesen ist. Ein von der äußeren Erklärung abweichender innerer Wille des Erklärenden, der keinen erkennbaren Ausdruck gefunden hat, muß daher als bloße Mentalreservation ohne rechtliche Beachtung bleiben.

Vgl. Entsch. des R.G.'s in Civils. Bd. 11 S. 287; Gruchot, Beiträge Bd. 35 S. 397, Bd. 37 S. 972.

Im jetzigen Rechtsfalle führt das Berufungsgericht selbst aus, der Beklagte habe nach den äußeren Handlungen der Klägerin mit Bezug auf den Aussöhnungshergang vom 6. Januar 1895 annehmen dürfen und müssen, daß die Aussöhnung ernstlich erfolgt sei, und es stellt nicht fest, daß Umstände vorlägen, aus denen der Beklagte einen auf Nichternstlichkeit der Verzeihung gerichteten Willen der Klägerin hätte erkennen können. Bei dieser Sachlage hatte die Behauptung der Klägerin, daß sie nur aus Furcht vor weiteren Mißhandlungen des Beklagten und zur Sicherung ihres Fortgehens in geschehener Weise gehandelt habe, keinen Anspruch auf Berücksichtigung. Und dies umsoweniger, als ihr Verhalten, falls sie dem Ehemanne nur zum Scheine die Verzeihung gewährt hätte, auf eine Täuschung desselben hinauslaufen und daher wider das sittliche Fundament der Ehe verstoßen würde.

Danach muß das Berufungsurteil aufgehoben werden. In der Sache selbst aber kommt es auf den vom Berufungsgerichte erkannten Eid nicht an. Vielmehr greift der Einwand der Verzeihung durch, und dies führt in Abänderung des ersten Urteiles zur kostenpflichtigen Abweisung der Klägerin."

93. Inwieweit sind die von dem Haupte einer standesherrlichen Familie über die Vorrechte der Familie und ihrer Mitglieder ohne deren Beitritt errichteten Verträge für diese rechtsverbindend?

IV. Civilsenat. Urt. v. 11. Mai 1896 i. S. Herzog v. A. (Kl.) w. preuß. Fiskus (Bekl.). Rep. IV. 403/95.

I. Landgericht Münster i. W.
II. Oberlandesgericht Hamm.

Der Herzog Engelbert v. A. hat als Haupt des vormals reichsunmittelbaren reichsständischen Hauses A. und als zeitiger Besitzer der Standesherrschaft R. in Westfalen auf Grund der zur Ausführung des Art. 14 der deutschen Bundesakte ergangenen Verordnung vom 21. Juni 1815 (G.S. S. 105) und der Instruktion vom 30. Mai 1820 (G.S. S. 81) gegen den preußischen Fiskus das Recht auf Befreiung von ordentlichen Personalsteuern in Anspruch genommen. Der beklagte Fiskus hat eingewendet: der Vorgänger des Klägers, der Herzog Prosper Ludwig v. A., habe in einem mit der Königlichen Staatsregierung geschlossenen Vertrage vom 29. November 1824 für sich und seine Nachfolger auf die standesherrliche Steuerfreiheit gegen eine jährliche Abfindungssumme von 13500 Thalern Verzicht geleistet, und dieser Verzicht sei auch für den Kläger rechtsverbindend. Die Instanzrichter haben den Einwand für durchgreifend erachtet und die Klage abgewiesen. Das Reichsgericht hat die Revision des Klägers gegen das Berufungsurteil verworfen.

Aus den Gründen:

... „Der Berufungsrichter hat erwogen, ob der Vertrag vom 29. November 1824 den Kläger verbinde, obgleich derselbe ohne seinen Beitritt von dem Herzoge Prosper Ludwig v. A. allein geschlossen sei. Die Frage ist bejahend entschieden worden, indem ausgeführt ist: es seien zwar besondere Familienverordnungen oder Hausgesetze des Herzoglichen Hauses A. nicht bekannt, sodaß auf das deutsche Privatfürstenrecht zurückzugreifen sei, und danach bedürfe ein Vertrag der vorliegenden Art zu seiner Rechtswirksamkeit für die Familie der Zustimmung des vorhandenen ebenbürtigen Mannesstammes, also aller zur Zeit des Vertragsschlusses lebender Agnaten, an welchem Erfordernisse es hier fehle; dagegen sei unter den Parteien unstreitig, daß der Kläger Miterbe des Herzogs Prosper Ludwig v. A. geworden sei; als solcher sei er aber an den von dem letzteren geschlossenen Vertrag gebunden, und zwar umsomehr, als er von dem anderen Kontrahenten die in dem Vertrage versprochene Staatsrente von 40500 ℳ (13500 Thalern) jährlich angenommen habe. Dieser Annahme ist in ihrem Endergebnisse beizutreten. Daß die von dem Haupte einer standesherrlichen Familie über die Privilegien der Familie und ihrer Mitglieder ohne deren Beitritt errichteten Verträge für diese nicht rechtsverbindlich sind, ist von der Rechtslehre und auch von der Rechtssprechung,

vgl. die Urteile des Reichsgerichtes in den Streitsachen von Mitgliedern des vormals reichsunmittelbaren reichsständischen Hauses v. Cr. wider den preußischen Steuerfiskus Rep. IV. 96/87 und Rep. IV. 123/88 vom 22. September 1887 und 20. September 1888, Entsch. des R.G.'s in Civils. Bd. 22 S. 246,

anerkannt. Dieser Rechtssatz findet jedoch im gegebenen Falle auf den Kläger keine Anwendung. Hierbei kann es unerörtert bleiben, welche rechtliche Wirkung dem Umstande beizulegen ist, daß der Kläger Erbe des Herzogs Prosper Ludwig v. A., des unmittelbaren Kontrahenten, geworden ist. Entscheidend ist, daß der Kläger in den Vertrag, den der Herzog Prosper Ludwig v. A. ausdrücklich für sich und seine Nachfolger geschlossen hat, eingetreten ist, indem er seit dem Übergange der Standesherrlichkeit auf ihn die durch den Vertrag dem Standesherrn als Gegenleistung für den Verzicht auf die näher bezeichneten standesherrlichen Vorrechte zugesicherte jährliche Abfindung von dem beklagten Fiskus als dem Gegenkontrahenten angenommen hat. Damit hat er den Vertrag als auch ihn verbindend in rechtswirksamer Weise anerkannt." . . .

---

94. Wann ist durch Cession eine Hypothek gegen Entgelt erworben?

Eig.-Erw.-Ges. vom 5. Mai 1872 § 38 Abs. 2.

V. Civilsenat. Urt. v. 11. Juli 1896 i. S. P. (Bekl.) w. A. (Kl.) Rep. V. 43/96.

I. Landgericht Lyck.
II. Oberlandesgericht Königsberg i. Pr.

Als das Grundstück R. Nr. 7 im Jahre 1894 zur Zwangsversteigerung kam, waren auf demselben hinter der Post Nr. 11 von 15000 *M* eingetragen unter Nr. 12 für den Beklagten eine Darlehnshypothek von 3000 *M* und unter Nr. 14 für jeden der drei Kläger zu 2 ein Erbteil von 600 *M*, und zwar, weil unter demselben Datum eingetragen, zu gleichem Rechte mit dem in Abt. II unter Nr. 13 eingetragenen Ausgedinge der Kläger zu 1. Bei der Kaufgelderverteilung ist die Hypothek Nr. 12 des Beklagten mit 2853,77 *M* zur Hebung gelangt, die Kläger sind ausgefallen. Da letztere der Auszahlung an den Beklagten widersprochen haben, ist der Betrag von 2853,77 *M* hinterlegt. Auf diesen machen beide Teile Anspruch; jeder von ihnen hat (mit Klage bezw. Widerklage) beantragt, den Gegner zur Bewilligung der Auszahlung an ihn zu verurteilen. Der erste Richter hat die Klage abgewiesen und die Kläger klagegemäß verurteilt. Das Berufungsgericht hat auf die Berufung der Kläger die hinterlegte Streitmasse den Klägern zugesprochen und die Widerklage abgewiesen. Die Revision des Beklagten ist zurückgewiesen worden aus folgenden

Gründen:

„Unstreitig liegt der Darlehnshypothek Nr. 12 des Beklagten ein Darlehn oder ein sonstiger persönlicher Anspruch nicht zu Grunde, da die Kläger zu 1, die Besteller der Hypothek, niemals die Darlehnsvaluta durch Zahlung oder Verrechnung oder in anderer zulässiger Weise erhalten haben, auch weder auf ihre Anweisung noch mit ihrer Einwilligung die Darlehnsvaluta durch Zahlung an einen Dritten berichtigt ist. Die Hypothek Nr. 12 ist daher wirkungslos und steht der Befriedigung der Kläger als der nacheingetragenen Gläubiger nicht im Wege, wenn der Beklagte als Cessionar der Hypothek Nr. 12 deren Wirkungslosigkeit sich entgegensetzen lassen muß. Von den Voraussetzungen des § 38 Abs. 2 Eig.-Erw.-Ges., unter welchen gegen den Cessionar einer Hypothek Einreden gegen das persönliche Schuldverhältnis zulässig sind, kommt nur der Erwerb der Hypothek gegen Entgelt in Betracht.

Die Geschwister G. waren als Gläubiger der Scheinhypothek Nr. 12 eingetragen. Deren Vormünder haben die Hypothek dem Beklagten abgetreten, ohne daß von letzterem ihnen oder ihren Mündeln irgend welche Valuta für die Abtretung gegeben ist. Daß etwa die

Vormünder gemäß § 63 Eig.=Erw.=Ges. auf Wunsch des A. P., nachdem von ihm als Eigentümer des Pfandgrundstückes die Hypothek getilgt worden, die Cession an den Beklagten erklärt hätten, dafür fehlt jeder Anhalt. Dagegen darf zu Gunsten des Beklagten angenommen werden, daß er zu einer Zeit, als sein Sohn A. das Pfandgrundstück Nr. 7 von den Klägern zu 1 gekauft hatte, seinem Sohne ein Darlehn unter der Bedingung zugesagt hat, damit unmittelbar hinter der Hypothek Nr. 11 eingetragen zu werden, daß er demselben mehr als 3000 ℳ gezahlt und sich als Erfüllung der gestellten Bedingung die Hypothek Nr. 12 hat abtreten lassen. Die Vorderrichter sind uneins darüber, ob der Beklagte in dieser Weise die Hypothek gegen Entgelt oder unentgeltlich erworben hat. Das Landgericht hat die erste Alternative bejaht, indem es für ausreichend hält, daß Beklagter 3000 ℳ hingegeben habe, um die Hypothek zu erwerben, wenn auch nicht an die abtretenden Gläubiger, daß der Erwerb der Hypothek durch eine entsprechende Vermögensminderung des Erwerbers aufgewogen werde. Das Berufungsgericht hat sich für die zweite Alternative entschieden, indem es einen Erwerb gegen Entgelt nur da annimmt, wo durch die Valutazahlung nicht nur eine Vermögensminderung auf seiten des Erwerbers eingetreten ist, sondern wo dieser eine entsprechende Vermögensvermehrung auf seiten des Abtretenden gegenübersteht. Das Reichsgericht hat sich über diese Frage bisher nicht ausgesprochen. In den meisten Entscheidungen handelte es sich darum, ob in der Erlangung eines Pfandrechtes an der Hypothek durch Verpfändung oder Pfändung ein Erwerb gegen Entgelt zu finden sei.

Vgl. Entsch. des R.G.'s in Civils. Bd. 2 S. 258, Bd. 10 S. 251, Bd. 29 S. 244; Preuß. Just.=Min.=Bl. 1891 S. 51; Rassow u. Küntzel, Beiträge Bd. 28 S. 1105.

Davon ist hier abzusehen. In den Entscheidungen, in welchen die Frage des entgeltlichen Erwerbes bei der Cession einer Hypothek erörtert worden, ist die Zahlung der Cessionsvaluta an einen bei der Cession nicht beteiligten Dritten nicht einmal gestreift.[1] Auch in der

[1] In dem Rechtsstreite Rep. III. 341/85 (Bolze, Bd. 3 Nr. 136) ist ein Entgelt in der dem Cedenten vom Cessionar versprochenen Kreditgewährung an den Schuldner der Hypothek gefunden. In dem Falle Rep. V. 106/92 (Jurist. Wochenschr. 1892 S. 434 Nr. 32) diente die Cession nur dazu, dem Cessionar die Realisierung

Litteratur ist die gerade hier interessierende Frage nicht behandelt. Sollte der Wortlaut des § 38 Abs. 2 Eig.-Erw.-Ges. „einem Dritten, welcher ein Recht auf die Hypothek gegen Entgelt erworben hat", noch einen Zweifel darüber lassen, daß im Falle der freiwilligen Cession der Cessionsvertrag ein lästiger sein muß, daß also gegen die Cession dem Cedenten vom Cessionar eine Gegenleistung zu gewähren ist, um eine Cession gegen Entgelt darzustellen: so wird jeder Zweifel beseitigt durch die Bestimmung des § 423 A.L.R. I. 20, welche im § 38 Abs. 2 nicht geändert, sondern beibehalten werden sollte.

Vgl. Kommissionsbericht des Abgeordnetenhauses zu § 36 des Entwurfes des Eigentumserwerbsgesetzes; Werner, Materialien Bd. 2 S. 114.

Dort heißt es: „Insofern ein Dritter auf eine solche Forderung, nach deren Eintragung, ein Recht durch einen lästigen Vertrag erworben hat, kann der Schuldner gegen diesen Dritten von solchen Einwendungen, die er demselben vorher nicht kundgethan hat, keinen Gebrauch machen." Nach § 7 A.L.R. I. 5 aber wird, „wenn beide Teile gegenseitige Verbindlichkeiten übernehmen, solches ein lästiger Vertrag genannt". Das Reichsgericht trägt kein Bedenken, den Satz auszusprechen: Ist die Abtretung einer Hypothek durch ein Rechtsgeschäft zwischen dem Gläubiger und dem Erwerber bewirkt, so liegt darin ein Erwerb gegen Entgelt nur dann, wenn der Cessionar sich dem Cedenten zu einer Vermögensgegenleistung gegen die Cession verpflichtet hat, sei es daß er die Gegenleistung dem Cedenten selbst oder einem Dritten gewähren soll. An dieser Voraussetzung fehlt es, wenn, wie in dem zur Entscheidung stehenden Falle, der Cessionar einem Dritten — nicht dem Inhaber der Hypothek — ein Darlehn unter der Bedingung gegeben hat, daß ihm Sicherheit dafür an der Stelle verschafft werden müsse, welche die ihm später cedierte Hypothek im Grundbuche einnimmt, und wenn ihm diese Hypothek von deren Gläubiger — der der Meinung ist, löschungsfähige Quittung auszustellen, oder nicht versteht, um was es sich handelt — ohne

des an der Hypothek bereits erworbenen Pfandrechtes zu ermöglichen. In dem Urteile Rep. V. 131/93 (Jurist. Wochenschr. 1893 S. 512 Nr. 46) ist entschieden, daß der Erwerb kein unentgeltlicher sei, wenn der Cessionar die Hypothek unter der Verabredung erworben hat, sich daraus für die ihm an den Cedenten zustehende Forderung bezahlt zu machen.

Gegenleistung cediert wird. Der Cessionar hat allerdings etwas gegeben; aber dies stellt nicht eine Gegenleistung gegen die Cession dar, da es nicht dem Cedenten, sondern einem Dritten, bei der Cession nicht Beteiligten, zu leisten war und geleistet ist. Der Beklagte hat somit durch die ihm von den Vormündern der Geschwister G. erteilte Cession kein Recht gegen Entgelt auf die Hypothek Nr. 12 erworben. Er muß sich also die Einrede entgegenstellen lassen, daß die Hypothek wegen Mangels gezahlter Valuta wirkungslos ist." ...

---

95. Ist der Pächter eines Landgutes ohne Einwilligung des Verpächters befugt, solche Teile des Pachtgutes anderen zum Gebrauche gegen Entgelt zu überlassen, welche nach der Beschaffenheit des Gutes durch Weitervermietung bezw. Weiterverpachtung zu nutzen sind und auch nach dem Willen der Vertragschließenden bei Abschluß des Pachtvertrages in dieser Weise genutzt werden sollen?

A.L.R. I. 21 §§ 270. 271. 313.

VI. Civilsenat. Urt. v. 6. Juli 1896 i. S. H. u. Gen. (Bekl.) w. B. (Kl.) Rep. VI. 95/96.

I. Landgericht II Berlin.
II. Kammergericht daselbst.

Durch Vertrag vom 25. Februar 1893 verpachtete die mitbeklagte Ehefrau H., damals Mutter und Vormünderin ihres minderjährigen Kindes E., das ihr und ihrem Kinde gehörige Landgut Klein-Sch. an K. für den Preis von 2000 ℳ für die Zeit vom 1. April 1893 bis 1. April 1903. Mit Genehmigung der Vertragschließenden ist der Kläger an Stelle des ursprünglichen Pächters in alle Rechte und Pflichten desselben aus dem Pachtvertrage am 5. Juli 1893 eingetreten. Der Kläger ist nun der Ansicht, daß er nach dem Pachtvertrage berechtigt sei, auch gegen den Willen der Verpächter eine der zwei Wohnungen, welche in dem auf dem Pachtgute befindlichen Wohnhause vorhanden sind, sowie auch die vier vorhandenen Pferdeboxen zu vermieten. Unter der Behauptung, daß er die gedachten Realitäten vom 1. Juli 1895 ab vermieten wolle, die Beklagten ihm dies aber untersagt haben, hat er beantragt, die Beklagten zur Anerkennung seines Rechtes, die erwähnten Realitäten auf ein Jahr vom 1. Juli 1895 ab vermieten zu dürfen, zu verurteilen. Beklagte haben Abweisung der Klage, und widerklagend beantragt, den Kläger zu verurteilen, anzuerkennen, daß ihm das Recht zur Weitervermietung nicht zustehe.

In beiden Instanzen ist nach dem Klagantrage erkannt und die Widerklage abgewiesen. Die Revision der Beklagten ist zurückgewiesen worden.

Aus den Gründen:

„Nach den §§ 270. 271 A.L.R. I. 21 erlangt der Pächter durch den Pachtvertrag die gewöhnliche Nutzung der Sache, darf sich dagegen außerordentliche oder solche Nutzungen, welche mit einer Verringerung der Substanz verbunden sind, nur dann anmaßen, wenn ihm dieselben ausdrücklich überlassen sind. Nähere Bestimmungen darüber, welche Nutzungen zu den gewöhnlichen, und welche zu den außerordentlichen zu rechnen sind, enthält das Gesetz nicht. Es ist deshalb unter Berücksichtigung der thatsächlichen Verhältnisse im einzelnen Falle zu prüfen, worin die gewöhnliche Nutzung der gepachteten Sache besteht. Es ist nun keineswegs ausgeschlossen, daß dieselbe ganz oder teilweise dadurch genutzt worden ist und genutzt werden soll, daß Teile derselben zeitweise anderen Personen gegen Entgelt zum Gebrauche überlassen werden. Trifft dies zu, so steht nach § 270 a. a. O. auch dem Pächter eine derartige Nutzung zu. So ist es nicht zweifelhaft, daß derjenige, welcher ein Hotel als solches mietet oder pachtet, nach der Beschaffenheit der vermieteten bezw. verpachteten Sache und dem Willen der Vertragschließenden befugt ist, Räume desselben anderen gegen Entgelt zu überlassen. Das Berufungsgericht stellt nun fest, daß die Parteien bei Abschluß des Pachtvertrages davon ausgegangen sind, Kläger könne und solle vermieten. Die mitverklagte Ehefrau selbst habe ihm gesagt, der Pachtzins könne aus der Landwirtschaft allein nicht herausgeschlagen werden, Kläger müsse an Sommergäste vermieten. Auch habe sie ihm den von ihr erzielten Mietzins genannt. Das Haus sei zum Vermieten eingerichtet und zum Teil auch von ihr an Sommergäste vermietet worden. Für die zur Bewirtschaftung des Gutes notwendigen Pferde seien besondere Ställe vorhanden. Die Pferdeboxen seien zum Vermieten bestimmt und von dem Erblasser der Beklagten vermietet worden. Es könne hiernach, führt das Berufungsgericht weiter aus, kein Zweifel sein, daß, da das Wohnhaus mehr als den zur Bewirtschaftung erforderlichen Raum enthalte und außer den Pferdeboxen besondere Ställe für die zur Bewirtschaftung des Gutes notwendigen Pferde vorhanden seien, die ganze wirtschaftliche Ausnutzung des verpachteten Gutes mit auf der entgeltlichen Überlassung der fraglichen Räume beruht, diese Überlassung als ein Zweig der wirtschaftlichen Nutzung aufzufassen sei.

Nach diesen thatsächlichen und nicht zu beanstandenden Feststellungen gehörte zu der gewöhnlichen Nutzung des dem Kläger von den Beklagten verpachteten Gutes nach der Beschaffenheit desselben und auch nach dem Willen der Parteien unter anderem die entgeltliche Aufnahme von Fremden in das zu dem Gute gehörige Wohnhaus und die Vermietung der Pferdeboxen, und war das Gut auch vor der Verpachtung in dieser Weise genutzt worden. Der Kläger als Pächter ist daher nach § 270 a. a. O. befugt, das gepachtete Gut in derselben Weise zu nutzen." ...

---

96. 1. Was ist unter „Verschlechterung des Grundstückes" in § 50 Eig.-Erw.-Ges. zu verstehen? Fällt darunter auch die Unterlassung der Weiterversicherung der Gebäude ꝛc gegen Feuer?

2. Muß der Gläubiger, der wegen der Unterlassung der Weiterversicherung der Gebäude ꝛc Sicherungsmaßregeln beantragt, nachweisen oder glaubhaft machen, daß zur Zeit der Hypothekbestellung die Gebäude ꝛc gegen Feuer versichert gewesen seien?

3. Wann ist die Verschlechterung des Grundstückes als erheblich anzusehen?

4. Steht dem Schuldner zur Abwendung von Sicherungsmaßregeln der Einwand zu, daß ihm die Weiterversicherung der Gebäude ꝛc ohne sein Verschulden unmöglich gewesen sei?

Feriensenat. Urt. v. 28. Juli 1896 i. S. M. S. (Bekl.) w. G. S. u. Gen. (Kl.) Rep. V. 206/96.

I. Landgericht Konitz.
II. Oberlandesgericht Marienwerder.

Aus den Gründen:

„Die mit ihrem Ehemanne in getrennten Gütern lebende Beklagte besitzt das Gut M., das sie durch den Vertrag vom 20. April 1895 von dem Mitkläger S. für 420000 ℳ gekauft und am 4. Mai 1895 aufgelassen erhalten hat. Auf den Antrag der drei Kläger als Hypothekengläubiger ist durch die einstweiligen Verfügungen des Landgerichtes Konitz vom 21. und 23. Januar 1896 wegen Gefährdung der Sicherheit der Gläubiger die Zwangsverwaltung des Gutes angeordnet. Die Beklagte erhob Widerspruch; das Landgericht hat jedoch auf Bestätigung der einstweiligen Verfügungen erkannt, und das Oberlandesgericht hat in dem jetzt mit der Revision angefochtenen Urteile die Berufung der Beklagten zurückgewiesen.

Das Berufungsurteil beruht darauf, daß die Beklagte die Versicherung der Gebäude, des Inventars und der Vorräte unterlassen hat, nachdem der vom Vorbesitzer der Beklagten mit der Schlesischen Feuerversicherungsgesellschaft abgeschlossene, bis zum 12. September 1899 laufende Versicherungsvertrag von der Gesellschaft zum 12. September 1895 wegen des eingetretenen Besitzwechsels aufgekündigt war. Das Berufungsgericht findet darin eine Verschlechterung des Grundstückes, die nach § 50 Eig.-Erw.-Ges. die Hypothekengläubiger zur Beantragung von Sicherungsmaßregeln bei dem Prozeßrichter berechtigt habe. Die Erheblichkeit der Verschlechterung und zugleich die Gefährdung der Sicherheit der Gläubiger wird daraus hergeleitet, daß infolge der Nichtversicherung bei einer Vernichtung der Gebäude, des Inventars und der Vorräte durch Brand der noch verbleibende Wert des Grundes und Bodens die Forderungen der drei Kläger voraussichtlich nicht decken würde. Es wird festgestellt, daß die Beklagte nach Aufhebung des Vertrages mit der Schlesischen Feuerversicherungsgesellschaft eine anderweite Versicherung in der Zeit vom 12. September 1895 bis zur Einleitung der Zwangsverwaltung trotz ihres angeblichen Bemühens nicht habe erlangen können, und daß dies, wie auch die Aufhebung jenes Vertrages durch die Schlesische Feuerversicherungsgesellschaft, lediglich in den Personen der Beklagten und ihres Ehemannes seinen Grund habe. Solange dieselben sich auf dem Gute befunden hätten, sei auch nach Einleitung der Zwangsverwaltung eine Versicherung der Gebäude ꝛc nicht zu erreichen gewesen; gegenwärtig stehe, da die Eheleute S. inzwischen vom Gute entfernt worden seien, einer Versicherung durch den Verwalter ein Hindernis nicht mehr entgegen. Die Zwangsverwaltung sei danach das geeignete und notwendige Sicherungsmittel gewesen.

Die Angriffe der Revision können keinen Erfolg haben.

Die Revision macht zunächst geltend, eine Verschlechterung des Grundstückes liege nicht vor, weil der bewegliche Beilaß kein Bestandteil des Grundstückes sei, und weil, davon abgesehen, sich durch die Nichtversicherung der Gebäude ꝛc in Bezug auf den räumlichen Umfang des Grundstückes und auf dessen Wert nichts verändert habe. Dies ist unrichtig. Unter dem „Grundstücke" versteht der § 50 Eig.-Erw.-Ges. nicht bloß den Grund und Boden, sondern das Pfandobjekt in dem Umfange, in welchem es nach §§ 30 flg. daselbst den Hypothekengläubigern haftet.

Vgl. Entsch. des Obertribunals Bd. 76 S. 121; Motive zum ersten Entwurfe des bürgerlichen Gesetzbuches Bd. 3 S. 668. 669.

Dazu gehören neben dem beweglichen Zubehör unter anderem auch „die dem Eigentümer zufallenden Versicherungsgelder für Früchte, bewegliches Zubehör und abgebrannte oder durch Brand beschädigte Gebäude, wenn diese Gelder nicht statutenmäßig zur Wiederherstellung der Gebäude verwendet werden müssen". Der Gläubiger hat also ein Recht darauf, daß die Versicherungsgelder entweder zur Wiederherstellung der durch den Brand geschmälerten Sicherheit oder zu seiner Befriedigung verwendet werden. Mitverhaftet ist ihm danach die Forderung auf die Versicherungsgelder.

Vgl. § 1110 des Entwurfes zum bürgerlichen Gesetzbuche.

Wird die Versicherung aufgehoben, so verringert und verschlechtert sich dadurch das Pfandobjekt; mindestens muß dies für den hier vorliegenden Fall der Aufhebung des Versicherungsvertrages vor Ablauf desselben, also vor dem Zeitpunkte, bis wohin die Gläubiger sich gegen Brandschaden gesichert glauben konnten, angenommen werden. Unerheblich ist es, daß die Versicherungsgelder dem Gläubiger nicht neben den Gebäuden ꝛc, sondern nur an deren Stelle haften, wenn sie verbrennen. Ihre Haftung ist nicht einmal eine bedingte;

bedingt ist nur der Anspruch auf die Versicherungssumme, und in dieser Bedingtheit ist er dem Hypothekenrechte mit unterworfen.

Die Revision erinnert ferner, daß der Zweck des § 50 Eig.-Erw.-Ges. in der dem Hypothekengläubiger bestellten Sicherheit seine Grenze finde. Eine Verschlechterung des Grundstückes liege in der Unterlassung der Weiterversicherung für die Gläubiger höchstens dann, wenn die Gebäude 2c schon zu der Zeit, wo die Sicherheit bestellt wurde, gegen Brand versichert waren. Die einstweiligen Verfügungen wären daher aufzuheben gewesen, weil die Kläger es an jeder Behauptung und Glaubhaftmachung in diesem Punkte hätten fehlen lassen. Auch dieser Angriff geht fehl. Es bedarf hier nicht der Entscheidung darüber, ob der Schuldner etwaige Verbesserungen des Grundstückes, die zugleich Verbesserungen der schon vorher bestellten Sicherheit sind, wieder fortzunehmen berechtigt ist, und ob der obligatorische Anspruch der Gläubiger nicht auch auf Erhaltung solcher nachträglichen Erhöhung ihrer Sicherheit geht. Jedenfalls hätte die Beklagte ihr angebliches Recht, die Versicherung beliebig zu erneuern oder aufzuheben, in den Vorinstanzen darzuthun gehabt. Denn daß in der Versicherung der Gebäude 2c eine nachträgliche Verbesserung der den Gläubigern bestellten Sicherheit lag, ist keine zu vermutende Thatsache und mußte daher von der Beklagten erwiesen oder wenigstens glaubhaft gemacht werden. Sie hat in dieser Beziehung in den Vorinstanzen jedoch nichts vorgebracht." ... (Nach Zurückweisung einiger hier nicht interessierender Angriffe heißt es weiter:)

„Auch sonst liegen rechtliche Bedenken gegen das Berufungsurteil nicht vor. Die Auffassung des Berufungsgerichtes, daß unter den „erheblichen" Verschlechterungen des Grundstückes keine anderen zu verstehen seien, als die durch den Zwischensatz bezeichneten: „durch welche die Sicherheit des Gläubigers gefährdet wird", ist zu billigen.

Vgl. Entsch. des Obertribunals Bd. 76 S. 121 unten.

Die Annahme ferner, daß eine Gefährdung der Sicherheit des Gläubigers erst dann vorhanden sei, wenn infolge der Verschlechterung der Wert des Grundstückes unter die durch den Stand der Hypothek bezeichnete Grenze herabsinkt oder in Zukunft herabsinken könnte, kann Bedenken erregen, gereicht aber der Beklagten nicht zum Nachteile. Endlich mag es zweifelhaft erscheinen, ob, wie das Berufungsgericht mit dem Obertribunal annimmt (Entsch. desselben Bd. 76 S. 120), selbst bei rein zufälligen Verschlechterungen des Grundstückes Sicherungsmaßregeln beantragt werden können.

Vgl. Förster-Eccius, Preußisches Privatrecht 6. Aufl. Bd. 3 S. 488.

Hier handelt es sich indes nicht um eine zufällige, durch äußere Einflüsse herbeigeführte Verschlechterung. Diese ist vielmehr durch den Schuldner selbst herbeigeführt, und es liegt ein Fall vor, in welchem durch eine den Schuldner in seiner Verwaltung beschränkende Maßregel zukünftigen Nachteilen für die Gläubiger vorgebeugt werden kann. Darauf, ob das Unterlassen der Versicherung auf ein Verschulden des Hypothekenschuldners zurückzuführen ist, kommt es nach § 50 a. a. O. nicht an." . . .

IV. Rheinisches Recht.

97. Kann Art. 1184 Code civil auch in Ansehung von Vergleichen Anwendung finden?

II. Civilsenat. Urt. v. 10. März 1896 i. S. D. (Kl.) w. R. (Bekl.) Rep. II. 360/95.

I. Landgericht Köln.
II. Oberlandesgericht daselbst.

Der vom Kläger erhobenen Klage auf Zahlung von Mietzins setzte die Beklagte eine Gegenforderung entgegen, welche auf Gewährung von Schadensersatz gerichtet war. Als der Kläger sich auf einen in dieser Beziehung abgeschlossenen Vergleich berief, erhob die Beklagte Widerklage mit dem Antrage, den Vergleich wegen Nichterfüllung durch den Kläger für aufgelöst zu erklären. Demgegenüber machte der Kläger geltend, er habe den Vergleich erfüllt, übrigens könne Art. 1184 B.G.B. auch auf Vergleiche keine Anwendung finden. Das Landgericht hat die Klage abgewiesen, die Widerklage dagegen zugesprochen. Das Oberlandesgericht hat die Berufung, das Reichsgericht die Revision des Klägers zurückgewiesen.

Aus den Gründen:

„Der von dem Oberlandesgerichte im Anschluß an die herrschende Meinung ausgesprochenen Auffassung, daß Art. 1184 B.G.B. auch auf Vergleiche Anwendung finden könne, war beizutreten. Der Vergleich hat auch nach französischem Recht unzweifelhaft die Natur eines Vertrages, wird auch in Art. 2044 B.G.B. ausdrücklich als solcher bezeichnet. Sofern darin von beiden Seiten besondere Verpflichtungen übernommen werden, muß er ferner als zweiseitiger oder „synallagmatischer" Vertrag im Sinne der Artt. 1102. 1184 B.G.B. gelten; denn in Ansehung der beiderseits übernommenen Verpflichtungen besteht das nach Art. 1102 erforderliche Gegenseitigkeitsverhältnis. Jede Verpflichtung hat in der von dem anderen Teile übernommenen Leistung ihren Grund und bildet die Gegenleistung für diese. Es liegt deshalb kein Grund zu der Annahme vor, daß bei dem Vergleiche nicht von wechselseitigen Verpflichtungen gesprochen werden könne. Da die Erwägungen, welche zu der in Art. 1184 B.G.B. enthaltenen Vorschrift geführt haben, auch bei Vergleichen der erwähnten Art zutreffen, würde sich die Versagung der Auflösungsklage in Ansehung dieser Verträge sonach nur dann rechtfertigen lassen, wenn aus einer besonderen gesetzlichen Vorschrift der Schluß zu ziehen wäre, daß Vergleiche in dieser Beziehung anders als die übrigen zweiseitigen Verträge behandelt werden sollten. Dies ist aber nicht der Fall. Insbesondere berechtigt Art. 2052 B.G.B. in keiner Weise zu einer derartigen Auffassung. Diese aus dem römischen Rechte stammende Vorschrift hat nicht den Sinn, daß der Vergleich in Beziehung auf seine Wirkungen und auf die zu seiner Aufhebung führenden Mittel als Urteil zu behandeln sei, sondern soll lediglich dem Gedanken Ausdruck geben, daß der Vergleich ebenso wie ein in Rechtskraft erwachsenes Urteil den Rechtsstreit beendige und jeder Partei das Recht gewähre, sich dessen Fortsetzung zu widersetzen. Dabei wird aber vorausgesetzt, daß der Vergleich rechtliche Wirkungen hat. Wenn, wie im vorliegenden Falle, der Vergleich den Zweck hat, einen bevorstehenden Rechtsstreit abzuwenden, hat Art. 2052 gar keine praktische Bedeutung. Aber auch soweit es sich darum handelt, einen anhängigen Prozeß zu beseitigen, kann diese Vorschrift dann nicht zur Anwendung kommen, wenn der Vergleich, der in dieser Richtung wie ein Vertrag behandelt wird, ungültig ist oder in Gemäßheit der seine Anfechtbarkeit regelnden Artt. 2053. 2054 B.G.B. mit Erfolg angefochten wurde. Ganz ebenso verhält es sich, wenn der Vergleich gemäß Art. 1184 B.G.B. aufgelöst werden kann. Die Annahme, daß die Anwendung dieser Vorschrift wegen Art. 2052 ausgeschlossen sei, läßt sich daher umsoweniger rechtfertigen, als auch von den Vertretern dieser Ansicht angenommen wird, dem Vergleiche dürfe von den Vertragschließenden eine auflösende Bedingung (Art. 1183 B.G.B.) beigefügt werden. Wenn dies zulässig ist, fehlt jeder Grund zur Annahme, die Vorschrift des Art. 1184, nach welcher eine auflösende Bedingung bei allen zweiseitigen Verträgen als stillschweigend vereinbart gilt, solle auf Vergleiche keine Anwendung finden.[1] Im vorliegenden Falle haben nun die Beklagten auf einen Teil der von ihnen geltend gemachten Forderung unter der Bedingung verzichtet, daß diese Forderung in Höhe von 3000 ℳ vom Kläger anerkannt und diese Summe an sie ausbezahlt werde. Das Oberlandesgericht konnte hiernach ohne Rechtsirrtum annehmen, daß die Nichterfüllung der von dem Kläger übernommenen Verpflichtung die Beklagte berechtige, die Auflösung des Vergleiches zu verlangen." ...

---

98. 1. Steht demjenigen, welcher den Anteil eines Miterben an einem Nachlaßgrundstücke käuflich erwirbt, vor erfolgter Erbauseinandersetzung gegenwärtiges Miteigentumsrecht an dem Grundstücke zu, welches als solches in das Grundbuch eingetragen werden kann?

2. Ist ein anderer eingetragener Miterbe berechtigt, die erfolgte Eintragung des Erwerbers im Grundbuche anzufechten und deren Löschung zu erwirken?

II. Civilsenat. Urt. v. 12. Juni 1896 i. S. S. (Bekl.) w. W. (Kl.) Rep. II. 86/96.

I. Landgericht Saarbrücken.
II. Oberlandesgericht Köln.

Bei Anlegung des Grundbuches für die Steuergemeinde St. Johann wurden in Bd. 1 Art. 43 auf das Grundstück Flur 2 Nr. 563/76 in

---

[1] Vgl. Urt. des Reichsgerichtes vom 9. Januar 1891 in der Jur. Zeitschr. für Elsaß-Lothringen J. 16 S. 147. 148; Urt. des Pariser Kassationshofes vom 26. Juli 1875 I S. 199; sowie Urt. des bad. Oberhofgerichtes in Greby, S. 458; ferner Zachariä-Crome, Bd. 2 § 401 S. 711. 712; Marcadé, Bd. 9 S. 461; Guillouard, Cautionnement et transaction S. 133. Die entgegengesetzte Ansicht wird hauptsächlich von Laurent, Bd. 28 Nr. 429 vertreten, dem sich das Oberlandesgericht Colmar (Jur. Zeitschr. für Elsaß-Lothringen J. 16 S. 173) angeschlossen hat. D. E.

der Betzen (Wiese 26,16 Ar groß) 1. W., Karl in St. Johann a. d. Saar, 2. W., Sophie, Witwe Georg K. in St. Johann a. d. Saar, 3. K., Sophie, Ehefrau Karl J. in St. Johann a. d. Saar, 4. B., Sophie, Ehefrau Julius W. zu Cöln a. Rh. ohne jede weitere Angabe als „Miteigentümer" eingetragen. Bl. 2 der Grundakten dagegen findet sich folgende Bemerkung: „Diese Personen haben ihren Anteil durch Erbschaft von dem im Jahre 1867 verstorbenen Karl W., der im Jahre 1876 verstorbenen Florentine W. und der im Jahre 1884 verstorbenen Emilie W. erworben." Dieser Vermerk entspricht den thatsächlichen Verhältnissen. Über den Nachlaß der letztgenannten Personen, der zu jener Zeit, abgesehen von dem Grundstücke Flur 2 Nr. 563/76, aus Steigpreisen, Forderungen und Mobilien bestand, und an welchem die im Grundbuche Eingetragenen in verschiedener Weise beteiligt sind, wurde am 3. Mai 1890 das gerichtliche Verteilungsverfahren eröffnet, das noch nicht abgeschlossen ist. Am 19. Januar 1894 erschien die Ehefrau Karl J. mit dem Fabrikanten Theodor S. aus St. Johann auf dem Grundbuchamte und gab als „eingetragene Miteigentümerin" der fraglichen Parzelle die Erklärung ab, daß sie dem Theodor S. auf Grund eines Kaufes ihren Anteil an dem Grundstücke auflasse. Hierauf erfolgte die Eintragung des Theodor S. im Grundbuche: „Theodor S. als Eigentümer der bisher der Ehefrau J. gehörigen Quote; eingetragen auf Grund der Auflassung vom 19. Januar 1894 am 20. Januar 1894." Der unter 1 eingetragene Miterbe Karl W. erhob jedoch am 20. April 1894 gegen Theodor S. Klage mit dem Antrage: „festzustellen, daß die Umschreibung des Anteiles der Ehefrau Karl J. an dem Grundstücke Flur 2 Nr. 563/76 in der Betzen, Bd. 1 Art. 43 des Grundbuches für St. Johann, auf Grund der Auflassung vom 19. Januar 1894 auf den Beklagten nicht rechtsbeständig und demnach zu löschen sei; demgemäß den Beklagten zu verurteilen, in die Löschung dieser Umschreibung im Grundbuche einzuwilligen und die Kosten des Rechtsstreites zu tragen." In beiden Instanzen wurde diesem Klagantrage entsprechend erkannt. Die Aufstellung des Beklagten, daß die Anfechtungsklage unzulässig sei, vielmehr auf Grund des § 21 des Einführungsgesetzes vom 12. April 1888 Beschwerde hätte erhoben werden müssen, wurde auf Grund des § 9 des Eigentumserwerbsgesetzes vom 5. Mai 1872 als nicht begründet bezeichnet. Sodann wurde die von dem Beklagten bestrittene Aktivlegitimation des Klägers mit der Begründung angenommen, daß für den Fall der Zuweisung des Grundstückes an diesen im Falle der Teilung der gesetzlich begründeten Erwerbung des Alleineigentumes die Eintragung des Beklagten entgegenstehen würde. Zur Sache wurde angenommen, daß der Beklagte durch den Vertrag mit der Ehefrau J. gegenwärtiges Miteigentumsrecht an dem Nachlaßgrundstücke nicht erworben habe, daß danach die erfolgte Grundbuchseintragung unberechtigt und deren Löschung zu verordnen sei. Die Revision gegen das Urteil des Oberlandesgerichtes wurde zurückgewiesen.

Aus den Gründen:

„Das Oberlandesgericht hat mit rechtlich zutreffender Begründung angenommen, daß dem Beklagten ein eintragsfähiges Miteigentumsrecht an dem in Frage stehenden Grundstücke nicht zusteht, und daß daher der Klagantrag sowohl auf Feststellung, daß die gleichwohl erfolgte Eintragung des Beklagten im Grundbuche nicht rechtsbeständig sei, als auf Verurteilung zur Bewilligung der Löschung jener Eintragung begründet sei. Die Ehefrau J. hatte durch den Auflassungsvertrag vom 19. Januar 1894 den ihr als Miterbin zustehenden Anteil an dem zu St. Johann gelegenen Wiesengrundstücke Flur 2 Nr. 563/76 in den Betzen, welches zur Zeit noch zu dem ungeteilten Nachlasse 1. des im Jahre 1867 verstorbenen Karl W., 2. der im Jahre 1876 verstorbenen Florentine W., 3. der im Jahre 1884 verstorbenen Emilie W. gehört, dem Beklagten übertragen. Durch diesen Vertrag hat aber Beklagter ein gegenwärtiges Miteigentumsrecht an dem bezeichneten Grundstücke nicht erworben, weil der Ehefrau J. selbst ein solches nicht zustand. Die Erben sind nach französischem Rechte vor stattgehabter Teilung in ihrer Gesamtheit Eigentümer des Nachlasses und aller zu demselben gehörigen Gegenstände pro indiviso und als solche, das ist in ihrer Gesamtheit, nach jeder Richtung hin verfügungsberechtigt sowohl bezüglich der Erbschaft als eines Ganzen als bezüglich jedes einzelnen Erbschaftsgegenstandes. Anders liegt zufolge der Bestimmung des Art. 883 B.G.B. das Verhältnis des einzelnen Erben zu einem einzelnen Gegenstande des Nachlasses. Danach wird nach erfolgter Teilung jeder Erbe so angesehen, als habe er alle in sein Los fallenden oder bei der Lizitation von ihm erworbenen Gegenstände allein und unmittelbar geerbt und an den übrigen Erbschaftssachen niemals Eigentum gehabt. Nach dieser Bestimmung, welche für die Zeit bis zur Durchführung der Teilung rücksichtlich der zu einer Erbschaftsmasse gehörigen Forderungen gemäß der Vorschrift des Art. 1220 B.G.B. allerdings eine durchgreifende Ausnahme erleidet,

vgl. Entsch. des R.G.'s in Civils. Bd. 22 S. 372. 373; Rheinisches Archiv 85. 1 161,

steht dem Miterben während bestehender Erbgemeinschaft ein gegenwärtiges Miteigentumsrecht an den einzelnen Erbschaftssachen, insbesondere den Nachlaßgrundstücken, nicht zu. Dementsprechend ist wiederholt in der Rechtsprechung, und zwar auch vom Reichsgerichte, ausgesprochen worden, daß während bestehender Gemeinschaft der Miterbe weder einen einzelnen Nachlaßgegenstand noch einen bestimmten Teil desselben, z. B. eines Grundstückes, vindizieren kann.

Vgl. Entsch. des R.G.'s in Civils. Bd. 12 S. 339; Rheinisches Archiv 71. 1 158.

Es ist daraus aber auch die weitere Folgerung herzuleiten, daß der Miterbe über seinen Anteil an den einzelnen Erbschaftssachen mit der Wirkung der Eigentumsübertragung vor stattgehabter Teilung nicht verfügen kann, daß vielmehr in einem solchen Falle das Eigentum auf seiten des Erwerbers erst dann und nur unter der Voraussetzung erworben wird, daß der betreffende Erbschaftsgegenstand bei der Teilung in das Los des verkaufenden Miterben fällt oder von demselben bei der Lizitation erstanden wird.

Vgl. Entsch. des R.G.'s in Civils. Bd. 36 S. 340. 343; Rheinisches Archiv 50. 1. 13 flg. 70. 1. 1; Zachariä-Crome § 630.

Da sonach die Ehefrau J. dem Beklagten gegenwärtiges Eigentumsrecht an dem in Frage stehenden Grundstücke nicht übertragen konnte und nicht übertragen hat, die Erwerbung des Eigentumes aber die Voraussetzung der Eintragung des Erwerbers in das Grundbuch bildet,

vgl. Urt. des V. Civilsenates vom 17. Januar 1896, Entsch. des R.G.'s in Civils. Bd. 36 S. 316; Turnau, Grundbuchordnung 5. Aufl. Bd. 2 S. 172; Mügel, Rheinisches Grundbuchrecht 2. Aufl. S. 125,

so ist die dennoch erfolgte Eintragung des Beklagten als Eigentümers der bisher der Ehefrau J. gehörigen Quote des fraglichen Grundstückes zutreffend als nicht zu Recht bestehend erachtet und mit Recht die Verurteilung des Beklagten zur Löschungsbewilligung ausgesprochen worden.

Bezüglich der in den Vorinstanzen erörterten Frage der Zulässigkeit der vorliegenden Klage gegenüber der Vorschrift des § 21 des Einführungsgesetzes vom 12. April 1888 sowie der Aktivlegitimation des Klägers ist lediglich den rechtlich zutreffenden Ausführungen des Oberlandesgerichtes bezw. des Landgerichtes beizupflichten. In ersterer Hinsicht wäre zudem noch auf § 46 Abs. 2 der Grundbuchordnung vom 5. Mai 1872 zu verweisen." ...

---

99. 1. Ist die Pfändung des dem Mieter zustehenden Rechtes auf Benutzung der gemieteten Räumlichkeiten nach der Civilprozeßordnung zulässig?

2. Welche Folgerungen ergeben sich daraus, daß das Wohnungsrecht bei der Versteigerung dem Vermieter zugeschlagen wurde, bezüglich seiner Mietforderung?

II. Civilsenat. Urt. v. 7. Juli 1896 i. S. Witwe F. (Bekl.) w. die Brauereigesellschaft W. (Kl.) Rep. II. 108/96.

I. Landgericht Elberfeld.
II. Oberlandesgericht Cöln.

Die Entscheidung ist unten unter „Prozeßrecht" Nr. 125 S. 421 abgedruckt.

V. Prozeßrecht.

100. Findet gegen die Entscheidung über den Widerspruch gegen einen Arrestbeschluß nach § 805 C.P.O. die Beschwerde statt, oder kann diese Entscheidung nur durch die gegen ein Endurteil zulässigen Rechtsmittel angefochten werden? Zuständigkeit für den Widerspruch gegen einen Arrestbeschluß, wenn der Arrest in der Beschwerdeinstanz verhängt ist.

C.P.O. § 528 Abs. 3 Ziff. 1.

VI. Civilsenat. Urt. v. 16. Januar 1896 i. S. G. (Kl.) w. E. (Bekl.) Rep. VI. 417/95.

I. Landgericht Arnsberg.
II. Oberlandesgericht Hamm.

Gründe:

„Der gegenwärtige Beklagte beantragte am 4. Mai 1894 bei dem Amtsgerichte in K. den dinglichen Arrest wider den gegenwärtigen Kläger. Der Antrag wurde abgelehnt. Auf die Beschwerde des Beklagten verhängte dann das Landgericht in A. am 1. Juni 1894 den beantragten Arrest.

Kläger hat bei dem Landgerichte in A. Widerspruch erhoben. Nach stattgehabter Beweiserhebung und kontradiktorischer Verhandlung hat das Landgericht für Recht erkannt, daß der angeordnete Arrest bestätigt werde. Die Berufung des Klägers wurde von dem Oberlandesgerichte als unzulässig verworfen. Dasselbe nahm an, daß das Erkenntnis des Landgerichtes als eine Entscheidung in der Beschwerdeinstanz anzusehen sei, und daher eine Berufung gegen dasselbe nicht stattfinde.

Mit Recht wird das Urteil des Berufungsgerichtes von der Revision als rechtsirrtümlich angegriffen; es verletzt den § 805 C.P.O. Nach diesem Paragraphen wird über den Widerspruch gegen einen Arrest durch Endurteil entschieden; das heißt, daß die Entscheidung in den Formen des Endurteiles zu treffen ist, und daß gegen die in dieser Weise getroffene Entscheidung diejenigen Rechtsmittel stattfinden, mit welchen nach der Civilprozeßordnung Endurteile angefochten werden können. Das Landgericht ist dementsprechend verfahren. Dem Kläger stand also gegen die Entscheidung desselben das Rechtsmittel der Berufung zu, und es ist rechtsirrtümlich, wenn das Berufungsgericht die von ihm eingelegte Berufung für unzulässig erklärt hat.

Da danach die Aufhebung des angefochtenen Urteiles wegen Gesetzesverletzung bei Anwendung des Gesetzes auf das feststehende Sachverhältnis erfolgen muß, und nach dem letzteren die Sache zur Entscheidung reif ist, so hat das Revisionsgericht nach § 528 Abs. 3 Ziff. 1 C.P.O. in der Sache selbst zu entscheiden. Nach § 804 C.P.O. ist der Widerspruch gegen einen Arrest bei dem Gerichte zu erheben, welches den Arrest verhängt hat. Für den Fall, daß der Arrest, wie hier, in der Beschwerdeinstanz beschlossen worden ist, hat das Reichsgericht bereits entschieden,

vgl. Entsch. des R.G.'s in Civils. Bd. 29 S. 396,

daß der Widerspruch bei demjenigen Gerichte zu erheben ist, bei welchem der Arrestantrag ursprünglich gestellt worden ist, und nicht bei dem Beschwerdegerichte. Diese Ansicht muß aus den in dieser Entscheidung angeführten Gründen als richtig angesehen werden;

vgl. auch Juristische Wochenschrift von 1893 S. 76 Nr. 13;

danach hätte der Widerspruch, anstatt bei dem Landgerichte in A., bei dem Amtsgerichte in K. erhoben werden müssen. Da es sich nach § 707 C.P.O. um einen ausschließlichen Gerichtsstand handelt, so ist die Zuständigkeit des Landgerichtes auch nicht dadurch begründet, daß Beklagter, ohne die Unzuständigkeit geltend zu machen, bei diesem Gerichte verhandelt hat. Der Revisionskläger beruft sich auf den § 10 C.P.O. Es ist aber bereits früher von dem Reichsgerichte entschieden, daß gegenüber dem Gerichtsstande des § 804 C.P.O. die Vorschrift des § 10 a. a. O. nicht zur Anwendung kommen kann.

Vgl. Entsch. des R.G.'s in Civils. Bd. 18 S. 361, 377, 378.

Die Gründe, welche den Gesetzgeber zur Einführung des Gerichtsstandes des § 804 C.P.O. bestimmt haben, schließen die Anwendbarkeit des § 10 a. a. O. aus.

Das Landgericht in A. ist also zur Entscheidung über den von dem Kläger gegen den Arrestbeschluß erhobenen Widerspruch nicht zuständig gewesen, und der Widerspruch muß zurückgewiesen werden, aber nur wegen Unzuständigkeit des angegangenen Gerichtes, sodaß es dem Kläger unbenommen bleibt, seinen Widerspruch noch bei dem zuständigen Gerichte anzubringen." ...

---

101. Kann der einer Ehefrau bei Bewilligung des Armenrechtes zur vorläufig unentgeltlichen Wahrnehmung ihrer Rechte beigeordnete Rechtsanwalt beanspruchen, daß der Ehemann im Wege der einstweiligen Verfügung angehalten werde, ihm einen Gebühren- und Auslagenvorschuß zu zahlen?

IV. Civilsenat. Beschl. v. 12. März 1896 i. S. W. (Bekl.) w. W. (Kl.) Beschw.-Rep. IV. 35/96.

I. Landgericht I Berlin.
II. Kammergericht daselbst.

Gründe:

„In dem vorliegenden Rechtsstreite, dessen Gegenstand vermögensrechtliche Ansprüche des klagenden Ehemannes gegen die Ehefrau und der widerklagenden Ehefrau gegen den Ehemann bilden, ist der Ehefrau von dem Berufungsgerichte für die Berufungsinstanz das Armenrecht bewilligt und ihr zur vorläufig unentgeltlichen Wahrnehmung ihrer Rechte der Rechtsanwalt L. beigeordnet worden. Letzterer hat beantragt, dem Ehemanne im Wege der einstweiligen Verfügung die Zahlung eines Gebühren- und Auslagenvorschusses von 80 ℳ an ihn aufzugeben. Dieser Antrag ist durch Beschluß des Berufungsgerichtes vom 12. Februar 1896 abgelehnt worden.

Gegen die Ablehnung richtet sich die Beschwerde des Rechtsanwaltes L. Die Beschwerde ist jedoch nicht begründet. Da durch die Bewilligung des Armenrechtes der Ehefrau das Recht gewährt ist, ihre Berufung unentgeltlich zu verfolgen, so hat sie während der Dauer des Armenrechtes gegen den Ehemann keinen Anspruch auf Gewährung von Prozeßkosten für die Berufungsinstanz auf Grund des § 187 A.L.R. II. 1. Aus eigenem Rechte hat der ihr beigeordnete Rechtsanwalt gegen den Ehemann ebensowenig einen solchen Anspruch, da ein Rechtsanwalt zwar nach § 84 der Gebührenordnung für Rechtsanwälte von seinem Auftraggeber angemessenen Vorschuß fordern kann, der Ehemann aber im vorliegenden Falle nicht der Auftraggeber des der Ehefrau beigeordneten Rechtsanwaltes ist. Der einer Partei im Armenrechte beigeordnete Rechtsanwalt hat vielmehr, da ihm der nur im Falle des § 33 der Rechtsanwaltsordnung zur Anwendung kommende § 38 daselbst nicht zur Seite steht, überhaupt kein Recht auf Vorschußzahlung. Aus diesen Gründen war die Beschwerde auf Kosten des Beschwerdeführers zurückzuweisen."

---

102. Wesentlicher Mangel des Verfahrens in erster Instanz als Gegenstand der Rüge in der Revisionsinstanz.

C.P.O. §§ 501. 513 Ziff. 1.

IV. Civilsenat. Urt. v. 12. März 1896 i. S. Fiskus (Kl.) w. Sch. (Bekl.) Rep. IV. 306/95.

I. Landgericht Danzig.
II. Oberlandesgericht Marienwerder.

Die Entscheidung ist oben unter „Preußisches Recht" Nr. 61 S. 248 abgedruckt.

---

103. Zur Auslegung des § 661 Abs. 2 Ziff. 3 C.P.O.

II. Civilsenat. Urt. v. 13. März 1896 i. S. M. (Bekl.) w. B. d. C. (Kl.) Rep. II. 354/95.

I. Landgericht Freiburg i. Br.
II. Oberlandesgericht Karlsruhe.

Aus den Gründen:

„Das Urteil des Oberlandesgerichtes konnte nicht aufrecht erhalten werden.

Dasselbe geht zur Beseitigung des aus § 661 Abs. 2 Ziff. 3 C.P.O. erhobenen Einwandes gegen das beantragte Vollstreckungsurteil bezüglich des von dem italienischen Appellhofe in Mailand in der Berufungsinstanz erlassenen Urteiles vom 14. November 1893 davon aus, daß das italienische Civil- und Handelsgericht in Mailand, welches in erster Instanz erkannt hatte, (und damit auch der in der Berufungsinstanz erkennende Appellhof in Mailand) schon deshalb als nach deutschem (bezw. im Großherzogtum Baden geltendem) Rechte zuständiges Gericht zu betrachten sei, weil sich der Beklagte bei dem bezeichneten erstinstanzlichen Mailänder Gerichte auf die dort gegen ihn erhobene Klage ohne Vorschützung einer Einwendung der Unzuständigkeit dieses Gerichtes eingelassen habe und hiernach § 39 C.P.O. Anwendung finde, und erblickt kein Hindernis gegen diese Auffassung in dem beklagterseits in dem jetzigen Rechtsstreite über die Erlassung des Vollstreckungsurteiles gegen die Anwendbarkeit des § 39 C.P.O. geltend gemachten Umstande, daß das Civil- und Handelsgericht in Mailand nach italienischem Prozeßrechte zur Verhandlung der bei demselben gegen den Beklagten erhobenen Klage zuständig gewesen sei, und daher der Beklagte nach italienischem Prozeßrechte bei dem bezeichneten italienischen Gerichte eine Einwendung der Unzuständigkeit mit Erfolg nicht habe geltend machen können. Dieser Anschauung des Oberlandesgerichtes kann nicht beigetreten werden.

Der § 39 C.P.O. setzt zufolge seines Zusammenhanges mit § 38 C.P.O. nach der Fassung des § 38 C.P.O. „ein an sich unzuständiges Gericht" voraus. Wenngleich nun gemäß § 661 Abs. 2 Ziff. 3 C.P.O. der über die Zulässigkeit der Zwangsvollstreckung urteilende deutsche Richter die Frage der Zuständigkeit des ausländischen Gerichtes nach dem Rechte des über die Zulässigkeit des Zwangsvollstreckung urteilenden deutschen Richters zu beurteilen hat, und wenngleich er hierbei nach diesem Rechte auch Thatsachen, die für die

Zuständigkeit in Betracht kommen, zu beurteilen hat, wenngleich ferner auch bei § 661 Abs. 2 Ziff. 3 C.P.O. eine Begründung der Zuständigkeit des ausländischen Gerichtes durch einen dem § 39 C.P.O. entsprechenden Vorgang an sich nicht ausgeschlossen ist, so ist doch hierbei für die Frage, ob die vorhin bezeichnete Voraussetzung des § 39 C.P.O., daß jenes ausländische Gericht „an sich unzuständig" sei, vorliege, nicht das Recht des über die Zulässigkeit der Zwangsvollstreckung urteilenden deutschen Richters, sondern das am Sitze des ausländischen Gerichtes geltende Recht in der Weise maßgebend, daß eine nach § 39 C.P.O. eingetretene „stillschweigende Vereinbarung" über die Zuständigkeit des ausländischen Gerichtes dann nicht anzunehmen ist, wenn nach dem am Sitze des ausländischen Gerichtes geltenden Rechte dieses ausländische Gericht zuständig ist. Denn nur von dem Standpunkte der Unzuständigkeit des angegangenen ausländischen Gerichtes, und zwar nach dessen Rechte, kann die Einlassung des Beklagten bei demselben ohne eine Einwendung der Unzuständigkeit sich als eine stillschweigende Vereinbarung über die Zuständigkeit dieses Gerichtes darstellen.

War das italienische Civil- und Handelsgericht in Mailand nach italienischem Prozeßrechte zuständig, von welcher Unterstellung als einer Möglichkeit wenigstens das Oberlandesgericht ausgeht, so konnte daher das dortige Unterlassen einer Einwendung der Unzuständigkeit durch den bei jenem italienischen Gerichte verhandelnden Beklagten nicht die Annahme einer stillschweigenden Vereinbarung über die Zuständigkeit nach § 39 C.P.O. begründen." ...

---

104. Darf der Antrag des auf Grund des § 7 Abs. 1 Eig.-Erw.-Ges. vom 5. Mai 1872 mit der Vindikation belangten Beklagten auf Aussetzung der Verhandlung bis zur Erledigung der von ihm auf Grund des § 7 Abs. 2 a. a. O. erhobenen Klage oder Widerklage abgelehnt werden?

C.P.O. § 139.

V. Civilsenat. Urt. v. 18. März 1896 i. S. Dorfgemeinde L. (Bekl.) w. M. (Kl.) Rep. V. 49/96.

I. Landgericht II Berlin.
II. Kammergericht daselbst.

Klägerin ist eingetragene Eigentümerin des Grundstückes Lichtenberg Bd. IV Bl. 152. Sie verlangt von der Beklagten Herausgabe zweier zu diesem Grundstücke gehörigen Landstreifen, welche sich im Besitze der Beklagten befinden. Beklagte wendet ein, daß sie den Besitz auf Grund eines den Eigentumserwerb bezweckenden Vertrages von dem inzwischen verstorbenen Ehemanne der Klägerin erworben habe. Sie führt aus, daß dieser Vertrag auch für die Klägerin rechtsverbindlich sei. Im Laufe der zweiten Instanz hat die Beklagte in besonderem Prozesse Klage auf Auflassung der beiden Landstreifen gegen die Klägerin erhoben und Aussetzung der Verhandlung des vorliegenden Rechtsstreites bis zur Erledigung der Klage auf Auflassung beantragt. Der Berufungsrichter ist jedoch auf diesen Antrag nicht eingegangen, hat vielmehr die Berufung der Beklagten gegen das sie im wesentlichen nach dem Klagantrage verurteilende erste Urteil zurückgewiesen. In den Gründen des Berufungsurteiles ist ausgeführt, die von der Beklagten erhobene Klage sei für die Entscheidung auf die vorliegende Klage nicht präjudiziell und daher die Anwendung des § 139 C.P.O. ausgeschlossen.

Auf die Revision der Beklagten ist das Berufungsurteil aufgehoben und die Sache an das Berufungsgericht zurückverwiesen worden.

Aus den Gründen:

... „Wenn aber auch der erhobene Revisionsangriff versagt, so mußte dennoch auf Aufhebung und Zurückverweisung erkannt werden, weil die Ansicht des Berufungsrichters, daß er durch die seitens der Beklagten erfolgte Erhebung der Klage auf Auflassung an der Entscheidung des vorliegenden Rechtsstreites nicht behindert sei, auf Rechtsirrtum beruht. Die Annahme, daß jene Klage für diesen Rechtsstreit nicht präjudiziell sei, und daß daher die Anwendung des § 139 C.P.O. nicht in Frage komme, ist unrichtig. Die Vorschrift des § 7 Abs. 2 Eig.-Erw.-Ges., daß der vom eingetragenen Eigentümer mit der Eigentumsklage Belangte, welcher vom Kläger oder dessen Rechtsvorgänger auf Grund eines den Eigentumserwerb bezweckenden Rechtsgeschäftes den Besitz des Grundstückes erhalten hat, die aus dem Rechtsgeschäfte herzuleitenden Rechte nicht als Einrede, sondern nur durch Klage oder Widerklage geltend machen dürfe, hat den Zweck, die Entwickelung eines den Grundsätzen des Grundbuchrechtes widerstrebenden Eigentumes neben dem Bucheigentume zu verhüten.

Vgl. Förster, Grundbuchrecht S. 183 flg.; Werner, Materialien Bd. 2 S. 74. 129.

Der Beklagte soll veranlaßt werden, durch offensives Vorgehen die Verurteilung des eingetragenen Eigentümers zur Auflassung herbeizuführen. Gelingt ihm dies, so zerfällt damit die Eigentumsklage des bisher eingetragenen Eigentümers. Danach ist aber die auf Grund des § 7 Abs. 2 a. a. O. erhobene Klage allerdings präjudiziell für die aus § 7 Abs. 1 angestellte Eigentumsklage,

vgl. Förster-Eccius, Preußisches Privatrecht 6. Aufl. Bd. 3 § 180 S. 291 Anm. 75; Turnau, Grundbuchordnung 5. Aufl. Bd. 1 S. 651 Anm. 14 und Entsch. des R.G.'s in Civils. Bd. 15 S. 255,

und es stand der Anwendung des § 139 C.P.O. kein Hindernis entgegen. Die Klage oder Widerklage aus § 7 Abs. 2 ist aber für die Entscheidung auf die Klage aus § 7 Abs. 1 nicht bloß in dem Sinne präjudiziell, daß der mit der letzteren Klage befaßte Richter die Aussetzung der Verhandlung bis zur Entscheidung auf die erstere anordnen kann; vielmehr handelt es sich in beiden Prozessen um einen und denselben Streit, welcher, da die Klage aus § 7 Abs. 2 der Klage aus Abs. 1 gegenüber materiell die Bedeutung einer zerstörlichen Einrede hat, nur in der Weise entschieden werden kann, daß entweder beide Klagen verbunden (§ 138 C.P.O.) und gleichzeitig abgeurteilt werden, oder daß zunächst die Entscheidung auf die Klage aus § 7 Abs. 2 ergeht. Nur so wird der oben erörterte Zweck des § 7 Abs. 2 erreicht. Demnach stand es nicht einmal in dem Ermessen des Berufungsrichters, ob die Verhandlung auszusetzen sei, vielmehr mußte er sie aussetzen.

Vgl. Förster-Eccius, a. a. O."

105. Können die in einem Verteilungsverfahren dem Liquidate eines anderen Gläubigers widersprechenden Gläubiger, welche in einer gemeinsam erhobenen oder in verbundenen Klagen gegen jenen anderen Gläubiger vorgegangen sind, das erlassene Urteil gegeneinander mit der Berufung anfechten?

Preuß. Zwangsvollstreckungsordnung vom 13. Juli 1883 § 113 Abs. 2. C.P.O. §§ 764 flg.

V. Civilsenat. Urt. v. 21. März 1896 i. S. C. (Kl.) w. Gl. u. R. (Kl.) w. Pl. (Bekl.) Rep. V. 270/95.

I. Landgericht Lissa.
II. Oberlandesgericht Posen.

Bei der Kaufgelderbelegung des subhastierten Rittergutes W. wurde dem Beklagten ein Betrag von 5931,81 ℳ zugeteilt, dieser jedoch zu einer Streitmasse genommen und hinterlegt, weil außer anderen Gläubigern des Subhastaten die Kläger Gl. und R. Widerspruch erhoben mit der Behauptung, daß jener Betrag ihrem Schuldner gebühre und ihnen überwiesen sei. Auch Kläger C. hatte vor dem Kaufgelderbelegungstermine auf Grund von Pfändungen und Überweisungen Ansprüche auf den gedachten Betrag gemäß § 113 Abs. 3 der Zwangsvollstreckungsordnung vom 13. Juli 1883 angemeldet. Demnächst erhoben die Kläger Gl. und R. gemeinsam eine Klage gegen den Beklagten mit dem Antrage, ihren Widerspruch für begründet zu erklären und die anderweitige Verteilung der Streitmasse anzuordnen. Kläger C. stellte für sich allein eine Klage gegen den Beklagten an mit dem Antrage, diesen zur Bewilligung der Auszahlung der Streitmasse an ihn zu verurteilen.

Der erste Richter hat die beiden Klagen verbunden und darauf die Klage des Klägers C. gänzlich abgewiesen, den Widerspruch der beiden anderen Kläger dagegen zum Teil für begründet erklärt und anderweitige Verteilung angeordnet, bei welcher der Anspruch des Klägers C. unberücksichtigt bleiben soll. Gegen dieses Urteil hat Kläger C. die Berufung eingelegt, welche er nicht nur gegen den Beklagten, sondern auch gegen seine beiden Mitkläger richtete.

Der Berufungsrichter hat die Berufung des C., soweit sie gegen dessen Mitkläger gerichtet war, als unzulässig verworfen. Die Revision des Klägers C. ist zurückgewiesen worden.

Aus den Gründen:

... „Das Berufungsurteil lautet nur insoweit zu Ungunsten des Revisionsklägers, als es die Berufung gegen die Mitkläger Gl. und R. als unzulässig verworfen hat. Dieser Teil der Entscheidung bietet aber zu begründeten Bedenken keinen Anlaß. Die drei Kläger haben Widerspruch nur dagegen erhoben, daß Beklagter in dem Verteilungsplane Anweisung auf den demnächst zu einer Streitmasse genommenen Betrag erhalten hat. Ein Streit der gemeinschaftlich gegen den Beklagten kämpfenden Kläger untereinander ist in erster Instanz nicht hervorgetreten. Demnach ist das Urteil erster Instanz auch nicht unter den Klägern ergangen;

vgl. das Urteil des Reichsgerichtes vom 2. Oktober 1895 Rep. V. 57/95, auszugsweise mitgeteilt in der Jurist. Wochenschr. Jahrg. 1895 S. 600 flg. Nr. 18. 19;

und ebendaher stand dem Kläger C. das Rechtsmittel der Berufung gegen das erste Urteil, soweit es sich auf seine Mitkläger bezieht, nicht zu. Das erste Urteil hatte nur Widersprüche zu erledigen, welche bei der Kaufgelderbelegung erhoben waren (§ 113 Abs. 3 der Zwangsvollstreckungsordnung vom 13. Juli 1883 in Verbindung mit §§ 764 flg. C.P.O.). Gegen die Liquidate seiner Mitkläger hat C. aber zu allererst in der Berufungsinstanz dieses Rechtsstreites Widerspruch erhoben. Mit Recht hat der Berufungsrichter diesen Versuch des Klägers C., seine Mitkläger zu Prozeßgegnern zu stempeln und dadurch die Berufung gegen sie als zulässig erscheinen zu lassen, zurückgewiesen.

Da das erste Urteil nicht unter den Klägern ergangen ist, bleibt es dem Revisionskläger unbenommen, seinen Widerspruch gegen die Liquidate seiner Mitkläger in dem angeordneten neuen Verteilungsverfahren zu erheben und zu begründen und eventuell im Wege der Klage geltend zu machen (vgl. das angeführte Urteil vom 2. Oktober 1895)." ...

106. Kann auf die Befolgung der Fristvorschrift des § 809 Abs. 2 C.P.O. im Sinne des § 267 a. a. O. wirksam verzichtet werden?

V. Civilsenat. Beschl. v. 21. März 1896 i. S. R. (Kl.) w. v. L. (Bekl.) Beschw.-Rep. V. 41/96.

I. Landgericht I Berlin.
II. Kammergericht daselbst.

Das Landgericht hat den vom Antragsteller aus einer auf seinen Antrag erlassenen einstweiligen Verfügung gestellten Vollstreckungsantrag zurückgewiesen, weil die am 4. Dezember 1895 erfolgte Zustellung der einstweiligen Verfügung an den Antragsgegner selbst bei dem dem Antragsteller vorher bekannt gewordenen Vorhandensein eines Prozeßbevollmächtigten wirkungslos, die später an den Prozeßbevollmächtigten erfolgte Zustellung aber erst nach Ablauf der zweiwöchigen Frist des § 809 C.P.O. geschehen sei. Daß der Antragsgegner den Mangel der Zustellung in dem Widerspruchsverfahren nicht gerügt habe, sei unerheblich, da auf die Fristvorschrift des § 809 nicht verzichtet werden könne.

Dieser Beschluß ist vom Kammergericht aufgehoben, und es ist die hiergegen vom Antragsgegner erhobene sofortige Beschwerde zurückgewiesen worden.

Aus den Gründen:

... „Das Kammergericht hat im Gegensatze zum Landgericht ... angenommen, daß die Zustellung der einstweiligen Verfügung an die Partei selbst wirksam erfolgen könne, auch wenn diese im Hauptprozesse mit einem Bevollmächtigten versehen ist. Diese Meinung, wonach in den Fällen des § 78 C.P.O. Zustellungen an den für das Hauptverfahren bestellten Prozeßbevollmächtigten zwar erfolgen **können**, nicht aber erfolgen **müssen**, wird zwar von der Mehrzahl der Kommentatoren der Civilprozeßordnung (**Gaupp**, v. **Wilmowski** und **Levy**, **Struckmann** und **Koch**, **Seuffert**, in der neuesten Auflage auch **Petersen** zum Teil [v. **Wilmowski** und **Levy**, **Seuffert**, **Petersen**] im Widerspruche mit früheren Auflagen) verteidigt, unterliegt aber doch erheblichen Bedenken und steht nicht im Einklange mit der Bd. 15 S. 428 abgedruckten Entscheidung des Reichsgerichtes. Es bedarf aber hier einer Entscheidung der Kontroverse nicht.

Denn angenommen, daß die Zustellung der einstweiligen Verfügung an den Antragsgegner selbst anstatt an den Prozeßbevollmächtigten unzulässig war, so würde doch dieser Verstoß nach § 267 C.P.O. als dadurch geheilt angesehen werden müssen, daß der Antragsgegner, ohne den Mangel zu rügen, am 21. Dezember 1895 vor dem Amtsgerichte über die einstweilige Verfügung mündlich verhandelt hat. Das Landgericht lehnt in dem Beschlusse vom 4. Januar 1896 die Anwendung des § 267 a. a. O. ab, weil es sich um eine von Amts wegen zu berücksichtigende Frist (§ 809) handle, auf welche wirksam nicht verzichtet werden könne.

Dabei ist jedoch übersehen, daß nach § 202 Abs. 1 a. a. O. Fristen mit Ausnahme der Notfristen der Vereinbarung der Parteien unterliegen, und daß nach § 201 Abs. 3 a. a. O. Notfristen nur diejenigen Fristen sind, welche im Gesetze als solche bezeichnet werden. Zu diesen gehört die im § 809 bestimmte Frist nicht. Im vorliegenden Falle handelt es sich zunächst um die Frage, ob ein Verzicht auf die vorgeschriebene Art der Zustellung rechtswirksam geschehen kann; das ist dann, aber auch nur dann zu verneinen, wenn durch die Zustellung eine Notfrist gewahrt werden soll. In anderen Fällen steht dem Verzichte auf Befolgung einer die Art der Zustellung betreffenden Vorschrift nichts entgegen, kommt mithin der § 267 zur Anwendung.

Vgl. Wilmowski und Levy, Anm. 5 zu § 267." ...

---

107. Voraussetzung der Restitutionsklage. Kann der Schuldner, der auf die nach erfolgter Cession, aber vor der Bekanntmachung der Cession erhobenen Klage des Cedenten rechtskräftig zur Zahlung an den Cedenten verurteilt ist, die Restitutionsklage allein darauf stützen, daß die Bekanntmachung der Cession erst nach dem Urteile an ihn erfolgt und der Cessionar bereit sei, ihm die Forderung zu erlassen?

C.P.O. § 543 Ziff. 7b.

I. Civilsenat. Urt. v. 11. April 1896 i. S. W. (Kl.) w. W. (Bekl.) Rep. I. 123/96.

I. Landgericht Görlitz.
II. Oberlandesgericht Breslau.

Der jetzige Restitutionskläger B. W. ist am 19. Dezember 1893 verurteilt, an die damalige Klägerin, Frau W., seine Schwägerin, 12000 ℳ nebst 5 Prozent Zinsen seit dem 1. Oktober 1889 zu zahlen. Seine Berufung ist durch Urteil des Oberlandesgerichtes vom 4. Juni 1894 zurückgewiesen, welches am 19. Juli 1894 rechtskräftig geworden ist.

... Mit der jetzigen Restitutionsklage beantragt der damalige Beklagte, das Urteil vom 4. Juni 1894 aufzuheben und unter Abänderung des ersten Urteiles die Klage abzuweisen, weil, was unstreitig ist, die damalige Klägerin durch ihren dazu bevollmächtigten Ehemann am 20. Januar 1888 dem Rentier W., ihrem Schwiegervater und dem Vater des damaligen Beklagten, die Forderung unter Vorbehalt der Zinsen notariell cediert hat. Der Rentier W. hat diese Cession in derselben Verhandlung angenommen und sich in Höhe der ihm kreditierten Cessionsvaluta von gleicher Höhe als Schuldner der damaligen Klägerin bekannt. Die Cession ist dem damaligen Beklagten unstreitig erst am 7. Juni 1894 durch den Notar bekannt gemacht. Die Restitutionsklage leitet daraus ab, daß die damalige Klägerin zur Erhebung der Klage nicht mehr legitimiert gewesen sei, und es wird geltend gemacht, daß das Interesse des gegenwärtigen Klägers an der Beseitigung des Urteiles darin bestehe, daß sein Vater bereit sei, ihm die Schuld zu erlassen, sobald feststehe, daß die damalige Klägerin kein Gläubigerrecht habe.

Das Oberlandesgericht zu Breslau hat nach erhobenem Beweise sein früheres Urteil aufgehoben und das erste Urteil dahin abgeändert, daß die Klage auf das Kapital abgewiesen, der Beklagte nur zur Zahlung der Zinsen davon seit dem 1. Oktober 1889 verurteilt ist.

Auf die Revision der Klägerin und Restitutionsbeklagten ist dieses Urteil aufgehoben und die Restitutionsklage ganz abgewiesen worden aus folgenden

Gründen:

„Das Berufungsurteil beruht auf der Ausführung, daß, wenn die Cession vom 20. Januar 1888 eine ernstliche, die Klägerin zur Zeit der Klagerhebung nicht mehr Eigentümerin der Kapitalsforderung und zur Klage nicht legitimiert gewesen sei, die Klage deshalb abgewiesen worden wäre, wenn der Beklagte von der Cession nicht erst nach der Verkündung des Berufungsurteiles Kenntnis erhalten hätte. Der Berufungsrichter stellt ferner fest, daß die Cession ernstlich gemeint gewesen ist. Dadurch wird die Entscheidung des Berufungsrichters aber nicht gerechtfertigt.

Die Restitutionsklage beruht nach ihrer geschichtlichen Entwickelung und ihrer rechtlichen Natur auf der Voraussetzung, daß das angefochtene Urteil das Recht der Partei, die es angreift, irgendwie verletzt. In den Fällen der Ziff. 1—6 des § 543 C.P.O. wird diese Voraussetzung schon dadurch erfüllt, daß das Urteil ganz oder teilweise auf einer strafbaren Handlung oder auf einem wieder beseitigten Strafurteil beruht. Im Falle der Ziff. 7 des § 543 verlangt das Gesetz ausdrücklich die Läsion der Partei, indem es die Restitution an die Voraussetzung knüpft, daß die Urkunde bei rechtzeitiger Entdeckung oder Benutzung eine dem Restitutionskläger günstigere Entscheidung herbeigeführt haben würde. Das angefochtene Urteil muß sich der neuen Urkunde gegenüber ganz oder teilweise als unrichtig darstellen. An dieser Voraussetzung fehlt es im vorliegenden Falle.

Nach den §§ 376. 393. 402 A.L.R. I. 11 ist für das preußische Recht zwar nicht zu bezweifeln, daß der Cessionar durch den Cessionsakt ohne Hinzutritt eines anderen Momentes das Eigentum der Forderung, d. h. das Gläubigerrecht, erwirbt, der Cedent aufhört, Gläubiger zu sein. Die in den §§ 407. 408. 413 flg. a. a. O. enthaltenen Vorschriften über das Verhältnis des Schuldners zum Cessionar und die Denuntiation der Cession ergeben aber zugleich, daß der Schuldner bis zur Bekanntmachung der Cession befugt ist, den Cedenten als seinen Gläubiger anzusehen, als solchen zu behandeln und selbst im Prozesse über die Forderung mit ihm zu verhandeln.

Vgl. Striethorst, Archiv Bd. 83 S. 281; Entsch. des R.O.H.G.'s Bd. 24 S. 104. 105.

Ob daraus zu folgern ist, daß die Berufung des Schuldners auf die Cession vor der Denuntiation stets den Charakter einer Einrede aus dem Rechte eines Dritten hat, auch wenn er ohne Denuntiation Kenntnis von der Cession erlangt hat, wie Dernburg in seinem preußischen Privatrecht Bd. 2 § 85 Anm. 7 annimmt, kann hier auf sich beruhen. Denn im vorliegenden Falle ist unstreitig, daß der Schuldner bis zur Verkündung des demnächst rechtskräftig gewordenen Urteiles keine Kenntnis von der Cession gehabt hat und nach dem Willen des Cedenten und des Cessionars auch nicht hat haben sollen. Die Klägerin hat behauptet und der Cessionar hat als Zeuge bekundet, daß die Cession dem Beklagten hat verschwiegen werden sollen. Die Klägerin hat auf die Restitutionsklage behauptet, daß der Cessionar von der Anstellung der Klage durch sie Kenntnis gehabt hat. Diese ... Behauptung ist in dem Thatbestande des angefochtenen Urteiles übergangen worden, nach der mündlichen Verhandlung in der jetzigen Instanz aber unter den Parteien unstreitig. Der Beklagte bestreitet auch die Forderung, zu deren Zahlung an die Klägerin er verurteilt ist, nicht. Er macht nur geltend, daß der Cessionar, sein Vater, bereit sei, ihm die Forderung zu erlassen, sobald festgestellt werde, daß er der Gläubiger sei. Damit ist der Restitutionsgrund des § 543 Ziff. 7 C.P.O. für den Beklagten nicht gegeben. Nach der dargelegten Sachlage ist das zwischen der Klägerin und dem Beklagten vor der notifizierten Cession ohne Kenntnis des Beklagten von der Cession und mit Kenntnis des Cessionars von dem Prozesse ergangene Urteil mit Recht ergangen. Läßt der Cessionar den Cedenten die cedierte Forderung einklagen, so ist der Schuldner nicht nur befugt, sondern verpflichtet, sich mit dem Cedenten einzulassen. Ob der Vater des Beklagten trotz des Judikates die Forderung dem Beklagten jetzt zu erlassen, und der Beklagte in der Lage ist, solchen Erlaß im Wege der Klage gegen die Klägerin geltend zu machen (§ 686 C.P.O.), ist in diesem Rechtsstreite nicht zu entscheiden. Einen Restitutionsgrund würde der Erlaß nicht herstellen, selbst wenn er nach dem Urteile erfolgt wäre, noch weniger kann der in Aussicht gestellte Erlaß die Restitutionsklage begründen." ...

---

108. 1. Wie ist der Wert des Streitgegenstandes in einem Falle zu bestimmen, wo, nachdem gerichtlich auf Trennung einer Ehe von Tisch und Bett auf unbestimmte Zeit erkannt ist, die Frau von dem Manne für die Dauer der Trennung terminliche Zahlung von Alimentengeldern von einem gewissen Betrage verlangt?

2. Beschwerde der Partei selbst gegen einen auf Grund des § 12 der Gebührenordnung für Rechtsanwälte von ihrem Anwalte erwirkten Beschluß.

3. Kann ein Gericht seinen früheren Beschluß abändern, nachdem eine gegen denselben eingelegte einfache Beschwerde in der höheren Instanz zurückgewiesen ist?

4. Abänderung eines Beschlusses, durch welchen eine Beschwerde zurückgewiesen ist, durch das Gericht der höheren Instanz selbst auf Gegenvorstellung der Partei.

VI. Civilsenat. Beschl. v. 13. April 1896 i. S. St. Ehefr. (Kl.) w. St. (Bekl.) Beschw.-Rep. VI. 50/96.

I. Landgericht Hamburg.
II. Oberlandesgericht daselbst.

Gründe:

„Es handelt sich hier um die Festsetzung des Streitwertes für einen Prozeß, in welchem die von Tisch und Bett auf unbestimmte Zeit vom Beklagten rechtskräftig geschiedene Klägerin auf Zahlung von 110 ℳ wöchentlicher Alimentengelder für die Zeit der Trennung geklagt hatte, während der Beklagte nur 50 ℳ wöchentlich zugestehen wollte. Das Landgericht ... setzte durch Beschluß vom 21. April 1894 den Wert auf 5200 ℳ, als den zweijährigen Betrag der Differenz, die es dabei irrtümlich zu 50 ℳ, statt zu 60 ℳ, wöchentlich annahm, fest, erhöhte aber auf von den Rechtsanwälten Dr. F. und Dr. Kr. als Anwälten der Klägerin eingelegte Beschwerde nach Maßgabe von § 534 C.P.O. diese Festsetzung durch Beschluß vom 25. Mai 1895 auf 32500 ℳ, indem es nun für die Wertbemessung den § 9 C.P.O. zu Grunde legte. Die hiergegen von der Klägerin selbst durch andere Anwälte erhobene Beschwerde wurde am 18. Dezember 1895 vom ... Oberlandesgerichte als unbegründet zurückgewiesen. Nachdem jedoch inzwischen in einer anderen Streitsache derselben Parteien das Reichsgericht am 16. Dezember 1895 einen Beschluß (Beschw.-Rep. VI. 191/95) erlassen hatte, wonach in einem Falle dieser Art der § 9 C.P.O. nicht zur Anwendung zu bringen sei, sondern eine freie, und zwar dann naturgemäß niedrigere, Schätzung des Wertes nach Maßgabe von § 3 daselbst einzutreten habe, wandte sich die Klägerin mit einer neuen Eingabe an das Landgericht, in welcher sie darauf antrug, nunmehr nach Maßgabe des § 16 G.K.G. den Streitwert wiederum auf nur 5200 ℳ festzusetzen. Das Landgericht erklärte aber durch Beschluß vom 8. Februar 1896, nach Bestätigung seines Beschlusses vom 25. Mai durch das Oberlandesgericht nicht mehr in der Lage zu sein, den Wert anderweitig festsetzen zu können. Es folgte eine Eingabe der Klägerin an das Oberlandesgericht, mit dem prinzipalen Antrage, unter Aufhebung des Beschlusses des letzteren vom 18. Dezember 1895 den vom Landgerichte am 21. April 1894 erlassenen Beschluß wiederherzustellen, also den Streitwert wieder auf 5200 ℳ herabzusetzen, unter Hinzufügung der eventuellen Bitte, die Eingabe als Beschwerde gegen den landgerichtlichen Beschluß vom 8. Februar 1896 aufzufassen und von diesem Standpunkte aus zu dem gleichen Ergebnisse zu gelangen. Das Oberlandesgericht hat nun durch Beschluß vom 19. Februar 1896 „auf die Beschwerde der Klägerin" den landgerichtlichen Beschluß vom 5. Februar 1896 aufgehoben und unter Abänderung des landgerichtlichen Beschlusses vom 25. Mai 1895 den Wert des Streitgegenstandes anderweitig auf 6240 ℳ festgesetzt, indem es die richtige Differenz von 60 ℳ wöchentlich zu Grunde legte und hiernach den zweijährigen Betrag berechnete.

Die hiergegen von den Rechtsanwälten Dr. F. und Dr. Kr. erhobene Beschwerde ist nach § 12 der Gebührenordnung für Rechtsanwälte in Verbindung mit § 531 Abs. 2 C.P.O. zulässig, da als Beschlüsse der vorigen Instanzen hier nur der des Landgerichtes vom 25. Mai 1895 und der den Streitwert auf den Antrag der Klägerin herabsetzende des Oberlandesgerichtes vom 19. Februar 1896 in Betracht kommen, mithin für die jetzigen Beschwerdeführer ein neuer selbständiger Beschwerdegrund gegeben ist. Für begründet konnte die Beschwerde aber nicht erachtet werden.

Daran zuvörderst ist, wie schon zur Beschwerdesache VI. 191/95 vom Reichsgerichte ausgeführt ist, nicht zu zweifeln, daß eine Partei, deren Anwalt in seinem eigenen Namen eine Erhöhung des festgesetzten Streitwertes beantragt und erwirkt hat, dadurch nicht behindert ist, wie dies hier die Klägerin gethan hat, ihr eigenes entgegengesetztes Interesse mittels gerichtlicher Anträge zu verfolgen. Nun ist zwar die von der Klägerin gegen den landgerichtlichen Beschluß vom 8. Februar 1896 gerichtete eventuelle Beschwerde vom Oberlandesgerichte in dem jetzt angefochtenen Beschlusse mit Unrecht als begründet behandelt worden; denn dem Landgerichte ist darin beizustimmen, daß es, nachdem sein Beschluß vom 25. Mai 1895 trotz dawider erhobener Beschwerde die Bestätigung des Oberlandesgerichtes gefunden hatte, behindert war, selbst nun wieder eine abweichende Wertfestsetzung zu treffen. Aber die Klägerin hatte ja in erster Reihe auch gar nicht eine solche Beschwerde eingelegt, sondern vielmehr auf Abänderung des Beschlusses des Oberlandesgerichtes vom 18. Dezember 1895 angetragen, durch welchen jene ihre frühere Beschwerde gegen den Beschluß des Landgerichtes vom 25. Mai 1895 als unbegründet verworfen worden war. Eine solche Gegenvorstellung war, obgleich eine weitere Beschwerde gegen den Beschluß vom 18. Dezember 1895 nach § 531 Abs. 2 C.P.O. unzulässig gewesen sein würde, doch nicht ausgeschlossen, und das Oberlandesgericht nach Analogie des § 534 daselbst nicht behindert, ihr zu entsprechen.

Vgl. Entsch. des R.G.'s in Civils. Bd. 33 S. 377 flg.

Der Sache nach hat es ihr auch entsprochen, nur mit der Einschränkung, daß es den Wert nicht auf 5200 ℳ, sondern nur auf 6240 ℳ herabgesetzt hat, und die Aufhebung des landgerichtlichen Beschlusses vom 8. Februar 1896 hat, wenn diese Herabsetzung materiell zu billigen ist, daneben sachlich keine selbständige Bedeutung zum Nachteile der jetzigen Beschwerdeführer und kann daher für sich allein nicht zur Aufhebung des jetzt angefochtenen Beschlusses führen.

Was aber die Wertfestsetzung selbst anlangt, so mußte dem letzten Beschlusse des Oberlandesgerichtes grundsätzlich beigetreten werden. Der jetzt beschließende Senat des Reichsgerichtes hat zwar früher, in der Sache L. wider L., Beschw.-Rep. VI. 100/94, den Wert der zwischen auf unbestimmte Zeit von Tisch und Bett geschiedenen Eheleuten für die Dauer der Trennung streitigen Alimente, unter Anwendung des § 9 C.P.O., nach dem zwölfundeinhalbfachen Jahresbetrage festgesetzt; anders aber hat er diese Frage schon in dem früheren Prozesse der jetzigen Parteien, Beschw.-Rep. VI. 191/95, aufgefaßt, und an dieser letzteren Auffassung muß er auch jetzt, nach abermaliger Erwägung der in Betracht kommenden Gründe, festhalten. Allerdings wäre bei streng wörtlicher Auslegung jener § 9 auch auf einen Fall der vorliegenden Art anwendbar; auch betrifft der Beschluß der vereinigten Civilsenate vom 8. Juli 1889,

vgl. Entsch. des R.G.'s in Civils. Bd. 24 S. 373 flg.,

welcher die Anwendung des § 9 auf einen Streit über die Alimentation der Ehefrau durch den Ehemann während der Dauer des für die Zeit des Scheidungsprozesses gerichtlich gestatteten Getrenntlebens ausschließt, unmittelbar eben nur diesen Fall, nicht auch einen Fall von der Art des gegenwärtigen. Aber die dort aufgestellten Grundsätze treffen auch bei einem Streite um Alimentengewährung während der Dauer einer auf unbestimmte Zeit erkannten Trennung von Tisch und Bett zu, indem es auch hier nach der Natur dieses Rechtsinstitutes mindestens höchst unwahrscheinlich ist, daß das streitige Bezugsrecht sich auf $12^1/_2$ Jahre werde erstrecken können: daher hat auch hier bei der Bestimmung des Streitwertes das freie richterliche Ermessen des § 3 C.P.O. einzutreten. Damit ist wohl vereinbar, daß in einem Falle, wo es sich nicht um das Rechtsinstitut der gerichtlichen zeitweiligen Ehetrennung, sondern um eine bis auf weiteres rechtlich nicht zu beseitigende bloß thatsächliche Trennung der Ehe von unbestimmter Dauer handelt, wie es in der preußischrechtlichen, vom IV. Civilsenate des Reichsgerichtes entschiedenen Sache Rep. IV. 165/91 der Fall war, die Bestimmung des Streitwertes nach Maßgabe des § 9 C.P.O. vorgenommen werde.

Für den vorliegenden Fall erschien nun nach freiem richterlichen Ermessen der Wertansatz des Oberlandesgerichtes keinesfalls als zu niedrig, und es war daher die Beschwerde zurückzuweisen." ...

---

109. Ist gegen eine Eintragung in die Konkurstabelle die Restitutionsklage zulässig? Frist für die Erhebung dieser Klage.

III. Civilsenat. Urt. v. 17. April 1896 i. S. der Stef. Konkursmasse (Kl.) w. J. & A. (Bekl.) Rep. III. 3/96.

I. Landgericht Güstrow.
II. Oberlandesgericht Rostock.

Gegen die von der beklagten Firma im Konkursverfahren des St. mit dem Vorrechte der Dotalforderungen angemeldete Forderung von 39500 ℳ wurde von keiner Seite Widerspruch erhoben, worauf in die Konkurstabelle eingetragen wurde: festgestellt zum Betrage von 39500 ℳ mit dem beanspruchten Vorrechte. Nachdem der Konkursverwalter diese Eintragung, soweit sie für die festgestellte Forderung ein Vorrecht über den Betrag von 15000 ℳ hinaus anerkennt, mit der Restitutionsklage aus § 543 Ziff. 7b C.P.O. ohne Erfolg angefochten hatte, hat er die gegenwärtige, am 14. Juni 1894 zugestellte Restitutionsklage mit demselben Antrage erhoben. Er macht geltend, daß er von den mit der Klage überreichten Schuld-, Cessions- und Agnitionsurkunden erst am 20. Mai 1894 durch Mitteilung von Abschriften Kenntnis erlangt habe, und daß er, falls er diese Urkunden schon im Prüfungstermine gekannt hätte, dem von der Beklagten für ihre ganze Forderung beanspruchten Vorrechte über den Betrag von 15000 ℳ hinaus jedenfalls widersprochen haben würde. Nach dem Urteile des Landgerichtes wird die Feststellung, soweit sie ein Vorrecht für die festgestellte Forderung über den Betrag von 15000 ℳ hinaus anerkennt, aufgehoben, wenn der Kläger schwört: es ist nicht wahr, daß ich die in der Klageschrift in Bezug genommenen Urkunden vor dem 20. Mai 1894 zu benutzen imstande gewesen bin. Die Berufung der Beklagten ist erfolglos geblieben, und die von ihr gegen das Berufungsurteil eingelegte Revision ist zurückgewiesen worden aus folgenden

Gründen:

... „Die Revision hält die Restitutionsklage gegen Feststellungen in der Konkurstabelle überhaupt für unzulässig und macht gegen die Anwendung des § 543 Ziff. 7b C.P.O. geltend, daß von einer früheren Entscheidung nicht die Rede sein könne, und die später aufgefundene Urkunde an der Auffassung des Konkursrichters nichts geändert haben würde, höchstens an der Erklärung des Verwalters, eines Gläubigers oder des Gemeinschuldners, was für die Restitutionsklage nicht maßgebend sei; so wenig gegen ein Anerkenntnisurteil nach § 278 C.P.O. eine Restitutionsklage zulässig sei, so wenig sei auch Raum für diese Klage gegen Feststellungen zur Konkurstabelle.

Der Revision muß zugegeben werden, daß sich für die Zulässigkeit der Restitutionsklage gegen eine Eintragung in die Tabelle keine Bestimmung der Civilprozeßordnung anführen läßt, und daß die Nichtbestimmung eines Gerichtsstandes für Klagen gegen Eintragungen in § 547 C.P.O. sogar gegen die Zulässigkeit zu sprechen scheint. Auch die Konkursordnung enthält eine ausdrückliche Bestimmung über die Statthaftigkeit der Restitutionsklage nicht. Wenn aber nach § 133

Abs. 2 K.O. die Eintragung in die Tabelle rücksichtlich der festgestellten Forderungen ihrem Betrage und ihrem Vorrechte nach wie ein rechtskräftiges Urteil gegenüber allen Konkursgläubigern gilt, so bietet diese gesetzliche Gleichstellung der Eintragung mit einem rechtskräftigen Urteile eine genügende Grundlage für die Zulassung der Restitutionsklage, so weit sie nicht durch die Natur des Konkursverfahrens von selbst ausgeschlossen wird.

Das praktische Bedürfnis, welches für gewisse Fälle zur Zulassung der Restitutionsklage gegen rechtskräftige Urteile geführt hat, besteht auch gegenüber Eintragungen nicht bestrittener Forderungen, und dieses Bedürfnis kann sich insbesondere auch nach Auffindung von Urkunden geltend machen, die die Aufrechthaltung der Feststellung der Forderung bezw. des Vorrechtes als eine schwere Beeinträchtigung der übrigen Konkursgläubiger erscheinen lassen. Es haben daher auch fast sämtliche Schriftsteller über die Konkursordnung die Restitutionsklage gegen Eintragungen im Prinzipe anerkannt. Was den Restitutionsgrund aus § 543 Ziff. 7 anlangt, so ist es zwar richtig, daß sich dieser Grund Eintragungen gegenüber nicht unmittelbar anwenden läßt, weil die Eintragung in die Tabelle nicht eine Entscheidung des Konkursrichters über Bestand und Vorrecht der angemeldeten Forderung ist, die Forderung vielmehr mit dem beanspruchten Vorrechte schon beim Ausbleiben eines Widerspruches als festgestellt gilt, und die Eintragung an sich nur die Beurkundung des Ergebnisses der Prüfungsverhandlung, nicht ein auf richterlicher Prüfung und Überzeugung beruhender Akt ist. Wenn aber hiernach allein die Unterlassung des Widerspruches zur Feststellung und zu der wie ein rechtskräftiges Urteil wirkenden Eintragung führt, so ist auch eine entsprechende Anwendung jenes Restitutionsgrundes dahin zulässig, daß die Klage sich gegen die Unterlassung des Widerspruches richtet und ausführt, daß Widerspruch erfolgt sein würde, wenn die neuen Urkunden im Prüfungstermine hätten benutzt werden können. Ob gegen ein Anerkennungsurteil aus § 278 C.P.O. eine Restitutionsklage zulässig ist, bedarf keiner Entscheidung; hier genügt die Bemerkung, daß die Voraussetzungen für das Anerkenntnisurteil andere sind als für die Eintragung; jenes ergeht auf Grund einer Disposition des Beklagten, der Anerkennung des Klaganspruches, diese erfolgt beim Ausbleiben eines Widerspruches.

Was das Verhalten des Klägers im Prüfungstermine und die Bedeutung der neuen Urkunden anlangt, so hat das Berufungsgericht ausgeführt, daß der Kläger im Termine gegenüber der auf das Vorrechtsregister gestützten Anmeldung der Beklagten keinen Grund zur Bestreitung der Forderung und des in Anspruch genommenen Vorrechtes gehabt hat, daß er aber widersprochen haben würde, wenn ihm schon damals die jetzt zur Frage stehenden Schuldverschreibungen, Cessions- und Agnitionsurkunden vorgelegen hätten. Ein Rechtsirrtum in diesen Erwägungen ist nicht ersichtlich.

Die von der Revision aufrecht erhaltene exceptio rei judicatae ist unbegründet. Der Vorprozeß war auf ganz andere Urkunden gestützt und hat nur den auf diese Urkunden gestützten Restitutionsanspruch erledigen können. Die jetzige Klage ist auch nicht, wie die Revision unter Berufung auf § 549 C.P.O. auszuführen sucht, aus dem Grunde versäumt, weil in den Vorprozessen der damalige Prozeßvertreter des jetzigen Klägers Kenntnis von den jetzt zur Frage stehenden Urkunden gehabt hat. Die Frist für die Erhebung der jetzigen Klage hat erst mit dem Tage beginnen können, an welchem der jetzige Kläger selbst von den neuen Urkunden Kenntnis erhalten hat und zu ihrer Benutzung imstande gewesen ist. Nur die Kenntnis eines Generalbevollmächtigten würde dem Kläger präjudiziert haben. Daß aber der Prozeßbevollmächtigte des Klägers in den Vorprozessen zugleich sein Generalbevollmächtigter für alle ihm aus seiner Stellung als Konkursverwalter erwachsenen Rechte und Pflichten gewesen ist, liegt nicht vor. Soweit es sich um Wahrung der Notfrist aus der Person des Klägers handelt, sind die Angaben des Klägers über die Erlangung des Besitzes der neuen Urkunden nach Annahme des Landgerichtes durch die Beweiserhebung soweit unterstützt worden, daß das Landgericht ihm über seine Behauptung, daß er die Urkunden vor dem 20. Mai 1894 nicht habe benutzen können, den richterlichen Eid anvertraut hat. Das Berufungsgericht aber ist insoweit den landgerichtlichen Erwägungen beigetreten. Die Eidesnorm ist allerdings in ihrer Anlehnung an § 543 Ziff. 7 sehr allgemein, kann aber nach der Sachlage für prozessualisch unzulässig nicht erachtet werden." ...

110. Verteilungsverfahren; ist gegen die Widerspruchsklage (§ 765 C.P.O.) die Einrede der Rechtshängigkeit zulässig auf Grund eines vor einem anderen Gerichte anhängigen Verfahrens über dieselbe Streitfrage?

V. Civilsenat. Urt. v. 18. April 1896 i. S. B. (Bekl.) w. Fl. (Kl.) Rep. V. 376/95.

I. Landgericht II Berlin.
II. Kammergericht daselbst.

Auf dem Grundstücke des C. in Schöneberg bei Berlin, das auf Betreiben des Klägers am 6. Juli 1894 in Zwangsversteigerung gekommen war und am 10. Dezember 1894 dem Kläger zugeschlagen worden ist, stand hinter einer Hypothek des Klägers von 20229,50 ℳ für die Baugesellschaft Bellevue eine Baugelderhypothek von 125000 ℳ eingetragen, der vom Kläger die Priorität zum Betrage von 82000 ℳ eingeräumt worden war, auf die jedoch bis dahin erst 64380 ℳ Baugelder gezahlt waren. Als nun am 2. November 1894 der Beklagte den Anspruch des C. an die Baugesellschaft Bellevue auf Cession oder Löschung der überschießenden 17620 ℳ in Höhe von 6000 ℳ nebst Zinsen und Kosten hatte pfänden und sich zur Einziehung überweisen lassen, erhob der Kläger am 14. Dezember 1894 beim Landgerichte I Berlin eine Klage mit dem Antrage: den Beklagten zu der Anerkennung zu verurteilen, daß Kläger wegen seiner Hypothek von 20229,50 ℳ ein Recht auf vorzugsweise Befriedigung vor dem Beklagten aus dem vom Kläger zu erlegenden Kaufgelde habe. Im Kaufgelderbelegungstermine am 17. Januar 1895 liquidierte der Beklagte seine Forderung im Betrage von 6170 ℳ, verlangte auf Grund des Pfändungs- und Überweisungsbeschlusses vom 2. November 1894 den Vorrang vor der Hypothek des Klägers und drang damit durch. Nach dem aufgestellten Verteilungsplane würde er voll zur Hebung kommen, während der Kläger mit 16025,71 ℳ von seiner Hypothek ausfallen würde. Der Kläger wurde auf seinen Widerspruch vom Subhastationsrichter angewiesen, die Widerspruchsklage zu erheben, und diese Klage hat er in dem gegenwärtigen Prozesse gemäß § 765 C.P.O. und § 113 des Zwangsvollstreckungsgesetzes vom 13. Juli 1883 beim Landgerichte II Berlin angestellt, mit dem schließlichen Antrage: den Beklagten zu verurteilen, darin einzuwilligen, daß, in Anerkennung der Rechtmäßigkeit des vom Kläger erhobenen Widerspruches, der Kläger als Ersteher den von ihm selbst auf seine Hypothek liquidierten Betrag in Höhe von 6170 ℳ übernehme.

Vom Beklagten ist unter Verweigerung der Einlassung zur Hauptsache die Einrede der Rechtshängigkeit vorgeschützt worden, die in erster Instanz für begründet erachtet, in zweiter Instanz jedoch verworfen worden ist. Seine Revision ist zurückgewiesen worden aus folgenden

Gründen:

„Der Berufungsrichter entwickelt zunächst, daß und weshalb er die beim Landgerichte I Berlin schwebende Klage für eine Feststellungsklage, die beim Landgerichte II Berlin angestellte Widerspruchsklage dagegen für eine Leistungsklage halte, und führt dann die Gründe aus, weswegen er der Ansicht beitrete, daß die Feststellungsklage keine Rechtshängigkeit für eine aus demselben Rechtsverhältnisse erhobene Leistungsklage begründe. Für diese Ansicht findet er in der Sachlage des vorliegenden Falles noch eine besondere Stütze, indem die im Verteilungsverfahren gemäß §§ 764 flg. C.P.O. und § 113 des Zwangsvollstreckungsgesetzes vom 13. Juli 1883 anzustellende Widerspruchsklage sich nach Voraussetzungen und Wirkungen als ein von der Feststellungsklage verschiedenes, eigenartiges Rechtsmittel darstelle.

Die letztere Erwägung trifft zu und rechtfertigt die getroffene Entscheidung; es braucht deshalb auf jene anderen Erörterungen des Berufungsurteiles nicht eingegangen zu werden. In den erwähnten Gesetzesbestimmungen ist die Erhebung der Widerspruchsklage zwingend als einziges Mittel zur Anfechtung des Verteilungsplanes und unter Begründung eines ausschließlichen Gerichtsstandes bei dem Verteilungsgerichte selbst oder bei dem Landgerichte, in dessen Bezirke das Verteilungsgericht liegt, vorgeschrieben worden. Sie mag, was hier dahingestellt bleiben kann, durch eine schon vorher bei dem hiernach zuständigen Gerichte erhobene Klage unter Umständen ersetzt werden können, aber sie kann nicht durch eine Klage vor einem unzuständigen Gerichte ersetzt werden. Ob der Fortgang eines solchen anhängigen Prozesses durch die neu erhobene Widerspruchsklage beeinflußt werde, steht nicht zur Frage; auch kann nach Lage der Sache unerörtert bleiben, ob und wie ein etwa in jenem schon anhängigen Prozesse demnächst ergehendes rechtskräftiges Urteil in dem Widerspruchsprozesse verwertet werden könnte. Es handelt sich hier lediglich um die Frage, ob die Widerspruchsklage durch die bloße Rechtshängigkeit einer anderen Klage vor einem für die Widerspruchsklage nicht zuständigen Gerichte ausgeschlossen werde, und diese Frage ist zu verneinen. Der widersprechende Gläubiger hat ein gesetzlich gewährleistetes Recht, den Verteilungsplan anzufechten, um eine andere Verteilung herbeizuführen; und dieses Rechtes ist er nicht durch die bloße Thatsache verlustig gegangen, daß schon vorher, sei es von ihm oder vom Gegner, ein Rechtsstreit in derselben Sache vor einem Gerichte anhängig gemacht worden ist, dessen Eingreifen in das Verteilungsverfahren gesetzlich ausgeschlossen ist."

---

111. Muß der Gegner zum Termine geladen werden, wenn das Amtsgericht gemäß Art. 348 H.G.B. angeordnet hat, daß der Zustand der vom Käufer beanstandeten Ware durch Sachverständige festgestellt werde?

II. Civilsenat. Urt. v. 21. April 1896 i. S. K. (Kl.) w. G. (Bekl.) Rep. II. 36/96.

I. Landgericht Mainz.
II. Oberlandesgericht Darmstadt.

Die Entscheidung ist oben unter „Reichsrecht" Nr. 13 S. 46 abgedruckt.

---

112. Sind die ordentlichen Gerichte oder ist die von einem Interessenten um Vermittelung angerufene Generalkommission zuständig, darüber zu entscheiden, ob ein Vorvertrag behufs Bildung eines Rentengutes rechtsunwirksam ist?

Preuß. Gesetz vom 7. Juli 1891 § 12 Abss. 1. 4.

V. Civilsenat. Urt. v. 29. April 1896 i. S. K. (Kl.) w. die Bank Sp. Z. (Bekl.) Rep. V. 335/95.

I. Landgericht Posen.
II. Oberlandesgericht daselbst.

Die Revision des Klägers ist zurückgewiesen worden aus folgenden Gründen:

„Der Streit der Parteien betrifft in jetziger Instanz nur die Zulässigkeit des Rechtsweges. Der Sachverhalt, soweit er hierfür interessiert, ist folgender:

Die Beklagte (Eingetragene Genossenschaft mit beschränkter Haftpflicht) hat mittels Punktation vom 19. Dezember 1893 eine Parzelle ihres Rittergutes M. verkauft, und zwar „zu einem später unter Vorbehalt der Generalkommission in Bromberg vor dem betreffenden Spezialkommissar aufzunehmenden Rentengutsvertrage". Der § 2 besagt, daß die genauere Feststellung des Flächeninhaltes der Parzelle und die Begrenzung des Rentengutes der Spezialkommission vorbehalten bleibt, deren Entscheidung sich die Kontrahenten unterwerfen. Unstreitig hat die Beklagte das Verfahren behufs Bildung des Rentengutes bei der Generalkommission zu Bromberg beantragt. Der Antrag ist angenommen, und das Verfahren schwebt noch.

Mit der gegenwärtigen, vor dem ordentlichen Richter erhobenen Klage hat der Kläger den Vertrag vom 19. Dezember 1893 aus mehreren Gründen als rechtsunwirksam angefochten und beantragt, den Vertrag für ungültig zu erklären und die Beklagte zu verurteilen, gegen Rückgabe des Grundstückes an ihn (Kläger) 3000 ℳ nebst Zinsen zu zahlen und die Fortnahme von Inventarstücken, welche er auf das Gut gebracht hat, zu dulden. Die Beklagte hat den Einwand der Unzulässigkeit des Rechtweges erhoben, weil nur die Generalkommission zur Entscheidung über die Klage zuständig sei.

Der erste Richter hat durch Teilurteil diesen Einwand verworfen und aus einem der vom Kläger geltend gemachten Gründe (Betrug) auf Ungültigkeit des gedachten Vertrages erkannt. Der Berufungsrichter hat dieses Urteil dahin geändert, daß der Kläger mit der Klage, soweit über dieselbe durch das Teilurteil erkannt ist, wegen Unzulässigkeit des Rechtsweges abgewiesen wird. In den Gründen ist ausgeführt, der Vertrag vom 19. Dezember 1893 unterliege, da die Rente auf die Rentenbank überwiesen werden solle, den Vorschriften des Gesetzes vom 7. Juli 1891. Zwar enthalte der § 2 desselben nicht die Abrede über Bildung eines Schiedsgerichtes, aber nach § 12

Abss. 1. 4 fänden auf das Verfahren nach Anrufung der Vermittelung der Generalkommission die für Gemeinheitsteilungen geltenden Vorschriften — mit einigen hier nicht in Betracht kommenden Ausnahmen — Anwendung. Der Berufungsrichter führt näher aus, daß nach diesen Vorschriften die Generalkommission über alle bei Erledigung des Verfahrens zwischen den Interessenten entstehenden Streitigkeiten zu entscheiden habe.

Das Reichsgericht stützt die Zurückweisung der Revision auf folgende Gründe.

Nach § 12 Abs. 1 des Gesetzes, betreffend die Beförderung der Errichtung von Rentengütern, vom 7. Juli 1891 (Preuß. G.S. 1891 S. 279 flg.) erfolgt die Begründung des Rentengutes auf Antrag eines Beteiligten durch Vermittelung der Generalkommission, sofern (§ 1 a. a. O.) die Rente auf die Rentenbank übernommen werden soll. Der Antrag ist (von der Generalkommission) zurückzuweisen, wenn der Begründung rechtliche oder thatsächliche Bedenken entgegenstehen. Sonst hat die Generalkommission den Vertrag über die Begründung des Rentengutes, gegebenenfalls in Verbindung mit dem Vertrage über die Ablösung der Rente, aufnehmen zu lassen und den bestätigten Vertrag dem Grundbuchrichter mit dem Ersuchen um Umschreibung des Eigentumes einzureichen. Danach gebührt die Entscheidung darüber, ob rechtliche oder thatsächliche Bedenken dem bei ihr gestellten Antrage entgegenstehen, der Generalkommission, und eine Nachprüfung derselben durch die ordentlichen Gerichte findet nicht statt. Hier hat der Berufungsrichter als unstreitig bezeichnet, daß von der Beklagten bei der Generalkommission zu Bromberg der Antrag auf Einleitung des Verfahrens behufs Rentengutsbildung gestellt und nicht zurückgewiesen ist, daß vielmehr das Verfahren noch jetzt schwebt. Für diesen Fall bestimmt § 12 Abs. 4 des gedachten Gesetzes:

> Auf das Verfahren und das Kostenwesen finden die für die Gemeinheitsteilungen geltenden Vorschriften mit folgenden (hier nicht interessierenden) Maßregeln Anwendung.

Die Frage, welche richterliche Behörde im vorliegenden Falle darüber zu entscheiden hat, ob der Vertrag vom 19. Dezember 1893 wegen innerer Mängel des Vertragswillens (Betruges) rechtsungültig ist, hängt davon ab, was der Gesetzgeber unter dem Ausdrucke: „Verfahren“ im § 12 Abs. 4 a. a. O. verstanden hat. Wäre nur beabsichtigt, daß die Generalkommission die zur Rentengutsbildung erforderlichen Willenserklärungen der Interessenten entgegenzunehmen und die hierbei etwa erforderliche technische Instruktion nach den bestehenden Gesetzen, insbesondere dem Gesetze vom 18. Februar 1880, auszuführen habe, so würde die Anrufung der ordentlichen Gerichte behufs Entscheidung der materiellrechtlichen Frage über die Rechtsgültigkeit des Vertrages nicht ausgeschlossen sein. Hat der Gesetzgeber dagegen gewollt, daß die Zuständigkeit der Generalkommission in demselben Umfange eintreten soll, in welchem die Auseinandersetzungsbehörden, wie der Berufungsrichter zutreffend ausführt, nach § 7 der Verordnung vom 30. Juni 1834 nicht bloß den Hauptgegenstand der Auseinandersetzung, sondern auch alle anderweitigen zur Herstellung eines geordneten Zustandes erforderlichen Rechtsstreitigkeiten zu entscheiden haben, so ist damit deren Zuständigkeit zur Entscheidung des vorliegenden Rechtsstreites begründet. Für letztere Annahme spricht namentlich die Entstehungsgeschichte des Gesetzes. Die Begründung des § 12 in der Regierungsvorlage hebt die Schwierigkeiten hervor, welche durch Zulassung des ordentlichen Rechtsweges entstehen würden, und weist darauf hin, daß die Generalkommissionen vermöge ihrer Besetzung und Organisation die erforderlichen Kräfte zur Entscheidung der Streitfragen sowohl auf juristischem als technischem Gebiete besitzen, macht auch darauf aufmerksam, daß bereits die §§ 3. 4 des Gesetzes vom 27. Juni 1890 den Generalkommissionen gewisse Befugnisse in dieser Beziehung einräumen.

Vgl. Stenographische Berichte der 3. Session der 17. Legislaturperiode 1890/1891 Bd. 3 S. 1856.

Bei der Beratung des Gesetzes ist von keiner Seite eine Einschränkung der richterlichen Thätigkeit der Generalkommissionen verlangt. Mit Recht wird deshalb von einem Bearbeiter des Gesetzes vom 7. Juli 1891 der Grundsatz aufgestellt: „Die Generalkommission tritt im Laufe des Verfahrens durchgehends an die Stelle der außerhalb eines solchen zuständigen ordentlichen Verwaltungsbehörden und Gerichte, und zwar soweit es sich um Entscheidungen handelt, die zur Durchführung des Verfahrens — erforderlich sind."

Vgl. Peltzer, Die Begründung von Rentengütern 1895 S. 20.

Damit stimmt auch die Äußerung eines anderen Schriftstellers überein, daß die richterliche Entscheidung der Generalkommission eintrete über die Zulässigkeit des Rücktrittes von einem schon geschlossenen Rentengutsvertrage, über den Inhalt und die Wirksamkeit der Vorverhandlungen.

Vgl. Meyn, Die preußischen Rentengutsgesetze S. 40. 37.

Auf demselben Standpunkte steht auch das Erkenntnis des preußischen Gerichtshofes zur Entscheidung der Kompetenzkonflikte vom 10. November 1894.

Vgl. Justizministerialblatt von 1895 S. 343.

Das Reichsgericht ist unter Berücksichtigung dieser Umstände zu der Ansicht gelangt, daß der § 12 Abs. 4 a. a. O. im Sinne der zweiten obengedachten Alternative ausgelegt werden muß." ...

---

113. Zur Abgrenzung der Zulässigkeit eines Teilurteiles.

VI. Civilsenat. Urt. v. 16. April 1896 i. S. A. (Bekl.) w. P. Wwe. (Kl.) Rep. VI. 418/95.

I. Landgericht Bremen.
II. Oberlandesgericht Hamburg.

Die Entscheidung ist oben unter „Gemeines Recht" Nr. 45 S. 172 abgedruckt.

---

114. Steht, wenn die Erlassung des Versäumnisurteiles gegen den säumigen Streitgenossen auf Grund des § 59 C.P.O. abgelehnt, auf Beschwerde des Klägers aber angeordnet ist, gegen diesen Beschluß des Beschwerdegerichtes dem nicht säumigen Streitgenossen die Beschwerde zu?

III. Civilsenat. Beschl. v. 5. Mai 1896 i. S. B. u. Gen. (Bekl.) w. B. (Kl.) Beschw.-Rep. III. 74/96.

I. Landgericht Gießen.
II. Oberlandesgericht Darmstadt.

Gründe:

„Der Kläger hat die beiden Käufer, die ohne Solidarhaft in Anrechnung auf den Kaufpreis die Übernahme von auf dem gekauften Grundstücke ruhenden Hypothekschulden im Kaufvertrage versprochen hatten, auf Schuldbefreiung verklagt. In dem Verhandlungstermine erschien der Beklagte G. nicht, sondern nur der Mitbeklagte B. Gegen ersteren beantragte der Kläger die Erlassung eines Versäumnisurteiles, das jedoch vom Landgerichte auf Grund des § 59 C.P.O. versagt wurde. Dieser Beschluß ist auf die vom Kläger erhobene Beschwerde vom Oberlandesgerichte aufgehoben und das Landgericht angewiesen worden, das Versäumnisurteil gegen den Mitbeklagten G., falls ein sonstiges rechtliches Hindernis nicht entgegenstehe, zu erlassen. Die gegen diesen Beschluß vom Mitbeklagten B. erhobene weitere Beschwerde kann nicht als zulässig angesehen werden, ohne daß es einer Prüfung bedarf, ob ein Fall des § 59 C.P.O. vorliegt.

Aus eigenem Rechte steht dem Mitbeklagten B. die Beschwerde keinesfalls zu, da weder der angefochtene Beschluß gegen ihn ergangen ist, noch das Versäumnisurteil gegen ihn erlassen werden soll. Auch wenn dieses gegen G. ergeht, präjudiziert das dem Beschwerdeführer ebensowenig, wie wenn die von ihm nicht zu hindernde Zurücknahme der Klage gegen G. erfolgte. Es kann sich daher nur fragen, ob B. in Vertretung des im Verhandlungstermine nicht erschienenen Mitbeklagten, falls der § 59 C.P.O. Anwendung fände, zur Erhebung der Beschwerde berechtigt sein würde. Aber auch dies ist zu verneinen. Es kann dahingestellt bleiben, ob die Bestimmung des § 59, daß die säumigen Streitgenossen als durch die nicht säumigen vertreten angesehen werden, so zu verstehen ist, daß die letzteren auch die Sonderrechte der säumigen in deren Vertretung ausüben können, oder nur so beschränkt, daß lediglich zur Herbeiführung der Einheitlichkeit der Entscheidung die Prozeßhandlungen, die die nicht säumigen *für sich* *vornehmen können* und vornehmen, auch für die säumigen Wirkung haben. Denn jedenfalls kann ein Säumiger in Ausübung seiner Rechte nur soweit vertreten werden, als er selbst solche Rechte hat; dem säumigen Mitbeklagten G. aber stand gegen den Beschluß des Oberlandesgerichtes eine Beschwerde nicht zu.

Der § 301 C.P.O. gewährt die Beschwerde nur gegen den Beschluß, durch den der Antrag auf Erlassung des Versäumnisurteiles zurückgewiesen wird; hier war sie nötig, da sonst dem Kläger jedes Rechtsmittel in der Hauptsache fehlen würde. Dagegen giebt es keinen Vorbeschluß und kein Rechtsmittel, wenn das Versäumnisurteil erlassen werden soll; dann steht gegen dieses der Einspruch und nur der Einspruch zu. Hat im Falle der Zurückweisung seines Antrages der Kläger Beschwerde erhoben, so wird in dem weiteren Verfahren der Beklagte gar nicht gehört; er kann Rechtsbehelfe erst gegen das Versäumnisurteil geltend machen, falls ein solches auf Anweisung des Beschwerdegerichtes erlassen wird. Daß dies die Absicht des Gesetzgebers ist, ergiebt sich klar auch aus der Bestimmung des § 301 a. a. O., daß die nicht erschienene Partei zu dem neuen Termine nicht zu laden ist; die Sache soll durch den Beschluß des Beschwerdegerichtes in die Lage des früheren Termines zurückversetzt werden." ...

---

115. Sind Einwendungen des Gemeinschuldners gegen die Inbesitznahme einzelner Vermögensstücke durch den Konkursverwalter im Wege der Einwendung nach § 685 C.P.O. geltend zu machen?

III. Civilsenat. Beschl. v. 19. Mai 1896 i. S. H. (Kl.) w. H.'sche Konkursmasse (Bekl.). Beschw.-Rep. III. 101/96.

I. Landgericht Greifswald.
II. Oberlandesgericht Stettin.

Aus den Gründen:

„Der Beklagte hat in seiner Eigenschaft als Konkursverwalter im Konkurse des Klägers die im Antrage vom 13. Februar 1896 unter Nr. 1—17 bezeichneten Bücher als zur Masse gehörig in Besitz genommen. Der Kläger behauptet, daß diese ihm unentbehrlichen wissenschaftlichen Werke nach § 715 Ziff. 4 C.P.O. der Pfändung nicht unterworfen und nach § 1 K.O. nicht zur Konkursmasse zu ziehen seien, und er hat in der auf Herausgabe der Bücher gegen den Beklagten erhobenen Klage im Antrage vom 13. Februar 1896 gebeten, dem Beklagten bis zur rechtskräftigen Entscheidung der Sache den Verkauf der streitigen Bücher durch einstweilige Verfügung zu untersagen. Der Antrag ist im Beschlusse des Landgerichtes vom 15. Februar 1896 zurückgewiesen, weil angenommen ist, es sei nicht glaubhaft gemacht, daß der Beklagte den klägerischen Anspruch durch Veräußerung der Bücher vereiteln werde. Die hiergegen gerichtete Beschwerde des Klägers ist im angefochtenen Beschlusse des Oberlandesgerichtes mit der Begründung zurückgewiesen, daß die beantragte einstweilige Verfügung überhaupt unzulässig erscheine, da über die Frage, ob gewisse, dem Gemeinschuldner gehörige Gegenstände zur Konkursmasse zu ziehen seien, nicht im Prozeßwege, sondern gemäß § 685 C.P.O. und §§ 65. 66 K.O. im Beschwerdewege zu entscheiden sei.

Die weitere Beschwerde des Klägers erscheint zulässig, da ein neuer Beschwerdegrund darin liegt, daß das Oberlandesgericht die Beschwerde nicht in der Sache geprüft hat, sondern, abweichend vom Landgerichte, das gesamte vom Kläger eingeschlagene Verfahren zur Rückerlangung der von ihm in Anspruch genommenen Sachen für prozessualisch unstatthaft erachtet und von diesem Standpunkte auf die Frage, ob die thatsächlichen Angaben des Klägers glaubhaft gemacht sind, nicht eingegangen ist.

Die weitere Beschwerde muß auch für begründet erachtet werden.

Der vom Oberlandesgerichte für maßgebend erachtete § 685 C.P.O. würde dann zutreffen, wenn der Gemeinschuldner die Herausgabe seines Vermögens an den Konkursverwalter verweigert hätte, und dieser seine ihm durch § 107 K.O. auferlegten Pflichten im Zwangswege gegen ihn zur Durchführung gebracht, mithin auf Grund einer vollstreckbaren Ausfertigung des Eröffnungsbeschlusses sich im Zwangsvollstreckungswege in den Besitz der Masse gesetzt hätte. In solchem Falle hätten Einwendungen gegen einzelne Vollstreckungshandlungen des Gerichtsvollziehers vom Gemeinschuldner nur im Wege der Erinnerung nach § 685 C.P.O. bei dem Vollstreckungsgerichte angebracht werden können.

Vgl. v. Wilmowski-Levy, Konkursordnung § 107 Ziff. 1.

Diesem Falle steht aber derjenige keineswegs gleich, in welchem der Konkursverwalter selbst nach § 107 K.O. die Masse thatsächlich in Besitz genommen und dabei nach Behauptung des Gemeinschuldners ihm auch den Besitz solcher Sachen entzogen hat, welche nicht zur Konkursmasse gehören und daher der Verwaltung und Verwertung für die Gläubiger durch den Konkursverwalter nicht unterliegen. Bezüglich solcher, keinen Teil der Konkursmasse bildenden Vermögensstücke wird die bisherige Dispositionsbefugnis des Gemeinschuldners durch die Konkurseröffnung nicht geändert, und es bleibt ihm unbenommen, seine bezüglichen Rechte gegen Dritte, wie gegen den Konkursverwalter, im ordentlichen Wege Rechtens zur Geltung zu bringen.

Auf solche Sachlage kann der § 685 K.O. auch in Beihalt des § 65 K.O. keine entsprechende Anwendung finden; denn der § 685 a. a. O. bezieht sich auf Vollstreckungshandlungen durch Vollstreckungsorgane, nicht auf den Konkursverwalter und dessen Verwaltungshandlungen. Insoweit aber der Konkursverwalter ohne Zwangsmaßregeln selbst nach § 107 K.O. die Masse in Besitz nimmt, liegt ein Akt der ihm zugewiesenen Verwaltungsthätigkeit vor, bezüglich deren ihm gründsätzlich eine selbständige Stellung zugewiesen ist. Er hat insoweit selbst zu prüfen und zu entscheiden, welche Sachen des Gemeinschuldners er als zur Masse gehörig in Besitz nehmen will, und das Konkursgericht ist wie das Vollstreckungsgericht nicht in der Lage, in die von ihm persönlich getroffenen Maßnahmen im Wege des § 685 C.P.O. einzugreifen." ...

---

116. 1. **Bedeutung der Zustellung des Revisionsurteiles.**

2. **Unterliegt die Entscheidung über die Frage, ob die Urteilszustellung im Sinne eines Landesgesetzes über die Verjährung eine auf den Betrieb der Hauptsache gerichtete Handlung ist, der Revision?**

C.P.O. §§ 283. 286. 288.

Gesetz vom 22. September 1850 für das vorm. Königreich Hannover.

I. Civilsenat. Urt. v. 6. Juni 1896 i. S. R. u. Gen. (Kl.) w. E. (Bekl.) Rep. I. 187/96.

I. Landgericht Stade.
II. Oberlandesgericht Celle.

Die Beklagte ist in drei Instanzen, zuletzt durch Urteil des Reichsgerichtes vom 24. März 1884, verurteilt worden, an die Kläger die Bereicherung aus der Veranstaltung von nach dem Jahre 1876 erschienenen Auflagen des H.'schen Lesebuches zur Hälfte herauszugeben, die Feststellung des Betrages aber weiterem Verfahren vorbehalten.

Die Zustellung des reichsgerichtlichen Urteiles ist an den Prozeßbevollmächtigten der Beklagten am 12. April 1884 erfolgt. Am 7. April 1894 haben die Kläger der Beklagten die Aufnahme der Verhandlungen zur Feststellung des Bereicherungsbetrages mit Ladung zu einem Verhandlungstermine vor dem Landgerichte zugestellt. Der erste Richter hat die Beklagte zur Zahlung von 11049,63 ℳ samt Zinsen verurteil; auf die Berufung der Beklagten aber ist die Klage abgewiesen worden. Auf die Revision der Kläger ist dieses Urteil aufgehoben worden aus folgenden

Gründen:

„Das Reichsgesetz über das Urheberrecht vom 11. Juni 1870 enthält keine Bestimmung über die Unterbrechung der dort geordneten dreijährigen Verjährung des Anspruches auf die Bereicherung (§§ 18. 33 flg.). Die Unterbrechung und der weitere Lauf der Verjährung nach eingetretener Unterbrechung beurteilen sich also nach dem maßgebenden Landesrechte, hier dem Gesetze des vormaligen Königreiches Hannover vom 22. September 1850. Nach § 8 dieses Gesetzes beginnt nach erfolgter Unterbrechung eine neue Verjährung. Ist die Verjährung durch Erhebung eines Rechtsstreites vor dem zuständigen Gerichte unterbrochen, so tritt jedesmal die ordentliche zehnjährige Verjährungsfrist ein. Dieselbe beginnt mit der letzten auf den Betrieb der Hauptsache gerichteten Handlung. Das Oberlandesgericht erachtet danach die von der Beklagten vorgeschützte Einrede der Verjährung für begründet und weist die Klage wegen eingetretener Verjährung ab, weil zwischen der Eröffnung des reichsgerichtlichen Urteiles vom 24. März 1884 und der Zustellung der Aufnahmeerklärung vom 7. April 1894 ein mehr als zehnjähriger Zeitraum liege. Die Revisionsbeklagten erachten diesen Ausspruch mit Unrecht für irrevisibel. Denn das Berufungsgericht wendet mit diesem Ausspruche keineswegs das angezogene hannoversche Gesetz allein an. Aus demselben ergiebt sich nicht, was als eine auf den Betrieb der Hauptsache eines anhängigen Civilprozesses gerichtete Handlung anzusehen ist. Das kann nur aus dem maßgebenden Civilprozeßgesetze entnommen werden. Und da der zwischen den Parteien geführte Civilprozeß nach der Reichscivilprozeßordnung verhandelt ist und zu verhandeln war, insonderheit in der Revisionsinstanz vor dem Reichsgerichte, so war die Reichscivilprozeßordnung für die Beurteilung der Frage maßgebend, ob die Zustellung des reichsgerichtlichen Urteiles, welche der Prozeßbevollmächtigte der Kläger gemäß § 288 C.P.O. an den Prozeßbevollmächtigten der Beklagten gemäß § 162 C.P.O. vorgenommen hat, als eine auf den Betrieb der Hauptsache gerichtete Handlung anzusehen ist. Denn jene Zustellung liegt innerhalb des zehnjährigen Zeitraumes.

Das Reichsgericht steht nicht an, abweichend von dem Oberlandesgerichte, jene Frage zu bejahen. Denn die Zustellung eines Urteiles ist kein außerprozessualischer Akt, sondern sie gehört nach dem Systeme der Civilprozeßordnung zum Prozesse. Indem die Partei nach Vorschrift der Civilprozeßordnung die Zustellung des Urteiles betreibt, betreibt sie eben damit den anhängigen Prozeß. Allerdings ist das Urteil damit erlassen, daß es verkündet ist. Die Befugnis einer Partei, auf Grund eines verkündeten Urteiles das Verfahren fortzusetzen oder von dem Urteile in anderer Weise Gebrauch zu machen, ist von der Zustellung an den Gegner nicht abhängig, soweit die Civilprozeßordnung nicht ein anderes bestimmt (§ 283), und mit der Verkündung eines Revisionsurteiles wird das, was das Reichsgericht entscheidet, rechtskräftig. Aber das Urteil kann verkündet werden, ohne daß es in vollständiger Form abgefaßt war (§ 286), und erst von dem schriftlich abgefaßten und unterschriebenen Urteile können Ausfertigungen behufs einer Zustellung erteilt werden (§ 288). Darauf aber, daß die Gegenpartei durch sie eine Ausfertigung des Urteiles mittels Zustellung erhält, hat jede Partei ein Recht. Denn dadurch wird der Gegenpartei eine der Aufbewahrung fähige urkundliche Darstellung der richterlichen Entscheidung, die für das durch den Inhalt des Urteiles zwischen den Parteien festgestellte Rechtsverhältnis maßgebend ist, in die Hand gegeben; und die Gegenpartei und ihre Rechtsnachfolger werden dadurch in den Stand gesetzt, sich dauernd dem richterlichen Urteile entsprechend der Partei gegenüber zu verhalten.

Die schriftliche Ausfertigung des Urteiles und ihre Zustellung sind also sehr bedeutungsvolle civilprozessualische Akte, welche der Verkündung des Urteiles nachfolgen. Dem mündlich verkündeten Urteile wird dadurch seine Wirksamkeit zwischen den Parteien unabhängig von der Aufbewahrung der Akten bei Gericht, und ohne daß die Parteien genötigt werden, in späteren Zeitpunkten Einsicht von den Akten an Gerichtsstelle zu nehmen, gesichert. Die für die Regel in die Hand der Partei gelegte Zustellung des Urteiles, auch des Revisionsurteiles, ist also im Sinne der Civilprozeßordnung als eine auf den Betrieb der Hauptsache gerichtete Handlung anzusehen, ohne daß man darauf zurückzugehen braucht, daß auch gewisse civilprozessualische Handlungen, wie Berichtigungsanträge, Anträge auf Deklarationen u. s. w., nicht vorgenommen werden können, ohne daß eine schriftliche Ausfertigung des Urteiles vorliegt.

Diese Vorschriften der Civilprozeßordnung hat das Berufungsgericht verletzt, und auf dieser Verletzung beruht das Berufungsurteil. Bei richtiger Anwendung derselben war der Verjährungseinrede der Beklagten der Erfolg zu versagen." ...

---

117. Kann ein Beklagter, welcher die Klageforderung bestreitet, eventuell aber Kompensationseinreden erhoben hat, wenn der erste Richter die Klageforderung für begründet, jedoch für durch die Gegenforderung getilgt erachtet und deshalb die Klage abgewiesen hat, Berufung gegen das erste Urteil erheben?

C.P.O. § 293 Abs. 2.

V. Civilsenat. Urt. v. 30. Mai 1896 i. S. Hr. (Bekl.) w. Hn. (Kl.) Rep. V. 383/95.

I. Landgericht Konitz.
II. Oberlandesgericht Marienwerder.

Das Berufungsurteil ist aufgehoben worden aus folgenden, den Sachverhalt ergebenden

Gründen:

„Der Streit der Parteien in jetziger Instanz betrifft nur die Zulässigkeit der Berufung. Die Revision ist also nach § 509 Ziff. 7 C.P.O. zulässig und auch begründet.

Der Sachverhalt, soweit er für die zu treffende Entscheidung in Betracht kommt, ist folgender:

Der Kläger hat zwei ihm gehörige Hausgrundstücke in Berlin

und Lichtenberg durch die Verträge vom $\frac{\text{28. September}}{\text{2. Oktober}}$ 1891 gegen das dem Beklagten gehörige Rittergut Darsen vertauscht. Er behauptet, hierbei vom Beklagten in Höhe von 42788,70 ℳ betrogen zu sein (§§ 87. 88 A.L.R. I. 4), und klagt hiervon im vorliegenden Prozesse 3000 ℳ ein. Der Beklagte hat den Betrug bestritten und deshalb Abweisung der Klage erbeten. Bereits im Laufe der ersten Instanz hat er ferner eventuell mehrere Gegenforderungen, welche Kläger in Höhe von 3000 ℳ anerkennt, zur Aufrechnung gestellt.

Der erste Richter erachtet den Betrug des Beklagten in Höhe von 3000 ℳ für bewiesen, hat jedoch wegen der zur Kompensation gestellten Gegenforderungen die Klage abgewiesen. Vom Beklagten ist Berufung eingelegt, diese jedoch vom zweiten Richter als unzulässig verworfen worden. In den Gründen wird ausgeführt, Beklagter könne sich über das die Klage abweisende erste Urteil nicht beschweren. Eine nur gegen die Gründe der Entscheidung gerichtete Berufung sei unzulässig.

Die Kompensation setzt begrifflich voraus, daß eine Hauptforderung besteht, welche durch die Gegenforderung getilgt werden soll. Bestreitet der Beklagte die Hauptforderung, und wendet er nur eventuell, wie hier, Kompensation ein, so sind sowohl die Haupt- als auch die Gegenforderung im Streite befangen. Wenn in solchem Falle der Richter die Klage abweist, weil er die Hauptforderung für unbegründet erachtet, so wird nur diese Entscheidung rechtskräftig, und es bedarf keiner Entscheidung über die Gegenforderung des Beklagten. Erkennt der Richter dagegen, daß die Hauptforderung begründet sei, so bedarf es einer weiteren Entscheidung über die Gegenforderung, und für diesen Fall bestimmt § 293 Abs. 2 C.P.O.:

> Die Entscheidung über das Bestehen oder Nichtbestehen einer mittels Einrede geltend gemachten Gegenforderung ist der Rechtskraft fähig, jedoch nur bis zur Höhe desjenigen Betrages, mit welchem aufgerechnet werden soll.

Das Urteil ist also in betreff der Entscheidung über beide Forderungen der Rechtskraft fähig, und es tritt für den Beklagten die Folge ein, daß er seine Gegenforderung, soweit sie zur Kompensation verwendet ist, verliert. Das ergäbe sich noch deutlicher, wenn die Urteilsformel dahin gefaßt würde, daß die Hauptforderung zwar begründet, jedoch durch die ebenfalls begründete Gegenforderung getilgt sei, und deshalb die Klage abgewiesen werde. Da eine solche Fassung aber (nach der herrschenden Ansicht) nicht erforderlich ist, muß die Urteilsformel nach den Gründen ausgelegt werden, und wenn sich ergiebt, daß der Richter die Hauptforderung dem Kläger zusprechen will, hieran jedoch durch die begründete Gegenforderung gehindert war, dem Beklagten die Möglichkeit gewährt werden, durch Entscheidung des höheren Richters die Hauptforderung zurückzuweisen und sich die sonst konsumierte Gegenforderung zu erhalten. Daß dieser aus § 293 Abs. 2 C.P.O. folgende Grundsatz nur von der Kompensationseinrede, nicht auch von anderen Einreden gilt, braucht nicht besonders ausgeführt zu werden.

Danach verstößt das hier vorliegende zweite Urteil gegen den § 293 a. a. O., insofern es dem Beklagten die Möglichkeit abschneidet, in zweiter Instanz die Unrichtigkeit des ersten Urteiles über die Betrugsklage auszuführen und damit darzuthun, daß der Fall der eventuell vorgeschützten Kompensation überhaupt nicht vorliegt. Das Urteil muß deshalb aufgehoben und die Sache zur weiteren Verhandlung in die Vorinstanz zurückverwiesen werden.

Mit der vom Reichsgerichte angenommenen Ansicht stimmen überein:

v. Wilmowski-Levy, Kommentar zur C.P.O. § 293 Anm. 4 7. Aufl. S. 526. 527, und Struckmann-Koch, Kommentar zur C.P.O. § 293 Anm. 4 6. Aufl. S. 389; vgl. auch Planck, Lehrbuch des Civilprozeßrechts Bd. 2 S. 50 Anm. 7, und Kohler in Busch, Zeitschr. Bd. 20 S. 1 flg., auch das Urteil des Reichsoberhandelsgerichts in Gruchot, Beiträge Bd. 21 S. 622.

Die vom Berufungsrichter für seine Entscheidung angeführten Urteile des Reichsgerichtes betreffen andere Fälle. In dem Urteile Bd. 10 S. 309 wird ausgesprochen, daß die Berufung unzulässig ist, wenn der erste Richter nur über die Kosten erkannt hat. In dem Urteile Bd. 10 S. 391 ist nur entschieden, daß die Berufung nicht zulässig ist, um neue, in erster Instanz nicht geltend gemachte Ansprüche zu erheben. Endlich gestattet das Urteil Bd. 29 S. 377, daß der Kläger, wenn Berufung seitens des Beklagten eingelegt ist, seinen Klagantrag erweitern darf. Eine dem zweiten Urteile entsprechende Entscheidung des Reichsgerichts ist nicht nachweisbar."

118. Einfluß des Grundbuchrechtes auf die Vollstreckbarkeit eines dinglichen Geldanspruches gegen den Rechtsnachfolger.

V. Civilsenat. Urt. v. 13. Mai 1896 i. S. E. (Kl.) u. A. v. H. (Nebenintervenientin) w. R. (Bekl.) Rep. V. 364/95.

I. Landgericht Görlitz.
II. Oberlandesgericht Breslau.

Die Entscheidung ist oben unter „Preußisches Recht" Nr. 81 S. 308 abgedruckt.

---

119. Beurteilung eines Antrages auf Zwangsvollstreckung nach § 773 C.P.O., wenn der Schuldner zur Rechnungslegung verurteilt ist, unbestritten Rechnung gelegt hat, der Gläubiger aber behauptet, daß diese ungenügend sei, und deshalb Einleitung des Vollstreckungsverfahrens beantragt.

VI. Civilsenat. Beschl. v. 16. Mai 1896 i. S. H. (Gläub.) w. W. Erben (Schuldner). Beschw.-Rep. VI. 72/96.

I. Landgericht Dresden.
II. Oberlandesgericht daselbst.

Aus den Gründen:

„Der Rechtsanwalt W. in Dr. war Verwalter in dem Konkurse, der am 19. März 1893 zum Vermögen H.'s eröffnet und nach Zustimmung der Gläubiger am 6. Dezember 1893 wiedereingestellt worden ist. Während der Dauer des Konkursverfahrens wurde der dem H. gehörige Gasthof ... für Rechnung der Konkursmasse weiter bewirtschaftet. Nach Einstellung des Verfahrens ist der Rechtsanwalt W. auf die Klage H.'s durch in Rechtskraft übergangenes Urteil ... vom 8. November 1894 verurteilt worden, „über die von ihm als Konkursverwalter geführte Verwaltung dem Kläger Rechnung durch Mitteilung einer geordneten Zusammenstellung der Einnahmen und Ausgaben unter Vorlegung der Belege abzulegen".

Am 5. Februar 1895 hat er zu den Akten des Prozeßgerichtes erster Instanz ... eine Abrechnung eingereicht, in welcher, beginnend mit dem 22. Mai und schließend mit dem 8. November 1893, 32 Einnahmeposten im Betrage von zusammen 5542,09 *M* und eine große Zahl Ausgaben im Gesamtbetrage von 5516,69 *M* einzeln aufgeführt sind. Ein Duplikat der Abrechnung ist dem Gläubiger H. übergeben worden; zur Einsichtnahme für ihn sind dem Prozeßgerichte die Handakten W.'s und eine Anzahl Belege überreicht worden; es hat auch der Prozeßvertreter H.'s von den Akten und den Belegen Einsicht genommen.

H. bemängelte die Rechnung bezüglich der Einnahmen und der Ausgaben in einzelnen Punkten; ebenso hielt er die beigebrachten Belege für mangelhaft; vor allem aber rügte er, daß W. die Rechnungslegung nicht auf die „Solleinnahme" erstreckt habe, und stellte Anträge, die auf die Zwangsvollstreckung zur Erzwingung besserer Rechnung abzielten. Bevor eine Entschließung des Gerichtes hierüber erfolgte, starb der Rechtsanwalt W. H. hat nun unter Aufrechterhaltung seiner Ausstellungen gegen die gelegte Rechnung beantragt, die jetzigen Beschwerdeführer als Erben W.'s durch Androhung einer namhaften Geldstrafe zu ordnungsmäßiger Rechnungslegung anzuhalten, eventuell ihn, den Gläubiger, zu ermächtigen, die Vervollständigung der von W. gelegten Rechnung durch einen Dritten auf Kosten der Schuldner vornehmen zu lassen und diese zur Vorauszahlung der Kosten im Betrage von 300 *M* zu verurteilen.

Das Landgericht hat diesen Anträgen stattzugeben nach Gehör der Schuldner abgelehnt, weil dem Urteile vom 8. November 1894 bereits genügt sei. Auf die hiergegen von H. eingelegte Beschwerde ... hat das Oberlandesgericht den landgerichtlichen Beschluß aufgehoben und entschieden: der Einwand der Schuldner, daß ihr Erblasser durch die Rechnung vom 5. Februar 1895 und durch die Niederlegung der dazu gehörigen Belege der ihm durch das Urteil auferlegten Rechnungspflicht genügt habe, werde zurückgewiesen. Im übrigen sind die weiter erforderlichen Anordnungen, sowie die Entscheidung über die Kosten des Beschwerdeverfahrens dem Landgerichte übertragen.

Diese Entscheidung scheint nach Lage der Sache nicht gerechtfertigt.

Allerdings ist, wenn eine Partei zur Rechnungslegung verurteilt ist, der von ihr im Zwangsvollstreckungsverfahren erhobene Einwand, daß sie inzwischen Rechnung gelegt habe, nach § 686 C.P.O. zu beurteilen und demnach nur im Wege der Klage zur Geltung zu bringen.

Vgl. Entsch. des R.G.'s in Civils. Bd. 21 S. 379, Bd. 23 S. 366, Bd. 27 S. 384 flg.

Allein es geht zu weit, wenn das Oberlandesgericht hieraus gefolgert hat, es müsse die Thatsache, daß die Rechnung vom 5. Februar 1895 gelegt ist, bei der Beantwortung der Frage, ob den von H. gestellten Zwangsvollstreckungsanträgen zu entsprechen sei, schlechthin außer Betracht bleiben. Da H., wie es auch nicht wohl anders geschehen konnte, zugiebt, daß der ursprüngliche Schuldner unternommen habe, in der aus jener Rechnung ersichtlichen Weise dem gegen ihn ergangenen Urteile nachzukommen, und nur bestreitet, daß damit alles geschehen sei, was der Schuldner nach dem Urteile zu leisten gehabt habe, so gehen seine Anträge nicht schlechthin auf Vollstreckung des letzteren; sie können vielmehr nur dahin verstanden werden, es sollten die Schuldner im Wege der Zwangsvollstreckung dazu angehalten werden, über dasjenige hinaus, was durch die Rechnungslegung vom Februar 1895 bereits geschehen ist, etwas zu leisten, die Rechnung besser, vollständiger zu legen, als es bisher geschehen ist. Diese Absicht des Gläubigers hat auch in der Fassung der gestellten Anträge — des Haupt- und des Eventualantrages — deutlichen Ausdruck gefunden.

Gegenüber einem solchen Antrage mußte das Vollstreckungsgericht prüfen, ob der Gläubiger nach dem den Schuldtitel bildenden Urteile berechtigt sei, dasjenige, was er über die Rechnungslegung vom Februar 1895 hinaus verlangt, von den Schuldnern zu erzwingen, und mußte, dafern und soweit dies zu verneinen war, die Anträge ablehnen. Die Frage aber, die hiernach vom Vollstreckungsgerichte zu prüfen und zu entscheiden war, fällt mit der, ob durch die Rechnungslegung vom Februar 1895 dem Urteile genügt ist, insofern zusammen, als, wenn die letztere zu bejahen ist, hieraus ohne weiteres folgt, daß es für die über jene bereits bewirkte Rechnungslegung hinausgehenden Leistungen, die H. jetzt allein erzwingen will, an einem entsprechenden Schuldtitel fehlt. Es ist daher, wenn das Landgericht die Frage, ob die nach dem Urteile den Schuldnern obliegenden Leistungen als erfüllt anzusehen seien, erörtert und — in bejahendem Sinne — entschieden hat, nach der Gestaltung des gegenwärtigen Falles hierin nicht eine nach § 686 C.P.O. dem Vollstreckungsgerichte nicht zustehende Entscheidung über den Erfüllungseinwand der Schuldner zu befinden, sondern die Ausübung der jedem zur Zwangsvollstreckung berufenen Organe der Staatsgewalt obliegenden Verpflichtung, zu prüfen, ob der Gläubiger nach dem seinen Anträgen zu Grunde gelegten Schuldtitel ein Recht auf Erzwingung der Leistung habe, auf die seine Anträge abzielen.

Vgl. die Entscheidung des III. Civilsenats des Reichsgerichts in der Juristischen Wochenschrift 1893 S. 184 Nr. 11, auch v. Wilmowski u. Levy, Kommentar zur Civilprozeßordnung 7. Aufl. Anm. 3 zu § 773.

Das Landgericht hat aber auch mit Recht angenommen, daß H. nach dem Urteile vom 8. November 1894 ein Recht auf die von ihm verlangte Verbesserung und Vervollständigung der ihm im Februar 1895 vom Schuldner W. gelegten Rechnung nicht habe." (Dies wird dann im einzelnen ausgeführt.)

---

120. 1. Beginn der Zwangsvollstreckung zur Erwirkung von Unterlassungen.
2. Ist gegen einen nach § 775 Abs. 2 C.P.O. erlassenen Beschluß die Beschwerde zulässig?

VI. Civilsenat. Beschl. v. 25. Juni 1896 i. S. M. (Kl.) w. Verein für Handlungsboten (Bekl.). Beschw.-Rep. VI. 74/96.

I. Landgericht Hamburg.
II. Oberlandesgericht daselbst.

Gründe:

„Es handelt sich darum, ob das Oberlandesgericht die Beschwerde voriger Instanz mit Recht für unzulässig erklärt hat, welche gegen einen nach Maßgabe des § 775 Abs. 2 C.P.O. vom Landgerichte auf Antrag des Klägers erlassenen Strafandrohungsbeschluß gerichtet war. Nach dem hier maßgebenden § 530 C.P.O. wäre denkbarerweise die Zulässigkeit nur so zu begründen, daß die Beschwerde, als eine im Zwangsvollstreckungsverfahren ergangene Entscheidung angreifend, unter den § 701 des Gesetzes fiele. Dies aber hat das

Oberlandesgericht gerade verneint, im Anschlusse an den in den Entsch. des R.G.'s in Civils. Bd. 20 S. 386 flg. abgedruckten Beschluß des Reichsgerichtes, wonach die Zwangsvollstreckung in den Fällen des § 775 C.P.O. erst mit den im Abs. 1 desselben bestimmten gerichtlichen Maßnahmen anfängt, während die in Abs. 2 eventuell vorgesehene besondere Strafandrohung noch nicht zum Zwangsvollstreckungsverfahren gehört. Dem Oberlandesgerichte war nun darin beizustimmen, daß die Unanwendbarkeit des § 701 C.P.O. allerdings mit Notwendigkeit aus der dort vom Reichsgerichte kundgegebenen Rechtsauffassung folge. Die in der Beschwerdeschrift dieser Instanz aufgestellte Unterscheidung, wonach die Strafandrohung, wenn auch noch nicht zur Zwangsvollstreckung, so doch jedenfalls zum Zwangsvollstreckungsverfahren gehören soll, ist — abgesehen davon, daß sie mit der Ausdrucksweise jenes Beschlusses des Reichsgerichtes unvereinbar ist —, obgleich sie auch von Planck, Civilprozeßrecht Bd. 2 § 191 S. 794 flg., gemacht wird, unhaltbar, weil sie sich mit der natürlichen Wortbedeutung in Widerspruch setzt.

Das Reichsgericht muß nun aber ferner auch an seiner in Bd. 20 S. 386 flg. der Entsch. des R.G.'s in Civils. dargelegten Ansicht aus den dort angegebenen Gründen festhalten, obgleich der Feriensenat früher einmal,

vgl. Entsch. des R.G.'s in Civils. Bd. 15 S. 344 flg.,

die Beschwerde gegen eine nach § 775 Abs. 2 C.P.O. erlassene Strafandrohung ohne weiteres stillschweigend als zulässig anerkannt hatte, und obgleich die Richtigkeit jener Ansicht inzwischen,

vgl. H. Meyer in der Zeitschrift für deutschen Civilprozeß Bd. 15 S. 477 flg., das Urt. ebenda Bd. 18 S. 266 und v. Wilmowski u. Levy, Civilprozeßordnung (7. Aufl.) Bd. 2 Bem. 3 zu § 773 S. 1113, Bem. 2 zu § 775 S. 1118 flg. und Bem. 2 zu § 776 S. 1119 flg.,

vereinzelten Widerspruch gefunden hat.

Die jetzige Beschwerde des Beklagten war daher zurückzuweisen." ...

121. Findet der § 657 C.P.O. auch bei Urteilen, die gegen Sicherheitsleistung für vorläufig vollstreckbar erklärt sind, Anwendung?

VI. Civilsenat. Beschl. v. 13. Juli 1896 i. S. St. (Bekl.) w. Aktiengesellschaft für autom. Verkauf (Kl.). Beschw.-Rep. VI. 129/96

I. Oberlandesgericht Naumburg a. S.

Gründe:

„Gegen das Urteil des Landgerichtes vom 24. April 1896, durch welches der Beklagte zur Zahlung von 4400 ℳ nebst Zinsen als Rest des Preises für ein Motorboot verurteilt und das Urteil gegen Sicherheitsleistung im Betrage von 4400 ℳ für vorläufig vollstreckbar erklärt worden ist, hat der Beklagte die Berufung eingelegt. Im Gesuche vom 1. Juli 1896 beantragte er bei dem Berufungsgerichte — dem Oberlandesgericht zu Naumburg a. S. — die Zwangsvollstreckung in das, inzwischen nach Leistung der Sicherheit gepfändete, Motorboot aufzuheben oder wenigstens einzustellen, da eine erneute Beweisaufnahme über die von ihm behaupteten Mängel des Bootes erschwert oder vereitelt werden würde, wenn es zur Versteigerung des Bootes käme. Das Oberlandesgericht hat darauf in dem jetzt angefochtenen Beschlusse angeordnet, daß die Zwangsvollstreckung, soweit sie das gepfändete Motorboot betrifft, bis zur Erlassung des Urteiles in der Berufungsinstanz einstweilen einzustellen sei, sofern der Beklagte dem Gerichtsvollzieher die Leistung einer Sicherheit von 300 ℳ in barem Gelde oder ausreichenden Wertpapieren nachweise.

Die sofortige Beschwerde der Klägerin stützt sich darauf, daß der § 657 C.P.O. ein unbedingt für vorläufig vollstreckbar erklärtes Urteil voraussetze, also ein Fall der Anwendung dieser Bestimmung nicht vorliege, da hier dem Erbieten der Klägerin gemäß die Zwangsvollstreckung von der Sicherheitsleistung der Klägerin abhängig gemacht sei (§ 650 C.P.O.).

Die Beschwerde ist zwar rechtzeitig und formgerecht eingelegt und wird auch, da die Anwendbarkeit der §§ 657. 647 C.P.O. überhaupt in Frage steht, durch § 647 Abs. 2 nicht ausgeschlossen.

Vgl. Beschluß vom 2. Oktober 1886 in Gruchot, Beiträge Bd. 31 S. 106; Entsch. des R.G.'s in Civils. Bd. 25 S. 402.

Sie ist aber unbegründet. Daß sich der § 657 nur auf unbedingt für vorläufig vollstreckbar erklärte Urteile, und insbesondere nicht auf solche Urteile beziehe, die in Gemäßheit des § 650 C.P.O. auf Antrag gegen Sicherheitsleistung für vorläufig vollstreckbar erklärt sind, läßt sich aus dem Gesetze nicht entnehmen.

Vgl. Entsch. des R.G.'s in Civils. Bd. 27 S. 364.

Ein sachlicher Grund für eine solche Unterscheidung ist nicht vorhanden, da auch bei Urteilen der letzteren Art Gründe zur einstweiligen Einstellung der Zwangsvollstreckung, namentlich die Besorgnis eines unersetzlichen Nachteiles, vorliegen können. Die Beschwerde bezieht sich auf einen Beschluß des Oberlandesgerichtes zu Breslau vom 2. Januar 1889 (mitgeteilt in der Zeitschrift der Breslauer Anwaltskammer von 1889 S. 15), in welchem die von der Beschwerde vertretene Ansicht damit begründet wird, daß der Schuldner, wenn er dem gemäß § 650 C.P.O. gestellten Erbieten und Antrage des Gläubigers widersprechen wolle, dies gemäß § 651 daselbst in der Instanz aus dem Grunde eines nicht zu ersetzenden Nachteiles noch vor Schluß der mündlichen Verhandlung thun müsse, womit auch § 652 Abs. 2 C.P.O. in Einklang stehe. Dabei ist aber übersehen, daß die §§ 650 bis 652 zu den die vorläufige Vollstreckbarkeit regelnden Bestimmungen gehören, während es sich im § 657 C.P.O. um die einstweilige Einstellung der Zwangsvollstreckung aus einem für vorläufig vollstreckbar erklärten Urteile handelt, die dort selbständig geregelt ist. Die Beschwerde war daher zurückzuweisen."

---

122. Sind, wenn ein Schiedsrichter nach Unterzeichnung des Schiedsspruches, jedoch vor dessen Zustellung an die Parteien und der Hinterlegung bei Gericht, seine weitere Mitwirkung versagt, die anderen Schiedsrichter ohne weiteres zum Vollzuge dieser Förmlichkeiten berechtigt?

I. Civilsenat. Urt. v. 15. Januar 1896 i. S. J. & Th. (Bekl.) w. R. & Co. (Kl.) Rep. I. 305/95.

I. Landgericht Hamburg.
II. Oberlandesgericht daselbst.

Die von den Parteien gewählten Schiedsrichter und der von diesen erwählte Obmann hatten am 26. Juli 1894 einen Schiedsspruch gefällt und unterschrieben. Am 14. August teilte der von der Klägerin ernannte Schiedsrichter den Parteien und den beiden anderen Schiedsrichtern mit, daß er vom Schiedsrichtervertrage zurücktrete und jede weitere Thätigkeit in dieser Angelegenheit verweigere. Gleichwohl ließen der Obmann und der andere Schiedsrichter den Schiedsspruch (auch im Namen des Zurückgetretenen) zustellen und bei Gericht hinterlegen. Das Berufungsgericht hat angenommen, daß hierdurch die gesetzlichen Förmlichkeiten erfüllt seien. Dieses Urteil ist aufgehoben worden aus folgenden

Gründen:

„Die Begründung, mit der die Klage — weil bereits ein rechtsgültiger Schiedsspruch vorliege — abgewiesen worden ist, beruht auf Gesetzesverletzung. Das Berufungsgericht erkennt an, daß zu den wesentlichen Erfordernissen eines Schiedsspruches die Zustellung desselben an die Parteien und die Niederlegung auf der Gerichtsschreiberei des zuständigen Gerichtes gehören. Erst durch die Zustellung wird der Spruch den Parteien kundgegeben; die Zustellung und Hinterlegung bieten eine Garantie für die Authentizität des Schiedsspruches und konstatieren in geeigneter Weise den formellen Abschluß des Verfahrens.

Vgl. Motive zu § 806 C.P.O., Entsch. des R.G.'s in Civils. Bd. 5 S. 400, Bd. 18 S. 370.

Diese Akte müssen daher, wie das Berufungsgericht anerkennt, mit dem Willen *sämtlicher* Schiedsrichter vollzogen werden. Daraus folgt allerdings nicht, daß bei Beauftragung des Gerichtsvollziehers und der Hinterlegung sämtliche Schiedsrichter thätig zu sein haben; vielmehr muß es genügen, wenn der oder die Schiedsrichter, welche die Handlungen vorgenommen, im Auftrage der übrigen gehandelt haben. Eine Vermutung für solche Ermächtigung kann auch aus der Thatsache der Unterzeichnung des Schiedsspruches hergeleitet werden, jedoch, wie in mehrfachen Entscheidungen des Reichsgerichtes hervorgehoben ist, nur, *soweit die Umstände nicht für das Gegenteil sprechen*.

Vgl. *Bolze*, Bd. 4 Nr. 1568; Jurist. Wochenschrift 1887 S. 206 Nr. 10, 1895 S. 225 Nr. 12.

Im vorliegenden Falle ist aber gegen den Inhalt der Zustellungsurkunden nicht bloß der Beweis erbracht, daß Schiedsrichter B. nach Fällung und Unterzeichnung des Schiedsspruches und vor der Zustellung und Hinterlegung den Auftrag, der aus seiner Unterschrift gefolgert werden könnte, widerrufen hat, sondern vielmehr auch der Beweis, daß er durch sein Verhalten und seine Erklärungen unzweideutig zu erkennen gegeben hat, daß der Schiedsspruch keine weitere Wirkung äußern, derselbe in seinem Namen den Parteien nicht zugestellt werden solle. Aus dem vorgelegten Proteste geht hervor, daß der Obmann und der andere Schiedsrichter den H. B. am 14. August 1894 notariell auffordern ließen, drei Ausfertigungen des Schiedsspruches in seiner Eigenschaft als Schiedsrichter zu unterschreiben, B. jedoch schließlich am gleichen Tage dem Notar Abschrift seines an die Parteien und die Schiedsrichter gerichteten Briefes mit der Erklärung mitgeteilt hat, daß er die Schriftstücke nicht mehr unterschreiben könne. In dem erwähnten Briefe hat B. nicht nur seinen Rücktritt erklärt, sondern ausdrücklich hinzugefügt, daß er jede weitere Thätigkeit in dieser Angelegenheit verweigere. Die Gründe, aus denen im Berufungsurteile diesen Thatsachen die rechtliche Bedeutung versagt wird, sind nicht zutreffend. Der Ausführung, daß B., nachdem er durch seine Unterschrift des Schiedsspruches seine Mitschiedsrichter mit Erledigung der Formalitäten beauftragt, eine Thätigkeit nicht mehr auszuüben hatte, steht entgegen, daß dieser Auftrag — an sich nur ein vermuteter — wie jeder Auftrag bis zum Vollzuge wiederruflich war, und daß § 859 C.P.O. für den Rücktritt des Schiedsrichters vom Schiedsvertrage keine zeitliche Grenze setzt. Vor der Zustellung und Hinterlegung war das schiedsrichterliche Verfahren noch noch nicht zum formellen Abschlusse gelangt,

vgl. Entsch. des R.G.'s in Civils. Bd. 18 S. 370,

und B. konnte noch durch seinen Rücktritt und Verweigerung fernerer Mitwirkung den Abschluß verhindern. Ob er dabei dolos gehandelt hat, ist für den gegenwärtigen Rechtsstreit unerheblich, da hieraus höchstens Ersatzansprüche gegen B. hergeleitet werden könnten. Hiernach sind die Ausführungen der Vertreter der Revisionsbeklagten und Nebenintervenientin, daß, wenn nach Fällung des Schiedsspruches ein Schiedsrichter wegfällt, die anderen zur Zustellung befugt seien, nicht zutreffend. Es kann dabei die Frage, welche Folgen eintreten müßten, wenn nach Fällung des Schiedsspruches ein Schiedsrichter stirbt, unfähig oder aus einem anderen Grunde an weiterer Thätigkeit verhindert wird, unerörtert bleiben, da im vorliegenden Falle es sich um einen Schiedsrichter handelt, der durch sein Verhalten sich dagegen verwahrt hat, daß der Schiedsspruch als ein von ihm gewollter zugestellt und durch dessen Hinterlegung das Verfahren abgeschlossen werde." ...

---

123. Welches ist der Wert des Streitgegenstandes, wenn mit der Klage die Herausgabe einer Lebensversicherungspolice beansprucht wird?

I. Civilsenat. Beschl. v. 22. Januar 1896 i. S. O. S. (Kl.) w. K. R. (Bekl.) Beschw.-Rep. I. 5/96.

I. Oberlandesgericht Breslau.

Aus den Gründen:

„Der Beklagte hat dem Kläger alle ihm aus einer Versicherung bei der Leipziger Lebensversicherungsgesellschaft zustehenden Rechte, insbesondere auch auf die Versicherungssumme von 15000 ℳ, cediert und der Kläger sich zur Rückcession nach erfolgter Befriedigung verpflichtet. Diese Cession ist demnächst für eine endgültige erklärt, die Verpflichtung des Klägers zur Rückcession aufgehoben, und der Beklagte hat sich verpflichtet, die Prämien weiter zu bezahlen. Mit der Behauptung, daß die Ansprüche des Klägers aus nichtigen Differenzgeschäften herrühren, beantragt Beklagter widerklagend, den Kläger zur Rückcession und Ausfolgung der Police zu verurteilen.

Beide Anwälte haben Festsetzung des Wertes des Streitgegenstandes für die Widerklage beantragt, und das Berufungsgericht hat ein Gutachten der Leipziger Lebensversicherungsgesellschaft darüber eingefordert, welchen Wert die Police an dem Tage der Erhebung der Widerklage gehabt habe. Auf Grund dieses Gutachtens, welches den Rückkaufswert am besagten Tage auf 3166,50 ℳ angiebt, hat das Oberlandesgericht den Wert des Streitgegenstandes auf diesen Betrag festgesetzt. Die dagegen auf Grund des § 12 der Gebührenordnung für Rechtsanwälte eingelegte Beschwerde, welche Festsetzung des Wertes auf 15000 ℳ beantragt, mußte für begründet erachtet werden.

Gegenstand der Cession und der Widerklage ist die Forderung aus dem Versicherungsvertrage. Nach dem Willen des Versicherers und des Versicherungsnehmers erwirbt letzterer mit dem Abschlusse des Vertrages ein unbedingtes mit dem Tode des Versicherten fällig werdendes Forderungsrecht auf die Versicherungssumme. Wenn daneben auch ein vertragsmäßiger Anspruch auf einen Reserveanteil besteht, der in den Fällen von Kündigung oder Auflösung des Vertrages durch Verwirkung ausbezahlt werden soll, so erhält dadurch die Police doch nicht die rechtliche Bedeutung eines Papieres, dessen Wert vom Jahr zu Jahr steigt, sondern sie ist und bleibt nach dem rechtlichem und wirtschaftlichen Zwecke des Vertrages ein Papier, das zur Empfangnahme der einstens fällig werdenden Versicherungssumme, die unmittelbar Vertragsgegenstand ist, legitimieren soll.

Daß bei der Cession nicht ein Rückkauf der Police von der Versicherungsgesellschaft beabsichtigt war, ergiebt sich daraus, daß der Cedent sich zur Weiterbezahlung der Prämie verpflichtet hat."

---

124. Kann ein gerichtlich abgeschlossener Prozeßvergleich wegen Nichtigkeit des verglichenen Anspruches angefochten werden?

C.P.O. §§ 702 Ziff. 1. 703. 705. 686 Abs. 2.

V. Civilsenat. Urt. v. 1. Juli 1896 i. S. A. (Kl.) w. H. (Bekl.) Rep. V. 31/96.

I. Landgericht Nordhausen.
II. Oberlandesgericht Naumburg a. S.

In einem Vorprozesse vor dem Landgerichte in Gera hatte der verstorbene Kaufmann T. in Hamburg gegen den damals in Gera wohnenden Beklagten H. auf Zahlung von 9256,05 ℳ geklagt, die der Beklagte ihm aus einem Kaffeetermingeschäfte schulden sollte. Der Prozeß wurde durch einen zu gerichtlichem Protokolle vom 21. Dezember 1888 verlautbarten Vergleich erledigt, wonach Beklagter zur

Abfindung der eingeklagten Ansprüche 2500 ℳ an den Kläger zahlen und von dem gedachten Tage an verzinsen sollte, Kläger dies annahm und auf weitere Ansprüche gegen den Beklagten verzichtete. Für diese Schuld hat der Beklagte am 25. Februar 1889 sein Grundstück in Nordhausen Bd. 10 Bl. 529 verpfändet und die Hypothek am 29. April 1889 im Grundbuche eintragen lassen. Jetzt klagt der Testamentsvollstrecker des T. gegen den Beklagten mit der persönlichen und dinglichen Klage auf Zahlung der 2500 ℳ nebst Zinsen. Die Klage ist beim Landgerichte in Nordhausen angestellt. Der Beklagte wendet ein, der Vergleich sei nichtig, weil die verglichenen Forderungen nichtig gewesen seien, nämlich aus reinen Differenzgeschäften hergerührt hätten. Bei Abschluß des Vergleiches habe er diese nach dem anzuwendenden gemeinen Rechte bestehende Nichtigkeit nicht gekannt, und aus demselben Grunde habe er unterlassen, daraus eine Einrede in dem Vorprozesse zu entnehmen. Der Kläger bestreitet, daß Differenzgeschäfte vorgelegen hätten; er hält die Einrede auch durch den Vergleich für beseitigt.

Der erste Richter hat den Beklagten nach dem Klagantrage verurteilt, während der Berufungsrichter die Klage abgewiesen hat. Die Revision des Klägers ist zurückgewiesen worden aus folgenden

Gründen:

„Der Berufungsrichter geht davon aus, daß die persönliche Verpflichtung des Beklagten aus dem Kaffeetermingeschäfte nach gemeinem Rechte zu beurteilen sei.... Hiergegen lassen sich keine begründeten Bedenken erheben. Ebensowenig ist die weitere Annahme des Berufungsrichters zu beanstanden, daß reine Differenzgeschäfte nach gemeinem Rechte als verbotene Spielverträge zu behandeln sind und keine Rechtswirkungen erzeugen, folglich auch nicht geeignet sind, als Grundlage anderer rechtswirksamer Geschäfte zu dienen.

Vgl. Entsch. des R.G.'s in Civils. Bd. 23 S. 138.

Im allgemeinen hat dies auch von der Revision auf Grund der feststehenden neueren Rechtsprechung des Reichsgerichtes anerkannt werden müssen; sie bestreitet jedoch, daß der Berufungsrichter diesen Satz auf Vergleiche, insbesondere auf gerichtlich abgeschlossene Prozeßvergleiche über Ansprüche aus reinen Differenzgeschäften, habe anwenden dürfen.

Wird zunächst davon abgesehen, daß es sich hier um einen gerichtlichen Prozeßvergleich handelt, so kann nicht zweifelhaft sein, daß die Nichtigkeit eines Rechtsgeschäftes durch einen hinzutretenden Vergleich der Kontrahenten nicht beseitigt werden kann. Mag der Vergleich die Ersetzung des früheren Rechtsverhältnisses durch ein anderes oder mag er die Beibehaltung des alten Rechtsverhältnisses unter gewissen Abänderungen zum Inhalte haben, in beiden Fällen ist seine Rechtsbeständigkeit von dem Bestande des alten Rechtsverhältnisses abhängig, ohne daß weder eine Umschaffung (Novation) noch eine Beibehaltung (Anerkennung) rechtlich denkbar ist. Im vorliegenden Falle betraf der Streit der Parteien im Vorprozesse nach der Feststellung des Berufungsrichters lediglich das von dem Beklagten behauptete vertragswidrige Verhalten des Klägers T.; dieser Streit wurde durch gegenseitiges Nachgeben (Vergleich) dahin beigelegt, daß der Kläger seine Forderung von 9256,05 *M* auf 2500 *M* ermäßigte, und daß der Beklagte diese Summe als Abfindung, also unter Fallenlassen seiner Einrede, zu zahlen versprach. Die Einrede des verbotenen Differenzspieles war damals vom Beklagten gar nicht erhoben worden; aber wenn dies auch geschehen wäre, und die Parteien auch sie durch den Vergleich hätten beseitigen wollen, so hätte doch der Vergleich auch dann, ebensowenig wie jetzt, diese Wirkung erzeugen können, weil das Verbot und die Nichtigkeit des Rechtsgeschäftes der Einwirkung der Parteien entzogen waren und blieben. Darum wird durch den Entscheidungsgrund des ersten Richters im gegenwärtigen Rechtsstreite: daß der Beklagte den Vergleich nicht auf Grund einer im Vorprozesse r e c h t s i r r t ü m l i c h unterlassenen Einrede anfechten dürfe, der Kern der Frage gar nicht getroffen; nicht der Rechtsirrtum des Beklagten über den Charakter des Differenzgeschäftes, sondern die Nichtigkeit des Vergleiches über ein verbotenes Rechtsgeschäft ist der Rechtsgrund der jetzigen Anfechtung des Vergleiches.

Es könnte sich demnach nur fragen, ob der Vergleich etwa um deswillen der Anfechtung entzogen sei, weil er ein gerichtlich abgeschlossener Prozeßvergleich ist. Der Berufungsrichter hat diese Frage mit folgender Begründung verneint: Der gerichtliche Vergleich erzeuge nach den Grundsätzen des materiellen Rechtes keine andere Wirkung als der außergerichtliche; nach dem geltenden Prozeßrechte (§§ 702 flg. C.P.O.) aber sei er nur in e i n e r Beziehung, nämlich insofern er zu einem Titel für die Zwangsvollstreckung erhoben sei, dem gerichtlichen Urteile gleichgestellt, und insoweit zwar auch einer entsprechenden Anwendung des, eine Beschränkung der Einreden anordnenden § 686 C.P.O. unterworfen worden (§ 703 daselbst); aber es sei schon zweifelhaft, ob damit auch die Beschränkung des § 686 Abs. 2 für anwendbar habe erklärt werden sollen; jedenfalls gelte die Gleichstellung nur für ein auf Grund des gerichtlichen Vergleiches eingeleitetes Vollstreckungsverfahren, nicht für den Fall, daß, wie hier, aus dem Vergleiche eine gewöhnliche Klage erhoben werde. Dies wird von der Revision bekämpft; sie ist der Ansicht, daß der Prozeßvergleich völlig dieselben Wirkungen erzeuge wie ein rechtskräftiges Urteil, da er wie dieses bezwecke, den Streit der Parteien definitiv zu erledigen. Letzteres ist richtig; aber daraus folgt mit nichten, daß auch die Wirkung dieselbe sein müsse. Die Gleichheit des Zweckes, das heißt hier doch nur die Gleichheit des von den Parteien erstrebten Erfolges, vermag nicht eine den dazu angewandten Mitteln innewohnende Verschiedenheit zu verwischen, und die Revision erklärt sich selber außer stande, abgesehen von den Bestimmungen der §§ 702 flg. C.P.O., eine Anordnung des positiven Rechtes nachzuweisen, durch welche dem Vergleiche eines Prozesses dieselbe Wirkung wie dem rechtskräftigen Urteile beigelegt würde. Eine solche Bestimmung existiert auch nicht. Zwischen Vergleich und Urteil besteht der erhebliche Unterschied, daß der Vergleich ein Vertrag, eine Willenseinigung der Parteien ist und den diese beherrschenden allgemeinen Rechtsgrundsätzen unterliegt, während das Urteil ein Ausspruch des Richters und mit den besonderen Wirkungen der Rechtskraft ausgestattet ist. Diese Verschiedenheit wird dadurch nicht geringer, daß der Vergleich in einem schon anhängig gemachten Prozeßverfahren abgeschlossen wird; die Wirkungen der Rechtshängigkeit, soweit sie das bürgerliche Recht anerkennt (§ 239 C.P.O.), werden vielmehr durch den Vergleich wieder beseitigt, gehen aber auch überhaupt nicht so weit, eine Richtigkeit des eingeklagten Anspruches aus dem Wege zu räumen.

Was nun die Bestimmungen der §§ 702 flg. C.P.O. anbetrifft, so beziehen sie sich nicht auf alle Prozeßvergleiche, sondern nur auf solche, die vor einem deutschen Gerichte abgeschlossen sind (§ 702 Ziff. 1), und daneben auf solche Vergleiche, die schon vor Einleitung des Prozesses im Falle des § 471 vor dem Amtsgerichte vereinbart werden

(§ 702 Ziff. 2). Hier steht allerdings ein Vergleich der ersten Art (§ 702 Ziff. 1) in Frage. Aber es kann nicht angenommen werden, daß durch die im § 703 vorgeschriebene entsprechende Anwendung der Bestimmungen der §§ 662—701 auf die im § 702 aufgeführten fünf Vollstreckungstitel (soweit nicht in den §§ 704. 705 abweichende Vorschriften enthalten sind) Einreden gegen die in § 702 Ziff. 1. 2 bezeichneten gerichtlichen Vergleiche der Beschränkung hätten unterworfen werden sollen, die der § 686 Abs. 2 für Einwendungen gegen ein zur Vollstreckung gebrachtes Urteil vorschreibt, nämlich der Beschränkung, daß nur solche Einreden zulässig wären, die nicht schon im Prozesse vorgebracht werden konnten. Eine „entsprechende" Anwendung dieser Beschränkung, wie sie nur vorgeschrieben ist, erweist sich schon deshalb als unmöglich, weil die Voraussetzung, daß es sich um versäumte Einreden handele, auf diese Vergleiche überhaupt nicht paßt. Für Vergleiche vor dem Amtsgerichte nach § 471, vor Einleitung des Prozesses, leuchtet dies von selbst ein; es trifft dies aber auch zu bei Vergleichen eines anhängigen Prozesses, selbst wenn der Vergleich vor dem Prozeßgerichte geschlossen wird, da der § 702 Ziff. 1 nur fordert, daß die Klage erhoben sein müsse, aber nicht, daß dem Beklagten schon irgend welche Gelegenheit geboten gewesen sein müsse, Einreden vorzubringen. Überdies ist der Ausführung des III. Civilsenates des Reichsgerichtes,

vgl. Entsch. des R.G.'s in Civils. Bd. 21 Nr. 66 S. 349,

beizustimmen, daß es an einem gesetzgeberischen Grunde fehlt, die gerichtlichen Vergleiche in dieser Beziehung mit rechtskräftigen Entscheidungen und gerichtlichen Vollstreckungsbefehlen auf dieselbe Stufe zu stellen. Es kann dabei dahingestellt bleiben, ob der III. Civilsenat in jenem Urteile mit Recht angenommen habe, daß die gerichtlichen Vergleiche den Vorschriften des von vollstreckbaren Urkunden handelnden und für diese die Anwendung des § 686 Abs. 2 ausdrücklich ausschließenden § 705 C.P.O. unterlägen. Auch kommt es nicht darauf an, ob dem Berufungsrichter darin beizutreten sein würde, daß die §§ 703 flg. C.P.O. nur auf ein Vollstreckungsverfahren, nicht auch auf ordentliche Klagen aus gerichtlichen Vergleichen anzuwenden seien; die Beschränkung des § 686 Abs. 2 gilt für Einreden gegen gerichtliche Vergleiche keinenfalls.

Daß das sog. Kaffeetermingeschäft zwischen T. und dem Beklagten kein wirkliches Kaufgeschäft betraf, sondern nur ein Spielgeschäft um die Preisdifferenz war, ist ungeachtet der Bestreitung des Klägers thatsächlich festgestellt worden." ...

---

125. 1. Ist die Pfändung des dem Mieter zustehenden Rechtes auf Benutzung der gemieteten Räumlichkeiten nach der Civilprozeßordnung zulässig?

2. Welche Folgerungen ergeben sich daraus, daß das Wohnungsrecht bei der Versteigerung dem Vermieter zugeschlagen wurde, bezüglich seiner Mietforderung?

II. Civilsenat. Urt. v. 7. Juli 1896 i. S. Witwe F. (Bekl.) w. die Brauereigesellschaft W. (Kl.) Rep. II. 108/96.

I. Landgericht Elberfeld.
II. Oberlandesgericht Köln.

Die Klägerin ist Gläubigerin eines gewissen B., dem sie eine ihr gehörige Wirtschaft vermietet hatte. Die Mobilien dieses B. wurden auf Anstehen der Beklagten, der gleichfalls eine Forderung an B. zustand, gepfändet und versteigert; der Reinerlös in Höhe von 3771,80 ℳ ist gerichtlich hinterlegt. In der Klage begehrte die Klägerin eine Feststellung, nach welcher ihr bezüglich ihrer Mietforderung in Höhe von 4500 ℳ ein Recht auf vorzugsweise Befriedigung aus dem hinterlegten Erlöse zustehen soll. Die Beklagte beantragte Abweisung der Klage, weil die Klägerin nur noch 625 ℳ als Mietzins zu fordern habe, und sie stets damit einverstanden gewesen sei, daß die Klägerin wegen dieses Betrages vorzugsweise befriedigt werde. Zur Begründung ihrer Einwendung berief sie sich im wesentlichen darauf, daß die Klägerin das dem B. in seiner Eigenschaft als Mieter zustehende Wohnungsrecht habe pfänden und sich bei der Versteigerung zuschlagen lassen und deshalb für die nach dem Zuschlage liegende Zeit keinen Mietzins mehr verlangen könne. Das Landgericht hat das Vorzugsrecht der Klägerin nur in Höhe von 1950 ℳ anerkannt, den weitergehenden Anspruch der Klägerin dagegen abgewiesen. Auf deren Berufung wurde aber deren Vorzugsrecht auch für den Rest ihrer Forderung anerkannt und die Hinterlegungsstelle angewiesen, die hinterlegte Summe an sie auszuzahlen. Die von der Beklagten eingelegte Revision wurde verworfen aus folgenden

Gründen:

... „1. Daß der Klägerin (außer einer weiteren Forderung für Bierlieferungen ꝛc) eine Mietzinsforderung in Höhe von 4500 *M* an den gemeinschaftlichen Schuldner der Parteien Namens B. zustand, und daß sie verlangen kann, bezüglich dieser Forderung, soweit sie noch besteht, aus dem Erlöse der in die Mieträume eingebrachten, auf Anstehen der Beklagten zwangsweise versteigerten Mobilien vorzugsweise befriedigt zu werden, ist nicht bestritten. Der auf die Verteilung dieses Erlöses bezügliche Streit unter den Parteien dreht sich vielmehr lediglich um die Frage, ob die Mietzinsforderung noch in ihrer ganzen Höhe besteht. Die Klägerin behauptet, dies sei der Fall, deshalb sei der ganze hinterlegte Erlös im Betrage von 3771,30 *M* zu ihrer Befriedigung zu verwenden. Die Beklagte macht dagegen geltend, dadurch, daß das Wohnungsrecht des Schuldners von der Klägerin zur Sicherheit ihrer Bierforderung gepfändet und bei der Versteigerung ihr selbst zugeschlagen worden sei, habe das Mietverhältnis sein Ende erreicht; sonach dürfe von da an Mietzins nicht mehr gefordert werden. Die Beklagte könnte hiernach nur dann mit der Revision durchdringen, wenn die Annahme des Berufungsgerichtes, daß die Klägerin ungeachtet der erwähnten Vorgänge noch 4500 *M* zu fordern habe, auf einer Gesetzesverletzung beruhte. Das ist aber nicht der Fall.

2. In erster Linie hat die Revisionsklägerin geltend gemacht, das Oberlandesgericht habe die Mietzinsforderung der Klägerin mit Unrecht als eine betagte behandelt, während sie doch im Sinne des Art. 1184 B.G.B. durch die Gegenleistung der Klägerin bedingt gewesen, folglich mit der Ausweisung des Mieters infolge des Eintrittes der resolutorischen Bedingung hinfällig geworden sei. Dieser Angriff scheitert schon daran, daß nach Art. 1184 B.G.B. die Nichterfüllung des zweiseitigen Vertrages nicht die Folge hat, daß das Vertragsverhältnis von Rechts wegen aufgelöst wird, sondern dem anderen Teile lediglich eine Klage auf Auflösung des Vertrages zusteht. Von diesem Klagerechte hat der Schuldner B. keinen Gebrauch gemacht. Deshalb würde, selbst wenn das Vorgehen der Klägerin

eine Vertragsverletzung enthielte, die Folge davon nicht sein, daß das Mietverhältnis nicht mehr zu Recht besteht. Dem Schuldner könnte wegen einer etwaigen Vertragsverletzung allerdings eine Schadensersatzforderung gegen die Klägerin zustehen. Da diese aber unter allen Umständen illiquid wäre, könnte die Beklagte, selbst wenn eine solche bestände, nicht geltend machen, daß die Mietzinsforderung durch eine kraft Gesetzes eingetretene Kompensation zum Teil getilgt worden sei.

3. Auch der zweite Angriff der Revisionsklägerin, das Oberlandesgericht habe rechtsirrtümlich die Hinterlegung des Erlöses als eine Zahlung des Mietzinses angesehen, aus welcher dem Mieter ein unbedingter Anspruch auf die Wohnung erwachsen sei, kann keinen Erfolg haben. Richtig ist, daß der Erlös aus den versteigerten Mobilien noch solange zum Vermögen des Schuldners gehört, bis er zur Befriedigung der Gläubiger verwendet worden ist. Aber das hat auch das Oberlandesgericht nicht verkannt. Es hat nur daraus, daß die Klägerin die Absicht gehabt habe, sich bezüglich ihrer Mietzinsforderung an diesen Erlös zu halten, gefolgert, sie habe in ihrer Eigenschaft als Vermieterin dem Schuldner B. ein Wohnungsrecht bis zum 2. März 1895 eingeräumt, für welches von ihm eine weitere Leistung nicht mehr verlangt worden sei, sonach gewiß nicht daran gedacht, das Mietverhältnis aufzuheben oder dem Erwerber des Mietrechtes die Verpflichtung zur Zahlung des Mietzinses aufzuerlegen. In diesen Ausführungen ist ein Rechtsirrtum nicht enthalten. Es kann deshalb dahingestellt bleiben, ob darauf die angefochtene Entscheidung überhaupt beruht.

4. Soweit die Revisionsklägerin geltend macht, die Pfändung des obligatorischen Anspruches des Mieters auf die Benutzung der gemieteten Räume zum Zwecke der Befriedigung der Klägerin für ihre Bierforderung sei unzulässig gewesen und unwirksam, sind ihre Ausführungen nicht zutreffend. Dieser Anspruch bildet unzweifelhaft ein Vermögensrecht, das auf einen Dritten übertragen werden kann (Art. 1717 B.G.B.), und unterliegt deshalb an sich der Zwangsvollstreckung, obgleich das Recht des Mieters nach rheinisch-französischem Rechte nicht dinglicher Natur ist. Dabei kann es sich aber nicht um Vornahme einer Aftervermietung an Stelle des Mieters, sondern nur um eine zwangsweise Veräußerung des Mietrechtes

(cession du bail) handeln. Zweifelhaft ist in dieser Richtung nur die hier nicht zu entscheidende Frage, in welcher Weise die Pfändung zu erfolgen hat, insbesondere ob es sich dabei um eine gewöhnliche Forderungspfändung handelt oder § 754 C.P.O. zur Anwendung kommt.

Wenn der Mieter seinen Mietzins bereits bezahlt hat, kann die Zulässigkeit eines derartigen Zugriffes keinem Bedenken unterliegen. Aber auch wenn dies nicht der Fall ist, erscheint die Pfändung des Mietrechtes nicht als ausgeschlossen; denn auch bei zweiseitigen Vertragsverhältnissen kann ein aus diesem Verhältnisse abgeleiteter Anspruch gepfändet werden. Wie das Verhältnis zwischen den Vertragschließenden dadurch nicht geändert wird, daß eine daraus entspringende Forderung durch Vertrag auf einen Dritten übertragen wird, so bleibt auch im Falle der zwangsweisen Übertragung der dem Mieter zustehenden Rechte das Mietverhältnis zwischen dem Vermieter und Mieter bestehen; insbesondere wird der Mieter dadurch dem Vermieter gegenüber nicht von seiner Verpflichtung zur Zahlung des Mietzinses befreit.

Vgl. Entsch. des R.O.H.G.'s Bd. 12 S. 77; Entsch. des R.G.'s in Civils. Bd. 6 S. 377.

Bezüglich der Frage, ob in einem solchen Falle der Erwerber des Wohnungsrechtes neben dem Mieter zur Bezahlung der Mietzinsen an den Vermieter verpflichtet sei, ist der Inhalt des abgeschlossenen Übertragungsvertrages maßgebend. Bei der freiwilligen Cession des Mietrechtes wie bei der Aftermiete wird dem Cessionar oder Aftermieter regelmäßig im Vertrage die Verpflichtung auferlegt werden, die Mietzinsen zur Entlastung des Mieters an den Vermieter zu bezahlen; dann können nur darüber Zweifel bestehen, ob dem letzteren ein direktes Klagerecht gegenüber dem Erwerber zukommt. Aber rechtlich unmöglich ist es nicht, daß der Mieter sein Mietrecht auf Grund des Art. 1717 B.G.B. auf einen Dritten überträgt, ohne diesem die Verpflichtung zur Zahlung des Mietzinses aufzuerlegen, vielmehr erklärt, die Mietzinsen selbst bezahlen zu wollen. Im vorliegenden Falle hat nun die Klägerin bei ihrem Zwangszugriffe davon abgesehen, den Erwerber in den Versteigerungsbedingungen zur Zahlung des Mietzinses zu verpflichten, weil sie es vorzog, sich lediglich an den Erlös aus den versteigerten Mobilien zu halten. Sie hätte, wenn das Wohnungsrecht einem Dritten zugeschlagen worden wäre, von diesem Bezahlung des Mietzinses nicht verlangen können. Die Beklagte behauptet nun allerdings, die Klägerin sei nicht berechtigt gewesen, dem Mieter das Wohnungsrecht durch die vorgenommene Pfändung zu entziehen und trotzdem Bezahlung des Mietzinses von ihm zu verlangen oder sich aus dem hinterlegten Erlöse der versteigerten Mobilien bezahlt zu machen. Aber die Frage, ob nicht der Klägerin ebenso wie einem anderen Gläubiger das Recht zustand, sich durch Pfändung des Wohnungsrechtes für ihre Forderung wegen der Bierlieferungen Befriedigung zu verschaffen, braucht gar nicht entschieden zu werden, weil auch im Falle der Verneinung daraus ein begründeter Einwand gegen die Klage auf Feststellung des mit der Mietzinsforderung verbundenen Vorzugsrechtes nicht abgeleitet werden könnte. Wenn die Pfändung des Wohnungsrechtes, wie die Beklagte behauptet, unwirksam wäre, würde nämlich dadurch der Bestand des Mietverhältnisses in keiner Weise berührt und wäre die Mietzinsforderung der Klägerin nicht getilgt worden. Vielmehr stände dem Schuldner B., der übrigens gegen die Pfändung Widerspruch nicht erhoben hat, höchstens eine Schadensersatzforderung zu. Von einer kraft Gesetzes eingetretenen Kompensation könnte in diesem Falle, wie bereits dargelegt wurde, keine Rede sein. Ebensowenig wäre die Beklagte befugt, aus der angeblichen Vertragsverletzung der Klägerin einen Einwand anderer Art abzuleiten, z. B. der Klägerin die Einrede des nicht erfüllten Vertrages entgegenzuhalten. Diese Einrede darf auch der Schuldner nur, wenn er auf Erfüllung des Vertrages belangt wird, dem Gläubiger entgegenhalten, um dadurch die Verweigerung der von ihm geforderten Leistung zu rechtfertigen. Er wäre, wenn er der Beklagten etwa als Nebenintervenient beigetreten wäre, hierzu nicht berechtigt, weil die geltend gemachten Verteidigungsmittel, wie das Reichsgericht schon häufig ausgesprochen hat, aus den Rechtsverhältnissen der Partei selbst entnommen werden müssen.

Vgl. die Urteile des Reichsgerichtes vom 7. Januar 1884, 20. November 1886, 11. April 1888 und 23. November 1893, Juristische Wochenschrift Jahrg. 1884 S. 86; Entsch. des R.G.'s in Civils. Bd. 17 S. 33. 34; Juristische Wochenschrift Jahrg. 1888 S. 195 und Jahrg. 1894 S. 8.

Die Beklagte könnte sich auf die angebliche Nichterfüllung des Mietvertrages seitens der Klägerin mit Erfolg nur dann berufen, wenn dadurch ohne weiteres die Auflösung des Vertragsverhältnisses herbeigeführt worden oder doch der Mietzinsforderung durch die Ausweisung des Mieters für die Zukunft die rechtliche Grundlage entzogen worden wäre. Dies ist aber nicht der Fall. Weder vom Mieter noch von der Vermieterin wurde die Auflösung des Mietvertrages beantragt. Die Vermieterin konnte auch nicht von der Beklagten genötigt werden, von ihrem Auflösungsrechte Gebrauch zu machen.

5. Nach den bisherigen Ausführungen kann aus der Vornahme der von der Klägerin erwirkten Pfändung für sich allein nicht die Folgerung abgeleitet werden, daß die Mietzinsforderung der Klägerin nur bis zu dem Tage der Pfändung oder der Ausweisung des Mieters berechnet werden dürfe. Wäre bei der Versteigerung des Mietrechtes dieses einem Dritten zugeschlagen worden, so wäre dadurch, wie auch die Revisionsklägerin anzunehmen scheint, eine Auflösung des Mietverhältnisses und eine Tilgung der Mietzinsforderung unzweifelhaft nicht herbeigeführt worden. Aber auch der Umstand, daß das Mietrecht der Klägerin selbst zugeschlagen wurde, kann, wie das Oberlandesgericht zutreffend dargelegt hat, nicht die Annahme rechtfertigen, daß nun das Mietverhältnis beendigt worden sei. Die Übertragung des Mietrechtes auf einen Dritten hat, wie schon oben dargelegt wurde, ebensowenig wie eine Aftervermietung die Folge, daß das Mietverhältnis zwischen dem Vermieter und dem ursprünglichen Mieter zu bestehen aufhört. Insbesondere wird der letztere dadurch nicht von der Verpflichtung befreit, den Mietzins an den Vermieter zu bezahlen. Der nachträgliche (unmittelbare oder mittelbare) Übergang des dem Mieter eingeräumten Wohnungsrechtes auf den Vermieter, der ja, wie in der Rechtslehre anerkannt wird,

vgl. Zachariä-Crome, Bd. 2 S. 561 Anm. 9,

auch als Aftermieter des Mieters auftreten kann, hat nicht notwendig die Folge, daß nun seine Mietzinsforderung erlischt. Wie der Verkäufer, der die verkaufte Sache zu einem geringeren Preise zurückkauft oder im Wege der Zwangsversteigerung oder bei einem von ihm vorgenommenen Selbsthilfeverkaufe das Eigentum wieder an sich bringt, dadurch seine Kaufpreisforderung nicht verliert, weil durch diesen Erwerb der ursprüngliche Kaufvertrag nicht aufgehoben wird, so wird auch die Mietzinsforderung des Vermieters nicht schon dadurch beseitigt, daß die Ausübung des Mietrechtes gemäß Art. 1717 B.G.B. auf ihn übertragen wird. Nur dann würde die erwähnte Forderung beseitigt, wenn der Vermieter infolge der Cession des Mietrechtes die Bezahlung des Mietzinses selbst übernähme, also die Eigenschaften des Gläubigers und Schuldners in seiner Person vereinigte. Davon kann aber im vorliegenden Falle nicht die Rede sein, weil der Mietzins nach dem Pfändungsakte und den Versteigerungsbedingungen nicht von dem Erwerber des Mietrechtes bezahlt werden, sondern nach der Absicht der Klägerin aus dem hinterlegten Erlöse entnommen werden sollte. Auch eine Aufrechnung des Erlöses aus der vorgenommenen Versteigerung auf die Mietzinsforderung kam nicht in Frage, weil dieser Erlös schon bei der Pfändung der Klägerin zur Einziehung und Verrechnung auf ihre Bierforderung überwiesen worden war." ...

---

126. Kann dem Direktorium einer mit juristischer Persönlichkeit ausgestatteten Versicherungsgesellschaft durch die landesherrlich bestätigten Statuten die Entscheidung von Rechtsstreitigkeiten zwischen den Mitgliedern und der Gesellschaft über den Entschädigungsanspruch mit Ausschluß des Rechtsweges übertragen werden?

III. Civilsenat. Urt. v. 10. Juli 1896 i. S. M. (Kl.) w. Mecklenburgische Feuerversicherungsgesellschaft zu N.-B. (Bekl.) Rep. III. 96/96.

I Landgericht Neustrelitz.
II. Oberlandesgericht Rostock.

Nach § 16 Ziff. 4 der landesherrlich bestätigten Statuten der beklagten Gesellschaft entscheidet das Direktorium über Einwendungen, welche der Beschädigte gegen die Abschätzung oder die Höhe der Entschädigung vorgebracht hat; sein Ausspruch ist für den Beschädigten unter Ausschluß des Rechtsweges rechtsverbindlich und gilt als Schiedsspruch unter Vorbehalt der Berufung an die Generalversammlung. Nach § 27 verliert der Beschädigte seinen Entschädigungsanspruch, wenn er erwiesenermaßen den Schaden absichtlich oder durch grobe Fahrlässigkeit veranlaßt hat. Der Kläger ist Mitglied der Gesellschaft. Ein von ihm erlittener Brandschade ist auf 11010 ℳ festgestellt worden. Das Direktorium hat dem Kläger jedoch eröffnet, daß es von der Entschädigung 50 Prozent in Abzug bringe, weil nach seinen und seiner Frau Angaben angenommen werden müsse, daß das Feuer durch grobe Verwahrlosung eines Schornsteines veranlaßt sei. Das Landgericht hat die vom Kläger auf Zahlung der Entschädigungssumme erhobene Klage wegen Unzulässigkeit des Rechtsweges abgewiesen, und das Oberlandesgericht hat die Berufung des Klägers zurückgewiesen. Das Berufungsgericht nimmt an, daß das Direktorium nach § 16 Ziff. 4 auch darüber zu entscheiden hat, ob der Entschädigungsanspruch in Beihalt aller Bedingungen des Versicherungsvertrages als begründet anzuerkennen ist. Danach läßt es zur Anwendung der gedachten Verwirkungsklausel genügen, daß das Direktorium die Veranlassung des Brandes durch grobe Fahrlässigkeit des Klägers für erwiesen erachtet hat. Das Direktorium würde nach Annahme des Berufungsgerichtes befugt gewesen sein, dem Kläger den ganzen Entschädigungsanspruch abzusprechen.

Auf die Revision des Klägers ist die Einrede der Unzulässigkeit des Rechtsweges verworfen und die Sache an das Landgericht zurückverwiesen worden.

Aus den Gründen:

... „Die Revision des Klägers erhebt zunächst den Angriff, daß die Erstreckung der dem Direktorium in Art. 16 Ziff. 4 eingeräumten Befugnis auf die Entscheidung über den Verlust des Entschädigungsanspruches weder durch den Wortlaut noch durch eine sonstige Bestimmung der Statuten gerechtfertigt werde und das Urteil insoweit der erforderlichen Begründung entbehre. Dieser Angriff hat keinen Erfolg haben können. Denn das Berufungsgericht hat Art. 16 Ziff. 4 infolge der publizierten landesherrlichen Bestätigungsakte für ein Spezialgesetz erklärt, und es muß angenommen werden, daß es zu dieser Annahme auf Grund des mecklenburgischen Staatsrechtes gelangt ist. Liegt aber eine Rechtsnorm vor, so ist bei ihrer Irrevisibilität die oberlandesgerichtliche Feststellung ihres Inhaltes für das Revisionsgericht maßgebend.

Dagegen ist der zweite, aus § 13 G.V.G. erhobene Angriff begründet. Die Ausschließung des Rechtsweges für die zur Frage stehenden bürgerlichen Rechtsstreitigkeiten ist in untrennbarer Verbindung mit der Übertragung der Entscheidung auf das Direktorium und die Generalversammlung erfolgt und fällt hinweg, wenn Direktorium und Generalversammlung nicht Verwaltungsbehörden im Sinne des § 13 a. a. O. sind. Nun bedarf es keiner Ausführung, daß die Generalversammlung einer Privatgesellschaft von ausschließlich privatem Charakter keine Behörde ist, ihr daher auch nicht von der Landesgesetzgebung die Befugnis zur Entscheidung von bürgerlichen Rechtsstreitigkeiten an Stelle der ordentlichen Gerichte übertragen werden kann. Es hat aber auch das Direktorium nicht die Eigenschaft einer Behörde im Sinne des Gesetzes. Der erkennende Senat kann seine, in dem Bd. 23 S. 345 veröffentlichten Urteile ausgesprochene entgegengesetzte Ansicht nicht aufrecht halten, wie er dieselbe im Prinzip auch schon in seinem Urteile vom 27. November 1894 in Sachen L. wider Stadt Sch. verlassen hat. Das Direktorium wird nicht schon dadurch zu einer Behörde, daß es seine Befugnis zur Entscheidung der fraglichen Rechtsstreitigkeiten aus dem Willen des Staates herleitet; Behörde würde es vielmehr nur sein, wenn es sich zugleich als eine in den allgemeinen Organismus der Behörden eingegliederte Amtsstelle darstellen würde. Das aber ist nicht der Fall. Von den Gesellschaftsmitgliedern gewählt, ist es das Organ, durch welches die Privatgesellschaft nach innen und außen vertreten wird, und beruht sowenig wie die von ihm vertretene Gesellschaft auf dem Staatsorganismus, wie dies bei Staats-, städtischen und Gemeindebehörden der Fall ist. Sein ausschließlich privater Charakter wird auch nicht durch die ihm übertragene Entscheidung von Streitigkeiten zwischen der Gesellschaft und Gesellschaftsmitgliedern verändert; trotz dieser Zuständigkeit ist es ein bloßes Gesellschaftsorgan, kein organischer Bestandteil der Behördenverfassung. Hiernach kann unentschieden bleiben, ob nicht die Eigenschaft einer zur Entscheidung zuständigen Behörde dem Direktorium auch schon aus dem Grunde fehlen würde, weil es in den ihm zur Entscheidung überwiesenen Rechtsstreitigkeiten Vertreter der einen Partei ist.“ ...

---

127. Welche Grundsätze gelten für die Festsetzung der Höhe der Sicherheitsleistung, welche dem Schuldner auferlegt werden muß, wenn eine erfolgte Vollstreckungsmaßregel aufzuheben ist?

C.P.O. §§ 647. 688.

Feriensenat. Beschl. v. 27. August 1896 i. S. Witwe S. w. Gl. u. D. Beschw.-Rep. IV. 146/96.

I. Oberlandesgericht Marienwerder.

Die Gläubiger Gl. und D. haben als Erben des ursprünglichen Gläubigers auf Grund eines von diesem vor längerer Zeit erwirkten, in Rechtskraft erwachsenen Versäumnisurteiles gegen die Witwe L. wegen ihrer Forderung von angeblich 2725 *M* nebst Zinsen eine Zwangsvollstreckung eingeleitet, insbesondere die Anordnung erwirkt, daß das bäuerliche Anwesen der Schuldnerin in Zwangsverwaltung zu nehmen sei. Die Schuldnerin, welche behauptet, die Schuld sei längst getilgt, hat die in § 686 C.P.O. vorgesehene Klage erhoben und gemäß § 688 dieses Gesetzbuches Einstellung der Zwangsvollstreckung und Aufhebung der Zwangsverwaltung beantragt. Das Landgericht hat diesem Antrage entsprochen, aber von der Klägerin eine Sicherheitsleistung von 3000 *M* verlangt. Das Oberlandesgericht hat auf Beschwerde der Klägerin die Zwangsvollstreckung ohne Sicherheitsleistung eingestellt und die Zwangsverwaltung gegen eine solche von 300 *M* aufgehoben. Auf Beschwerde der Beklagten hat das Reichsgericht den Beschluß des Oberlandesgerichtes insoweit aufgehoben, als es sich um die Sicherheitsleistung wegen Aufhebung der Zwangsverwaltung handelt, die in dieser Beziehung weiter erforderlichen Anordnungen aber dem Oberlandesgerichte übertragen.

Aus den Gründen:

„So weit das Oberlandesgericht die — abgesehen von der Zwangsverwaltung — eingeleitete Zwangsvollstreckung eingestellt hat, ohne der Klägerin eine Sicherheitsleistung aufzuerlegen, giebt seine Entscheidung zu Bedenken keine Veranlassung. In dieser Beziehung wird sie durch die vom Reichsgerichte gebilligte Annahme gerechtfertigt, der Kläger habe es in hohem Grade wahrscheinlich gemacht, daß der Erblasser des Beklagten wegen seiner Forderung aus dem Urteile vom 1. Juni 1895 vom Kläger befriedigt worden sei. Dagegen reicht diese Erwägung nicht aus, die Aufhebung der Zwangsverwaltung gegen eine Sicherheitsleistung von 300 *M* zu rechtfertigen. In § 688 C.P.O. wird zwar (wie in § 647 ebenda) dem Gerichte in allgemeiner Weise die Befugnis eingeräumt, die erfolgten Vollstreckungsmaßregeln „gegen Sicherheitsleistung" aufzuheben. Daraus darf aber nicht gefolgert werden, daß das Gericht die Höhe der Sicherheitsleistung nach seinem Belieben festsetzen dürfe. Vielmehr ergiebt sich aus dem Zwecke der in dieser Beziehung vorgesehenen Beschränkung, daß dem Gläubiger voller Ersatz dafür gewährt werden muß, daß ihm die durch die Vollstreckungsmaßregeln von ihm erworbenen Rechte entzogen werden. Die von dem Schuldner zu leistende Sicherheit haftet für die Befriedigung des Gläubigers und ist auch dann erforderlich, wenn dieser etwa in anderer Weise bezüglich seiner Forderung gesichert sein sollte.

Vgl. Entsch. des R.G.'s in Civils. Bd. 10 S. 314 flg., Bd. 25 S. 375 flg.

Deshalb wird auch allgemein anerkannt, daß der Gläubiger, sofern eine Vollstreckungsmaßregel aufgehoben werden soll, Anspruch auf „volle Sicherheit" hat. Von einzelnen Schriftstellern wird sogar die Ansicht vertreten, die Sicherheitsleistung müsse eine vollständige Deckung für die Forderung des Gläubigers gewähren. Diese letztere Auffassung, welche auf einen in den Motiven zu § 647 C.P.O. enthaltenen Ausspruch gestützt wird, ist zwar nicht als richtig anzusehen, weil nicht bloß die Höhe der dem Gläubiger zustehenden Forderung, sondern auch der Vorteil in Betracht kommt, der demselben aus den bereits erfolgten Vollstreckungsmaßregeln überhaupt erwachsen kann. Es kann nicht die Absicht des Gesetzes sein, daß der Schuldner auch dann eine die vollständige Befriedigung des Gläubigers gewährleistende Sicherheit bestellen müsse, wenn durch die in Frage stehenden Vollstreckungsmaßregeln diese Befriedigung nur in ganz geringem Maße erlangt werden könnte. Vielmehr ist in einem solchen Falle diejenige Sicherheit als eine genügende anzusehen, welche dem Gläubiger einen vollständigen Ersatz für die Nachteile gewährt, die ihm durch die Aufhebung der Vollstreckungsmaßregeln, insbesondere durch die Beseitigung des von ihm erworbenen Pfändungspfandrechtes erwachsen. Im vorliegenden Falle ist nun vorerst nicht ersichtlich, daß der Betrag von 300 *M* dem Gläubiger eine volle Sicherheit in dem dargelegten Sinne gewährt. Vielmehr sind weitere Erhebungen erforderlich, um beurteilen zu können, ob dieser Betrag genügt oder eine höhere Sicherheitsleistung erforderlich ist. Andererseits war aber auch die Auffassung des Landgerichtes, das angenommen hat, die Sicherheitsleistung müsse dem Gläubiger die Befriedigung wegen seiner Forderung in Höhe von 2725 ℳ nebst Zinsen gewährleisten, und demgemäß die Sicherheitsleistung auf 3000 ℳ festgesetzt hat, nicht zu billigen. Deshalb durfte die Beschwerde des Klägers gegen den landgerichtlichen Beschluß nicht ohne weiteres zurückgewiesen werden. Bei dieser Sachlage mußte der angefochtene Beschluß, soweit er sich auf die Zwangsverwaltung bezieht, nebst der damit zusammenhängenden Kostenentscheidung aufgehoben werden. Es war aber dem Oberlandesgerichte zu überlassen, nach Vornahme der erforderlichen Erhebungen auf Grund der dargelegten Auffassung nochmals zu prüfen, in welcher Weise die erforderliche Sicherheitsleistung zu bemessen sei, ferner auch über die Kosten des gesamteu Beschwerdeverfahrens anderweit zu entscheiden."

Register.

Die beigesetzten Zahlen beziehen sich auf die Seiten.

A. Sachregister.

A

H

I

K

B. Gesetzesregister.

1. Reichsgesetze.

2. Gemeines Recht.

a. Institutionen.

b. Pandekten.

c. Codex.

d. Novellen.

e. Deutsche Bundesakte.

3. Landesrecht.

Preußen.

A. Altländisches Recht.

a. Allgemeines Landrecht.

b. Allgemeine Gerichtsordnung.

B. Rheinisches Recht.

C. Einzelne Gesetze und Verordnungen.

Lübeck.

Mecklenburg.

Sachsen (Königreich).

Württemberg.

Ausländisches Recht.

England.

Frankreich.

Schweiz.

C. Chronologische Zusammenstellung der Entscheidungen.

Zusammenstellung

der

im siebenunddreißigsten Band

mitgeteilten Entscheidungen

nach

Oberlandesgerichtsbezirken.

Berichtigungen.

Zweiundzwanzigster Band.

S. 467 Z. 6 v. u. statt „30. Dezember“ lies „7. Dezember“.

Einunddreißigster Band.

S. 10 Z. 16. 17. v. u. statt „Bd. 15 S. 574. 575“ lies „Bd. 15 S. 289“.

Zweiunddreißigster Band.

S. 203 Z. 2 v. o. statt „202/93“ lies „203/93“.
„ 462 „ 15 v. o. statt 202/93“ lies „203/93“.

Dreiunddreißigster Band.

S. 25 Z. 6 v. o. statt „1892“ lies „1892“.

Fünfunddreißigster Band.

S. 12 Z. 9 v. u. sind hinter „Umfang“ die Worte einzuschalten „der solidarischen Haftung“.
„ 136 „ 8 v. o. ist statt „Bd. 26 Nr. 250“ zu lesen „Bd. 24 Nr. 130“.

Sechsunddreißigster Band.

S. 93 Z. 6 v. u. statt „III. 228/92“ zu lesen „III. 229/95“.
„ 137 „ 4 v. o. statt „Bd. 26 S. 265“ zu lesen „Bd. 25 S. 262“.
„ 464 „ 4 v. o. statt „I. 399/95“ zu lesen „I. 349/95“.

Siebenunddreißigster Band.

S. 37 Z. 10 v. o. lies „Rep. III.“ statt „Rep. I.“
„ 251 „ 9 v. u. statt „G.“ zu lesen „H.“

Kolibri 360 GmbH
Ferdinand-Jühlke-Straße 7
99095 Erfurt, Deutschland
produktsicherheit@kolibri360.de